UTB

UTB **2695**

Eine Arbeitsgemeinschaft der Verlage

Beltz Verlag Weinheim · Basel
Böhlau Verlag Köln · Weimar · Wien
Wilhelm Fink Verlag München
A. Francke Verlag Tübingen und Basel
Haupt Verlag Bern · Stuttgart · Wien
Lucius & Lucius Verlagsgesellschaft Stuttgart
Mohr Siebeck Tübingen
C. F. Müller Verlag Heidelberg
Ernst Reinhardt Verlag München und Basel
Ferdinand Schöningh Verlag Paderborn · München · Wien · Zürich
Eugen Ulmer Verlag Stuttgart
UVK Verlagsgesellschaft Konstanz
Vandenhoeck & Ruprecht Göttingen
Verlag Barbara Budrich Opladen · Bloomfield Hills
Verlag Recht und Wirtschaft Frankfurt am Main
VS Verlag für Sozialwissenschaften Wiesbaden
WUV Facultas Wien

Grundkurs Politikwissenschaft

herausgegeben von
Hans-Joachim Lauth und Ruth Zimmerling

JOACHIM BEHNKE / NINA BAUR / NATHALIE BEHNKE

Empirische Methoden der Politikwissenschaft

FERDINAND SCHÖNINGH
PADERBORN · MÜNCHEN · WIEN · ZÜRICH

Die Autoren:

Joachim Behnke, Dr. rer. pol., Wissenschaftlicher Assistent am Lehrstuhl für Politikwissenschaft I der Otto-Friedrich-Universität Bamberg., Forschungsschwerpunkte: Wahlen und Wahlsysteme, analytische und empirische Methoden, ökonomische Theorie der Politik.

Nathalie Behnke, Dr. phil., Wissenschaftliche Mitarbeiterin am Lehrgebiet Politikwissenschaft I: Staat und Regieren der Fernuniversität Hagen. Forschungsschwerpunkte: Ethik und Korruptionsforschung, Vergleichende Institutionenfor-schung (Föderalismus und Verfassungen).

Nina Baur, Dr. rer. pol., Wissenschaftliche Assistentin am Lehrstuhl für Soziologie und empirische Sozialforschung der Katholischen Universität Eichstätt-Ingolstadt. Forschungsschwerpunkte: quantitative, qualitative und historische Methoden; Zeitsoziologie; Wirtschaftssoziologie; abweichendes Verhalten.

Bibliografische Information Der Deutschen Bibliothek

Die Deutsche Bibliothek verzeichnet diese Publikation in der Deutschen Nationalbibliografie; detaillierte bibliografische Daten sind im Internet über http://dnb.ddb.de abrufbar.

Gedruckt auf umweltfreundlichem, chlorfrei gebleichtem Papier (mit 50 % Altpapieranteil)

(Verlag Ferdinand Schöningh GmbH, Jühenplatz 1, D-33098 Paderborn)
ISBN 3-506-99002-0

Internet: www.schoeningh.de

Printed in Germany.
Herstellung: Ferdinand Schöningh, Paderborn
Einbandgestaltung: Atelier Reichert, Stuttgart

UTB-Bestellnummer: ISBN 3-8252-2695-6

Vorwort der Reihenherausgeber

Mit der Reihe ‚Grundkurs Politikwissenschaft' bieten wir eine Lehrbuchsammlung an, die alle Teilbereiche des Grund- bzw. BA-Studiums in den Fächern Politikwissenschaft und Sozialkunde abdeckt. Herausgeber und Autoren der Reihe verfolgen einen doppelten Anspruch: Unser Ziel ist es, Studierenden der Politikwissenschaft / Sozialkunde Bücher zur Verfügung zu stellen, die sowohl *inhaltlich anspruchsvoll* als auch *didaktisch aufbereitet* sind, um die Bewältigung des Stoffs zu erleichtern. Die Autorenteams bestehen aus Dozentinnen und Dozenten mit langjähriger Lehrerfahrung zum betreffenden Teilbereich. Die vollständige Reihe wird sieben Bände umfassen, entsprechend der Teilbereiche

- Politisches System der Bundesrepublik Deutschland,
- Politische Philosophie,
- Politische Theorie,
- Analyse und Vergleich politischer Systeme,
- Internationale Beziehungen und Außenpolitik,
- Wirtschaft, Gesellschaft und Politik sowie
- Statistik und Methoden der empirischen Politikforschung.

Bisher erschienen ist der Band zum Teilbereich Politisches System der Bundesrepublik Deutschland:
Karl-Rudolf Korte / Manuel Fröhlich: *Politik und Regieren in Deutschland*, 2004 (UTB 2436).

Zwei thematische Besonderheiten unserer Reihe erleichtern diese umfassende Orientierung:

Erstens werden die Beziehungen zwischen Politik und Wirtschaft in einem eigenen Band behandelt, denn in den neuen BA-Studiengängen – insbesondere auch im Fach Sozialkunde – wird sozio-ökonomischen und wirtschaftspolitischen Zusammenhängen meistens eine größere Rolle eingeräumt.

Zweitens wird in dieser Reihe die politische Philosophie getrennt von der politischen Theorie behandelt. Diese Trennung, die in den meisten Studienordnungen nicht ausdrücklich vollzogen wird, ist inhaltlich notwendig. Fragestellungen der politischen Philosophie erfordern eine eigenständige umfassende Darstellung und Diskussion. Der Band zur politischen Theorie dagegen wird dem allgemeinen theoretischen Rüstzeug gewidmet sein, das angehende Politologen und Sozialkundelehrer brauchen

Wir möchten mit der Konzeption der Reihe ‚Grundkurs Politikwissenschaft' den Bedürfnissen im politikwissenschaftlichen Studium gerecht werden. Doch auch wir lernen aus Erfahrung. Als Herausgeber würden wir uns freuen, wenn Sie sich bei Bedarf mit Wünschen, Anmerkungen oder Fehler hinweisen an uns oder an die Autoren wenden würden, damit eine eventuelle Neuauflage für das Studium noch nützlicher werden kann.

Zum vorliegenden Buch:
Der Grundkursband *Statistik und Methoden der empirischen Politikforschung* bietet eine Einführung in diesen wichtigen, bei den meisten Studierenden erfahrungsgemäß aber wenig beliebten Teilbereich, die ganz besonders darauf abzielt, Verständnisschwierigkeiten zu reduzieren und den Zugang zu statistischen und methodischen Instrumenten zu erleichtern. Die einschlägigen Verfahren zur Datenerhebung ('Methoden') und zur Datenauswertung ('Statistik') werden Schritt für Schritt argumentativ entwickelt, besondere Probleme und Schwierigkeiten werden – meistens anhand konkreter Beispiele – eingehend erläutert. Die vermittelten Kenntnisse sind umfassend, so dass das Buch auch für solche Studiengänge als Lehrbuch geeignet ist, die eine besonders anspruchsvolle Methodenausbildung vorsehen. Zugleich ermöglicht seine didaktische Aufbereitung es interessierten Studierenden aber auch dann, wenn in ihrem Studium der Methodenausbildung nur wenig Raum gegeben wird, sich in diesem grundlegenden Teilbereich des Faches im Selbststudium fortzubilden. Die übersichtliche Gestaltung macht den Band schließlich auch zur Verwendung als Handbuch oder Nachschlagewerk für Fragen zur Statistik und zu empirischen Forschungsmethoden der Politikwissenschaft bestens geeignet.

Mainz und Heidelberg, im Juli 2005

Hans-Joachim Lauth
Ruth Zimmerling

Dank

Wir möchten uns bei den Herausgebern der Reihe, Hans-Joachim Lauth und Ruth Zimmerling, bedanken, die uns die Möglichkeit geboten haben, dieses Buch für ihre Reihe zu schreiben. Für wertvolle Kommentare zu den einzelnen Kapiteln sind wir Thorsten Faas, Christian Holst, Kai-Uwe-Schnapp, Jürgen von Oertzen und Thomas Sommerer zu großem Dank verpflichtet. Sie haben mit ihren Anmerkungen einen wesentlichen Beitrag zur Qualität des Buches geleistet. Verbliebene Fehler und Schwächen des Buches liegen natürlich wie immer im Verantwortungsbereich der Autoren. Größere Teile des Buches wurden von Andrea Rupprecht, Marion Wolf, Barbara Förtsch, Maik Schumacher und Mark Hildebrandt Korrektur gelesen, die so geholfen haben, sprachliche Fehler und Schwächen zu beseitigen.

Joachim Behnke
Nina Baur
Nathalie Behnke

Inhaltsverzeichnis

1 Einleitung

Etablierung empirischer Methoden in der Politikwissenschaft

Kenntnisse in Methoden der empirischen Sozialforschung sind in der Politikwissenschaft heutzutage schon nahezu eine Selbstverständlichkeit. In den allermeisten Curricula gehört die Methodenausbildung zum Pflichtkanon, und betrachtet man die Forschungslandschaft, wie sie sich in Projektbeschreibungen oder veröffentlichten Forschungsergebnissen in Fachzeitschriften präsentiert, so stellt man fest, dass ein großer Teil davon auf Daten basiert, die mit Hilfe empirischer Methoden erhoben und ausgewertet wurden.

Zugleich mit der Etablierung der empirischen Forschung in der deutschen Politikwissenschaft hat sich auch der Markt an Lehrbüchern in den vergangenen Jahren deutlich erweitert. Es gibt eine ganze Reihe hervorragender, gut eingeführter Lehrbücher, die teilweise in der x-ten Auflage erscheinen und die die Lehr- und Forschungserfahrung ganzer Karrieren in kondensierter Form wiedergeben. Vor diesem Hintergrund stellt sich natürlich die Frage, ob ein weiteres Buch über empirische Methoden wirklich das ist, was die Welt noch braucht. Wären wir nicht der Meinung, dass es einige gute Gründe gibt, warum dies zumindest für die politikwissenschaftliche Welt gilt, hätten wir dieses Buch nicht geschrieben.

Orientierung an den Bedürfnisse von Studenten der Politikwissenschaft

Die erwähnten etablierten Methodenbücher richten sich in der Regel allgemein an Sozialwissenschaftler, meist mit einem besonderen Fokus auf Studierende der Soziologie. Dies ist nun kein grundsätzliches Problem, da beide Fächer ohnehin große Affinitäten aufweisen und in ihrer empirischen Forschung zu einem großen Teil auf dieselben Methoden zurückgreifen. Aber es erleichtert den Studenten der Politikwissenschaft den Zugang zur Materie, wenn die Beispiele aus einem ihnen vertrauten Gegenstandsbereich kommen. Und gewisse Verschiebungen in der Gewichtung der Relevanz bestimmter Methoden lassen sich zwischen der soziologischen und der politologischen Herangehensweise ebenfalls ausmachen. Diesem Bedarf soll unser Buch Rechnung tragen, indem speziell jene Fragestellungen und Methoden behandelt werden, die in der Politikwissenschaft relevant und verbreitet sind.

Stärkere Berücksichtigung häufig vernachlässigter Themen

Das Buch hat den doppelten Anspruch, sowohl die theoretischen Grundlagen des empirischen Arbeitens zu vermitteln als auch unmittelbar für die Praxis anwendbar zu sein. Aus diesem Anspruch hat es sich ergeben, dass wir einige Themen und Aspekte aufgegriffen und ausgeführt haben, die in den meisten Methodenlehrbüchern eher am Rande abgehandelt werden. So enthält das Buch etwa ein Kapitel zu Forschungsdesigns, wir gehen auf Techniken und Probleme der Datenaufbereitung ein und erläutern ausführlich die Logik eines statistischen Tests, um nur einige Beispiele zu nennen.

Integration quantitativer und qualitativer Perspektive

Der dritte – und vielleicht wichtigste – Punkt, in dem dieses Buch sich von anderen unterscheidet, ist, dass wir uns bemüht haben, sämtliche Schritte des Forschungsprozesses so zu beschreiben, dass die Integration von quantitativen und qualitativen Vorgehensweisen deutlich wird. Es gibt gute Lehrbücher sowohl für quantitative als auch für qualitative Methoden. In einigen Lehrbüchern werden etwa bei der Datenerhebung sowohl standardisierte als auch unstandardisierte Verfahren dargestellt (allerdings dann typischerweise mit einem starken Bias zugunsten der quantitativen); uns ist aber bei den Recherchen kein Buch untergekommen, dem es gelingt, sowohl die theoretischen Perspektiven als auch die konkreten Vorgehensweisen beider Richtungen ineinander zu verzahnen und hierdurch das wechselseitige Ergänzungspotenzial und die Gleichartigkeit der Probleme zu verdeutlichen. Dies haben wir uns hier zum Ziel gesetzt. Ob es uns gelungen ist, mögen die Leser entscheiden.

Aufbau des Buches

Im Aufbau folgt das Buch im Wesentlichen den einzelnen Schritten des Forschungsprozesses. In *Kapitel 2* werden die wissenschafts- und erkenntnistheoretischen Grundlagen des empirischen Arbeitens gelegt, die – gewissermaßen als kognitives Rüstzeug – dem empirischen Forschungsprozess zugrunde liegen. *Kapitel 3* beschäftigt sich mit den verschiedenen möglichen Forschungsdesigns. Die Entscheidung über das Design steht ganz am Anfang eines jeden Forschungsprojekts und sollte sorgfältig getroffen werden. Eignet sich für die Fragestellung ein experimentelles Vorgehen oder sollte man Felduntersuchungen durchführen? Untersucht man einen Einzelfall oder will man vergleichend arbeiten? Sollen sich die Aussagen der Forschungsergebnisse auf einen Zeitpunkt beziehen oder geht es um die Identifikation von Veränderungen, Entwicklungen oder Trends? Der möglicherweise schwierigste Schritt ist die Umsetzung der theoretischen Konzepte, Hypothesen und Annahmen in Merkmale und Größen, die wir in der Wirklichkeit messen können. Diesem Arbeitsschritt widmet sich *Kapitel 4*. Dabei verstehen wir ‚Messen' hier in einem weiteren Sinne, der zwar die Zuordnung von Zahlen zu Merkmalen und Eigenschaften einschließt, aber ganz allgemein Messen als jede denkbare Form der Protokollierung realer Tatbestände für Forschungszwecke konzeptualisiert. In *Kapitel 5* werden alle Probleme und Arbeitsschritte rund um die Stichprobenziehung bzw. Fallauswahl dargestellt. Mit der Stichprobenziehung ist dann in den meisten Fällen die Vorbereitung abgeschlossen, und ab dann geht es ,in medias res', sprich ins Feld. In *Kapitel 6* gehen wir dementsprechend darauf ein, wie man Daten sammeln, erheben und verfügbar machen kann. Hierbei wollen wir zum einen möglichst praxisnahe Handreichungen für die Feldarbeit geben, zum anderen die Leser aber auch dafür sensibilisieren, wie groß und reichhaltig das Universum an Daten ist, die dem empirischen politikwissenschaftlichen Forscher zur Verfügung stehen. Auch wenn ein Großteil der Forschung immer noch auf standardisierten Umfragen beruht, gibt es eine ganze Reihe anderer Daten und Datenerhebungsverfahren, die für viele Forschungsfragen weitaus angemessener sind. In *Kapitel 7* widmen wir uns den Formen und Fallstricken der Datenaufbereitung. In welcher Form Daten aufbereitet werden, ist bedingt durch die Anlage der Untersuchung (geht man mehr oder weniger standardisiert vor, liegen die Daten als visuelle Eindrücke, als Texte oder als Zahlen vor?) und bedingt umgekehrt die Wahl der weiteren Auswertungsverfahren. Für verbale Daten bieten sich interpretative Verfahren der qualitativen Textanalyse an, über die wir in *Kapitel 8* einen Überblick vermitteln. Numerische Daten werden typischerweise statistisch ausgewertet. Eine Einführung in die statistische Datenanalyse bietet daher *Kapitel 9*. Nach der Auswertung und Interpretation gehört aber zum Abschluss eines Forschungsprojektes noch die Präsentation und Kritik der Ergebnisse. Auf einige forschungspraktische Aspekte dieser letzten Schritte weisen wir zum Abschluss in *Kapitel 10* hin.

Leseanleitung

Das Buch ist so aufgebaut, dass es sich sowohl zur traditionellen Lektüre ,von vorne bis hinten' anbietet; aufgrund der recht detaillierten Gliederung, eines umfangreichen Marginalienapparates, des Indexes und zahlreicher interner Verweisungen kann es aber ebenso gut als Nachschlagewerk für Detailprobleme verwendet werden. Natürlich können auf dem begrenzten Raum eines Lehrbuchs nicht alle Methoden in der gebührenden Breite und Tiefe abgehandelt werden. Uns ging es vielmehr darum, einen ersten Überblick über Anwendungsbereiche, Funktionalität, Arbeitsschritte und Probleme zu vermitteln. Wer sich in seiner Forschungs- oder Qualifikationsarbeit mit einer bestimmten Methode vertieft auseinander setzen möchte, findet jeweils am Ende der Teilkapitel kurz kommentierte Hinweise auf weiterführende Literatur.

Geschlechtsneutrale Formulierung

Zuletzt noch ein Hinweis zum „politisch unkorrekten" Stil des Buchs. Das Autorenteam besteht aus zwei Frauen und einem Mann.

Gemeinsam haben wir uns darauf geeinigt, im Dienste der Lesbarkeit des Textes auf die strikte Beachtung geschlechtsneutraler Formulierungen zu verzichten. Wir sind nicht der Meinung, dass dieses Buch sich nur an Studenten und Forscher richten sollte, sondern selbstverständlich gleichermaßen an Studentinnen und Forscherinnen, und hoffen, dass letztere uns diese nicht ideologische, sondern rein pragmatische Entscheidung verzeihen mögen.

2 Methoden im empirischen Forschungsprozess

Methoden im empirischen Forschungsprozess sind Mittel zum Zweck. Sie helfen uns, unsere Ziele zu erreichen. Das Ziel eines empirischen Forschungsunternehmens besteht darin, Wissen über die Wirklichkeit zu erlangen, in der wir leben. Dieses Wissen hilft uns, uns besser in der Wirklichkeit zurecht zu finden, sie besser zu verstehen, da wir aufgrund dieses Wissens in bestimmten Situationen vernünftige Erwartungen bilden können. Unser Wissen über die Wirklichkeit muss systematisch geordnet sein, damit wir erkennen, in welchen Situationen wir welche Erwartungen bilden können. Dieses systematisch geordnete Wissen über die Wirklichkeit, in der wir leben, nennen wir auch Theorien. Das Bild, das wir uns mit Hilfe dieser Theorien über unsere Wirklichkeit machen, ist im wörtlichen Sinne als unser *Weltbild* zu verstehen. Unsere Theorien konstituieren unser Weltbild, sie helfen uns nicht nur, berechtigte Erwartungen zu bilden, sondern sie helfen uns auch, die Welt zu verstehen, indem sie uns ermöglichen, bestimmte Ereignisse mit Hilfe unserer Theorien zu erklären. Jegliche Form des Lernens, des Anhäufens von Wissen über die Welt verläuft über die Änderung und Verfeinerung dieser Theorien.

2.1 Methoden und wissenschaftliche Theorie

Wissenschaft und Alltagsverstand

Der vermutlich größte Teil unserer „Theorien" über die Welt sind Alltagstheorien bzw. Theorien des Alltagsverstands. In Abgrenzung hierzu sprechen wir von wissenschaftlichen Theorien, wenn wir, anstatt uns gänzlich auf den Alltagsverstand zu verlassen, nach Regeln vorgehen, die wir als Methoden des wissenschaftlichen Arbeitens bezeichnen können. Die allgemeine Anerkennung dieser Regeln durch die *scientific community* allerdings ruht wiederum auf dem Alltagsverstand, dem *common sense*. Die Begründung der Regeln wissenschaftlichen Arbeitens erfolgt also dogmatisch unter Berufung auf den Alltagsverstand. Sie kann nur dogmatisch erfolgen, da uns keine andere letzte Begründungsinstanz zur Verfügung steht als der Alltagsverstand. Ganz in diesem Sinne charakterisierte schon Thomas Huxley die Wissenschaft als „organized common sense".

Die wissenschaftliche Methode, das wissenschaftliche Vorgehen fußt also letzten Endes immer auf dem Alltagsverstand, sie stellt nichts anderes dar als der Versuch, diesen systematisch zu verfeinern. Es ist daher ratsam, und es stellt alles andere als einen Rückfall in das vorwissenschaftliche Arbeiten dar, wenn wir die Ergebnisse unserer wissenschaftlichen Arbeit immer wieder durch einen Rückbezug auf unseren common sense überprüfen. Das soll nun keinesfalls heißen, dass wissenschaftliche Ergebnisse, die dem Alltagsverstand widersprechen, verworfen werden sollen, denn dann wäre ja jegliches Unterfangen, Wissenschaft zu betreiben, von vornherein als sinnlos zu betrachten. Gerade die mitunter spektakulärsten wissenschaftlichen Ergebnisse sind solche, die dem Alltagsverstand widersprechen, die Einstein'sche Relativitätstheorie ist nur das populärste Beispiel für eine derartige Theorie. Das Wesen der Wissenschaft besteht darin, den Alltagsverstand nicht direkt zur Gewinnung substanzieller Theorien einzusetzen, sondern ihn über den Umweg der Methoden zur Schaffung von Theorien zu verwenden. Wir sind bereit, die paradoxen Schlussfolgerungen aus der Relativitätstheorie wie Raum- und Zeitverzerrungen zu akzeptieren, da die Evidenz der Regeln des Beweises, auf denen diese Theorie beruht, schwerer wiegt als die dagegen stehende Evidenz der unmittelbaren Anschauung. Je absurder und weniger einleuchtend die Ergebnisse sind, desto einleuchtender und unangreifbarer müssen die verwendeten Methoden sein. Die Begründung jeder wissenschaftlichen Theorie ist daher immer nur so stark und so überzeugend, wie die zur Gewinnung der Theorie eingesetzten Methoden stark und überzeugend sind.

Methodenkritik und wissenschaftliche Produktivität

Forschungsergebnisse hängen also immer von der verwendeten Methode ab. Dies sollte jedoch nicht zu der Folgerung führen, man müsse eine durch und durch stichhaltige Begründung der verwendeten Methoden bis ins letzte Detail liefern, bevor man diese Methoden in der konkreten Forschung einsetzen dürfte. Dies widerspricht einerseits einem forschungspragmatischen Vorgehen, andererseits aber auch der Geschichte des wissenschaftlichen Fortschritts. Weder Galilei bei seinen Experimenten mit der schiefen Ebene, noch Gregor Mendel bei seinen Erbsenzüchtungen, noch Semmelweis bei der Entdeckung des Kindbettfiebers haben nach heutigen Maßstäben die Kriterien des wissenschaftlichen Arbeitens streng genommen erfüllt. Nichtsdestotrotz hatten sie, wie wir heute wissen, im Wesentlichen mit ihren Ergebnissen recht. Überzogene und fundamentale bis fundamentalistische Methodenkritik kann daher leicht zu einer Verödung wissenschaftlicher Erkenntnis führen. Aus forschungspragmatischen Gründen ist es vielmehr sinnvoll, grundsätzlich mit einer Auseinandersetzung über die inhaltlichen Aussagen einer Theorie zu beginnen. Entsprechend dem Grundsatz „in dubio pro reo“ sollte der Methode und daher auch der auf ihr fußenden Theorie ein Vertrauensvorschuss gewährt werden. Die methodische Kritik sollte dann ansetzen, wenn die Ergebnisse nicht unmittelbar einleuchtend erscheinen, wenn sie in Widerspruch zu den Ergebnissen anderer Forschungsarbeiten stehen, oder wenn die Falschheit der Ergebnisse möglicherweise fatale Folgen haben könnte. Methodische Kritik soll Argumente liefern, wenn es um die Entscheidung zwischen verschiedenen Ergebnissen bzw. verschiedenen Theorien geht. Sie sollte aber nicht als Totschlagargument missbraucht werden, das jegliche theoretische Diskussion schon unterbindet, bevor sie überhaupt beginnt.

Unitaristische Wirklichkeit und Methodenpluralismus

Es gibt zwar nur eine Wirklichkeit, aber es gibt verschiedene Möglichkeiten, d. h. verschiedene Methoden, sich der Wirklichkeit zu nähern, und je nach verwendeter Methode mag das daraus entstehende Bild der Wirklichkeit, unser Weltbild, unterschiedlich sein. Da wir keinen direkten Zugang zur Wirklichkeit haben, ist es uns auch nicht möglich, auf unmittelbare Weise zu beurteilen, welche Methode uns nun das korrekte Abbild der Wirklichkeit liefert. Das Festhalten an einem unitaristischen Wirklichkeitsbegriff lässt sich also problemlos mit einem methodischen Pluralismus vereinbaren.

Methodenpluralismus impliziert keinen pluralistischen Wahrheitsbegriff

Diese verschiedenen Methoden müssen aber insofern miteinander kompatibel sein, dass die Ergebnisse, d. h. die durch die Anwendung der Methode produzierten Erkenntnisse, in einer *allgemeinen* Form kommunizierbar sein müssen, die von allen Wissenschaftlern unabhängig von der angewandten Methode akzeptiert werden kann. D. h. die gemeinsame Sprache ist der Ort, an dem sich alle treffen und über die sprachlichen Äußerungen der anderen miteinander diskutieren können. Äußerungen in dieser Sprache sind an sich sinnvoll oder sinnlos, wahr oder unwahr, unabhängig von der Methode. Die Akzeptanz eines Satzes als sinnvoll bzw. wahr aber kann sehr wohl von der verwandten Methode abhängen. Damit ist gemeint: Wir können streiten darüber, ob wir einen Satz für wahr oder unwahr halten, aber wir müssen uns einig sein darüber, was wir unter diesem Satz verstehen wollen, d. h. was er bedeuten soll, wenn wir bereit sind, ihn für wahr zu halten. Es darf und kann keinen methodenbedingten Relativismus der Wahrheit einer sprachlichen Äußerung geben, es kann und darf nicht sein, dass dieselbe

Aussage nach der einen Methode als wahr und nach der anderen Methode als falsch zu gelten hat. D. h. natürlich können verschiedene Methoden zu verschiedenen Ergebnissen führen, genau so wie ja auch die Anwendung derselben Methode an verschiedenen Daten zu verschiedenen Ergebnissen führen kann. Der Widerspruch muss aber als aufzulösender d. h. „vorläufiger" Widerspruch empfunden werden und darf nicht durch einen „pluralistischen Wahrheitsbegriff" verwässert werden. *Jede* sprachliche Äußerung muss im Prinzip kritisierbar sein, sowohl positiv als auch negativ. d. h. es müssen Argumente vorstellbar sein, die als gute Gründe gelten können, die sprachliche Äußerung für wahr zu halten, und es müssen Argumente vorstellbar sein, die als gute Gründe gelten können, diese abzulehnen. Methoden sind Entdeckungsverfahren solcher Gründe, ihr Zweck besteht in der Lieferung von Argumenten. Die Grundannahmen einer Methode, sowie die einzelnen Schritte der Durchführung einer Methode müssen derart explizit gemacht werden können, dass jeder, der die Methode anwendet, bei Anerkennung der gleichen Grundannahmen, zum selben Ergebnis gelangen muss. Auch Methoden, die „interpretativ" vorgehen, sind dennoch in diesem Sinne objektiv bzw. „intersubjektiv". Interpretation bedeutet, dass etwas offengelegt werden muss, was nicht direkt erkennbar ist, aber das, was offengelegt wird, muss davor „objektiv" vorhanden gewesen sein, es darf nicht durch den Prozess der Interpretation erst in das zu interpretierende Objekt hineinverlegt werden. Es gibt daher „falsche" und „richtige" Interpretationen.

Methodenkonkurrenz vs. Methodenkomplementarität

Verschiedene Methoden können also in einem Konkurrenzverhältnis zueinander stehen, d. h. sie streiten mitunter um die Wahrheit derselben Aussage. Damit ist nicht gesagt, dass sie zu verschiedenen Ergebnissen gelangen müssen, vielmehr, dass sie auf demselben „Markt von Problemen" bzw. „Markt der Wahrheit" als Anbieter von Lösungen auftreten. Verschiedene Methoden können aber auch komplementär sein, d. h. sie beziehen sich auf jeweils andere Fragestellungen und andere Probleme. In der Marktanalogie ließe sich sagen, dass die verschiedenen Methoden als jeweils quasimonopolistische Anbieter auf segmentierten Märkten auftreten. Fragestellungen, die sich mit einer Art von Methoden untersuchen lassen, lassen sich nicht zwangsläufig auch mit einer anderen Art von Methoden untersuchen und umgekehrt. Je nach Art der Fragestellung sind bestimmte Methoden klar geeigneter.

2.2 Theorie und Daten

Unsere Welt ist, was unsere Theorien über sie aussagen, in diesem Sinne sind die Theorien *welterzeugend.* Zugleich sagen diese Theorien aus, wie und warum bestimmte Dinge sich ereignen, sie sind also ebenfalls *Theorien der Wirklichkeitserzeugung*, d. h. sie beschreiben die Strukturen, nach denen die Wirklichkeit erst entsteht. Es ist äußerst wichtig, diese beiden Aspekte von Theorien auseinander zu halten. Viele Missverständnisse über das Wesen und die Funktion der Wissenschaft könnten ausgeräumt werden, wenn man diese beiden Blickwinkel, unter denen Theorien betrachtet werden können, sauber auseinander halten würde. Im sozialen Kontext ist z. B. die Wissenschaft oder – allgemeiner – die Produktion von Weltbildern selbst wieder eine Tätigkeit, die sich in der Wirklichkeit vollzieht und somit untersucht werden kann. Die wissenschaftliche Theorie beschreibt dann, nach welchen Regeln dieser Aspekt der Wirklichkeit verläuft, in dem die Produktion von Weltbildern geschieht. Die Produktion von vielfältigen und sich teilweise widersprechenden Weltbildern *ist* ein Teil der Wirklichkeit, die Ambivalenz der Weltbilder angesichts einer als objektiv gegeben angenommenen Wirklichkeit ist die Folge des Umstands, dass wir in der Wirklichkeit nicht ihre Struktur selbst, sondern nur die Manifestationen dieser Struktur beobachten können. Diese Beobachtungen bilden die Datengrundlage, mit deren Hilfe wir unsere Theorien der Wirklichkeit erschließen müssen.

Wissenschaftliche Theorien und allgemeine Sätze

Wissenschaftliche Theorien verallgemeinern immer in irgendeinem Sinn. Im Extremfall bestehen sie aus *allgemeinen Sätzen* wie z. B. physikalischen Gesetzen, für die eine universelle, d. h. von Raum und Zeit unabhängige Gültigkeit beansprucht wird. Doch auch zeitlich und räumlich begrenzte Theorien, wie sie in den Sozialwissenschaften üblich sind, lassen sich in allgemeinen Sätzen formulieren, mit den entsprechenden Einschränkungen eben. Auch wenn wir Klassifikationen von Objekten vornehmen, lässt sich dies mit allgemeinen Sätzen ausdrücken, denn wir nehmen nur solche Objekte in eine gemeinsame Klasse auf, die eine gemeinsame Eigenschaft haben. Die Elemente der Klasse „Planet" haben z. B. alle die Eigenschaft, dass sie sich in einer elliptischen Umlaufbahn um die Sonne bewegen, die Objekte „Abgeordnete" haben in einer Demokratie die gemeinsame Eigenschaft, gewählt worden zu sein.

Korrespondenztheorie der Wahrheit

Allgemeine Sätze jedoch kommen in der Wirklichkeit nicht vor. Zwar folgt der Aufbau der physischen Welt z. B. der Struktur, die durch die Naturgesetze vorgeschrieben ist. Die Wirklichkeit selbst besteht jedoch immer nur aus Manifestationen dieser Strukturgesetze in Form von einzelnen Tatsachen, die sich in der Wirklichkeit ereignen. Wenn wir also Sachverhalte beschreiben wollen, wie sie in der Wirklichkeit passieren, dann geschieht dies immer nur in Form von Sätzen, die einzelne Tatsachen beschreiben. Solche Sätze nennen wir *singuläre* oder *besondere Sätze*. Nach der so genannten *Korrespondenztheorie der Wahrheit* wird ein singulärer Satz dann als wahr bezeichnet, wenn der in ihm behauptete Sachverhalt in der Wirklichkeit zutrifft. Jeder Tatsache in der Wirklichkeit kann also ein korrespondierender singulärer Satz zugeordnet werden. In Sätzen können aber auch Sachverhalte ausgedrückt werden, die so nicht in der Wirklichkeit stattfinden. Diese Sätze sind demnach falsch. Die Sprache enthält also wahre und falsche Sätze.

Abbildung 2.1: Die Repräsentation der Wirklichkeit in der Sprache

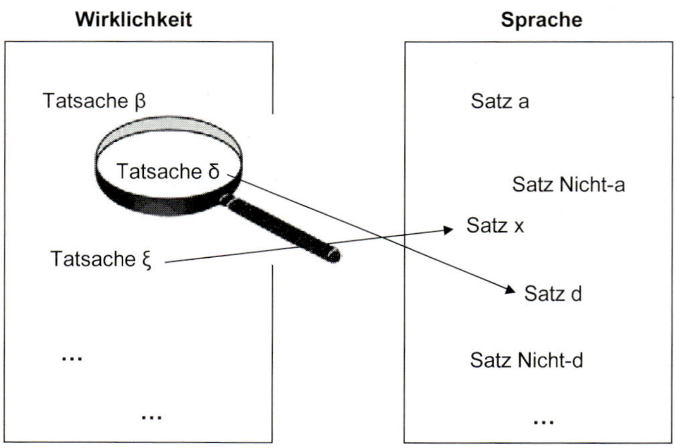

Während in der Wirklichkeit nur die Tatsache δ vorliegt, ist es in der Sprache möglich, sowohl den Satz d auszudrücken, der eine adäquate Darstellung des Sachverhalts ist, als auch die Negierung des Satzes, also Nicht-d, der die Tatsache leugnet. Der schöpferische Spielraum, den uns die Sprache zur Verfügung stellt, wird nicht durch die Tatsachen, wie sie wirklich sind, beschränkt. Wir können die Wahrheit genau so gut sagen wie die Unwahrheit, sei es, dass dies bewusst oder auch nur aus Unwissenheit geschieht. Es gibt sogar Bereiche in der Kunst, in der es bewusst um die Darstellung unwirklicher, d. h. phantastischen Sachverhalte, geht.

In der Wissenschaft jedoch ist es ausschlaggebend zu wissen, wann eine Aussage wahr ist und wann falsch. Das Anliegen der

Wissenschaft liegt daher darin, aus der Vielzahl möglicher sprachlicher Abbildungen der Wirklichkeit, den vielen möglichen Weltbildern, diejenigen herauszufinden, die eine *adäquate* Abbildung darstellen. Unsere sprachliche Repräsentation der Wirklichkeit ist dann adäquat, wenn sie nur noch Sätze enthält, die wahr sind. Die wissenschaftliche Methode besteht in der Aufstellung von Regeln, die uns zu einer solchen adäquaten sprachlichen Abbildung der Wirklichkeit verhelfen sollen.

Theorie und singuläre Sätze verhalten sich zueinander wie Kausalstruktur und beobachtbare Tatsachen

Die singulären Sätze, die zu den Tatsachen der Wirklichkeit korrespondieren sollen, werden ihrerseits aus der Geltung bestimmter Theorien abgeleitet. Gleichzeitig gehen wir davon aus, dass die Tatsachen durch die der Wirklichkeit zugrundeliegende Kausalstruktur hervorgerufen werden. Wenn die aus der Theorie abgeleiteten Sätze nun zu einer adäquaten Abbildung der Wirklichkeit führen, dann schließen wir daraus indirekt, dass die Theorie ihrerseits gewisse Aspekte dieser Kausalstruktur gut abzubilden vermag. Wenn wir z. B. über eine Theorie der Schwerkraft verfügen, die uns voraussagt, dass ein bestimmter Gegenstand in meiner Hand nach unten fallen wird, sobald ich ihn loslasse, und wenn wir dann diesen Sachverhalt tatsächlich beobachten können, dann scheint uns das ein überzeugender Hinweis darauf zu sein, dass unsere Theorie der Schwerkraft eine adäquate Formulierung des Gravitationsgesetzes ist, wie es sich in der Wirklichkeit vollzieht.

Abbildung 2.2

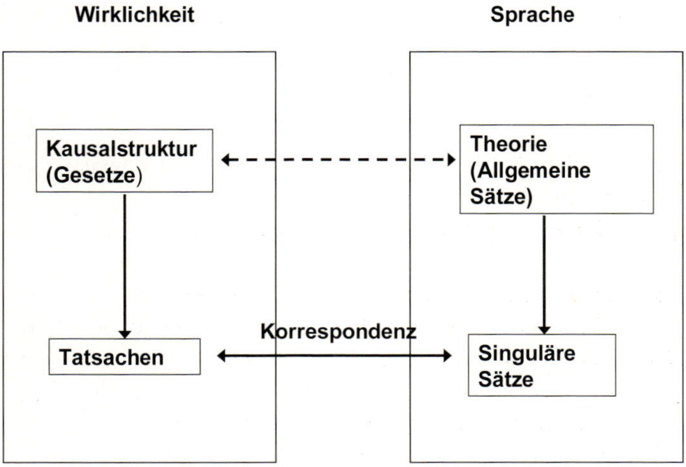

Die Prüfung von Theorien an der Wirklichkeit kann also immer nur indirekt vor sich gehen, da wir keinen direkten Zugang zur Wirklichkeit haben. Um es in Kant'scher Terminologie auszudrücken, das „Ding an sich" bleibt uns verborgen. Das einzige, was wir wahrnehmen könne, sind bestimmte Manifestationen des Objekts.

Jede Abbildung der Wirklichkeit ist weniger komplex als diese selbst

Die Wirklichkeit selbst ist so komplex und reich, dass wir gar nicht in der Lage wäre, uns in ihr zurechtzufinden, wenn wir sie in ihrer Gänze wahrnehmen würden. Unser Zugang zur Wirklichkeit vollzieht sich daher immer über eine Abbildung der Wirklichkeit, deren Komplexitätsgrad weit unter dem der Wirklichkeit selbst liegt. Den direktesten Zugang zur Wirklichkeit haben wir immer noch über unsere Wahrnehmungen. Aber selbst diese stellen schon eine Reduktion der Wirklichkeit dar, d. h. sie wirken wie ein Filter, der nur solche Aspekte der Wirklichkeit überhaupt abbildet, für die wir über entsprechende Sinnesorgane verfügen.

Abbildung 2.3

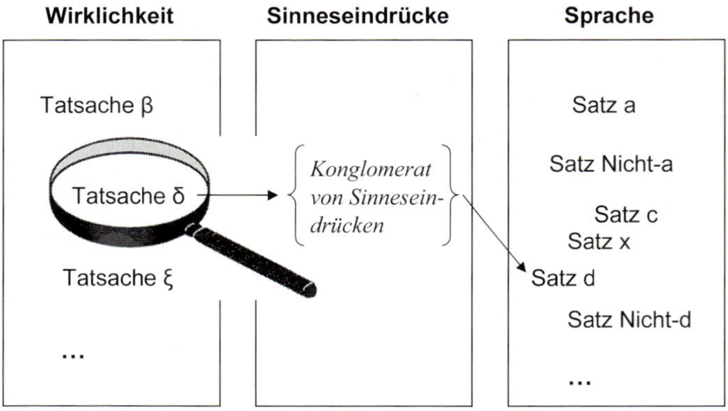

Qualitäten der Wirklichkeit, die wir über unsere Sinnesorgane nicht erfassen können, sind aber unter Umständen durch bestimmte Messapparaturen zugänglich, die wir konstruieren können. Bestimmte Frequenzbereiche des Lichts, die wir mit unseren Augen nicht wahrnehmen können, können sehr wohl durch entsprechende Geräte „gemessen" werden. Die Messung mit Hilfe künstlicher Messapparaturen kann insofern als eine Erweiterung unserer Sinnesorgane aufgefasst werden.

Die Bedeutung der Sprache

Wissen über die Wirklichkeit kann aber nur dann erworben und vor allem weiter vermittelt werden, wenn es in symbolischer Repräsentation codiert ist. Wir können unseren optischen Eindruck von einem Sonnenuntergang nicht als diese Sinneswahrnehmung selbst an jemanden weitergeben, so dass er sie genau auf dieselbe Weise mit seinen Sinnen erfährt. Wir können nur davon erzählen. Wenn uns dies aber sehr gut gelingt, dann kann es sein, dass unser Gegenüber fast den Eindruck gewinnt, er hätte diese sinnlichen Erfahrungen selbst gemacht. Es findet also noch einmal eine zweite Abbildung von unseren Sinneswahrnehmungen oder „Messungen" auf die symbolische Repräsentation statt, wobei letztere in einer Form stattfindet, die wir Sprache nennen. Auch diese zweite Abbildung reduziert die Komplexität noch einmal. Es ist zugleich die Stärke und die Schwäche der symbolischen Repräsentation, von den subjektiven Momenten der Erfahrung befreit zu sein. Was in der symbolischen Repräsentation von unserer sinnlichen Erfahrung mit der Welt übrig bleibt, ist das all unseren Erfahrungen Gemeinsame. Es ist dieser gemeinsame Kern unserer Erfahrungen, wenn wir z. B. einen „roten" Gegenstand sehen, der damit ausgedrückt wird, wenn wir die „Farbe" des Gegenstands mit dem Wort „rot" bezeichnen.

Die in zwei Schritten erfolgende Abbildung der Wirklichkeit in unsere Sprache ist durch zwei Eigenschaften charakterisiert. Sie reduziert die Komplexität, indem sie die fast unendlich dimensionale Vielfältigkeit der Wirklichkeit auf wenige kognitiv handhabbare Dimensionen vereinfacht, und das Medium, mit dem die abgebildeten Werte ausgedrückt werden, unterscheidet sich stets vom Medium, innerhalb dessen sich die ursprünglichen Phänomene befunden haben. Das Wort „rot" hat nichts mit dem Sinneseindruck „rot" gemein, aber auch der Sinneseindruck „rot" hat nichts mit der Qualität in der Wirklichkeit gemeinsam, die ihn hervorruft. In der Wirklichkeit existieren keine „Farben" oder „Geräusche", lediglich gibt es gewisse Eigenschaften der wirklichen Objekte, die auf unsere Sinnesorgane in einer Art und Weise einwirken, so dass die Eindrücke entstehen, die wir als Farbe oder Geräusch empfinden.

Konstruktion von Bildern der Wirklichkeit

Unsere Annäherung an die Wirklichkeit vollzieht sich also immer über eine *Konstruktion* dessen, was wir für wirklich halten. Dies ist offensichtlich bei der symbolischen Repräsentation der Wirklichkeit durch die Sprache, es ist aber auch schon der Fall bei der Repräsentation der Wirklichkeit durch unsere Sinne. Bauteile der Konstruktion können also Sinneseindrücke, Wörter oder eben auch künstliche Messapparaturen sein.

Aus der Tatsache, dass es sich bei unserem Bild von der Wirklichkeit immer um eine Konstruktion der Wirklichkeit handelt, darf nun aber keineswegs geschlossen werden, dass unsere Weltbilder *beliebige Erfindungen* sind, wie es von dem einen oder andern „Konstruktivisten" oder „radikalen Konstruktivisten" mitunter suggeriert zu werden scheint. Zumindest, was die physische Wirklichkeit angeht, sind der Konstruktion durch die schon erwähnten Korrespondenzbedingungen Beschränkungen auferlegt. Eine Abbildung der Wirklichkeit kann nur dann „funktionieren", d. h. brauchbar sein, wenn sie zumindest in gewissen Aspekten „richtig" ist. Eine brauchbare Abbildung der Wirklichkeit liegt dann vor, wenn sie uns hilft, Erwartungen zu bilden, die in der Regel im Nachhinein bestätigt werden. Kurz gesagt: Die Abbildung der Wirklichkeit muss relevante Strukturmerkmale der Wirklichkeit adäquat wiedergeben.

Wie differenziert wir eine Eigenschaft wahrnehmen und Unterschiede der Eigenschaft benennen, hängt davon ab, wie relevant diese Unterschiede für uns sind. Wenn der Inuit in dem vielzitierten Beispiel 50 verschiedene Begriffe für Schnee besitzt, dann ist dies der Fall, weil in seiner Umwelt diese Unterschiede relevant sind. Er kann aber nur Unterschiede machen, weil sie so auch in Wirklichkeit vorhanden sind. Die „Beliebigkeit der Konstruktion der Wirklichkeit" besteht nur in der Auswahl der relevanten Dimensionen, die überhaupt abgebildet werden sollen, sowie in dem Differenziertheitsgrad der Abbildung. Natürlich ist auch die Wahl der Begriffe beliebig. Ob wir für ein bestimmtes Phänomen der Wirklichkeit den Begriff „Schnee" oder „Snow" verwenden, hat keinerlei Bedeutung. Wenn wir aber unsere Begriffe einmal gewählt und festgelegt haben, dann gilt für jedes Begriffsystem, dass „Schnee" „schmilzt", wenn die „Temperatur" über „0" „Grad Celsius" liegt.

Sozial konstruierte Wirklichkeit als Gegenstand wissenschaftlicher Forschung

Diese grundsätzlichen Überlegungen ändern sich auch dann nicht, wenn es sich bei den untersuchen Aspekten der Realität um ihrerseits wieder sozial konstruierte Objekte handelt, wie es in sozialwissenschaftlichen Theorien üblicherweise der Fall ist. Im Gegensatz zu Sonnenuntergängen oder Vulkanen sind Staaten z. B. nicht einfach vorhanden, sondern sie sind von Menschen geschaffen worden, die damit bestimmte Zwecke verfolgten. Aber die Manifestation des Staates zeigt sich in Organisationen und Handlungsabläufen der involvierten Akteure, die objektiv beobachtbar sind. Ein föderaler Staat ist ohne Zweifel eine soziale Konstruktion, aber wenn er sich in einer explizit in Gesetzen festgelegten Weise manifestiert, mit bestimmten Entscheidungsbefugnissen der Einzelstaaten und des Bundesstaats, dann ist dies in dieser Form objektiv gegeben und es hat objektiv feststellbare Konsequenzen.

Allerdings ist zu beachten, dass wir in den Sozialwissenschaften häufig nicht an den objektiv beobachtbaren Handlungen, sondern an dem damit verfolgten Sinn interessiert sind. Wenn ein Abgeordneter z. B. in einer Abstimmung im Parlament seine Hand hebt, dann interessiert uns in diesem Kontext weniger die Geste an sich als der damit verfolgte Zweck, mit dieser Geste seine Zustimmung zum Ausdruck zu bringen. Das Heben der Hand als Signal für Zustimmung ist sicherlich eine soziale Konstruktion, aber sobald sie als solche existiert, ist der Zusammenhang zwischen Handhochheben und Zustimmung signalisieren ein objektiv gegebener. Die Konstruktion eines Weltbildes, in dem das Handhochheben im eben beschriebenen Kontext als Ablehnung gedeutet wird, ist ganz einfach falsch.

2.3 Die Entstehung und Prüfung von Theorien

Von den Daten zur Theorie

Theorien sollen uns helfen, die von uns beobachtete Wirklichkeit besser zu verstehen bzw. erklären zu können. Dabei gibt es ein Wechselspiel zwischen Theorie und Daten, das in beide Richtungen verläuft. Während es in der Wissenschaftstheorie durchaus umstritten ist, inwieweit eine neue Theorie aus beobachteten Daten heraus begründet werden kann, so ist es doch nahe liegend zu vermuten, dass fast jede Theorie ihren Anstoß aus der empirischen Beobachtung bestimmter Ereignisse erhalten hat. Wir beobachten z. B. bestimmte Unterschiede und fragen uns auf einmal, wie diese zustande gekommen sind. Warum z. B. haben bestimmte parlamentarische Systeme mehr oder weniger ein Zweiparteiensystem, während andere Systeme eine Vielzahl von Parteien aufweisen? Warum wählen Bürger eine bestimmte Partei?

Heureka-Erlebnisse

Manche Theorien entstehen mehr oder weniger als „Heureka-Erlebnisse“ bzw. spontan. Sie entspringen Erleuchtungserlebnissen der Art, wie sie in der berühmten Anekdote über Archimedes festgehalten sind, dem seine Formulierung des Auftriebsgesetzes von Objekten in flüssiger Umgebung angeblich in der Badewanne eingefallen sein soll. Bei solchen „Heureka-Erlebnissen“ folgt die Theorie keineswegs zwingend aus den Beobachtungen, denn sonst wären sicherlich schon andere vor Archimedes auf das Auftriebsgesetz gekommen. Es bedarf einer Brücke zwischen Daten und Theorie und in manchen Fällen ist der Graben so groß, dass die Brücke nur von Leuten wie z. B. Archimedes überschritten werden kann, die über geniale Eingebungen verfügen. Aber selbst in diesen Fällen bedarf es zumindest eines Anstoßes durch empirische Beobachtungen – wie eben z. B. der Wahrnehmung der Auftriebskraft des eigenen Körpers in der Badewanne.

Erklärung und Prognose

Die Formulierung einer Theorie ist also der Gewinnung von Daten nachgelagert. Der durch die Theorie postulierte Zusammenhang aber ist gewissermaßen den Daten vorgelagert, da die Theorie ja gerade in einer Erklärung besteht, wie die beobachteten Daten überhaupt zustande kamen. Besteht einmal eine Theorie, können damit entsprechend auch zukünftige Beobachtungen erklärt werden, die den ursprünglichen Daten in einer bestimmten Weise ähnlich sind, nämlich insofern, dass sie dem typischen Anwendungsbereich der Theorie entsprechen. Mit einer einmal gewonnenen Theorie ist man daher sogar in der Lage, zukünftige Daten zu prognostizieren.

Induktion und Deduktion

Der Zeitpfeil zwischen Theorie und Daten kann also in beide Richtungen verlaufen. Einerseits gewinnen wir die Theorie aus der Beobachtung von Daten, diesen Prozess bezeichnen wir als Induktion. Andererseits können mit Hilfe der Theorie bestimmte Aussagen abgeleitet werden, die wir in der Wirklichkeit beobachten können, dieses Vorgehen nennen wir Deduktion.

Theorie und Hypothese

Wie schon erwähnt, gewinnen wir unserer Theorie, unser Weltbild, *nachdem* wir bestimmte Erfahrungen gemacht haben. Die Theorie aber ist eine der Wirklichkeitserzeugung, d. h. eine Theorie darüber, wie die Daten, die wir erfahren haben, *zuvor* überhaupt erst zustande gekommen sind. Die Theorie wird also im Nachhinein unseren erfahrenen Daten überstülpt. Zwar „passen" die Daten zur Theorie, weil sie aus ihr abgeleitet werden können, aber es ist die Theorie, die zu den Daten passend entworfen worden ist. Es lassen sich aber beliebig viele andere, ebenfalls zu den beobachteten Daten passenden Theorien ausdenken, d. h. alternative Theorie, die ebenfalls in der Lage sind, die Daten zu erklären. Keine bestimmte Theorie folgt zwangsläufig aus den Daten. Jede Theorie enthält einen mehr oder weniger großen Anteil archimedischer „Erleuchtung". Jede neu formulierte Theorie kann daher wahr, aber sie kann ebenso gut falsch sein. Jede Theorie ist daher immer nur *hypothetisch*, die von ihr gemachten Aussagen über die Wirklichkeit können streng genommen nur als angenommene Behauptungen, in Form von so genannten *Hypothesen*, formuliert werden.

Es ist nun aus logischen Gründen unmöglich, endgültige und eindeutige Klarheit über die Richtigkeit einer Theorie zu erlangen. Es ist aber sehr wohl möglich, Argumente zu liefern, unter welchen

Umständen, aufgrund welcher Eigenschaften eine bestimmte Theorie für wahr gehalten werden sollte.

Die Prüfung von Theorien: Bewährung und Falsifikation

Die deduktive Strategie besteht in der Prüfung von Theorien. Nach dieser Auffassung spielt es nur eine untergeordnete Rolle, wie die Theorie zustande gekommen ist, wichtiger ist vielmehr, dass die Theorie bestimmte „Tests" besteht. Der entscheidende Test für eine Theorie besteht dabei in der Untersuchung ihrer Prognosefähigkeit. Ist die Theorie in der Lage, bestimmte Ereignisse vorherzusagen, die sich dann tatsächlich beobachten lassen, so muss dies als starkes Indiz betrachtet werden, dass die Theorie wahr sein könnte. Die Theorie wird dann als *bewährt* angesehen. Entspricht die Beobachtung hingegen nicht der aufgrund der Theorie gemachten Prognose, dann ist die Theorie am Test in der Realität gescheitert, sie gilt als *falsifiziert*. Je mehr solchen Tests, d. h. je mehr solchen Falsifikationsversuchen eine Theorie erfolgreich widerstanden hat, in umso höheren Maß wird sie als bewährt angesehen. Für die Auffassung des so genannten *Falsifikationismus*, der auch als *Kritischer Rationalismus* bezeichnet wird und dessen bekanntester Vertreter Karl Raimund Popper ist, ist der gesamte Bereich der Formulierung und Entstehung von Theorien mehr oder weniger irrelevant. Es spielt keine Rolle, ob sie genialen Erleuchtungen zu verdanken sind, aus anderen Theorien abgeleitet wurden oder aus der systematischen Beobachtung von Daten gewonnen wurden. Der gesamte Bereich der Entstehung einer Theorie wird dem Bereich der Psychologie zugeordnet, die Idee einer wissenschaftstheoretischen Begründung von Theorien wird strikt abgelehnt. Ausschließlich das Ausmaß, in dem sich eine Theorie in der ständigen Konfrontation mit der Wirklichkeit bewährt, wird als Maßstab für die Beurteilung der Güte einer Theorie anerkannt.

Die induktivistische Position

Die Behauptung, für die Wissenschaftlichkeit einer Theorie spiele es praktisch keine Rolle, wie die Art der Gewinnung der Theorie im Einzelnen aussieht, wird von den Anhängern der induktiven Position vehement abgelehnt. Der radikale Gegenpol zu Popper wäre hier der englische Philosoph Francis Bacon, ein Zeitgenosse von Elisabeth I. und deren Nachfolger Jakob I. Nach der Auffassung Bacons lässt sich die Natur entschlüsseln, indem man ihr ihre Geheimnisse durch systematisch angelegte *Experimente* entlockt. Bacon wird daher als der Begründer des modernen Wissenschaftsbegriffs angesehen. Auch wenn die von Bacon vertretene Position, die systematisch gewonnenen Erkenntnisse seien unbestreitbar richtig, solange man korrekt vorgehe, heute nicht mehr geteilt wird, so gibt es doch auch im 20. und 21. Jahrhundert weiterhin viele Anhänger einer eher induktiv ausgelegten Wissenschaftstheorie. Die Grundposition der Induktivisten kann so interpretiert werden, dass eine Theorie, die durch Befolgung bestimmter Regeln „guter wissenschaftlicher Praxis" gewonnen wird, allein schon dadurch zumindest einen gewissen Mindestanspruch darauf hat, ernsthaft als wissenschaftliche Erklärung der Wirklichkeit betrachtet zu werden. Diese Regeln werden durch entsprechende Methoden verkörpert, sie beziehen sich dabei zum einen auf eine systematische Gewinnung der Daten und zum anderen auf eine ebenfalls systematische Auswertung dieser Daten.

Der Prozess der Datengewinnung in der Perspektive der deduktiven Vorgehensweise

Die induktive und die deduktive Vorgehensweise unterscheiden sich also vor allem in Hinsicht darauf, welche Rolle sie dem Prozess der Datengewinnung und der Auswertung von Daten zugestehen. Betrachten wir zuerst ihre jeweilige Haltung zur Bedeutung der Datengrundlage im Forschungsprozess. Auch der Anhänger des kritischen Rationalismus wird wohl kaum in Abrede stellen, dass die meisten Theorien aus den Daten entstehen. Allerdings fällt dies für ihn noch in eine Art von vorwissenschaftlicher Phase, die Beobachtungsdaten sind unstrukturiert und stammen oft aus gewöhnlichen Alltagserfahrungen. Die solchermaßen ungeordnet gewonnenen Daten sind in keinster Weise geeignet, Theorien zu begründen, sie dienen aber als Ideengeber, als Dünger und Humus für den Boden, auf dem die Intuition steht, die ihrerseits die Theorie kreiert. Hat man dann eine Theorie, gibt es die „eigentlich" wissenschaftliche Gewinnung der Daten, d. h. eine bewusste und systematische Bereitstellung von Daten unter dem Blickwinkel der Brauchbarkeit in Bezug auf das Ziel der Überprüfung der Theorie. In der deduktiven Sichtweise gibt es nur eine theoriegetränkte systematische Annäherung an die Daten. Nur durch die Auswertung von Daten, die von vornherein gezielt unter dem Aspekt der Theorieüberprüfung erhoben werden, ist der Forscher überhaupt in der Lage, eine Aussage über die Wissenschaftlichkeit einer Theorie zu machen. Die Methoden der Datenerhebung sind bei der deduktiven Sichtweise entsprechend eingeschränkt, d. h. es werden genau nur die Konzepte erhoben, die in der formulierten Theorie vorkommen. Diese stark selektive Datengewinnung ermöglicht durch ihre Sparsamkeit die Erhebung der Daten an vielen Einzelfällen.

Der Prozess der Datengewinnung in der Perspektive der induktiven Vorgehensweise

Beim induktiven Vorgehen ist es jedoch nicht nur erlaubt, aus den Daten auf die Theorie zu schließen, es ist gerade das, was beabsichtigt ist. Oft schreiben Induktivisten sogar ihrer Vorgehensweise eine stärkere Stützung der Theorie zu, da ihrer Meinung nach gerade die

Erhebung in Abhängigkeit von der Theorie beim deduktiven Vorgehen eine unabhängige Prüfung bzw. Formulierung der Daten ja geradezu ausschließt. Der Induktivist geht also möglichst offen, d. h. weitgehend theorielos an die Daten heran. Da er noch nicht weiß, worauf es letzten Endes ankommen wird, d. h. welche Konzepte für die erst noch zu bildende Theorie relevant sind, muss er möglichst umfassende Daten erheben, d. h. er muss versuchen, die von ihm untersuchten Objekte möglichst in ihrer Gesamtheit zu erfassen. Wegen des enormen Aufwands, der damit verbunden ist, muss sich der Induktivist zwangsläufig aus ökonomischen Gründen auf wenige Fälle beschränken. Die Aufgabe des induktiv vorgehenden Forschers besteht also in erster Linie im Sammeln von umfassenden Datenmengen, aus denen dann mit Geschick die Theorie herausgelesen werden kann. Dabei werden die Daten zuvor erst noch geordnet. Allerdings setzt die „Ordnung" der Daten schon eine Art von Theorie voraus, bzw. ist Typisierung und Klassifizierung oft der erste Schritt der Theoriebildung, gelegentlich besteht die eigentliche theoretische Leistung auch gerade in der Klassifikation.

Die Rolle der Datenauswertung in der deduktiven Vorgehensweise: Prüfung von Theorien

Hinsichtlich der Datenauswertung besteht das Vorgehen der Falsifikationisten darin, die erhobenen Daten daraufhin zu überprüfen, ob sie den durch die Theorie aufgestellten Hypothesen entsprechen. Ist dies der Fall, gilt die Theorie als bewährt, ist dies nicht der Fall, muss sie zurückgewiesen werden. Allerdings ist die falsifikatorische Vorgehensweise nur in dem Falle eindeutig, wenn die theoretischen Aussagen aus deterministischen Allaussagen wie z. B. „Alle Schwäne sind weiß." bestehen. Entdeckt man nur einen einzigen nichtweißen Schwan, muss der Allsatz und somit die Theorie zurückgewiesen werden. In den Sozialwissenschaften hat man es allerdings in der Regel mit probabilistischen Aussagen zu tun: Eine sozialwissenschaftliche Theorie enthält Aussagen der Art „Katholiken neigen mit einer höheren Wahrscheinlichkeit dazu, konservativ zu wählen als Nicht-Katholiken." Um die Theorie zu falsifizieren, genügt es dann nicht mehr, einen Katholiken zu finden, der nicht konservativ wählt, denn dieser könnte gerade zu einer „untypischen" Minderheit der Katholiken gehören. Die Logik der Falsifikation kann daher in diesen Fällen nur mit Hilfe wahrscheinlichkeitstheoretischer Instrumente vollzogen werden. Das Auffinden bestimmter Daten, die eher unwahrscheinlich sind, wenn die Theorie stimmen würde, könnte dann so gedeutet werden, dass auch die Theorie eher unwahrscheinlich ist und daher zurückgewiesen werden sollte. Da es sich aber nur um Wahrscheinlichkeitsaussagen handelt, führt dies mit einer gewissen Wahrscheinlichkeit auch zur Zurückweisung von an sich richtigen Theorien. Dies ist die Logik der so genannten statistischen Signifikanztests, die in Kapitel 9 ausführlicher erläutert werden.

Die Rolle der Datenauswertung in der induktiven Tradition: Formulierung von Theorien

Beim induktiven Vorgehen soll die Auswertung der Daten zur Formulierung von Theorien führen. Man spricht in diesem Zusammenhang auch von *explorativer* Forschung oder *Datenexploration*. Dabei kann es vorkommen, dass der Forscher zur Formulierung seiner Theorie gelangt, indem er das vorhandene Datenmaterial auf systematische Weise anordnet, wodurch sich ihm bestimmte theoretische Hypothesen aufdrängen, wie es z. B. bei der so genannten qualitativen Inhaltsanalyse der Fall ist (vgl. Kapitel 8). Die Datenexploration und die darauf beruhende Theorienbildung können aber auch mit statistischen Methoden durchgeführt werden, wenn dies die Form des Datenmaterials zulässt. Typische Methoden der statistischen Exploration der Daten, die erste Schritte zur Formulierung einer Theorie sind, sind so genannte Zusammenhangsanalysen, wie sie z. B. mit Hilfe von Kontingenztabellen durchgeführt werden (vgl. Kapitel 9).

Induktion und Deduktion als Bestandteile eines Forschungsprojekts

Während sich die beiden Forschungsansätze in der Wissenschaftstheorie noch ganz gut trennen lassen, verschwimmen die Grenzen hingegen in der Forschungspraxis. Man kann guten Gewissens behaupten, dass jede empirische Untersuchung sowohl aus induktiven als auch deduktiven Elementen besteht, Deduktion und Induktion durchdringen sich gegenseitig. Es ist daher alles andere als sinnvoll, nur die eine Form des Vorgehens zur allein wissenschaftlichen zu erklären. Vielmehr sollte man von vornherein offen gegenüber beiden Vorgehensweisen sein und jeweils die Strategie einschlagen, die in der entsprechenden Phase im Forschungsprozess die angemessene ist. Nehmen wir als Beispiel eines der berühmtesten Experimente der Wissenschaftsgeschichte, Galileis Experiment mit der schiefen Ebene. Es ist nicht einmal eindeutig zu klären, ob dieses Experiment eher einer deduktiven oder einer induktiven Vorgehensweise zuzurechnen ist. Häufig werden physikalische Experimente als *die* Musterbeispiele induktiven Vorgehens gesehen. Allein aber der Aufbau des Experiments, die Konzentration auf lediglich zwei Variablen, nämlich die Geschwindigkeit und die Zeit, zeigen, dass Galilei schon vor der Durchführung des Experiments eine Art von Theorie der Gravitation hatte, bei der eben die Geschwindigkeit eines fallenden Körpers als Funktion seiner Fallzeit erklärt werden konnte. Dies spricht also für eine Zurechnung des Experiments zur deduktiven Wissenschaftsstrategie. Nehmen wir des weiteren an, das Experiment sei im Sinne des Falsifikationismus in erster Linie entworfen worden, um die aristotelische Lehre, wonach die Fallgeschwindigkeit eines Körpers konstant ist, zu widerlegen. Nach den Messungen Galileis aber nahm die Fallgeschwindigkeit proportional zur Zeit zu, womit die aristotelische Theorie widerlegt war. Darüber hinaus lieferte das Experiment sogar die Konstante, mit der der Körper beschleunigt wurde. Mindestens diese Erkenntnis aber ist eindeutig auf induktivem Wege erzeugt worden. Wenn die Durchführung einer Untersuchung zur Verfeinerung bzw. Differenzierung einer Theorie führt, dann sind diese Änderungen immer induktiv zustande gekommen.

2.4 Quantitative und Qualitative Forschung

Viele der eben angesprochenen Aspekte zur Unterscheidung einer eher induktiven gegenüber einer eher deduktiven Vorgehensweise werden in der sozialwissenschaftlichen Literatur zu Forschungsmethoden auch unter dem Stichwort „qualitative" und „quantitative" Methoden abgehandelt. Allerdings werden diese Begriffe weiter verstanden, d. h. die Unterscheidung qualitativ – quantitativ umfasst mehrere Aspekte, von denen die Dimension induktiv – deduktiv nur einen abbildet. Manchmal wird auch die Unterscheidung „nicht-standardisierte" und „standardisierte" Verfahren benutzt. Alle diese Dichotomien sind insofern unbefriedigend, da sie die Gemeinsamkeiten der beiden Forschungstraditionen verschleiern. Dennoch lassen sich bestimmte Akzentsetzungen zwischen den beiden Richtungen unterscheiden.

Zirkulärer vs. linearer Forschungsprozess

Eine typische Eigenschaft der Qualitativen Sozialforschung ist der von vornherein zirkulär angelegte Forschungsprozess. Die verschiedenen Phasen einer Untersuchung – Datenerhebung, Datenauswertung und Theoriebildung – sind nicht klar voneinander abgegrenzt, noch kommen sie in einer bestimmten Reihenfolge vor, sondern es können im Zuge der Theoriebildung neue Daten erhoben werden, die als notwendig für die Ausdifferenzierung der Theorie erachtet werden. In der Quantitativen Sozialforschung hingegen ist die einzelne Untersuchung in Abhängigkeit vom Ziel der Untersuchung auf eine bestimmte Weise linear organisiert. Besteht das Ziel in der Prüfung von Theorien, dann muss entsprechend die Abfolge von

Theorie (Hypothesenbildung), Datenerhebung und Datenauswertung (Hypothesentest) strikt eingehalten werden. Besteht das Ziel hingegen in der Datenexploration und Theoriebildung, dann erhält man die Abfolge Datenerhebung, Datenauswertung, Theoriebildung. Auch die quantitative Forschung verläuft also einmal von den Daten zur Theorie, ein andermal von der Theorie zu den Daten, von diesen Daten aus zu einer neuen Theorie, die wiederum mit neuen Daten überprüft wird usw. Auch die quantitative Wissenschaft ist daher, wenn man es so ausdrücken will, zirkulär organisiert. Der Unterschied zur qualitativen Tradition besteht aber darin, dass das einzelne Forschungsprojekt linear organisiert ist, das gesamte System der Wissenschaft hingegen zirkulär. Anders ausgedrückt: Die insgesamt wendelförmig verlaufende Struktur des gesamten *Forschungsprogramms* setzt sich aus vielen einzelnen halbkreisförmigen Bestandteilen zusammen, die jeweils den einzelnen Forschungsprojekten entsprechen.

Geringe vs. hohe Fallzahlen bei der Datenauswahl

Weiterhin unterscheiden sich qualitative und quantitative Sozialforschung häufig in der Form der Datenauswahl und damit in den Möglichkeiten der Verallgemeinerung (vgl. Kapitel 5). Qualitative Forscher analysieren in der Regel nur eine geringe Zahl von Fällen – manchmal sogar nur Einzelfälle. Dabei wählen Qualitative Sozialforscher ihre Datenträger meist bewusst aus. Quantitative Sozialforscher benötigen dagegen eine höhere Anzahl von Fällen, um ihre Ergebnisse mit den Methoden der Wahrscheinlichkeitstheorie verallgemeinern zu können. Um diese Methoden verwenden zu können, muss die Auswahl der Fälle nach dem Zufallsprinzip vorgenommen werden.

Offen vs. geschlossen erhobene Daten

Quantitative Sozialforscher verwenden in der Regel geschlossen erhobene Daten. Sie greifen also auf die standardisierte Befragung, die stark strukturierte Beobachtung bzw. Bildanalyse, die quantitative Inhaltsanalyse oder Aggregatdaten zurück. Die Daten liegen bei standardisierten Erhebungsmethoden danach meist in der Form von Zahlen vor. Qualitative Sozialforscher erheben ihre Daten dagegen in der Regel offen – mit Hilfe nicht standardisierter Interviews, wenig strukturierter Beobachtungen bzw. Bildanalysen oder prozessgenerierter Texte. Die Daten liegen also als Texte vor, etwa in Form von Beschreibungen, Beobachtungsprotokollen, Dokumenten, Zeitungsartikeln, Parteiprogrammen, Feldnotizen usw.

Datenaufbereitung

Die Form der Datenerhebung beeinflusst auch die Datenaufbereitung: Bei qualitativer Sozialforschung besteht die Datenaufbereitung im wesentlich darin, die Daten zu transkribieren, zu ordnen und eventuell in ein Programm zur qualitativen Datenanalyse (QDA-Programm) zu überführen. Bei quantitativer Sozialforschung werden die Daten dagegen in der Regel in einen Datensatz eingelesen, der Datensatz wird bereinigt und die Variablen werden für die Analyse umgeformt.

Offene Auswertungsverfahren vs. Statistik

Die numerische Codierung der Daten im Fall quantitativer Sozialforschung erlaubt die Auswertung der Daten mit Hilfe verschiedener statistischer Verfahren. Qualitative Sozialforscher greifen hingegen auf Auswertungsverfahren zurück, die der jeweiligen Forschungsfrage sowie der offenen Struktur der Daten angemessen sind.

MethodenMix

Der Übergang zwischen qualitativer und quantitativer Sozialforschung ist fließend. Es ist nicht sinnvoll, pauschal die eine oder andere Strategie als die „bessere" zu deklarieren. Vielmehr sollte man sich abhängig von der jeweiligen Forschungsfrage entscheiden, ob man eine rein qualitative bzw. eine rein quantitative Strategie verfolgt oder ob man qualitative und quantitative Forschung kombiniert. Es gibt zwei grundlegende Möglichkeiten des Methoden-Mixes: Qualitative und quantitative Forschung können phasenweise aufeinander folgen oder komplementär zueinander sein. Auch hier gilt: Abhängig vom Erkenntnisinteresse und der Datengrundlage eignet sich bisweilen das eine, bisweilen das andere Verfahren besser.

Komplementaritätsmodell des Methoden-Mixes

Für bestimmte Fragestellung wie z. B. die Untersuchung von Deutungs- und Interaktionsmustern eignen sich Methoden der qualitativen Forschung vermutlich besser. Will man hingegen wissen, wie häufig bestimmte Typen vorkommen und wie bestimmte Muster in Kollektiven verteilt sind, kann man dies besser mit Hilfe quantitativer Forschung überprüfen. Häufig ergänzen sich also qualitative und quantitative Sozialforschung. Dies nennt man das *Komplementaritätsmodell* des Methoden-Mixes. Zum Beispiel lassen sich Fragestellungen über den Zusammenhang von Strukturdaten von Staaten mit bestimmten „Verhaltensweisen" dieser Staaten wohl besser mit quantitativen Methoden bearbeiten, Fragen über die Gründe, ein Kind zu adoptieren, möglicherweise eher mit qualitativen. Die Aufteilung des Marktes der Probleme kann aber auch unter strukturellen Gesichtspunkten stattfinden. Falls die Lösungen in Erklärungen bestehen, dann können diese ganz verschiedener Art sein. Erklärungen können „korrelational" oder „generic" oder „funktional" sein. Korrelationale Erklärungen erklären Veränderungen einer Eigenschaft der untersuchten Fälle mit Änderungen einer oder mehrerer anderer Eigenschaften dieser Fälle. In diesem Fall sind wohl eher quantitative Methoden geeignet. Generische Erklärungen bestehen in der Beschreibung so genannter Kausalmechanismen oder Kausalprozesse, d. h. sie beschreiben möglichst im Detail den Wirkungsprozess selbst. In diesem Fall sind so genannte „qualitative" Methoden die angemessene Wahl. Funktionale Erklärungen erklären das Auftreten bestimmter Eigenschaften, z. B. Verhaltensweisen bei Menschen in Konfliktlösungssituationen oder bestimmte Institutionen in einem Staat, mit dem damit verfolgten Zweck. In diesem Fall können sowohl quantitative als auch qualitative Methoden zur Anwendung kommen. Sowohl generische als auch funktionale Erklärungen sind eher rekonstruktionslogisch angelegt. Bei einem Kausalmechanismus suchen wir z. B. nach all den Teilen einer Kausalkette von Ereignissen, so dass wir den vollständigen Verlauf des Prozesses von Zustand A nach Zustand B rekonstruieren können. Korrelationale Erklärungen sind hingegen eindeutig subsumtionslogisch. Diese Art der Erklärungen besteht darin, dass ein bestimmter beobachteter Zusammenhang als Einzelfall einer ganzen Klasse ähnlicher Zusammenhänge betrachtet werden kann. Aber auch andere Klassifizierungen von Erklärungen als die eben erwähnten sich möglich. Erklärungen können sich z. B. auf „Wie"-Fragen beziehen oder auch auf „Warum"-Fragen.

Phasenmodell des Methoden-Mixes

Häufig folgen qualitative und quantitative Forschung in verschiedenen Forschungsphasen aufeinander und erhöhen so die Validität der gesamten Studie. Dies wird als *Phasenmodell* des Methoden-Mixes bezeichnet. Dabei lassen sich verschiedene Ablauffolgen der einzelnen Phasen vorstellen. Erstens kann qualitative Forschung eine Vorstufe zu quantitativer Forschung sein. Mit Hilfe qualitativer Verfahren wird ein theoretisches Modell erstellt oder für den spezifischen Kontext modifiziert. Typische Deutungs-, Handlungs-, Interaktionsmuster werden identifiziert. Man stellt fest, welche Typen überhaupt existierten. Mit Hilfe der so gewonnenen Theorie kann man Variablen für die quantitative Forschung spezifizieren. Mit Hilfe der quantitativen Sozialforschung überprüft man das Modell. Man stellt fest, wie häufig bestimmte Typen vorkommen usw. Umgekehrt kann aber auch quantitative Forschung eine Vorstufe zu qualitativer Forschung sein. Ergebnisse aus quantitativen Studien können z. B. Fragen aufwerfen, die dann mit qualitativen Methoden tiefergehend untersucht werden. Eine dritte Möglichkeit ist, dass der gesamte Forschungsprozess qualitativ verläuft, bestimmte qualitative Daten aber validiert werden, indem man eine quantitative Teilstudie einschiebt. Genau so gut können auch quantitative Forschungsphasen mit Hilfe qualitativer Verfahren validiert werden.

Weiterführende Literatur

Literatur zur empirischen Vorgehensweise

Der Klassiker zur wissenschaftstheoretischen Position des Kritischen Rationalismus ist *Popper* (1989). Gute Einführungen in die Wissenschaftstheorie im Sinne des Kritischen Rationalismus sind *Musgrave* (1993) und *Chalmers* (2001). Die beiden unterschiedlichen Traditionen „quantitativ" und „qualitativ" orientierter Forschung werden eingehend verglichen in *Bryman* (1988) und *Lamnek* (1995). Integrative Modelle der beiden Theorien stellen Erzberger / Kelle (1999) vor. Insbesondere erläutern sie anhand von Beispielen, in welchen Kontexten das Komplementaritäts- und in welchen das Phasenmodell die geeignetere Form des Methoden-Mix ist. Ähnlich gehen auch *Witt* (2001) und *Behrens* (2002) auf die Kombinationsmöglichkeiten von quantitativen und qualitativen Methoden ein. *Gerring* (2001) entwirft ein universales Rahmenwerk, das für jede Form sozialwissenschaftlicher Arbeit angewandt werden kann.

Behrens, Maria (2002): Quantitative und qualitative Methoden in der Politikfeldanalyse. In: Klaus Schubert/ Nils C. Bandelow (Hg.): Lehrbuch der Politikfeldanalyse. München: Oldenbourg, 205-238

Bryman, Alan (1988): Quantity and Quality in Social Research. London: Unwin Hyman

Chalmers, Alan F. (2001): Wege der Wissenschaft. Berlin: Springer

Erzberger, Christian / Udo Kelle (1999): Integration qualitativer und quantitativer Methoden. Methodologische Modelle und ihre Bedeutung für die Forschungspraxis. In: Kölner Zeitschrift für Soziologie und Sozialpsychologie, 51, 509-531

Gerring, John (2001): Social Science Methodology. A Critical Framework. Cambridge: Cambridge University Press

Lamnek, Siegfried (1995): Qualitative Sozialforschung. Band 2: Methoden und Techniken. Weinheim: Beltz

Musgrave, Alan (1993): Alltagswissen, Wissenschaft und Skeptizismus. Tübingen: J.C.B. Mohr

Popper, Karl R. (1989)[1935]: Logik der Forschung. Tübingen: J.C.B. Mohr

Witt, Harald (2001): Forschungsstrategien bei quantitativer und qualitativer Sozialforschung. In: Forum Qualitative Sozialforschung (Online-Journal), 2

3 Formen von Untersuchungsdesigns

Um zu einer Theorie zu gelangen oder eine schon vorhandene Theorie einer Prüfung zu unterziehen, benötigen wir einen Plan, wie wir im Einzelnen vorgehen. Diesen Plan nennen wir das Untersuchungsdesign. Das Untersuchungsdesign ergibt sich im Wesentlichen durch die Antworten, die man auf die drei zentralen Fragen bei der Durchführung einer Untersuchung findet:

1. Welche Art von Daten müssen gesammelt werden?
2. Wie werden diese Daten ausgewählt und erhoben?
3. Wie sollen diese Daten anschließend ausgewertet werden?

Unter der *Form eines Untersuchungsdesigns* verstehen wir im Besonderen die strukturelle Anordnung der verschiedenen Datenbestände, deren Beziehungen untereinander die Grundlage für unsere theoretischen Schlussfolgerungen bilden. Um z. B. mit Recht behaupten zu dürfen, dass das Ereignis A die Ursache des Ereignisses B darstellt, muss unter anderem gewährleistet sein, dass die Beobachtungen bezüglich A *vor* den Beobachtungen bezüglich B stattfinden.

Untersuchungsdesignform und Erhebungsmethode

Die Form eines Untersuchungsdesigns ist unabhängig von der spezifischen Erhebungsmethode, mit der die Daten erfasst werden. So kann dieselbe Datenerhebungsmethode wie z. B. eine standardisierte Befragung bei verschiedenen Untersuchungsdesigns wie z. B. einem Querschnittsdesign oder einer Paneluntersuchung verwendet werden, genau so wie verschiedene Datenerhebungsmethoden wie Beobachtung, Befragung und Inhaltsanalyse bei demselben Untersuchungsdesign wie z. B. einem Experiment benutzt werden können. Es können sogar mehrere Erhebungsmethoden innerhalb ein und desselben Designs eine Rolle spielen. In einem Experiment kann z. B. eine Befragung eingesetzt werden, um Persönlichkeitsmerkmale der Probanden zu erheben, für die kontrolliert werden soll, eine Inhaltsanalyse zur Erfassung der Eigenschaften eines eingesetzten Stimulus und die Beobachtung, um die Wirkung des Stimulus auf die Probanden festzustellen. Wenn wir im Folgenden allgemein von einem „Untersuchungsdesign“ sprechen, meinen wir in der Regel die Form eines Untersuchungsdesigns, ohne explizit von Fall zu Fall darauf hinzuweisen.

Die „Urform“ aller Untersuchungsdesigns ist das Experiment. Die anderen Untersuchungsdesigns lassen sich danach klassifizieren, inwieweit sie jeweils der experimentellen Versuchsanordnung entsprechen oder nicht. Die Beurteilung eines Untersuchungsdesigns lässt sich entsprechend unter dem Aspekt vornehmen, inwieweit es die Stärken des experimentellen Designs besitzt oder seine Schwächen auszugleichen versteht. Das Experiment ist daher der natürliche Ausgangspunkt einer jeden Erörterung von Untersuchungsdesigns. Die Darstellung des Experiments nimmt daher im Folgenden im Vergleich zu den anderen Designs am meisten Raum ein, weil die relevanten Eigenschaften eines wissenschaftlichen Designs am Experiment – und einige davon *nur* am Experiment – in geradezu idealtypischer Weise zu demonstrieren sind.

3.1 Experimentelle Untersuchungsdesigns

Die ersten wissenschaftlichen empirischen Theorien aus der Antike bezogen sich auf Phänomene, die der unmittelbaren Beobachtung zugänglich waren. Am prominentesten und beeindruckendsten sind hierbei die astronomischen Theorien der Ägypter und Griechen. Es ist dabei sicherlich kein Zufall, dass gerade in diesem Bereich die Wissenschaft im Altertum ihren Ausgangspunkt hatte. Astronomische Beobachtungen erfüllten eine fundamentale Bedingung, die sie zum „idealen" Kandidaten wissenschaftlicher Theoriebildung machten. Sie waren wiederholbar und sie gaben ein leicht erkennbares Muster von Konstellationen wieder, die sich innerhalb einer bestimmten Zeitperiode exakt wiederholten. Die ersten astronomischen Theorien waren daher deskriptiv und beschränkten sich auf die Beschreibung dieser regelmäßig auftretenden Muster. Später wurde die Regelmäßigkeit des Auftretens selbst aus einer Theorie über eine spezielle Form der Bewegungen der Himmelskörper abgeleitet, z. B. in Kreisbahnen oder so genannten Epizykeln, in Kreisbahnen eingeschriebenen Kreisbahnen. Die Griechen verfügten allerdings über keine wissenschaftliche Theorie der Ursache dieser Bewegungen, wie sie uns heute in Form der Gravitation zur Verfügung steht. Mit Hilfe der Schwerkrafttheorie können wir diese (annähernd) exakte Wiederholung von bestimmten Planetenkonstellationen damit erklären, dass die Bewegungen der Planeten durch eine *einzige* Kraft, die Gravitation, bedingt sind und sonst keinerlei anderen Einflüssen unterliegen. Des Weiteren gilt, dass diese einzige wirkende Ursache zudem in periodischen Abständen immer auf exakt dieselbe Weise auftritt. Die Planetenbewegungen stellen wohl den *einzigen* Bereich der natürlichen Wirklichkeit dar, in dem diese beiden Bedingungen erfüllt sind: Vorliegen eines einzigen Ursachenfaktors und periodische Wiederholung des Wirkens dieser Ursache unter genau identischen Bedingungen, d. h. vor allem mit genau derselben Größe des Effekts der Ursache. Dieser Umstand erst macht die Astronomie zum natürlichen Ursprung der empirischen Wissenschaft und ist somit für ihre herausgehobene Stellung in den Wissenschaften verantwortlich.

Isolation und Kontrolle von Ursachenfaktoren in natürlichen Kontexten

Diese beiden kritischen Bedingungen für die Formulierung wissenschaftlicher Theorien nennen wir heute *Isolation* und *Kontrolle*. Mit Isolation eines Ursachenfaktors meinen wir, dass wir den Effekt, den eine bestimmte Ursache ausübt, feststellen können, indem wir alle anderen gleichzeitig wirkenden Ursachenfaktoren „ausschalten", so dass bestimmte Veränderungen nur noch auf diese eine Ursache zurückgeführt werden können. Unter Kontrolle wird oft ebenfalls nur die Ausschaltung so genannter Drittfaktoren, neben Ursache und Wirkung, verstanden. In diesem Sinn sind Isolation und Kontrolle erst einmal synonym zu verstehen.

Isolation und Kontrolle im Experiment

Die Beobachtungen in der Astronomie sind unter den Bedingungen der Isolation und Kontrolle *natürlich zustande gekommen*. In anderen Bereichen als der Astronomie jedoch treten diese Bedingungen niemals auf natürliche Weise auf. Mit einem Experiment versuchen wir daher in diesen Bereichen, *künstlich* Beobachtungen auf eine Art und Weise zu schaffen, die gewährleisten soll, dass auch hier die Bedingungen der Isolation und Kontrolle vorliegen. Der Begriff der Kontrolle geht aber jetzt über den der Isolation hinaus. Mit Kontrolle ist nämlich zusätzlich gemeint, dass wir das Ausmaß, mit dem ein Ursachenfaktor wirkt, selbst bestimmen können, bzw. auch, ob die Ursache überhaupt zum Wirken kommt. Wir können die Ursache also systematisch variieren. Der enger gefasste Begriff der Kontrolle bezieht sich also lediglich auf die Kontrolle der Einflussfaktoren, die neben dem inhaltlich interessierenden Ursachenfaktor zusätzlich vorhanden sind. Der weiter gefasste Begriff der Kontrolle bezieht sich hingegen zusätzlich auf die *bewusste* Manipulation des kritischen Ursachenfaktors. Damit ist gemeint, dass der Ursachenfaktor in verschiedenen Abstufungen wirksam ist, und dass diese Abstufungen nicht auf natürliche Ursachen, sondern auf bewusste Entscheidungen des Forschers zurückzuführen sind.

Im Falle der astronomischen Beobachtungen ist die „Stärke", mit der die Ursache wirkt, konstant. Gerade dadurch wird ja das wiederkehrende identische Muster erzeugt. Ursachen, die auf immer konstante Weise wirken, sind aber oft als solche gar nicht erkennbar. Dies ist auch der Grund, warum die Bahnen der Planeten zwar akkurat beschrieben werden konnten, wobei die Deskription mit den Keplerschen Gesetzen ihren Höhepunkt gefunden hatte, aber bis zu Newtons Gravitationsgesetz keine Erklärung dieser Bahnen vorlag. Das Wirken von Kausalität ist nur erkennbar, wenn der bewirkte Zustand auch nicht hätte auftreten können. Nur dann, wenn wir uns vorstellen können, dass etwas auch ganz anders hätte sein können, stellen wir uns überhaupt erst die Frage, warum es aber so ist, wie es ist.

Das Prinzip des zureichenden Grundes

Das *Prinzip des zureichenden Grundes* von Leibniz besagt, dass nichts ohne Grund so ist, wie es ist. Wenn ein bestimmter Sachverhalt einmal vorliegt und einmal nicht, dann muss dies auf einen bestimmten Grund zurückzuführen sein, d. h. es muss einen Ursachenfaktor geben, der einmal vorgelegen hat und einmal nicht. Eine andere Form, diesen Zusammenhang auszudrücken, besteht in der Verwendung so genannter *kontrafaktischer Aussagen*. Diese sind Aussagen darüber, was gerade eben nicht der Fall ist. Als Ursache eines bestimmten Effekts kann demnach etwas nur dann gelten, wenn der Effekt nicht aufgetreten *wäre*, wenn die Ursache nicht vorgelegen *hätte*. Wenn der Blitz die Ursache des Donners ist, dann gilt: Hätte es keinen Blitz bzw. die damit verbundene elektrische Entladung der Luft gegeben, dann wäre auch kein Donner aufgetreten, kein Donner ohne vorherigen Blitz.

Das Experiment als Verfahren zur Entdeckung von Kausalzusammenhängen

Durch die Kontrolle des isolierten Ursachenfaktors im Experiment können wir feststellen, wie Veränderungen des bewirkten Sachverhalts mit Veränderungen des Ursachenfaktors korrespondieren. Durch die spezielle Anordnung des Experiments scheint es darüber hinaus auch äußerst plausibel, anzunehmen, dass diese Veränderungen der bewirkten Tatsache auf die Veränderungen der Ursache zurückzuführen sind. Das Experiment ist daher das Verfahren schlechthin, wenn uns an der Entdeckung *kausaler Zusammenhänge* gelegen ist.

Das Experiment als Idealtyp empirischer Forschung

Obwohl die Idee des Experiments auch schon im Altertum vorhanden war, kam sie erst in der Neuzeit zur Blüte und ist der Grund für die wissenschaftliche Revolution, die im 16. Jahrhundert ihren Ausgang nahm. Mit dem Experiment konnte die wissenschaftliche Methodik auf alle möglichen Bereiche der Naturwissenschaften angewandt werden. In den Sozialwissenschaften spielt das Experiment hingegen keine vergleichbar spektakuläre Schlüsselrolle. Aber da das Experiment als *der* Prototyp des wissenschaftlichen Vorgehens gilt, eignet es sich auch in den Sozialwissenschaften als Muster einer *idealtypischen* wissenschaftlichen Vorgehensweise. Abweichungen von diesem Muster können dann in Bezugnahme auf das Muster konkret formuliert werden und ihre Notwendigkeit und ihr Sinn entsprechend begründet werden.

Unabhängige und abhängige Variable

Das Ziel, das wir mit der Durchführung eines Experiments verfolgen, ist die Untersuchung, inwieweit die Veränderungen eines Sachverhalts Veränderungen eines anderen Sachverhalts hervorrufen. Wir sprechen dabei auch von Ursache und Wirkung oder von *unabhängiger Variable* und *abhängiger Variable*. Der Wert der abhängigen Variablen wird als durch den Wert der unabhängigen Variablen verursacht angesehen. Von *Variablen* sprechen wir, um deutlich zu machen, dass sowohl der bewirkte Sachverhalt, die abhängige Variable, als auch der verursachende Sachverhalt, die unabhängige Variable, in mehreren Ausprägungen vorhanden sein können, denn nur dann können wir Veränderungen des bewirkten Sachverhalts auf Veränderungen des Ursachenfaktors zurückführen.

Notwendige und hinreichende Bedingungen

Der Ausgangspunkt jeder Untersuchung auf Kausalität ist die abhängige Variable. Deren verschiedene Ausprägungen sollen mit Hilfe der unabhängigen Variablen erklärt werden. Die abhängige Variable ist durch das theoretische Interesse gegeben. Wir wollen z. B. untersuchen, warum die Wahlbeteiligungen in verschiedenen Ländern so unterschiedlich ausfallen. Die Schwierigkeit besteht darin, die unabhängigen Variablen zu finden, mit deren Hilfe es möglich ist, die Variation der abhängigen Variablen zu erklären. Die Zusammenhänge zwischen abhängiger und unabhängiger Variable sind komplex und können verschiedene Formen annehmen. Wir bezeichnen einen Sachverhalt A als *notwendige Bedingung* des Auftretens von B, wenn A vorliegen muss, damit B auftreten kann. Notwendige Bedingungen ziehen aber die Wirkung nicht zwangsläufig nach sich, sie haben lediglich einen negativen Verhinderungscharakter, da ohne sie das kritische Ereignis nicht eintreten kann. Der Charakter einer notwendigen Bedingung kann mit Hilfe von kontrafaktischen Aussagen direkt ausgedrückt werden: Wenn B auftritt und A eine notwendige Bedingung von B darstellt, dann heißt dies, das B nicht aufgetreten wäre, wenn A nicht vorhanden gewesen wäre. Umgekehrt kann aus dem Vorliegen von B gefolgert werden, dass A gelten muss. Notwendige Bedingungen können aus dem Vorliegen des bewirkten Effekts abgeleitet werden. Genau umgekehrt verhält es sich mit so genannten *hinreichenden Bedingungen*. Aus dem Vorliegen einer hinreichenden Bedingung kann die Wirkung als notwendige Folge abgeleitet werden. Aber es kann mehrere hinreichende Bedingungen geben, die denselben Effekt hervorrufen können. Ob bestimmte Ursachenfaktoren notwendige oder hinreichende Bedingungen darstellen, bzw. zumindest als solche in Frage kommen, kann mit bestimmten Versuchsanordnungen näher untersucht werden.

3.1.1 Klassische experimentelle Versuchsanordnungen nach Mill

Francis Bacon war Anfang des 17. Jahrhunderts der erste, der ein experimentelles Design ausführlich und präzise beschrieb. Noch differenzierter ging John Stuart Mill vor. Die von ihm in seiner „System of Logic" beschriebenen experimentellen Designs gelten auch heute noch als Bezugspunkte, wenn sie auch in genau dieser Form nur noch selten angewandt werden. Mill unterschied mehrere Formen von experimentellen Designs, von denen zwei besonders wichtig sind, die *Methode der Übereinstimmung* und die *Methode der Differenz*.

Die Methode der Übereinstimmung

Methode der Übereinstimmung

Wir betrachten bei der Methode der Übereinstimmung nur solche Beobachtungen, bei denen der Effekt Y, um den es uns geht, vorliegt. Liegt eine Bedingung oder ein Effekt vor, dann machen wir dies durch ein „+" kenntlich, während ein „-" darauf hinweist, dass eine Bedingung nicht gegeben ist.

Tabelle 3.1: Mills Methode der Übereinstimmung

	Potentielle Ursachenfaktoren			Wirkung
	A	B	C	Y
B1	+	+	-	+
B2	-	+	+	+
mögl. notw. Bed.	-	+	-	
mögl. hinr. Bed.	+	+	+	

Im Beispielschema liegen zwei Beobachtungen B1 und B2 vor. Unter B1 gelten die Bedingungen A und B, während die Bedingung C nicht vorliegt. Unter B2 gilt die Bedingung B ebenfalls, während A nicht vorliegt. Nur B liegt in beiden Fällen vor.

Die Schlussfolgerungen, die im Sinn der *induktiven Logik* aus den Beobachtungen gezogen werden dürfen, sind aber durchaus beschränkt. Die Methode der Übereinstimmung kann lediglich herangezogen werden, um bestimmte Faktoren als notwendige Bedingungen auszuschließen. Da A und C mindestens einmal nicht vorliegen, obwohl Y eintrifft, können beide keine notwendigen Bedingungen von Y sein. Als Kandidat für eine notwendige Bedingung bleibt alleine B übrig.

Allerdings kann daraus nicht geschlossen werden, dass B die Ursache von Y ist, denn unter der Ursache eines Ereignisses verstehen wir das Vorliegen von Bedingungen, die das Auftreten des Ereignisses notwendig nach sich ziehen. Dazu muss aber mindestens eine hinreichende Bedingung gegeben sein. Die Methode der Übereinstimmung sagt darüber gar nichts aus, denn alle drei Faktoren kommen als hinreichende Bedingungen in Betracht. Es kann aber auch sein, dass keine der drei Variablen eine hinreichende Bedingung von Y darstellt, da wir nicht alle Faktoren in unser Beobachtungsschema aufgenommen haben.

Die Methode der Übereinstimmung verhilft also zum Ausschluss von Faktoren, die als notwendige Bedingung nicht in Frage kommen. Wenn ein Kanzler der BRD sowohl unter wirtschaftlich prosperierenden Verhältnissen als auch in Krisenzeiten wiedergewählt wird, dann sind florierende wirtschaftliche Verhältnisse zumindest offensichtlich keine notwendige Bedingung für eine erfolgreiche Wiederwahl.

Die Methode der Differenz

Die Methode der Differenz

Die Methode der Differenz dient der Ausschließung von hinreichenden Bedingungen. Hier gruppieren wir Beobachtungen, bei denen das kritische Ereignis Y einmal vorliegt und einmal nicht.

Tabelle 3.2: Mills Methode der Differenz

	Potentielle Ursachenfaktoren			Wirkung
	A	B	C	Y
B3	+	+	-	-
B4	+	+	+	+
mögl. notw. Bed.	+	+	+	
mögl. hinr. Bed.	-	-	+	

A und B können keine hinreichenden Bedingungen für das Auftreten von Y sein, da sie beide in der Beobachtung B3 vorliegen, aber Y nicht eintritt.

Die Mill'schen Designs können zur schrittweisen Eliminierung bestimmter Bedingungen herangezogen werden. Wenn man sich sicher sein kann, dass alle potentiellen Ursachenfaktoren in den

Beobachtungen enthalten sind, so könnte man sukzessive durch alle Kombinationen der Bedingungen alle Faktoren ausschließen, die weder als notwendige noch als hinreichende Bedingung in Frage kommen. Nur die verbleibenden Faktoren kommen dann noch als Ursachen von Y in Frage. In der Praxis treten vor allem zwei Probleme auf, die die Mill'schen Methoden nur bedingt hilfreich machen. Zum einen können wir niemals sicher sein, tatsächlich alle potentiellen Ursachenfaktoren in unserem Beobachtungsschema erfasst zu haben. Möglicherweise hängt der Zustand von Y von Faktoren ab, auf die wir bisher noch nicht gekommen sind. Zum Zweiten eignet sich das Mill'sche Design nur zum Herausfiltern von isoliert wirkenden Ursachen. Bedingungen können aber auch komplex sein, d. h. die Verknüpfung mehrerer einzelner Bedingungen darstellen. Es steht z. B. in keinem Widerspruch zu den Beobachtungsdaten aus Tabelle 3.1., dass möglicherweise die komplexe Bedingung „Entweder A oder C“ eine notwendige Bedingung von Y darstellt. In diesem Fall müsste genau eine der beiden Bedingungen zutreffen, damit Y auftreten kann.

INUS-Schema

Eine Ursache stellt immer eine komplexe Verknüpfung von notwendigen und hinreichenden Bedingungen dar. Das Vorhandensein von Sauerstoff ist z. B. eine notwendige Bedingung für den Verbrennungsvorgang, ohne Sauerstoff kein Feuer. Aber obwohl Sauerstoff in der Luft vorhanden ist, bricht alleine deshalb noch kein Feuer aus. Das Vorhandensein von Sauerstoff ist also keine hinreichende Bedingung für Feuer. Die notwendigen Bedingungen müssen sich daher mit weiteren Bedingungen verknüpfen, die dann in der Lage sind, die abhängige Variable hervorzurufen, vorausgesetzt, alle notwendigen Bedingungen sind erfüllt. Eine solche hinreichende Bedingung für das Ereignis „Feuer“ wäre z. B. das Anzünden eines Streichholzes, vorausgesetzt, die notwendige Bedingung „Sauerstoff vorhanden“ ist erfüllt. Nicht die einzelne Bedingung ist hinreichend für das Auftreten des Effekts, sondern nur der gesamte Komplex an Bedingungen „Sauerstoff vorhanden“ UND „Anzünden eines Streichholzes“. Dieser Komplex an Bedingungen ist zwar hinreichend, aber nicht notwendig, denn auch andere Bedingungskomplexe wären in der Lage, das Ereignis „Feuer“ hervorzurufen, z. B. der Komplex aus „Sauerstoff vorhanden“ UND „Einschlagen eines Blitzes.“ Eine einzelne Bedingung aus einem solchen Komplex ist aber nicht hinreichend, um den Effekt alleine hervorzurufen, sie ist also notwendiger, d. h. ein nicht-redundanter Bestandteil eines solchen bestimmten Bedingungskomplexes, denn wenn man diesen Komplex nur um eine Einzelbedingung reduziert, ist er nicht mehr in der Lage, das kritische Ereignis hervorzurufen. Eine einzelne Bedingung ist demnach ein nicht hinreichender (insufficient), aber nicht-redundanter (non-redundant) Bestandteil eines Komplexes von Bedingungen, der nicht notwendig (unnecessary) aber hinreichend (sufficient) für das Auftreten des Ereignisses ist. Eine solche Bedingung wird nach Mackie (1973) als INUS-Bedingung bezeichnet, wobei sich das Akronym aus den vier Anfangsbuchstaben der vier Eigenschaften zusammensetzt.

3.1.2 Grundelemente eines experimentellen Designs

Treatment, Experimentalgruppe und Kontrollgruppe

Trotz ihrer Mängel eignen sich die Mill'schen Anordnungen sehr gut als Idealtypen, um die notwendigen Anforderungen an ein sinnvoll aufgebautes Experiment zu formulieren. Nehmen wir an, der Wert der abhängigen Variablen Y ist in der Tat abhängig von mehreren unabhängigen Variablen X_i. Um den isolierten Einfluss einer bestimmten Variablen X_k auf Y feststellen zu können, müssen wir in einem ersten Schritt unsere Beobachtungen in mehrere Gruppen zerlegen, die in Bezug auf den Wert von X_k variieren. Im einfachsten Fall handelt es sich bei X_k um eine Art von „Behandlung", der wir die Untersuchungseinheiten aussetzen können oder nicht. X_k wird daher auch die *Treatment-Variable* genannt. Der Begriff Treatment ist hierbei sehr allgemein zu verstehen, er bezieht sich auf die von uns bewusst manipulierte potentielle Ursachenvariable. Die Beobachtungsfälle, die dem Treatment ausgesetzt werden, nennen wir die *Experimentalgruppe*, die übrigen Beobachtungsfälle, die kein Treatment erfahren, werden *Kontrollgruppe* genannt. Die Unterteilung der Beobachtungen sollte in möglichst zwei gleich große Gruppen erfolgen. Dies ist in der Regel kein Problem, da die Zerlegung in eine Experimental- und eine Kontrollgruppe ja erst durch das von uns bewusst herbeigeführte Treatment bewirkt wird.

Drittvariablenkontrolle

Im Idealfall lässt sich der Unterschied zwischen den Werten der abhängigen Variablen zwischen den beiden Gruppen einzig und allein auf das Treatment zurückführen. Dazu müssten wir aber sicher sein, dass alle übrigen Variablen, die als potenzielle Ursachenfaktoren in Frage kommen, auf den Wert von Y in der einen Gruppe keinen anderen Einfluss ausgeübt haben als in der anderen. Diese übrigen potenziellen Ursachenfaktoren von Y nennen wir die *Drittvariablen*. Die Eliminierung des Einflusses der Drittvariablen auf die abhängige Variable wird das Problem der *Drittvariablenkontrolle* genannt. Die Mill'sche Methode der Differenz zeigt nun, dass eine effektive Methode der Kontrolle der Drittvariablen darin besteht, die Drittvariablen selbst konstant zu halten. Wenn alle Drittvariablen in der Experimentalgruppe denselben Wert haben wie in der Kontrollgruppe, dann können Unterschiede in der abhängigen Variablen nur noch auf die Treatmentvariable zurückzuführen sein.

Doch diese ideale Bedingung ist wohl nur in den Naturwissenschaften zu verwirklichen. Galileis Experimente mit der schiefen Ebene sind hierfür ein gutes Beispiel. Dabei untersuchte Galilei die Strecke, die Kugeln auf einer schiefen Ebene in Abhängigkeit von der Zeit zurücklegten. Die Ursache der Bewegung ist die Schwerkraft, die als konstant angenommen wird. Ziel der Untersuchung war die Feststellung der Form, in der sich die Schwerkraft auf die Beschleunigung von Körpern auswirkt. Die Vermutung Galileis war, dass die Geschwindigkeit, die ein Körper durch die Beschleunigung durch die Schwerkraft erfährt, eine lineare Funktion der Zeit darstellt, in der die Schwerkraft auf ihn einwirkt. Die zurückgelegte Strecke wäre demnach eine quadratische Funktion der Zeit. Die unabhängige Variable ist also nicht der Ursachenfaktor direkt, die Schwerkraft, sondern die Zeit, die in diesem Fall nichts anderes ist als ein Maß für die aufsummierte Gesamtwirkung, die die Schwerkraft entfaltet. Entscheidend an Galileis experimentellem Design ist, dass die zurückgelegte Strecke einzig und allein auf die Zeit, in der ein Körper die schiefe Ebene hinabgerollt ist, zurückgeführt wird. Alle anderen Einflussfaktoren auf die Bewegung der Kugel gelten als ausgeschaltet.

In sozialwissenschaftlichen Experimenten ist es in der Regel schwierig bis unmöglich, alle potenziellen Drittvariablen auf denselben Wert konstant zu halten. Oft wäre dies nicht einmal erwünscht. Denn wenn die Faktoren, die durch die Drittvariablen erfasst werden, in der natürlichen Umgebung streuen, dann erhöht es die Aussagekraft der Ergebnisse eines Experiments, wenn diese die Variation der Drittvariablen berücksichtigen. Nehmen wir an, wir wollten den Einfluss von Wahlkampfspots auf politische Einstellungen wie die Sympathie für eine bestimmte Partei mit Hilfe eines Experiments untersuchen. Wir wissen aber, dass diese Einstellungen auch von anderen Faktoren wie Geschlecht, Einkommensverhältnissen und der politischen Grundeinstellung, die wir kurz als „links" oder „rechts" bezeichnen wollen, beeinflusst werden. Wenn wir nun das Experiment nur an Leuten vornehmen, die alle dasselbe Geschlecht, dieselbe politische Grundeinstellung besitzen und dieselben Einkommensverhältnisse haben, dann sind die Ergebnisse kaum verallgemeinerbar und gelten im Extremfall nur für die untersuchte Gruppe.

Wie können wir aber einerseits die Drittvariablen in vergleichbarer Weise zur natürlichen Umgebung streuen lassen und dennoch den von ihnen ausgeübten Effekt auf die abhängige Variable herausfiltern, d. h. kontrollieren? Unser Ziel der Kontrolle kann also nicht dadurch erreicht werden, dass wir die Drittvariablen konstant halten. Stattdessen müssen wir versuchen, den von den Drittvariablen bewirkten Effekt in der Kontrollgruppe und der Experimentalgruppe möglichst gleich zu halten. Die Lösung dieses Problems besteht in der Art und Weise, wie wir die Einzelfälle der Experimental- und der Kontrollgruppe zuweisen (=assignment). Es gibt drei Verfahren, die hierbei üblich sind: *Parallelisierte Paare* (=matched pairs), *parallelisierte Gruppen* (=matched groups) und *Zuweisung durch Zufall* (=random assignment).

Methode der parallelisierten Paare (= matched pairs, precision matching)

Bei der Methode der parallelisierten Paare, die auch Präzisionskontrolle genannt wird, bilden wir Paare von Untersuchungspersonen, die hinsichtlich der Drittvariablen, die wir kontrollieren wollen, gleich sind. Anschließend weisen wir einen der beiden mit einem Zufallsverfahren der Experimentalgruppe zu, zum Beispiel, indem wir eine Münze werfen. Die Zusammensetzung der Experimentalgruppe entspricht dann genau der Zusammensetzung der Kontrollgruppe hinsichtlich der kontrollierten Faktoren, und zwar in Bezug auf jeden Einzelfall in einer der beiden Gruppen, für den es einen „Eigenschaftenzwilling" bezüglich der Drittvariablen in der anderen Gruppe gibt.

Tabelle 3.3: Verteilung der Eigenschaften der Untersuchungsfälle bei der Methode der parallelisierten Paare

	Fall	Geschlecht	Einkommen	Links-Rechts Einstellung
Experimental-gruppe	E1	w	2000-3000	links
	E2	m	3000-4000	links
	E3	w	über 6000	rechts
	...			
Kontrollgruppe	K1 (≈E1)	w	2000-3000	links
	K2 (≈E2)	m	3000-4000	links
	K3 (≈E3)	w	über 6000	rechts
	...			

Methode der parallelisierten Gruppen (= matched groups, frequency distribution control)

Wenn sehr viele Drittvariablen kontrolliert werden sollen, die überdies eine größere Anzahl von Ausprägungen haben, dann wächst die Zahl der möglichen Kombinationen von Merkmalen sehr schnell ins Unermessliche. Außerdem ist es dann in der Praxis sehr schwierig, ein Paar von Probanden zu finden, die in allen kontrollierten Eigenschaften genau übereinstimmen. Bei der Methode der parallelisierten Gruppen, auch *Kontrolle durch die Häufigkeitsverteilung* genannt, wird daher nur verlangt, dass die Verteilung der kontrollierten Drittvariablen in der Experimental- und der Kontrollgruppe gleich sein müssen. Nehmen wir an, wir hätten in unserem Beispiel Experimentalgruppen und Kontrollgruppen mit jeweils 10 Personen. Der Bedingung der Kontrolle nach der Häufigkeitsverteilung wäre dann z. B. Genüge getan, wenn sich die Merkmale in den beiden Gruppen jeweils wie in Tabelle 3.4 verteilen.

Tabelle 3.4: Verteilung der Eigenschaften der Untersuchungsfälle bei der Methode der parallelisierten Gruppen

	Häufigkeitsverteilung		
	Geschlecht	Einkommen	Links-Rechts-Einstellung
Experimentalgruppe	männlich 6 weiblich 4	unter 2000..1 2000-3000..3 3000-4000..2 4000-5000..2 5000-6000..1 über 6000. .1	Links 4 Rechts 6
Kontrollgruppe	männlich 6 weiblich 4	unter 2000..1 2000-3000..3 3000-4000..2 4000-5000..2 5000-6000..1 über 6000. .1	Links 4 Rechts 6

Randomisierung

Bei der Matched-Pairs Methode haben wir die Einzelfälle eines Paares mit Hilfe eines Zufallsverfahrens auf die Experimentalgruppe bzw. Kontrollgruppe verteilt. Beispielsweise könnte für jedes Paar eine Reihenfolge willkürlich festgelegt werden und dann mit Münzwurf entschieden werden, dass bei „Kopf" der „vordere" Fall des Paares in die Experimentalgruppe gelangt. Dieses Verfahren wird auch als *Randomisierung* (=random assignment) bezeichnet. Die Grundidee hierfür stammt von R.A. Fisher. Er verwendete random assignment ebenfalls in Verbindung mit der Matched-pairs Methode, um agrarwissenschaftliche Experimente über den Erfolg von Düngemitteln anzustellen. Durch die Randomisierung soll vermieden werden, dass der Versuchsleiter eventuell bewusst oder unbewusst bei der Zuteilung der Fälle die Zusammensetzung der Gruppen „systematisch" verzerrt, so dass bestimmte Merkmale in der einen Gruppe anders auftreten als in der anderen. Natürlich kann dieser Bias sich nur hinsichtlich von Merkmalen auswirken, die durch die Parallelisierung nicht schon kontrolliert werden. Aber es ist nie ausgeschlossen, dass weitere Drittvariablen, die wir nicht kontrollieren, ebenfalls einen Einfluss auf die abhängige Variable ausüben. Im Extremfall kontrollieren wir sogar keine einzige Variable und nehmen lediglich die Zuteilung nach dem Zufallsverfahren vor.

Unterschiede zwischen Experimentalgruppe und Kontrollgruppe hinsichtlich nicht kontrollierter Variablen können bei der Randomisierungsmethode nur noch durch Zufall bedingt sein. Es liegt daher keine systematische Verzerrung mehr vor. Die tatsächlich auftretende Verzerrung in der Zusammensetzung der Gruppen kann dennoch sehr groß sein. Lediglich dann, wenn beide Gruppen relativ groß sind, d. h. ungefähr ab Gruppengrößen von ca. 30 bis 40, können wir relativ sicher sein, dass die zufälligen Unterschiede zwischen den Gruppen nicht mehr allzu hoch ausfallen werden, da sich untypische Fälle in den Gruppen „ausmendeln" werden, d. h. für eine untypische Abweichung eines Falls in der Gruppe in die eine Richtung wird es einen anderen Fall mit einer untypischen Abweichung in die andere Richtung geben. Bei kleineren Gruppengrößen sollten wir mit Hilfe der Matched-Pairs Methode zumindest die Drittvariablen zu kontrollieren versuchen, von denen wir wissen, dass sie einen signifikanten Einfluss auf die abhängige Variable ausüben. In jedem Fall muss aber auch bei der Matched-Pairs Methode die Zuordnung der Einzelfälle eines Paares immer über ein Randomisierungsverfahren laufen.

3.1.3 Formen experimenteller Designs

Einfaches Post-Test-Design

Die einfachste Form eines Experiments besteht darin, die Experimentalgruppe einem Treatment auszusetzen und anschließend die Werte der Experimentalgruppe mit der der Kontrollgruppe zu vergleichen. Beispielsweise könnten wir die Wirkung eines Wahlkampfspots für einen Kanzlerkandidaten zu ermitteln versuchen, indem wir der Experimentalgruppe diesen Spot vorführen. Anschließend messen wir die Sympathiebewertung des Kandidaten bei Experimental- und Kontrollgruppe. Da wir bei diesem Design nur eine Messung nach dem Treatment durchführen, wird dieses Design als *Einfaches Post-Test-Design* bezeichnet.

Fällt die durchschnittliche Bewertung bei der Experimentalgruppe deutlich besser aus, dann schließen wir daraus, dass sich der Wahlkampfspot positiv auf die Bewertung ausgewirkt hat. Die Grundform des angewandten experimentellen Designs lässt sich schematisch wie folgt darstellen.

Abbildung 3.1Einfaches Post-Test Design

Experimentalgruppe	X	O_1
Kontrollgruppe		O_2

Um ein experimentelles Design übersichtlich darzustellen, werden die in der Literatur seit Campbell und Stanley (1963) üblichen Notationen verwendet: "X" steht jeweils für den Treatmentfaktor, bzw. den experimentellen Stimulus, der ausgeübt wird, "O" steht für eine

Beobachtung der abhängigen Variablen. Die Zeitachse verläuft immer von links nach rechts, d. h. ein Symbol, das links vor einem anderen steht, weist darauf hin, dass der entsprechende Stimulus oder die entsprechende Beobachtung vor dem anderen Ereignis stattgefunden hat. Grundsätzlich wird des Weiteren davon ausgegangen, dass die Experimentalgruppe(n) und die Kontrollgruppe randomisiert wurden.

Klassisches Pre-Test-Post-Test-Design

Die beobachteten Unterschiede der abhängigen Variable werden beim einfachen Post-Test-Design auf das Treatment zurückgeführt. Diese Schlussfolgerung ist jedoch nur dann zulässig, wenn davon ausgegangen werden kann, dass für den Unterschied keine andere Ursache vorliegen kann. Durch die Randomisierung ist gewährleistet, dass Unterschiede bei sonstigen Drittvariablen, die möglicherweise ebenfalls die abhängige Variable beeinflussen, nur noch in der Größenordnung von zufälligen Abweichungen zustande kommen können. Wenn die Gruppengröße jedoch klein ist, dann können diese zufällig auftretenden Abweichungen nicht mehr vernachlässigbar gering sein und die beobachteten Unterschiede zwischen Experimentalgruppe und Kontrollgruppe sind möglicherweise darauf zurückzuführen, dass beide Gruppen schon *vor* der Verabreichung des Stimulus verschieden waren. In unserem Beispiel könnte es der Fall gewesen sein, dass die für die Experimentalgruppe ausgewählten Personen eine zufällige Häufung von Bürgern darstellen, die auch schon vor der Wahrnehmung des Spots eine größere Sympathie für den betreffenden Kandidaten hatten. Der beobachtete Effekt wäre dann nicht durch den Spot hervorgerufen worden, sondern lediglich durch die ungleiche Zusammensetzung der beiden Gruppen. Um für diese Art von Verzerrung des Ergebnisses zu kontrollieren, führt man die Vorhermessung (Pre-Test) ein. Auf diese Weise erhält man das *klassische Pre-Test-Post-Test Design.*

Abbildung 3.2: Klassisches Pre-Test-Post-Test Design

Experimentalgruppe	O_1	X	O_2
Kontrollgruppe	O_3		O_4

Der Effekt der unabhängigen Variablen wird dann nicht als die einfache Differenz der Nach-Treatment-Beobachtungen O_2-O_4 gemessen, wie beim einfachen Post-Test Design, sondern als der Unterschied der Veränderung zwischen Vorhermessung und Nachhermessung, also als Differenz der Differenzen $(O_2\text{-}O_1)\text{-}(O_4\text{-}O_3)$. Im einfachsten Fall sind O_1, O_3 und O_4 ungefähr gleich und O_2 weicht deutlich davon ab, dann kann dieser Unterschied eindeutig auf das Treatment zurückgeführt werden. Möglicherweise aber gibt es zwischen Vorher- und Nachhermessung einen allgemeinen Trend bei der Veränderung der abhängigen Variablen, z. B. könnte die abhängige Variable im kritischen Zeitabschnitt zunehmen. Dann ist O_4 größer als O_3 und ein Effekt des Stimulus läge dann vor, wenn die Zunahme von O_1 nach O_2 entweder deutlich größer oder kleiner ausfällt.

Solomon Vier-Gruppen-Design

Die allgemeine Zunahme der abhängigen Variablen könnte aber auch auf die Durchführung der Vorhermesssung selbst zurückzuführen sein. Oder aber der beobachtete Effekt könnte nicht durch den Stimulus allein, sondern durch eine Wechselwirkung zwischen Stimulus und Vorhermessung zustandegekommen sein. Eine Wechselwirkung zwischen zwei Variablen liegt dann vor, wenn der Gesamteffekt nicht einfach die Summe aus den beiden Einzeleffekten darstellt, sondern das gemeinsame Wirken der beiden Faktoren einen zusätzlichen Effekt bewirkt. Unter den genannten Umständen wäre die Vorhermessung wie eine Stimulusvariable zu behandeln, da sie ebenfalls auf die abhängige Variable wirkt. Um auch diese Möglichkeiten auszuschließen zu können, eignet sich das so genannte *Solomon Viergruppen Design*.

Abbildung 3.3: Solomon Viergruppen-Design

Experimentalgruppe 1	O_1	X	O_2
Experimentalgruppe 2		X	O_3
Kontrollgruppe 1	O_4		O_5
Kontrollgruppe 2			O_6

Der isolierte Effekt der Vorhermessung kann durch den Vergleich von O_6 mit O_5 ermittelt werden. Ebenso kann der isolierte Effekt des Stimulus durch den Vergleich von O_3 mit O_6 bestimmt werden. Ein Hinweis auf einen zusätzlichen Wechselwirkungseffekt ist dann gegeben, wenn die Differenz von O_2 zu O_6 deutlich über die Summe der beiden isolierten Effekte hinausgeht.

Multigruppen-Design

Wenn die unabhängige Variable mehr als zwei Ausprägungen besitzt, dann ergibt sich ein so genanntes *Multigruppen-Design*. Wenn das Treatment drei verschiedene Formen annehmen kann, z. B. wenn wir die Wirkung dreier verschiedener Wahlkampfspots im Vergleich testen wollen, dann ergibt sich z. B. folgendes Design.

Abbildung 3.4: Multigruppen-Design

Experimentalgruppe 1	O_1	X_1	O_2
Experimentalgruppe 2	O_3	X_2	O_4
Experimentalgruppe 3	O_5	X_3	O_6
Kontrollgruppe			O_7

Manchmal wird auch auf die Kontrollgruppe ganz verzichtet, wenn das Treatment mehrere Formen annehmen kann. In diesem Fall überprüft das Experiment lediglich, inwieweit sich die verschiedenen Treatments voneinander unterscheiden. Wenn z. B. von vorneherein feststeht, dass man Wahlkampfspots einsetzen wird und es nur darum geht, den besten Spot herauszufinden, um auf diesen die Wahlkampfmittel zu konzentrieren, dann kann auf eine Kontrollgruppe, der kein Spot vorgesetzt wird, verzichtet werden.

Faktorielles Design

Von einem *faktoriellen Design* sprechen wir, wenn der Einfluss mehrerer unabhängiger Variablen auf die abhängige Variable untersucht werden soll. Im Falle von zwei Stimuli X und Z, die jeweils gegeben oder nicht gegeben sein können, ergibt sich dann das folgende Design.

Abbildung 3.5: Faktorielles Design

Experimentalgruppe 1	O_1	X,Z	O_2
Experimentalgruppe 2	O_3	X	O_4
Experimentalgruppe 3	O_5	Z	O_6
Kontrollgruppe	O_7		O_8

Betrachtet man die Vorhermessung wie eine Stimulusvariable, dann stellt das Solomon Viergruppen-Design eine Art von faktoriellem Post-Test-Design dar. Entsprechend ist es auch mit einem faktoriellen Design möglich, Wechselwirkungen zwischen verschiedenen unabhängigen Variablen zu messen.

3.1.4 Interne und externe Validität eines Experiments

Interne Validität

Ziel eines Experiments ist es, möglichst viele Alternativerklärungen für einen bestimmten Wert der abhängigen Variablen auszuschließen, so dass schließlich nur noch die Ausprägung der unabhängigen Variablen als mögliche Ursache der Ausprägung der abhängigen Variablen in Frage kommt. Ein Experiment wird als *intern valide* bezeichnet, wenn der auf die abhängige Variable ausgeübte Effekt eindeutig durch die unabhängige Variable erklärt werden kann, wenn es also gelungen ist, sämtliche Störfaktoren zu eliminieren. Die wichtigsten dieser Störfaktoren sind:

4. Zwischenzeitliches Geschehen (history): Wenn zwischen Vorher- und Nachhermessung ein größerer Zeitraum liegt, dann können Ereignisse, die in der Zwischenzeit aufgetreten sind, für die Veränderung der abhängigen Variablen verantwortlich sein.
5. Reifung (maturation): Es kann der Fall sein, dass sich die Personen selbst, die am Experiment teilnehmen, in der Zwischenzeit verändert haben und sich als Folge davon die Werte der abhängigen Variablen ändern.
6. Das Bewusstsein der Testpersonen, an einer Untersuchung teilzunehmen (testing): Die Durchführung des Experiments selbst kann zu den beobachteten Effekten in Bezug auf die abhängige Variable führen. Unter dem *Hawthorne-Effekt* versteht man die Tatsache, dass Personen ihr Verhalten ändern, weil sie wissen, dass sie beobachtet werden, und diese Verhaltensänderungen ihrerseits Einfluss auf die abhängige Variable ausüben. Bei Lernexperimenten z. B. kommt es unter Umständen deshalb zu einem Lerneffekt, weil die Personen sich stärker konzentrieren, da sie den Eindruck haben, dass sie "geprüft" werden. Unter dem *Rosenthal-Effekt* versteht man den Effekt, dass der Experimentleiter unbewusst an die Teilnehmer Signale aussendet, die von diesen so interpretiert werden, dass sie das Verhalten an den Tag legen, von dem sie annehmen, dass ihr Experimentleiter es von ihnen erwartet.
7. Veränderung des Messinstruments (instrumentation): Unterschiede zwischen der Vorher- und der Nachhermessung der abhängigen Variablen können auch darauf zurückzuführen sein, dass in der Zwischenzeit das Messinstrument gewechselt wurde. Es kann aber auch sein, dass der Versuchsleiter gewechselt hat und dies die Teilnehmer des Experiments zu einem anderen Verhalten verleitet.
8. Regressionseffekt (statistical regression): Der Regressionseffekt ist eine Erkenntnis, die aus den biometrischen Untersuchungen von Francis Galton stammt. Galton war ein Anhänger Darwins und untersuchte die Vererbung von körperlichen Merkmalen. Dabei entdeckte er, dass sehr große Eltern zwar auch wieder überdurchschnittlich große Kinder bekamen, diese aber im Mittel etwas weniger groß waren als ihre Eltern. Das Gleiche galt umgekehrt für besonders kleine Eltern, deren Kinder im Durchschnitt etwas größer waren als sie, obwohl sie immer noch klei-

ner als der Gesamtdurchschnitt waren. Diese Tendenz zur Mitte wurde von Galton Regression genannt. Galton schätzte die Körpergröße der Kinder als lineare Funktion der Körpergröße der Eltern. Der Regressionseffekt entspricht der Feststellung, dass die Steigung dieser Funktionsgeraden kleiner als 1 ist[1]. Bei der Durchführung eines Experiments kann der Regressionseffekt zu einem Fehlschluss führen, wenn die Werte der abhängigen Variablen der Experimentalgruppe im Pretest besonders extrem waren. Die beobachtete Veränderung bei der Post-Test-Messung kann dann nichts anderes als den Rückfall in die Normalität bedeuten.

9. Verzerrte Auswahl (Selection Bias): Kontrollgruppe und Experimentalgruppe unterscheiden sich auf systematische Weise, d. h. eine Drittvariable ist in der einen Gruppe im Mittel deutlich anders ausgeprägt als in der anderen Gruppe.
10. Verzerrung durch Ausfälle (Experimental mortality): Wenn zwischen Vorher- und Nachhermessung eine längere Zeitspanne liegt, dann können einige der Teilnehmer an der Experimentalgruppe oder der Kontrollgruppe ihre Teilnahme an der Nachhermessung verweigern oder auch gar nicht mehr erreichbar sein, z. B. weil sie unbekannt verzogen oder gestorben sind. Wenn die Ausfälle systematischer Natur sind, d. h. in einem Zusammenhang mit der abhängigen Variablen stehen, dann führen sie zu "falschen " Ergebnissen.
11. Interaktionseffekte zwischen zwei oder mehreren der sieben zuvor genannten Effekte.

In einem gelungenen experimentellen Design werden diese Störfaktoren alle kontrolliert. So werden z. B. die Störfaktoren "Zwischenzeitliches Geschehen", "Reifung" und "Veränderung des Messin-

[1] Um die entsprechende Funktion der Körpergröße der Kinder in Abhängigkeit der der Eltern zu ermitteln, verwendete Galton die Methode der kleinsten Quadrate, d. h. die Funktionsgleichung wurde so gebildet, dass die Summe der quadratischen Abweichungen der tatsächlich beobachteten Werte von den durch die Gleichung geschätzten Werten minimiert wurde. Diese Methode im Zusammenhang mit der Ermittlung einer Schätzfunktion ist als Regressionsanalyse in die statistische Literatur eingegangen. Um also Verwechslungen zu vermeiden, sei noch einmal darauf hingewiesen: Bei der Regressionsanalyse handelt es sich um das statistische Verfahren, eine Schätzfunktion zu ermitteln. Der Regressionseffekt ist hingegen ein inhaltlicher Effekt, der als ein bestimmtes Ergebnis einer linearen Regressionsanalyse aufgefasst werden kann, nämlich dem, dass der Steigungskoeffizient der ermittelten Geradengleichung kleiner als 1 ist.

struments" durch die Einführung einer Kontrollgruppe berücksichtigt, denn beide Effekt wirken sich in der Experimentalgruppe und der Kontrollgruppe auf gleiche Weise aus. Darüber hinausgehende Veränderungen bei der Experimentalgruppe können daher nicht mehr auf diese Störfaktoren zurückzuführen sein. Der dritte Störfaktor (testing) kann dadurch ausgeschaltet werden, dass auch die Mitglieder der Kontrollgruppe mit einem "Placebo"-Stimulus behandelt werden, der erwiesenermaßen auf die abhängige Variable keinen Einfluss ausüben kann. Wenn hier Veränderungen an der abhängigen Variablen bei der Kontrollgruppe auftreten, dann können sie nicht am Treatment gelegen haben, sondern sind durch das Bewusstsein der Testpersonen, an einer Untersuchung teilzunehmen, hervorgerufen worden. Der Regressionseffekt, die verzerrte Auswahl und die Verzerrung durch Ausfall wiederum werden durch die Randomisierung zumindest gemindert, bei großen Gruppen weitgehend eliminiert. Trotz Randomisierung bestehen bleibende Unterschiede bezüglich der Drittvariablen zwischen Experimental- und Kontrollgruppe können zusätzlich durch die vorhandene Vorhermessung bei der Interpretation der Ergebnisse berücksichtigt werden.

Externe Validität

Werden alle diese Störfaktoren erfolgreich beseitigt, dann wird das Experiment in vollem Umfang kontrolliert, d. h. sowohl die Umgebung in Form möglicher Drittvariablen als auch das Treatment können hundertprozentig vom Forscher bestimmt werden. Die Effekte bezüglich der abhängigen Variablen können dann einzig durch die unabhängige Variable bedingt sein, das Experiment ist intern valide. Die vollständige Kontrolle des Experiments gewährleistet zugleich, dass bei Wiederholungen der Studie, so genannten *Replikationen*, wieder dieselben Ergebnisse erzielt werden. Der Preis der vollständigen Kontrolle ist jedoch die Künstlichkeit der Situation. Vollständige Kontrolle lässt sich nur in artifiziell geschaffenen Umwelten wie dem Labor schaffen. Solche Experimente in perfekt kontrollierten Umgebungen werden daher als Laborexperimente bezeichnet, auch dann, wenn sie nicht wörtlich in einem Labor stattfinden. Die künstliche Umgebung eines Laborexperiments lässt nun fraglich erscheinen, inwieweit die gefundenen Ergebnisse auf natürliche Umwelten übertragen werden dürfen. Dieser Aspekt wird mit der *externen Validität* des Experiments erfasst. Ein Experiment wird als extern valide bezeichnet, wenn die Ergebnisse des Experiments über die Situation des Experiments hinaus verallgemeinert werden dürfen. Unglücklicherweise stehen interne und externe

Validität eines Experiments oft in einem Trade-off-Verhältnis zueinander. Die Erhöhung der internen Validität ist nur durch Verzicht auf externe Validität zu erreichen. Umgekehrt ist die externe Validität um so höher, je "natürlicher" die Experimentalsituation ist. Damit schwinden aber die Kontrollmöglichkeiten und die interne Validität nimmt ab. Der Forscher steht also vor der Entscheidung, in welchem Maße er auf Validität der einen Art verzichten möchte, um mehr Validität der anderen Art zu sichern.

Noch ein Wort zur Vorsicht: Der Begriff der Validität wird in den Sozialwissenschaften in vielen verschiedenen Kontexten verwendet. Die häufigste Verwendung findet im Zusammenhang mit der Messung von Konzepten statt. Die interne und externe Validität zur Beurteilung des Ausmaßes der Kontrolle im Experiment oder der Verallgemeinerbarkeit der Ergebnisse dürfen nicht mit Validität in Bezug auf Messprobleme verwechselt werden.

3.2 Quasiexperimentelle Untersuchungsdesigns

Die Bedingungen für die Durchführung eines korrekten Experiments sind selten auch nur annähernd erfüllt, wenn es sich nicht um Laborexperimente handelt, sondern um "Experimente", die in einer natürlichen Umgebung stattfinden. Dabei ist das Fehlen einer Kontrollgruppe gar kein seltenes Phänomen. Eine besonders interessante Gruppe solcher „Experimente“ ohne Kontrollgruppe stellen alle gesellschaftspolitischen Programme dar, die, wenn sie durchgeführt werden, ja immer für die ganze Bevölkerung gelten. Bei der Evaluation eines solchen Programms hat man daher die Schwierigkeit zu bewältigen, dass die eigentlich benötigte Kontrollgruppe nicht vorhanden ist.

Pre-Test-Post-Test-Design ohne Kontrollgruppe

Wenn zumindest eine Vorher- und eine Nachhermessung existieren, dann entspricht ein solches Design einem Pre-Test-Post-Test-Design ohne Kontrollgruppe.

Abbildung 3.6: Pre-Test-Post-Test Design ohne Kontrollgruppe

Experimentalgruppe	O_1	X	O_2

Nehmen wir an, wir wollten die Wirksamkeit eines bestimmten politischen Programms wie z. B. der Schaffung von Kindergartenplätzen auf die Leistungsbewertung der Regierung überprüfen. Tatsächlich stellen wir fest, dass sich die mittlere Leistungsbewertung der Regierung in dem Zeitraum, über den sich die Durchführung des Programms erstreckte, von 4 Punkten auf 5 Punkten verbessert hat, wie in Abbildung 3.1 dargestellt. Da die Umsetzung eines solchen Programm jedoch lange Zeit benötigt, muss zwischen den beiden Messungen vorher und nachher eine entsprechende Zeitspanne von mindestens – nehmen wir an – zwei Jahren liegen. In einem derart langen Zeitraum jedoch wird die Bewertung der Regierung noch von allen möglichen anderen Faktoren beeinflusst worden sein. Der Einfluss des Kindergartenplätzeprogramms *konfundiert* mit einer Vielzahl anderer Einflussfaktoren. Da der Effekt des Programms nicht von anderen isoliert werden kann, ist eine stichhaltige Interpretation des Ergebnisses nicht möglich. Die beobachtete Veränderung kann genauso auf zwischenzeitliches Geschehen oder Reifung wie auf den Stimulus zurückzuführen sein.

Abbildung 3.7: Bewertung der Regierung über den Zeitverlauf von O_1 nach O_2

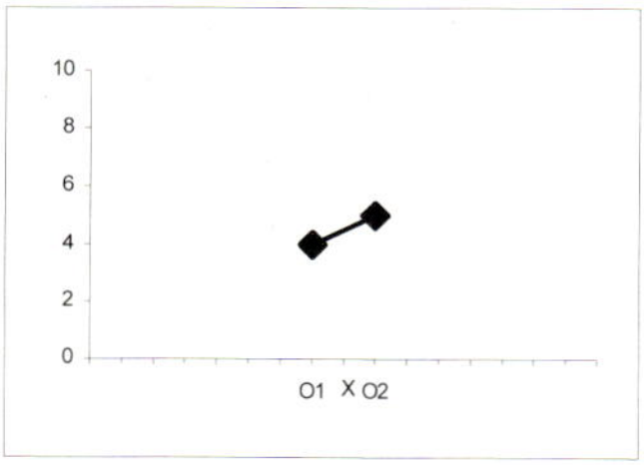

Vorexperimentelles Design

Um den Effekt eines Treatments beurteilen zu können, benötigen wir immer einen Vergleichsmaßstab, was ohne dieses Treatment der Fall gewesen wäre. Genau hierin besteht die Funktion der Kontrollgruppe, diesen Vergleichsmaßstab zu liefern. Aber im Pre-Test-Post-Test-Design ohne Kontrollgruppe müssen wir auf genau diesen Vergleichsmaßstab verzichten. Dieser Art des Designs mangelt es daher an dem fundamentalen Grunderfordernis eines Experiments schlechthin. Es wird daher als *vorexperimentelles Design* bezeichnet.

Quasi-Experimente

Nehmen wir jetzt an, die sonstigen Einflussfaktoren wirken eher längerfristig als das konkrete politische Programm. Außerdem sollen sich diese Effekt kontinuierlich auswirken, so dass sie einen Trend der Veränderung der Bewertung der Regierung bewirken. Wenn ein solcher Trend existiert, kann er als ein Vergleichsmaßstab herangezogen werden, da der Trend zumindest eine mehr oder weniger berechtigte Erwartung liefert, was ohne die Verabreichung des Stimulus der Fall gewesen wäre. Dazu setzen wir den Trend, wie er vor der Verabreichung des Stimulus zu erkennen war, darüber hinaus als hypothetischen Erwartungstrend fort. Dieser hypothetische Erwartungstrend dient uns dann als eine Art Ersatz für die Kontrollgruppe. Da wir bei diesem Design also, wenn auch nicht über eine Kontrollgruppe selbst, so doch über ein Substitut für sie verfügen, nennen wir ein solches Design ein *Quasi-Experiment.* Quasiexperimente folgen der Logik einer experimentellen Versuchsanordnung, jedoch ist das eine oder andere Kriterium, das bei einem echten Experiment erfüllt sein muss, nicht vorhanden.

Unterbrochenes Zeitreihen-Design

In unserem Quasi-Experiment wird die beobachtete Veränderung der abhängigen Variablen zwischen Vorher- und Nachhermessung daraufhin untersucht werden, inwieweit sie der hypothetischen Fortsetzung des Trends entspricht, der bis zum Zeitpunkt der Verabreichung des Stimulus zu beobachten war. Darüber hinaus kann aber auch der Trend nach dem Treatment mit dem erwarteten Trend verglichen werden. Der Trend vor der Verabreichung des Stimulus wird durch eine Reihe von Messungen, die jeweils in bestimmten Zeitabständen erfolgen, erhoben. Ebenso wird der Trend nach dem Treatment durch eine Reihe von Messungen bestimmt. Das sich so ergebende Design wird als *unterbrochenes Zeitreihen-Design* (interrupted time series design) bezeichnet.

Abbildung 3.8: Unterbrochenes Zeitreihen-Design

Experimentalgruppe	O_1	O_2	O_3	O_4	X	O_5	O_6	O_7	O_8

Die ursprünglich beobachtete Veränderung entspricht der Veränderung im unterbrochenen Zeitreihen-Design von O_4 nach O_5. Doch die Trends vor und nach dem Stimulus, in die diese Veränderung eingebettet sein kann, können vollkommen verschiedene Formen annehmen. Einige davon sind in den Abbildungen 3.9a-h wiedergegeben.

Abbildung 3.9a-h

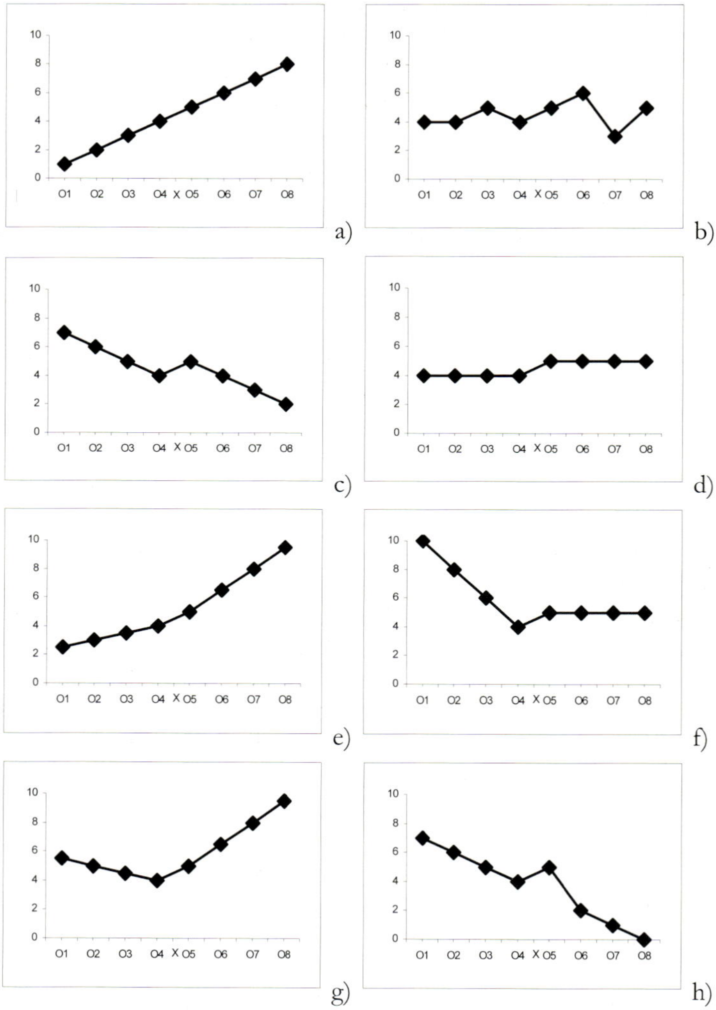

In Abbildung a) folgt der Übergang von O_4 nach O_5 dem allgemeinen Trend, dem er sich nahtlos einfügt. Das Treatment hat also keinerlei Wirkung auf den Verlauf ausgeübt. Abbildung b) zeigt, dass die Beobachtungswerte über einen längeren Zeitraum hinweg stark schwanken. Die beobachteten Veränderungen der abhängigen Variablen sind daher von einer der "üblichen" Schwankungen im Zeitverlauf nicht zu unterscheiden. Auch hier übt das Treatment vermutlich eher keinen Effekt aus.

Dass bei ansonsten starken Schwankungen der abhängigen Variablen über einen längeren Zeitraum die Veränderungen von unmittelbar vor dem Treatment und unmittelbar nach dem Treatment oft in die erwartete bzw. erwünschte Richtung gehen, muss allerdings kein Zufall sein. Im Fall von politischen Maßnahmen z. B. ist es nicht unplausibel, dass diese möglicherweise als Reaktion auf einen "historischen Tiefstand einer bestimmten Entwicklung" stattfinden. Der dann beobachtete "Erfolg" der Maßnahme ist aber unter Umständen nichts anderes als der Rückfall in "normale" bzw. zumindest weniger "anormale" Verhältnisse, wie er ansonsten auch stattgefunden hätte. Die Veränderung im kritischen Zeitraum lässt sich dann auf einen Regressionseffekt zurückführen.

Das Phänomen des Regressionseffekts jedoch wirft eine andere brisante Frage auf: Ab wann ist ein „Trend" ein Trend und nicht nur eine mehr oder weniger erratische Schwankung, die nur zufällig über einen etwas längeren Zeitraum in eine Richtung verläuft? Bis zum Sommer 2002 z. B. gab es einen „Abwärtstrend" der SPD in den Umfragen. Wenige Monate vor der Wahl im September drehte sich dieser Trend jedoch wieder um und der Bundeskanzler Gerhard Schröder gewann wieder an Popularität. In diesen Zeitraum fallen allerdings zwei außergewöhnliche Ereignisse, die Jahrhundertflutkatastrophe und die Diskussion um den drohenden Irakkrieg. Die Trendwende der Sympathiebewertung des Kanzlers und der SPD lässt sich auf zweierlei Weise deuten. Möglicherweise war sie eine Folge konkreter Maßnahmen, bzw. eines bestimmten Verhaltens der Regierung. So konnte sich Schröder in der Naturkatastrophe als Krisenmanager bewähren. Außerdem legte sich die Regierung fest, sich an einem eventuellen Irakkrieg, der bei einem überwiegenden Teil der Bevölkerung auf klare Ablehnung stieß, auf keinen Fall zu beteiligen. Vielleicht befand sich aber die SPD wenige Monate vor der Wahl 2002 auch in einem derartigen Tiefstand, dass es nur nach oben gehen konnte. Der Popularitätsgewinn hätte sich demnach wenige Monate vor der Wahl auch so eingestellt, allerdings möglicherweise nicht im gleichen Maße. Das Problem ist ein fundamentales. Trends stellen keine Gesetzmäßigkeiten dar, es besteht niemals die zwingende Notwendigkeit, dass sich ein Trend in der bisherigen Weise fortsetzt. Die hypothetische Trendfortsetzung wie eine Quasi-Kontrollgruppe zu behandeln, muss daher mit der gebührenden Vorsicht vonstatten gehen. Aber „echte" Trends sind mehr als erratische Schwankungen. Die theoretische Untermauerung dafür, aufgrund eines Trends Erwartungen zu bilden, bildet das Argument, dass Trends das Ergebnis einer komplexen Verknüpfung von langfristig wirkenden Faktoren darstellen, insofern selbst kausal verursacht sind. Der Trend steigender Gesundheitskosten z. B. kann mit der immer stärker anwachsenden Vielzahl von Behandlungsmöglichkeiten von Krankheiten, die zudem häufig besonders kostenintensiv sind, und der immer noch stattfindenden Entdeckung neuer Krankheiten erklärt werden[2]. Eine Maßnahme wie die Praxisgebühr kann sich dann auf verschiedene Weise auf den Trend auswirken. Sie kann den Trend beenden, wie z. B. in Abbildung f), sie kann den Trend abschwächen oder verstärken, wie in Abbildung e), sie kann den Trend möglicherweise sogar umkehren wie in Abbildung g). Eine Maßnahme kann aber einen Trend auch nur für kurze Zeit unterbrechen und ihn dann auf einem leicht verschobenen Niveau weitergehen lassen (Abbildung c). Im Extremfall wird der durch die Maßnahme erzielte Effekt kurz darauf voll kompensiert und der Trend verläuft ganz genau so weiter, wie er sich auch ohne Maßnahme entwickelt hätte (Abbildung h). Vielleicht aber existierte überhaupt kein Trend und die abhängige Variable bleibt stabil auf einem bestimmten Niveau. Dann kann sich die Maßnahme unter Umständen so auswirken, dass dieses Niveau durch die Maßnahme gehoben (Abbildung d) oder gesenkt wird.

3.3 Ex-post-facto-Designs

Das Experiment ist *das* paradigmatische Untersuchungsdesign zur Analyse eines kausalen Zusammenhangs. Dies ist die Konsequenz aus der zeitlichen Abfolge der einzelnen Schritte. Zuerst werden zwei Gruppen gebildet. Durch die Zufallszuweisung der Fälle zu der einen oder der anderen Gruppe, möglicherweise gepaart mit einem Matching-Verfahren, ist gewährleistet, dass die Gruppen hinsichtlich aller Merkmale mehr oder weniger vergleichbar sind. Insbesondere ist sichergestellt, dass es keinen systematischen Unterschied zwischen den Gruppen in Bezug auf die abhängige Variable gibt. Anschließend wird eine der beiden Gruppen mit dem Stimulus behandelt. Erst dadurch erfolgt die Kategorisierung der bis dahin vollkommen äquivalenten Gruppen in eine Experimental- und eine Kontrollgruppe. Anschließend wird die abhängige Variable in den Fällen der beiden Gruppen gemessen. Auffällige Unterschiede in

---

[2] Es ist nicht einmal unumstritten, ob überhaupt ein Trend der Kostensteigerung im Gesundheitswesen existiert (vgl. hierzu Braun u.a. 1998).

der Verteilung der abhängigen Variablen müssen nun die notwendige Folge des unterschiedlichen Treatments sein, denn bis auf dieses weisen beide Gruppen dieselben Eigenschaften auf. Dies ist eine unmittelbare Folge des Satzes des zureichenden Grundes: Wenn zwei Phänomene verschieden sind, dann müssen sie eine verschiedene „Kausalgeschichte“ bzw. „causal story“ (Little 1991) ihrer Entstehung haben. Die Kausalgeschichten der abhängigen Variablen von Experimental- und Kontrollgruppe sind aber bis zur Verabreichung des Stimulus mehr oder weniger gleich, erst mit dem Treatment verzweigen sie sich in zwei unterscheidbare Kausalgeschichten. Kontrafaktisch argumentiert: Hätte das Treatment nicht stattgefunden, dann würde sich der Wert der abhängigen Variablen bei der Experimentalgruppe nicht von dem der Kontrollgruppe unterscheiden, vorausgesetzt natürlich, dass bis auf die Verabreichung des Stimulus eine weitgehende *Homogenität der Fälle* (unit homogeneity, vgl. King et al. 1994: 91ff) zwischen Experimental- und Kontrollgruppe gegeben ist. Entscheidend für das experimentelle Design ist also die Manipulation der unabhängigen Variablen vor der Messung der abhängigen Variablen, wobei die unterschiedlichen Ausprägungen der unabhängigen Variablen zwei bis dahin äquivalente Datenstrukturen in zwei verschiedene aufspaltet.

Abbildung 3.10

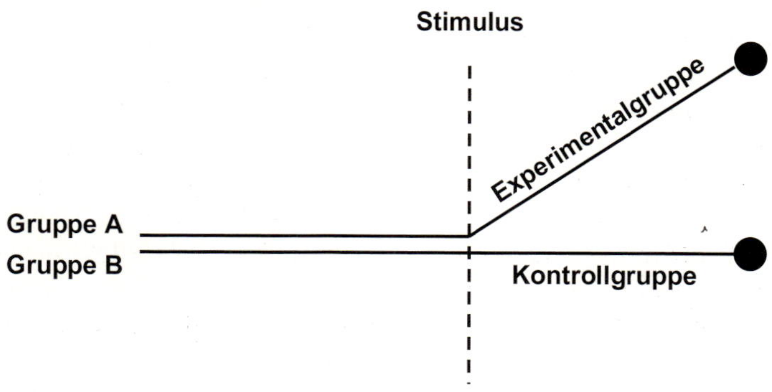

Das Ex-post-facto-Design und das Problem der Scheinkorrelation

Die Durchführung eines Experiments erstreckt sich also zwangsläufig auf mehrere Zeitebenen. Bei vielen Untersuchungen kausaler Zusammenhänge erhalten wir jedoch die Werte der unabhängigen Variablen und der abhängigen Variablen gleichzeitig in einer einzigen Datenstruktur. Das typische Beispiel hierfür ist die Umfrage. Hier werden z. B. mehrere Merkmale gleichzeitig erhoben, von denen einige als unabhängige Variablen und eines als abhängige Variable deklariert werden. Der Stimulus, d. h. die Ausprägung der unabhängigen Variablen, wird also nicht ex ante vorhandenen Gruppen zugefügt, sondern die Gruppenbildung erfolgt „ex post" aufgrund des „zugefügten" Stimulus. Die zeitliche Anordnung der verschiedenen Schritte, wie sie für ein echtes kausales Design charakteristisch ist, wird im Nachhinein in die Datenstruktur hineingelegt. Man nennt solche Designs daher auch *Ex-post-facto-Designs*. Die Zuordnung der Prädikate „Ursache" und „Wirkung" zu bestimmten Variablen folgt nicht mehr zwingend aus dem Aufbau des Designs, wie es beim Experiment der Fall ist, sondern kann nur noch aus theoretischen Überlegungen hergeleitet werden. Dies hat schwerwiegende Probleme zur Folge. Der Effekt, der durch einen Stimulus im Experiment hervorgerufen wird, kann nicht vor der Verabreichung des Stimulus erfolgen. Daher kann nur der Stimulus die Ursache des Effekts sein und nicht umgekehrt der beobachtete Effekt die Ursache der Verabreichung des Stimulus. Kein später auftretendes Ereignis kann die Ursache eines früher aufgetretenen Ereignisses sein. Die Ursache muss zeitlich vor der Wirkung liegen. Wenn wir also zwei Ereignisse beobachten, die kurz hintereinander auftreten, und von denen wir vermuten, dass sie in einem kausalen Zusammenhang stehen, dann gehen wir davon aus, dass das zuerst aufgetretene Ereignis das nachfolgende Ereignis hervorgerufen hat und nicht umgekehrt. Des Weiteren kann beim Experiment zwingend gefolgert werden, soweit alle Kontrollbedingungen erfüllt sind, dass die Beobachtung eines Effekts der unabhängigen Variablen auf die abhängige Variable auf einen kausalen Einfluss der ersten auf die zweite zurückzuführen sein *muss*. Ganz anders verhält es sich beim Ex-post-facto-Design: Beobachten wir einen Zusammenhang zwischen zwei Variablen, z. B. dass der Wert der einen Variablen zunimmt, wenn der Wert der anderen Variablen zunimmt, d. h. beide Variablen korrelieren positiv miteinander, dann ist damit in keiner Weise eine Aussage über die Richtung der Kausalität verbunden. Aus dem Zusammenhang kann nicht geschlossen werden, welche der Variablen Ursache und welche die Wirkung ist. Doch gravierender noch: Aus dem beobachteten Zusammenhang können wir nicht einmal schließen, dass zwischen den beiden Variablen *überhaupt* eine kausale Beziehung besteht. Beide Variablen können nämlich durch einen dritten Faktor kausal verursacht sein, so dass sich ihre Korrelation nur indirekt als Folge daraus ergibt, dass jede der beiden Variablen positiv mit der beiden gemeinsamen Ursachenvariablen verknüpft ist. Man spricht in diesem Zusammenhang von *Scheinkorrelation*. Der Ausdruck hat sich in der statistischen Literatur so eingebürgert, ist aber irreführend, da die Korrelation selbst ja echt ist, lediglich weist sie nicht auf einen kausalen Zusammenhang hin. Daher ziehen manche Autoren es vor, hier von *Scheinkausalität* zu sprechen.

Wir wollen das Problem der Scheinkorrelation bzw. Scheinkausalität an einem berühmten Lehrbuchbeispiel illustrieren, dem Zusammenhang zwischen der Anzahl der Störche in einer Gemeinde und der Anzahl der Kleinkinder. In manchen Regionen besteht diesbezüglich ein deutlicher positiver Zusammenhang, der als Beleg zur Unterstützung einer bestimmten Theorie herangezogen werden könnte, wonach die Störche die Ursache des Babybooms darstellen. Neuere spektakuläre Erkenntnisse aus der Biologie sowie äußerst umfangreiche Feldforschungen lassen jedoch ernste Zweifel an der althergebrachten Theorie aufkommen. Bei der beobachteten Korrelation handelt es sich demnach um eine Scheinkorrelation, da Störche vor allem in ländlichen Gemeinden vorkommen und in diesen wiederum die Geburtenrate höher ist als in Städten. Die niedrigste Geburtenrate weisen Großstädte auf, in denen wiederum so gut wie keine Störche auftreten. Die eigentliche Ursache der unterschiedlichen Geburtenraten sind demnach die unterschiedlichen Lebensentwürfe, wie sie von Städtern und Dorfbewohnern verfolgt werden.

Um uns die Grundstruktur des Problems besser zu vergegenwärtigen, wollen wir das Ex-post-facto-Design mit einem experimentellen Design vergleichen. Wie hätte ein entsprechendes experimentelles Design aufgebaut sein müssen, um diesen Zusammenhang zu untersuchen? Zuerst hätten wir mit Hilfe des Randomisierungsverfahrens eine Experimentalgruppe und eine Kontrollgruppe aus kommunalen Verwaltungseinheiten gebildet. Beide Gruppen enthalten also eine zufällige Auswahl aus ländlichen Gemeinden und Städten. Natürlich müssen beide Gruppen im Augenblick noch „stimulusfrei“ sein, d. h. nur storchenfreie Gemeinden kommen überhaupt in die Auswahl. Nachdem wir unsere Gruppen gebildet haben, bekommen alle Gemeinden und Städte aus der Experimentalgruppe ein Storchennest inklusive Storch auf ihren Kirchturm gesetzt. Nach etwas mehr als einem Jahr vergleichen wir dann die Geburtenzahlen der letzten drei Monate. Natürlich wird sich kein signifikanter Unterschied zwischen den Gruppen ergeben.

Das Problem der Scheinkorrelation im Ex-post-facto-Design entsteht dadurch, dass wir mit der Gruppierung unserer Fälle, den Gemeinden, nach dem Merkmal Storch/nicht Storch gleichzeitig eine Gruppierung nach dem Merkmal ländlich/städtisch vornehmen, ohne dass dies explizit gemacht wird. Während im experimentellen Design in der Experimentalgruppe sowohl ländliche als auch städtische Gemeinden vertreten waren, sind im Ex-post-facto-Design in der „Experimentalgruppe", d. h. der Gruppe der Gemeinden mit einem Storch, ländliche Gemeinden stark überrepräsentiert. Damit wird natürlich auch das Merkmal „ländlich/städtisch" nicht kontrolliert, d. h. die unabhängige Variable ist nicht die einzige, die gemeinsam mit der abhängigen Variablen variiert.

Statistische Drittvariablenkontrolle

Wir benötigen daher für das Ex-post-facto-Design ein Verfahren, das analog zur paarweisen Parallelisierung beim Experiment in der Lage ist, den Einfluss bestimmter Variablen auf die abhängige Variable zu neutralisieren. Der Effekt der unabhängigen Variable auf die abhängige Variable kann dann als der von diesen Einflüssen bereinigte Effekt angegeben werden. In der so genannten multivariaten Statistik existieren nun solche Verfahren, die unter dem Stichwort *statistische Kontrolle von Drittvariablen* firmieren. Hätten wir demnach den Effekt der Variablen „Storch vorhanden" auf die Variable „Anzahl der Geburten" für die Variable „ländlich/städtisch" statistisch kontrolliert, dann wäre der verbliebene Effekt gleich Null gewesen.

Um aber eine statistische Kontrolle durchführen zu können, muss erstens bekannt sein, welche sonstigen Drittvariablen einen Einfluss auf die abhängige Variable ausüben und zweitens müssen diese Variablen in dem Datensatz enthalten sein, über den die statistische Prozedur ausgeführt wird. Dies ist der entscheidende Unterschied zum experimentellen Design. Durch die zeitliche Anordnung der einzelnen Schritte und durch die Randomisierung ist beim experimentellen Design gewährleistet, dass *alle* potenziellen Drittvariablen kontrolliert werden, unabhängig davon, ob sie dem Forscher bekannt sind oder nicht. Bekannte Drittvariablen können durch Matching-Verfahren lediglich noch gezielter kontrolliert werden, aber auch die unbekannten Drittvariablen werden durch Randomisierung zumindest in dem Sinn kontrolliert, dass sie in keinem systematischen Zusammenhang mit der abhängigen Variablen stehen. (Der Zweck der Randomisierung innerhalb eines Experiments darf daher in keiner Weise verwechselt werden mit dem Zweck der Zufallsauswahl von Stichproben. Im ersten Fall geht es um Kontrolle, im zweiten Fall um die Gewährleistung von Repräsentativität.) Tatsächlich vorkommende Korrelationen zwischen Drittvariablen und abhängiger Variable sind im experimentellen Design ausschließlich durch Zufall bedingt. Beim Ex-post-facto-Design können mit Hilfe der statistischen Drittvariablenkontrolle jedoch nur diejenigen Variablen kontrolliert werden, die überhaupt bekannt und in die Studie aufgenommen worden sind.

Es kann daher in einem Ex-post-facto-Design *niemals* grundsätzlich ausgeschlossen werden, dass eine beobachtete Korrelation nur eine Scheinkorrelation darstellt. Während beim experimentellen Design die Rechtfertigung, eine Korrelation kausal zu interpretieren, aus der Form des Designs abgeleitet werden kann, kann bei einem Ex-post-facto-Design diese Rechtfertigung ausschließlich über theoretische Überlegungen erfolgen, die einen „Kausalmechanismus" (Little 1991) plausibel erscheinen lassen, als dessen notwendige Folge die beobachtete Korrelation interpretiert werden kann. Kein noch so ausgeklügeltes statistisches Verfahren kann daher bei einem Ex-post-facto-Design eine *kausale Inferenz* begründen. Die Statistik kann die Arbeit des Formulierens einer Theorie im besten Fall unterstützen, aber niemals ersetzen.

Most-similar-cases-Design

Eine andere Möglichkeit der Drittvariablenkontrolle besteht darin, dies durch die Auswahl der Fälle zu gestalten. Dies ist die Vorgehensweise beim so genannten Most-similar-cases-Design, das mitunter in der Vergleichenden Politikwissenschaft angewandt wird. In der Vergleichenden Politikwissenschaft geht es um den Vergleich von politischen Systemen, die häufig auf der Nationenebene erhoben werden. Daher verfügt man in solchen Analysen in der Regel nur über eine mittlere Anzahl von Fällen. Die Grundidee des Most-similar-cases-Design besteht nun darin, die Fälle für die Analyse so auszuwählen, dass sie sich hinsichtlich aller zu kontrollierenden Drittvariablen möglichst ähnlich sind, während sie hinsichtlich der kritischen unabhängigen Variablen möglichst unähnlich sein und gleichzeitig über die abhängige Variable streuen sollen. Die Variation der abhängigen Variablen wird dann auf die Variation der unabhängigen Variablen zurückgeführt. Das Most-similar-cases-Design ist der Logik der Bildung von Experimentalgruppe und Kontrollgruppe mit Hilfe paarweiser Parallelisierung in einem Experiment nachempfunden. Das darf jedoch nicht darüber hinwegtäuschen, dass das Matching sozusagen nach der Verabreichung des Stimulus erfolgt, und die Fälle gewissermaßen nach dem Treatment so den Gruppen zugeordnet werden, dass diese hinsichtlich der Drittvariablen möglichst vergleichbar werden. Auch das Most-similar-cases-Design ist daher mit den üblichen schon erwähnten Mäkeln des Ex-post-facto-Designs behaftet. Insbesondere gilt auch hier das Problem, dass durch die Auswahl der Fälle nur diejenigen Drittvariablen kontrolliert werden können, die man kennt und daher bewusst berücksichtigt.

Es lassen sich mehrere gebräuchliche Ex-post-facto-Designs unterscheiden. Diese werden in den folgenden Abschnitten dargestellt.

3.3.1 Querschnittsstudien

Am verbreitetsten in den empirischen Sozialwissenschaften sind wohl so genannte Querschnittsstudien (cross sectional designs). In einer Querschnittsstudie werden an einer größeren Zahl von Fällen mehrere Variablen gleichzeitig erhoben. Der Zusammenhang zwischen unabhängiger Variable und abhängiger Variable wird dann in der Regel in Form von Kontingenztabellen dargestellt, wenn es sich bei beiden Variablen um so genannte nominalskalierte Variablen handelt, bei denen die verschiedenen Ausprägungen der Variablen lediglich die Zuordnung zu verschiedenen Kategorien kennzeichnen.

Z. B. wird in Wahlumfragen oft sowohl nach der Wahlabsicht als auch nach der so genannten Parteineigung oder Parteiidentifikation (PID) gefragt. Die Parteineigung wird dabei als ein Einstellungskonzept verstanden, das die längerfristige Bindung einer Person an eine Partei widerspiegelt. Die Parteineigung kann schon durch Sozialisation in der Kindheit erworben worden sein (vgl. Campbell u.a. 1964), sie kann aber auch als „running tally" verstanden werden, als eine Art Punktekonto, dessen aktueller Wert die Summe aller mit den Parteien gemachten Erfahrungen repräsentiert (vgl. Fiorina 1977, Behnke 2001). Wenig überraschend ist der Zusammenhang zwischen der Parteineigung und der Wahlabsicht in der Regel sehr hoch und könnte z. B. wie in Tabelle 3.5 aussehen, wobei wir uns der Einfachheit der Darstellung halber auf die Wähler der SPD beschränken wollen.

Tabelle 3.5: Der Zusammenhang von Parteineigung für die SPD und Wahlabsicht zugunsten der SPD (In den Zellen sind Spaltenprozent eingetragen.)

		Parteineigung für SPD	
		ja	nein
Wahlabsicht für SPD	ja	89,2 %	34,6 %
	nein	10,8 %	65,4 %

89,2 % der Bürger mit einer Parteineigung für die SPD geben in der Umfrage ebenfalls an, auch für die SPD stimmen zu wollen. Hingegen wollen nur 34,6 % derjenigen, die keine Parteineigung haben, bei der nächsten Wahl für die SPD stimmen. Das Ergebnis belegt eindeutig, dass die beiden Variablen nicht unabhängig voneinander sind. Dies heißt allerdings noch keineswegs, dass es sich bei diesem Zusammenhang um einen kausalen handeln muss. Die Erklärung hierfür könnte auch darin liegen, dass die beiden abgefragten Variablen lediglich verschiedene spezifische Ausdrucksformen eines allgemeineren Konzepts wie z. B. „Affinität zu einer Partei“ sind. Aber selbst wenn es sich um einen Kausalzusammenhang handeln würde, dann wäre die Richtung der Ursache-Wirkungs-Beziehung noch keineswegs klar. Einerseits könnte eine vorhandene Parteineigung die Wahlabsicht mehr oder weniger determinieren (d. h. im Fall von ca. 90 % der Befragten), andererseits aber könnte es auch sein, dass Befragte, die eine Wahlabsicht für die SPD angeben, diese Entscheidung damit „ex post rationalisieren“, dass sie angeben, schon immer eine Neigung für die SPD gehabt zu haben.

Auch wenn der betreffende Zusammenhang also nicht unbedingt kausal interpretiert werden darf, so kann er durchaus genutzt werden, um Prognosen abzugeben. Menschen, die eine Parteineigung angeben, werden auch mit einer wesentlich höheren Wahrscheinlichkeit die entsprechende Partei wählen als andere. (Genau genommen geben sie natürlich nur mit einer höheren Wahrscheinlichkeit an, diese Partei wählen zu wollen.)

Statistische Kontrolle mit Hilfe des partiellen Korrelationskoeffizienten

Wenn die abhängige Variable und die unabhängige Variable so genannte metrische Variable darstellen, bei denen die Ausprägungen der Variablen als Zahlen interpretiert werden dürfen, mit denen arithmetische Operationen durchgeführt werden können, dann besteht die übliche Methode der Darstellung eines Zusammenhangs zwischen unabhängiger und abhängiger Variable in der Durchführung einer Regressions- oder Korrelationsanalyse (vgl. Kapitel 9). Der so genannte *partielle Korrelationskoeffizient* gibt dann die Korrelation zwischen abhängiger und unabhängiger Variablen wieder, wenn die Effekte bestimmter Drittvariablen auf die abhängige Variable herausgerechnet wurden, für diese also kontrolliert wurde. Der partielle Korrelationskoeffizient erstreckt sich genauso wie der Korrelationskoeffizient über einen Bereich von -1 bis +1, wobei der Wert +1 auch hier wieder einen perfekten positiven Zusammenhang widerspiegelt und der Wert -1 einen perfekten negativen Zusammenhang.

Als Beispiel wählen wir den Zusammenhang zwischen der Sympathiebewertung für die SPD und der Selbsteinstufung eines Befragten auf der Links-Rechts-Skala. Als Datensatz wählen wir den vom ZA bereitgestellten Datensatz ZA1276 anlässlich der Bundestagswahl 1983. Wir vermuten dabei, dass die Bewertung der SPD nicht nur von der Links-Rechts-Position des Wählers abhängt, sondern auch stark von der Bewertung ihres zum damaligen Zeitpunkt prominentesten Spitzenpolitikers Helmut Schmidt. Die Korrelationsmatrix für alle drei Variablen ist in Tabelle 3.6 abgebildet. Wie erwartet gibt es starke Zusammenhänge zwischen allen drei Variablen. Der Korrelationskoeffizient der Links-Rechts-Skala mit der SPD-Bewertung beträgt -0,445. Der Koeffizient ist negativ, da ein niedriger Wert auf der Links-Rechts-Skala eine „linke" Position bezeichnet und ein hoher Wert eine „rechte" Position. Der negative Korrelationskoeffizient ist daher so zu interpretieren: Je weiter links sich ein Befragter einschätzt, desto höher fällt seine Bewertung der SPD aus. Das Ergebnis fällt also ganz im Sinn der theoretisch begründeten Erwartung aus.

Tabelle 3.6: Bivariate Korrelationen

	Skalometer: SPD	Skala: Schmidt	L-R-Skala
Skalometer: SPD	1,000	00,667	-0,445
Skala: Schmidt	0,667	1,000	-0,331
L-R-Skala	-0,445	-0,331	1,000

Sowohl die Links-Rechts-Einstufung als auch die Bewertung der SPD korrelieren aber beide mit der Bewertung des SPD-Spitzenpolitikers Helmut Schmidt. Wenn wir die Analyse um diesen Effekt bereinigen, erhalten wir für den partiellen Korrelationskoeffizienten zwischen SPD-Bewertung und der Selbsteinstufung auf der Links-Rechts-Skala den Wert -0,319[3]. Der partielle Korrelationskoeffizient fällt also deutlich niedriger aus. Die Verminderung des Effekts ergibt sich, da die SPD-Bewertung auch von der Bewertung Helmut Schmidts abhängt und in der Links-Rechts-Selbsteinstufung gewissermaßen die Helmut Schmidt-Einschätzung „verdeckt" enthalten ist, so dass für den bereinigten Effekt der unabhängigen auf die abhängige Variable dieser Effekt erst herausgerechnet werden muss.

3.3.2 Die Fallstudie

Beim Ex-post-facto-Design wird die Korrelation zwischen zwei Variablen untersucht, wobei die eine als unabhängige Variable und die andere als abhängige Variable angenommen wird. Doch der beobachtete Zusammenhang ist in den Sozialwissenschaften niemals deterministisch, sondern immer nur probabilistisch. Dies ist eine unmittelbare Folge der fehlenden Kontrolle aller Drittvariablen, d. h. außer der untersuchten unabhängigen Variablen gibt es immer noch andere Faktoren, die die Ausprägung der abhängigen Variablen beeinflussen. Anders ausgedrückt: Der postulierte Zusammenhang zwischen unabhängiger Variable und abhängiger Variable gilt nur der Tendenz nach, d. h. im „Mittel" der Fälle, aber nicht für jeden Einzelfall. Ob sich ein solcher Zusammenhang im Aggregat ergibt oder nicht ergibt, ist somit eine Folge der Zusammensetzung der ausgewählten Fälle aus den entsprechenden Einzelfällen. Damit wird die Frage der Auswahl fundamental für die Generalisierbarkeit der Ergebnisse.

Das Problem der Generalisierbarkeit umfasst also zwei Aspekte: Zum einen, inwieweit Ergebnisse, die innerhalb eines mehr oder weniger künstlichen Untersuchungsdesigns gefunden wurden, auf natürliche Kontexte übertragen werden dürfen, dies ist die Frage

---

3 Die allgemeine Berechnungsformel für einen partiellen Korrelationskoeffizienten zwischen den Variablen Y und X2 bei Kontrolle der Variablen X1 lautet:

$$r_{YX_1.X_2} = \frac{r_{YX_2} - r_{YX_1} * r_{X_1X_2}}{\sqrt{(1 - r_{YX_1}^2)(1 - r_{X_1X_2}^2)}}.$$

Die Werte des Beispiels eingesetzt, erhält man:

$$r_{LR\text{-}SkSPD.SkSchmidt} = \frac{-0{,}445 - (-0{,}331 * 0{,}667)}{\sqrt{(1 - 0{,}331^2)(1 - 0{,}667^2)}}.$$

der externen Validität eines Designs. Zum anderen aber wirft das Problem der Generalisierbarkeit die Frage auf, inwiefern Ergebnisse, die sich bei der Untersuchung einer bestimmten Auswahl von Fällen eingestellt haben, für alle potenziellen Fälle verallgemeinert werden dürfen. Dieses Problem wirft die Frage auf nach der Repräsentativität der ausgewählten Fälle für alle potenziellen Fälle, auf die sich die Interpretation der Ergebnisse beziehen soll. Viele sozialwissenschaftliche Studien stützen sich daher bei der Auswahl der Fälle auf einen Zufallsmechanismus und bilden so genannte *Zufallsstichproben*, um systematische Verzerrungen durch die Auswahl zu verhindern (vgl. Kapitel 5).

Aber auch bei einer zufälligen Auswahl der Fälle bezieht sich die Repräsentativität der ausgewählten Fälle nur auf Charakteristika der ausgewählten Fälle auf der Aggregatebene. Existiert z. B. ein Zusammenhang in der Zufallsstichprobe zwischen einer dichotomen unabhängigen Variablen X und Y derart, dass Mitglieder der einen Gruppe im Durchschnitt einen höheren Wert von Y haben als die der anderen Gruppe, dann bedeutet dies lediglich, dass dieser Zusammenhang auch in der Gesamtheit aller potenziellen Fälle gilt. Aber aus dem Zusammenhang, der im Aggregat gilt, kann deshalb noch keineswegs eine eindeutige Schlussfolgerung gezogen werden, ob dieser Zusammenhang auch für einen konkreten Einzelfall gilt. Bestenfalls ist hier eine probabilistische Aussage möglich.

Wenn wir daher an einem konkreten Einzelfall interessiert sind, dann helfen uns die für das Aggregat geltenden Zusammenhänge oft nur begrenzt weiter, wenn wir bestimmte Eigenschaften des Einzelfalls erklären wollen. In einem solchen Fall ist es daher unter Umständen angemessen, eine so genannte Fallstudie zu unternehmen.

Fallstudien sind sehr ausführliche und detaillierte Untersuchungen von Einzelfällen. Dabei wird der Einzelfall in seiner natürlichen Umgebung analysiert. Fallstudien können dann die einzige mögliche Untersuchungsstrategie darstellen, wenn eine Isolation des untersuchten Phänomens aus seinem natürlichen Kontext aus praktischen Gründen unmöglich ist und die möglichen Einflüsse auf das untersuchte Phänomen sehr vielfältig sind, so dass jede künstliche Reproduktion der Situation einige dieser Einflussfaktoren automatisch eliminieren würde. Da Fallstudien somit sehr aufwendig sind, ist ihre Durchführung auf wenige Fälle beschränkt, im Extremfall wird ein einziger Fall untersucht. Man spricht dann von einer *Einzelfallstudie* (single case study). Der Gegenstand einer Fallstudie kann alles Mögliche sein: eine Einzelperson, eine Organisation, eine Gemeinde oder eine Nation. Fallstudien können im Zuge der Theoriengenerierung, der Anwendung vorhandener Theorien zur Erklärung von Phänomenen und der Theorienprüfung eingesetzt werden.

Vereinheitlichende Theorien

Fallstudien können in der Phase der Exploration zur Theoriengenerierung zur Anwendung kommen. Ein intensives Studium von Einzelfällen und bestimmte dabei gemachte Beobachtungen können den Forscher zur Formulierung bestimmter Hypothesen animieren. Natürlich kann aber niemals aus einem Einzelfall direkt ein allgemeiner Satz geschlossen werden, auch nicht auf induktive Weise. Wenn Einzelfallstudien zur Formulierung allgemeiner Sätze führen, dann immer nur, wenn der Forscher den Einzelfall als Instanz eines allgemeineren Zusammenhangs zu erkennen vermeint. D. h. es werden nicht aus der Beobachtung des Einzelfalls allgemeine Sätze destilliert, sondern die Verknüpfung des Einzelfalls mit anderen allgemeinen Sätzen führt zur Formulierung neuer allgemeiner Sätze. Der Einzelfall kann als etwas im Wesen Verwandtes zu einer Klasse von Phänomenen erkannt werden, für die schon allgemeine Sätze vorliegen. Newtons Beobachtung des Einzelfalls des herabfallenden Apfels führt deshalb zur Formulierung der allgemeinen Gravitationstheorie, weil ihm in einem genialen Erleuchtungserlebnis klar wird, dass dieses Ereignis durch dieselbe Art von Kraft bewirkt wird, die auch die Planeten auf ihren Bahnen hält.[4] Einzelfallstudien mögen in diesem Sinn der Auslöser für vereinheitlichende Theorien sein. Vereinheitlichende Theorien zeigen Ähnlichkeiten von Phänomenen aus verschiedenen Gegenstandsbereichen auf, so dass diese alle mit demselben allgemeinen Modell dargestellt werden können. So wies z. B. Harold Hotelling (1929) in einem berühmten Aufsatz nach, dass sich Konvergenzerscheinungen in ganz verschiedenen Bereichen mit Hilfe von Grundannahmen einfacher so genannter räumlicher Modelle erklären lassen. Nach diesem Modell handelt es sich bei inhaltlich so verschiedenartigen Phänomenen, wie der Tendenz von Läden, sich in den Zentren einer Stadt anzusiedeln, der Ähnlichkeit von Designelementen der Autokarosserien verschiedener Marken, und der Tendenz von Parteiprogrammen großer Volksparteien zur politischen Mitte, um eine einzige Klasse

---

4 Wir wollen es uns ersparen, über den Wahrheitsgehalt der Apfelanekdote zu spekulieren, die angeblich Voltaire von Newtons Nichte erzählt worden ist. Im Zweifel halten wir uns in diesem Fall ganz „unwissenschaftlich" an den Ratschlag aus „Liberty Valance": „Wenn du die Wahl zwischen der Wahrheit und der Legende hast, dann druck die Legende."

von Phänomenen, die alle aufgrund einer vergleichbaren Entwicklungsdynamik erklärt werden können.

Der Weg von der Beobachtung des Einzelfalls auf eine allgemeine Theorie stellt keinen induktiven Schluss dar. Für jede Theoriebildung aber ist es von fundamentaler Bedeutung, den Gegenstand der Theorie genau zu kennen. Nur auf der Basis solch soliden Wissens über den Gegenstandsbereich kann es zu plausiblen Vermutungen kommen. Die detaillierte Deskription ist daher ein unverzichtbarer Bestandteil jeder ernstzunehmenden Forschung. Die Fallstudie ist eine Untersuchungsstrategie, bei der diese detaillierte Deskription des Gegenstandsbereichs zwangsläufig als Ergebnis anfällt. Das Design der Fallstudie zwingt den Forscher geradezu, sich intensiv mit dem Gegenstand seines theoretischen Interesses auseinanderzusetzen. Der Einsatz einer Fallstudie kann daher auch als eine Art methodologischer Selbstbindung des Forschers betrachtet werden, die den Fehler einer realitätsfernen und realitätsvergessenen Theoriebildung zu vermeiden hilft.

Theorien können mitunter auf systematische Weise induktiv gewonnen werden, oft aber ist der Prozess der Theoriebildung eher willkürlich und beruht auf Intuition und Geistesblitzen. Solche Geistesblitze sind nicht systematisch erzwingbar, aber umfangreiche Informationen sind häufig die Grundlage, auf der diese Geistesblitze gedeihen. Fallstudien können in dieser Weise den Nährboden darstellen, auf dem solche Geistesblitze gedeihen können.

Die Fallstudie kann aber auch zur Vertiefung und Differenzierung vorhandener Theorien eingesetzt werden. Während allgemeine sozialwissenschaftliche Theorien immer probabilistisch sind, kann die Fallstudie aufgrund des gewaltigen Ausmaßes an vorliegender Information die „missing links" liefern, die eine vollständige Kausalgeschichte oder „Kausallinie" (Russell 1997: 333f) bilden, die von den unabhängigen Variablen zur abhängigen Variablen führt. Fallstudien können so der Erklärung der Ausprägung der abhängigen Variablen eines einzelnen Falles dienen, indem sie einen Blick in die „Black Box" zu werfen erlauben, als die bisher der Zusammenhang zwischen unabhängiger und abhängiger Variable existierte. Das zugrundeliegende Erklärungsargument ist sehr komplex und besteht aus der Verknüpfung einer Vielzahl von allgemeinen mit besonderen Sätzen, aus deren gemeinsamen Vorliegen das zu erklärende Phänomen abgeleitet werden kann.

Abweichende Fälle

Besonders aufschlussreich kann die Durchführung einer Fallstudie nach einer allgemeinen Analyse einer größeren Zahl von Fällen sein, um das Erscheinungsbild so genannter *abweichender Fälle* (deviant cases) zu erklären. Da die allgemeine Analyse notgedrungen sehr grob gestrickt ist, da wegen der großen Anzahl der Fälle nur wenige Variablen erhoben werden können, fällt die Lücke in der Kausallinie zwischen unabhängigen und abhängiger Variable entsprechend groß aus. In diesen Lücken wirken sich Drittvariablen in Form so genannter *intervenierender Variablen* aus, die im Einzelfall eine Abweichung von der allgemeinen Tendenz bewirken können. Eine Fallstudie kann dann durch die Erzählung der „ganzen Geschichte" diese Lücke schließen und diese Abweichung als notwendige Folge des Wirkens bestimmter intervenierender Variablen erklären.

Das Problem von Ad-Hoc-Hypothesen

Der Vorteil des Detailreichtums, den die Einzelfallstudie bietet, kann sich leicht zu einem Nachteil auswirken, wenn die vorhandene Informationsfülle wissenschaftlich unseriös eingesetzt wird. Denn mit Sicherheit lässt sich immer irgendeine Kausalgeschichte finden, die die Lücke von den unabhängigen Variablen zur abhängigen Variablen auf eine Weise zu schließen vermag, die im Einzelfall den Wert der abhängigen Variablen richtig voraussagt. Wenn die Erklärung durch ad hoc generierte Zusatzhypothesen gestützt wird, verkommt sie zur wertlosen Tautologie. Die allgemeinen Sätze, die im Zusammenwirken mit den vorhandenen Randbedingungen das kritische Phänomen richtig voraussagen können, sollten daher im Idealfall aus schon bewährt geltenden Theorien herangezogen werden können, oder zumindest eine gewisse Plausibilität für sich in Anspruch nehmen können, die unabhängig von ihrer Fähigkeit besteht, das vorhandene kritische Phänomen erklären zu können.

Hypothesenprüfung

Fallstudien können aber neben der Generierung von Theorien und der Erklärung von spezifischen Einzelphänomenen mit Hilfe vorhandener Theorien auch zur Hypothesenprüfung eingesetzt werden. Allerdings dürfen solchermaßen gefundene Ergebnisse nur mit gewissen Vorbehalten interpretiert werden. Es liegt in der Natur der Sache, dass die konkrete Struktur eines Einzelfalls keinen Erkenntnisgewinn für die Beurteilung einer probabilistischen Theorie liefern kann, nach der ein bestimmtes Phänomen ja mit einer bestimmten Wahrscheinlichkeit auftreten kann und mit der entsprechenden Komplementärwahrscheinlichkeit nicht auftreten wird. Der Nutzen einer Fallstudie fällt demnach desto höher aus, je eindeutiger wir unsere Erwartungen aufgrund einer Theorie bilden können, d. h. je stärker diese Erwartungen aufgrund der Theorie determiniert sind, bzw. wenn das betreffende Phänomen aufgrund der Theorie mit einer sehr hohen Wahrscheinlichkeit erwartet wird. In diesem Fall kann die Fallstudie vor allem dann als kritischer Test der Theorie angesehen werden, wenn die Daten der Fallstudie den aufgrund der Theorie gebildeten Erwartungen widersprechen. Fallstudien können auf diese Weise zur Falsifikation von allgemeinen Theorien eingesetzt werden, denn ein allgemeiner Satz gilt schon dann als widerlegt, wenn er in einem einzigen Fall als unrichtig erwiesen wird.

Wenn die Theorie jedoch anhand der Fallstudie nicht widerlegt werden kann, so gilt sie als „bewährt". Dies darf keineswegs so missverstanden werden, dass die Theorie dadurch bestätigt sei. Der Begriff „Bewährung" sagt lediglich aus, dass die Theorie bisher allen Falsifikationsversuchen erfolgreich widerstanden hat. In diesem Zusammenhang muss betont werden, dass das Ausmaß, in dem sich eine Theorie bewährt, von dem Falsifikationsrisiko abhängt, dem die Theorie durch die Prüfung ausgesetzt wird. Ist dieses gering, dann kann auch nur von einer marginalen Bewährung der Theorie gesprochen werden. *Grundsätzlich gilt, dass Fallstudien nur dann im Sinne einer Bewährung einer Theorie interpretiert werden dürfen, wenn die Theorie unabhängig von der Durchführung der Fallstudie formuliert worden ist.* Auf keinen Fall darf eine Theorie durch die Fallstudie als bewährt angesehen werden, die ganz oder auch nur teilweise erst durch die Fallstudie entstanden ist.

3.3.3 Trenddesign und Paneldesign

Weiter vorne haben wir schon das Zeitreihen-Design erwähnt, wobei wir den Spezialfall der „unterbrochenen" Zeitreihe behandelt haben, bei der eine Veränderung des beobachteten Trends durch einen Stimulus – soweit vorhanden – festgestellt werden sollte. Allgemein handelt es sich bei einer Zeitreihe um eine Reihe von Daten, die an einem einzigen „Fall" erhoben wurden. Dabei handelt es sich häufig um aggregierte Daten, die ursprünglich an vielen individuellen Fällen erhoben worden sind und zu einer Maßzahl zusammengefasst wurden. Die Entwicklung des Anteils der potenziellen SPD-Wähler zwischen 1977 und 1997 z. B. wird in der folgenden Tabelle und der entsprechenden Abbildung wiedergegeben. Die Zahlen beruhen dabei auf Umfragewerten der Politbarometererhebungen. Sie geben den Anteil der Befragten wieder, die in den Umfragen eines Jahres angaben, SPD wählen zu wollen, wenn am „nächsten Sonntag Bundestagswahlen wären".

Tabelle 3.7: Anteil der Befragten mit einer Wahlabsicht für die SPD in den Politbarometerumfragen von 1977-1997

Jahr	Anteil	Jahr	Anteil	Jahr	Anteil
1977	33,5 %	1984	36,5 %	1991	37,2 %
1978	39,6 %	1985	40,1 %	1992	31,8 %
1979	42,7 %	1986	38,0 %	1993	28,9 %
1980	42,7 %	1987	33,8 %	1994	33,3 %
1981	34,9 %	1988	38,4 %	1995	28,4 %
1982	34,5 %	1989	36,8 %	1996	26,9 %
1983	28,6 %	1990	37,1 %	1997	31,4 %

Quelle: ZA2391

Abbildung 3.11: Trend der SPD-Anhängerschaft

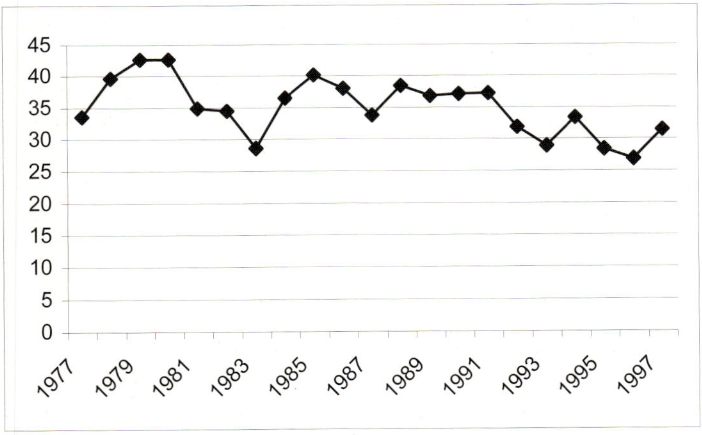

Trenddesign

Die einzelnen aggregierten Daten beruhen dabei jeweils auf verschiedenen Querschnittserhebungen, die von der Forschungsgruppe Wahlen innerhalb eines Jahres erhoben wurden. Eine Abfolge von mehreren Querschnittsuntersuchungen wird als *Trenddesign* bezeichnet. Solche Trenduntersuchungen können jedoch nur grundsätzlich Aussagen über die so genannte Netto-Entwicklung im Aggregat machen. Z. B. nimmt der Anteil der Befragten mit einer Wahlabsicht für die SPD von 1982 auf 1983 um ca. 6 Prozentpunkte ab. Bei einem Trenddesign wie dem obigen stammen die aggregierten Daten bezüglich der einzelnen Zeitpunkte aus verschiedenen Stichproben. Die Unterschiede zwischen den Zeitpunkten könnten daher auch auf zufälligen Schwankungen beruhen, wie sie bei der Stichprobenziehung entstehen. Doch selbst wenn wir davon ausgehen, dass die Daten im Aggregat mehr oder weniger richtig wiedergegeben werden, so bleiben uns doch wichtige Informationen vorenthalten. Die Verluste der SPD von 6 Prozent der Wählerschaft zwischen 1982 und 1983 können, bei gleichen Nettozahlen, nämlich auf ganz unterschiedlichen Mustern von individuellen Veränderungen beruhen. So kann es einerseits der Fall sein, dass die SPD genau 6 Prozentpunkte ihrer alten Wählerschaft verloren hat, sie könnte aber sogar 8 Prozentpunkte der alten Wählerschaft verloren haben, aber gleichzeitig 2 Prozentpunkte neue Wähler hinzugewonnen haben, die zuvor für eine andere Partei gestimmt haben. Beide Veränderungsmuster sind mit den Nettoveränderungen vereinbar. Um nun diese individuellen Veränderungen analysieren zu können, müssen die Daten über mehrere Zeitpunkte hinweg an *denselben* Fällen erhoben werden. Dieses Studiendesign bezeichnet man als *Paneluntersuchung*. Bei einem *Paneldesign* handelt es sich um eine Abfolge mehrerer Querschnittsuntersuchungen an denselben Fällen. Über eine eindeutige Identifikationsvariable werden die Fälle gekennzeichnet, damit die verschiedenen Datenwerte desselben Falles eindeutig auf diesen bezogen werden können. Für jeden Einzelfall liegt damit eine Datenreihe vor.

Besitzen wir solche *Paneldaten* z. B. für eine Stichprobe von Wählern, dann können wir mit Hilfe sogenannter Übergangsmatrizen die Wählerwanderungen untersuchen, wie sie zwischen den Parteien stattgefunden haben. Eine solche Übergangsmatrix könnte für ein zweiwelliges Panel bezüglich der Jahre 1982 und 1983 z. B. folgendermaßen aussehen.

Tabelle 3.8: Fiktive Übergangsmatrix (Zeilenprozent)

1982 1983	SPD	CDU/CSU	FDP	GRÜNE	
SPD	95,2 %	1,7 %	1,2 %	1,9 %	100 %
CDU/CSU	11,3 %	88,0 %	0,5 %	0,2 %	100 %
FDP	8,1 %	12,5 %	79,2 %	0,2 %	100 %
GRÜNE	10,5 %	2,3 %	0,4 %	86,8 %	100 %

95,2 % der SPD-Wähler von 1983 haben demnach auch 1982 SPD gewählt, aber nur 88 % der CDU-Wähler waren auch im Jahr zuvor Wähler der CDU. 11,3 % der CDU-Wähler von 1983 sind ehemalige SPD-Wähler.

Paneldesigns bieten wesentlich weitreichendere Analysemöglichkeiten als Querschnittsdesigns oder Trenddesigns. Die erste Welle einer Paneluntersuchung kann analog zu einer Vorhermessung beim Experiment betrachtet werden. Es können dementsprechend die Unterschiede der Veränderungen der abhängigen Variablen zwischen den Gruppen betrachtet werden, die durch die unabhängige Variable gebildet werden. Damit wird in gewisser Weise für die Unterschiede bezüglich der abhängigen Variablen in der ersten Welle der Paneluntersuchung zwischen den Gruppen „kontrolliert". Nichtsdestotrotz stellt auch das Paneldesign ein Ex-Post-facto-Design dar, weil die Aufteilung der Fälle in verschiedene Gruppen entsprechend den Ausprägungen der unabhängigen Variablen nicht durch eine Manipulation des Forschers erfolgt, sondern „natürlich" vorhanden ist. Man könnte auch sagen, die Fälle teilen sich den verschiedenen Gruppen aufgrund bestimmter Merkmale selbst zu. Damit ist aber eine Untersuchung des isolierten Effekts der unabhängigen Variablen auf die abhängige Variable aus den schon erwähnten Gründen unmöglich.

Selektive Erinnerung, selektive Wahrnehmung und selektive Nutzung

Stellen wir uns vor, wir wollten die Wirkung eines bestimmten Wahlkampfspots auf die Beurteilung eines Kanzlerkandidaten mit Hilfe einer Panelumfrage untersuchen. Wir hätten also die Sympathiewerte des Kandidaten in der ersten und der zweiten Welle. Die erste Welle soll dabei vor der Sendung des Spots im Fernsehen liegen. In der zweiten Welle können wir zusätzlich eine Frage danach stellen, ob die Untersuchungspersonen den Spot gesehen haben. Mit den vorliegenden Daten können wir dann untersuchen, ob der Spot bei denjenigen, die ihn gesehen haben, zu einer Verbesserung der Bewertung des Kandidaten geführt hat im Vergleich zu denjenigen, die den Spot nicht gesehen haben. Genau an dieser Stelle wird jedoch deutlich, dass wir das grundsätzliche Problem des Ex-post-facto-Designs, nicht sicher auf kausale Zusammenhänge schließen zu können, auch mit dem Paneldesign nicht beseitigen können. Der grundsätzliche Makel der nicht zufälligen Zuweisung der Personen zu „Kontrollgruppe„ und „Experimentalgruppe" lässt die zweifelsfreie kausale Interpretation eines solchen Zusammenhangs nicht zu, denn im vorliegenden Beispiel kann keineswegs ausgeschlossen werden, dass der beobachtete Zusammenhang zwischen Wahlkampfspot und Kandidatenbewertung ein Artefakt darstellt. Aus der kognitiven Psychologie sind die Phänomene *selektiver Wahrnehmung* (selective perception) und *selektiver Erinnerung* (selective retention) bekannt. Zusätzlich spielt eine Rolle, dass sich Mediennutzer Informationsquellen selektiv aussetzen (selective exposure). Möglicherweise erinnern sich also nur diejenigen an den Spot, die schon eine positive Grundeinstellung gegenüber dem Kandidaten hatten und deren positive Grundhaltung leichter bestätigt und verstärkt werden kann als eine ablehnende Grundeinstellung. Aber selbst wenn die Erinnerung daran, ob man den Spot gesehen hat oder nicht, nicht systematisch verzerrt wäre, könnte auf der Grundlage der „selective exposure-Hypothese" behauptet werden, dass sich nur Leute mit einer bestimmten Einstellung den Spot überhaupt ansehen, die anderen zappen einfach weg. Die „selective perception-Hypothese" würde schließlich vermuten lassen, dass die Aufmerksamkeit, mit der der Spot wahrgenommen wird, ebenfalls von vorhandenen Einstellungen abhängig ist. Auch hier stoßen wir also auf das bekannte Problem, dass die Wirkung eines Stimulus, der nicht durch bewusste Manipulation des Forschers zufällig den Personen zugeteilt wird, nicht mehr zwangsläufig kausal interpretiert werden kann, sondern dass sich umgekehrt möglicherweise Personen mit bestimmten Einstellungs- und Persönlichkeitsmustern bewusst dem behaupteten „Stimulus" in einem ex-post-facto-design aussetzen. Die unabhängige Variable ist dann ihrerseits abhängig von diesen Merkmalen und der durch die unabhängige Variable abgebildete „Stimulus" dann natürlich auch kein echter Stimulus im wörtlichen Sinn, also nicht „Reiz", sondern „Wirkung".

Methode der Cross-lagged-Korrelationen

Unter gewissen Umständen kann aber ein Paneldesign zumindest Anhaltspunkte für die Wirkungsrichtung eines behaupteten Kausalzusammenhangs liefern. Nehmen wir an, wir haben zwei Variablen X und Y, die in zwei Panelwellen erhoben wurden, wobei X_1 und Y_1 die entsprechenden Variablen in der ersten Welle seien und X_2 und Y_2 diejenigen der zweiten Welle. Darüber hinaus vermuten wir, dass X kausal auf Y wirkt, allerdings mit einer gewissen zeitlichen Verzögerung. In diesem Fall gibt es gute Gründe anzunehmen, dass die „Kreuzkorrelation" zwischen X_1 und Y_2 höher ausfallen sollte als die zwischen Y_1 und X_2. Diese Technik zur Feststellung der Richtung eines kausalen Zusammenhangs mit Hilfe einer Paneluntersuchung wird als *Methode der Cross-lagged-Korrelationen* bezeichnet. Entscheidend für die Anwendbarkeit der Methode ist allerdings das Verhältnis des zeitlichen Abstands zwischen den Panelwellen zu der „Wirkungszeitspanne", die zwischen Ursache und Wirkung liegt. Wenn die Wirkungszeitspanne z. B. ein halbes Jahr beträgt, dann würde der Unterschied zwischen den beiden Korrelationen, X_1 mit Y_2 einerseits, Y_1 mit X_2 andererseits, maximal ausfallen, wenn auch der Abstand zwischen den beiden Wellen ein halbes Jahr beträgt, da dann die Korrelation zwischen X_1 und Y_2 ihr Maximum erhält. Das

Problem besteht nun darin, dass die Wirkungszeitspanne in der Regel nicht vor der Durchführung des Panels bekannt ist, denn um sie zu ermitteln, müssten verschiedene Panels mit verschiedenen Abständen zwischen den Wellen miteinander verglichen werden. Außerdem liegen oft ganz pragmatische Gründe vor, die einen bestimmten Abstand zwischen den Wellen des Panels erforderlich machen. Wenn der Panelabstand nun z. B. ein Jahr beträgt, dann liegt die Messung von X_1 ein halbes Jahr vor der optimalen Messung in Bezug auf die Wirkung von Y_2. Bezüglich der zweiten Korrelation aber liegt der gemessene Wert von X_2 eineinhalb Jahre nach dem optimalen Zeitpunkt der Messung, der ein halbes Jahr vor Y_1 liegen würde. Da im ersten Fall der tatsächliche Zeitpunkt der Messung von X näher am theoretisch optimalen liegt als im zweiten Fall, ist es daher plausibel, anzunehmen, dass die Korrelation zwischen X_1 und Y_2 höher ausfallen wird als diejenige zwischen Y_1 und X_2. Allerdings gilt diese Argumentation nur dann, wenn Veränderungen der unabhängigen Variablen im Sinne eines so genannten „random walk" verlaufen, d. h. unabhängig von früheren Veränderungen sind. Denn wenn es so etwas wie fluktuierende Veränderungen gibt, dann führt die Cross-Lagged Technik möglicherweise zu falschen Schlussfolgerungen, wenn der Abstand zwischen den Panelwellen zu sehr von der Wirkungszeitspanne abweicht. Wenn in unserem Beispiel aufgrund von zyklischen Fluktuationen der Wert von X_2 vom Wert von X eineinhalb Jahr zuvor weniger abweichen würde, als der Wert von X_1 vom Wert von X ein halbes Jahr später, dann fiele auch die Korrelation von X_1 und Y_2 tatsächlich niedriger aus als die von Y_1 und X_2 und wir würden auf die falsche Richtung des kausalen Zusammenhangs schließen.

Retrospektivbefragungen

Der Vorteil eines Paneldesigns liegt in der Möglichkeit, individuelle Veränderungen festzustellen und zu analysieren. Doch darf ein Design nicht mit einem bestimmten Datentyp verwechselt werden. Datentupel, die für einen Merkmalsträger die Ausprägung eines Merkmals zu verschiedenen Zeitpunkten enthalten, müssen nicht zwangsläufig mit einem Paneldesign erhoben worden sein. Die so genannten Wählerwanderungsanalysen z. B., die nach Landtags- oder Bundestagswahlen in manchen Fernsehstudios noch am Wahlabend veröffentlicht werden, beruhen auf so genannten *Exit Polls*, d. h. Befragungen von einer sehr großen Anzahl von Wählern, die am Ausgang des Wahllokals unmittelbar nach ihrer Stimmabgabe befragt werden. Um die Wählerwanderungen zu erheben, wird dabei auch die so genannte *Recallfrage* bezüglich der Wahlabsicht gestellt,

d. h. es wird nicht nur nach der aktuellen Stimmabgabe sondern auch nach der in der vorigen Wahl gefragt. Die „Paneldaten" werden also durch *Retrospektivfragen*, die sich auf vergangene Ereignisse oder Einstellungen beziehen, innerhalb einer Querschnittsstudie konstruiert. Es ist offensichtlich, dass das Problem selektiver Erinnerung hierbei eine noch wesentlich größere Rolle spielt, als wenn die Paneldaten in einem „echten", d. h. prospektiven Paneldesign, das aus mehreren unabhängigen Querschnittsstudien mit derselben Stichprobe besteht, erhoben wurden. Solche Wählerwanderungsanalysen sind daher mit der gebührenden Vorsicht zu genießen und einige Meinungsforschungsinstitute verzichten daher aus nachvollziehbaren Gründen ganz darauf, solche „Analysen" durchzuführen.

3.3.4 Parallele Zeitreihen

Wenn man, wie im eben erwähnten Beispiel, einen Zusammenhang zwischen zwei Variablen vermutet, der sich mit einer gewissen zeitlichen Verzögerung auswirkt, dann wäre es ideal, beide Variablen über einen langen Zeitraum hinweg in relativ kleinen Abständen zu erheben. Bei Paneluntersuchungen mit vielen Fällen bedeutet dies jedoch einen Aufwand, der in der Regel nicht geleistet werden kann. Paneluntersuchungen enthalten meistens relativ viele Variablen für viele Fälle für wenige Zeitpunkte. Querschnittuntersuchungen enthalten die Daten zu relativ vielen Variablen von vielen Fällen zu einem einzigen Zeitpunkt. Zeitreihen hingegen beziehen sich nur auf wenige Fälle, oft sogar nur auf einen einzigen, und werden nur für wenige Variablen, oft ebenfalls nur eine einzige, erhoben. Dafür aber haben Zeitreihen den Vorteil, dass die Daten in der Regel für eine größere Anzahl von Zeitpunkten erhoben worden sind. Dadurch lässt sich, indem man die Datenwerte über die einzelnen Zeitpunkte hinweg verbindet, eine mehr oder weniger gute Annäherung an einen kontinuierliche Zeitverlaufskurve erzielen. Wenn nun der Abstand zwischen zwei aufeinanderfolgenden Messzeitpunkten deutlich geringer ausfällt als die Wirkungszeitspanne, so dass mehrere Messpunkte in eine Wirkungszeitspanne fallen, dann kann ein Kausaleffekt der unabhängigen Variablen auf die abhängige Variable dadurch illustriert werden, dass die um die Wirkungszeitspanne verschobene Zeitreihe der abhängigen Variablen mit der Zeitreihe der unabhängigen Variablen korreliert. Wählt man die Maßstäbe der unabhängigen und der abhängigen Variablen so, dass sie sich in einer Grafik über einen vergleichbaren Bereich der Y-Achse erstrecken, dann entspricht die Zeitreihe der abhängigen Variablen mehr oder weniger genau der nach rechts parallel verschobenen Zeitreihe der unabhängigen Variablen. Ein Beispiel hierfür ist in Abbildung 3.4 zu sehen. Lee untersuchte in Anlehnung an klassische Thesen von Malthus den Zusammenhang zwischen dem Realeinkommen und dem Bevölkerungswachstum. Dabei wird vermutet, dass sich Änderungen der Einkommensverhältnisse in Änderungen des Wachstums niederschlagen. Nimmt das durchschnittliche Realeinkommen zu, dann erhöht sich die Bevölkerungszahl und umgekehrt. In Abbildung 3.4 sind die Zeitreihen für die beiden Variablen abgebildet. Genau genommen handelt es sich dabei um so genannte *gleitende Durchschnitte* (*moving averages*)- Zeitreihen. D. h. der abgebildete Datenwert zu einem bestimmten Zeitpunkt entspricht nicht dem an diesem Zeitpunkt gemessenen Datenwert, sondern dem Durchschnitt der Datenwerte in einem bestimmten Intervall um den kritischen Datenwert. Die Methode der gleitenden Durchschnitte dient dazu, langfristige Trendverläufe von kurzfristigen Störungen zu bereinigen.

Abbildung 3.12: Parallelverschobene Zeitreihen

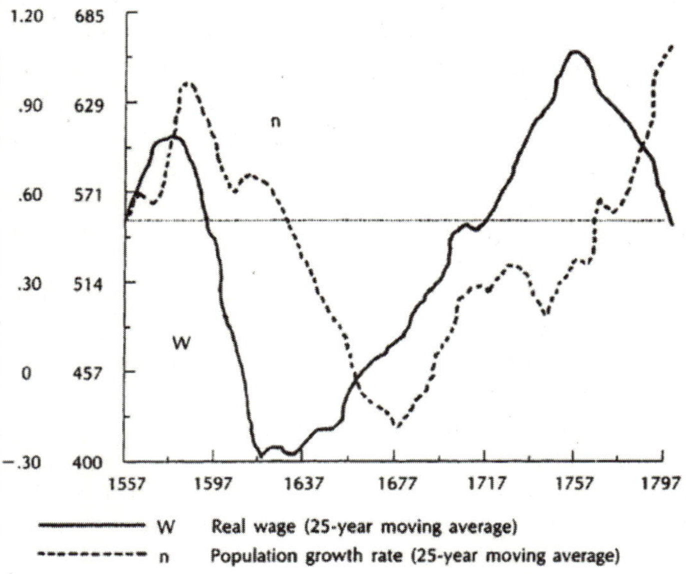

Quelle: Little (1991: 162)

Tatsächlich scheinen die Daten die These für den untersuchten Zeitraum von der Mitte des 16. Jahrhunderts bis ca. 1800 zu bestätigen. Mit einer Verzögerung von ca. 30 bis 40 Jahren wirken sich Einkommensveränderungen auf die Geburtenrate aus.

Literatur zum Forschungsdesing

Weiterführende Literatur

Das klassische Textbuch zum experimentellen Design und der statistischen Auswertung der Ergebnisse ist *R.A. Fishers* Buch „The Design of Experiment", das zum ersten Mal 1935 veröffentlicht wurde und 1966 in der achten Auflage erschien. Das Buch stellt immer noch eine der besten Einführungen in das Gebiet dar, abgesehen von dem Umstand, dass es allein dafür lesenswert ist, dass hier das berühmt-berüchtigte Experiment der teetrinkenden Lady in die Statistikliteratur eingeführt wurde. Eine sehr verständliche Einführung in das experimentelle Design gibt *Zimmermann* (1972). Hier sind auch die Mill'schen Versuchsanordnungen beschrieben. Eine gute Diskussion hierzu bietet auch *Skyrms* (2000). Das Buch von *Kinder/Palfrey* (1993) illustriert die vielfältigen Möglichkeiten, die es beim Einsatz von Experimenten in der Politikwissenschaft gibt. Der Klassiker zu verschiedenen experimentellen und quasi-experimentellen Designs ist *Campbell/Stanley* (1963), umfassend und auf dem neusten Stand zu der Thematik ist das Werk von *Shadish/Cook/Campbell* (2003). Mit der Technik der Cross lagged Korrelationen befassen sich *Rozelle/Campbell* (1969).

Campbell, Donald T./ Julian C. Stanley (1963): Experimental and Quasi-Experimental Designs for Research. Chicago: Rand McNally

Fisher, Ronald A. (1971)[1935]: The Design of Experiments. New York: Hafner

Kinder, Donald R./ Thomas R. Palfrey (Hg.)(1993): Experimental Foundations of Political Science. Ann Arbor, Mich.: The University of Michigan Press

Rozelle, R.M./ D.T. Campbell (1969): More Plausible Rival Hypotheses in the Cross-Lagged Panel Correlation Technique. In: Psychological Bulletin, 7, 74-80

Shadish, William R./ Thomas D. Cook/ Donald T. Campbell (2003): Experimental and Quasi-Experimental Designs for Generalized Causal Inference. Boston: Houghton Milfflin

Skyrms, Brian (2000): Choice And Change. Belmont: Wadsworth/Thomson Learning

Zimmermann, Ekkart (1972): Das Experiment in den Sozialwissenschaften. Stuttgart: Teubner

4 Theorie und Messung

4.1 Grundbegriffe der klassischen Messtheorie

Wie in Kapitel 2 erwähnt, können wir niemals direkten Zugang zur Wirklichkeit erlangen. Wir verfügen immer nur über eine indirekte Erfahrung der Wirklichkeit über unsere Messinstrumente, von denen unsere Sinnesorgane gewissermaßen als Spezialfall betrachtet werden können.

Atomare Sätze

Die einfachsten Sätze, mit denen wir bestimmte Sachverhalte in der Wirklichkeit beschreiben, beziehen sich auf die Zuschreibung einer Eigenschaft zu einem Objekt. Dabei muss das Objekt eindeutig identifizierbar sein. Am einfachsten lässt sich dies durch die Vergabe eines Eigennamens bewerkstelligen. Aber auch jede Beschreibung von Eigenschaften, über die ein Objekt eindeutig identifiziert werden kann, würde diesen Zweck erfüllen. Wegen ihrer elementaren Struktur werden solche Sätze auch *atomare Sätze* genannt. Beispiele für solche atomaren Sätze wären „Napoleon war ein Feldherr.", „Die SPD ist eine Volkspartei." oder „Die Bundesrepublik Deutschland ist eine Demokratie.".

Da eine Eigenschaft mehrere verschiedene Ausprägungen annehmen kann, kann man sich eine „Eigenschaft" als eine Dimension in einem Eigenschaftenraum vorstellen. Jedes Objekt ist dann bestimmt durch seine Ausprägungen auf einer praktisch beliebig großen Anzahl solcher Eigenschaftsdimensionen, die in diesem Eigenschaftenraum existieren.

Merkmale und Merkmalsträger

Wir bezeichnen diese Dimensionen auch als *Merkmale* und die Objekte daher als *Merkmalsträger*. Unter *Messung* verstehen wir die Zuordnung einer *Ausprägung* eines Merkmals zum Merkmalsträger. Die Messung wird also an einem Objekt vorgenommen, der konkrete Messvorgang bezieht sich jedoch immer auf eine Eigenschaft des Objekts. Nicht das Objekt wird gemessen, sondern die Ausprägung einer Eigenschaft, die diesem Objekt zugeordnet ist. Wenn wir z. B. von der „Vermessung" eines bestimmten Körpers sprechen, dann meinen wir damit, dass wir an diesem Körper mit Hilfe bestimmter Methoden sein Länge, Breite etc. erheben.

Ein Merkmal, das nur eine einzige Ausprägung hat, wird *Konstante* genannt, ein Merkmal mit mehreren Ausprägungen *Variable*. Von wissenschaftlichem Interesse sind natürlich nur variable Merkmale, da nur zwischen solchen systematische Beziehungen bestehen können. Ein Merkmal, das immer dieselbe Ausprägung hat, also eine Konstante ist, kann nichts erklären.

Operationalisierung

Als *Operationalisierung* einer Variablen bezeichnen wir eine genaue Beschreibung der Messverfahren, die wir anwenden, wenn wir der Variablen einen bestimmten Merkmalswert zuweisen. Dabei sind manche dieser Operationalisierungen durch direkte Beobachtungen am Merkmal durchzuführen, andere wieder nur durch indirekte Beobachtungen. Die „Größe" eines Gegenstands lässt sich z. B. operationalisieren, indem wir den Vorgang der Größenmessung mit Hilfe eines Metermaßes oder äquivalenten Vorrichtungen beschreiben. Variable, die auf solchermaßen direkte Weise operationalisiert werden können, heißen *manifeste Variable.*

Latente Variable

Bei der Mitgliederzahl der SPD z. B. handelt es sich um eine manifeste Variable, da diese direkt erhoben werden kann. Wie aber lässt sich die Behauptung „Die SPD ist eine Volkspartei." überprüfen? Wir verfügen über keine direkte Operationalisierung des Merkmals „Volkspartei". Solche Variable werden daher *latente Variable* oder *latente Konstrukte* genannt. Viele der Eigenschaften von Objekten, auf die wir uns gerade in einer wissenschaftlichen Theorie beziehen, sind solche latente Variable, weshalb sie mitunter auch als *theoretische Konstrukte* bezeichnet werden. Latente Variable können nur indirekt gemessen werden. Die Variablen, mit deren Hilfe wir die Werte der latenten Variablen konstruieren, werden *Indikatoren* oder *Indikatorvariable* genannt. Wir könnten den Begriff „Volkspartei" z. B. folgendermaßen definieren: „Eine Volkspartei ist eine Partei, die in der Regel mehr als 30 % der Wählerstimmen bei Wahlen erhält." Doch selbst diese Definition reicht für eine eindeutige Bestimmung noch nicht aus, da auch die Begriffe „in der Regel" und „Wahlen" noch genauer operationalisiert werden müssen. Eine genaue operationale Definition des Begriffs Volkspartei könnte für Deutschland also lauten: „Eine Volkspartei ist eine Partei, die in mindestens drei der letzten fünf Bundestagswahlen mehr als 30 % der gültigen Zweitstimmen erhalten hat."

Die Verwendung latenter Variablen in der Theoriebildung, die durch Indikatoren indirekt gemessen werden müssen, ist keineswegs eine Besonderheit der Sozialwissenschaften, sondern auch in den Naturwissenschaften verbreitet. Die Messung der so genannten „α-Strahlung" radioaktiver Teilchen durch Rutherford und Geiger z. B. erfolgte durch Lichtblitze auf einer Silberfolie, die durch die α-Teilchen erzeugt wurden, wenn sie auf die Silberfolie einschlugen.

Eine direkte Messung der α-Teilchen war gar nicht möglich. Allein der Verweis auf solche nicht direkt operationalisierbare latente Variablen ist also sicherlich keineswegs ausreichend, eine Sonderrolle der sozialwissenschaftlichen Methodologie zu begründen.

Abbildungen

Bei der Messung von Eigenschaften handelt es sich um eine Abbildung, wobei die empirische Eigenschaft eines Objekts in der Wirklichkeit auf einen symbolischen Wert abgebildet wird. Der abgebildete Wert wird auch das *Bild* genannt, der ursprüngliche Wert das *Urbild*. Die Menge aller Originalwerte wird auch *Definitionsbereich* oder *Vorbereich* der Abbildung genannt, die Menge aller Bildwerte der *Wertebereich* oder *Nachbereich* der Abbildung. Eine *eindeutige Abbildung* liegt dann vor, wenn jedem Urbild eindeutig ein Bild zugeordnet wird. Dabei kann auch mehreren Originalwerten derselbe Wert in der Abbildung zugeordnet werden. Wir sprechen von einer *eineindeutigen Abbildung* oder einer *bijektiven Abbildung*, wenn umgekehrt auch jedem Bildwert eindeutig ein Originalwert zugeordnet werden kann. Solche Abbildungen werden daher auch *umkehrbar eindeutige Abbildungen* genannt.

Abbildung 4.1: Eindeutige Abbildung

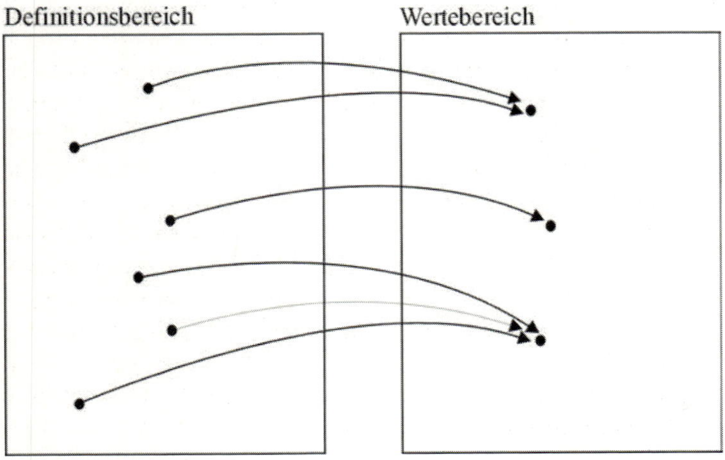

Abbildung 4.2: Eineindeutige Abbildung

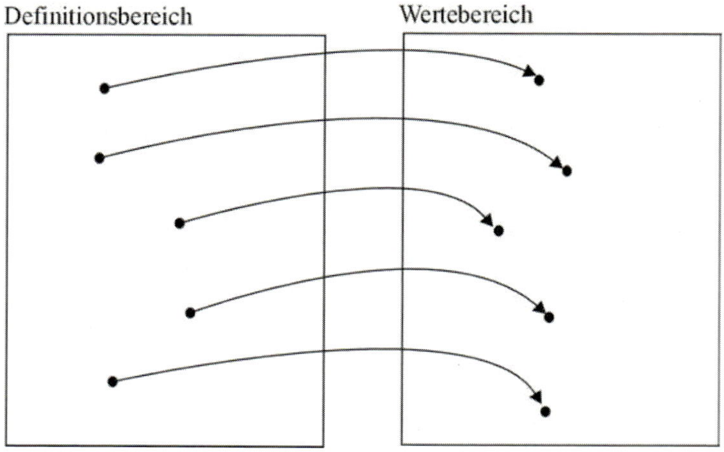

Wenn wir Objekte messen, nehmen wir in der Regel eine Reduktion der Komplexität auf der gemessenen Dimension vor. Wenn wir z. B. bestimmten Objekten eine Farbe zuordnen, dann kommt es uns nicht darauf an, jeden noch so geringen Farbunterschied mit einem eigenen Namen kenntlich machen zu können, sondern wir fassen eine ganze Klasse von Farbeindrücken in einem einzigen Begriff wie „rot“ zusammen, eine andere Klasse von Farbeindrücken in dem Begriff „grün“ usw. Außerdem ist es natürlich sinnvoll, dieselbe Farbe verschiedener Gegenstände mit demselben Messwert zu belegen. Die durch die Messung durchgeführte Abbildung ist daher in der Regel eindeutig und nicht eineindeutig.

Empirisches Relativ

Wichtig bei unserer Abbildung der Wirklichkeit in eine symbolische Repräsentation derselben ist aber nicht nur, dass bestimmte Eigenschaften von Objekten mit bestimmten Messwerten dargestellt werden, sondern auch, dass durch die Abbildung die Beziehungen zwischen den Objekten, wie sie in der Wirklichkeit bestehen, erhalten bleiben. Durch die Messung soll auch die Struktur der Wirklichkeit erhalten bleiben, wie sie sich in den Relationen zwischen den Objekten ausdrückt. Dieses Beziehungsgeflecht in der Wirklichkeit nennen wir das *empirische Relativ*. Ein Relativ besteht aus einer Anzahl von Objekten und einer bestimmten Anzahl von Relationen, die zwischen diesen Objekten bestehen.

Numerisches Relativ

Die Abbildung muss in der Lage sein, diese Beziehungen adäquat wiederzugeben, d. h. die Beziehung zwischen den Symbolen muss eine bestimmte Art von Beziehung zwischen den entsprechenden Eigenschaften der Objekte ausdrücken können. Mit Zahlen verfügen wir über eine Menge von Symbolen, die bestens dazu geeignet sind, solche Beziehungen ausdrücken zu können. Das Beziehungsgeflecht zwischen Zahlen wird daher als *numerisches Relativ* bezeichnet.

Isomorphismus, Homomorphismus

Zwei Relative sind sich *ähnlich*, wenn sie dieselbe Anzahl von Relationen enthalten und die jeweiligen Relationen sich auf dieselbe Anzahl von Objekten beziehen. Eine Abbildung, die ein Relativ in ein ähnliches Relativ abbildet, wird eine *strukturerhaltende Abbildung* oder ein *Morphismus* genannt. Ein *Isomorphismus* liegt dann vor, wenn jede Relation zwischen den Objekten des Vorbereichs in genau eine entsprechende Relation zwischen den Objekten des Nachbereichs umgesetzt wird. Ein Isomorphismus zwischen dem empirischen Relativ und dem numerischen Relativ liegt dann vor, wenn jeder realen Beziehung zwischen den Objekten in der Wirklichkeit genau eine entsprechende Beziehung zwischen Zahlen zugeordnet wird.

Abbildung 4.3: Isomorphismus

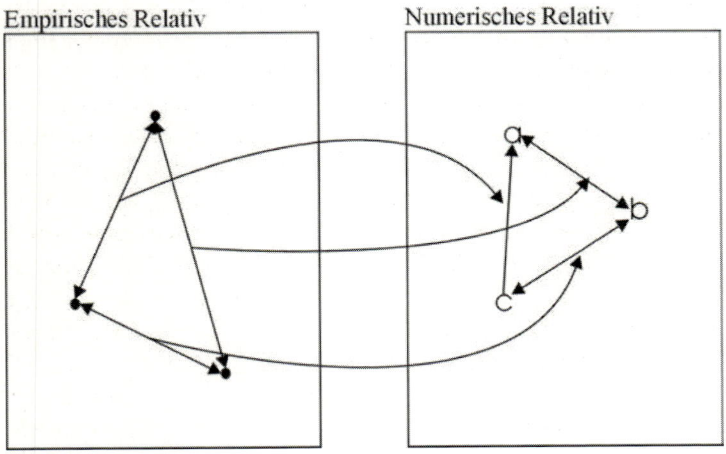

Eine strukturerhaltende Abbildung des empirischen in das numerische Relativ wird ein *Homomorphismus* genannt, wenn eine Relation, die zwischen den wirklichen Objekten besteht, in eine entsprechende Relation zwischen den Messwerten abgebildet wird. Dabei dürfen auch verschiedene Relationen innerhalb des empirischen Relativs in dieselbe Relation innerhalb des numerischen Relativs übertragen werden. Z. B. gibt es eine bestimmte Relation, die sich auf zwei verschiedene Temperaturen bezieht, die ausgedrückt werden kann, indem man diesen beiden Temperaturen die Werte 2° Celsius und 4° Celsius zuweist. Aber mit der gleichen numerischen Relation lässt sich auch die Beziehung zweier Temperaturen darstellen, die mit 2° Fahrenheit und 4° Fahrenheit bezeichnet werden. Die jeweiligen Temperaturen 2° Celsius und 2° Fahrenheit, bzw. 4° Celsius und 4° Fahrenheit unterscheiden sich voneinander, aber nicht die entsprechende Relation zwischen diesen beiden Temperaturen, wenn sie mit derselben Skala gemessen werden. Denn in beiden Fällen kann diese numerische Relation als die Beziehung zwischen den Zahlen „2" und „4" ausgedrückt werden. Der Vergleich der Zahlen der Messwerte ist aber natürlich keineswegs auf die Messung gleicher Eigenschaft beschränkt, die lediglich anhand verschiedener Skalen gemessen werden. Wenn wir zwei Gegenständen die Länge 2m bzw. 4m zuweisen, oder auch den Sympathiewerten zweier Politiker die Werte 2 und 4, dann existiert irgendeine Ähnlichkeit in der Struktur der realen Beziehungen zwischen den beiden Temperaturen 2° Celsius und 4° Celsius, den Längen 2m und 4m und den Sympathiewerten 2 und 4, die genau dadurch ausgedrückt werden kann, dass alle diese Beziehungen durch dasselbe Zahlenpaar ausgedrückt werden können. Unter irgendeinem Aspekt unterscheidet sich der Politiker mit dem Sympathiewert 4 von dem Politiker mit dem Sympathiewert 2 auf dieselbe Weise, wie sich die Länge 4m von der Länge 2m unterscheidet.

Abbildung 4.4: Homomorphismus

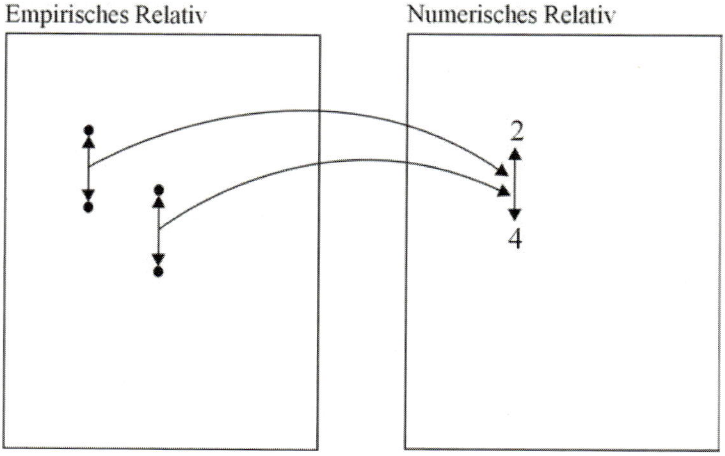

Von Messung wollen wir im Folgenden also dann sprechen, wenn wir die Eigenschaften von Objekten mit Zahlen symbolisch derart ausdrücken, dass die relevanten Beziehungen zwischen den Eigenschaften der Objekte sich in den Beziehungen zwischen den Zahlen widerspiegeln. Die übliche Definition von Messung lautet daher: *Messung ist die homomorphe Abbildung eines empirischen Relativs in ein numerisches Relativ.*

4.2 Die Skalenniveaus

Je nachdem, welche Relationen zwischen den Eigenschaften der Objekte des empirischen Relativs sich in den Relationen zwischen den Messwerten widerspiegeln sollen, unterscheiden wir zwischen verschiedenen so genannten *Skalenniveaus.* Die übliche Aufteilung differenziert zwischen *Nominal-* oder *Kategorialskalen*, *Ordinalskalen*, *Intervallskalen*, *Ratio-* oder *Verhältnisskalen* und *Absolutskalen.* Dabei können die Skalen in eine Rangfolge gebracht werden, die das Informationsniveau angibt, das mit einem Wert ausgedrückt werden kann. Nominalskalen haben hierbei das geringste Niveau, Absolutskalen das höchste. Aus diesem Grund sprechen wir auch von Skalenniveaus. Je höher das Skalenniveau, desto mehr kann über die Beziehungen zwischen den gemessenen Objekten ausgesagt werden. Die Beziehungen, die für ein höheres Skalenniveau gelten, schließen dabei auch immer alle Beziehungen mit ein, die für niedrigere Skalenniveaus gelten. Jede Ordinalskala ist daher auch immer eine Nominalskala, jede Intervallskala ist immer auch eine Ordinalskala und eine Nominalskala usw.

4.2.1 Die Nominalskala

Die Nominal- oder Kategorialskala ist die einfachste und informationsärmste aller Skalen. Eine Variable ist nominalskaliert, wenn die Messwerte zweier Objekte lediglich daraufhin verglichen werden können, ob sie gleich oder unterschiedlich sind. Eine Nominalskala enthält lediglich Kategorien, in die die einzelnen Objekte eingeteilt werden können. Die Höhe des Skalenniveaus darf aber niemals mit theoretischer Wichtigkeit verwechselt werden. Viele der wichtigsten sozialwissenschaftlichen Variablen sind nominalskaliert. Typische Beispiele für nominalskalierte Variablen sind z. B. das Geschlecht, die Parteiwahl, die Regierungsform eines Staates oder die Staatsform selbst.

Durch die Tatsache, dass es sich bei der Messung um eine homomorphe Abbildung handelt, ist gewährleistet, dass *jedem* Objekt ein Messwert zugeordnet werden kann, sowie dass keinem Objekt zwei Messwerte zugeordnet werden. Das Kategoriensystem einer nominalskalierten Variablen muss daher *erschöpfend* und *trennscharf* sein. Eine Variable, die dem Teilnehmer in einer Befragung bei der Abfrage der beabsichtigten Parteiwahl nur die Kategorien „SPD", „CDU/CSU", „FDP", „GRÜNE", „PDS" anbietet, ist nicht erschöpfend, da die Wähler anderer Parteien nicht eingeordnet werden können. Es ist daher bei Kategoriensystemen immer darauf zu achten, dass sie eine Restkategorie wie z. B. „andere Partei" beinhalten. Die Bedingung der Trennschärfe des Kategoriensystems ist verletzt, wenn sich einzelne Kategorien überschneiden. Wenn die Variable Parteiwahl z. B. die Kategorien „SPD", „Union", „CSU", „Volkspartei" enthält, kann sich ein Wähler der CDU in mehrere Kategorien einordnen, das Kategoriensystem ist daher unbrauchbar. Wenn wir als Codes für die Kategoriennamen Zahlen verwenden, z. B. die Zahl „1" für „SPD", die Zahl „2" für „CDU" etc., dann verwenden wir die Zahlen ausschließlich im Sinne von *Zeichen*, d. h. Folgen von Ziffern. Jede darüber hinaus gehende Interpretation ist unzulässig. Bei Nominalskalen könnten wir statt Zahlen genauso gut jedes beliebige System von symbolischen Zeichen verwenden, die voneinander unterschieden werden können. Ob wir z. B. in einem Kategoriensystem der Staatsformen „Demokratie" mit dem Messwert „1" versehen oder dem Messwert „D" ist irrelevant. Bei einer Nominalskala stellt der „Messwert" nichts anderes als einen Kategoriennamen dar. Namen aber können immer beliebig ausgetauscht werden.

4.2.2 Die Ordinalskala

Mit Ordinalskalen werden Merkmale erhoben, die sich in eine Rangfolge bringen lassen. Zwei Objekte können auf einer Ordinalskala immer in der Hinsicht miteinander verglichen werden, ob das eine Objekt vor oder nach dem anderen in der Rangordnung steht, bzw. ob beide Objekte denselben Rangplatz einnehmen. Mit Ordinalskalen werden Eigenschaften gemessen, bei denen man verschiedene Grade der Ausprägung unterscheiden kann. Ein Paar von Objekten kann bei Ordinalskalen mit Relationswörtern wie „mehr", „größer", „stärker" hinsichtlich des Besitzes einer Eigenschaft verglichen werden. Eine typische Ordinalskala wäre z. B. die sozialstrukturelle Variable der Bildung. Wenn wir Zahlen zur Bezeichnung des Messwerts verwenden, dann nutzen wir dabei die wohlbekannte Eigenschaft der Zahlen, dass sie *geordnet* sind, d. h. die Zahl „1" kommt vor der „12" und diese wiederum vor der „2045" etc. Anstelle von

Zahlen könnte man für die Messwerte bezüglich einer Ordinalskala auch jedes System von Symbolen heranziehen, über die eine wohldefinierte Ordnung existiert, wie es z. B. für Buchstaben durch ihre Stellung im Alphabet der Fall ist. Wenn wir z. B. für den Messwert x_A eines Objekts A ausdrücken wollen, dass dieser Messwert bezüglich der ordinalskalierten Variablen X größer ist als der Messwert x_B bezüglich des Objekts B, so könnten wir dies auch dadurch vollziehen, dass wir beide Messwerte durch einen Buchstaben darstellen. Allerdings müssten wir davor festlegen, in welcher Richtung die wohldefinierte Ordnung der Buchstaben zu interpretieren ist. Ist ein Buchstabe, der weiter hinten im Alphabet steht, größer oder kleiner? Wenn z. B. gelten soll, dass ein Messwert um so größer ist, je weiter vorne der Buchstabe im Alphabet steht, dann müsste der dem Objekt A zugeordnete Messwert im Alphabet vor dem Messwert stehen, der dem Objekt B zugeordnet wird. Die Verwendung von Zahlen ist also nicht notwendig für die Darstellung von Ordinalskalen. Sie ist aber geläufiger und die Benutzung von Zahlen im Sinne von Messwerten ist häufiger auch in einem höheren Maße „selbsterklärend" als bei anderen Symbolmengen, für die eine wohldefinierte Ordnung existiert. So kann man in der Regel davon ausgehen, dass größere Zahlen auch im inhaltlichen Sinn als größere Messwerte zu interpretieren sind. Dass dies allerdings nicht immer der Fall ist, zeigt unser klassisches Benotungssystem, nach dem die „1" eine bessere Note darstellt als die „2", während bei Bewertungssystemen, die mit Punkten arbeiten, eine höhere Punktzahl vermutlich fast immer im Sinne von „besser" gewertet werden kann.

4.2.3 Die Intervallskala

Mit Hilfe von Intervallskalen ist es uns möglich, Abstände zwischen Messwerten auszudrücken. Da wir hier arithmetische Operationen wie die Bildung von Summen, Differenzen, Mittelwerten etc. durchführen, können intervallskalierte Variablen nur mit Hilfe von Zahlen dargestellt werden. Der Wert „10" auf einer intervallskalierten Variablen hat vom Wert „8" denselben Abstand wie „8" von „6". Wir können mit Hilfe einer Intervallskala Abstände sogar dahingehend vergleichen, das Wievielfache des einen Abstands der andere darstellt. Der Abstand von „10" zu „8" ist z. B. das Doppelte des Abstands von „5" zu „4". Für den Vergleich der Werte selbst sind bei einer Intervallskala jedoch nur die arithmetischen Operationen der Addition und Subtraktion erlaubt. Klassische Intervallskalen sind z. B. die Temperaturskalen. Die Bewertung von Politikern auf so genannten Sympathiethermometern ist in voller Anwendung der Analogie daher auch eine Intervallskala (zumindest wird sie in der Regel wie eine solche gehandhabt).

4.2.4 Die Verhältnisskala

Bei Verhältnis- oder Ratioskalen können neben den Abständen von Werten auf der Skala auch Verhältnisse von Werten auf der Skala gebildet werden. Für den Vergleich von Werten einer Verhältnisskala sind daher neben Addition und Subtraktion auch die arithmetischen Operationen Division und Multiplikation erlaubt. Der Wert „4" ist demnach das Doppelte des Wertes „2", „9" das Dreifache von „3" etc. Verhältnisskalen besitzen einen *„natürlichen" Nullpunkt.* Diese Eigenschaft ist die Voraussetzung dafür, dass die Verhältnisse von Messwerten als sinnvolle Ausdrücke interpretiert werden können. Die üblichen Temperaturskalen Celsius und Fahrenheit sind z. B. deshalb keine Verhältnisskalen, weil bei ihnen der Nullpunkt willkürlich festgelegt worden ist[1]. In den Sozialwissenschaften verwendete Skalen werden selten explizit als Verhältnisskalen interpretiert. Die relevanten Eigenschaften, an denen man in der Regel interessiert ist, z. B. bezüglich der Durchführung eines statistischen Tests, gehen selten über die einer Intervallskala hinaus. Daher kann man es sich im konkreten Einzelfall oft sparen, darüber nachzudenken, ob es erlaubt ist, den Wert „0" einer Skala im Sinne eines natürlichen Nullpunkts aufzufassen. Intervallskalen und Verhältnisskalen werden daher oft in der Gruppe der so genannten *metrischen* Variablen zusammen gefasst, da eine nähere Differenzierung der Skalenart für die Anwendung statistischer Verfahren meist irrelevant ist.

4.2.5 Die Absolutskala

Nur der Vollständigkeit halber soll noch kurz die Absolutskala erwähnt werden. In Anlehnung an den natürlichen Nullpunkt der Verhältnisskala könnte man sagen, dass sich eine Absolutskala da-

---

[1] Demgegenüber verfügt allerdings die physikalische Temperaturskala Kelvin über einen natürlichen Nullpunkt der Temperatur, der auch als absoluter Nullpunkt bezeichnet wird.

durch auszeichnet, dass es „natürliche“ Skalenwerte selbst gibt. Anders ausgedrückt: Bei Absolutskalen gibt es immer nur einen einzigen Messwert, der die zu messende Eigenschaft in angemessener Weise darstellt. Demnach kann bei einer Eigenschaft, die mit einer Absolutskala dargestellt werden kann, auch nur eine einzige Absolutskala gebildet werden. Typische Absolutskalen sind z. B. dann gegeben, wenn es um die Bestimmung der Anzahl von Objekten geht, z. B. der absoluten Anzahl der SPD-Wähler in einer bestimmten Wahl, der Anzahl der Gasmoleküle in einer bestimmten Volumeneinheit etc.

4.3 Repräsentation, Eindeutigkeit und Bedeutsamkeit

Ohne diesen Vorgang weiter zu problematisieren, haben wir im vorangegangenen Abschnitt Objekten bestimmte Messwerte zugewiesen. Gleichzeitig wurde dabei unterstellt, dass die zur Abbildung der Messwerte genutzte Skala ein bestimmtes Niveau aufweist. Mit der Behauptung eines bestimmten Skalenniveaus wird aber gleichzeitig unterstellt, dass zwischen den Objekten im empirischen Relativ bestimmte Beziehungen bestehen, die den Beziehungen der Messwerte entsprechen. Wenn wir daher behaupten, dass eine bestimmte Form der Messung ein bestimmtes Skalenniveau besitzt, müssen wir nachweisen, dass es im empirischen Relativ Relationen zwischen den Objekten gibt, die denen entsprechen, die wir im numerischen Relativ aufgrund der Annahme eines bestimmten Skalenniveaus voraussetzen. Zahlen sind also nicht gleich Zahlen. Wenn wir die Zahlen im Sinne einer Nominalskala interpretieren, verwenden wir sie ausschließlich im Sinne von Zeichen. Gehen wir von einer Ordinalskala aus, dann dürfen Zahlen lediglich als Menge von Symbolen aufgefasst werden, über die eine wohldefinierte Ordnung besteht. Lediglich dann, wenn wir die Zahlen als Messwerte einer Intervallskala einsetzen, dürfen wir zumindest einige der uns vertrauten Eigenschaften von Zahlen verwenden. Erst ab einer Intervallskala können wir mit Zahlen rechnen. Je nachdem, im Sinne welchen Skalenniveaus wir die Zahlen interpretieren wollen, müssen im empirischen Relativ Beziehungen zwischen den Objekten existieren, die den Eigenschaften entsprechen, die wir bei der Verwendung der Zahlen als Messwerte ausdrücken wollen. Zahlen, die als Intervallskalenwerte interpretiert werden dürfen, setzen andere Eigenschaften der Beziehungen zwischen den Objekten im empirischen Relativ voraus als Zahlen, die als Werte einer Nominalskala interpretiert werden. Dieses Problem wird als das *Repräsentationsproblem* der Messung bezeichnet.

Wir wollen dieses Problem an einer denkbar einfachen und allen vertrauten Messtechnik, der Längenmessung, näher erläutern. Nehmen wir an, unser empirisches Relativ bestehe aus drei Brettern, denen wir aufgrund unserer gewählten Messmethode die Zahlenwerte 3, 5 und 8 zuweisen, die die Eigenschaft „Länge" der Bretter repräsentieren sollen (vgl. Abbildung 4.5). Dabei ist es unerheblich, wie die Messmethode im Einzelnen funktioniert. Denn die Brauchbarkeit der Methode soll ja erst durch die folgende Untersuchung herausgefunden werden.

Abbildung 4.5: Repräsentation des Gemessenen

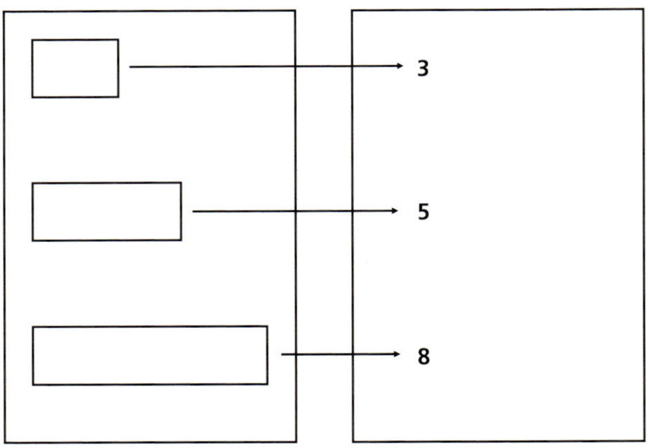

Zuerst wollen wir uns der Frage zuwenden, ob die von uns angewandte Messmethode eine Ordinalskala produziert. Die Werte 3, 5 und 8 repräsentieren dann eine Rangfolge. Zwei Messwerte können durch die „<"-Relation und die „="-Relation miteinander verglichen werden. Dadurch ist es möglich, alle Messwerte in eine Ordnung zu bringen, so dass niemals ein größerer Wert vor einem kleineren auftritt. Wenn die Ordinalskala „Länge" nun die empirische Eigenschaft „Länge" der Bretter angemessen repräsentieren soll, dann muss es eine Relation zwischen den empirischen Objekten geben, die ebenfalls die Erstellung einer solchen Rangfolge ermöglicht. Außerdem müssen die Rangplätze der Bretter im empirischen Relativ den Rangplätzen entsprechen, die ihre Messwerte im numerischen Relativ zugewiesen bekommen. Eine solche Methode erhalten wir z. B., wenn wir alle Bretter paarweise miteinander verglechen, indem wir sie nebeneinander legen. Das „größere“ Brett soll dann dasjenige sein, das übersteht, das andere Brett nennen wir das „kleinere“ Brett. Nach einem solchen Vergleich eines Bretterpaares legen wir das kleinere vor dem größeren ab. Die empirische Relation zwischen zwei aufeinanderfolgenden Brettern entspricht dann genau der numerischen Relation zwischen zwei Zahlen, die wir mit dem Zeichen „<“ ausdrücken.

Abbildung 4.6: Relationen

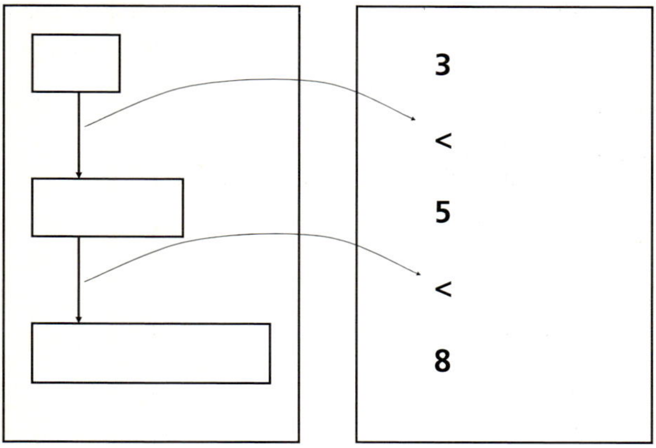

Durch den empirischen Vergleich zweier Bretter durch Nebeneinanderlegen und die anschließende Feststellung, ob ein Brett übersteht, verfügen wir im empirischen Relativ über eine Relation, die genau wie die entsprechende „<“-Relation im numerischen Relativ in der Lage ist, eine Rangfolge zu produzieren. Im ersten Fall ist es eine Rangfolge über eine Menge von Brettern, im zweiten Fall eine Rangfolge über eine Menge von Zahlen. Da also der fundamentalen Relation zwischen Messwerten in einer Ordinalskala eine entsprechende Relation im empirischen Relativ korrespondiert, kann die Längenmessung von Brettern als Ordinalskala angesehen werden.

Wir wollen nun noch einen Schritt weitergehen und untersuchen, ob die von uns angewandte Methode der Längenmessung auch zu einer Intervallskala führt. Für eine Intervallskala ist charakteristisch, dass wir den Abstand zwischen zwei Werten angeben können. Der Abstand zwischen 5 und 8 ist z. B. genau so groß wie der Abstand zwischen 8 und 11. Abstände können im numerischen Relativ durch die arithmetischen Operationen der Addition oder Subtraktion ausgedrückt werden. Eine Addition z. B. ist eine dreistellige Relation, bei der die Summe der ersten beiden Elemente der Relation den

Wert des dritten Elements ergibt. Wenn es sich bei der Längenmessung um eine Intervallskala handelt, dann muss also auch im empirischen Relativ eine Relation zwischen drei Brettern existieren, die der Addition im numerischen Relativ entspricht. Diese Relation liegt vor. Wenn wir nämlich zwei Bretter aneinander legen und ein drittes Brett neben diese beiden, und das dritte Brett ist genauso lang wie die beiden aneinander gelegten Bretter zusammen, dann erfüllt diese „empirische" Operation des Aneinanderlegens genau denselben Zweck wie die numerische Operation der Addition.

Abbildung 4.7: Addition

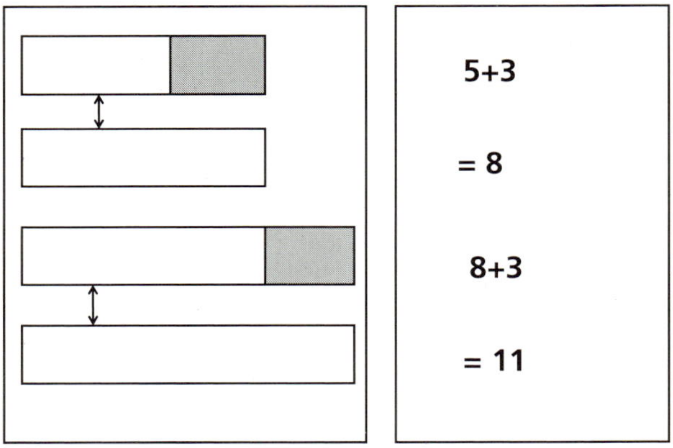

Auf diese Weise können wir z. B. auch feststellen, ob der Abstand von „11" zu „8" tatsächlich genauso groß ist, wie der von „8" zu „5". Im empirischen Relativ ist das nur dann der Fall, wenn das gleiche Brett, das verwendet werden kann, um die „Lücke" zwischen dem Brett, dessen Länge wir mit „5" gemessen haben, zu dem Brett, dessen Länge wir mit „8" gemessen haben, auszufüllen, auch den Abstand zweier Bretter ausgleicht, deren Längen mit den Werten „8" und „11" gemessen worden sind.

Wenn nun eine Messmethode immer zu Werten führt, die die oben genannten Bedingungen erfüllen, dann erstellen wir mit dieser Messmethode eine Intervallskala. Es kann nun relativ leicht gezeigt werden, dass eine Messmethode diese Bedingungen z. B. dann erfüllt, wenn wir die Länge eines Gegenstands festlegen, indem wir untersuchen, wie oft ein Gegenstand einer bestimmten Normlänge aneinander gelegt werden muss, um genau die Länge des zu messenden Gegenstandes zu erreichen.

Messung per fiat

Die Messwerte, die wir bestimmten Objekten zuordnen, dürfen also nur dann z. B. als eine Intervallskala bezeichnet werden, wenn im empirischen Relativ zwischen den zu messenden Objekten bestimmte Arten von Relationen vorhanden sind, die denen der Intervallskala entsprechen. Das Messverfahren muss dann so konstruiert sein, dass es genau diese Relationen zwischen den Eigenschaften der Objekte zu erfassen vermag. Dies ist im Einzelfall überprüfbar, wird aber in der Praxis häufig vernachlässigt. Verbreitet ist vielmehr die so genannte *„Messung per fiat"*, bei der für ein bestimmtes Messverfahren einfach ein bestimmtes Skalenniveau behauptet wird. Beispielsweise wird das schon erwähnte Sympathieskalometer in der Regel wie eine Intervallskala behandelt, ohne im Näheren zu erläutern, wie dies denn begründet werden könnte. Auf einem solchen Sympathieskalometer sollen z. B. die Sympathiebewertungen eines Politikers durch eine Gruppe von Wählern auf einer Skala von –5 bis +5 gemessen werden. Die Messung geschieht dabei durch eine Selbsteinstufung der Befragten auf der Skala, wobei ein Wert von „+5" bedeutet, dass man diesem Politiker „sehr viel" Sympathie entgegenbringt, ein Wert von „-5" hingegen, dass man für diesen Politiker nur „sehr wenig" Sympathie hegt. Häufig wird nun z. B. der Mittelwert der Bewertungen präsentiert, um die Beliebtheit verschiedener Politiker miteinander zu vergleichen. Der Mittelwert aber beruht auf einer Summe der einzelnen Werte. Die Frage, die man nun beantworten müsste, um die Verwendung als Intervallskala rechtfertigen zu können, wäre die, welcher Sachverhalt zwischen verschiedenen Sympathiebewertungen im empirischen Relativ so gedeutet werden kann, dass er im numerischen Relativ der Operation der Addition entspricht. Anders ausgedrückt: Welche Operation im empirischen Relativ bezüglich von Sympathiewerten könnte dem Aneinanderlegen von Brettern in unserem Beispiel der Längenmessung entsprechen? Bei einer einfachen Rating-Skala, bei der die Befragten einfach den Grad der Zustimmung ausdrücken sollen, wie z. B. beim Sympathieskalometer, scheint es keine solche Operation zu geben. Strenggenommen ist das Sympathieskalometer daher keine Intervallskala. Um tatsächlich eine Intervallskala zu erhalten, müsste man also die Messung auf andere Weise durchführen. Beispielsweise könnte man die Sympathiewerte für die zehn führenden Politiker auch dadurch messen, dass man den Befragten 50 Wertungspunkte zur Verfügung stellt, die sie nach ihrer empfundenen Sympathie auf die Politiker verteilen dürfen. Die gleiche Differenz zwischen zwei Sympathiewerten hat dann im Sinne von „Opportunitätskosten der Sympathievergabe“ immer dieselbe Bedeutung. Die Vergabe von 7 statt 5 Sympathiepunkten hat zur Folge, dass ich an anderer Stelle zwei Sympathiepunkte „einsparen“ muss, dasselbe gilt aber auch, wenn ich jemanden 6 statt 4 Punkte gebe.

Das Eindeutigkeitsproblem

Die Messwerte sind insoweit eindeutig, wie die Relationen zwischen den Messwerten, die bestimmten Relationen zwischen den Objekten korrespondieren, dies zulassen. Eindeutig ist daher nur die Korrespondenz zwischen den Relationen im empirischen und im numerischen Relativ, aber nicht die Korrespondenz zwischen den Eigenschaftsausprägungen im empirischen Relativ und den Messwerten im numerischen Relativ. Die relative Größe dreier Bretter z. B. lässt sich im Sinne einer Ordinalskala mit drei beliebigen Zahlen ausdrücken, so lange diese in eine Reihenfolge gebracht werden können.

Für jedes Skalenniveau existieren daher bestimmte Transformationsfunktionen der Messwerte, die neue Werte erzeugen, die äquivalent zu den alten Messwerten sind, d. h. mit denen die entsprechenden Relationen im empirischen Relativ genauso gut ausgedrückt werden können. Eine Messskala ist daher *eindeutig* bis auf die auf ihr zulässigen Transformationen. Je weniger solche Transformationen zugelassen sind, desto eindeutiger sind die Werte, die durch ein bestimmtes Messverfahren ermittelt werden.

Am eindeutigsten sind die Werte einer Absolutskala. Hier sind nämlich keinerlei Transformationen mehr zulässig. Die Relationen zwischen den Messwerten, die durch eine Verhältnisskala abgebildet werden, bleiben erhalten, wenn die ursprünglichen Werte mit einer Konstante multipliziert werden. Eine intervallskalierte Variable ist äquivalent zu jeder Variablen, die eine lineare Transformation der Form $y=a+bx$ von ihr darstellt, wobei y der transformierte Wert und x der ursprüngliche Messwert sind. Die Fahrenheitskala und die Celsiusskala sind daher äquivalente Skalen der Temperaturmessung, da die eine in die andere durch eine Lineartransformation umgewandelt werden kann. Eine Ordinalskala kann jeder streng monotonen Transformation unterzogen werden, ohne dass sie ihre Eigenschaften verliert. Eine streng monotone Transformation liegt dann vor, wenn für jedes Paar von Werten gilt, dass der transformierte Wert des größeren Wertes ebenfalls wieder größer ist als der transformierte Wert des kleineren Wertes. Eine Ordinalskala mit den Werten 1, 3, 11 ist daher z. B. äquivalent zu einer Ordinalskala mit den Werten 101, 1013, 99999. Am wenigsten eindeutig sind die Messwerte einer Nominalskala, denn hier sind alle Transformationen erlaubt, die weiterhin eine eindeutige Unterscheidung zwischen zwei verschiedenen Messwerten und die Feststellung der Identität zwischen zwei gleichen Messwerten erlauben. Jede eineindeutige Abbildung erfüllt diese sehr allgemeine Bedingung.

Das Bedeutsamkeitproblem

Als bedeutsam wird eine Aussage bezüglich eines bestimmten Messwertes dann bezeichnet, wenn diese Aussage auch dann noch wahr ist, wenn der Messwert einer der für dieses Skalenniveau zulässigen Transformationen unterzogen wird. Die Bedeutsamkeit gibt daher darüber Auskunft, welche statistischen Prozeduren für bestimmte Messwerte angewandt werden dürfen und welche eben nicht. Nehmen wir als Beispiel die Berechnung des Mittelwerts der Schulnoten zweier Gruppen von jeweils drei Schülern. Die Schüler der ersten Gruppe haben die Noten 1, 2 und 4, die der zweiten Gruppe 2, 3 und 3. Bei der Schulnote handelt es sich um eine Ordinalskala. Ist die Berechnung des Mittelwerts hier nun überhaupt zulässig? Dies kann auf folgende Weise untersucht werden: Die Durchschnittsnote der ersten Gruppe liegt bei 2,33, die der zweiten Gruppe bei 2,66. Bringen wir nun alle Messwerte in eine Reihenfolge, so erhalten wir 1, 2, 3, 4. Da es sich bei den Schulnoten um eine Ordinalskala handelt, können wir diese Notenskala durch jede beliebige streng monotone Transformation ersetzen, z. B. durch 5, 6, 10, 1000, also 1 wird zu 5, 2 zu 6, 3 zu 10 und 4 zu 1000. Die transformierten Werte der ersten Gruppe sind jetzt 5, 6 und 1000, der Mittelwert beträgt 337. Die transformierten Werte der zweiten Gruppe sind 6, 10 und 10, der Mittelwert beträgt demnach 8,66. Die Durchschnittsnote der zweiten Gruppe liegt nach der Transformation unter der der ersten Gruppe, die Verhältnisse haben sich umgekehrt. Der Vergleich von Mittelwerten bei ordinalskalierten Daten ist demnach keine bedeutsame Aussage, da der Wahrheitsgehalt einer solchen Aussage durch auf dieser Variable zulässige Transformationen verändert wird.

4.4 Typologien, Indizes und Skalen

Oft reichen einzelne Indikatoren nicht zur Messung eines Konzepts aus. Das kann z. B. daran liegen, dass das Konzept aus mehreren Dimensionen besteht. Sind die einzelnen Dimensionen unabhängig voneinander, das heißt, besteht kein Zusammenhang zwischen den Dimensionen, dann ergibt die Kombination aus mehreren Indikatoren eine *Typologie* bzw. ein *Klassifikationsschema*.

4.4.1 Typologien

Typologien ergeben sich durch die Kombination mehrerer Merkmale, die voneinander unabhängig sind. Durch jede Merkmalskombination entsteht dann ein Typ, der eindeutig charakterisiert ist. Ein berühmtes Beispiel für eine Typologie ist Aristoteles' Einteilung der Staatsformen. Die beiden der Klassifikation zugrundeliegenden Dimensionen sind die Anzahl der Herrschaftsausübenden und die Tatsache, ob die Herrschaft in der „richtigen" oder in einer „deformierten" Form ausgeübt wird.

Tabelle 4.1: Typologie der Staatsformen nach Aristoteles

		richtige Staatsform	Entartung
Anzahl derjenigen, die Herrschaft ausüben	einer	Monarchie	Tyrannis
	mehrere	Aristokratie	Oligarchie
	Volk (alle freien Bürger)	Politie	Demokratie

Eine ebenfalls sehr berühmt gewordene Typologie findet sich in Rawls' „Theorie der Gerechtigkeit". In diesem Werk formuliert Rawls unter anderem seinen so genannten zweiten Grundsatz der Gerechtigkeit: „Soziale und wirtschaftliche Ungleichheiten sind so zu gestalten, dass (a) vernünftigerweise zu erwarten ist, dass sie zu jedermanns Vorteil dienen, und (b) sie mit Positionen und Ämtern verbunden sind, die jedem offen stehen." (Rawls 1975: 81) Rawls unterscheidet nun jeweils zwei mögliche Interpretationen der Bedeutung von „Jedem offen" und „Jedermanns Vorteil" und gelangt danach zur folgenden Typologie, die in Tabelle 4.2. abgebildet ist.

Man kann sagen, dass Typologien *Wechselwirkungen* zwischen verschiedenen Merkmalen darstellen, da ein bestimmter Typ nur durch das gemeinsame Vorhandensein bestimmter Eigenschaften entsteht. Zur Sicherung der demokratischen Gleichheit muss für Rawls z. B. einerseits die Bedingung der „fairen Chancengleichheit" beim Zugang zu öffentlichen Ämtern gewährleistet sein. Die Chancengleichheit darf nicht nur auf dem Papier als formale Chancengleichheit bestehen, sondern sie muss jedem, der die entsprechenden Fähigkeiten besitzt, eine echte Chance auf dieses Amt eröffnen, so dass seine soziale Herkunft keine Rolle spielen darf. Zum Zweiten muss das Differenzprinzip gelten, damit von „demokratischer Gleichheit" gesprochen werden darf. Damit ist gemeint, dass Unterschiede bei der Zuteilung bestimmter Güter so zu gestalten sind, dass die am schlechtesten gestellten Gruppe im Vergleich zu allen anderen möglichen Verteilungen am besten abschneidet.

Tabelle 4.2: Rawls' Typologie der Freiheiten

		„Jedermanns Vorteil" Paretoprinzip	„Jedermanns Vorteil" Differenzprinzip
„Jedem offen"	Formale Chancengleichheit	Natürliche Freiheit	Natürliche Aristokratie
„Jedem offen"	Faire Chancengleichheit	Liberale Gleichheit	Demokratische Gleichheit

An Rawls Typologie wird deutlich, dass es sich bei solchen Klassifikationen nicht einfach nur um eine nominalistische Festlegung handelt, sondern dass die Bildung einer sinnvollen Typologie oft schon ausgereifte theoretische Überlegungen voraussetzt.

4.4.2 Indizes

Wenn mehrere Indikatoren zu einer einzigen Maßzahl zusammengefasst werden, dann nennen wir diese einen *Index*. Bei einem Index korrelieren alle durch die Einzelindikatoren abgebildeten Dimensionen mit dem zu messenden Konzept, das durch den Index dargestellt werden soll. Jeder einzelne Indikator kann ebenfalls als eine Messung der latenten Variablen aufgefasst werden. Allerdings stellt ein Einzelindikator oft eine eher unzureichende Messung dar. Dies kann aus mehreren Gründen der Fall sein.

Auch wenn jede einzelne Dimension, die durch einen Einzelindikator abgebildet wird, mit der latenten Variablen korrelieren soll, so ist damit nicht gesagt, dass die Dimensionen untereinander korrelieren. Manche theoretischen Konzepte sprechen mehrere Aspekte an, die voneinander vollkommen unabhängig sind. Die einzelnen Indikatoren dienen dann der Darstellung solcher einzelnen Aspekte und können erst in ihrer Gesamtheit als Maß für das Konzept begriffen werden.

Beispiel HDI

Wir wollen die Konstruktion eines solchen Index' an einem Beispiel demonstrieren. Dabei wird deutlich werden, dass auch hierbei oft schon wichtige theoretische und methodische Vorannahmen in die Konstruktion des Messinstruments mit eingehen. Der von den Vereinten Nationen verwendete „Human Development Index" (HDI), der das Entwicklungsniveau eines Landes wiedergeben soll, z. B. setzt sich aus den drei Komponenten „langes und gesundes Leben" (long and healthy life), „Bildung" (knowledge) und einem „angemessenen Lebensstandard" (decent standard of living) zusammen. Die dahinterliegende Vorstellung ist die, dass nur dann in einer Gesellschaft die Entwicklungsmöglichkeiten der in ihr lebenden Menschen als ausreichend angesehen werden können, wenn alle drei Bedingungen zumindest in einem gewissen Maß erfüllt sind. Der HDI gibt das Entwicklungsniveau einer Gesellschaft als die durchschnittlichen Entwicklungschancen der in ihr Lebenden wieder, er ist ein auf Individualdaten beruhendes aggregiertes Maß. Der HDI ist ein komplexes Konzept, das sich aus den drei erwähnten Konzepten zusammensetzt. Dabei wird das Konzept des „langen und gesunden Lebens" durch die Lebenserwartung zum Zeitpunkt der Geburt operationalisiert. Die Bildung wird durch die Alphabetisierungsrate und den Anteil derjenigen, die eine Schule oder Universität besuchen, an der entsprechenden Altersgruppe in der Bevölkerung umgesetzt. Der „angemessene Lebensstandard" wird durch das Bruttosozialprodukt pro Kopf erfasst. Der Gesamtindex ist der Mittelwert aus den drei Einzelkomponenten. Diese werden daher jeweils auf einen Bereich von 0 bis 1 standardisiert, so dass der Wert „1" die höchsten Entwicklungschancen bedeutet und der Wert „0" die niedrigsten. Hierfür wird ein Maximalwert und ein Minimalwert (goalpost) festgelegt, und der standardisierte Wert auf einer Dimension berechnet sich nach der Formel:

$$\text{Standardisierter Wert für eine Dimension} = \frac{\text{tatsächlicher Wert} - \text{Minimalwert}}{\text{Maximalwert} - \text{Minimalwert}}$$

Der festgelegte Maximalwert für die Lebenserwartung z. B. beträgt 85, der Minimalwert 25. Bei einer Lebenserwartung von 75,3 Jahren ergibt sich dementsprechend ein Teilindexwert für die Dimension des „langen und gesunden Lebens" von:

$$\text{Standardisierter Wert für Lebenserwartung} = \frac{75{,}3 - 25}{85 - 25} = 0{,}838$$

Die Grenzwerte für Alphabetisierungsrate und Anteil der Besucher einer Schule oder Universität liegen bei 100 bzw. 0, wobei die Anteile in Prozent gemessen werden. Nehmen wir an, in einem Land beträgt die Alphabetisierungsrate 95 %. Kinder werden dort üblicherweise im Alter von 6 Jahren eingeschult und beenden ein Studium, wenn sie eines aufnehmen, in der Regel im Alter von 24 Jahren. Der Anteil an den 6-24jährigen, der eine Schule oder Universität besucht, sei ungefähr 70 %. Der standardisierte Bildungsindexwert berechnet sich als gewichtetes Mittel aus den beiden standardisierten Teilindizes, wobei Alphabetisierung mit 2/3 und die Besucher einer Bildungseinrichtung mit 1/3 gewichtet werden. In unserem Beispiel ergibt sich demnach ein Wert von:

$$\text{Standardisierter Wert für Bildung} = \frac{2}{3} * 0{,}95 + \frac{1}{3} * 0{,}70 = 0{,}867$$

Der Lebensstandard wurde mit dem Bruttosozialprodukt pro Kopf operationalisiert. Für das Jahr 2001 wurden für die Berechnung diesbezüglich eine Obergrenze von 40 000$ und eine Untergrenze von 100$ festgesetzt. Es gibt aber plausible Gründe anzunehmen, dass sich der empfundene Lebensstandard nicht proportional zum Einkommen verhält. D. h. gleiche Sprünge auf der Skala des Lebensstandards werden nicht durch gleiche Sprünge auf der Einkommensskala erzielt. Der Lebensstandard erhöht sich bei einem Sprung von 2 000$ auf 3 000$ nicht im gleichen Maße wie bei einem Sprung von 1 000$ auf 2 000$. Diesem Umstand wird dadurch Rechnung getragen, dass die Einkommenswerte logarithmiert werden. Dies hat zur Folge, dass eine vergleichbare Verbesserung des Lebensstandards dann eintritt, wenn sich das Einkommen im selben Verhältnis ändert. Die Veränderung des Lebensstandards bei einem Einkommenssprung von 1 000$ auf 2 000$ entspricht daher einer Veränderung des Lebensstandards bei einem Einkommenssprung von 2 000$ auf 4 000$, da sich die Einkommen jeweils verdoppeln, wenn sich der Lebensstandard um einen bestimmten Betrag erhöht. Bei einem Bruttosozialprodukt unserer fiktiven Gesellschaft von 31000$ ergibt sich der Teilindexwert:

$$\text{Standardisierter Wert für Lebensstandard} = \frac{\log(31\,000) - \log(100)}{\log(40\,000) - \log(100)} = 0{,}958$$

Der HDI-Wert ist der Mittelwert aus den drei Teilindizes.

$$\text{HDI} = \frac{1}{3}\text{Lebenserwartungsindex} + \frac{1}{3}\text{Bildungsindex} + \frac{1}{3}\text{Lebensstandardsindex}$$

Für unser fiktives Beispiel ergibt sich demnach ein Wert von:

$$\text{HDI} = \frac{1}{3}0{,}838 + \frac{1}{3}0{,}867 + \frac{1}{3}0{,}958 = 0{,}888$$

Der HDI-Wert von 0,888 unseres fiktiven Beispiel entspricht größenmäßig z. B. dem im *Human Development Report 2003* veröffentlichten Wert von Barbados für das Jahr 2001, womit Barbados den 27. Rangplatz von 175 erhobenen Staaten einnimmt.

Additive und multiplikative Indizes

Beim HDI handelt es sich um einen so genannten *additiven Index*, da die einzelnen Komponenten aufaddiert werden, um den Gesamtwert des Index zu ergeben. Es gibt aber auch *multiplikative Indizes*, bei denen die Komponenten miteinander multipliziert werden. Ein Beispiel hierfür wäre der Demokratieindex von Vanhanen (1997: 35). Er wird als das Produkt aus zwei Indikatoren gebildet, die ihrerseits die Konzepte „Parteienwettbewerb" und „Partizipation" abbilden sollen. „Wettbewerb" wird dabei mit dem Prozentanteil der Stimmen gemessen, der nicht von der größten Partei, also von den übrigen Parteien, gewonnen wird. Erzielt die stärkste Partei z. B. 55 % der Stimmen in einer Wahl, dann beträgt der Wert des Indikators 100-55, also 45. Das Konzept „Partizipation" wird durch den Prozentanteil der Wähler an der Bevölkerung operationalisiert. Beträgt die Bevölkerungszahl z. B. ca. 80 Millionen und nehmen etwas 48 Millionen an der Wahl zur Regierung des Staats teil, dann erhält der Indikator den Wert 60. Der „Index of Democratization" (ID) wird als Produkt aus den beiden Einzelindikatoren, geteilt durch 100, gebildet. In unserem Beispiel würde demnach gelten:

$$ID = \frac{45 * 60}{100} = 27$$

Ein Wert größer als 5 wird z. B. bei Ländern, die sich im Prozess der Transition befinden, als Schwellenwert angesehen, ab dem von einem demokratischen Regime gesprochen wird (Dahl 1989: 240).

Additive Indizes sind dann geeignet, wenn die schwache Ausprägung des einen Kriteriums durch eine starke Ausprägung eines anderen Kriteriums ausgeglichen werden kann. Multiplikative Indizes hingegen reagieren wesentlich stärker auf niedrige Werte einzelner Komponenten. Nehmen wir an wir haben einen ID-Wert von 36, der auf den Werten von jeweils 60 % für beide Komponenten beruht. Wenn nun der Wert der Partizipation auf 40 % sinken würde, also um 20 Prozentpunkte, müsste dies, um den gleichen ID-Wert zu erhalten, nicht durch einen um ebenfalls 20 Prozentpunkte erhöhten Wert des Parteienwettbewerbs auf 80 % ausgeglichen werden, sondern der Wert müsste 90 % betragen. Die „Verluste" bei einer Komponente müssen also durch die andere in gewisser Weise „überkompensiert" werden. Dabei ist das Ausmaß dieser Überkompensation um so größer, je größer die Verluste, bzw. je kleiner die Werte werden. Im Extremfall, wenn einzelne Komponenten eines multiplikativen Index den Wert 0 erhalten, können diese durch die anderen Komponenten gar nicht mehr kompensiert werden und der Index erhält auf jeden Fall den Wert 0, unabhängig davon, wie hoch die Werte der anderen Komponenten des Index sein mögen. Multiplikative Indizes führen daher zu einer Art natürlicher Grenzwerte, unter die die Werte der einzelnen Komponenten nicht fallen dürfen, wenn ein bestimmter Mindestwert des Index erzielt werden soll.

Problem des Messfehlers

Ein weiterer Grund, Indizes als Zusammenfassung mehrerer Indikatoren zu bilden ist die Möglichkeit, auf diese Weise Messfehler auszugleichen. Messungen sind immer mit *Messfehlern* behaftet. Dieser Messfehler besteht aus einer *systematischen* (Bias) und einer *zufälligen Fehlerkomponente.*

Systematische Messfehler streuen nicht zufällig um den wahren Messwert, sondern weichen in eine bestimmte Richtung von diesem Messwert ab. Erheben wir z. B. das Einkommen der Befragten in einem Interview, dann gibt es einen systematischen Messfehler durch die Tatsache, dass sowohl Menschen mit einem besonders geringen als auch Menschen mit einem besonders hohen Einkommen häufiger dazu neigen als andere, ihr wahres Einkommen entweder gar nicht oder mit einem falschen Wert anzugeben.

Zufällige Messfehler hingegen streuen zufällig um den wahren Messwert, der dadurch genauso einmal überschätzt wie einmal unterschätzt wird. Zufällige Fehler gleichen sich daher im Mittel aus. Die Zusammenfassung mehrerer Indikatoren zu einem Index bewirkt auf diese Weise, dass der zufällige Messfehler des Index kleiner ist als die Summe der zufälligen Fehler, die bei der Messung der einzelnen Indikatoren auftreten. Die Präzision der Messung wird durch die Bildung eines Index, der auf mehreren Indikatoren beruht, also erhöht. Dieser Vorteil tritt vor allem dann zutage, wenn die Indikatoren alle dieselbe Dimension, nämlich das latente Konstrukt selbst, abbilden sollen. In diesem Fall korrelieren auch die Indikatoren untereinander, da sie nicht voneinander abhängig sind. Jeder Indikator stellt gewissermaßen die Messung des theoretischen Konstrukts in seiner Gänze dar, ist allerdings mit Fehlerquellen behaftet, deren Wirken durch die Zusammenfassung mehrerer Indikatoren gemindert werden kann.

4.4.3 Skalen

Oft werden die beiden Begriffe „Indizes“ und „Skalen“ synonym verwendet. Wir nehmen jedoch bei der Verwendung der Begriffe eine – in der Forschungspraxis übliche – Differenzierung vor, wonach Skalen ein Spezialfall von Indizes sind. Skalen werden ebenfalls wie Indizes aus mehreren Indikatoren gebildet. Dabei bildet die Skala eine einzige Dimension ab. Alle einzelnen Indikatoren befinden sich auf dieser Dimension. Die Indikatoren werden auch *Items* genannt. Der herausstechende Unterschied zu Indizes besteht darin, dass Skalen auf eine explizit angegebene Weise konstruiert werden. Insbesondere existieren dabei bestimmte Kriterien für die Auswahl der Items, mit deren Hilfe die Skala gebildet wird. Wir stellen zwei der verbreitetsten Skalentypen vor, die Likert-Skala und die Guttman-Skala.

Die Likert-Skala

Likert-Skalen werden häufig zur Messung von Einstellungen verwendet. Nehmen wir an, wir möchten das Konzept „Politikentfremdung" messen. Die Konstruktion der Likert-Skala beginnt mit der Auswahl einer großen Anzahl von Items, die für die Bildung der Skala in Frage kommen könnten. Jedem dieser Items kann in Abstufungen zugestimmt oder widersprochen werden, wobei der Grad der Abstufung durch eine Zahl ausgedrückt wird. Ein solches Muster von Antwortvorgaben könnte z. B. folgendermaßen aussehen:

Abbildung 4.8: Likert-Skalierung

stimme sehr zu	stimme etwas zu	weder / noch	lehne ab	lehne stark ab
-2	-1	0	+1	+2

Das Spektrum der Antwortvorgaben sollte sich vom einem Extrem bis zum anderen erstrecken. Die Anzahl der Kategorien sollte in der Regel ungerade sein, damit eine neutrale Kategorie in der Mitte existiert. Möchte man vermeiden, dass die Befragten die neutrale Mittelkategorie benutzen, um sich einer Festlegung zu entziehen, kann man auch eine gerade Anzahl von Kategorien verwenden, allerdings zu dem Preis, dass echte neutrale Positionen dann nicht mehr ausgedrückt werden können. Die Anzahl der Kategorien sollte sieben nicht überschreiten. Eine Kategorienzahl von fünf ist ein guter Kompromiss zwischen Übersichtlichkeit und ausreichender Differenzierungsmöglichkeit.

In unserem Beispiel könnten folgende Items enthalten sein:

- Politiker sind ganz anders als andere Menschen.
- Die meisten Politiker haben eine idealistische Grundeinstellung.
- Politiker drücken sich meist unverständlich aus, wenn sie über politische Sachverhalte sprechen.
- Die meisten Politiker haben einen schlechten Charakter.
- Politiker packen die Probleme der Zeit an.
- Politiker kümmern sich um die Belange der Bürger.

- Politiker sind nur an der Durchsetzung ihrer eigenen Vorteile interessiert.
- etc.

Die Items sollten nicht alle in der gleichen Richtung gepolt sein. D. h. sie sollten einmal so formuliert sein, dass Zustimmung im Sinne des gemessenen Konzepts zu interpretieren ist, und ein andermal so, dass Ablehnung im Sinne des gemessenen Konzepts zu interpretieren ist. Nachdem die Items abgefragt wurden, werden die zum Konzept gegensinnigen Items umgepolt und anschließend wird die Summe über alle Zustimmungswerte berechnet. Durch diese Summierung haben wir eine so genannte *Roh-Skala* gebildet. Jedes Item wird nun anschließend einer *Item-Analyse* unterzogen. Die Item-Analyse dient der Selektion der Items, die besonders gut geeignet sind, die latente Variable zu erfassen. Man nimmt des Weiteren an, dass dies diejenigen Items sind, die besonders hoch mit der Roh-Skala korrelieren. Die endgültige Skala setzt sich dann aus einer überschaubaren und handhabbaren Zahl solcher geeigneten Items zusammen.

Die Guttman-Skala

Die latente Variable, die mit einer Guttman-Skala abgebildet werden soll, ist der Grad der Stärke, mit dem eine gerichtete Einstellung vertreten wird. Die Einstellung selbst wird daher immer unipolar wiedergegeben, entweder als Ablehnung oder Zustimmung zu einem bestimmten Einstellungsobjekt. Die Werte der Guttman-Skala geben über die Stärke der Ablehnung oder Zustimmung zu diesem Einstellungsobjekt Aufschluss. Die Guttman-Skala setzt sich aus Items zusammen, die lediglich eine dichotome Ausprägung haben. Es handelt sich bei diesen Items um Aussagen, die bejaht oder verneint werden können.

Nehmen wir an, wir wollen eine Guttman-Skala erstellen, die das Ausmaß messen soll, in dem plebiszitäre Mitspracherechte bei der Gesetzgebung gewollt werden. Die latente Variable „Stärke der Befürwortung plebiszitärer Elemente" soll sich von „0" bis „b" erstrecken, wobei „0" als neutraler Ausgangspunkt zu interpretieren ist, bei dem keinerlei Befürwortung zu erkennen ist, während „b" die Extremhaltung einer Befürwortung im umfassendsten Sinne beschreibt. Jeder Wert zwischen „0" und „b" beschreibt eine Position, die plebiszitäre Elemente in einem gewissen Ausmaß befürwortet.

Abbildung 4.9: Guttmann-Skala

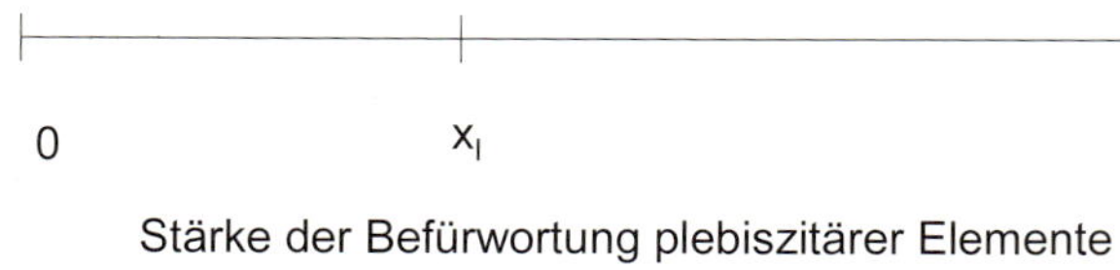

Um eine Differenzierung der Skala zu erhalten, müssen sich die dichotomen Items danach unterscheiden, wie extrem die Haltung einer Person mindestens sein muss, die einem bestimmten Item zustimmt. Wir gehen also davon aus, dass die Einstellung aller Personen auf der latenten Variablen mit einem Wert zwischen 0 und b dargestellt werden kann. Ein Item ist dann durch einen kritischen Schwellenwert x_I auf dem Spektrum charakterisiert, so dass alle Personen, deren persönlicher Einstellungswert rechts von dem Schwellenwert liegt, diesem Item zustimmen, und alle Personen, deren Einstellungsposition links vom Schwellenwert liegt, dieses Item ablehnen.

Die Items können aufsteigend nach ihrer Intensität, d. h. nach ihrem Schwellenwert, geordnet werden. Dabei wird davon ausgegangen, dass alle Personen, die einem „intensiveren" Item zustimmen, erst recht einem weniger intensiven Item zustimmen. Nehmen wir an, wir haben drei Items bezüglich der Einstellung zu plebiszitären Elementen in der Gesetzgebung:

- Item A: Alle Gesetze, die den Status der Souveränität des Landes verändern, sollen durch einen Volksentscheid abgelehnt werden können.
- Item B: Alle in der Verfassung als zustimmungsbedürftig definierten Gesetze sollen durch Volksentscheide aufgehoben werden können.
- Item C: Alle Gesetze sollen durch Volksentscheide aufgehoben werden können.

Item A ist offensichtlich das am wenigsten intensive hinsichtlich des latenten Konstrukts, Item C das intensivste und Item B liegt als relativ gemäßigtes Item in der Mitte. Die kritischen Schwellenwerte könnten sich z. B. folgendermaßen auf der Dimension der latenten Variable verteilen.

Abbildung 4.10: Schwellenwerte der latenten Variable

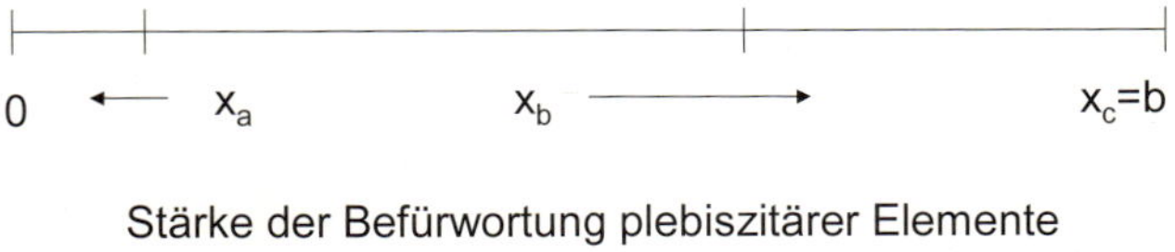

Ist die Skala „korrekt" konstruiert, dann sind bei logisch konsistentem Antwortverhalten nur ganz bestimmte Antwortmuster möglich. Eine Person, die Item C zustimmt, muss auch Item B und Item A zustimmten. Ein Befragter, der Item B zustimmt, muss auch Item A zustimmen. Der Skalenwert der Guttman-Skala ergibt sich als die Anzahl der Items, denen zugestimmt wurde. Diese Anzahl entspricht dem Rangplatz des „zuletzt" zugestimmten Items in der nach Intensität aufsteigend geordneten Reihe der Items.

Tabelle 4.3: Zulässige Antwortmuster bei einer Guttman-Skala

Item A	Item B	Item C	Skalenwert
-	-	-	0
+	-	-	1
+	+	-	2
+	+	+	3

Während wir in unserem Beispiel die Items vorgegeben haben und aus theoretischen Gründen etwas über die Reihenfolge der Intensität aussagen konnten, wird es in der Praxis umgekehrt verlaufen, d. h. aus den beobachteten Antwortmustern ist auf die zugrundeliegende Rangfolge der Items zu schließen.

Reproduzierbarkeits-Koeffizient

Erschwert wird diese Aufgabe durch den Umstand, dass wir selbst dann, wenn die Items eine Guttman-Skala bilden, nicht damit rechnen können, dass alle Antwortmuster den im Sinne der Skala erlaubten entsprechen werden. In der Praxis werden niemals alle Personen ein logisch konsistentes Antwortverhalten aufweisen. Einige der Befragten werden „Fehler" machen und „verbotene" Antwortmuster geben. Um die Güte einer Skala zu beurteilen hat Guttman den so genannten *Reproduzierbarkeits-Koeffizienten* vorgeschlagen:

$$Rep = 1 - \frac{\text{Anzahl der Fehler}}{\text{Anzahl der Befragten * Anzahl der Items}}$$

Bei einem Reproduzierbarkeits-Koeffizienten, der größer als 0,9 ist, soll die Skala als hinreichend gut konstruiert gelten. Nimmt der

Koeffizient einen kleineren Wert an, dann sind die Items nicht zur Konstruktion einer Skala geeignet.

Eine Skala wird im Einzelnen auf folgende Weise konstruiert: In Tabelle 4.4 sind die Antwortmuster von insgesamt 587 Personen bezüglich 3 Items D, E und F wiedergegeben. Es handelt sich hierbei um fiktive Daten.

Tabelle 4.4: Fiktive Antworten befragter Personen

Item D	Item E	Item F	Anzahl
+	-	+	132
+	-	-	212
+	+	-	62
-	+	+	13
-	+	-	17
+	+	+	96
-	-	-	32
-	-	+	23
502	188	264	

Als erstes müssen wir die Rangfolge der Items ermitteln. Dazu errechnen wir für jedes Item, wie oft es bejaht wird. Das Item mit der größten Zahl an Bejahungen wird so umgeordnet, dass es in der ersten Spalte steht, das Item mit der zweitgrößten Zahl an Bejahungen in der zweiten Spalte etc. Anschließend ordnen wir die Zeilen entsprechend der Anzahl der bejahten Items, wobei wir bei gleicher Anzahl die erwarteten Antwortmustern zuerst und danach die entarteten Antwortmuster auflisten. Wenn bei drei Items die Fehlbesetzung in einer Zelle auftritt, muss gleichzeitig eine andere Zelle fehlbesetzt sein, die Anzahl der Fehler in einer entarteten Zeile beträgt daher immer zwei. Wir erhalten so die Tabelle 4.5.

Tabelle 4.5: Fiktive Antworten sortiert

Item D	Item F	Item E	Anzahl	Fehler
-	-	-	32	0
+	-	-	212	0
-	+	-	23	2*23
-	-	+	17	2*17
+	+	-	132	0
+	-	+	62	2*62
-	+	+	13	2*13
+	+	+	96	0

Der Reproduzierbarkeits-Koeffizient errechnet sich nach der Formel als:

$$Rep = 1 - \frac{2*(23+17+62+13)}{587*3} = 1 - \frac{230}{1761} = 0,87$$

Die Fehlerquote liegt bei 13 %, der Reproduzierbarkeits-Koeffizient somit unter dem kritischen Wert von 0,9. Die Items eignen sich also nicht zur Bildung einer Guttman-Skala. Gründe können hierfür sein, dass die Items nicht wirklich auf der Dimension der latenten Variable angesiedelt oder die Items nicht eindeutig genug sind, so dass die Rangfolge der Intensitäten von verschiedenen Personen verschieden empfunden wird.

Wenn es hingegen gelingt, eine gute oder sogar perfekte Guttman-Skala zu bilden, dann ist durch das Verfahren der Konstruktion gewährleistet, dass die Skala einen Zusammenhang im empirischen Relativ abbildet, der durch eine Ordinalskala angemessen repräsentiert wird. Durch die Form der Konstruktion kann das Repräsentationsproblem hinsichtlich der Skala als gelöst betrachtet werden.

4.5 Gütekriterien der Messung

Man kann mehrere Kriterien anlegen, die die Güte einer Messung angeben sollen. Die verbreitetsten dieser Kriterien sind *Objektivität*, *Reliabilität* und *Validität*.

4.5.1 Objektivität

Durchführungsobjektivität, Auswertungsobjektivität

Eine Messung wird dann als objektiv bezeichnet, wenn die Messung zu demselben Ergebnis führt, unabhängig davon, wer die Messung vornimmt. So selbstverständlich die Forderung klingt, so ist ihre Umsetzung oft nur schwer zu hundert Prozent erreichbar. Verletzungen der Objektivität entstehen z. B., wenn die Antwort von Befragten in einem Interview in Abhängigkeit vom Interviewer verschieden ausfällt. Gelegentlich wird das Objektivitätskriterium nochmals differenziert nach *Durchführungsobjektivität* und *Auswertungsobjektivität.* Bei dem erwähnten Interviewereffekt handelt es sich demnach um ein Problem der Durchführungsobjektivität. Das Problem der Auswertungsobjektivität tritt z. B. bei der Auswertung eines Textes im Rahmen einer Inhaltsanalyse auf, bei der bestimmte Merkmale anhand eines Kategorienschemas erfasst werden sollen.

Da bei der Einordnung des Textes in ein Kategorienschema immer subjektive Interpretationen eine Rolle spielen, kann hier hundertprozentige Objektivität gar nicht erzielt werden.

Das Risiko der Verletzung des Objektivitätskriteriums ist um so größer, je *reaktiver* das Messverfahren bzw. die Datenerhebungsmethode an sich ist. Unter reaktiven Verfahren verstehen wir solche, bei denen sich der Gegenstand des Verfahrens durch die Anwendung des Verfahrens selbst ändert. In einer teilnehmenden Beobachtung z. B. ist der Forscher selbst Bestandteil der sozialen Interaktionen, die er untersuchen will. Eine hundertprozentig objektive Messung ist in solchen Situationen gar nicht mehr möglich.

Standardisierung

Eine Maßnahme zur Sicherung der Objektivität ist die *Standardisierung* eines Messinstruments. Dabei ist es allerdings angebracht, Vorsicht walten zu lassen, denn unter Umständen kann eine übermäßige Standardisierung zur Zerstörung, d. h. Auflösung des Untersuchungsgegenstands führen. In diesen Fällen ist der Verzicht auf Standardisierung oft das kleinere Übel gegenüber dem Verzicht auf die Möglichkeit, überhaupt noch substanziell sinnvolle Aussagen machen zu können.

4.5.2 Reliabilität

Mit Reliabilität oder Zuverlässigkeit der Messung wird die Eigenschaft bezeichnet, wenn die mehrmalige Verwendung des Messinstruments am selben Objekt immer zum selben Ergebnis führt, vorausgesetzt, dass sich die Eigenschaft in der Zwischenzeit nicht verändert hat. Es gibt verschiedene Methoden, die Reliabilität eines Messinstruments zu erheben.

Test-Retest-Methode

Bei der Test-Retest-Methode wiederholt man eine Messung und vergleicht das neue Ergebnis mit dem alten. Als Maß für die Reliabilität wird die Korrelation zweier solcher zeitlich versetzter Messungen an einer Vielzahl von Objekten berechnet. Die Test-Retest-Methode führt allerdings nur dann zu brauchbaren Ergebnissen, wenn man davon ausgehen kann, dass sich die „wahren" Messwerte in dem Zeitintervall, dass zwischen erster und zweiter Messung liegt, nicht verändert haben. Voraussetzung für die Anwendung der Test-Retest-Methode ist daher die *Stabilität* der gemessenen Eigenschaft. Wenn sich die „wahren" Werte in der Zwischenzeit geändert haben, führt die Test-Retest-Methode zu einer Unterschätzung der

Reliabilität. Auch hier tritt wieder das Problem der Reaktivität in Form von *Lerneffekten* auf. Die Wiederholung von einem bestimmten Intelligenztest führt z. B. nicht zu demselben Ergebnis, da die Probanden inzwischen einige der Aufgaben durch den ersten Test geübt haben. Bei Befragungen lässt sich die Test-Retest-Methode in Panelumfragen einsetzen, bei denen dieselben Personen zu mehreren Zeitpunkten befragt werden. Durch die erste Befragung können sich aber z. B. Einstellungen der befragten Personen geändert haben, weil sie – durch die Befragung angeregt – über gewisse Themen inzwischen mehr nachgedacht oder mit anderen Leuten darüber diskutiert haben.

Um die erwähnten Mängel der Test-Retest-Methode zu vermeiden, hat man alternative Möglichkeiten der Bestimmung der Reliabilität entwickelt. Diese Methoden basieren auf den folgenden Überlegungen: Eine hohe Reliabilität liegt dann vor, wenn die Messung bei Vorliegen eines bestimmten theoretischen, d. h. „wahren" Werts, zu einem eindeutig bestimmten Ergebnis führt. Theoretisch kann die Reliabilität daher als die Korrelation des Werts der latenten Variablen mit dem Messwert betrachtet werden. Allerdings kennen wir die Werte der latenten Variablen nicht, denn diese sollen ja durch die Messung erschlossen werden. Aber die theoretische Überlegung hilft uns insofern weiter, dass wir daraus schließen können, dass mehrere unabhängige Messverfahren der latenten Variablen ebenfalls hoch miteinander korrelieren müssen, wenn sie jeweils für sich genommen reliabel sind. Diese Annahmen liegen der *Paralleltest-Methode* und der *Methode der Testhalbierung* (Split-Half-Methode) zugrunde.

Paralleltest-Methode

Bei der Paralleltest-Methode messen wir dasselbe Konstrukt mit zwei verschiedenen Methoden, die sich ähnlich sind. Eine hohe Korrelation zwischen den Ergebnissen der beiden Verfahren weist dann auf hohe Reliabilität hin. Das Problem besteht darin, für einen bestimmten Test einen vergleichbaren Test zu finden, der einerseits dasselbe Konstrukt misst, und von dem andererseits vorausgesetzt werden muss, dass er dieses Konstrukt mit hoher Reliabilität misst.

Sind diese Bedingungen tatsächlich erfüllt, dann sind beide Messverfahren offensichtlich äquivalent, d. h. sie können beide genauso gut zur Messung des Konstrukts eingesetzt werden. Der Sinn der Entwicklung von neuen äquivalenten Messverfahren zu schon existierenden kann darin bestehen, z. B. bei reaktiven Verfahren in den

Wiederholungen verschiedene äquivalente Messmethoden zur Messung einer bestimmten Eigenschaft zu verwenden, um auf diese Weise Lerneffekte auszuschalten.

Die Methode der Testhalbierung

Die Methode der Testhalbierung ist der Paralleltest-Methode sehr verwandt. Sie kann nur auf Messinstrumente angewandt werden, die aus mehreren Items bestehen. Wenn alle diese Items dieselbe Dimension messen, dann besitzt der entsprechende Index eine hohe *interne Konsistenz*. Daraus folgt aber, dass jedes einzelne Item und jeder aus einer beliebigen Untermenge der Items zusammengesetzte Index äquivalente Messinstrumente desselben Konstrukts darstellen. Je mehr einzelne Items ein Index enthält, desto genauer ist er. Wenn wir aus der ursprünglichen Menge von Items zwei Messinstrumente konstruieren wollen, dann ist es daher sinnvoll, dafür die Menge der Items in zwei Hälften zu teilen, aus denen dann jeweils ein eigenes Messinstrument erstellt wird. Die Korrelationen zwischen diesen beiden Messinstrumenten, die jeweils auf der Hälfte der Items des ursprünglichen Messinstruments aufgebaut sind, geben dann Aufschluss über die interne Konsistenz des Messinstruments. Da wir die beiden Messinstrumente ja gleichzeitig als äquivalente Messverfahren desselben Konstrukts betrachten, kann diese Korrelation analog zur Logik des Paralleltest-Verfahrens aber auch als Maß für die Reliabilität des Messverfahrens betrachtet werden. Ein verbreitetes Maß für die Reliabilität in der Testhalbierungslogik ist *Cronbachs Alpha*. Alpha ist der Durchschnitt der Korrelationen, die zwischen allen möglichen Paaren von „split-half"-Messinstrumenten gebildet werden können. Vier Items A, B, C und D können z. B. auf drei verschiedene Weisen in zwei Hälften zerlegt werden, AB-CD, AC-BD, AD-BC. Der Koeffizient α ist der Durchschnitt der drei Korrelationen der Messinstrumente, die aus den jeweiligen Hälften gebildet werden können. Die Berechnung des Maßes lässt sich vereinfachen, indem auf die durchschnittliche Korrelation zwischen den Items zurückgegriffen wird. Bei n Items und einer durchschnittlichen Korrelation zwischen zwei Items aus den n Items von $\bar{r}$, kann α berechnet werden als:

$$\alpha = \frac{n\bar{r}}{1 + \bar{r}(n-1)}$$

Nehmen wir an, die mittlere Iteminterkorrelation $\bar{r}$ betrage 0,3. Bei 4 Items ergäbe sich ein Wert von Cronbachs Alpha von 0,63. Bei gleichem $\bar{r}$ von 0,3 und 10 Items ergibt sich ein Wert von α von 0,81. Auch eine niedrige durchschnittliche Korrelation zwischen den Items kann also zu einem höchst reliablen Messinstrument führen, wenn die Anzahl der Items entsprechend hoch ist.

4.5.3 Validität

Ein Messinstrument, das in hohem Maße unzuverlässig ist, ist für eine eindeutige Analyse unbrauchbar. Ausreichende Reliabilität ist somit eine unverzichtbare Eigenschaft eines guten Messinstruments. Reliabilität kann somit als notwendige Bedingung betrachtet werden, die ein Messverfahren auf jeden Fall erfüllen muss, um als geeignet angesehen zu werden. Allerdings ist Reliabilität mit Sicherheit keine hinreichende Bedingung, d. h. ein zuverlässiges Messinstrument muss kein gutes Messinstrument sein. Damit das Messinstrument theoretisch fruchtbar ist, müssen wir sicher sein, dass wir mit dem Messverfahren tatsächlich die Eigenschaft messen, die wir damit erheben wollen. Diesen fundamentalen Aspekt nennen wir das Problem der *Validität* oder Gültigkeit eines Messinstruments. Validität steht gegenüber dem Kriterium der Reliabilität in einem hierarchischen Verhältnis, da Validität nur dann gegeben sein kann, wenn Reliabilität vorliegt. Reliabilität ist also eine notwendige Voraussetzung für Validität.

Stellen wir uns eine Uhr vor, die exakt 1 Stunde vor geht. Das Messinstrument ist in hohem, ja höchsten Maße reliabel, die Korrelation des gemessenen Wertes mit dem wahren Wert nimmt den höchstmöglichen Wert von 1 an. Aber das Messinstrument ist alles andere als valide, denn die Uhr zeigt niemals die richtige Zeit an. Die Bestimmung der Validität eines Messinstruments kann daher als *das* Grundproblem der Messung überhaupt angesehen werden. Es gibt verschiedene Vorgehensweisen, um über die Validität eines Messverfahrens Klarheit zu erlangen.

Prima facie Validität

Ein Messinstrument besitzt Prima facie Validität (face validity), wenn nach den vernünftigen und wohlüberlegten Intuitionen des Forschers das Messinstrument das zu messen scheint, was es nach der Theorie messen soll. In diesem Fall ist das Messinstrument ein brauchbarer Indikator für das zugrunde liegende theoretische Konstrukt. Prima facie Validität ist stark von subjektiven Elementen geprägt. Um die spezielle Voreingenommenheit des Forschers zu korrigieren, kann ein von ihm so entworfenes Messinstrument einer Gruppe von Experten zur Stellungnahme vorgelegt werden. Allerdings sind auch die Experten bei der Beurteilung der Validität des Messinstruments allein auf ihre natürlichen Intuitionen angewiesen, das grundsätzliche Problem der Subjektivität wird daher auf diese Weise nicht beseitig.

Inhaltsvalidität

Inhaltsvalidität (=content validity) ist dann gegeben, wenn alle relevanten Dimensionen des theoretischen Konzepts durch das Messinstrument abgebildet werden. Dazu ist es allerdings notwendig, alle inhaltlich relevanten Dimensionen zu kennen. Zu diesem Zweck wird eine so genannten *dimensionale Analyse* oder *Konzeptspezifikation* des Begriffs vorgenommen. Hierbei erfolgt eine Klärung unter ausschließlich theoretischen Gesichtspunkten, welche Aspekte das untersuchte Konzepts besitzt. Vanhanen beispielsweise geht von einem Demokratiebegriff aus, bei dem Demokratie durch die beiden Aspekte des Wettbewerbs und der Partizipation charakterisiert ist. Ein geeignetes inhaltsvalides Messinstrument für Demokratie muss daher für jeden dieser beiden Aspekte mindestens einen Indikator beinhalten, der diesen Teilaspekt in geeigneter Weise abzubilden vermag.

Für jeden einzelnen Indikator aber existiert wieder das Validitätsproblem bezüglich der abzubildenden Teildimension des Konzepts. Inhaltsvalidität bezieht sich daher gar nicht auf Validität im engeren Sinne, sondern stellt gewissermaßen ein Metavaliditätskriterium dar.

Kriteriumsvalidität

Übereinstimmungsvalidität, Vorhersagevalidität

Kriteriumsvalidität (=criterion-related validity) bezieht sich auf den Zusammenhang zwischen dem vorgeschlagenen Messinstrument und einem schon vorhandenen Messinstrument, das als *externes Kriterium* für die Gültigkeit des Messinstruments herangezogen wird. Man unterscheidet zwischen zwei verschiedenen Arten von Kriteriumsvalidität, *Übereinstimmungsvalidität* (=concurrent validity) und *Vorhersagevalidität* (=predictive validity). Die Kriteriumsvalidität wird mit Hilfe des Korrelationskoeffizienten ausgedrückt. Ein Intelligenztest z. B. sollte mit den Schulleistungen korrelieren. Konstruieren wir z. B. einen „Intelligenztest", der in keiner Weise zwischen „guten" und „schlechten" Schülern diskriminiert, dann ist entweder unser Benotungssystem nicht valide oder der Intelligenztest ist kein geeignetes Messinstrument (oder die zugrunde liegende Theorie ist falsch, die annimmt, dass intelligente Kinder höhere schulische Leistungen erbringen müssten).

Methode der bekannten Gruppen

Einen Spezialfall der Kriteriumsvalidität stellt die *Methode der bekannten Gruppen* (=known groups) dar. Nehmen wir an, wir verfügen über eine Einteilung von Befragten in „Linke" und „Rechte". Wenn in dem Fragebogen eine Skala erhoben wird, die die Einstellung zum „Wert der Familie" abbilden soll, dann erwarten wir einen Zusammenhang dergestalt, dass die „Rechten" den Familienwerten positiver gegenüberstehen sollten.

Doch auch die Kriteriumsvalidität ist nicht imstande, unser grundsätzliches Validitätsproblem zu lösen. Zum einen ist es nicht sehr häufig der Fall, dass wir über ein externes Kriterium verfügen, das als Eichinstrument für unser neu entwickeltes Messinstrument eingesetzt werden kann. Existiert ein solches externes Kriterium in Form eines schon vorhandenen Messinstruments, dann stellt sich die Frage, wieso wir überhaupt ein neues Messinstrument für dasselbe Konzept brauchen sollten, von den Fällen abgesehen, in denen wir gezielt auf die Entwicklung mehrerer unabhängiger Messinstrumente für dasselbe theoretische Konzept hinarbeiten, um z. B. bei Panelumfragen Lerneffekte zu eliminieren.

Aber selbst wenn eine alte Methode zur Messung des Konzepts vorhanden ist, an dem wir die Validität der neuen Methode überprüfen können, muss dann vorausgesetzt werden können, dass die alte Methode ihrerseits ein valides Messinstrument des Konzepts darstellt. Wir gelangen bei der Kriteriumsvalidität also in einen infiniten Regress, in dem die Validität neuer Verfahren durch die Validität alter Verfahren begründet wird. Lösen wir dieses Problem durch dogmatischen Abbruch, dann müssen wir an dieser Stelle über ein Arsenal von Messinstrumenten verfügen, die einerseits als externe Kriterien für alle neu entwickelten Verfahren herangezogen werden können, und deren Validität andererseits auf andere Weise als durch Kriteriumsvalidität begründet sein muss.

Konstruktvalidität

Von der Kriteriumsvalidität nur schwer zu trennen ist die Konstruktvalidität. Während wir bei der Kriteriumsvalidität die Validität eines neuen Messkonzepts am Zusammenhang mit einer externen Variablen überprüfen, versuchen wir bei der Konstruktvalidität, die Validität durch die Einbettung in eine theoretisch begründete Struktur von Zusammenhängen zu ermitteln. Hier untersuchen wir die

Validität eines Messinstruments, indem wir feststellen, ob die durch das Messinstrument gebildete Variable in einer Art und Weise mit anderen Variablen zusammenhängt, die durch eine Theorie vorausgesagt wird. Die These des „demokratischen Friedens“ z. B. besagt, dass Demokratien aufgrund ihrer inneren Konstruktion seltener in Kriege verwickelt sind als nicht-demokratische Staaten. Wenn wir nun zwei Indikatoren für „Demokratie“ und „Frieden“ bilden und einen Zusammenhang der durch die Theorie konstatierten Art vorfinden, dann sind die beiden Indikatoren für die theoretischen Konzepte in diesem Sinne als konstruktvalide zu bezeichnen.

Multitrait-Multimethod-Verfahren

Als Methode zur Überprüfung von Konstruktvalidität setzt man gelegentlich nach einem von Campbell und Fiske vorgeschlagenen Verfahren so genannte *Multitrait-Multimethod-Matrizen* ein. Die Matrix stellt dabei die Korrelationskoeffizienten von mindestens drei unterschiedlichen Konzepten dar, die mit mindestens zwei verschiedenen Methoden gemessen wurden. Als (fiktives) Beispiel stellen wir uns eine Untersuchung aller Länder vor, bei denen die Konzepte „Grad der Demokratisierung“, „Sozio-ökonomisches Entwicklungsniveau“ und „Gleichberechtigung von Frauen“ erhoben wurden. Für „Demokratisierung“ existieren neben dem Vanhanen-Index etliche weitere Indizes, von denen wir zwei auswählen, die wir mit den Kürzeln D_1 und D_2 bezeichnen wollen. Das sozioökonomische Entwicklungsniveau soll dabei einmal durch das Bruttosozialprodukt pro Kopf und einmal durch den Anteil der Bevölkerung, der nicht im Agrarsektor arbeitet, operationalisiert werden, und mit S_1 und S_2 bezeichnet werden. Als Indikator für Gleichberechtigung ziehen wir einmal den Anteil des Bruttosozialprodukts hinzu, der von Frauen erwirtschaftet wird, und einmal den Anteil der Mädchen und jungen Frauen, die eine Schule oder Universität besuchen, an allen Personen, die eine Schule oder Universität besuchen. Die beiden Indikatoren werden mit G_1 und G_2 abgekürzt. Die so genannte untere Dreiecksmatrix der Korrelationsmatrix könnte folgendermaßen aussehen:

Abbildung 4.11: Korrelationsmatrix

	D_1	D_2	S_1	S_2	G_1	G_2
D_1	-					
D_2	<u>0,85</u>	-				
S_1	0,43	0,46	-			
S_2	0,35	0,41	<u>0,78</u>	-		
G_1	0,55	0,49	0,45	0,33	-	
G_2	0,67	0,65	0,23	0,17	<u>0,79</u>	-

konvergierende Validität, divergierende Validität

Als Bestätigung der Validität der Messinstrumente soll nun gelten, wenn die Korrelationen zwischen den verschiedenen Messmethoden des gleichen Konzepts höher ausfallen als die Korrelationen zwischen verschiedenen Konzepten, unabhängig vom Messinstrument. Hohe Korrelationen zwischen verschiedenen Methoden bezüglich desselben Konzepts werden als Anzeichen für *konvergierende Validität* bezeichnet, niedrigere Korrelationen zwischen verschiedenen Konzepten als *diskriminierende Validität*. Auf die Dreiecksmatrix bezogen heißt das, dass die unterstrichenen Korrelationskoeffizienten höher sein sollten als die anderen Korrelationskoeffizienten in der gleichen Zeile oder Spalte. Dies ist bei allen drei Konzepten der Fall. Des weiteren sollten die strukturellen Zusammenhänge zwischen den Konzepten möglichst unabhängig von der Operationalisierung sein. Der Grad der Demokratisierung z. B. korreliert immer stärker mit Gleichberechtigung als mit sozio-ökonomischer Entwicklung, unabhängig davon, wie die Konzepte operationalisiert wurden. Die obige Matrix erweckt den Anschein, dass alle drei Konzepte in der Tat konstruktvalide sind. Es bestehen bestimmte Zusammenhänge zwischen den Konzepten, gleichzeitig sind aber die Konzepte hinreichend klar voneinander abgrenzbar.

Doch auch bei der Konstruktvalidität stoßen wir auf Probleme, die den erwähnten bei der Kriteriumsvalidität ähnlich sind. Streng-genommen können wir über die Konstruktvalidität von Messinstrumenten nur sprechen, wenn die dabei herangezogene Theorie schon als bewährt, d. h. ihre Richtigkeit als mehr oder weniger gesichert gilt. Damit können die solchermaßen validierten Messinstrumente nicht eingesetzt werden, um neue Erkenntnisse zu produzieren.

Wenn wir aber die gebildeten Variablen zur Überprüfung einer als noch nicht bewährt geltenden Theorie einsetzen, dann entscheiden wir *simultan* darüber, ob eine Theorie sich bei der Konfrontation mit der empirischen Realität bewährt hat, und ob die dabei verwendeten Messinstrumente geeignete Darstellungen dieser empirischen Realität ermöglichen. Die Theorie bewährt sich durch die Überprüfung mit Messverfahren, deren Gültigkeit wiederum gleichzeitig aus der Bewährung der Theorie abgeleitet wird.

Das Grundproblem der Validierung

Die Sicherung der Validität durch Konstruktvalidität stellt ein anspruchsvolles und komplexes Vorgehen dar. Allerdings führt sie zu dem Problem des oben beschriebenen Zirkels von Bewährung der Theorie und Validität der Messinstrumente.

Operationale Definitionen

Eine Möglichkeit, diesen Zirkel zu durchbrechen, besteht darin, die Messinstrumente als *per definitionem* für valide zu erklären, indem man das theoretische Konzept mit der Messmethode gleichgesetzt. Dies ist bei so genannten *operationalen Definitionen* der Fall. Die wohl bekannteste und am meisten berüchtigte operationale Definition ist die der Intelligenz durch den Intelligenzquotienten, der wiederum durch einen festgelegten Test erhoben wird: „Intelligenz ist, was der Intelligenztest misst." Auf diese Weise ist es dann problemlos möglich, unabhängige Prüfungen theoretischer Fragen vorzunehmen, z. B. ob es einen Zusammenhang zwischen beruflichem Erfolg und Intelligenz gibt.

Doch operationale Definitionen können das Problem der Validierung nicht wirklich lösen. Gerade die lang andauernde Diskussion über den Sinn von Intelligenztests belegt dies am deutlichsten. Auch eine operationale Definition wird so formuliert werden, dass sie dem zu messenden Begriff angemessen ist. Ein Intelligenztest, bei dem der Wert der Intelligenz dadurch ermittelt würde, dass man die Probanden über schmale Bretter balancieren lässt, würde von niemanden ernsthaft als Indikator für Intelligenz angesehen werden. Auch eine operationale Definition muss also sinnvoll sein, sie kann dies aber nur sein unter Rückgriff auf die Validität, nämlich, wenn das Messinstrument tatsächlich das misst, was es messen soll.

Bevor wir mit dem Entwurf eines Messinstruments beginnen, müssen wir uns also Klarheit verschaffen über die Bedeutung des zu messenden Konzepts. Mit der Konzeptspezifikation haben wir ein Verfahren kennen gelernt, das Konzept zuerst in mehrere Bedeutungskomponenten zu zerlegen. Was z. B. „gehört" zur Intelligenz? Ist Allgemeinwissen ein Bestandteil von Intelligenz oder zumindest ein Indikator dafür, räumliches Vorstellungsvermögen, rechnerische Fähigkeiten, eine „schnelle Auffassungsgabe" etc.? Und wenn wir uns sicher sind, alle Komponenten erfasst zu haben, in welchem Verhältnis sind sie zueinander zu gewichten?

Methode der Triangulation

Um das Moment der Subjektivität bei der Auswahl der ein Konzept konstituierenden Bedeutungskomponenten zu vermindern, können wir einen Abgleich aus verschiedenen Perspektiven vornehmen. Diese Methode ist als *Triangulation* bekannt. Der Begriff der „Triangulation" stammt aus der Landvermessung und bezieht sich auf die Bestimmung von Entfernungen oder Höhen, indem man verschiedene Blickpunkte einnimmt. In die Sozialwissenschaften wurde dieser Begriff von Norman Denzin (1970) eingeführt. Im Falle der Zerlegung eines Konzepts in seine einzelnen Bedeutungsdimensionen bietet sich eine *Untersucher-Triangulation* dar. Zerlegen andere Forscher das Konzept in dieselben Komponenten, die sie dann im Sinne der Inhaltsvalidität mit jeweils mindestens einem Indikator operationalisieren? Die Beantwortung der Frage ist einerseits durch ein intensives Studium der einschlägigen Forschungsliteratur möglich oder dadurch, dass man Experten auf dem Untersuchungsgebiet die eigenen Überlegungen und Konzeptionen zur Begutachtung vorlegt. Auch die kritische Diskussion des Messinstruments im Zuge deren Vorstellung und Verbreitung auf Kongressen oder in Publikationen kann so als Prozess der Validierung begriffen werden, in dessen Verlauf sich die Bedeutung des Begriffs immer stärker herausschält. Die Validität beruht dann letztlich auf einem mehr oder weniger starken *Konsens* innerhalb der „scientific community". Während Inhaltsvalidität eher eine Art Metavaliditätskriterium darstellt, können die erwähnten Methoden der Untersucher-Triangulation auch direkt auf die Beurteilung der Validität der einzelnen Indikatoren angewandt werden.

Auch andere schon erwähnte Methoden können im Sinne des allgemeineren Triangulationskonzepts erklärt werden. Die Konstruktvalidität, insbesondere in der Form des Multitrait-Multimethod-Verfahrens, fällt z. B. in den Bereich der so genannten *methodischen Triangulation*. Dabei wird noch einmal danach unterschieden, ob die Konzepte mit derselben Methode auf verschiedene Weise operationalisiert werden (=*within method*) oder durch verschiedene Methoden erhoben werden (=*between method*). Um den ersten Fall handelt es sich z. B., wenn wir zwei Skalen für ein Konzept bilden, die jeweils auf einer Menge von Items in Befragungen bestehen, um den zweiten Fall handelt es sich, wenn wir z. B. das Konzept einmal mit einer Itembatterie in einer Befragung und einmal mit bestimmten Kategorien, die innerhalb einer Beobachtung erhoben werden, operationalisieren.

Mit Hilfe des Triangulationskonzepts fällt es leichter, die Logik der Konstruktvalidierung zu erläutern. Das Prinzip der Triangulation lautet, dass, wenn zwei verschiedene Personen unabhängig voneinander zum selben Urteil kommen oder wenn man mit zwei verschiedenen Methoden zum selben Ergebnis gelangt, dies kaum Zufall sein kann, sondern an dieser Übereinstimmung „etwas dran sein muss". Die Triangulation ist eine Methode, die zusätzliche Restriktionen einführt. Ein beobachteter Zusammenhang soll nur dann als bedeutsam angesehen werden, wenn er sich unter anderer unabhängiger Operationalisierung der beteiligten Konzepte ebenfalls so einstellt. Aber auch eine Theorie, die mehrere Konzepte in eine bestimmte Beziehung setzt, kann in diesem Sinn als Restriktion aufgefasst werden. Wenn es sich bei der Theorie um eine inhaltlich gehaltvolle Theorie handelt, dann macht sie riskante Aussagen über die Realität, d. h. die von ihr ableitbaren Konsequenzen sind eher unwahrscheinlich, wenn die Theorie nicht zutrifft. Wenn die Konzepte nun falsch, d. h. invalide, operationalisiert werden, dann steigt damit das Risiko des Scheiterns der Theorie. Umgekehrt kann dann eine Bewährung der Theorie tatsächlich als Hinweis dafür angesehen werden, dass die Konzepte angemessen operationalisiert worden sind. Anders ausgedrückt: Wenn wir eine Theorie einer harten Prüfung unterziehen wollen, dann sollten wir die Untersuchung so konstruieren, dass die Hürde der Bewährung für die Theorie sehr hoch gesetzt ist, und diese Hürde außerdem nur dann erfolgreich überwunden werden kann, wenn die Konzepte richtig operationalisiert wurden. Diese Voraussetzung gilt nur, wenn eine falsche, d. h. invalide, Operationalisierung nicht gleichzeitig das Risiko des Scheiterns der Theorie heruntersetzt, indem die Konzepte bei ihrer Operationalisierung zu sehr verwässert, d. h. zu allgemein umgesetzt werden. Wir wollen dies an unserem Beispiel des „demokratischen Friedens" erläutern. Wenn wir den Begriff „Demokratie" falsch, aber ebenso spezifisch operationalisieren, dann erhöht sich die Wahrscheinlichkeit des Scheiterns der Theorie. Wenn wir z. B. „Demokratie" durch das Bruttosozialprodukt pro Kopf operationalisieren, dann sollte unsere Hypothese mit einer höheren Wahrscheinlichkeit abgelehnt werden als bei einer „richtigen" Operationalisierung des Konzepts „Demokratie". Wenn wir nun aber alle beteiligten Konzepte so verwässern, dass die Hypothese fast immer als bewährt gelten kann, dann führt die Konstruktvalidität lediglich zu einer Selbstimmunisierung der Theorie gegenüber kritischer Prüfung. Wenn z. B. fast jedes Land eine Demokratie ist, indem wir dies nur vom formalen Vorhandensein von Wahlen abhängig machen, und wenn sich zudem fast jedes Land im Friedenszustand befindet, indem wir z. B. nur erklärten Krieg als Krieg zählen, dann werden wir nur noch wenige Fälle finden, in denen sich eine Nicht-Demokratie in einem Krieg befindet.

Der zirkuläre Charakter der Konstruktvalidität muss daher von Einzelfall zu Einzelfall betrachtet werden. Im schlimmsten Fall ist die Validierungsstrategie tatsächlich tautologisch und führt zu einer Selbstimmunisierung der Theorie, im idealen Fall werden hierdurch gleichzeitig zusätzliche Restriktionen eingeführt, die theoretisch begründet sind.

Travelling-Problem

Die Besonderheit von vielen theoretischen Konzepten in den Sozialwissenschaften liegt jedoch darin, dass die Bedeutung des Konzepts erst von den Untersuchungsobjekten festgelegt wird. In diesem Fall unterstellt der Forscher z. B. in einer Beobachtung, dass die beobachteten Handlungen der Personen einen bestimmten „Sinn" haben. Genau so wird in Befragungen in der Regel schlichtweg angenommen, dass die Bedeutung bestimmter Konzepte, die in den Fragen enthalten sind, für alle Befragten vergleichbar sind. Bei der so genannten *Materialismus/Postmaterialismus* Skala von Ronald Inglehart (1977) werden den Befragten mehrere Items (in der bekanntesten Version vier) vorgelegt, die Ziele benennen, die in der Politik nach Meinung der Befragten mit höchster Priorität verfolgt werden sollten. Zwei der Items geben „materialistische" Ziele wie „Aufrechterhaltung von Ruhe und Ordnung" und „Kampf gegen steigende Preise" wieder, zwei der Items stehen für „postmaterialistische" Ziele wie „Mehr Einfluss der Bürger auf Entscheidungen der Regierung" und „Schutz des Rechts auf freie Meinungsäußerung". Aus den Antworten der Befragten, welches der Ziele sie für das wichtigste und das zweitwichtigste halten, wird ein Wert berechnet, der den Grad der postmaterialistischen Einstellung widerspiegeln soll. Werden diese Items in verschiedenen Ländern abgefragt, dann ist es durchaus zweifelhaft, ob sie in verschiedenen Kontexten der politischen Kultur dieselbe Bedeutung haben. „Die Aufrechterhaltung von Ruhe und Ordnung." hat für den Bürger eines Landes, das Erfahrungen mit Bürgerkriegen hat, wahrscheinlich eine ganz andere Bedeutung als für den Einwohner einer mitteleuropäischen Demokratie. Dieses für die vergleichende Politikwissenschaft besonders gravierende Problem, dass dieselben Fragen in verschiedenen Kontexten verschiedene Bedeutungen haben können, wird auch als „Travelling-Problem" (Sartori 1970) bezeichnet.

Kommunikative Validierung

Kontextabhängigkeit spielt aber nicht nur eine Rolle bezüglich der politischen Kulturen verschiedener Länder. Auch innerhalb eines Landes kann eine Frage oder eine Handlung z. B. in Abhängigkeit vom sozialen Milieu des Befragten eine ganz unterschiedliche Bedeutung haben. *Kommunikative Validierung* ist eine Form der Triangulation, die für die Behandlung dieses Problems hilfreich sein kann. Dabei geht es darum, dass die untersuchte Person selbst dem Forscher gegenüber Auskunft geben kann, welche Bedeutung sie den verwendeten Konzepten beilegt. Im Extremfall kann der Forscher sogar die Ergebnisse seiner Untersuchung den Untersuchungspersonen oder einer Auswahl von ihnen noch einmal vorlegen und sie danach befragen, ob sie seiner Interpretation der Daten zustimmen.

Literatur zu Theorie und Messung

Weiterführende Literatur

Eine vorzügliche Einführung in die axiomatischen Messtheorie ist *Orth* (1974). Die Bildung von Typologien, Indizes und Skalen wird ausführlich in *Friedrichs* (1984) behandelt. Grundlegend und in die Tiefe gehend hierzu ist *Dawes* (1977). Zum vertiefenden Vergleich der Bedeutung von Validität und Reliabilität in der quantitativen und der qualitativen Forschungstradition eignet sich *Lamnek* (1995).

Dawes, Robyn M. (1977): Grundlagen der Einstellungsmessung. Weinheim: Beltz

Friedrichs, Jürgen (1984): Methoden empirischer Sozialforschung. Opladen: Westdeutscher Verlag

Lamnek, Siegfried (1995): Qualitative Sozialforschung. Weinheim: Beltz

Orth, Bernhard (1974): Einführung in die Theorie des Messens. Stuttgart: Kohlhammer

5 Auswahlverfahren

5.1 Grundgesamtheit und Stichprobe

Inhaltliche, zeitliche und räumliche Abgrenzung der intendierten Grundgesamtheit (= Zielpopulation, target population)

Wissenschaftler versuchen zwar, möglichst allgemeingültige Aussagen zu treffen, sie können aber unmöglich die Welt in ihrer Gesamtheit untersuchen. Sie müssen immer eine Auswahl treffen: Forscher müssen zunächst festlegen, welchen Ausschnitt der Wirklichkeit sie überhaupt untersuchen wollen. Dieser muss inhaltlich, zeitlich und räumlich abgegrenzt sein. Die Aussagen, die wir untersuchen wollen, beziehen sich immer auf eine Menge von Objekten, denen bestimmte Eigenschaften zugeschrieben werden, oder zwischen denen bestimmte Beziehungen konstatiert werden. Die Menge aller Objekte, über die mit Hilfe einer Untersuchung eine Aussage gemacht werden soll, nennt man „Grundgesamtheit", „Population" oder „Zielpopulation" (= intendierte Grundgesamtheit, target population). Das Ziel einer Wahlumfrage vor einer Bundestagswahl besteht z. B. gewöhnlich in der Abgabe einer Prognose bezüglich des Wahlausgangs. Da der Wahlausgang vom aggregierten Verhalten aller Wahlberechtigten abhängt, stellen diese die Zielpopulation der Untersuchung dar. Allerdings werden Wahlumfragen auch im Rahmen der akademischen Forschung durchgeführt, und das Ziel solcher Untersuchungen geht sicherlich über den Anspruch hinaus, nur Aussagen bezüglich einer bestimmten Wahl zu machen. Wenn in einer solchen Umfrage z. B. festgestellt wird, dass Arbeiter besonders häufig die SPD und Katholiken besonders häufig die CDU oder die CSU wählen, dann kommt der Forscher möglicherweise zu der Vermutung, dass es sich hierbei um einen auf der Individualebene stabilen Zusammenhang zwischen religiöser Orientierung und politischer Ausrichtung handelt, und dass dieser Zusammenhang daher auch bei anderen Wahlen gelten könnte. Auch wenn in der Studie nur Wähler dieser einen Wahl untersucht werden, ist die intendierte Grundgesamtheit offensichtlich wesentlich größer. Die Interpretationen der Ergebnisse ein- und derselben Untersuchung können sich also auf ganz verschiedene Grundgesamtheiten beziehen. Umso bedauerlicher ist es daher, dass Forscher oft nicht eindeutig genug erklären, auf welche Grundgesamtheit sie sich beziehen. Dies ist aus zweierlei Gründen zu bemängeln:

Erstens streiten Forscher oft über Aussagen, die sich auf unterschiedliche Kontexte beziehen. Es macht einen Unterschied, ob eine Aussage Anspruch erhebt, für die letzte Bundestagswahl, für Bundestagswahlen in Deutschland allgemein oder für Wahlen generell zu gelten. Stellt ein Forscher beispielsweise eine Theorie über Landtagswahlen in Hessen auf, kann man ihn nicht dafür kritisieren, dass es bei Bundestagswahlen ganz anders ist – das war schließlich gar nicht seine Fragestellung.

Zweitens kann die Qualität des gesamten Forschungsprozesses nur beurteilt werden, wenn man weiß, auf welche Grundgesamtheit sich die Aussagen des Forschers beziehen. Indem er seine Grundgesamtheit definiert, nimmt der Politikwissenschaftler eine bestimmte Perspektive gegenüber dem Gegenstandsbereich „Politik" ein, denn er legt damit fest, worauf sich seine Erklärungen beziehen sollen, bzw. was er für erklärbar und erklärenswert hält. Je nach Perspektive sind bestimmte Forschungsstrategien geeignet, andere nicht oder weniger geeignet.

Stichprobe (= sample)

Hat der Forscher seine Grundgesamtheit abgegrenzt, stellt sich ein weiteres Problem: In den meisten Fällen kann man unmöglich alle Fälle der Grundgesamtheit analysieren. Um das Ergebnis einer Bundestagswahl vorauszusagen, würde es jeglichen zeitlichen und finanziellen Rahmen sprengen, alle sechzig Millionen Wahlberechtigten zu befragen. Oder wie soll man alle Revolutionen oder Korruptionsfälle untersuchen, die jemals stattgefunden haben? Von vielen weiß man vielleicht gar nicht. Deshalb begnügt man sich meist notgedrungen damit, nur einen Teil der Grundgesamtheit zu untersuchen: eine Stichprobe (= sample). Die intendierte Grundgesamtheit enthält alle Einheiten, über die man eine Aussage macht. Die Stichprobe enthält alle Einheiten, die der Forscher untersucht, um zu seiner Aussage zu kommen. Dabei ist es sinnvoll, zwischen zwei Arten von intendierten Grundgesamtheiten zu unterscheiden:

Objekt- bzw. elementorientierte Grundgesamtheiten

- *Objekt- bzw. elementorientierte Grundgesamtheiten* bestehen aus den Merkmalsträgern (= Datenträgern, Individuen, Fällen, Objekten, Elementen, Einheiten, cases). Die Merkmalsträger sind diejenigen Individuen, die der Forscher erreichen muss, um die ihn interessierenden Informationen überhaupt messen zu können. Bei einer Wahlumfrage sind die Merkmalsträger die Wähler. Bei einem Vergleich der politischen Kultur verschiedener Länder sind einzelne Länder (Deutschland, Frankreich, die USA usw.) die Merkmalsträger. Will man den Wandel der öffentlichen Meinung in Deutschland zwischen 1949 und 2003 zum Thema Korruption mit Hilfe von Zeitungsartikeln rekonstruieren, gehören alle Zeitungsartikel zur objektorientierten Grundgesamtheit, die im deutschsprachigen Raum zwischen 1949 und 2003 erschienen sind. Wenn sie von „Grundgesamtheiten“ und „Stichproben“ sprechen, meinen empirische Sozialforscher meistens elementorientierte Grundgesamtheiten, auch wenn sie dies nicht unbedingt ausdrücklich erwähnen. Im statistischen Sinn jedoch sind Grundgesamtheiten und Stichproben Mengen von *Datenwerten* und nicht Mengen von Merkmalsträgern. Um diesen Aspekt kenntlich zu machen, wollen wir – wo sinnvoll – objektorientierte Grundgesamtheiten von datenorientierten Grundgesamtheiten unterscheiden:

Statistische bzw. datenorientierte Grundgesamtheiten

- *Statistische bzw. datenorientierte Grundgesamtheiten* bestehen aus Datenwerten (= Ausprägungen von Variablen, values of variables). Diese Datenwerte misst man bei den Merkmalsträgern der objektorientierten Grundgesamtheit. In der Wahlumfrage versucht der Forscher zu messen, wen die Wähler wählen werden, damit er abschätzen kann, wer wohl die Wahl gewinnen wird. Die Menge der erhobenen Wahlabsichten stellt dann seine Stichprobe dar. Der Forscher kann an einem Merkmalsträger eine ganze Reihe Datenwerte messen. Untersucht ein Forscher die politische Kultur eines Landes, legt er möglicherweise eine ganze Reihe von Indikatoren fest, die zur politischen Kultur des Landes gehören: Werden brisante Themen öffentlich diskutiert oder werden Personen mit anderen Meinungen mundtot gemacht? Wie wird das Thema Korruption behandelt? Wie rege beteiligen sich die Bürger an Wahlen usw.? Für jede der untersuchten Variablen existiert eine datenorientierte Stichprobe, obwohl es nur eine einzige elementorientierte Stichprobe gibt. Die verschiedenen auf bestimmte Variablen bezogenen Stichproben sind aber über die Merkmalsträger miteinander verknüpft. Jedem Wert der einen Variablen kann ein ganz bestimmter Wert bezüglich einer anderen Variablen zugeordnet werden, nämlich der, den derselbe Merkmalsträger bezüglich dieser Variablen aufweist. Wir sprechen daher von *abhängigen Stichproben*. Erhebe ich z. B. bei zehn beliebigen Personen ihre Körpergröße und ihr Gewicht, dann kann jedem Wert einer Körpergröße aus der Stichprobe von Körpergrößen ein ganz bestimmter Gewichtswert aus der Stichprobe der Körpergewichte zugeordnet werden, so dass die Körpergröße und das Gewicht derselben Person ein Wertepaar bilden. Die beiden datenorientierten Stichproben der Werte von Körpergrößen und Gewichten sind daher abhängig.

Oft muss nicht explizit gesagt werden, ob gerade von einer element- von einer oder datenorientierten Grundgesamtheit die Rede ist. Aus dem Kontext ist meistens eindeutig erkennbar, was gemeint ist. Die Unterscheidung ist jedoch dann wichtig, wenn das Verhältnis der elementorientierten Stichprobe zur elementorientierten Grundgesamtheit ein anderes ist als das der datenorientierten Stichprobe zur datenorientierten Grundgesamtheit.

Hierzu ein Beispiel: Bei einer Wahlumfrage will ein Forscher abschätzen, welcher Anteil der Wähler bei der nächsten Wahl welche Partei wählt. Die intendierte Grundgesamtheit ist hier das *Wahlverhalten* aller Wahlberechtigten, also das, was diese am *Wahltag* tatsächlich *tun*. Die aufgrund der Umfrage gewonnenen Aussagen der Wahlforscher beziehen sich aber auf die *in einer Umfrage geäußerte Wahlabsicht* der Wahlberechtigten *vor* dem Wahltag. Menschen tun aber nicht notwendigerweise das, was sie denken und sagen, schon gar nicht, wenn zwischen dem Sagen und dem Tun ein größerer Zeitabstand liegt. In vielen Fällen hängt zwar unser Handeln mit unserem Denken zusammen. *Wie* dies zusammenhängt, müsste aber eigens untersucht werden. Im vorliegenden Fall könnte es beispielsweise so sein, dass Befragte ihre bekundete Wahlabsicht instrumentell einsetzen, um der Regierung ein Signal zu geben, oder sie geben die Meinung wieder, von der sie glauben, dass es die in der Öffentlichkeit vorherrschende ist. Die bekundete Wahlabsicht muss also nicht zwangsläufig mit der tatsächlichen Wahlabsicht und diese wiederum nicht mit dem tatsächlichen Wahlverhalten übereinstimmen. Selbst wenn die Stichprobe der Wähler, die an der Umfrage teilnehmen, eine vollkommen unverzerrte Abbildung der Grundgesamtheit der Wähler darstellen würde, könnte der Anteil derjenigen, die z. B. eine Wahlabsicht für die CDU bekunden, vom Anteil der tatsächlichen CDU-Wähler am Tage der Wahl abweichen. Der Fehlschluss, den wir begehen, wenn wir vom Umfrageergebnis das Wahlergebnis ableiten, beruht also nicht auf einem Stichprobenfehler im Sinne einer unrepräsentativen Zusammensetzung der elementorientierten Stichprobe, sondern darin, dass wir die „falsche" datenorientierte Stichprobe gezogen haben. Von der datenorientierten Stichprobe der bekundeten Wahlabsichten kann nämlich nur auf die Grundgesamtheit der bekundeten Wahlabsichten, nicht aber auf die intendierte Grundgesamtheit der Wahlhandlungen geschlossen werden. Das Problem besteht in diesem Fall aber darin, dass wir aus der Grundgesamtheit der Wahlhandlungen aus rein logischen Gründen gar keine Stichprobe ziehen können (zumindest nicht vor der Wahl; während der Wahl geschieht dies ja tatsächlich anhand der abgegebenen Stimmzettel im Rahmen der amtlichen Wahlstatistik). Wir benötigten daher so genannte ‚Brückenhypothesen', die uns etwas über die Beziehung zwischen den beiden (datenorientierten) Grundgesamtheiten aussagen. Die einfachste dieser Brückenhypothesen würde lauten, dass die bekundete Wahlabsicht mit dem Wahlverhalten identisch ist. Damit wären aber auch die beiden entsprechenden Grundgesamtheiten identisch und der Schluss von der Stichprobe auf die eine Grundgesamtheit gilt dann im gleichen Maße für die andere Grundgesamtheit. Eine alternative Brückenhypothese wäre etwa die These über die so genannte ‚Schweigespirale' von Elisabeth Noelle-Neumann (1982), nach der in Umfragen der Anteil der Wähler der Partei, die in der öffentlichen Meinung als Favorit dasteht, überschätzt wird. In diesem Fall würde die Grundgesamtheit der Wahlhandlungen eine im Sinne der Schweigespirale verzerrte Abbildung der Grundgesamtheit der bekundeten Wahlabsichten darstellen. Wenn man nun die genaue Form dieser Verzerrung kennen würde, dann könnte man von den geschätzten Strukturmerkmalen der Grundgesamtheit der bekundeten Wahlabsichten auf die entsprechenden Strukturmerkmale der Grundgesamtheit der Wahlhandlungen schließen.

Arten von Elementen

Statistische Grundgesamtheiten sind also Mengen von Datenwerten, die an einer inhaltlich, räumlich und zeitlich abgegrenzten Menge von Elementen oder Individuen erhoben werden, auf die sich eine wissenschaftliche Aussage beziehen soll. Neben Personen gibt es noch andere Arten von Individuen, die als Merkmalsträger betrachtet werden können. Ein Individuum ist nämlich alles, was in Raum und Zeit einzigartig ist. Folgende Arten von Individuen können beispielsweise sozialwissenschaftlich interessant sein:

Personen

- *Personen:* Wie wir bereits ausgeführt haben, interessieren sich Politikwissenschaftler etwa für die politische Einstellung oder das Wahlverhalten (Grundgesamtheit: Wahlberechtigte). Andere Forschungsfragen könnten sein: Wie sehen „typischerweise" die Gewinner unter den politischen Kandidaten aus (Grundgesamtheit: politische Kandidaten)? Welche Beamten lassen sich am ehesten bestechen (Grundgesamtheit: Beamte)?

Soziale Kollektive

- *Soziale Kollektive*, z. B.: Welche Unternehmen und Nichtregierungsorganisationen (NGOs) haben in internationalen Gremien einen besonders starken Einfluss (Grundgesamtheit: NGOs und Unternehmen)? Lässt sich zwischen Diktaturen und Demokratien ein Unterschied in der Friedfertigkeit ausmachen (Grundgesamtheit: demokratische Länder und Diktaturen)? Unterscheiden sich die politischen Entscheidungsprozesse in verschiedenen nationalen Parlamenten in Europa (Grundgesamtheit: nationale Parlamente in Europa)? Wie unterscheidet sich die politische Kultur der Bundesländer der BRD (Grundgesamtheit: Bundesländer)? Werden die Medien politisch beeinflusst (Grundgesamtheit: alle Massenmedien, insbesondere Fernsehen, Zeitungen und Hörfunk)?

Situationen

- *Situationen*, z. B.: Warum kommt es zu Revolutionen (Grundgesamtheit: Revolutionen)? Wie verläuft eine Bestechung üblicherweise (Grundgesamtheit: Korruptionsfälle)? Wie setzt man sich in Verhandlungen durch (Grundgesamtheit: Verhandlungen)?

Texte, Bilder und Filme

- *Texte, Bilder und Filme*, z. B: Wie stellen die Nachrichten die Regierung dar (Grundgesamtheit: Zeitungsartikel und Fotos in Tageszeitungen sowie Nachrichtensendungen)? Welche programmatischen Schwerpunkte setzen die Parteien in ihren Wahlprogrammen (Grundgesamtheit: Wahlprogramme aller sich zur Wahl stellenden Parteien)? Vermitteln Filme ein bestimmtes Bild vom Krieg (Grundgesamtheit: Filme)? Welche politischen Denker sprachen sich im Verlauf der letzten zwei Jahrhunderte für die Demokratie aus (Grundgesamtheit: Schriften der politischen Denker)? Welche Vorschläge zur Beseitigung der Arbeitslosigkeit machen Sozial- und Wirtschaftswissenschaftler typischerweise (Grundgesamtheit: alle schriftlich und mündlich gemachten Vorschläge in wissenschaftlichen, journalistischen und anderen Kontexten von Sozial- und Wirtschaftswissenschaftlern)?

Vollerhebung versus Einzelfalluntersuchung

Die Stichprobe ist die Menge der Untersuchungseinheiten, die analysiert werden. Von ihren Ergebnissen verallgemeinert man auf die Grundgesamtheit. Die Stichprobe stellt also immer eine Teilmenge der Grundgesamtheit dar. Der Umfang der Stichprobe kann dabei ein weites Spektrum einnehmen. Das eine Extrem des Spektrums stellt die so genannte „Vollerhebung“ dar, bei der man sämtliche Einheiten der Grundgesamtheit untersucht. Das andere Extrem ist die Einzelfalluntersuchung bzw. Fallanalyse (= case study). Hier untersucht man, wie der Name schon sagt, einen einzigen Fall. Üblicherweise verwendet man den Begriff der Stichprobe allerdings nur in dem engeren Sinn, dass sie eine echte Teilmenge der Grundgesamtheit darstellt, dass sie also mehr als einen einzelnen Fall und zugleich weniger als alle Fälle der Grundgesamtheit enthält.

Der Vorteil von Einzelfalluntersuchungen und kleinen Stichproben ist, dass sie schneller durchzuführen und billiger sind. Der Vorteil von großen Stichproben und Vollerhebungen ist, dass die Aussagen, die auf ihnen beruhen, weniger fehleranfällig sind.

Wie groß der für das Untersuchungsziel adäquate Stichprobenumfang ist, muss in Abhängigkeit vom Untersuchungsziel und dem beabsichtigten methodischen Vorgehen entschieden werden. Manchmal interessiert nur ein Einzelfall, den man detailliert untersuchen will, beispielsweise bei folgenden Fragen: Wie kam es zur friedlichen Revolution 1989 in der DDR? Wie hat sich die CDU-Spendenaffäre auf die politische Kultur Deutschlands ausgewirkt? Eine klassische Fallstudie stellt z. B. Alexis de Tocquevilles Studie über die französische Revolution dar (1978 [1856]). In anderen Fällen kann ein Forscher tatsächlich die komplette Grundgesamtheit untersuchen. So untersucht beispielsweise Arend Lijphart (1999) in seiner einflussreichen Studie „Patterns of Democracy" die demokratischen Institutionen aller 36 Länder, die seit mindestens 1977 bis 1996 als demokratisch bezeichnet werden können. Roy Licklider (1995) untersuchte in einer Vollerhebung aller Bürgerkriege zwischen 1945 und 1993, inwiefern das Wiederaufflammen von Gewalt nach der Beendigung eines Bürgerkriegs davon abhängt, ob der Krieg durch Verhandlungen zwischen den beteiligten Parteien oder durch einen militärischen Sieg der einen Seite beendet wurde.

Vollerhebungen sind in der Politikwissenschaft beispielsweise bei folgenden Grundgesamtheiten möglich: die Länder der EU, die deutschen Bundesländer, die Dachverbände der deutschen Arbeitgeber- und Arbeitnehmerverbände, die deutschen Fernsehsender oder alle Bundestagsabgeordneten. In der Praxis ist aber selbst in diesen Fällen eine Vollerhebung oft zu aufwändig, und man muss doch wieder eine Stichprobe ziehen.

Auswahlgesamtheit (= Erhebungsgesamtheit, survey population, frame population)

Für den Umgang mit und die Beurteilung von Stichproben sind noch weitere Unterscheidungen von Bedeutung. Wie schon erwähnt, ist die intendierte Grundgesamtheit die Menge der Elemente, über die mittels der Untersuchung der Elemente der Stichprobe Aussagen gewonnen werden sollen. Die Beziehung zwischen Grundgesamtheit und Stichprobe sollte demnach so beschaffen sein, dass einerseits jedes Element der Grundgesamtheit theoretisch in der Stichprobe enthalten sein könnte und andererseits jedes Element der Stichprobe auch tatsächlich aus der intendierten Grundgesamtheit stammt. Oft weicht aber die Menge der Elemente, aus denen die Stichprobe gezogen wird, die als „Auswahlgesamtheit" (= Erhebungsgesamtheit, survey population, frame population) bezeichnet wird, von der intendierten Grundgesamtheit ab.

Undercoverage und Overcoverage

Der Effekt, dass die Auswahlgesamtheit nicht alle Elemente der intendierten Grundgesamtheit enthält, wird als „Undercoverage" bezeichnet, der Effekt, dass die Auswahlgesamtheit Elemente umfasst, die nicht zur intendierten Grundgesamtheit gehören, wird mit „Overcoverage" benannt.

Nehmen wir z. B. an, ein Forscher führt eine Wahlumfrage durch. Er will die Ergebnisse auf alle Wahlberechtigten (intendierte Grundgesamtheit) beziehen. Er wählt die Datenträger mit Hilfe des Telefonbuchs aus. All diejenigen, die dort nicht eingetragen sind, können von vorneherein nicht in die Stichprobe gelangen (Undercoverage). Umgekehrt werden teilweise Leute ausgewählt, die nicht zur intendierten Grundgesamtheit der Wahlberechtigten gehören, etwa weil sie zu jung sind, um wahlberechtigt zu sein, oder nicht die deutsche Staatsbürgerschaft haben (Overcoverage).

Abbildung 5.1: Das Verhältnis von intendierter Grundgesamtheit und Auswahlgesamtheit

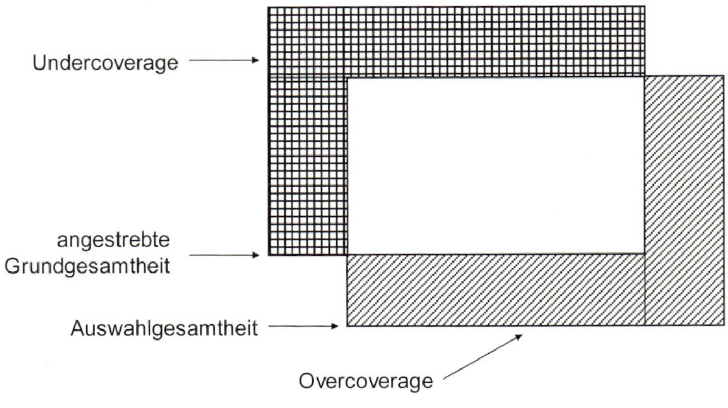

Screening (= Filterführung)

Forscher können das Problem der Overcoverage relativ leicht durch „Screening" (= Filterführung) in den Griff bekommen: Sie befragen alle Personen, die sie ausgewählt haben, ob sie bestimmte Merkmale aufweisen. In die endgültige Stichprobe gelangen nur diejenigen, für die dies zutrifft. Für das Problem der Undercoverage hingegen gibt es keine entsprechende Möglichkeit der Korrektur.

Zielpopulation versus Inferenzpopulation

Nicht alle Elemente, die wir für unsere Stichprobe auswählen, gelangen auch in diese. Bei einer Befragung kann ein Forscher oft viele der ausgewählten Personen nicht befragen, weil er sie nicht zu Hause antrifft oder weil sie verweigern, sich also nicht befragen lassen wollen. Diese Merkmalsträger fallen also aus, wodurch systematische Fehler entstehen. Auf dieses Problem werden wir später noch genauer eingehen. Hier wollen wir lediglich festhalten, dass die realisierte Stichprobe nicht unbedingt mit der gezogenen Stichprobe übereinstimmt. Mit Hilfe der Stichprobe dürfen wir dann aber nur noch auf diejenige Grundgesamtheit verallgemeinern, von der die realisierte Stichprobe eine echte Stichprobe darstellt. Diese Grundgesamtheit wird „Inferenzpopulation" genannt. Wenn wir also eine Befragung unter Wahlberechtigten durchführen, dann ist die Inferenzpopulation nicht die Gesamtheit der Wahlberechtigten der BRD, sondern genau genommen nur die Gesamtheit der Wahlberechtigten, die bereit sind, an einem Interview z. B. eines Meinungsforschungsinstituts teilzunehmen.

Ziel unserer Untersuchung ist es, von den durch die Stichprobe gewonnenen Ergebnissen auf die Grundgesamtheit zu schließen. Dabei geht es darum, bestimmte deskriptive Kennwerte der Grundgesamtheit wie z. B. den Mittelwert, die „Parameter" (= population parameters) genannt werden, mit Hilfe der entsprechenden Kennwerte der Stichprobe (= Statistiken, statistics, sample parameters) zu schätzen. In der Stichprobe haben z. B. 35 % der Befragten geantwortet, dass sie bei der letzten Bundestagswahl die SPD gewählt haben. Der Forscher schätzt nun mit Hilfe dieses Wertes ab, welcher Anteil aller deutschen Wähler bei der letzten Bundestagswahl die SPD gewählt hat.

Handelt es sich bei der Stichprobe um eine Zufallsstichprobe, dann können mit Hilfe der so genannten *Schließenden Statistik* Intervalle um die Kennwerte der Stichprobe angegeben werden, in denen sich die Kennwerte der Grundgesamtheit mit einer bestimmten Wahrscheinlichkeit befinden. In Lehrbüchern wird häufig eine Aufteilung in Beschreibende oder *Deskriptive Statistik* einerseits und Schließende Statistik andererseits vorgenommen, die suggeriert, bei Ersterer handele es sich um simple Basis-Statistik, während die Schließende Statistik den Ambitionierteren unter den Forschern vorbehalten sei. Dies stellt aber eine fatale Fehleinschätzung dar. Das einzige Ziel, dem die Schließende Statistik dient, ist die angemessene Deskription der Grundgesamtheit. Die Schließende Statistik ist immer nur Mittel zum Zweck, um von der *Deskription der Stichprobe* zur möglichst wahrheitsgetreuen *Deskription der Grundgesamtheit* zu gelangen. Die wahrscheinlichkeitstheoretischen Mittel der Schließenden Statistik verhelfen uns lediglich zu einer Einschätzung, in welchem Maße wir darauf vertrauen können, dass die mit Hilfe der Stichprobe vorgenommene Beschreibung der Grundgesamtheit tatsächlich den wirklichen Verhältnissen entspricht.

Wenn wir nun mit Hilfe der Schließenden Statistik zu einer adäquaten Beschreibung der Grundgesamtheit gelangen, so können wir damit zweierlei Arten von Zwecken verfolgen.

Identifikation typischer Muster (Theoriebildung)

1. Ein Forscher will mit Hilfe der Stichprobe herausarbeiten, welche typischen Muster überhaupt vorkommen. Er bildet also mit Hilfe der Daten aus der Stichprobe eine Theorie. Um eine gute Theorie bilden zu können, ist es entscheidend, *welche* Fälle ein Forscher untersucht. Meist muss er diese Fälle sehr detailliert untersuchen. Wenn der Zweck einer Untersuchung in der Theoriebildung liegt, ist es oft ausreichend, wenn die Stichprobe nur wenige Fälle enthält, die vom Forscher auch bewusst ausgewählt (vgl. Abschnitt 5.5.) und mit Hilfe qualitativer Verfahren ausgewertet werden können (vgl. Kap. 8).

Überprüfung einer vorhandenen Theorie

2. Im Rahmen einer zuvor explizit formulierten Theorie erwartet der Forscher bestimmte Muster oder Zusammenhänge, die er zur Aufstellung von Hypothesen heranzieht. Mit Hilfe so genannter *statistischer Testverfahren* untersucht der Forscher, wie wahrscheinlich es ist, dass die Theorie angesichts der Datenlage zutrifft. Nimmt ein Forscher z. B. an, dass Katholiken aufgrund bestimmter Sozialisationsmechanismen häufiger eine der „christlichen Parteien" CDU bzw. CSU wählen, müsste sich dieser Zusammenhang auch in den Daten der Stichprobe finden lassen.

Repräsentativität

Es gibt also verschiedene Möglichkeiten zu verallgemeinern. In jedem Fall darf ein Forscher aber nur verallgemeinern, wenn er eine „gute" Stichprobe gezogen hat. Nur dann nämlich ist es zulässig, von der Stichprobe auf die Grundgesamtheit zu schließen. Eine in diesem Sinne „gute" Stichprobe wird als repräsentativ für die Grundgesamtheit bezeichnet. Die ideale repräsentative Stichprobe wäre natürlich diejenige, in der die gleichen proportionalen Merkmalsverteilungen herrschen wie in der Grundgesamtheit, so dass die Stichprobe ein verkleinertes Abbild der Grundgesamtheit darstellt. Ähnlich wie Poppers Wahrheitsbegriff (1994: 334) ist jedoch die „repräsentative Stichprobe" nur im Sinne einer regulativen Idee zu verstehen, denn wir wissen zwar, welche Eigenschaft eine repräsentative Stichprobe auszeichnet, wir können aber niemals für eine konkret vorliegende Stichprobe entscheiden, ob diese „repräsentativ" für die Grundgesamtheit ist. Dies ist offensichtlich schon aus logischen Gründen unmöglich, denn wir wollen die Beschaffenheit der Grundgesamtheit ja erst durch die Stichprobe bestimmen. Es ist aber sehr wohl möglich, Verfahren der Stichprobenbildung anzugeben, unter denen die Wahrscheinlichkeit, eine repräsentative

Stichprobe zu erhalten, erhöht wird. Umgekehrt können wir aber auch bestimmte Fallstricke aufzeigen, die es eher unwahrscheinlich machen, dass eine bestimmte Stichprobe repräsentativ ist, womit der Schluss von ihr auf die Grundgesamtheit zumindest mit der nötigen Skepsis betrachtet werden muss. Die Glaubwürdigkeit einer Stichprobe, repräsentativ zu sein, ist also aufs Engste mit der Methode der Stichprobenbildung verknüpft. Wir unterscheiden hier zwischen Methoden, die auf Wahrscheinlichkeitsauswahl, bewusster Auswahl und willkürlicher Auswahl basieren.

5.2 Wahrscheinlichkeitsauswahl

5.2.1 Zufallsstichprobe ohne Zurücklegen

Zufallsstichprobe (= Wahrscheinlichkeitsstichprobe, random sample)

Eine Möglichkeit, eine Stichprobe zu bilden, besteht darin, eine Zufallsstichprobe (= Wahrscheinlichkeitsstichprobe, random sample) zu ziehen. Eine Zufallsstichprobe liegt vor, wenn der Forscher die Elemente der Grundgesamtheit für die Stichprobe mit Hilfe eines Zufallsprozesses auswählt, so dass jedes Element der Grundgesamtheit eine genau berechenbare Chance hat, in die Stichprobe zu gelangen.

Einfache Zufallsstichprobe (= simple random sample)

Eine Form der Zufallsstichprobe stellt die so genannte „einfache Zufallsstichprobe" (= simple random sample) dar, bei der folgende zwei Bedingungen erfüllt sein müssen:

1. Jedes Element der Grundgesamtheit gelangt mit gleicher Wahrscheinlichkeit in die Stichprobe.
2. Die Elemente der Stichprobe werden unabhängig voneinander ausgewählt. Diese Bedingung ist z. B. dann erfüllt, wenn die Auswahl aller Elemente der Stichprobe aus der Grundgesamtheit in einem einzigen Schritt erfolgt.

Das Paradebeispiel der einfachen Zufallsstichprobe ist die Ziehung der Lottozahlen: Aus 49 Kugeln, auf denen jeweils eine Zahl aufgedruckt ist, werden sechs ausgewählt. Jede der 49 Kugeln hat dabei die gleiche Chance, unter den sechs gezogenen zu sein.

Bedingungen der Generierung einer einfachen Zufallsstichprobe

Zwei Bedingungen müssen erfüllt sein, damit ein Forscher eine einfache Zufallsstichprobe ziehen kann:

1. Alle Elemente der Grundgesamtheit müssen in einer Art von „Liste" erfasst sein. Dies kann eine echte Liste wie z. B. eine Telefonbuch-CD sein, eine Liste aller Demokratien, aber auch ein Karteikartensystem wie das der Einwohnermeldeämter. Auch

Lotterielose oder Lottokugeln können als eine solche Liste verstanden werden.
2. Es muss ein Zufallsmechanismus existieren, der jedes Element aus der Liste mit der gleichen Wahrscheinlichkeit auswählt.

In der Regel ist es relativ leicht, die zweite Bedingung zu erfüllen, während es oft aus praktischen Gründen unmöglich ist, eine Gesamtauflistung aller Elemente der Grundgesamtheit zu erstellen.

Random-Route-Verfahren

Unter Umständen kann der Auswahlmechanismus aber so konstruiert werden, *als ob* wir die Fälle aus einer Liste ziehen würden, obwohl diese Liste gar nicht explizit gegeben ist. Dies ist eindeutig so der Fall bei der Ziehung der sechs Lottozahlen. Wir können den Mechanismus der Lottotrommel so interpretieren, dass jedes konkrete Ergebnis von sechs Kugeln eine gleichwahrscheinliche Auswahl aus allen möglichen Ergebnissen aus sechs Zahlen darstellt. Dieser Bedingung wird dadurch Genüge getan, dass wir dafür sorgen, dass sich keine Kugel von den anderen in einer Weise unterscheidet, die die Wahrscheinlichkeit ihrer Auswahl beeinflusst. Ganz analog gehen wir vor, wenn wir eine Stichprobe aus der Bevölkerung ziehen wollen. Auch hier verfügen wir in der Regel nicht über eine explizite Liste der gesamten Bevölkerung. Aber es ist möglich, einen Auswahlalgorithmus zu formulieren, mit dessen Hilfe eine einzelne Person aus der Gesamtheit aller Personen mit der annähernd jeweils gleichen Wahrscheinlichkeit ausgewählt wird. Das geschieht mit Hilfe des so genannten „Random-Route-Verfahrens". Man geht dabei folgendermaßen vor: Angenommen, es geht um die Befragung einer Zufallsstichprobe aus der deutschen Wohnbevölkerung. Zuerst wird zufällig ein Ort (Gemeinde, Stadt) aus der verfügbaren Liste aller existierenden Orte ausgewählt und im zweiten Schritt dann innerhalb dieses Ortes eine bestimmte Adresse. Diese Adresse ist dann der Startpunkt, zu dem sich der Interviewer begibt. Von hier aus muss er dann ein vorher festgelegtes Zufallsmuster abgehen. Dies könnte z. B. folgendermaßen aussehen: „Gehe nach Osten. Biege bei der dritten Kreuzung links ab. Biege dann bei der zweiten Kreuzung rechts ab. Gehe zum vierten Haus auf der rechten Straßenseite und wähle aus diesem Haus nach dem Klingelschild den zweiten Haushalt von oben aus." Mit diesem Random-Route-Verfahren gelangt man allerdings nur zu Haushalten. Die Auswahl einer Person aus dem ausgewählten Haushalt erfolgt dann, indem man eine Liste der Mitglieder des Haushaltes aufstellt und aus dieser ein Mitglied zufällig auswählt, z. B. indem man das Mitglied nimmt, das als nächstes Geburtstag hat.

Der Algorithmus, der beim Random-Route-Verfahren eingesetzt wird, sorgt dafür, dass die einzelnen Fälle so ausgewählt werden, als ob wir über eine explizite Liste verfügen würden. Die „Liste" besteht aber hier aus einer raffinierten Kombination von Ortsverzeichnissen und Straßenkarten und einer festgelegten Wegroute und einem Zufallsmechanismus.

Meinungsforscher sind ja eher selten Hauptfiguren in einem Film. Eine der seltenen Ausnahmen stellt James Stewart dar, der als leidenschaftlicher Meinungsforscher in einem Film von William Wellman aus dem Jahr 1947 nach der „typischen amerikanischen Kleinstadt" sucht, deren Bevölkerung genau die gleiche Meinungsverteilung wie die Gesamtbevölkerung Amerikas hat. Tatsächlich findet er diese Kleinstadt und landet durch die (verdeckte) Befragung der Mitbürger eine punktgenaue Prognose nach der anderen. Der bezeichnende Titel des Films lautet „Magic Town". Unsere „magische Stadt" sei das Phantasiedorf „Untertupfingen". Nehmen wir an, dass Untertupfingen in Hessen liegt und dort hundert Wahlberechtigte wohnen. Nehmen wir außerdem an, dass die Untertupfinger sich bereits vier Wochen vor der Bundestagswahl 2002 entschieden haben, wen sie wählen wollen. Sie ändern ihre Meinung nicht mehr, und in Umfragen sagen sie auch ehrlich, wen sie wählen werden. Ein Meinungsforschungsinstitut unternimmt eine Befragung und zieht eine Stichprobe von zehn Untertupfingern: Auf hundert völlig gleich aussehende Zettel werden hierzu die Namen aller Untertupfinger geschrieben. Anschließend werden die Zettel in einen Hut geworfen, gut durchgemischt, dann zehn Namen aus dem Hut gezogen.

Auswahlsatz

Der Anteil der Einheiten aus der Grundgesamtheit, die man untersucht, wird „Auswahlsatz" genannt. Bezeichnet man die Anzahl der Einheiten in der Grundgesamtheit mit dem Buchstaben „N" und die Anzahl der Einheiten in der Stichprobe mit dem Buchstaben „n", dann wird der Auswahlsatz folgendermaßen berechnet:

$$\text{Auswahlsatz} = \frac{n}{N}$$

In unserem Beispiel beträgt also der Auswahlsatz 10/100, also 0,1 oder 10 %. Nehmen wir des Weiteren an, Untertupfingen stellt bezüglich des Wahlverhaltens eine mehr oder weniger repräsentative Abbildung der Wahlbevölkerung der BRD dar, d. h. die Verteilung der Parteipräferenzen der Untertupfinger entspricht ungefähr der der Bundesbürger bei der Bundestagswahl 2002. Jeweils 38 Untertupfinger wählen SPD bzw. CDU. Neun Untertupfinger wählen die Grünen, sieben die FDP, vier die PDS, die restlichen vier wählen irgendwelche kleinen Parteien. Man kann die Parteipräferenzen der Bürger grafisch z.B. in einem Gitter darstellen.

Abbildung 5.2: Gitterdarstellung der Parteipräferenzen der Bürger von Untertupfingen

SPD	SPD	SPD	SPD	CDU	CDU	CDU	CDU	GRÜN	FDP
SPD	SPD	SPD	SPD	CDU	CDU	CDU	CDU	GRÜN	FDP
SPD	SPD	SPD	SPD	CDU	CDU	CDU	CDU	GRÜN	PDS
SPD	SPD	SPD	SPD	CDU	CDU	CDU	CDU	GRÜN	PDS
SPD	SPD	SPD	SPD	CDU	CDU	CDU	CDU	GRÜN	PDS
SPD	SPD	SPD	SPD	CDU	CDU	CDU	CDU	FDP	PDS
SPD	SPD	SPD	SPD	CDU	CDU	CDU	GRÜN	FDP	KLP
SPD	SPD	SPD	SPD	CDU	CDU	CDU	GRÜN	FDP	KLP
SPD	SPD	SPD	CDU	CDU	CDU	CDU	GRÜN	FDP	KLP
SPD	SPD	SPD	CDU	CDU	CDU	CDU	GRÜN	FDP	KLP

Binomialkoeffizient

Wir untersuchen zehn von hundert Untertupfingern. Theoretisch kann nun jede beliebige Kombination aus zehn Untertupfingern für die Stichprobe gezogen werden. Wir können uns dies anhand des Gitters so vorstellen, dass zehn Gitterelemente zufällig ausgewählt werden. Die Anzahl der Kombinationen, die allgemein aus k von n Elementen gebildet werden können, wird als so genannter Binomialkoeffizient von „k aus n" oder „n über k" Elementen bezeichnet und nach folgender Formel berechnet:

$$\text{Binomialkoeffizient("n über k")} = \binom{n}{k} = \frac{n!}{k!(n-k)!}$$

Der Ausdruck „n!" wird als „Fakultät von n" oder auch einfach „n Fakultät" bezeichnet und ist eine Abkürzung für die Formel n*(n-1)*(n-2)*(n-3)*...*3*2*1. n! ist die Anzahl aller möglichen Anordnungen (= Permutationen) von n Elementen. Entsprechend ist k! eine Abkürzung für das Produkt k*(k-1)*...*2*1. Nach obiger Formel ergibt sich, dass insgesamt $\frac{100!}{10!*90!}$ = 17 310 309 456 440 verschiedene Stichproben von 10 aus 100 Elementen gebildet werden können. Welche dieser 17 Billionen möglichen Stichproben im konkreten Fall gezogen wird, soll in unserem Fall das Los entscheiden. Jede einzelne dieser möglichen Stichproben ist gleich wahrscheinlich bzw. gleich unwahrscheinlich. Mit der Stichprobe wollen wir ermitteln, wie sich in Untertupfingen die Wahlabsichten verteilen.

In dem untersuchten Zusammenhang ist für uns daher nur die Verteilung der Wahlabsichten in einer Stichprobe von Bedeutung, d. h. uns interessiert nur, wie viele SPD wählen, wie viele CDU wählen, usw. Nachfolgend sind die Verteilungen der Wahlabsicht in drei der möglichen Stichproben abgebildet, welche die Meinungsforscher gezogen haben könnten:

- *Stichprobe 1:* Jeweils vier Befragte geben an, dass sie die SPD bzw. die CDU wählen werden. Jeweils ein Befragter sagt, dass er die Grünen bzw. die FDP wählen wird. D. h. jeweils 40 % der Befragten wählen die SPD bzw. die CDU. Jeweils 10 % der Befragten wählen die FDP bzw. die Grünen.
- *Stichprobe 2:* Alle Befragten, d. h. 100 % der Befragten, wollen die SPD wählen.
- *Stichprobe 3:* Jeweils vier Befragte geben an, dass sie die PDS bzw. die FDP wählen werden. Zwei Befragte wollen eine kleine Partei wählen. D. h. jeweils 40 % der Befragten wählen die PDS bzw. die FDP. 20 % der Befragten wählen eine kleine Partei.

Stichprobenverteilung (= sampling distribution)

Bei jeder dieser drei elementorientierten Stichproben werden jeweils ganz bestimmte Personen befragt. Uns interessieren aber nicht diese konkreten Personen, sondern wie viele von ihnen SPD, wie viele CDU usw. wählen. Anders ausgedrückt: Uns interessiert nicht die element-, sondern die datenorientierte Stichprobe. Die datenorientierte Stichprobe abstrahiert von den Merkmalsträgern und ist lediglich eine Sammlung von Datenwerten. Zwei datenorientierte Stichproben, die sich aus denselben Datenwerten zusammensetzen, sind daher äquivalent. Es spielt dabei keine Rolle, durch welche Menge von Merkmalsträgern eine bestimmte Menge von Merkmalsausprägungen erzeugt worden ist. Wenn Bürger Müller und Bürger Meier dieselbe Wahlabsicht haben, dann bleibt jede datenorientierte Stichprobe identisch erhalten, wenn wir Müller durch Meier und Meier durch Müller ersetzen, falls sie in der Stichprobe enthalten sind. Alle elementorientierten Stichproben, die äquivalente datenorientierte Stichproben bilden, können daher zu einer Klasse zusammengefasst werden. Es existiert also z. B. eine Klasse von elementorientierten Stichproben, in denen alle 10 Elemente der Stichprobe CDU-Wähler sind. Während alle *element*orientierten Stichproben gleich wahrscheinlich sind, gibt es also häufigere und weniger häufige *daten*orientierte Stichproben: Bezüglich des Anteils der SPD in einer Stichprobe existiert also ihrerseits eine „Verteilung über die Stichproben" (= Stichprobenverteilung, sampling distribution) dieses Anteilswertes. Wir können nun die Wahrscheinlichkeit einer bestimmten Verteilung der Wahlabsicht in einer Stichprobe berechnen, indem wir ermitteln, wie häufig genau diese Verteilung unter allen möglichen Verteilungen ist. Dazu berechnen wir z. B. bezüglich der Stichprobe 1, wie viele Kombinationen von vier aus 38 SPD-Wählern, vier aus 38 CDU-Wählern, einem aus neun Grünen-Wählern und einem aus sieben FDP-Wählern es geben kann. Setzt man die Zahl dieser Kombinationen ins Verhältnis zur Zahl aller möglichen Stichproben, dann erhält man die Wahrscheinlichkeit, mit der eine Stichprobe die Verteilung von Stichprobe 1 aufweist. Diese Wahrscheinlichkeit lässt sich folgendermaßen berechnen:

$$P(\text{Verteilung wie in Stichprobe 1}) = \frac{\binom{38}{4} * \binom{38}{4} * \binom{9}{1} * \binom{7}{1}}{\binom{100}{10}} = 0{,}0198$$

„P“ kommt von dem englischen Wort „probability“, der Ausdruck P(A) ist die üblicherweise verwendete Abkürzung für „Wahrscheinlichkeit von A“ bzw. „Wahrscheinlichkeit des Auftretens des Ereignisses A“. Analog zur Wahrscheinlichkeit der Stichprobenverteilung von Stichprobe 1 lassen sich die Wahrscheinlichkeiten berechnen, mit der Verteilungen der Wahlabsicht wie in den Stichproben 2 und 3 auftreten.

$$P(\text{Verteilung wie in Stichprobe 2}) = \frac{\binom{38}{10}}{\binom{100}{10}} = 0{,}0000273$$

$$P(\text{Verteilung wie in Stichprobe 3}) = \frac{\binom{7}{4} * \binom{4}{4} * \binom{4}{2}}{\binom{100}{10}} = 1{,}2 * 10^{-11}$$

Unter den etwa 17 Billionen möglicher Stichproben sind also fast zwei Prozent, deren Verteilung ziemlich genau der Verteilung in der Grundgesamtheit entspricht; dagegen werden nur bei knapp drei Tausendstel Prozent aller Stichproben alle zehn Elemente aus der Untergruppe der SPD-Wähler gezogen; und es ist ein vernachlässigbar geringer Anteil aller möglichen Stichproben, bei denen alle zehn Elemente aus den drei kleinsten Gruppen der Grundgesamtheit stammen.

Zufallsfehler der Schätzung (=Schätzfehler, Standardfehler, standard error)

Grundsätzlich gilt: Eine bestimmte (datenorientierte) Stichprobe wird mit umso größerer Wahrscheinlichkeit gezogen, je mehr ihre Verteilung der Verteilung der Grundgesamtheit ähnelt. Die Zusammensetzung der meisten Stichproben wird daher der Zusammensetzung der Grundgesamtheit relativ ähnlich sein und nur wenige der Stichproben werden sich in ihrer Zusammensetzung deutlich von der Grundgesamtheit unterscheiden.

Diesen Umstand machen sich Forscher zunutze. Schließlich ziehen sie Stichproben in der Regel, um die Parameter der Grundgesamtheit zu schätzen. Eine solche Schätzung verfehlt selbstverständlich den ‚wahren' Wert immer mehr oder weniger stark. Bei einer Zufallsstichprobe ist nun aber auch dieser Schätzfehler – d. h. die Abweichung des Schätzwertes vom ‚wahren' Wert oder, anders ausgedrückt, die Differenz zwischen dem Populationsparameter und der entsprechenden Stichprobenstatistik – ein Zufallswert (= Zufallsfehler der Schätzung).

Wir haben oben gezeigt, dass man berechnen kann, wie wahrscheinlich jede mögliche Stichprobenverteilung und die entsprechenden Kennwerte sind, sofern die Verteilung in der Grundgesamtheit bekannt ist. In diesem Fall kann man deshalb auch die Stichprobenverteilung des Schätzfehlers angeben. Die Streuung der Werte in einer Verteilung wird gemessen durch die Varianz bzw. die Standardabweichung (vgl. Kap. 9.1.2). Die Standardabweichung der Stichprobenstatistik in der Verteilung der Stichprobenergebnisse wird als „Standardfehler" (= standard error) des Schätzers bzw. der Stichprobenstatistik bezeichnet. Der Standardfehler misst also, wie groß der Fehler „im Durchschnitt" ist, wenn man einen Parameter der Grundgesamtheit mit Hilfe einer Stichprobe schätzt. Dabei wird der Durchschnitt berechnet, der sich ergeben *würde*, wenn man unendlich viele Stichproben ziehen *würde*. Im Fall einer einzelnen Stichprobe ist der über unendlich viele Stichproben gebildete „durchschnittliche Fehler" daher der Fehler, den man für den Einzelfall erwartet. Man nennt ihn daher auch den „erwarteten Fehler" bzw. den „Erwartungswert des Fehlers". Weil diese Fehler nur auf zufälligen Schwankungen der Zusammensetzung der Stichprobe beruhen, nennt man sie „Zufallsfehler".

5.2.2 Zufallsstichprobe mit Zurücklegen

Je größer der Auswahlsatz bei einer Stichprobe ohne Zurücklegen ist, desto stärker nähert sich der Kennwert einer Stichprobe dem

Kennwert der Grundgesamtheit an. Wird die Stichprobe ausgeweitet, ‚korrigiert' sie sich zunehmend selbst: Betrachten wir noch einmal unser Beispiel der Stichprobe von Untertupfingern. Bei einem Stichprobenumfang von zehn aus einer Grundgesamtheit mit dem Umfang 100 kann die Stichprobe grob verzerrt sein, d.h. ihre Zusammensetzung deutlich von der der Grundgesamtheit abweichen, wenn wir z. B. besonders viele Anhänger einer bestimmten Partei gezogen haben, d. h. mehr als wir nach dem Anteil der Anhänger dieser Partei in der Grundgesamtheit eigentlich erwarten würden. Nehmen wir an, wir hätten besonders viele CDU-Anhänger gezogen. Damit sinkt der relative Anteil der CDU-Anhänger unter den verbleibenden Mitgliedern der Grundgesamtheit, die nicht in die Stichprobe aufgenommen wurden. Erweitern wir jetzt unsere Stichprobe durch die Ziehung weiterer zehn Fälle, dann ist es noch unwahrscheinlicher als am Anfang, dass wir bei diesen einen ungewöhnlich hohen Anteil an CDU-Wählern erwischen.

Uneingeschränkte Zufallsauswahl (= Auswahl mit Zurücklegen, unrestricted random sample)

Es gibt aber auch Fälle, in denen ein bestimmter Datenwert immer gleich wahrscheinlich ist, unabhängig davon, wie groß die Stichprobe bereits ist. Man spricht hier von „unabhängigen Ziehungen" (= unabhängigen Stichproben). Dies ist z. B. immer dann der Fall, wenn ein Spieler würfelt oder wenn ein Forscher alle Fälle der Stichprobe mit Hilfe eines konstant gehaltenen Zufallsprozesses aus einem hypothetischen Stichprobenuniversum zieht. Die Wahrscheinlichkeiten ändern sich aber auch dann nicht, wenn der Forscher ein Element aus der Grundgesamtheit auswählt, die ihn interessierenden Datenwerte aufschreibt und das Element dann in die Grundgesamtheit zurücklegt. In einem solchen Fall spricht man von einer Auswahl mit Zurücklegen (= uneingeschränkter Zufallsauswahl, unrestricted random sample).

Zufallsstichproben mit Zurücklegen haben den Vorteil, dass der Forscher die Wahrscheinlichkeiten besonders leicht berechnen kann, mit denen bestimmte Kennwerte der Stichproben bei gegebenen Kennwerten der Grundgesamtheit auftreten. Nehmen wir an, wir hätten unsere Stichprobe 1 von zehn aus 100 Untertupfingern als eine Stichprobe mit Zurücklegen gezogen. Die Befragten haben in folgender Reihenfolge ihre Wahlabsichten geäußert: CDU – CDU – SPD – FDP – CDU – SPD – Die Grünen – CDU – SPD – SPD. Da es sich um eine Auswahl mit Zurücklegen handelt, können wir die Stichprobe als das Ergebnis zehn unabhängiger Zufallsprozesse sehen. Damit ist die gesamte Reihe so wahrscheinlich wie das Produkt aus den Einzelwahrscheinlichkeiten:

$$\begin{aligned}&P(CDU - CDU - SPD - FDP - CDU - SPD - \text{Die Grünen} - CDU - SPD - SPD)\\ &= P(CDU) * P(CDU) * P(SPD) * P(FDP) * P(CDU) * P(SPD)\\ &\quad * P(\text{Die Grünen}) * P(CDU) * P(SPD) * P(SPD)\\ &= P(CDU)^4 * P(SPD)^4 * P(FDP) * P(\text{Die Grünen})\\ &= 0{,}38^4 * 0{,}38^4 * 0{,}07 * 0{,}09.\end{aligned}$$

Jetzt muss nur noch berechnet werden, wie viele solcher Reihenfolgen aus vier CDU-Wählern, vier SPD-Wählern, einem Grünen- und einem FDP-Wähler es gibt. Wir könnten dabei die CDU-Wähler auf beliebige vier der zehn Plätze verteilen, die SPD-Wähler auf beliebige vier der verbliebenen sechs Plätze usw. Die Gesamtwahrscheinlichkeit, in unserer Stichprobe die beobachtete Verteilung zu erhalten, ist dann das Produkt aus der Wahrscheinlichkeit einer bestimmten Reihenfolge mit der Anzahl aller möglichen Reihenfolgen, also:

$$P(\text{Vert. wie Stichpr. 1}) = \binom{10}{4} * \binom{6}{4} * \binom{2}{1} * \binom{1}{1} * 0{,}38^8 * 0{,}07 * 0{,}09 = 0{,}0173$$

Auch bei einer Stichprobe mit Zurücklegen ist diejenige Verteilung der Stichprobe am wahrscheinlichsten, die der Verteilung der Grundgesamtheit entspricht. Dass, wie das Beispiel zeigt, bei der Stichprobe mit Zurücklegen die Wahrscheinlichkeit der Verteilung von Stichprobe 1 geringer ausfällt als im Fall ohne Zurücklegen, kann man sich so verdeutlichen, dass die Anzahl der möglichen Stichproben größer ausfällt, sie beträgt jetzt nämlich 100^{10}. Vor allem sind jetzt ja noch stärker ‚verzerrte' Stichproben möglich als im Fall ohne Zurücklegen, d. h. die Stichprobenverteilung bei Auswahl mit Zurücklegen enthält auch extreme Fälle, bei denen die Stichprobe sich besonders stark von der Grundgesamtheit unterscheidet. Z. B. wäre eine Stichprobe denkbar, in der alle Befragten beabsichtigen, die PDS zu wählen.

In der Praxis der empirischen Sozialforschung kommen uneingeschränkte Zufallsauswahlen allerdings so gut wie nie vor. Dies ist leicht nachvollziehbar, denn bei einer Auswahl mit Zurücklegen könnte es passieren, dass der Forscher denselben Merkmalsträger mehrmals zieht. Die Auswahlmechanismen sind aber in der Praxis derart konstruiert, dass so etwas gar nicht vorkommen kann. Tatsächlich können aber unter bestimmten Bedingungen Zufallsauswahlen ohne Zurücklegen wie solche mit Zurücklegen behandelt werden. Ist der Auswahlsatz sehr klein, dann ändert sich nämlich die Wahrscheinlichkeit, einen bestimmten Datenwert zu ziehen, kaum, wenn zuvor schon andere Elemente aus der Grundgesamtheit für die Stichprobe gezogen wurden. Deshalb kann man bei einem kleinen Auswahlsatz eine Auswahl *ohne* Zurücklegen näherungsweise wie eine Auswahl *mit* Zurücklegen behandeln. Das erleichtert die Berechnung der Stichprobenverteilungen. Als Faustregel gilt: Der Auswahlsatz ist klein, wenn weniger als fünf Prozent der Elemente der Grundgesamtheit gezogen werden. Da diese Bedingung häufig gegeben ist, beruhen die meisten statistischen Verfahren auf der Annahme, dass eine Stichprobe mit Zurücklegen gezogen wurde, bzw. die gezogene Stichprobe wird so behandelt, *als ob* dies der Fall wäre. Da der Standardfehler bei der Auswahl mit Zurücklegen größer ausfällt als bei der Auswahl ohne Zurücklegen, befindet man sich damit ‚auf der sicheren Seite', da man im Zweifelsfall bei der Interpretation der Ergebnisse vorsichtiger sein wird als man tatsächlich sein müsste. Es existiert also bei dieser Vorgehensweise ein Trade-Off zwischen dem Aufwand der Berechnung und dem Wunsch nach einem möglichst kleinen Standardfehler.

Statistisches Arbeiten mit einfachen Zufallsstichproben

Die meisten statistischen Schätz- oder Testverfahren gehen jedenfalls von Werten aus, die durch unabhängige Zufallsprozesse generiert worden sind. Dies entspricht Stichproben mit Zurücklegen. Wir können die zwei Bedingungen, die wir für einfache Zufallsstichproben gefordert haben, nun zusammenfassen für den Standardfall des statistischen Arbeitens mit Stichproben:

Kommt ein bestimmter Datenwert in der Grundgesamtheit mit der relativen Häufigkeit p vor und ist der Auswahlsatz hinreichend klein, dann hat ein bestimmtes Element der objektorientierten Stichprobe diesen Wert näherungsweise mit der Wahrscheinlichkeit p.

Multinomial- und Binomialverteilung

Die Verteilung der Ausprägungen eines Merkmals einer Stichprobe mit Zurücklegen, wie sie eben berechnet wurde, wird „Multinomialverteilung" genannt. Ein Spezialfall der Multinomialverteilung ist die Binomialverteilung, bei der das untersuchte Merkmal nur zwei Ausprägungen hat. (Die Verteilung eines Merkmals mit zwei Ausprägungen in einer Stichprobe ohne Zurücklegen wird „hypergeometrische Verteilung" genannt.) Nehmen wir z. B. an, die Wähler der Grundgesamtheit würden nur zwei Parteien wählen, die SPD und die CDU. Der Wähleranteil der SPD betrage p, der Wähleranteil der CDU $q = 1 - p$. Dann kann die Wahrscheinlichkeit, dass in einer Stichprobe des Umfangs n genau k SPD-Wähler vorkommen, folgendermaßen berechnet werden:

$$B(k|n;p) = \binom{n}{k} * \binom{n-k}{n-k} p^k q^{n-k} = \binom{n}{k} p^k q^{n-k}$$ [a]

Nehmen wir an, je 50 % der Wähler würden die SPD und die CDU wählen, p betrage also 0,5. Abbildung 5.3 zeigt, wie häufig welche Anteilswerte in der Stichprobe bei n = 100 bzw. n = 200 Fällen vorkommen. Die Stichprobenverteilung folgt in beiden Fällen einer Binomialverteilung.

Abbildung 5.3: Die Binomialverteilung eines Ereignisses, das mit Wahrscheinlichkeit p auftritt für 100 und für 200 Durchgänge

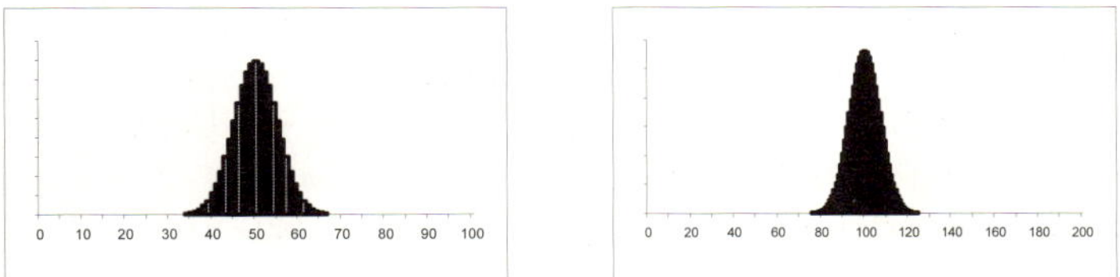

Die Logik des statistischen Schließens

Die Berechnung der Stichprobenverteilung setzt voraus, dass wir die Grundgesamtheit kennen, d. h. die Verteilung des uns interessierenden Merkmals in der Grundgesamtheit. Allerdings sind die Parameter der Grundgesamtheit in der Regel unbekannt. Sie sollen ja erst mit Hilfe der Stichprobe geschätzt werden. Nehmen wir an, Meinungsforscher haben eine Stichprobe von Wählern gezogen. 40 % von ihnen geben an, SPD zu wählen. Diese 40 % SPD-Wähleranteil in der Stichprobe sind der einzige Anhaltspunkt dafür, welcher Wähleranteil in der Grundgesamtheit die SPD wählt. Die Meinungsforscher werden daher den SPD-Wähleranteil in der Grundgesamtheit auf 40 % schätzen. Da sie die Werte der Grundgesamtheit nicht kennen, wissen sie allerdings nicht, ob ihre Schätzung falsch ist. Um dennoch abschätzen zu können, mit welcher Wahrscheinlichkeit ein Fehler vorliegt, nutzen die Forscher die Logik der Stichprobenverteilung: Aufgrund ihrer Kenntnis der Stichprobenverteilung der Anteilswerte können sie ungefähr abschätzen, mit welcher Wahrscheinlichkeit der geschätzte Wert vom „tatsächlichen" entfernt ist. Dabei muss allerdings für den „tatsächlichen" Wert ein bestimmter Wert angenommen werden. Sie wissen deshalb, dass ein Anteilswert von 40 % SPD-Wählern in Stichproben öfter auftritt, wenn der Anteil der SPD-Wähler in der Grundgesamtheit 40 % ist, als wenn er 50 % oder gar 60 % ist. Daraus ziehen sie den (logisch nicht ganz unproblematischen) Umkehrschluss:

Sie nehmen an, dass der Anteil von SPD-Wählern in der Grundgesamtheit wohl eher bei 40 % als bei 50 % liegt.

Faktoren, die die Größe des Zufallsfehlers beeinflussen

Auch wenn 50 % der Wähler der Grundgesamtheit die SPD wählen, kann es selbstverständlich vorkommen, dass in der Stichprobe nur ein SPD-Wähleranteil von 40 % vorliegt – der Stichprobenwert weicht dann vom wahren Wert ab. Schließen die Forscher auf der Basis der Stichprobenergebnisse, dass der SPD-Wähleranteil 40 % beträgt, machen sie also einen Fehler. Dieser Fehler kommt alleine durch Zufälligkeiten im Auswahlprozess zustande. Verschiedene Faktoren beeinflussen das Ausmaß dieses Zufallsfehlers:

Stichprobenumfang

Der „mittlere" Zufallsfehler ist um so größer, je kleiner der absolute Umfang der Stichprobe ist: Bei Stichproben ohne Zurücklegen ist dies unmittelbar erkennbar. Je größer die Stichprobe, desto größer ist hier auch der Auswahlsatz. Ziehe ich eine Stichprobe von zehn aus 100 Fällen, habe also einen Auswahlsatz von 0,1, so kann diese einen beachtlichen Fehler enthalten, eine Stichprobe von 50 aus 100 Fällen mit einem Auswahlsatz 0,5 wird relativ genau sein und eine „Stichprobe" von 100 aus 100 Fällen mit einem Auswahlsatz von 1, also eine Vollerhebung, wird die Grundgesamtheit exakt „schätzen".

Auch bei Stichproben mit Zurücklegen steigt die Genauigkeit der Schätzung – allerdings nicht in Abhängigkeit vom Auswahlsatz, sondern direkt in Abhängigkeit vom absoluten Stichprobenumfang. Die absolute erwartete Größe des Fehlers hängt bei Stichproben mit Zurücklegen von der absoluten Größe der Stichprobe ab und nicht von der Größe des Auswahlsatzes. Eine Stichprobe vom Umfang 1000 wird z. B. den Anteil eines bestimmten Merkmals in einer Grundgesamtheit vom Umfang 1 Million genauer schätzen als eine Stichprobe aus 500 Elementen den Anteil einer Merkmalsausprägung in einer Grundgesamtheit von 100 000 schätzen wird, obwohl der Auswahlsatz im zweiten Fall fünfmal so groß ist wie im ersten. Der Schätzfehler einer Stichprobe vom Umfang 1000 bleibt gleich groß, egal, ob die Grundgesamtheit 1 Million oder 10 Millionen beträgt. Der Schätzfehler hängt also hier nur vom absoluten Umfang der Stichprobe ab. Dies wird in Abbildung 6.3 illustriert. Sie enthält die Verteilungen von binomialverteilten Anteilswerten, wie sie sich theoretisch bei Stichproben des Umfangs 100 und 200 ergeben, wenn der Anteilswert in der Grundgesamtheit 0,5 beträgt. Es gilt konkret der Zusammenhang, dass bei großen Stichproben ($n>100$) ungefähr 95 % der Anteilswerte der Stichproben nicht weiter als 2 Standardfehler vom tatsächlichen Anteilswert der

Grundgesamtheit entfernt sind, wobei $\sqrt{\frac{p*q}{n}}$ die Formel für den Standardfehler ist. Beträgt z. B. der Anteil der SPD-Wähler in der Grundgesamtheit 50 Prozent, also 0,5, dann befinden sich ungefähr 95 % der Stichprobenanteilswerte in dem Intervall von $0{,}5-2\sqrt{\frac{p*q}{n}}$ bis $0{,}5+2\sqrt{\frac{p*q}{n}}$, also z. B. ungefähr zwischen 0,40 und 0,60, wenn der Stichprobenumfang 100 beträgt. Um den Fehler zu halbieren, müsste nach der Formel der Stichprobenumfang vervierfacht werden. Verdoppelt man den Stichprobenumfang, dann verringert sich die Streuung um den Faktor der Wurzel aus 2, wie Abbildung 6.3 verdeutlicht.

Auswahl mit oder ohne Zurücklegen

Bei gleichem Stichprobenumfang ist der Zufallsfehler größer, wenn eine Auswahl mit Zurücklegen gezogen wird, als wenn eine Auswahl ohne Zurücklegen gezogen wird: Bei einer Auswahl mit Zurücklegen sind insgesamt mehr Stichproben möglich und außerdem können unwahrscheinliche Ereignisse eher mehrmals hintereinander eintreten als bei einer Auswahl ohne Zurücklegen, wodurch die Verzerrung der Stichprobe größer ausfällt. Auswahlen ohne Zurücklegen tendieren hingegen zu einer Selbstkorrektur, dadurch, dass sich die Auswahlwahrscheinlichkeiten ändern. Aber es gilt hier folglich auch: Je kleiner der Auswahlsatz, desto geringer ist dieser Unterschied im Schätzfehler zwischen Stichproben mit Zurücklegen und Stichproben ohne Zurücklegen.

Zusammenfassend können wir zunächst festhalten, dass der erwartete Zufallsfehler umso kleiner ist, je größer der Stichprobenumfang ist.

Sonderformen der Zufallsstichprobe

Große Stichproben sind aber in der Regel teuer und zeitaufwändig. Deshalb muss der Forscher bei der Wahl seiner Stichprobe immer abwägen zwischen Kosten und Genauigkeit. Im Folgenden werden wir im Hinblick auf diese notwendige Abwägung zwei Sonderformen der Zufallsstichprobe erläutern: die Schichtung und die Stufung:

- Eine *geschichtete* Zufallsstichprobe erhöht die Genauigkeit der Schätzung, ist aber teurer als eine ungeschichtete Zufallsstichprobe.
- Eine *gestufte* Zufallsstichprobe ist billiger, aber ungenauer als eine ungestufte Zufallsstichprobe.

5.2.3 Geschichtete Zufallsstichproben

Geschichtete Zufallsstichproben (= stratified sample)

Wir haben festgestellt, dass der Zufallsfehler auf Verzerrungen beruht, die auf der zufälligen Auswahl der Elemente für die Stichprobe beruhen. Mit Hilfe der Schichtung (= stratified sample) kann der Forscher versuchen, die Wahrscheinlichkeit eines Zufallsfehlers zu verringern. Wie das Prinzip der Schichtung funktioniert, verdeutlichen wir am Beispiel des Wahlverhaltens:

1. Schritt: Schichtungskriterium

Voraussetzung für die Schichtung ist ein Schichtungskriterium. Das Schichtungskriterium muss eine Variable sein, deren Verteilung in der Grundgesamtheit bekannt ist. Beispielsweise weiß man bei der deutschen Bevölkerung, welcher Anteil der Bevölkerung welches Alter, welches Geschlecht, welchen Schulabschluss, welches Einkommen und welche Konfession hat; welcher Anteil der Bevölkerung in welchem Bundesland und in Orten welcher Größe wohnt usw. Solche Zahlen findet man u.a. beim Statistischen Bundesamt (www.destatis.de). Beispielsweise wohnten in 2004 ca. 16 % der Bundesbürger in Norddeutschland (Bremen, Hamburg, Niedersachsen und Schleswig-Holstein), 28 % in Süddeutschland (Bayern und Baden-Württemberg), 35 % in Westdeutschland (Hessen, Nordrhein-Westfalen, Rheinland-Pfalz und Saarland) und 21 % in Ostdeutschland (Berlin, Brandenburg, Mecklenburg-Vorpommern, Sachsen, Sachsen-Anhalt und Thüringen). Dass man die Verteilung des Schichtungskriteriums in der Grundgesamtheit kennt, genügt aber nicht: Das Schichtungskriterium muss überdies mit der Variablen zusammenhängen, die man mit Hilfe der Datenerhebung erfassen will. Je stärker dieser Zusammenhang, desto stärker fällt die Reduktion des Zufallsfehlers aufgrund der Schichtung der Stichprobe aus. Beispielsweise ist die politische Kultur in den verschiedenen Teilen Deutschlands nach wie vor sehr unterschiedlich: Die Süddeutschen wählen traditionell eher CDU / CSU, die West- und Norddeutschen eher SPD, in Ostdeutschland ist die PDS sehr stark.

2. Schritt: Grundgesamtheit aufteilen

Die Grundgesamtheit wird nun nach dem Schichtungskriterium in einander ausschließende Teilgesamtheiten geteilt. Man unterteilt beispielsweise die Bundesbürger in Nord-, Süd-, Ost- und Westdeutsche.

3. Schritt: Getrennte Stichproben aus den Teilgesamtheiten

Aus jeder Teilgesamtheit wird getrennt eine Stichprobe gezogen: In unserem Beispiel zieht man je eine Stichprobe aus Nord-, Süd-, West- und Ostdeutschen. Bei der *proportionalen* Schichtung stehen die Teilmengen in der Stichprobe im gleichen Verhältnis wie in der Grundgesamtheit. Insgesamt will man in unserem Beispiel 1000 Deutsche befragen, welche Partei sie bei der nächsten Wahl zu wählen gedenken. Weil 16 % der Grundgesamtheit Norddeutsche, 28 % Süddeutsche, 35 % Westdeutsche und 21 % Ostdeutsche sind, sollen auch in der Stichprobe 16 % Nord-, 28 % Süd-, 35 % West- und 21 % Ostdeutsche sein. Deshalb befragt der Forscher 160 Nord-, 280 Süd-, 350 West- und 210 Ostdeutsche.

Anders verfährt man bei der *disproportionalen* Schichtung: Hier zieht man aus einer bestimmten Teilgruppe absichtlich mehr Fälle, als ihrem Anteil in der Grundgesamtheit entspräche. Das ist z. B. dann sinnvoll, wenn eine Teilgruppe besonders heterogen ist oder genauer analysiert werden soll und der Anteil dieser Teilgruppe sehr klein ist. Beispielsweise gibt es in den neuen Bundesländern wesentlich mehr Wechselwähler und sie wählen in wesentlich größerem Umfang unterschiedliche Parteien als dies in den alten Bundesländern der Fall ist. Deshalb war es besonders bei den ersten gesamtdeutschen Wahlen nicht unüblich, in Umfragen Bürger der neuen und der alten Bundesländer in gleicher Anzahl zu befragen, obwohl nur ein Fünftel der Gesamtbevölkerung aus den neuen Bundesländern kommt, z. B. wurden sowohl 1000 Bürger der neuen Länder als auch 1000 Bürger der alten Länder befragt.

4. Schritt: Zusammensetzung der Gesamtstichprobe aus den Teilgesamtheiten

Man setzt die Gesamtstichprobe aus den Teilgesamtheiten zusammen. Die 160 Nord-, 280 Süd-, 350 West- und 210 Ostdeutschen der *proportional* geschichteten Zufallsstichprobe geben zusammen eine Stichprobe von 1000 Bundesbürgern.

In der *disproportional* geschichteten Stichprobe stehen 1000 Bürger der alten Bundesländer 1000 Bürgern der neuen Bundesländer gegenüber. Weil die Bürger der neuen Länder damit überrepräsentiert sind, ist diese Stichprobe verzerrt. Man kann die Anzahlen der Befragten in den neuen und in den alten Ländern also nicht einfach aufaddieren wie bei der proportionalen Schichtung. Da man aber weiß, welcher Anteil der Deutschen in den neuen bzw. in den alten Ländern wohnt, kann man diese Verzerrung durch eine entsprechende *Gewichtung* der Fälle beseitigen: *Die Verhältnisse der Gewichte zueinander müssen dabei den umgekehrten Verhältnissen der Auswahlwahrscheinlichkeiten entsprechen.* In unserem Beispiel gelangen Bürger der neuen Bundesländer genauso häufig in unsere Stichprobe wie Bürger der alten Bundesländer, obwohl ihre Anzahl nur ca. ein Viertel der Anzahl der Bürger der alten Länder beträgt. Ihre Auswahlwahrscheinlichkeit für die Stichprobe ist demnach etwa viermal so hoch. Das Gewicht, mit dem ein Bürger der neuen Bundesländer in die Stichprobe eingeht, muss daher etwa ein Viertel des Gewichts eines Bürgers der alten Bundesländer betragen. Rechnerisch bestimmt man diese Gewichte so, dass die Summe der gewichteten Fallzahlen der Einzelstichproben der Originalfallzahl der Gesamtstichprobe entspricht. In unserem Beispiel würde also für die Berechnung des Gewichts g der Bürger der alten Bundesländer gelten: $\frac{1}{4} * g * 1000 + g * 1000 = 2000$. Daraus folgt, dass das Gewicht der Befragten in den alten Bundesländern in der Stichprobe 1,6 und das der Befragten in den neuen Bundesländern 0,4 betragen muss. Man rechnet also die 1000 Fälle von Bürgern der alten Länder in 1600 Fälle um, die 1000 Fälle von Bürgern der neuen Länder in 400 Fälle.

Falls die regionale Herkunft tatsächlich mit dem Wahlverhalten zusammenhängt, ist nun die Schätzung genauer. Vereinfacht kann man sich die Verringerung des Schätzfehlers durch die Schichtung so vorstellen: Wenn das Schichtungsmerkmal einen großen Einfluss auf die untersuchte Variable hat, dann setzt sich der Gesamtfehler einerseits aus den üblichen Zufallsfehlern innerhalb der Schichten und andererseits aus den Folgen der falschen Zusammensetzung der Schichten in der Stichprobe zusammen. Zumindest die zweite Fehlerquelle kann durch die Schichtung ausgeschlossen werden. Der so genannte „Schichtungseffekt" ist umso größer, je ähnlicher sich die Fälle in einer Schicht und je unterschiedlicher die Angehörigen verschiedener Schichten sind. Im Extremfall sind die einzelnen Schichten selbst bezüglich des untersuchten Merkmals intern vollkommen homogen und die Heterogenität in der Gesamtstichprobe lässt sich allein auf Unterschiede *zwischen* den Schichten zurückführen.

5.2.4 Gestufte Zufallsstichproben

Gestufte Zufallsstichproben (= staged sample)

Hinter der Stufung (= staged sample) steckt ein völlig anderes Kalkül als hinter der Schichtung: Während die *Schichtung* der Stichprobe die Genauigkeit der Schätzung durch die Stichprobe erhöhen soll, wird die *Stufung* der Stichprobe aus praktischen Gründen der Kostensenkung durchgeführt. Große Stichproben zu ziehen, ist sehr teuer, insbesondere wenn ein Forscher extra anreisen muss, um jemanden vor Ort zu befragen oder ein Ereignis zu beobachten. Je mehr Orte man besuchen muss und je weiter diese auseinander liegen, desto teurer wird die Anreise. Am Wahltag stehen beispielsweise oft Interviewer vor den Wahllokalen. Sie fragen die Wähler, welche Partei sie gerade gewählt haben. Zöge man aus den Tausenden Wahllokalen in ganz Deutschland eine Zufallsstichprobe, könnte es durchaus sein, dass die Interviewer über ganz Deutschland in großen und kleinen Orten verstreut eingesetzt werden müssten, was mit hohen Fahrtkosten einherginge. Ähnliches gilt für Daten anderer Art, wie z. B. Texte: Untersucht man beispielsweise Zeitungsartikel, die noch nicht elektronisch verfügbar sind, muss man unter Umständen in bestimmte Archive reisen, um nach den Artikeln zu suchen. Je mehr verschiedene Archive man aufsuchen muss, desto teurer und zeitaufwändiger wird die Untersuchung. Um die Kosten zu senken, stuft man deshalb oft die Stichprobe. Häufig ist eine gestufte Stichprobe aber auch aus rein praktischen Gründen notwendig, nämlich dann, wenn sich eine einfache Zufallsstichprobe schon deshalb nicht durchführen lässt, weil eine Auflistung aller Fälle der Grundgesamtheit schlicht nicht existiert. So gibt es z. B. kein bundesweites zentrales Verzeichnis der Wahlberechtigten, aus dem (theoretisch) eine „Karteikartenauswahl" getroffen werden könnte. Die Ziehung einer gestuften Stichprobe erfolgt in mehreren Stufen:

1. Schritt: Stufungskriterium

Voraussetzung für die Stufung ist ein Stufungskriterium. An dieses wird die Anforderung gestellt, dass es vor allem die Datenerhebung erleichtern muss. Je weniger die Eigenschaften des Kriteriums mit den untersuchten Variablen zusammenhängen, desto besser. Für eine Wahlumfrage am Wahltag eignet sich als Stufungskriterium z. B. die Region in Deutschland um so besser, je geringer die Unterschiede hinsichtlich des Wahlverhaltens zwischen den Regionen ausfallen.

2. Schritt: Aufteilung der Grundgesamtheit

Die Grundgesamtheit wird nun nach dem gewählten Kriterium in einander ausschließende Teilgesamtheiten (= Primäreinheiten) geteilt, z. B. in Nord-, West-, Süd- und Ostdeutsche.

3. Schritt: Zufällige Auswahl der Teilgesamtheiten

Man wählt zufällig eine bestimmte Anzahl der Primäreinheiten aus. Ein Meinungsforschungsinstitut hat beispielsweise nur genug Geld, um Interviewer in zwei deutsche Regionen zu schicken. Also wählt es aus den vier deutschen Regionen zufällig zwei aus. Gezogen werden beispielsweise die Regionen Süd- und Ostdeutschland. Die nicht gewählten Teilgesamtheiten beachtet man nun nicht weiter – Nord- und Westdeutschland würden also in unserem Beispiel von nun an ignoriert. Die Primäreinheit ist die Region, die eigentlich interessierenden Elemente sind bei einer Wahlumfrage aber die Wahlberechtigten. In den verschiedenen Regionen wohnen unterschiedlich viele Wahlberechtigte: In Westdeutschland wohnen etwa 35 %, in Süddeutschland etwa 28 %, in Ostdeutschland etwa 21 % und in Norddeutschland etwa 16 % der Wahlberechtigten. Dies sollte der Forscher berücksichtigen, wenn er die Primäreinheiten auswählt. Möglich ist das z. B. mit Hilfe des so genannten PPS-Designs (PPS = probability proportional to size). Die Wahrscheinlichkeit, dass eine bestimmte Primäreinheit ausgewählt wird, ist beim PPS-Design proportional zur Anzahl der eigentlichen Untersuchungselemente in der Primäreinheit. In unserem Beispiel läge ein PPS-Design also dann vor, wenn Westdeutschland mit einer Wahrscheinlichkeit von 0,35, Süddeutschland mit einer Wahrscheinlichkeit von 0,28, Ostdeutschland mit einer Wahrscheinlichkeit von 0,21 und Norddeutschland mit einer Wahrscheinlichkeit von 0,16 ausgewählt würde.

4. Schritt: Zufallsstichprobe der Datenträger

Aus den zufällig ausgewählten Primäreinheiten zieht man nun eine Zufallsstichprobe der Datenträger. Das Institut will beispielsweise 1000 Personen befragen. Da zuvor Süd- und Ostdeutschland ausgewählt wurden, fahren die Forscher nur zu süd- und ostdeutschen Wahllokalen (= Sekundäreinheiten) und befragen z. B. in jeder der beiden Regionen 500 Wähler (= Tertiäreinheiten).

5. Schritt: Zusammensetzung der Gesamtstichprobe aus den Teilgesamtheiten

Man setzt die Gesamtstichprobe aus den Teilgesamtheiten zusammen. Die 500 Süd- und 500 Ostdeutschen geben beispielsweise zusammen eine Stichprobe von 1000 Bundesbürgern. Dieses Vorgehen spart Fahrtkosten, weil die Interviewer weder nach Nord- noch nach Westdeutschland fahren müssen. Weiter oben haben wir aber festgestellt, dass das Wahlverhalten regional sehr unterschiedlich ist. Durch die Ausklammerung von Nord- und Westdeutschen ist der Zufallsfehler der gestuften Stichprobe offensichtlich größer als der einer einfachen Zufallsstichprobe. Wählen im Extremfall alle Bürger einer Region dieselbe Partei, dann haben wir sogar im Grunde lediglich eine Stichprobe von zwei Fällen gezogen, weil die 500 Wähler eines Stimmbezirks lediglich ‚Duplikate' eines einzelnen Wählers darstellen. Die Stufung einer Stichprobe kann somit die *effektive* Stichprobengröße verringern, d. h. eine gestufte Stichprobe ist nur so genau, wie es eine nicht-gestufte Zufallsstichprobe mit kleinerem Umfang wäre. Für gestufte Stichproben gilt zudem wie für nicht-gestufte Zufallsstichproben: Je kleiner die Stichprobe ist, desto größer ist wiederum der Standardfehler der Schätzung.

Neben der Senkung der Erhebungskosten ist für die Verwendung gestufter Stichproben – wie schon erwähnt – oft entscheidend, dass man ohne Stufung gar nicht an die gesuchten Erhebungseinheiten gelangt. Hierzu weitere Beispiele:

- Sie möchten analysieren, wie deutsche Zeitungsartikel im Jahr 2001 mit dem Thema „Krieg" umgegangen sind. Da das Jahr 2001 bereits vorbei ist, müssen Sie aber zunächst einmal an die

Texte herankommen, die Sie untersuchen möchten. Sie wählen beispielsweise zunächst aus den deutschen Tageszeitungen zufällig vier aus. Gezogen werden etwa das Hamburger Abendblatt, der Böblinger Bote, die Süddeutsche Zeitung und der Rheinische Merkur (1. Stufe). Da jede der Zeitungen an etwa 300 Tagen erschienen ist, wählen Sie außerdem zufällig bestimmte Tage aus (2. Stufe): z. B. den 3. Januar, den 11. Mai, den 7. Juni, den 31. September und den 1. November. Aus dieser Ausgabe wählen sie zufällig zehn Artikel aus (3. Stufe). Diese Artikel analysieren Sie nun.

- Ein Forscher will Vereinssitzungen in Berlin untersuchen. Welche und wie viele Vereine gibt es in Berlin? Zunächst zieht der Vereinsregister heran und wählt dort aus den Vereinstypen zwei aus – es trifft z. B. die Sportvereine und die Gesangsvereine (1. Stufe). Die Liste aller Sport- und Gesangsvereine Berlins aufzustellen umfasst aber immer noch deutlich mehr Vereine, als er jemals untersuchen könnte. Also zieht er aus diesen Vereinen mit einem Zufallsverfahren drei Stück (2. Stufe). Die Vereine halten jedes Jahr Hunderte von Sitzungen ab. Deshalb besucht der Forscher über ein Jahr hinweg jede fünfte Vereinssitzung der gewählten drei Vereine (3. Stufe).

Kombination von Schichtung und Stufung; Beispiel: ADM-Design

Manchmal muss man also stufen. Damit der Zufallsfehler dabei nicht zu groß wird, kann man die Stufung mit einer Schichtung kombinieren. Gerade bei Wahlumfragen ist dies sehr üblich. Man schichtet die Wahlbevölkerung z. B. zuerst in „West“ und „Ost“ und zieht dann innerhalb der Schichten jeweils eine mehrfach gestufte Zufallsstichprobe auf die erläuterte Art und Weise. Ein Beispiel für die Kombination von Schichtung und Stufung ist das ADM-Design, das insbesondere für persönliche Interviews in der Wahlforschung herangezogen wird. Nach einer so genannten Allokationstabelle, die mehrere Schichtungskriterien beinhaltet, werden nach dem PPS-Design 210 so genannte „sample points“ gezogen (1. Stufe = Primäreinheit), die ungefähr einem Stimmbezirk entsprechen. Will ein Institut nun ca. 1000 Personen befragen, werden im nächsten Schritt mit Hilfe des Random-Route-Verfahrens pro Sample Point fünf Haushalte zufällig ausgewählt (2. Stufe = Sekundäreinheit). Aus jedem Haushalt wird schließlich zufällig eine Person befragt (3. Stufe = Tertiäreinheit).

5.2.5 Klumpenstichproben

Klumpenstichprobe (= cluster sample)

Ein Spezialfall der Stufung ist die Klumpenstichprobe (= cluster sample). Die Klumpenstichprobe ist eine Sonderform der mehrstufigen Stichprobe, bei der die Anzahl der Primäreinheiten sehr niedrig ausfällt und die Anzahl der Sekundäreinheiten pro Primäreinheit besonders hoch ist. Bei einer Klumpenstichprobe nimmt man auf der letzten Stufe alle Datenträger in die Stichprobe auf. Im Extremfall zieht man nur eine einzige Primäreinheit und nimmt dann *alle* Sekundäreinheiten dieser Primäreinheit in die Stichprobe auf.

Klumpen

Die oben angeführten gestuften Stichproben würde man in eine Klumpenstichprobe verwandeln, indem man zunächst jeweils weniger Stimmbezirke, Zeitungsausgaben und Vereine auswählen würde. Man würde z. B. nur zwei Stimmbezirke auswählen anstatt 210, in diesen aber alle Wahlberechtigten befragen. Man würde alle Artikel der ausgewählten Zeitungsausgaben analysieren. Man würde alle Sitzungen der gewählten Vereine untersuchen. Diese Bündel von untersuchten Einheiten um die ausgewählten Primäreinheiten nennt man „Klumpen".

Klumpeneffekt

Die Klumpenstichprobe ist noch wirtschaftlicher als andere gestufte Stichproben, aber dafür ist auch der Zufallsfehler noch größer. Oft tritt ein Phänomen auf, das man „Klumpeneffekt" nennt: Klumpen weisen eine Tendenz zur Homogenität auf.

Es kann dadurch sein, dass ein bestimmter Typ von Datenträger überrepräsentiert ist. Wenn man beispielsweise bei der Wahlumfrage eine Hochburg der FDP erwischt hat, verzerrt dies die Ergebnisse umso mehr, je mehr Personen aus diesem Wahlkreis befragt wurden. Die Zeitungsausgabe des Tages nach Beginn des Afghanistan-Krieges von 2002 ist sicher nicht typisch für die Berichterstattung über Krieg generell – wenn man sich hauptsächlich auf diese Ausgabe stützt, verzerrt dies das Bild. Menschen, die demselben Verein angehören, ähneln sich oft, zumindest was ihre Interessen betrifft. Zwischen den Vereinen aber gibt es sehr große Unterschiede – manche sind eher chaotisch, andere straff durchorganisiert. Dies wirkt sich auch auf die Art aus, wie Vereinssitzungen ablaufen. Wenn man nun nur einen einzigen Verein untersucht, bekommt man vielleicht ein völlig falsches Bild von Vereinssitzungen im Allgemeinen.

Der Klumpeneffekt ist umso stärker, je größer die Klumpen sind und je stärker sich die Klumpen in Bezug auf die untersuchten Merkmale ähneln, d. h. je größer der Zusammenhang zwischen dem Kriterium der Klumpenbildung und den Untersuchungsmerkmalen ist. Der Klumpeneffekt verhält sich also genauso wie der Schichtungseffekt: beide sind um so größer, je mehr die Gesamtstreuung auf die Streuung zwischen den Klumpen bzw. Schichten zurückzuführen ist, während die Klumpen bzw. Schichten in sich relativ homogen sind. Im Falle der Schichten führt dies zu einer Verbesserung des Schätzergebnisses, weil man *alle* Schichten in die Stichprobe aufgenommen hat; im Falle der Ziehung von Klumpen dagegen führt dies zu einer Verschlechterung der Schätzung, weil man nur *einen oder sehr wenige* Klumpen in die Stichprobe aufgenommen hat.

Weiterführende Literatur

Literaturhinweise: Zufallsstichproben

Böltken (1976) ist eine sehr ausführliche und differenzierte Darstellung, die unter anderem auch auf Probleme wie Standardfehler bei Schichtung und Stufung von Stichproben eingeht und Schätzungen der entsprechenden Fehler aufführt. *Cochran* (1972) sowie *Levy* und *Lemeshow* (1999) erläutern unter anderem folgende Fragen: Wie groß muss die Stichprobe mindestens sein, wenn der Zufallsfehler eine bestimmte Größte nicht überschreiten soll? Wie berechnet man bei Schichtung und Stufung den Zufallsfehler? Welche Fehlerquellen können auftreten? Was bedeuten systematische Verzerrungen für die schließende Statistik? *Cochran* (1972) erläutert auch, wie sich Schichtung und Stufung auf Verhältnis- und Regressionsschätzungen auswirken. *Levy* und *Lemeshow* (1999) gehen auf Telefonstichproben ein. *Althoff* (1993) und der *ADM* (1999) beschreiben, wie man für die deutsche Bevölkerung eine geschichtete Zufallsstichprobe zieht. *Hüfken* (2000) und *Gabler*, *Häder* und *Hoffmeyer-Zlotnik* (1998) beschreiben, wie man im deutschen Raum Telefonstichproben zieht und welche Stichprobenprobleme auftreten können. *Hansen*, *Hurwitz* und Madow (1965) sowie *Kish* (1965) gehören neben *Cochran* (1972) zu den Klassikern der Literatur zur Stichprobentheorie. *Kalton* ist eine relativ kurze, leicht verständliche und dennoch differenzierte Einführung in das Gebiet.

Althoff, Stefan (1993): Auswahlverfahren in der Markt- und Meinungsforschung. Pfaffenweiler: Centaurus

Arbeitskreis Deutscher Markt- und Sozialforschungsinstitute e.V. / Arbeitsgemeinschaft Media-Analyse e. V. (ADM) (Hg.) (1999): Stichproben-Verfahren in der Umfrageforschung. Eine Darstellung für die Praxis. Opladen: Leske + Budrich

Böltken, Ferdinand (1976): Auswahlverfahren. Stuttgart: Teubner

Cochran, William G. (1972): Stichprobenverfahren. Berlin: de Gruyter

Gabler, Siegfried / Sabine Häder / Jürgen H. P. Hoffmeyer-Zlotnik (Hg.) (1998): Telefonstichproben in Deutschland. Wiesbaden: Westdeutscher Verlag

Hansen, Morris Howard / William N. Hurwitz / William G. Madow (1993): Sample Survey Methods and Theory. New York: Wiley

Hüfken, Volker (Hg.) (2000): Methoden in Telefonumfragen. Wiesbaden: Westdeutscher Verlag
Kalton, Graham (1983): Introduction to Survey Sampling. Beverly Hills: Sage.
Kish, Leslie (1965): Survey Sampling. New York: Wiley
Levy, Paul S. / Stanley Lemeshow (1999): Sampling of Populations. Methods and Applications. New York: Wiley

5.3 Systematische Fehler

Systematische Fehler (= systematische Verzerrungen, nonsampling error)

Das Konzept der Wahrscheinlichkeitsauswahl beruht auf der Annahme, dass man den Schätzfehler, der durch die zufällige Zusammensetzung der Stichprobe zustande kommt, mit Hilfe der Wahrscheinlichkeitsrechnung genau berechnen kann. Angaben z. B. darüber, mit welcher Wahrscheinlichkeit ein bestimmter Anteilswert einer Stichprobe in einem bestimmten Intervall um den tatsächlichen Anteilswert in der Grundgesamtheit liegt, lassen sich überhaupt nur dann machen, wenn die Abweichungen ausschließlich auf einem Zufallsfehler beruhen. Der Forscher hat daher ein strategisches Interesse daran, seine Stichprobe als Zufallsstichprobe anzusehen, um mit ihr – im wahrsten Sinne des Wortes – „rechnen zu können". In Abgrenzung zu Zufallsfehlern (= sampling errors) sprechen wir von systematischen Fehlern (= systematischen Verzerrungen, nonsampling errors), wenn diese auf bestimmte Ursachen zurückgeführt werden können. Ein systematischer Fehler kann jedoch nicht berechnet werden, wenn diese Ursachen im Einzelnen nicht genau bekannt sind oder ihr Wirkungsmechanismus im Dunkeln liegt. Man kann dann bestenfalls ungefähr abschätzen, wie groß er sein mag. Systematische Fehler sind meist auch unabhängig von der Stichprobengröße. Andererseits verfügt man bei systematischen Fehlern oft über Anhaltspunkte, welcher Art der Fehler sein könnte. Das Problem von systematischen Fehlern besteht nun darin, dass bei ihrem Vorliegen „Zufallsstichproben" streng genommen gar nicht mehr als solche betrachtet werden dürften, so dass sich bei der Interpretation der Ergebnisse einer solchen „Zufallsstichprobe" in der Praxis so mancher Forscher nicht zuletzt auf sein Fingerspitzengefühl verlässt. Was sind und wie entstehen nun systematische Fehler?

Vom Forscher verursachte systematische Fehler (= Bias)

Systematische Fehler entstehen durch den Auswahlvorgang. Sie können in zwei Gruppen von Fehlern aufgeteilt werden: solche, die grundsätzlich vom Forscher beim Design der Auswahl berücksichtigt werden können, und solche, auf die der Forscher keinen Einfluss hat.

Undercoverage

Zu den vom Forscher verursachten Fehlern (= Bias) gehört das bereits erwähnte Problem der Undercoverage: Der Forscher hat eine bestimmte Grundgesamtheit im Auge. Die Stichprobe zieht er aber oft aus einer anderen Grundgesamtheit, so dass nicht jede Einheit der gewünschten Grundgesamtheit eine Chance hat, in die Stichprobe zu kommen. Undercoverage tritt dann auf, wenn die „Liste", aus der der Forscher seine Stichprobe bildet, nicht alle Elemente der Grundgesamtheit enthält. Mit dem Random-Route-Verfahren können z. B. keine Personen erfasst werden, die zur Zeit im Krankenhaus liegen. Obdachlose können damit sogar grundsätzlich nicht in die Auswahlgesamtheit gelangen, da die Auswahl ja über die Adressen erfolgt.

Wenn die Elemente der Grundgesamtheit, die nicht in der Auswahlgesamtheit sind, sich von denen, die in ihr enthalten sind, in Hinsicht auf die Forschungsfrage systematisch unterscheiden, dann kann die Auswahlgesamtheit nicht wie eine Zufallsauswahl aus der intendierten Grundgesamtheit behandelt werden. Wenn der Ausfallgrund jedoch nicht systematisch, sondern zufällig ist, d. h. wenn es keinen Zusammenhang zwischen Ausfallgrund und den untersuchten Eigenschaften gibt, dann kann die Auswahlgesamtheit wie eine Zufallsstichprobe aus der intendierten Grundgesamtheit betrachtet werden. Die Zufallsauswahl aus einer Zufallsauswahl ist aber ebenfalls wieder eine Zufallsauswahl. Eine Zufallsauswahl aus der *Auswahl*gesamtheit ist demnach auch eine Zufallsauswahl aus der intendierten *Grund*gesamtheit, und man kann somit die Methoden der Schließenden Statistik anwenden.

Telefonumfrage

Ebenfalls relativ unproblematisch ist es, wenn nur ein sehr geringer Teil der Grundgesamtheit nicht in der Auswahlgesamtheit enthalten ist. In der Umfrageforschung sind heutzutage Telefonumfragen weit verbreitet. Wegen der hohen Anschlussdichte können Stichproben, die für die Gesamtbevölkerung „repräsentativ" sein sollen, guten Gewissens aus dem Anteil der Bevölkerung mit Telefonanschluss gezogen werden. Allerdings sind nicht alle Anschlüsse in öffentlich zugänglichen Verzeichnissen aufgeführt. Um auch Personen mit Geheimnummern zu erreichen, können Forscher Nummern aus dem Telefonbuch auswählen und die letzte Ziffer durch eine zufällig gewählte ersetzen (= RLD, random last digit). Alternativ können sie die Vorwahl aus der Liste der Regionalcodes auswählen und die gesamte Nummer dann von einem Zufallsgenerator erstellen lassen (= RDD, random digit dialing). In Deutschland hat sich in den letzten Jahren das so genannte Gabler-Häder-Design zur Generierung von Telefonstichproben etabliert, das am Zentrum für Umfrageforschung Mannheim (ZUMA) Mitte der 90er-Jahre entwickelt wurde. Dieses Verfahren modifiziert die Random last digit-Methode. Entscheidend für dieses Verfahren ist die Vorauswahl so genannter 100er-Blocks von Telefonnummern, bei denen mindestens eine Nummer innerhalb dieses Blocks in einem bestimmten Ortsnetzbereich vorkommt. Da im deutschen System nämlich zwischen der niedrigsten und der höchsten vergebenen Telefonnummer mit derselben Vorwahl oft große Lücken klaffen, wäre eine reine Zufallsauswahl von Nummern aus diesem Bereich wenig sinnvoll, da die Hitquote, d.h. der Anteil der generierten Nummern, die wirklich existieren, sehr gering ausfällt. ZUMA bietet Wissenschaftlern an Universitäten oder öffentlichen Forschungseinrichtungen als Serviceleistung eine solchermaßen generierte Telefonstichprobe an.

Online-Stichproben

Wesentlich problematischer ist die Undercoverage bei den in den letzten Jahren in Mode gekommenen Online-Umfragen. Wenn ein potentieller Befragter auf eine bestimmte Webseite geht, geht ein separates Bildschirmfenster auf. Alternativ schickt der Forscher potentiellen Befragten eine E-Mail. Selbst wenn er die Online-Nutzer durch Screening aus einer ansonsten unproblematischen echten Zufallsstichprobe herausgefiltert hat, ist die verbleibende Teilstichprobe nur noch eine Zufallsstichprobe der Online-Nutzer in der Grundgesamtheit. Diese sind daher die Auswahlgesamtheit. Internetnutzer sind aber alles andere als ein repräsentatives Abbild der Gesamtbevölkerung. Die Stichprobe ist stark systematisch verzerrt: Nach wie vor sind Internetnutzer im Durchschnitt jünger und formal höher gebildet als die übrige Bevölkerung. Aber selbst wenn die Internet-Stichprobe „repräsentativ“ in Bezug auf die Sozialstruktur wäre, wäre sie bestimmt immer noch nicht repräsentativ für die Grundgesamtheit der Gesamtbevölkerung.[1]

---

[1] Von solchen „üblichen" Internetumfragen zu unterscheiden ist das omniNet des Umfrageinstituts forsa. Zwar werden hier die Umfrageergebnisse per Internet abgerufen, aber die Stichprobe stellt eine auf üblichem Wege rekrutierte repräsentative Bevölkerungsauswahl dar. Allen Personen, die sich zur Teilnahme an regelmäßigen Befragungen bereit erklären, wird eine so genannte „Set-Top-Box" an den Fernseher angeschlossen, über den sie Zugang zum Internet erhalten. Die Befragung läuft über das Fernsehbild und die Befragten geben ihre Antworten mit Hilfe einer Infrarot-Tastatur. Es handelt sich daher um keine

Eine zweite „Fehlerquelle“, die den unmittelbaren Schluss von der Stichprobe auf die Grundgesamtheit verbietet, kann in einer vom Forscher bewusst vorgenommenen Verzerrung der Stichprobe liegen, um z. B. Vertreter seltener Gruppen in seiner Stichprobe in größerer Häufigkeit vertreten zu haben, als es in der Grundgesamtheit der Fall ist. Dies kommt z. B. bei disproportional geschichteten Stichproben vor. Da diese Verzerrungen der Stichprobe vom Forscher bewusst hervorgerufen werden, kann auch der erwartete Umfang, in dem sie sich auf die Ergebnisse auswirken, berechnet und die Ergebnisse können entsprechend angepasst werden. Diese Art von Bias stellt daher kein größeres Problem dar.

Vom Forscher nicht kontrollierbare Verzerrungen

Das größte Problem für den Forscher sind aber Verzerrungen der Stichprobe, die von ihm nicht kontrolliert werden können. Auch hier kann es zu gravierenden Abweichungen zwischen Auswahlgesamtheit und intendierter Grundgesamtheit kommen, aber nicht, weil der Forscher seine Auswahlgesamtheit falsch wählt, sondern weil ihm möglicherweise von vornherein nur eine Auswahlgesamtheit zur Verfügung steht, die „lückenhaft“ ist und daher nur bedingt Rückschlüsse auf die eigentlich intendierte Grundgesamtheit zulässt.

Lücken der zugänglichen Grundgesamtheit selbst

Allgemein tritt dieses Problem auf, wenn man mit Sekundärdaten arbeitet, also mit Daten, die ursprünglich zu anderen Zwecken angefertigt oder erhoben wurden. Die „Grundgesamtheit“ existiert in solchen Fällen nur als Ideal, und die einzig vorhandene Auswahlgesamtheit stellt nur ein löchriges Abbild der Grundgesamtheit dar. Da die Daten nicht vom Forscher selbst erstellt wurden, sind sie überdies in einer Weise verzerrt, die den Zielen derer, die diese Daten erstellt (oder die die jetzt fehlenden Daten aus der Grundgesamtheit bewusst vernichtet oder unzugänglich gemacht) haben entspricht. Will man z. B. die außenpolitischen Beziehungen einer bestimmten Regierung anhand der von ihr geschlossenen Verträge untersuchen, dann kann man nur die Verträge berücksichtigen, die der Forschung zur Verfügung gestellt werden. Daten, die in anderen Kontexten entstanden sind, sagen darüber hinaus oft nicht die „Wahrheit“, sie können bewusst oder auch unbewusst verfälscht worden sein. Dies ist allerdings ein Problem der Messung und Interpretation der Daten und nicht der Erhebung der Daten an sich. Vor diesem Problem stehen besonders häufig Forscher, die eine historische Fragestellung untersuchen, für die die Quellen lückenhaft sind.

Online-Umfrage im üblichen Sinn, da von den Befragten keine speziellen Computer- und Internetkenntnisse vorausgesetzt werden.

Ausfälle (= Nonresponse)

Das wohl größte Problem bei Erhebungen, die der Forscher an Personen vornimmt, sind so genannte ‚Ausfälle' (= „Nonresponse").

Bruttostichprobe und realisierte Stichprobe

Ausfälle kommen dadurch zustande, dass nicht jedes Element der Auswahlgesamtheit, das für die so genannte Bruttostichprobe ausgewählt wird, sich tatsächlich auch in der letztlich realisierten Stichprobe wieder findet. Dies kann die Ergebnisse verfälschen, wenn das, was für die nicht untersuchten Einheiten typisch ist, mit dem zusammenhängt, was man untersuchen will.

Stichprobenneutrale Ausfälle

Hierzu ein Beispiel: Ein Meinungsforschungsinstitut führt zwei Umfragen im Sommer durch. Da die Umfrage im August stattfindet, erreichen die Interviewer eine ganze Reihe von Personen nicht – diese sind im Urlaub und können nicht befragt werden. In der ersten Umfrage befragte das Institut Wahlberechtigte, welche Partei sie wählen würden, wenn am nächsten Sonntag Bundestagswahl wäre. Die Forscher vermuten, dass Anhänger der verschiedenen Parteien gleichermaßen in Urlaub fahren, dass also die Parteipräferenz und der Ausfallgrund „Urlaub" nicht zusammenhängen. Dies bedeutet: Eine Reihe von Mitgliedern der Grundgesamtheit konnten nicht erreicht werden. Man vermutet aber, dass dies keine Auswirkungen auf die Qualität der Stichprobe hat, d. h. dass kein systematischer Fehler vorliegt. Da die Ausfälle den Zufallscharakter der Stichprobe nicht gefährden, spricht man hier auch von „stichprobenneutralen Ausfällen".

Verzerrende Ausfälle

Anders sieht es bei der zweiten Umfrage aus: Eine Partei will Autobahngebühren einführen, eine andere lehnt diese strikt ab. Das Meinungsforschungsinstitut befragt deshalb Wahlberechtigte, ob sie Autobahngebühren befürworten. Etwa zwei Drittel der Befragten geben an, dass sie Autobahngebühren befürworten. Im Gegensatz zur ersten Umfrage vermuten die Forscher hier einen starken Zusammenhang zwischen der Einstellung zu Autobahngebühren und dem Ausfallgrund „Urlaub": Ein großer Teil der Deutschen fährt mit dem Auto in den Urlaub. Bei ihnen ist zu vermuten, dass sie Autobahngebühren eher ablehnen – diese würden ja ihre Fahrtkosten erhöhen. Umgekehrt fahren Menschen oft deswegen nicht in den Urlaub, weil sie nicht genug verdienen – von diesen besitzen wahrscheinlich relativ viele auch kein Auto. Möglicherweise sind ihnen Autobahngebühren daher entweder egal oder sie befürworten sie sogar, weil dadurch eventuell die Steuern in anderen Bereichen gesenkt werden könnten, wovon sie wiederum profitieren würden. Es ist also zu vermuten, dass unter den Personen, die angetroffen wurden und befragt werden konnten, ein höherer Anteil als in der Durchschnittsbevölkerung Autobahngebühren befürwortet. Unter den Personen, die *nicht* befragt werden konnten, weil sie nicht zu Hause waren, sind dagegen vermutlich mehr Gebührengegner. Befragt wurden also zu viele Autobahnbefürworter, zu wenig Autobahngegner. In der Stichprobe ist ein zu hoher Anteil an Autobahnbefürwortern. Der Anteil der Gebührenbefürworter wird überschätzt, und zwar wahrscheinlich aufgrund eines systematischen Fehlers. Diese Art der Verzerrung tritt besonders bei so genannten „quick and dirty"-Umfragen auf, die häufig nur auf einer Tagesstichprobe beruhen.

Ausschöpfungsquote

Je mehr Ausfälle vorliegen, desto weniger ist es angebracht, mit den Mitteln der Inferenzstatistik von der Stichprobe auf die Grundgesamtheit zu schließen, da nicht mehr von einer reinen Zufallsstichprobe ausgegangen werden kann. Wie gravierend sich die Ausfälle auswirken, hängt natürlich davon ab, welcher Anteil der ursprünglich für die Befragung ins Visier Genommenen ausfällt. Den Anteil derjenigen Elemente der Stichprobe, die tatsächlich in die Datenerhebung eingegangen sind, an der Gesamtheit aller Elemente, die eigentlich in der Stichprobe sein sollten, nennt man „Ausschöpfungsquote".

Bereinigte Bruttostichprobe

Im Falle der Umfrageforschung gibt die Ausschöpfungsquote also den Anteil der realisierten Interviews an den versuchten Interviews an. Dazu berechnet man in einem ersten Schritt die „bereinigte Bruttostichprobe". In der unbereinigten Bruttostichprobe finden sich möglicherweise auch Einheiten, die man gar nicht untersuchen wollte – ein Phänomen, das wir bereits unter dem Namen „Overcoverage" kennen gelernt haben. Um die bereinigte Bruttostichprobe zu erhalten, werden daher alle Elemente der Bruttostichprobe ausgesondert, die gar nicht zur Grundgesamtheit gehören. Beabsichtigt man z. B. eine Umfrage unter den Wahlberechtigten und zieht hierzu eine Telefonstichprobe, so trifft man im ersten Anlauf auch Personen, die gar nicht wahlberechtigt sind, aber einen Telefonanschluss haben (z. B. Ausländer oder allein lebende Jugendliche) bzw. Nummern, die nicht Personen zugeordnet sind (wie Geschäftsanschlüsse) oder keine Telefonanschlüsse sind (wie Faxanschlüsse). Hier ist das Kriterium der Bereinigung eindeutig.

Problematischer wird die Bereinigung, wenn diejenigen Ausfälle der Bruttostichprobe ausgesondert werden sollen, die „stichprobenneutral" waren. Werden z. B. Personen mit dem Random-Route-Verfahren ausgewählt, so kommen nur Personen, die in Wohnhäusern anzutreffen sind, in die Stichprobe. Kann eine aus einem Haushalt ausgewählte Zielperson nun nicht befragt werden, weil sie zur Zeit im Krankenhaus liegt, dann handelt es sich hier in den meisten Fällen wohl um einen stichprobenneutralen Ausfall, da zwischen Wahlabsicht und Krankheit in der Regel wohl kein systematischer Zusammenhang besteht. An diesem einfachen Beispiel wird klar, wie schwierig es ist, „stichprobenneutrale Ausfälle" zu klassifizieren, denn dies ist abhängig von Theorien über den Untersuchungsgegenstand. Geht man z. B. davon aus, dass Personen, die besonders häufig krank sind, eher linke Parteien wählen, weil diese sich stärker für soziale Sicherung einsetzen, dann handelt es sich bei den chronisch Kranken um systematische Ausfälle, die allerdings von allen Kranken nur einen Bruchteil darstellen. Um im Zweifelsfall nachprüfen zu können, inwiefern es sich bei einem Ausfall um einen stichprobenneutralen oder systematischen Ausfall gehandelt hat, ist es daher unbedingt notwendig, dass die Interviewer die Ausfallgründe genau dokumentieren.

Der Umfang der bereinigten Bruttostichprobe ist also der Umfang der Bruttostichprobe minus der Anzahl der Fälle, die nicht zur Grundgesamtheit gehören, minus der Anzahl der stichprobenneutralen Ausfälle. Die Ausschöpfungsquote A ist dann der Anteil der realisierten Befragungen am Umfang der bereinigten Bruttostichprobe.

Berechnung der Ausschöpfungsquote

$$A = \frac{\text{Anzahl der realisierten Interviews}}{\text{F(B)-F(B UND NICHT G) - F(NA)}}$$

mit

F(B)	Umfang der Bruttostichprobe
F(B UND NICHT G)	Anzahl der Fälle in der Bruttostichprobe, die nicht zur Grundgesamtheit gehören
F(NA)	Anzahl der stichprobenneutralen Ausfälle

Abschätzung systematischer Fehler

Seit Jahrzehnten sinken die Ausschöpfungsquoten bei sozialwissenschaftlichen Erhebungen. Bei Befragungen sind sie z. B. zwischen 1960 und 1970 drastisch gesunken, seitdem sinken sie etwas langsamer. Mitte der 1990er-Jahre lagen die Ausschöpfungsquoten bei persönlichen Befragungen im Mittel nur noch bei etwa 55 %, bei Telefonumfragen sind sie noch geringer.

Grundsätzlich gilt deshalb: Bevor Sie davon ausgehen können, dass Sie eine Zufallsstichprobe vor sich haben, sollten Sie erst überlegen, ob diese womöglich einen systematischen Fehler enthält. Die obigen Beispiele haben bereits verdeutlicht, was dabei zu beachten ist: Ob die Ergebnisse systematisch verzerrt sind, kann nur in Bezug auf das Forschungsthema festgestellt werden. Der Ausfallgrund „Urlaub“ war bei den obigen Beispielen im einen Fall vermutlich folgenlos, im anderen führte er wahrscheinlich zu Fehlern. Es liegt in der Natur der Sache, dass die Größenordnung der systematischen Fehler im Dunkeln bleibt, da man hier immer auf Plausibilitätsvermutungen angewiesen ist. Hat der Forscher Glück, erlauben Forschungsergebnisse aus anderen Untersuchungen halbwegs gesicherte Hypothesen. Das ist jedoch nur selten der Fall. Wie wir weiter unten noch ausführen werden, ist im Allgemeinen sowohl unbekannt, warum eine spezifische Einheit der Grundgesamtheit ausgefallen ist, als auch, wie genau der Ausfallgrund mit dem Forschungsinteresse zusammenhängt.

Ausfälle und Zusammenhangsmaße

Ausfälle wirken sich unterschiedlich aus, je nachdem ob Sie eindimensionale Parameter oder Zusammenhänge analysieren wollen: Zusammenhangsmaße messen z. B., ob bestimmte Gruppen sich anders als andere Gruppen verhalten. Typische Fragen sind etwa: Ist den Wählern von Bündnis 90 / Die Grünen eine pazifistische Politik der Bundesregierung wichtiger als Wählern anderer Parteien? Sind Demokratien stabiler, je länger sie existieren? Hängt das Wahlverhalten von der Wirtschaftslage ab? Setzen sich in politischen Gremien immer diejenigen durch, die die besten Argumente haben? Ob die Aussage richtig ist, dass ein Zusammenhang zwischen pazifistischer Einstellung und Parteipräferenz besteht, würde man beispielsweise überprüfen, indem man die Wähler in zwei Gruppen einteilt: Grünen-Wähler und andere Wähler. Träfe die Aussage zu, müssten die Grünen-Wähler deutlich pazifistischer sein als die anderen Wähler. Unterscheiden sich dagegen Grünen- und andere Wähler nicht bezüglich ihrer Einstellung zum Krieg, würde man die Aussage bezweifeln. Nehmen wir an, dass in unserer empirischen Erhebung herauskommt, dass die Grünen-Wähler in unserer Stichprobe tatsächlich pazifistischer eingestellt sind als die übrigen Wähler, dass aber keine Zufallsstichprobe vorliegt. Darf man die Ergebnisse dann verallgemeinern? Im Allgemeinen ja: Es ist für die Berechnung des Zusammenhangsmaßes relativ unwichtig, ob in der Stichprobe die Grünen-Wähler oder die anderen Wähler überrepräsentiert sind. Uns interessiert ja nicht, wie viele welche Partei wählen, sondern ob sich die Wähler einer Partei anders verhalten als die der anderen Parteien. Solange man in beiden Gruppen genügend Personen befragt hat, kann man das feststellen, unabhängig davon, ob die Gruppengröße dem wahren Anteil in der Bevölkerung entspricht.

Wechselwirkungen zwischen einer Ursachenvariablen und einer in der Stichprobe verzerrt verteilten Variablen

Theoretisch kann natürlich auch hier ein Fehler entstehen, nämlich wenn der Ausfall innerhalb der Gruppen auf unterschiedliche Weise systematisch ist. Nehmen wir an, in einem Land stehen sich Kapitalismusgegner und -befürworter gegenüber. Die radikalen Vertreter der beiden Gruppen verweigern sich aus unterschiedlichen Gründen den Meinungsforschern: Die einen sehen in ihnen „Büttel des Kapitalismus", die anderen fürchten, dass die Ergebnisse später in der „linken Kampfpresse" veröffentlicht werden. Befragen lassen sich nur die gemäßigten Vertreter der beiden Gruppen. Dadurch verschwindet aber der Unterschied zwischen den beiden Gruppen fast völlig. Wir wollen z. B. die Einstellung zur Legitimität der Anwendung von Gewalt im politischen Kampf der beiden Gruppen untersuchen und stellen fest, dass beide Gruppen Gewalt eindeutig ablehnen. Der Ausfallgrund hat in diesem Fall nicht die Randverteilung der Gruppierungsvariablen verändert (d. h. der Anteil der Kapitalismusgegner und -befürworter in der Stichprobe entspricht dem in der Grundgesamtheit), wohl aber den Zusammenhang zwischen Einstellung zur Gewalt und Einstellung zum Kapitalismus. Viele radikale Kapitalismusgegner befürworten nämlich die Anwendung von Gewalt in politischen Auseinandersetzungen. Wenn der Einfluss, den eine Variable X auf eine Variable Y ausübt, von der Ausprägung einer dritten Variablen Z abhängt, dann sagen wir, dass *Wechselwirkungen* zwischen X und Z vorliegen. Ist nun die Stichprobe hinsichtlich der Variablen Z systematisch verzerrt, dann wird der Zusammenhang zwischen X und Y in der Grundgesamtheit falsch geschätzt. Das schließt keineswegs aus, dass die Randverteilungen von X und Y in der Stichprobe genau denen in der Grundgesamtheit entsprechen. Solche Wechselwirkungen sind aber in der Regel eher unwahrscheinlich. Solange man daher Zusammenhänge nicht sehr exakt berechnen will, sondern sich damit zufrieden gibt, zwischen starken, mittleren und schwachen Zusammenhängen zu unterscheiden, wirken sich hier Verzerrungen der Stichprobe in der Regel also relativ wenig aus.

Die für die statistische Analyse relevante Stichprobe ist die datenorientierte. Ausfälle sind somit das Fehlen von Datenwerten. Die Datenwerte jedoch sind mit bestimmten Elementen, den Datenträgern, verbunden. In der sozialwissenschaftlichen Forschung ist es daher üblich, zwischen so genannten Totalausfällen und fehlenden Werten zu unterscheiden:

- *Totalausfälle* (= unit-nonresponse): Die Bruttostichprobe enthält alle die Elemente, die aufgrund des eingesetzten Zufallsprozesses für die Stichprobe ausgewählt wurden. Es kann nun sein, dass eine Einheit der Bruttostichprobe, die auch zur intendierten Grundgesamtheit gehört, gar nicht in die realisierte Stichprobe gelangt.

Totalausfälle (= unit-nonresponse

- *Fehlende Werte (*= missing values, missing data, item-nonresponse*):* Eine Einheit gelangt zwar in die Stichprobe, und bei der Datenerhebung wird eine Reihe von Informationen über sie gesammelt, aber einige der gesuchten Informationen über sie fehlen. Ein Befragter hat beispielsweise eine Frage nicht beantwortet.

Fehlende Werte (= missing data; missing values, item nonresponse)

5.3.1 Totalausfälle

Nichterreichbarkeit

Einer der Gründe für Totalausfälle ist die Nichterreichbarkeit des Elements, das man in die Stichprobe aufnehmen will. Bei Befragungen kann es passieren, dass die Zielperson, die in einem Haushalt für die Befragung ausgewählt wurde, nicht anwesend ist, weil sie z. B. im Urlaub oder bei der Arbeit ist.

Auch bei in anderen Kontexten entstandenen Daten spielt das Problem der Nichterreichbarkeit bzw. Zugänglichkeit eine wichtige Rolle. Der Forscher muss die Daten erst einmal in die Hände bekommen. Dies kann unter Umständen so zeitaufwändig oder teuer sein, dass es den Rahmen seines Projektes sprengen würde. Selbst wenn er Kosten und Mühen nicht scheuen würde, hätte er oft trotzdem keine Chance, an bestimmte Daten zu gelangen: Sie lagern in geheimen Archiven oder sind mittlerweile zerstört worden.

Fallen nichterreichbare Fälle aus der Stichprobe, so kann dies zu schwerwiegenden Verzerrungen führen. Führen Interviewer ihre Befragungen z. B. nur tagsüber an Werktagen durch, dann können sie einen Großteil der Bevölkerung überhaupt nicht erreichen – nämlich gerade den berufstätigen Teil. Und gerade die Akten, an die man nicht gelangt, könnten die aufschlussreichsten sein, denn wer Akten nicht herausgeben will (oder sie gar verschwinden lässt), hat vielleicht etwas Interessantes zu verbergen.

Verweigerung

Der Grund für einen Totalausfall kann im Fall von Personen aber auch bei der Erhebungseinheit selbst liegen – sie können sich dem Forscher *verweigern*. Ein Interviewer z. B. trifft den zu Befragenden zwar an, dieser weigert sich aber, an der Untersuchung teilzunehmen. Das kann unter anderem folgende Gründe haben: Die Zielpersonen wollen in ihrer Freizeit etwas anderes machen; sie haben keine Zeit, weil sie beruflich oder familiär sehr eingespannt sind; sie haben kein Interesse an der Untersuchung, verstehen nicht, wozu sie gut sein soll, und sehen deshalb auch nicht ein, Zeit dafür aufzuwenden; sie misstrauen generell Fremden; sie misstrauen Institutionen; sie haben bereits schlechte Erfahrungen gemacht mit Personen, die behauptet haben, Interviewer zu sein, tatsächlich aber Vertreter waren; sie meinen, dass ihre Privatsphäre niemanden etwas angeht; sie glauben nicht, dass das Forschungsinstitut den Datenschutz einhalten wird.

Aus empirischer Erfahrung weiß man, dass Zusammenhänge zwischen einer ganzen Reihe bestimmter Merkmale von Personen und ihrer Nichterreichbarkeit bzw. Verweigerung bestehen:

Ausfälle aufgrund von Merkmalen der Zielpersonen

1. *Je größer eine Gemeinde ist,* desto wahrscheinlicher ist es, dass der Interviewer eine Zielperson nicht antrifft oder diese die Teilnahme an der Untersuchung verweigert. Menschen, die in Ballungsräumen wohnen, sind mobiler: Sie fahren oft weit zur Arbeit und für ihre Freizeitaktivitäten. Städte sind auch anonymer als Dörfer. Ängstliche Menschen fühlen sich in Städten häufig weniger sicher. Wenn sie in einem Hochhaus wohnen und der Interviewer männlich ist, ist es besonders wahrscheinlich, dass Zielpersonen die Teilnahme an einer Untersuchung verweigern.
2. *Ältere Menschen* verweigern oft die Teilnahme an wissenschaftlichen Untersuchungen. Sie sind misstrauischer als jüngere Menschen. Sie haben oft schlechte Erfahrungen gemacht. Sollte der angebliche Interviewer doch keiner sein, sondern jemand, der sie überfallen will, wären sie wehrloser. Zudem empfinden viele ältere Menschen eine längere Umfrage als anstrengend und halten Umfragen für nicht (mehr) so wichtig. In den meisten Studien sind deshalb die Über-70-Jährigen stark unterrepräsentiert. Im Gegenzug sind Personen mittleren Alters (etwa 30 bis 50 Jahre) in vielen Untersuchungen überrepräsentiert.
3. Wenn *Frauen* die Teilnahme an einer Umfrage verweigern, liegt dies häufig auch daran, dass sie wegen Hausarbeit und Kinderbetreuung keine Zeit haben. *Männer* verweigern die Teilnahme dagegen eher aufgrund beruflicher Verpflichtungen. Frauen haben außerdem oft Angst davor, Fremde in die Wohnung zu lassen.
4. *Personen mit geringem Einkommen, geringer Bildung oder geringem Berufsstatus* fallen eher aus. Personen mit mittleren Bildungsabschlüssen, teilweise auch Personen mit Abitur und Hochschulabschlüs-

sen sind in Umfragen eher überrepräsentiert. Angestellte sind gegenüber Arbeitern oft zu stark vertreten.

5. *Personen mit extrem hohem Einkommen* nehmen ebenfalls unterdurchschnittlich häufig an Umfragen teil.
6. Allein *lebende Personen* sind oft unterrepräsentiert. Wahrscheinlich sind sie besonders misstrauisch gegenüber Fremden. Wenn sie nicht zu Hause sind, kann zudem kein anderes Haushaltsmitglied dem Interviewer die Tür öffnen.
7. *Unverheiratete Personen* sind oft unterrepräsentiert, eben weil sie häufig allein leben.

Verweigerungsgründe aufgrund des Forschungsdesigns

Auch das Forschungsdesign beeinflusst die Wahrscheinlichkeit, dass Zielpersonen die Teilnahme an einer Untersuchung verweigern. Insbesondere folgende Aspekte sind relevant:

- *Interviewermerkmale:* Je nachdem, wer da vor ihrer Tür steht, reagieren Zielpersonen unterschiedlich. Marktforschungsinstitute achten daher darauf, dass ihre Interviewer und Interviewerinnen seriös und Vertrauen erweckend wirken.
- *Fragebogenmerkmale:* Je länger der angekündigte Fragebogen, desto wahrscheinlicher ist es, dass eine Zielperson die Teilnahme an der Untersuchung verweigert. Wo die persönliche Schmerzgrenze einer Zielperson liegt, hängt dabei u. a. von der wahrgenommenen Relevanz der Fragen für ihr eigenes Lebensumfeld ab.

Spezielle Ausfallprobleme bei einer Panelbefragung

Wenn dieselben Individuen wiederholt untersucht werden, nennt man dies eine *Panelumfrage* oder einfach auch nur ein „Panel". Fast jedes Marktforschungsinstitut hat eigene Panels. Ein Beispiel für ein Panel in der akademischen Forschung ist das sozio-ökonomische Panel (= „SOEP"; www.diw.de). Das Panel unterliegt den üblichen Stichprobenproblemen. Hinzu kommen zusätzliche Stichprobenprobleme, die dadurch entstehen, dass die Untersuchungen in bestimmten zeitlichen Abständen wiederholt werden. Im Laufe der Zeit scheiden manche Individuen aus dem Panel aus. Dieses Phänomen nennt man „Panelmortalität". Menschen können beispielsweise aus einem Panel ausscheiden, weil sie sterben oder wegziehen. Es kann aber auch sein, dass sie schlicht keine Lust mehr haben, regelmäßig untersucht zu werden. Insbesondere im letzten Fall sind systematische Fehler wahrscheinlich. Ein anderer Grund, warum Panels über die Zeit hinweg ihre Repräsentativität verlieren können, ist, dass sich die Grundgesamtheit ändern kann. Ein extremes Beispiel hierfür ist die Wiedervereinigung: Panels, die vor 1989 repräsentativ waren für die deutsche Bevölkerung, waren es nach 1989 nicht mehr.

Umgang mit Totalausfällen

Totalausfälle sind natürlich ein aus der Sicht des Forschers höchst unerwünschtes Problem, das man entsprechend zu beheben versucht.

Ausfälle durch Ersatzadressen bzw. –texte ersetzen

Man könnte meinen, eine vielversprechende Möglichkeit bestehe darin, die Ausfälle durch Ersatzadressen bzw. -texte zu ersetzen. Wenn von 100 Personen 45 nicht anwesend waren oder sich geweigert haben, an der Erhebung teilzunehmen, zieht man einfach eine neue Zufallsstichprobe von 45 anderen Personen, die man stattdessen zu befragen versucht. Wenn man Zeitungsartikel untersucht und an eine bestimmte Tageszeitung nicht herankommt, untersucht man einfach eine andere. Das ist aber tatsächlich keine gute Idee: Von den 45 neu ausgewählten Personen sind wahrscheinlich auch wieder einige nicht anzutreffen oder weigern sich, an der Untersuchung teilzunehmen. Auch an einige der neu gewählten Zeitungsartikel kommt man wahrscheinlich nicht heran. Und vermutlich fallen diese neuen Einheiten genau aus denselben Gründen aus wie die alten Einheiten. Der systematische Fehler wird also fortgesetzt. Allerdings verringert sich der Gesamtfehler etwas. Dieser besteht nämlich aus der Summe von Zufallsfehler und systematischem Fehler und der Zufallsfehler verringert sich durch die Vergrößerung der Stichprobe, wenn man die Ausfälle ersetzt.

Statistische Korrekturen durch Gewichtung

Viele Forscher versuchen, den systematischen Fehler durch statistische Korrekturen zu eliminieren. Weit verbreitet ist es in der Umfrageforschung, Verzerrungen der Stichprobe durch *Gewichtung* zu „korrigieren“. Man multipliziert jeden Fall mit einem Gewichtungsfaktor. Für die Teilgruppen, die unterrepräsentiert sind, ist dieser Gewichtungsfaktor entsprechend größer. Einige solcher Gewichtungsverfahren sollen hier kurz vorgestellt werden:

Design-Gewichte

Je nach Kontext der Anwendung sind Gewichtungen kritischer oder weniger kritisch zu betrachten. Relativ unproblematisch sind so genannte „Design-Gewichte“. Diese werden eingesetzt, um durch das Forschungsdesign bewusst hervorgerufene Verzerrungen auszugleichen. Bei disproportional geschichteten Stichproben z. B. werden – wie weiter oben erläutert – Mitglieder einer bestimmten Gruppe mit Absicht in einem höheren Umfang in die Stichprobe aufgenommen, als es ihrem Anteil an der Grundgesamtheit entspricht. Da diese „Manipulation“ der Stichprobe durch den Forscher in einer bestimmten Weise vorgenommen wird, kann ihr Effekt auch genau berechnet werden. Hat man z. B. in einer gesamtdeutschen Befragung genau so viele Bürger der neuen wie der alten Bundesländer befragt, obwohl Erstere nur ein Fünftel der Gesamtbevölkerung ausmachen, dann kann man dies berücksichtigen, indem man den Befragten Gewichte verleiht, die ihrer inversen Auswahlwahrscheinlichkeit entsprechen, den Bürgern der neuen Länder also z. B. ein Gewicht von 0,4 und den Befragten aus den alten Ländern ein Gewicht von 1,6.

Auch beim Random-Route-Verfahren werden bestimmte Personen mit verschiedenen Auswahlwahrscheinlichkeiten ausgewählt. Da hierbei zunächst Haushalte ausgewählt werden, aus denen dann eine Person zufällig ausgewählt wird, ist die Wahrscheinlichkeit einer Person, in die Stichprobe zu gelangen, um so geringer, je größer der Haushalt ist, in dem sie lebt. Auch hier kann man die Verzerrung ausgleichen, indem man den Befragten jeweils die Haushaltsgröße als Gewicht vergibt. Danach transformiert man alle Gewichte so, dass die Summe der Gewichte wieder der ursprünglichen Fallzahl entspricht.

Design-Gewichte werden auf einer theoretisch-statistischen Grundlage vergeben. Sie erhöhen die Schätzgenauigkeit, da sie die Unterschiede der Auswahlwahrscheinlichkeit der befragten Personen berücksichtigen. Voraussetzung für die Anwendung der Design-Gewichtung ist der Umstand, dass diese Unterschiede in den Auswahlwahrscheinlichkeiten einzig durch die Art des Vorgehens bei der Stichprobenziehung bedingt und somit bekannt sind.

Redressment-Gewichte

Wesentlich problematischer sind so genannte „Redressment-Gewichte“, bei denen die Verteilung eines bestimmten Merkmals in der Stichprobe durch Gewichtung an die Verteilung dieses Merkmals in der Grundgesamtheit angepasst wird.

Beispiel: Jeweils etwa die Hälfte der deutschen Bevölkerung sind Männer bzw. Frauen. Man hat eine Umfrage zur politischen Aktivität der Bürger durchgeführt. In der Stichprobe befinden sich 500 Männer, aber nur 250 Frauen. Die Frauen sind also deutlich unterrepräsentiert – in der Stichprobe liegt der Frauenanteil nur bei einem Drittel. Ein Forscher gewichtet den Datensatz nach Geschlecht: Er multipliziert jeden Mann mit dem Wert „1“, jede Frau mit dem Wert „2“, d. h. bei der Auswertung der Daten zählen die Antworten jeder befragten Frau doppelt.

An diesem Beispiel wird deutlich, was das Problem der Redressment-Gewichtung ist: Erstens kann man nur solche Variablen zur Gewichtung verwenden, deren Verteilung in der Grundgesamtheit und in der Stichprobe bekannt ist. Man muss also z. B. wissen, wie hoch der Männer- bzw. Frauenanteil in der deutschen Bevölkerung und in der Stichprobe ist. Deshalb werden meistens soziodemografische Variablen wie Bundesland, Ortsgröße, Geschlecht, Alter, Familienstand oder eine Kombination dieser Variablen als Gewichtungsfaktoren verwendet. Zweitens macht die Gewichtung nur Sinn, wenn die Variable, deren Randverteilung durch die Gewichtung angepasst wird, auf die eigentlich interessierenden Variablen der Untersuchung Einfluss hat. Wir wollen etwa im Fall des obigen Beispiels mit Hilfe der Untersuchung ja nichts über die Verteilung des Geschlechts herausfinden (vielmehr ist uns diese bekannt, andernfalls könnten wir sie nicht zur Gewichtung verwenden), sondern zum Beispiel etwas über die politische Partizipationsbereitschaft der Befragten. Das Redressment-Gewicht nach dem Kriterium des Geschlechts kann also in diesem Fall nur dann sinnvoll sein, wenn die politische Aktivität tatsächlich vom Geschlecht abhängig ist.

Aber selbst wenn die Gewichtungsvariable mit den erhobenen Merkmalen zusammenhängt, kann das Untersuchungsergebnis nur dann durch Gewichtung verbessert werden, wenn die Untergruppen, die durch das Gewicht „verstärkt" oder „vermindert" werden, in sich homogen sind. Doch genau dies ist in der Regel zweifelhaft: Kann man davon ausgehen, dass die Mitglieder der Teilgruppen in der Stichprobe repräsentativ für die Mitglieder der Teilgruppen in der Grundgesamtheit sind? Diese Annahme ist meistens zumindest anzweifelbar. Hierzu ein Beispiel: Bei Online-Erhebungen sind typischerweise ältere Menschen unterrepräsentiert. Der Grund ist offensichtlich: Den meisten älteren Menschen fällt es schwer, Neues zu lernen. PC und Internet sind neue Techniken, mit denen sie sich auch beruflich nicht mehr auseinandersetzen müssen. Viele ältere Menschen können deshalb nicht mit dem PC umgehen, besitzen keinen PC und surfen somit auch nicht im Internet. Deshalb können sie auch nicht bei Internet-Umfragen mitmachen.

In einer Online-Umfrage sollte beispielsweise untersucht werden, welche Haltung die Deutschen zum technischen Fortschritt haben. Befragt wurden 800 Personen mit der folgenden Altersverteilung:

Tabelle 5.1: Altersverteilung in einer fiktiven Stichprobe

Altersgruppe	Häufigkeit	Anteil in Stichprobe	tatsächlicher Anteil in der Bevölkerung
15-25	135	16,9 %	14 %
> 25-45	360	45,0 %	36 %
> 45-65	300	37,5 %	30 %
> 65	5	0,6 %	20 %
Gesamt	800		

Damit die Altersverteilung in der Stichprobe der in der Grundgesamtheit entspricht, hätten zusätzlich 195 Über-65-Jährige befragt werden müssen. Man kann nun natürlich gewichten, d. h. die Antworten der fünf befragten Über-65-Jährigen mit einem entsprechend hohen Faktor versehen. Aber ist es wirklich plausibel, dass diese fünf Befragten repräsentativ für ihre Altersgruppe sind? Ist es nicht wahrscheinlicher, dass sie dem technischen Fortschritt gegenüber besonders aufgeschlossen sind? Die Gewichtung wäre in diesem Fall unsinnig – man kann zwar vermuten, dass die Über-65-Jährigen, die nicht befragt wurden, dem technischen Fortschritt gegenüber weniger aufgeschlossen sind, aber man weiß es nicht. Um es zu wissen, hätte man sie schließlich befragen müssen. Systematische Fehler lassen sich also durch Gewichtung nicht beseitigen. Simulationsstudien bestätigen dies.

Gewichte aufgrund empirischer Theorien über Teilnahmebereitschaft

Manche Forscher versuchen, Ausfälle statistisch zu korrigieren, indem sie jedem Befragten eine Response- bzw. Nonresponse-Wahrscheinlichkeit zuordnen. Die Forscher gewichten dann solche Befragten höher, die eine niedrigere „Wahrscheinlichkeit" hatten, in die Stichprobe zu gelangen. Die Logik dieses Verfahrens ähnelt der Logik der disproportionalen Schichtung. Der entscheidende Unterschied besteht darin, dass Forscher bei der disproportionalen Schichtung die Auswahlwahrscheinlichkeit exakt angeben können, weil sie sie selbst durch das Auswahlverfahren bestimmen. Hingegen ist es ausgesprochen schwierig, den Befragten aufgrund gewisser Merkmale exakte Response-Wahrscheinlichkeiten zuzuweisen. Man ist hierbei auf eine Theorie des Verweigerungsverhaltens angewiesen.

Das Grundproblem der Gewichtung aufgrund empirischer Hypothesen aber ist dasselbe wie bei Redressment-Gewichten: Die Variablen, mit deren Hilfe man die Response-Wahrscheinlichkeit berechnet, müssten stark mit den Merkmalen der Untersuchung sowie mit dem Ausfallgrund zusammenhängen. Idealerweise sollten es die Ausfallgründe selbst sein. Die Ausfallgründe kann man aber nur feststellen, wenn man bei der Datenerhebung ein Ausfallprotokoll erstellt. Dies wird in der Forschungspraxis leider nur selten gemacht.

Ebenso problematisch ist auch hier die unterschwellig gemachte Homogenitätsannahme. Ein Forscher kann zwar versuchen, das Profil eines typischen Verweigerers zu erstellen. Dennoch können wir nicht einfach annehmen, dass wir das Antwortverhalten derjenigen, die an der Befragung teilnehmen und dieses Profil ebenfalls besitzen, auf diejenigen übertragen können, die nicht teilgenommen haben. Mögen sich ein Teilnehmer und ein Verweigerer auch sonst haargenau gleichen – in einem Punkt unterscheiden sie sich ganz offensichtlich: nämlich darin, dass der eine eine Antwort gegeben hat und der andere nicht. Beispielsweise ist zu beobachten, dass in politischen Wahlumfragen die Wahlbeteiligung der Befragten immer wesentlich höher ausfällt als die tatsächliche Wahlbeteiligung. Dies ist kaum verwunderlich, denn Menschen, die in einer Form zur Partizipation bereit sind, sind meist auch zur Partizipation in anderen Formen bereit. Der beobachtete Effekt ließe sich daher damit erklären, dass die echten „Wahlmuffel" auch diejenigen sind, die an keiner Umfrage teilnehmen. Trifft dies zu, dann können sie auch durch kein Gewichtungsverfahren der Welt in die Umfragedaten hineingerechnet werden.[2]

Obwohl Gewichtungen aufgrund empirischer Hypothesen also aus rein logischen Gründen abgelehnt werden müssen, kann leider kein Zweifel daran bestehen, dass sie in der Realität mehr oder weniger stillschweigend praktiziert werden. Die Prognoseergebnisse, die z. B. bei politischen Umfragen veröffentlicht werden, liegen oft weit entfernt von den tatsächlich erhobenen Rohdaten der Umfrageinstitute. Der Weg von den Rohdaten zu den Prognosedaten führt also häufig über das schon erwähnte „Fingerspitzengefühl des erfahrenen Wahlforschers", den „goldenen Daumen" oder eine „empirische" Theorie wie die so genannte „Schweigespirale". Um die Verzerrung berechnen zu können, bedienen sich politische Mei-

---

2 Eine andere Erklärung dafür, dass die Wahlbeteiligung in Umfragen immer höher ausfällt als in der Wirklichkeit, liefert der Effekt sozialer Erwünschtheit (vgl. Kap. 6.2). Danach geben Befragte in Umfragen die Antworten, von denen sie glauben, dass sie sozialen Normen entsprechen, in unserem Fall wäre dies eine Art „Demokratienorm", nach der die Teilnahme an Wahlen die Pflicht eines guten Demokraten wäre. Vermutlich kommt die Überschätzung der Wahlteilnahme in Umfragen durch eine Kombination der beiden Faktoren „Verzerrung der Stichprobe" und „soziale Erwünschtheit" zustande.

nungsforscher – ob explizit oder stillschweigend – fast immer irgendwelcher Hintergrundannahmen, die sozusagen aus dem empirischen Blei der Rohdaten das Gold der Prognosedaten zaubern. Wie mittelalterliche Alchemisten schweigen auch politische Meinungsforscher gerne über das verwendete Verfahren, das als Betriebsgeheimnis sorgfältig gehütet wird. Dem wissenschaftlichen Ideal der Transparenz wird ein solches Verhalten natürlich nur wenig gerecht. Ein aus wissenschaftlicher Sicht positives Vorbild ist daher das Verhalten der „Forschungsgruppe Wahlen“, die im „Politbarometer“ neben ihrer eigentlichen Prognose zumindest die Rohdaten der Wahlabsichtsfrage – „politische Stimmung“ genannt – veröffentlicht, auch wenn die genaue Umrechnung der Rohdaten zu den veröffentlichten Prognosedaten verschwiegen wird.

Möglichkeiten der Vermeidung von Totalausfällen

Forscher können systematische Fehler also weder beseitigen, indem sie die Ausfälle durch Ersatzadressen substituieren, noch dadurch, dass sie statistische Korrekturen vornehmen. Am besten sorgt man also dafür, dass Ausfälle möglichst gar nicht erst entstehen. Das bedeutet, dass man den Forschungsprozess insgesamt sowie die einzelnen Forschungsphasen sehr sorgfältig planen muss. Ein wichtiges Ziel dabei muss es sein, den Zielpersonen zu zeigen, dass die Forscher sie ernst nehmen und dass die Teilnahme an der Untersuchung sich für sie lohnt oder ihnen zumindest nicht schadet. Ebenso wichtig ist, dass für die Zielpersonen deutlich wird, dass es sich um ein ernsthaftes Forschungsvorhaben handelt. Für Befragungen z. B. gibt es eine ganze Reihe von Einzelmaßnahmen, die ein Forscher zu diesem Zweck ergreifen kann (vgl. hierzu ausführlicher die Abschnitte 6.2 und 6.3).

Nachbearbeitung der Ausfälle

Wenn eine Zielperson nicht anwesend ist, sollten die Forscher dies nicht auf sich beruhen lassen. Sie sollten nötigenfalls an verschiedenen Tagen und zu unterschiedlichen Tageszeiten versuchen, die Zielperson zu erreichen. Wenn die Feldphase länger dauert (z. B. drei Monate), sollte man die Kontaktversuche nicht innerhalb weniger Tage oder nur am Anfang und am Ende der Feldphase machen, sondern kontinuierlich über den gesamten Untersuchungszeitraum streuen, um Zielpersonen zu erreichen, die länger unterwegs sind. Die Kontaktversuche sollten auch zu verschiedenen Tageszeiten und an verschiedenen Wochentagen stattfinden. Zielpersonen, die beispielsweise arbeiten, sind wahrscheinlich immer zu denselben Tageszeiten nicht zu Hause. Nach mehreren erfolglosen Kontaktversuchen sollte man zu einer anderen Kontaktierungsmethode als der des persönlichen Kontakts greifen; z. B. kann man versuchen, die Zielperson telefonisch oder über die Nachbarn zu erreichen. Auch wenn eine Zielperson zwar erreicht wurde, sich aber geweigert hat, an der Untersuchung teilzunehmen, sollte man dies nicht auf sich beruhen lassen, sondern versuchen, die Zielperson zu überzeugen, sich doch noch befragen zu lassen. Wie man am besten versucht, eine Zielperson zu „konvertieren", muss man von Fall zu Fall entscheiden. Hierzu sind Angaben des ersten Interviewers darüber wichtig, wie sich die Zielperson beim Kontaktversuch verhalten und welche Gründe sie für die Verweigerung angegeben hat. Je nach Fall könnte z. B. der Studienleiter bei dem Verweigerer anrufen und ihn selbst um ein Interview bitten oder aber einen anderen Interviewer schicken.

Bei manchen Zielpersonen wirken auch finanzielle Anreize oder „Gastgeschenke". Allerdings sollte man bei Konvertierungsversuchen vorsichtig sein, man will die Zielpersonen schließlich nicht verärgern. Wenn eine Zielperson die Teilnahme an einer Studie mehr als einmal verweigert hat, sollte man ein Ausfallprotokoll erstellen: Um später systematische Verzerrungen besser abschätzen zu können, hält man einige Informationen über die ausgefallene Zielperson fest. Oft kann man die Zielperson überzeugen, wenigstens diese Minimalangaben zu machen. Die Interviewer und Nachbarn können oft einige Informationen beisteuern. Fast immer erhält man auf diese Weise Informationen über die Wohnregion (anhand der Adresse), das Geschlecht (Vorname) und das Alter (Geburtsdatum). Der Interviewer kann Informationen über die Kontaktversuche liefern, insbesondere warum das Interview nicht zustande gekommen ist.

Bei jedem Versuch der Konvertierung ist selbstverständlich darauf zu achten, dass der Datenschutz gewahrt bleibt. Personen, die ihre Verweigerungshaltung eindeutig zu erkennen gegeben haben, dürfen nicht mehr befragt werden.

Dokumentation der Feldarbeit

Um Erfahrungen über systematische Verzerrungen zu verbessern und diese in einzelnen Studien künftig besser abschätzen zu können, sollte jede Studie die Feldarbeit möglichst genau dokumentieren. Neben den oben genannten Ausfallprotokollen sollte der Prozess der Kontaktaufnahme für jede Zielperson – Befragte und Ausfälle – festgehalten werden.

5.3.2 Fehlende Werte

Fehlende Werte (= Missing Values, Missing Data, item-nonresponse)

Die Stichprobe, die für die statistische Analyse relevant ist, ist die datenorientierte. Diese kann verzerrt sein durch Einflüsse, die auf drei verschiedenen Stufen des Forschungsprozesses wirken. Erstens kann die Auswahlgesamtheit von der Grundgesamtheit auf systematische Weise abweichen. Zweitens verzerren Totalausfälle die element- und damit auch die datenorientierte Stichprobe. Auf der dritten Stufe kommt es zu weiteren Verzerrungen durch den Umstand, dass der Umfang der datenorientierten Stichprobe nicht immer dem Umfang der elementorientierten Stichprobe entspricht – nämlich dann nicht, wenn für bestimmte Elemente keine Datenwerte vorliegen. Diese fehlenden Angaben nennt man fehlende Werte (= Missing Data, Missing Values, item-nonresponse). Bei der Befragung können Angaben beispielsweise entweder fehlen, weil dem Befragten aufgrund der Filterführung (vgl. Kap. 6.2.4) bestimmte Fragen gar nicht gestellt wurden oder weil der Befragte die Kategorie „Weiß nicht" angegeben hat. Fehlende Werte können aber auch unbestimmt sein: Der Befragte hat einzelne Fragen nicht beantwortet oder die Befragung komplett abgebrochen. Es können drei Typen unbestimmter fehlender Werte unterschieden werden:

Reale fehlende Werte

1. *Reale fehlende Werte:* Das Individuum weist bei einer Variable keinen Wert auf. Ein Befragter hat beispielsweise zu einem Thema keine Meinung. Beispiel: „Halten Sie Edmund Stoiber oder Gerhard Schröder für kompetenter?" Diese Frage kann nur beantworten, wer sich darüber Gedanken gemacht und eine Meinung dazu hat. Möglicherweise kann sich ein Befragter auch nicht an die richtige Antwort erinnern, weil das Geschehen, nach dem gefragt wird, weit zurückliegt oder für den Befragten unwichtig war. Beispiel: „Wen haben Sie bei der Bundestagswahl 1994 gewählt?" Dazwischen lagen so viele andere Wahlen, dass wahrscheinlich nur diejenigen Befragten die Frage beantworten können, die immer dieselbe Partei wählen. Es kann auch sein, dass bestimmte Voraussetzungen erfüllt sein müssen, damit eine Frage auf einen bestimmten Befragten überhaupt zutrifft bzw. für ihn Sinn macht, was nicht immer der Fall ist. Beispiel: „Wie hoch ist der Mitgliedsbeitrag, den Sie an Ihre Partei zahlen?" Diese Frage kann nur beantworten, wer Mitglied einer Partei ist. Wenn Befragte sich hier keiner Antwort zuordnen konnten, liegt das möglicherweise an Formulierungsfehlern im Fragebogen. Problematisch sind solche Formulierungsfehler vor allem deshalb, weil Befragte, die gar nicht antworten, wenn sie sich nicht zuordnen

können, die Ausnahme sind. Viele kreuzen in dem Fall lieber einfach irgend etwas an, als dass sie durch Nichtbeantwortung zugeben, dass sie die Frage nicht beantworten können. Das gilt auch dann, wenn es eine Kategorie „Weiß nicht" gibt. Das „Fehlen" realer fehlender Werte ist in jedem Fall ein Merkmal der Verteilung einer Variablen. Bei der deskriptiven Aufbereitung der Daten sollten die fehlenden Werte daher immer – soweit möglich – mit berücksichtigt werden. Reale fehlende Werte entsprechen dem tatsächlichen Zustand des Befragten. Sie „verschlechtern" also nicht die Ergebnisse, sondern sind ein echter Ausdruck tatsächlich vorhandener Strukturen.

Systematische fehlende Werte

2. *Systematische fehlende Werte:* Es kann aber auch sein, dass ein Befragter tatsächlich einen Wert bei der Variable aufweist, diesen aber nicht offen legen will und deshalb nicht antwortet. Das passiert beispielsweise, wenn der Befragte bestimmte Antworten für sozial unerwünscht hält. Beispiel: „Welche Partei würden Sie wählen, wenn am nächsten Sonntag Bundestagswahl wäre?" Der Befragte würde die Republikaner wählen. Um dies nicht zugeben zu müssen, antwortet er lieber gar nicht. Es kann auch sein, dass ein Befragter Angst hat, eine bestimmte Antwort zu geben. Beispiel: Bei einer Volkszählung wollen manche Befragten ihr Einkommen nicht angeben, weil sie Angst haben, dass diese Informationen an das Finanzamt weitergegeben und mit den Angaben in der Steuererklärung abgeglichen werden. Und es kann sein, dass Befragte einfach der Meinung sind, dass bestimmte Themen niemanden etwas angehen (z. B. wie ihr Sexualleben verläuft). Wenn Befragten der Fragebogen zu lang, zu schlecht oder ihnen das Thema nicht wichtig genug ist, brechen sie die Beantwortung womöglich vor Erreichen des Endes ab. Systematische fehlende Werte erhöhen die Wahrscheinlichkeit von systematischen Fehlern.

Zufällige fehlende Werte

3. *Zufällige fehlende Werte:* Es kann auch sein, dass die fehlenden Werte zufällig sind, d. h. dass die realen Werte, die die Befragten bei der Variable aufweisen, nicht damit zusammenhängen, ob sie die Frage beantworten. Die fehlenden Werte sind möglicherweise zufällig, wenn nichts darauf hindeutet, dass reale oder systematische fehlende Werte vorliegen. Mögliche Ursachen können sein: Die Antwortkategorien überschneiden sich, so dass der Befragte nicht weiß, in welche Kategorie er sich einordnen soll; anstatt irgend etwas anzukreuzen, lässt er das Feld leer. Oder das Layout ist sehr schlecht; der Befragte hat die Frage daher einfach über-

blättert bzw. überlesen. Oder bei der Dateneingabe ist ein Fehler unterlaufen. Zufällige fehlende Werte erhöhen die Wahrscheinlichkeit von Zufallsfehlern.

Umgang mit fehlenden Werten

Fehlende Werte sind vor allem im Zusammenhang mit statistischen Analysen ein Problem, in die gleichzeitig sehr viele Variablen eingehen. Wenn ein Fall nur bei einer einzigen dieser Variablen einen fehlenden Wert besitzt, kann er in die Analyse nicht einbezogen werden. Je mehr Variablen in die Analyse eingehen, desto empfindlicher reduzieren fehlende Werte die Anzahl der Fälle. Es gibt daher mehrere Methoden, fehlende Werte durch konkrete Werte zu ersetzen, um sie so wieder der Analyse zugänglich zu machen:

Ersetzen durch den „typischen" Wert einer Verteilung

- Man ersetzt den fehlenden Wert durch den Durchschnittswert (bei intervallskalierten Variablen), den Median (bei ordinalskalierten Variablen) oder durch den am häufigsten vorkommenden Wert (bei nominalskalierten Variablen). Nehmen wir an, in einer Umfrage zur Einstellung der Deutschen gegenüber Politikern wurden 100 Personen befragt. Die Befragten sollten unter anderem folgende Fragen beantworten: Frage A: „Wie alt sind Sie?" Die Befragten mussten ihr Alter in Jahren in den Fragebogen eintragen. Frage B: „Für wie kompetent halten Sie Guido Westerwelle?" Antwortmöglichkeiten: (1) Für sehr kompetent – (2) Für kompetent – (3) Für inkompetent – (4) Für sehr inkompetent. Von den einhundert Personen haben acht die Frage A nicht beantwortet, zwanzig die Frage B nicht und elf weitere weder die eine noch die andere Frage. Insgesamt haben also 39 Befragte mindestens eine der beiden Fragen nicht beantwortet. Um alle Befragten auswerten zu können, ersetzen die Forscher die fehlenden Werte durch den Durchschnitt der übrigen Befragten bei der entsprechenden Variablen bzw. durch den Modalwert. Da die 81 Befragten, die ihr Alter angegeben haben, im Mittel 45 Jahre alt sind, ersetzt man bei den 19 Befragten, die ihr Alter nicht angegeben haben, den fehlenden Wert durch den Wert „45". 69 Befragte haben Frage B beantwortet. Die meisten von ihnen halten Guido Westerwelle für „kompetent". Also ersetzt man bei den 31 Befragten, die Frage B nicht beantwortet haben, den fehlenden Wert durch den Wert „2". Dieses Vorgehen ist offensichtlich nicht unproblematisch: Bei zufälligen fehlenden Werten ist im besten Fall nichts gewonnen, bei systematischen oder realen fehlenden Werten produziert man wahrscheinlich sogar Fehler: Bei realen fehlenden Werten entsprach der fehlende Wert schließlich in irgendeinem Sinne der wahren Situation der Befragten. Befragte, die Guido Westerwelle nicht kennen oder keine Meinung zu ihm haben, halten ihn kaum für „kompetent“. Handelt es sich bei den fehlenden Werten um systematische fehlende Werte, dann werden die Ergebnisse durch die Ersetzung verzerrt, weil diejenigen, die keine Antwort gegeben haben, eben gerade keine „typischen“ Elemente der Verteilung sind. Nehmen wir an, Befragte, die Westerwelle für sehr kompetent halten, äußern dies nicht, weil sie befürchten, dass man sie dann nicht mehr ernst nehmen würde. Dann führt die Ersetzung dieser Anhänger durch den Modalwert zu einer systematischen Verzerrung.

Regressionsanalytische Schätzung

- Man schätzt die fehlenden Werte mit Hilfe einer Regressionsanalyse. Auch bei dieser Methode hängt es von der Fehlerart ab, ob sie sinnvoll ist. Wie bei der Ersetzung des fehlenden Wertes durch den häufigsten Wert bzw. den Durchschnittswert macht man bei realen fehlenden Werten sicher und bei systematisch fehlenden Werten wahrscheinlich einen Fehler. Die Begründung ist dieselbe. Bei zufälligen fehlenden Werten kann man immerhin den Zufallsfehler verringern, sofern die Regressionsschätzung gut ist.

Imputation

Die eben beschriebenen Methoden lassen sich unter dem Oberbegriff der „Imputation“ beschreiben. Dabei handelt es sich im weitesten Sinne um eine Ersetzung der fehlenden Werte durch einen „reasonable guess“ (Allison 2002: 11), wonach die Analyse so fortgesetzt wird, als ob es gar keine fehlenden Werte gäbe. Die beiden sehr einfachen oben beschriebenen Verfahren haben allerdings einen gewichtigen Nachteil. Im ersten Fall wird die Varianz der ersetzten Variablen unterschätzt, da eine Verteilung von Werten durch einen einzigen Wert ersetzt wird, im zweiten Fall wird der Zusammenhang der Variablen, für die Werte ersetzt werden, mit den Variablen, aufgrund deren Kenntnis der Ersatzwert gebildet wird, überschätzt. Es gibt daher weitere, wesentlich ausgefeiltere Imputationsmethoden, die solche Schwächen vermeiden.

Zusammenfassend gilt für fehlende Werte: Systematische Fehler lassen sich aus einem Datensatz nicht eliminieren. Die Versuche, fehlende Werte im Nachhinein „aufzufüllen“, sind sehr mühsam und nur bedingt erfolgversprechend. Das Problem ist vollkommen analog zum Problem der Totalausfälle. Die Formen der Beseitigung sind daher ähnlich und müssen auch ähnlich kritisch beurteilt werden. Das Grundproblem ist bei allen systematischen Verzerrungen dasselbe: Man kann bestenfalls vermuten, welcher Personenkreis aufgrund der Totalausfälle oder der fehlenden Werte unterrepräsentiert ist, weiß es aber nicht, weil genau die Analyse, die darüber Aufschluss geben könnte, nämlich die Analyse der Ausfälle bzw. fehlenden Werte selbst aus logischen Gründen ausgeschlossen ist. Wie für Totalausfälle gilt daher auch für fehlende Werte: Es ist besser, sie von vorneherein zu vermeiden. Man vermeidet fehlende Werte am besten durch ein gutes Fragebogendesign sowie durch dieselben Maßnahmen, mit denen man Totalausfälle vermeidet. Eine Voruntersuchung dient der Selbstkontrolle: Sie erlaubt festzustellen, ob man gravierende Fehler gemacht hat.

Weiterführende Literatur

Literaturhinweise: Systematische Fehler

Wie entstehen Ausfälle? Wie beeinflussen die jeweiligen Ausfallgründe die Qualität der Stichprobe? Was kann man tun, um Ausfälle zu verhindern? Diesen Fragen geht *Schnell* (1997) mit Fokus auf Deutschland, *Brehm* (1993) mit Fokus auf die USA nach. *Little* und *Schenker*(1994) geben einen Überblick über Formen von fehlenden Werten. *Little* und *Rubin* (1987; 1990) und *Allison* (2002) machen Vorschläge, wie man bei statistischen Analysen mit fehlenden Werten umgeht. *Allison* beschreibt hierbei auch einige Imputationsmethoden. *Koch* und *Porst* (1998) beschreiben Erfahrungen mit Nonresponse in verschiedenen europäischen Ländern. *Harkness*, *Mohler* und *Van de Vijer* (2003) erläutern, welche zusätzlichen Probleme bei internationalen Studien auftreten können. *Porst* (2001) erklärt, wie man die Ausfälle bei postalischen Befragungen minimiert. Untersuchungen über Stichprobenprobleme bei verschiedenen Auswahlverfahren werden regelmäßig in den *ZUMA-Nachrichten* und in den *ZA-Informationen* veröffentlicht. *Schnell* (1993) geht ausführlicher auf die Problematik der Homogenitätsannahme bei Gewichtungen ein. *Gabler*, *Häder* und *Hoffmeyer-Zlotnik* (1998) behandeln unter anderem das Gabler-Häder-Design der Ziehung einer Telefonstichprobe. *Faas* (2003) vergleicht unter anderem den Einfluss der Verzerrung einer Online-Stichprobe und einer repräsentativen Umfrage gegenüber den wahren Werten der Gesamtbevölkerung. *Faas* und *Rattinger* (2004) vergleichen eine selbstrekrutrierende Online-Umfrage, eine repräsentative, durch Screening erhobene Online-Umfrage und eine repräsentative Bevölkerungsumfrage hinsichtlich der Randverteilungen bestimmter Variablen und bestimmter Zusammenhänge zwischen ausgewählten Variablen.

Allison, Paul D. (2002): Missing Data. Thousand Oaks: Sage

Brehm (1993): The Phantom Respondents. Opinion Surveys and Political Representation. Ann Arbor: The University of Michigan Press

Faas, Thorsten (2003): www.wahlumfrage2002.de – Analysen und Ergebnisse. Bamberger Beiträge zur Politikwissenschaft: Forschungsschwerpunkt Politische Einstellungen und Verhalten Nr. II-11

Faas, Thorsten / Hans Rattinger (2004): Drei Umfragen, ein Ergebnis? Ergebnisse von Offline- und Online-Umfragen anlässlich der Bundestagswahl 2002 im Vergleich. In: Frank Brettschneider / Jan van Deth / Edeltraud Roller (Hg.): Die Bundestagswahl 2002. Analysen der Wahlergebnisse und des Wahlkampfes. Wiesbaden: Verlag für Sozialwissenschaften.

Gabler, Siegfried / Häder, Sabine / Hoffmeyer-Zlotnik, Jürgen H. P. (Hg.) (1998): Telefonstichproben in Deutschland. Wiesbaden: Westdeutscher Verlag.

Harkness, Janet A. / Peter Ph. Mohler / Fons J. R. Van de Vijer (Hg.) (2003): Cross-Cultural Survey Methods. Hoboken: John Wiley & Sons

Koch, Achim / Rolf Porst (Hg.) (1998): Nonresponse in Survey Research. Proceedings of the Eightth International Workshop on Household Survey Nonresponse, 24-26 September 1997. ZUMA-Nachrichten Spezial Nr. 4. Mannheim.

Little, Roderick A. / Donald B Rubin (1987): Statistical Analysis with Missing Data. New York u. a.: John Wiley & Sons

Little, Roderick A. / Donald B Rubin (1990): The Analysis of Social Science Data with Missing Values. In: John Fox / J. Scott Long (Hg.) (1990): Modern Methods of Data Analysis. Newbury Park: Sage, 374–409

Little, Roderick A. / Nathaniel Schenker (1994): Missing Data. In: Gerhard Arminger / Clifford C. Clogg / Michael E. Sobel (Hg.) (1994): Handbook of Statistical Modeling for the Behavioral Sciences. London / New York: Plenum Press, 39–75

Porst, Rolf (2001): Wie man die Rücklaufquote bei postalischen Befragungen erhöht. ZUMA How-to-Reihe Nr. 9. Mannheim (http://www.gesis.org/Publikationen/Berichte/ZUMA_How_to/Dokumente/pdf/how-to9rp.pdf).

Schnell, Rainer (1993): Die Homogenität sozialer Kategorien als Voraussetzung für "Repräsentativität" und Gewichtungsverfahren, Zeitschrift für Soziologie, 22, 16–32.

Schnell, Rainer (1997): Nonresponse in Bevölkerungsumfragen. Ausmaß, Entwicklung und Ursachen. Opladen: Leske+Budrich.

5.4 Willkürliche Auswahl

Willkürliche Auswahl

Nur Zufallsstichproben erlauben den Repräsentationsschluss von der Stichprobe auf die Grundgesamtheit mit Hilfe von inferenzstatistischen Methoden. In der Praxis weit verbreitet sind jedoch auch willkürlich gezogene Stichproben, bei der der Auswahl der Elemente kein systematisches Design zugrunde liegt.

Gelegenheitsstichproben

Viele solcher Willkürstichproben sind „Gelegenheitsstichproben", d. h. die Stichprobe rekrutiert sich aus den Fällen, die man am leichtesten und unmittelbar erreicht:

- Insbesondere Journalisten führen oft Straßenbefragungen durch, aber auch Forscher können sich auf einen belebten Platz stellen und Passanten nach ihrer Meinung zu einem bestimmten Thema fragen. Straßenbefragungen sind in der Regel stark systematisch verzerrt: Wahrscheinlich antworten eher mitteilsame und beredte Personen – die Aussicht, in den Abendnachrichten zu erscheinen oder am nächsten Tag in der Zeitung zu stehen, ruft bei den einen Euphorie, bei den anderen Schrecken hervor. Letztere werden dann auch nicht in der Stichprobe sein. Viel schwerer wiegt jedoch ein anderes Problem: An jedem Ort sind bestimmte Personengruppen über-, andere unterrepräsentiert. In einzelnen Stadtvierteln trifft man eher Menschen an, die dort wohnen oder arbeiten. Diese Personenkreise sind normalerweise recht homogen: In einem Nobelviertel leben eher wohlhabende, in einem sozial schwachen Viertel eher Personen mit niedrigem Einkommen. In einem Büroviertel halten sich eher Angestellte mit höherer Bildung auf, in einem Industrieviertel Arbeiter. In einem Einkaufsviertel trifft man auf Personen, die einkaufen – und das sind nach wie vor hauptsächlich (Haus-)Frauen. Die Anwesenheit bestimmter Personengruppen variiert zudem je nach Tageszeit. Eine typische deutsche Innenstadt besteht beispielsweise aus einer Reihe Läden, Restaurants und Büros. Morgens zwischen 7 und 9 Uhr wird man dort wahrscheinlich eher Berufstätige antreffen, die zur Arbeit eilen. Am späteren Vormittag und nachmittags bevölkert eher die nicht arbeitende Bevölkerung die Straßen – Hausfrauen, Schüler, Studierende und Obdachlose. Um die Mittagszeit wimmelt es wieder von Berufstätigen. Am späten Nachmittag und abends trifft man Personen an, die ausgehen, d. h. eher aktive und jüngere Menschen. Bestimmte Personengruppen trifft man fast gar nicht auf der Straße an, z. B. ältere Menschen.
- Ein Forscher will untersuchen, wie deutsche Tageszeitungen die Parteien im deutschen Bundestag darstellen. Er geht also in die nächstgelegene Universitätsbibliothek und zieht eine Stichprobe aus den vorhandenen Zeitungen. Keine Universitätsbibliothek hat alle deutschen Tageszeitungen vorrätig. Im Allgemeinen findet man dort große, als „seriös" geltende überregionale Tageszeitungen wie die Frankfurter Allgemeine Zeitung, die Frankfurter Rundschau, die Süddeutsche Zeitung. Die BILD-Zeitung – immerhin die auflagenstärkste deutsche Zeitung – findet man dagegen nicht. Außerdem findet man häufig einige regionale Zeitungen – an der Freien Universität Berlin Berliner Zeitungen, an der

Universität Stuttgart baden-württembergische Zeitungen. Die politischen Kulturen sind aber regional sehr unterschiedlich, was sich auch in den regionalen Zeitungen widerspiegelt. Schließlich findet man in Universitätsbibliotheken ausländische Zeitungen wie die Neue Züricher Zeitung, die New York Times und die Financial Times, also Zeitungen, die in diesem Fall gar nicht in die Grundgesamtheit gehören.

- Ein Politikwissenschaftler führt eine teilnehmende Beobachtung durch: Seit Monaten macht er ein Praktikum bei einem Landtagsabgeordneten. Während dieser Zeit untersucht er Verhandlungssituationen zwischen Politikern. Er hat allerdings nur zu den Verhandlungen Zugang, bei denen „sein" Landtagsabgeordneter dabei ist. Darüber hinaus bekommt er in diesen Verhandlungssituationen nicht alles mit, weil „sein" Landtagsabgeordneter ihn immer wieder etwas fragt und seine Aufmerksamkeit deshalb vor allem auf ihn gerichtet ist. Der Politikwissenschaftler erhält also in Verhandlungen anderer Abgeordneter keinen Einblick. Vielleicht ist aber „sein" Abgeordneter gar nicht typisch für Abgeordnete.
- Ein Student der Politikwissenschaft untersucht das politische Interesse der Deutschen und befragt zu diesem Zweck seine Kommilitonen, also Personen, mit denen er zumindest entfernt zu tun hat – vor allem aber sind sie auch Studierende der Politikwissenschaft und damit Personen, die sich wohl ganz besonders stark für Politik interessieren – sonst würden sie kaum dieses Fach studieren. Personen, die in diesem Kreis als relativ „wenig" an Politik interessiert gelten, würden in anderen Kreisen vermutlich immer noch als „extrem" an Politik interessiert gelten.

Schneeballverfahren

Ein Spezialfall von Gelegenheitsstichproben sind Stichproben, die nach dem Schneeballverfahren generiert werden. Ein Forscher untersucht z. B. rechtsradikale Jugendliche. Nach mehreren Monaten fruchtloser Suche nach Interviewpartnern lernt er schließlich ein Mitglied der rechten Szene in einer Kleinstadt kennen. Es gelingt ihm, diese Person davon zu überzeugen, dass sie ihm vertrauen kann. Sie gibt ihm ein Interview und stellt den Kontakt zu drei weiteren Mitgliedern der rechten Szene her. Sie ist also ein „Gatekeeper" – weil sie für den Forscher eintritt, vertrauen ihm auch die anderen genug, um sich befragen zu lassen. Diese drei Befragten vermitteln den Forscher an zehn weitere Befragte, die ihn ihrerseits weitervermitteln. So kommt am Ende eine beachtliche Stichprobe zusammen.

Sich selbst generierende Stichproben

Eng verwandt mit Gelegenheitsstichproben sind sich selbst generierende Stichproben, bei denen sich die Elemente sozusagen selbst in die Stichprobe aufnehmen können. Oft wird dieser Umfragetyp daher auch als „selbstrekrutierend" oder „selbstrekrutiert" bezeichnet.

TED-Umfragen

Ein weit verbreitetes Beispiel für sich selbst generierende Stichproben sind TED-Umfragen. Insbesondere Fernsehsender führen gerne TED-Umfragen durch: In einer Sendung wird bekannt gegeben, dass Zuschauer sich zu einem bestimmten Thema äußern können, indem sie eine bestimmte Telefon-Nummer wählen. Personen, die die Sendung nicht sehen, bekommen also auch gar nicht mit, dass die Umfrage stattfindet. Jede Sendung hat aber ein bestimmtes Zielpublikum. Die Zuschauer von Talkshows unterscheiden sich in manchen Hinsichten stark von den Zuschauern von politischen Sendungen. Selbst innerhalb eines Sendungsformats gibt es evtl. starke Unterschiede. Entsprechend groß ist dann das Fehlerpotential. Hinzu kommt, dass die Teilnahme an TED-Umfragen meistens etwas kostet. Der Zuschauer muss sich also nicht nur aus seinem Fernsehsessel hochwinden, sondern auch noch Geld ausgeben, um an der Umfrage teilnehmen zu können.

Sich selbst generierende Online-Umfragen

Mittlerweile sind auch sich selbst generierende Online-Umfragen sehr beliebt: Im Browser geht ein Fenster auf und fordert den Internet-User auf, an einer Umfrage teilzunehmen; oder in einer Zeitung oder im Fernsehen wird die Bevölkerung aufgefordert, zur Teilnahme an einer bestimmten Umfrage auf eine bestimmte Webseite zu gehen. Auf dieser Seite können die Internet-User dann einen Fragebogen ausfüllen. Während schon Teilnehmer einer zufällig ausgewählten Online-Umfrage nicht repräsentativ für die Gesamtbevölkerung sind, gilt dies noch viel weniger für Teilnehmer an sich selbst generierenden Online-Umfragen. Die potenziellen Befragten müssen über einen Internetzugang verfügen und sich genügend mit der Technik auskennen, um die entsprechende Webseite finden zu können. Andernfalls können sie nicht an der Untersuchung teilnehmen. Außerdem müssen sie die Untersuchung für wichtig genug halten, um bereit zu sein, für die Teilnahme zu bezahlen – schließlich müssen sie in der Regel die Kosten für die Netzverbindung bezahlen. Die Gruppe derjenigen Personen, die das Internet nutzen, ist, wie wir schon wiederholt betont haben, zumindest zur Zeit (2004) noch nicht für die Gesamtbevölkerung repräsentativ, für sich selbst aktivierende Teilnehmer an Online-Umfragen trifft dies in noch höherem Maße zu. Wenn Online-Umfragen selbst generierend sind, dann können sie von interessierten Gruppen missbraucht werden, um die von ihnen gewünschten „Umfrageergebnisse" bewusst zu manipulieren. Im Wahlkampf 2002 z. B. gab es ein so genanntes „Online Campaigning Team" der SPD, dessen Aufgabe nach Selbstauskunft auf ihrer Website (http://www.o-c-t.info/: abgerufen 25.6.04) u. a. darin bestand, „Präsenz in Abstimmungen" zu zeigen.

Online-Erhebungen haben zudem ganz spezielle Stichprobenprobleme: Teilnehmer können die Seite wiederholt aufsuchen und den Fragebogen mehrfach ausfüllen. Findet die Stichprobenziehung extern statt wie bei einer repräsentativen Online-Umfrage, können Forscher dieses Problem umgehen, indem sie die potenziellen Befragten selbst aussuchen, persönlich anschreiben und ihnen ein Passwort zuteilen. Diese Form der Kontrolle scheidet aber bei sich selbst generierenden Stichproben in der Regel aus, da sie nur mit enormen technischem Aufwand umzusetzen wäre und lediglich die mehrmalige Teilnahme von derselben Adresse aus unterbinden könnte. Es beeinflusst die Auswahl ebenfalls stark, auf welchen Webseiten man die Aufforderung schaltet, bei der Untersuchung mitzumachen: Auf Sexseiten surfen vermutlich andere Leute als auf Spiegel-Online.

Ein weiteres Problem besteht darin, dass viele Befragte die Beantwortung des Fragebogens vorzeitig abbrechen. Zwei Hauptursachen sind dafür verantwortlich: Zum einen kann die Internetverbindung abbrechen, zum anderen ist die Toleranz für lange Fragebögen im Internet offenbar noch geringer als bei mündlichen Befragungen.

Gerade sich selbst generierende Online-Umfragen sind aber besonders kostengünstig durchzuführen. Die Versuchung, sie einzusetzen, ist deshalb groß. Aber: „Masse ist nicht gleich Klasse" – das weiß man spätestens seit 1936, dem Geburtsjahr der modernen Meinungsforschung: Die Zeitschrift Literary Digest führte damals anlässlich des Präsidentschaftswahlkampfs eine Umfrage unter zehn Millionen US-Amerikanern durch, die aus einem Telefonverzeichnis ausgewählt worden waren. Von den mehr als zwei Millionen ausgefüllten virtuellen Stimmzetteln schloss die Zeitschrift auf einen bevorstehenden Sieg des Republikaners Landon. Tatsächlich aber gewann Roosevelt. Der Meinungsforscher George Gallup hatte mit einer kleinen Quotenstichprobe von nur 1500 Personen das richtige

Ergebnis vorausgesagt. Das Ereignis demonstriert, dass es bei einer Stichprobe eben nicht in erster Linie auf den Umfang ankommt, sondern auf die Repräsentativität der Stichprobe für die Grundgesamtheit. Es mutet daher geradezu absurd an, dass unrepräsentative Massenumfragen in Form der Online-Umfrage eine fröhliche Wiederauferstehung feiern.

Wenn willkürliche Auswahlen auch niemals dazu eingesetzt werden können, um z. B. Parameterwerte der Grundgesamtheit zu schätzen, so gilt aber natürlich auch hier, dass die Verletzung der Repräsentativität für die Untersuchung mancher Fragestellungen weniger schwerwiegende Folgen hat. So können willkürliche Ad-Hoc-Auswahlen im Rahmen der Exploration durchaus eingesetzt werden, um ein erstes, wenn auch verzerrtes Bild der untersuchten Umwelt hinsichtlich der interessierenden Aspekte zu gewinnen. Auch in Pretests zur Überprüfung der Tauglichkeit gewisser Erhebungsinstrumente können solch willkürliche Auswahlen durchaus nutzbringend eingesetzt werden.

Weiterführende Literatur

Literaturhinweise: Willkürliche Auswahl

Batinic, *Bosnjak* und *Reips* (2002) besprechen Stichprobenprobleme bei Online-Erhebungen. *Faas* (2003) erläutert am Beispiel des Projekts „www.wahlumfrage2002.de" die Stichprobenprobleme von sich selbst generierenden Online-Umfragen. *Singer* (1999) beschreibt, wie man Stichproben aus schwer zugänglichen Bevölkerungsgruppen zieht. Sie gibt Beispiele für Fälle, in denen willkürliche Stichproben durchaus Sinn machen können.

Batinic, Bernard / Michael Bosnjak / Ulf-Dietrich Reips (Hg.) (2002): Online Social Sciences. Seattle u. a.: Hogrefe & Huber

Faas, Thorsten (2003): Umfragen im Umfeld der Bundestagswahl 2002: Offline- und Online im Vergleich. In: ZA-Information, 52, 120-135.

Singer, Merrill (1999): Studying Hidden Populations. In: Margaret D. LeCompte / Jean J. Schensul (Hg.): Ethnographer's Toolkit. Band 4: Mapping Social Networks, Spatial Data & Hidden Populations. Walnut Creek: Altamira Press, 125-191

5.5 Bewusste Auswahl

Bewusste Auswahl

Im Gegensatz zur Willkürauswahl wird die Stichprobe bei der bewussten Auswahl nach festen Regeln gezogen. Der Auswahlmechanismus beruht aber nicht auf einem Zufallsprozess, sondern auf bewusst getroffenen Entscheidungen des Forschers.

Kleine Stichproben versus große Stichproben

Wenn aus bestimmten Gründen nur kleine Stichproben realisiert werden können, kann die bewusste Auswahl die sinnvollste Stichprobenstrategie sein: Häufig kann der Forscher aus Zeit- und Kostengründen nur wenige Fälle untersuchen, beispielsweise wenn das Datenerhebungsverfahren sehr aufwändig ist. Dann benötigt man sehr viel Zeit, um die gewünschten Informationen über ein Individuum zu sammeln. Das gilt für alle offenen Datenerhebungsverfahren. Die Auswertung ist auch dann sehr aufwändig, wenn sie sehr viele Variablen umfasst. Das ist bei qualitativen Auswertungsverfahren die Regel. Schließlich kann die Fallzahl beschränkt sein, weil die Zielpopulation nur sehr schwer zugänglich ist bzw. Elemente von ihr selten anzutreffen sind. Dies könnte etwa der Fall sein bei Spitzenpolitikern, Obdachlosen, Vorstandsvorsitzenden von Großunternehmen oder rechtsradikalen Jugendlichen.

In solchen Fällen verzichtet man üblicherweise darauf, eine Zufallsstichprobe zu ziehen, da die geringen Fallzahlen von vorneherein den Einsatz der Inferenzstatistik sinnlos machen. Kann man die Ergebnisse dann aber überhaupt verallgemeinern? Das hängt davon ab, inwiefern man verallgemeinern will. Es hängt aber auch davon ab, wie die Stichprobe zusammengestellt ist. Die *willkürliche* Auswahl beeinträchtigt die Verallgemeinerbarkeit der Ergebnisse stark oder macht sie gar unmöglich. Die *bewusste* Auswahl ist dagegen eine wesentlich bessere Stichprobenstrategie für kleine Stichproben, wie wir auf den folgenden Seiten erläutern werden.

Die bewusste Auswahl eignet sich oft sogar für große Stichproben. Wie wir schon erläutert haben, müssen Zufallsstichproben einen großen Umfang haben, um inferenzstatistische Verfahren sinnvoll anwendbar zu machen. Dagegen gilt der Umkehrschluss nicht unbedingt: Große Stichproben sind *nicht* automatisch „repräsentativer" als kleine Stichproben. Sie ermöglichen *nicht* automatisch die Verwendung inferenzstatistischer Verfahren. Voraussetzung dafür ist, dass die große Stichprobe eine *Zufallsstichprobe* ist. Aber selbst Zufallsstichproben sind häufig systematisch verzerrt. Meistens fällt zwischen einem Drittel und der Hälfte der Zieleinheiten aus. Das bedeutet, dass man auch bei großen Stichproben immer fragen muss: Warum kam es zu Ausfällen? Hat der Ausfallgrund im konkreten Fall systematische Fehler zur Folge? Das ist meistens der Fall. Damit kann man die Schließende Statistik oft entweder gar nicht oder nur starken eingeschränkt anwenden; der eigentliche Vorteil großer Stichproben – die Verallgemeinerbarkeit der Stichprobenergebnisse – ist damit hinfällig. Für viele Forschungsfragen ist es deshalb sinnvoller, wenige Fälle bewusst auszuwählen und gründlich zu analysieren, als auf Masse zu setzen.

5.5.1 Quotenstichprobe

Quotenstichprobe

Eine Form der bewussten Auswahl ist die Quotenstichprobe. Sie hat das Ziel, eine repräsentative Stichprobe zu erhalten. Die Umfrage zum Präsidentschaftswahlkampf von George Gallup, die wir weiter vorne beschrieben haben, war beispielsweise eine solche Quotenstichprobe. Die Quotenstichprobe ähnelt äußerlich der geschichteten Stichprobe, sie ist aber keine Zufallsstichprobe. Wie bei der Schichtung stellt der Forscher eine Liste von Merkmalen auf, von denen er vermutet, dass sie mit den für die jeweilige Untersuchung wichtigen Variablen zusammenhängen. Diese Quotenmerkmale müssen leicht erkennbar und ihre Verteilung in der Grundgesamtheit muss bekannt sein.

Quotenplan

Ein so genannter Quotenplan kann in Form einer mehrdimensionalen Tabelle dargestellt werden, wobei die quotierten Merkmale den Dimensionen der Tabelle entsprechen. Nehmen wir an, es sei eine Stichprobe von 1000 Personen zu realisieren, und die Quotierungsmerkmale seien Geschlecht und Alter. Dabei wird angenommen, dass es in der Grundgesamtheit genau so viele Frauen wie Männer gibt. Das Alter wird lediglich in drei Ausprägungen erhoben, „<30“, „30-60“ und „>60“, wobei der Einfachheit halber angenommen werden soll, die erste Gruppe mache 20 % der Grundgesamtheit aus, die zweite 45 % und die dritte 35 %. Der Quotenplan hätte dann die folgende Form:

Tabelle 5.2: Beispiel eines Quotenplans

	Männer	Frauen	Zeilensumme
<30	100	100	200
30-60	225	225	450
>60	175	175	350
Spaltensumme	500	500	1000

Wie bei der Schichtung wird durch den Quotenplan festgelegt, wie viele Personen jeder Ausprägungskombination befragt werden sollen. (Einfachere Quotenstichproben verlangen nur, dass die jeweiligen Randverteilungen der Stichprobe mit dem Plan übereinstimmen müssen und nicht die Besetzung jeder Zelle.) Im weiteren Vorgehen aber unterscheiden sich Quotenstichprobe und geschichtete Stichprobe. Bei der Schichtung zieht der Forscher eine Zufallsstichprobe aus der Menge aller Individuen, die eine bestimmte Ausprägungskombination aufweisen. Die gezogenen Individuen werden dann z. B. Interviewern zugeteilt. Bei der Quotenstichprobe bekommt ein Interviewer dagegen nur gesagt, wie viele Personen mit dieser Ausprägungskombination er befragen soll. Wen er befragt, darf er sich selbst aussuchen, solange die Befragten nur die gewünschten Merkmalskombinationen aufweisen. Da es sehr wahrscheinlich ist, dass Interviewer bei eigener Auswahl eher Personen befragen, die ihnen soziokulturell nahe stehen, ist die Gefahr systematischer Fehler dabei relativ hoch. Mit Quotenstichproben umgeht man im Übrigen das Problem der Totalausfälle, da so lange gesucht werden kann, bis die gewünschte Anzahl von Personen gefunden ist, die dem erforderlichen Profil entsprechen und zur Teilnahme an der Befragung bereit sind. Quotenstichproben sind folglich besonders stark verzerrt, weil in ihnen besonders leicht erreichbare Personen stark überrepräsentiert sind.

Obwohl aus der Sicht eines Interviewers Quotenpläne wesentlich leichter zu realisieren sind als die Befragung von ganz bestimmten Personen, die nach einem Zufallsverfahren ausgewählt wurden, gibt es auch hier Möglichkeiten der Manipulation durch den Interviewer. Um alle ihnen zugeteilten Zellen des Quotenplans aufzufüllen, können Interviewer z. B. die von ihnen Befragten einfach „umdeklarieren". Im Extremfall wird dabei aus einem Mann zwischen 40 und 60 Jahren dann eben die gesuchte Frau zwischen 20 und 30.

Verallgemeinerbarkeit

Da also Quotenstichproben, wie erläutert, keine Zufallsstichproben sind, dürfen auf ihre Ergebnisse auch nicht die Verfahren der Schließenden Statistik angewandt werden, um auf die Grundgesamtheit zu verallgemeinern. Inwiefern man überhaupt verallgemeinern darf, hängt vom Quotenplan ab. Die Quotenmerkmale müssen im Prinzip alle Eigenschaften abdecken, die Einfluss auf die untersuchten abhängigen Variablen haben können. Dann kann in der Tat auf die Grundgesamtheit verallgemeinert werden, wenn darüber hinaus davon ausgegangen werden kann, dass sich alle Personen innerhalb einer Zelle des Quotenplans homogen verhalten. Dies sollte zumindest annähernd gelten. Die Philosophie eines ausgeklügelten Quotenplans, der zu einer repräsentativen Stichprobe führen soll, setzt eine bestimmte Mindestgröße der Stichprobe voraus, da ja alle Ausprägungen relevanter Einflussgrößen in der richtigen Relation vorkommen müssen. Fordert man darüber hinaus, dass sogar Merkmalskombinationen im richtigen Anteil in der Quotenstichprobe vertreten sein müssen, dann wird die angemessene Größe der

Quotenstichprobe regelmäßig sehr groß, auch wenn man nur wenige relevante Quotierungsmerkmale annimmt. Quotenstichproben, die den Anspruch auf Repräsentativität erheben, sind daher zwar billiger als Zufallsstichproben, aber in der Regel nicht unbedingt kleiner.

Quotenstichproben in der Markt- und Meinungsforschung

Fast alle Stichproben von Marktforschungsinstituten sind Quotenstichproben. Dies liegt einerseits daran, dass diese billiger sind als Zufallsstichproben. Ein weiterer wichtiger Grund, der aus der Sicht der Marktforschung für Quotenstichproben sprechen kann, liegt dann vor, wenn man bestimmte Zielgruppen befragen will, die z. B. als Kunden eines bestimmten Produkts in Frage kommen. Besonders dann, wenn diese Zielgruppe darüber hinaus noch einen sehr kleinen Teil der Bevölkerung ausmacht, ist eine Quotenstichprobe mit entsprechendem Quotenplan leichter zu verwirklichen als eine Zufallsstichprobe mit einem vorgeschalteten Screening-Verfahren. Wie bei der Redressment-Gewichtung gilt jedoch auch für Quotenstichproben, dass die Repräsentativität der Randverteilung bestimmter soziostruktureller Merkmale keineswegs automatisch die Repräsentativität anderer Merkmale garantiert, die im eigentlichen Fokus der Untersuchung stehen. Dies würde nur dann gelten, wenn die Personen in diesen Untergruppen sich alle sehr ähnlich wären und das Gruppierungsmerkmal in einem starken Zusammenhang mit der untersuchten Variablen steht. Das dürfte aber in den seltensten Fällen gegeben sein. Mitunter wird auch behauptet, dass Quotenstichproben wie Zufallsstichproben behandelt werden dürften, da die Anleitung, wie die Fälle auszuwählen sind, letztlich zu einer zufälligen Auswahl führe. Diese Argumentation kann jedoch nur schwer nachvollzogen werden. Von einer Zufallsauswahl kann schließlich nur gesprochen werden, wenn der Auswahl auch tatsächlich ein Zufallsmechanismus zugrunde liegt, d. h. wenn alle Elemente der Grundgesamtheit tatsächlich dieselbe Chance haben, in die Stichprobe gezogen zu werden.

5.5.2 Kriteriengeleitete Auswahl

Wenn eine Stichprobe nach theoretischen Gesichtspunkten bewusst zusammengestellt wird, dann wendet der Forscher sein Vorwissen über den Untersuchungsgegenstand an, um seine Stichprobe zu ziehen. Aus dieser Vorkenntnis heraus weiß er z. B., welche Fälle für ein bestimmtes Phänomen besonders typisch sind, und untersucht dann diese Elemente unter bestimmten Gesichtspunkten.

Hermeneutischer Zirkel

Die Bildung einer Stichprobe nach theoretischen Gesichtspunkten spiegelt ein Wissenschaftsverständnis wieder, wie es auch durch den so genannten „hermeneutischen Zirkel" ausgedrückt wird:

Vorwissen

Um uns Wissen über einen bestimmten Gegenstandsbereich aneignen zu können, müssen wir immer schon mit einem bestimmten Vorwissen an diesen Gegenstandsbereich herangehen. Absolute Unvoreingenommenheit und „Vorurteilslosigkeit" sind ein unrealistisches Ideal. Schon um überhaupt Begriffe bilden zu können, benötigt ein Forscher ein vorwissenschaftliches Verständnis von dem, was durch diese Begriffe bezeichnet werden soll. Versucht man, die eigene Forschung zu objektivieren, indem man klare Messanweisungen für die Operationalisierung der interessierenden Begriffe angibt, dann geht man zumindest implizit von einer bestimmten Form von Messtheorie aus. Allerdings erfordert es die Ethik des wissenschaftlichen Vorgehens, dass der Forscher – soweit es ihm möglich ist – versucht, dieses in die Forschung eingehende Vorwissen offen zu legen. Die Auswahl einer Stichprobe nach theoretischen Gesichtspunkten ist nicht willkürlich, sondern sie erfolgt im Sinne einer theoretischen Folgerichtigkeit. Die so erzielten Ergebnisse sind deshalb immer nur bedingt verallgemeinerbar. Die Verallgemeinerbarkeit hängt davon ab, inwieweit man das Vorwissen zu akzeptieren bereit ist und wie gut die Auswahlkriterien waren. Forschung, die auf der Untersuchung von Stichproben nach theoretischen Gesichtspunkten beruht, ist daher nur dann angemessen, wenn sie weniger auf endgültige und absolut verallgemeinerbare Ergebnisse abzielt als vielmehr das Verständnis für einen bestimmten Gegenstandsbereich vertiefen und verbreitern soll. Stichprobenziehung nach theoretischen Gesichtspunkten sollte daher insofern „ergebnisoffen" sein, dass der Forscher auch Fälle in die Stichprobe aufnimmt, die das Vorwissen in Frage stellen.

Typen theoretischer Auswahl

Es gibt mehrere typische Verfahren der Stichprobenziehung nach theoretischen Gesichtspunkten:

Konzentrationsprinzip

Der Forscher wählt seine Fälle so aus, dass sie nur das Typische oder Untypische erfassen. Beispiel: Ein Forscher untersucht die ethische Einstellung von Politikern in Deutschland. Er wählt hierzu nur politische Skandalfälle aus: die Flick-Affäre, die CDU-Spendenaffäre, den Kölner Müllskandal, u. ä. Solche Skandale kommen relativ selten vor. Die Politiker, die in die Skandale verwickelt waren, verhielten sich (hoffentlich) untypisch für Politiker insgesamt. Der Forscher hat in diesem Fall also eine Vorstellung vom „normalen" oder „typischen" Verhalten von Politikern. Das

Auswahlkriterium „Skandale“ dient der Fokussierung auf Fälle, bei denen es zumindest Anhaltspunkte dafür gibt, dass sich hier bestimmte Politiker unkorrekt und somit „untypisch“ verhalten haben. Nachdem der Forscher auf diese Weise seine Fälle ausgewählt hat, wird er vielleicht als Nächstes versuchen, gemeinsame Eigenschaften der Fälle herauszufinden, d. h. er bemüht sich, das Typische im Untypischen zu entdecken. Was ist allen Fällen gemeinsam, in denen sich Politiker unethisch verhalten haben? Gibt es ein typisches Verlaufsmuster? Gibt es einen Prototypus des korrupten Politikers? Noch interessanter kann es vielleicht sogar sein, die Unterschiede zwischen den Fällen zu untersuchen. Kann es in ganz verschiedenen institutionellen Einbettungen zu unethischem Verhalten kommen? Gibt es ganz und gar unterschiedliche Motive für ein derartiges Verhalten bzw. verschiedene Typen des Politikers, der sich unethisch verhält? Gibt es vielleicht sogar verschiedene Formen des unethischen Verhaltens selbst?

Streuungsprinzip

Der Forscher kann die Fälle aber auch so auswählen, dass sie möglichst große Unterschiede erfassen. Dies empfiehlt sich aus methodischen Gründen. Wenn dem Forscher an Erklärungen gelegen ist, dann bestehen diese in Aussagen darüber, dass Veränderungen der einen Variablen durch Veränderungen einer anderen Variablen bedingt werden. Wenn aber die zu erklärende Variable z. B. keinerlei Varianz aufweist, d. h. alle Fälle denselben Wert haben, dann ist es gar nicht möglich, diesen Wert auf eine bestimmte Ursache zurückzuführen, denn es könnte ja sein, dass sich die nicht untersuchten Fälle, die hinsichtlich der zu erklärenden Variablen einen anderen Wert aufweisen, sich bezüglich aller anderen potentiell erklärenden Variablen von den schon untersuchten in keiner Weise unterscheiden. Wenn wir z. B. in unserer obigen Untersuchung feststellen sollten, dass alle korrupten Politiker eine ganz bestimmte Eigenschaft aufweisen, so können wir noch lange nicht sicher sein, dass diese Eigenschaft typisch für korrupte Politiker ist. Es könnte ja sein, dass auch alle nicht-korrupten Politiker diese Eigenschaft in genau dem gleichen Maße besitzen. Das Konzentrationsprinzip eignet sich also nur, um einen ersten Eindruck des Untersuchungsgegenstands zu bekommen, d. h. zur Theoriebildung, nicht zur Theorieüberprüfung.

Wenn man die Stichprobe gezielt so konstruieren möchte, dass man eine breite Streuung bei denjenigen Merkmalen erhält, von denen man annimmt, dass sie einen Einfluss auf die zu erklärende Variable haben, dann ist das angemessene Instrument wieder die

Quotenstichprobe. In diesem Fall dient die Quotierung allerdings nicht der Erzeugung einer repräsentativen Verteilung der Merkmale, sondern der Gewährleistung einer systematisch erzwungenen Variation von Merkmalen. Quotenstichproben, die zu diesem Zweck eingesetzt werden, können daher auch sehr kleine Zellenbesetzungen aufweisen.

Ein Beispiel: Die Teilnehmer am Proseminar „Empirische Sozialforschung für Journalisten" wollten herausfinden, wovon die Einstellung der deutschen Bevölkerung zum ersten Kriegseinsatz der Bundeswehr in Afghanistan abhing. Weil sie nicht viel Zeit für die Datenerhebung hatten, beschlossen sie, dass jeder Seminarteilnehmer nur ein Interview durchführen soll. Am Seminar nahmen zwölf Personen teil, also konnten insgesamt zwölf Interviews durchgeführt werden. Die Seminarteilnehmer vermuteten, dass Frauen und jüngere Personen pazifistischer eingestellt sind als Männer und ältere Personen. Sie beschlossen deshalb, nach Alter und Geschlecht zu quotieren: befragt werden sollten sechs Männer und sechs Frauen, davon vier Unter-30-Jährige, vier 30- bis 60-Jährige und vier Über-60-Jährige. Auf der Basis dieser Überlegungen entwickelten sie folgenden Quotenplan:

Tabelle 5.3: Quotenplan Seminarteilnehmer

Alter / Geschlecht	Unter 30 Jahre	30 bis 60 Jahre	Über 60 Jahre	Gesamt
Männlich	2	2	2	6
Weiblich	2	2	2	6
Gesamt	4	4	4	12

Die anhand dieses Quotenplans ausgewählten Personen wurden dann zu ihren Einstellungen zum Bundeswehreinsatz in Afghanistan befragt. Derartig kleine Stichproben sind eher dafür geeignet, Hypothesen zu entwickeln als zu überprüfen, aber sie können – anders als Stichproben nach dem Konzentrationsprinzip – zur Formulierung konkreter Zusammenhangs- oder gar Kausalhypothesen herangezogen werden.

Most Similar Cases Design (MSCD)

Vor allem in der Vergleichenden Politikwissenschaft sind zwei weitere Formen der Auswahl besonders bekannt, das *Most Similar Cases Design* (MSCD) und das *Most Different Cases Design* (MDCD). Auch hier spielt – entsprechend dem Streuungsprinzip – die Streuung von bestimmten Merkmalen eine wichtige Rolle, während andere Merkmale allerdings möglichst konstant gehalten werden sollen. Diese beiden Formen der Auswahl werden „Designs" genannt, weil hier die Effekte, die man bei der Durchführung eines kontrollierten Experiments erhält (vgl. Kap. 3), durch die Auswahl der Fälle gewissermaßen nachgeahmt bzw. simuliert werden sollen. Die Auswahl von „möglichst ähnlichen Fällen" dient also hier der „Kontrolle" von Drittvariablen, an deren Einfluss man im Rahmen der Untersuchung nicht interessiert ist. Die unabhängigen und abhängigen Variablen der untersuchten Hypothesen sollen aber zugleich möglichst stark streuen. Da Unterschiede der abhängigen Variablen logischerweise nicht auf die Variablen zurückgeführt werden können, die bezüglich der ausgewählten Fälle die gleichen Ausprägungen haben, kommen als potenzielle Erklärungsfaktoren nur solche in Betracht, die ebenfalls eine Variation der Ausprägungen aufweisen. Nehmen wir an, wir hätten die Hypothese, dass die zu erwartende Regierungsdauer vom Rückhalt in der Bevölkerung abhängt. Der Rückhalt in der Bevölkerung wird anhand des Anteils der Wähler der Regierungspartei gemessen. Darüber hinaus vermuten wir, dass die Dauer der Regierung auch vom Wahlsystem und vom Regierungssystem abhängt. Diese Zusammenhänge interessieren uns aber im Rahmen der Untersuchung nicht. Um daher diese Einflussfaktoren zu kontrollieren, nehmen wir in die Auswahl überhaupt nur Fälle mit einer bestimmten Regierungsform (z. B. der parlamentarischen) und einem bestimmten Wahlsystem (z. B. Proportionalwahl) auf. Gleichzeitig müssen wir aber darauf achten, dass die aufgenommenen Fälle hinsichtlich der Regierungsdauer und der Wahlergebnissen eine hohe Streuung aufweisen. Wenn wir dann tatsächlich feststellen, dass die Regierungsdauer in der Stichprobe um so höher ausfällt, je besser das Wahlergebnis der Regierungspartei war, dann können wir die Vermutung als bewährt ansehen. Die Varianz der Regierungsdauer kann dann schließlich nicht auf das Regierungssystem zurückzuführen gewesen sein, da dieses ja konstant gehalten wurde. Nicht ausgeschlossen allerdings ist, dass der beobachtete Zusammenhang zwischen Wahlergebnis und Regierungsdauer nur bei einem bestimmten Regierungssystem auftritt. Die Ursache für die Regierungsdauer wäre in diesem Fall eine Wechselwirkung zwischen Regierungssystem und Wahlergebnis.

Die Logik des beschriebenen „experimentellen Designs" entspricht der so genannten *Methode der Differenz* von John Stuart Mill (vgl. auch Kap. 3). Durch ihre Anwendung kann zumindest ausgeschlossen werden, dass ein bestimmter Faktor eine hinreichende Bedingung für das zu erklärende Phänomen ist. Wenn die Regierungsdauer bei einem bestimmten konstant gehaltenen Regierungssystem variiert, dann kann Letzteres offenbar keine hinreichende Bedingung für eine bestimmte längere oder kürzere Regierungsdauer sein.

Most Different Cases Design (MDCD)

Beim *Most Different Cases Design* verfährt man in gewisser Weise genau umgekehrt. Die ausgewählten Fälle sollen sich in möglichst vielfältiger Hinsicht voneinander unterscheiden. Hier eliminiert man sukzessive bestimmte Faktoren als notwendige Bedingungen, indem man nach Paaren von Beobachtungen sucht, in denen die abhängige Variable konstant bleibt, aber die unabhängige Variable variiert. Nehmen wir an, wir wollten dieselbe Fragestellung wie oben mit einem MDCD untersuchen. Wenn wir nun mehrere Beobachtungen mit einer hohen Regierungsdauer haben, die sich aber hinsichtlich des Regierungssystems unterscheiden, dann kann ein bestimmtes Regierungssystem keine notwendige Bedingung für eine lange Regierungsdauer sein, da Regierungen sowohl in präsidentiellen als auch in parlamentarischen Systemen manchmal länger und manchmal kürzer an der Macht bleiben.

Diese Form des experimentellen Designs entspricht der *Methode der Übereinstimmung* nach John Stuart Mill. Nur solche potenzielle Ursachenfaktoren, die bei gleicher Ausprägung der abhängigen Variablen konstant bleiben, „überleben“ diesen Ausleseprozess und kommen weiterhin als Ursachen (im Sinne notwendiger Bedingungen) der zu erklärenden Variablenausprägung in Frage.

5.5.3 Theoretical Sampling

Sowohl bei der Auswahl nach bestimmten Kriterien als auch bei den Strategien für große Stichproben entscheidet der Forscher zu Beginn der Untersuchung, was seine Grundgesamtheit ist. Er legt einen Stichprobenplan fest und zieht seine Stichprobe. Danach erhebt er die Daten, bereitet sie auf und wertet sie anschließend aus. Der Forschungsprozess verläuft dabei also linear. Beim theoretical sampling dagegen verläuft der Forschungsprozess in schleifenartigen Wiederholungen. Der Stichprobenplan wird sozusagen erst im Laufe der Untersuchung entwickelt.

Theoretische Sättigung

Ausgehend vom Forschungsinteresse zieht der Forscher seine erste Stichprobe. Er erhebt die Daten, bereitet sie auf und wertet sie aus. Ab diesem Punkt weicht das Vorgehen beim theoretical sampling aber von den anderen Stichprobenstrategien ab: Nach der Auswertung kann es sein, dass der Forscher feststellt, dass seine Datenbasis noch nicht genügt und er mehr Erhebungseinheiten benötigt. In diesem Fall vergrößert er seine Stichprobe, indem er weitere Daten desselben Typs erhebt. Er wiederholt also die einzelnen Schritte der Stichprobenziehung, Datenerhebung, Datenaufbereitung und Datenauswertung so lange, bis er feststellt, dass keine wesentlichen neuen Informationen hinzukommen. Diesen Zustand nennt man „theoretische Sättigung". Man merkt, dass diese Punkt erreicht ist, wenn alle zusätzlichen Daten nur bereits Bekanntes wiederholen.

Es kann aber auch sein, dass der Forscher am Ende eines Auswertungszyklus feststellt, dass er den Fokus seiner Untersuchung falsch gesetzt hat: Er hatte einen Aspekt des Themas für besonders relevant gehalten, der sich nun aber als irrelevant herausgestellt hat. Oder andere Formen von Daten erscheinen ihm nun geeigneter, den Gegenstand des Forschungsinteresses zu erfassen. In diesem Fall modifiziert der Forscher seine Forschungsfrage bzw. seine Grundgesamtheit oder seine Erhebungsinstrumente und zieht nun eine andere (Art von) Stichprobe. Er durchläuft also in diesem Fall tatsächlich nochmals den kompletten Forschungszyklus, beginnend bei der Forschungsfrage. Auch dies wiederholt er so lange, bis seine Modelle theoretisch gesättigt sind.

Quantitative versus qualitative Verfahren

Bewusste Auswahlverfahren werden von manchen Sozialwissenschaftlern als „qualitative Verfahren" abgewertet und unter Hinweis auf die „harten Verfahren" der so genannten „quantitativen" Sozialwissenschaft als unwissenschaftlich verworfen. Dieser Streit kann hier nicht ausführlich behandelt werden. Zugunsten der unter dem Verdacht mangelnder Wissenschaftlichkeit stehenden Verfahren sei jedoch wenigstens an Folgendes erinnert: Die Vorgehensweise Darwins oder z. B. auch moderner Atomphysiker entsprach und entspricht angesichts ihres Fokus auf wenige Fälle, die im Detail studiert werden, in vielerlei Hinsicht eher der „qualitativen" als der „quantitativen" Vorgehensweise. Und es sei noch einmal daran erinnert: auch große Stichproben sind nicht automatisch Zufallsstichproben, also auch nicht immer verallgemeinerbar. Man sollte daher keine dieser Vorgehensweisen von vornherein ausschließen, sondern vielmehr von Fall zu Fall entscheiden, welche Form der Stichprobenziehung dem jeweiligen Forschungsinteresse angemessener ist.

Weiterführende Literatur

Weiterführende Literatur: Bewusste Auswahl

Corbin und *Strauss* (1996) beschreiben, wie man beim *Theoretical Sampling* vorgeht. *Creswell* (1998) gibt einen Überblick über verschiedene Möglichkeiten, kleine Stichproben nach theoretischen Gesichtspunkten zu ziehen. *Skyrms* (2000) und *Zimmermann* (1972) geben sehr gut verständliche Einführungen in John Stuart Mills Klassifikation experimenteller Designs. Der Klassiker zu MSCD und MDCD ist von *Przeworski* und *Teune* (1970) verfasst worden. *Lauth* und *Winkler* (2002) gehen neben anderen Auswahlstrategien aus der Vergleichenden Forschung auch auf MSCD und das MDCD ein und erläutern die Verwandtschaft zu Mills Designs.

Corbin, Juliet / Anselm Strauss (1996): Grounded Theory. Grundlagen qualitativer Sozialforschung. Weinheim: Beltz

Creswell, John W. (1998): Qualitative Inquiry and Research Design. Choosing Among Five Traditions. Thousand Oaks: Sage

Lauth, Hans-Joachim / Jürgen Winkler (2002): Methoden der Vergleichenden Regierungslehre. In: Hans-Joachim Lauth (Hg.): Vergleichende Regierungslehre. Wiesbaden: Westdeutscher Verlag

Mill, John Stuart (1997)[1843]: Zur Logik der Moralwissenschaften. Frankfurt/Main: Klostermann

Skyrms, Brian (2000): Choice & Chance. An Introduction to Inductive Logic. London: Wadsworth

Przeworski, Adam/ Teune, Henry (1970): The Logic of Comparative Social Inquiry. New York: Wiley

Zimmermann, Ekkart (1972): Das Experiment in den Sozialwissenschaften. Stuttgart: Teubner

6 Datensammlung

Hat der Forscher seine Forschungsfrage formuliert und diese in einen theoretischen Zusammenhang eingeordnet, muss er als nächstes zwei Entscheidungen treffen. Die erste Entscheidung bezieht sich auf die Auswahl der Untersuchungseinheiten, die zweite Entscheidung auf die Auswahl der Merkmale, die an den Untersuchungseinheiten erhoben werden sollen. Bezieht sich die Forschungsfrage z.B. auf den Zusammenhang zwischen Demokratisierung und Wirtschaftsleistung, dann sind die Untersuchungseinheiten Nationen und die Merkmale der Grad der Demokratisierung bzw. Maßzahlen, die die Wirtschaftsleistung eines Landes zu messen vermögen, wie z.B. das Bruttosozialprodukt pro Kopf oder ähnliches. Interessiert den Forscher hingegen der Zusammenhang zwischen formaler Bildung und politischer Partizipation, dann sind die Untersuchungseinheiten Einzelpersonen. Die Zuordnung von bestimmten Merkmalen zu bestimmten Untersuchungseinheiten muss aber erst einmal geleistet werden, das heißt, die Informationen über die Individuen, über die man Aussagen treffen möchte, müssen erst einmal gesammelt bzw. erhoben werden. Es sei dabei daran erinnert, dass Individuen in den Sozialwissenschaften nicht unbedingt Personen sein müssen. Möglich ist auch die Analyse von sozialen Kollektiven, Situationen Texten, Bildern, Filmen oder eben auch Nationen, wie im obigen Beispiel.

Definition: Datensammlung

Unter Datensammlung verstehen wir den Prozess, sich die zur Beantwortung der Forschungsfrage relevanten Daten, wie sie durch die Stichprobenziehung definiert worden sind, so verfügbar zu machen, dass sie nach gewissen Aufbereitungsschritten für eine systematische Analyse zugänglich sind. Datensammlung ist immer dann notwendig, wenn das zur Auswertung benötigte Datenmaterial noch nicht in dieser Form in der Wirklichkeit vorhanden ist, sondern mittels Techniken der Protokollierung im weitesten Sinne verfügbar gemacht werden muss. Der Prozess der Datenerhebung besteht daher in einer Art von Umformung einer bestimmten Sorte von Rohmaterial in die eigentlichen Daten, die in dieser umgewandelten Form in der Wissenschaft Verwendung finden können.

6.1 Entscheidung für den richtigen Datentyp

Bedingungen für valide Daten

Die Datenqualität ist ein entscheidender Faktor für die Qualität des gesamten Forschungsprojektes. Sind die Daten schlecht, kann man aus ihnen entweder keine Informationen ziehen, die in Bezug auf das Erkenntnisinteresse aufschlussreich sind, oder – was fast noch schlimmer ist – man zieht die falschen Schlüsse. Der Weg zu guten Daten führt zunächst über die Entscheidung, welche Art von Daten für das Projekt geeignet ist, und dann über die angemessene Form der Erhebung.

Dem Erkenntnisinteresse angemessene Daten

Die Entscheidung, welche Art von Daten und damit welche Art von Methode der Datenerhebung für das Projekt geeignet ist, hängt vom Forschungsinteresse ab. Nehmen wir beispielsweise an, man möchte eine Untersuchung darüber anstellen, aus welchen Gründen die Bürger bestimmte Parteien wählen. In diesem Fall ist eine Befragung zu den politischen Einstellungen der Bürger und zu ihrem Wahlverhalten die geeignetste Methode. Interessiert man sich hingegen z.B. für das Bild bestimmter Politiker in den wichtigsten Medien, würde man diese Frage mit Hilfe einer Inhaltsanalyse untersuchen. Ist das Erkenntnisinteresse etwa darauf gerichtet, wie sich Personen in Verhandlungssituationen in Ausschüssen verhalten, dann würde man wohl die Beobachtung als diejenige Methode wählen, die am meisten Aufschluss über diese Fragen geben kann.

Verfügbarkeit von Daten

Neben der Überlegung, welche Art von Daten am ehesten die Informationen liefern kann, die der Forscher zur Beantwortung seiner Forschungsfrage benötigt, muss er aber auch bedenken, ob diese Daten überhaupt zu bekommen sind. Manchmal hat man gar keine oder nur eine eingeschränkte Wahl bezüglich des Datentypus, etwa, weil zu einem bestimmten Thema nur ein einziger Datentyp verfügbar ist. Untersucht man beispielsweise Ereignisse, die lange in die Vergangenheit zurückreichen, wird man Schwierigkeiten haben, Interviews mit Zeitzeugen zu führen. Man wird möglicherweise noch Personen finden, die um 1910 oder 1920 geboren wurden, sich also noch vage an die 1920er erinnern können. Für die Zeit davor muss aber auf andere Dokumente zurückgegriffen werden: Zeitungsartikel, literarische Texte, Briefe, Akten, wissenschaftliche Untersuchungen aus der damaligen Zeit oder auch Bilder und zeitgenössische Gegenstände wie Parteiabzeichen, Tassen mit politischen Motiven u.ä. Ein anderer Fall liegt vor, wenn Ereignisse, Prozesse oder Situationen untersucht werden sollen, zu denen kein direkter Zugang möglich ist. Nicht-öffentliche Sitzungen von Kabinetts- oder Parlamentsausschüssen können von Außenstehenden meistens nicht beobachtet werden, in Protokolle, die dem Datenschutz unterliegen, wird möglicherweise keine Einsicht gewährt, und V-Männer des Bundesnachrichtendienstes werden kaum zu einem Interview bereit sein. In solchen Fällen muss man sich überlegen, wie man indirekt Daten bekommt, etwa indem man Presseerklärungen und Ergebnisprotokolle von Kabinetts- und Ausschuss-Sitzungen auswertet, indem man auf frei zugängliche Dokumente ausweicht oder indem man mit anderen Mitarbeitern des Bundesnachrichtendienstes über die Arbeit der V-Männer redet. In diesem Falle fallen die Erhebungseinheit der Untersuchung und die Aussageeinheit auseinander.

Verbales Material und visuelles Material

Die Wahl des geeigneten Verfahrens der Datenerhebung hängt von mehreren Gesichtspunkten ab. Ein Gesichtspunkt besteht darin, ob das Rohmaterial der Datenerhebung in verbaler oder visueller Form vorliegt. Letztlich liegen alle Daten, wenn sie einmal codiert worden sind, in sprachlicher Form vor. Die Unterscheidung zwischen verbalen und visuellen Daten treffen wir daher im Hinblick auf die Form, in der das Rohmaterial vorliegt, bevor es codiert wird. Dieses Rohmaterial kann entweder bereits aus sprachlichen Ausdrücken bestehen, dann besteht der Prozess der Codierung aus einer Übersetzung und ggf. Komprimierung des ursprünglichen Materials. Das Rohmaterial kann aber auch in visueller Form vorliegen, dann besteht die Datenerhebung in der Transformation von visuellen Reizen in sprachliche Äußerungen.

Verbale und visuelle Daten können jeweils bestimmte Aspekte der Wirklichkeit besser, andere schlechter erfassen. Visuelle Eindrücke sind gegenüber sprachlichen Ausdrücken umfassender. Nicht umsonst gilt das Sprichwort: „Ein Bild sagt mehr als 1000 Worte.“ Sieht ein Forscher ein Bild an oder beobachtet er eine Szene, dann strömt eine Vielzahl von Eindrücken auf ihn ein. Durch genaue Analyse kann er daraus zahlreiche Informationen gewinnen: Die Kleidung, Körpersprache, die Mimik und Gestik beteiligter Personen etwa kann soziale Beziehungen, Rang- oder Machtunterschiede, Schichtzugehörigkeiten oder Persönlichkeitsaspekte enthüllen, die sich nicht direkt erfragen ließen. Allerdings muss der Forscher, sobald er diese Rohdaten in die für die Auswertung gedachte Form der Daten bringt, auch hier unter der Menge der visuellen Eindrücke diejenigen auswählen, die er für relevant hält, insbesondere, wenn es sich nicht um verstetigte Daten wie ein Bild handelt, sondern um in Realzeit flüchtige Situationen.

Visuelle Daten sind Bestandteil der physischen, der äußeren Welt. Aspekte der inneren Welt der Menschen wie ihre Meinungen, Einstellungen, Handlungsbereitschaften, Zukunftsplanungen, Handlungsmotive oder Sinnzuschreibungen können nur mit Hilfe der Sprache zugänglich gemacht werden.

Befragungen sind typische Erhebungsmethoden für verbale Daten, die Inhaltsanalyse und die Beobachtung eignen sich für die Erhebung sowohl von verbalen als auch visuellen Daten.

Ausmaß der Codierung und Abstraktion

Datenerhebung bedeutet immer auch Datencodierung. Jedes Mal, wenn wir Daten codieren, interpretieren und bündeln wir Informationen und heben sie dadurch auf eine neue Abstraktionsstufe, wo sie weiterverarbeitet werden können. Die Datenerhebungsverfahren lassen sich daher auch danach unterscheiden, in welchem Maße das codierte Datenmaterial eine Abstraktion des ursprünglichen Rohmaterials darstellt. Wenn z.B. die Einstellung einer Person zu einem Politiker als Zahl auf einer Skala abgebildet wird, so wird das zu erhebende Rohmaterial, nämlich die Einstellung der Person, in einem höheren Maß abstrahiert, als dies der Fall wäre, wenn wir die sprachlichen Äußerungen dieser Person, die ihre Einstellung widerspiegeln, selbst als das Datenmaterial verwenden würden, das wir später auswerten wollen. So genannte standardisierte Verfahren abstrahieren das Ausgangsmaterial wesentlich stärker, als dies bei nicht-standardisierten Verfahren der Datenerhebung der Fall ist. Je stärker das Verfahren strukturiert ist, desto eher wird man auch in der Praxis die Phasen Datenauswahl, -erhebung, -aufbereitung und -auswertung nacheinander in dieser Reihenfolge durchlaufen. Beispiele hierfür sind etwa eine standardisierte Befragung, eine strukturierte Beobachtung oder eine quantitative Inhaltsanalyse. Allerdings wird bei allen diesen Verfahren bereits in der Phase der Datenerhebung viel inhaltliche Interpretation vorweg genommen. Da die Daten stark strukturiert und standardisiert erhoben werden, müssen alle Aspekte, die für die Forschungsfrage möglicherweise relevant sein könnten, a priori in einem Kategorienschema enthalten sein. Der Forscher trifft durch die Wahl des Skalenniveaus einer Variable, durch eine bestimmte Frageformulierung oder eine bestimmte Enge oder Weite eines Kategorienschemas bereits Vorentscheidungen, die sich auf die Auswertung auswirken. Standardisierte Instrumente mögen daher bei der Datenauswertung leichter intersubjektiv nachvollziehbar sein als unstandardisierte, in der Datenerhebung aber (ver)stecken (sich) dafür viele inhaltliche Vorentscheidungen und Interpretationen, die zumeist im Forschungsbericht nicht weiter thematisiert werden. Im Gegensatz zu geschlossenen Verfahren legen offene Verfahren – etwa eine wenig strukturierte Beobachtung, ein narratives Interview oder eine qualitative Dokumentenanalyse – ihren Schwerpunkt explizit auf die Analyse und Interpretation der Daten. Sie sind damit für den eigentlichen Sinngehalt der Information offener, zugleich aber schwerer durchzuführen und nachzuvollziehen. Datensammlung, Datenaufbereitung und -auswertung gehen häufig Hand in Hand, die einzelnen Phasen sind hier nicht klar voneinander zu trennen.

Reaktive versus nicht reaktive Verfahren

Eine weitere Dimension, nach der sich Datenerhebungsverfahren unterscheiden lassen, ist das Ausmaß der Reaktivität der Verfahren, mit denen sie erhoben werden. Als „Reaktivität" bezeichnet man das Phänomen, dass sich die Erhebungseinheiten oder die Erhebungssituation durch den Forschungsprozess selbst verändern. Dies ist für die sozialwissenschaftliche Forschung ein besonders großes Problem, da es hierbei um die Erforschung von Situationen geht, die durch menschliches Handeln geprägt sind. Wenn Menschen merken, dass sie sozialwissenschaftlich untersucht werden, verhalten sie sich oft anders, als sie dies normalerweise tun. Es kann sogar sein, dass sie sich durch den Forschungsprozess dauerhaft verändern. Es kann beispielsweise vorkommen, dass Menschen, die über ihre politischen Einstellungen und ihr politisches Interesse befragt wurden, danach anfangen, regelmäßiger politische Informationen aufzunehmen, weil ihnen ihre Unwissenheit bei der Befragung peinlich war.

Bei nicht reaktiven Verfahren wissen die Erforschten dagegen nicht, dass sie untersucht werden. Nicht reaktiv sind Daten, die nicht eigens für die Forschungssituation entstanden sind. Hierunter fallen beispielsweise Dokumente, prozessgenerierte Daten, Aggregatdaten und Statistiken, Bilder oder Filme.

Was sind die „richtigen" Daten?

Es gibt also eine Reihe von Kriterien, nach denen man Datenerhebungsverfahren gegeneinander abwägen kann, inwiefern sie für die Untersuchung einer spezifischen Forschungsfrage geeignet sind. Jedes Datenerhebungsverfahren hat seine spezifischen Vor- und Nachteile, wobei spezifische Vorteile in einer Hinsicht häufig Nachteile in anderen Bereichen mit sich bringen. Im Hinblick auf die Verzerrungsfreiheit sind beispielsweise nicht reaktive vor reaktiven Daten zu bevorzugen. Unter diesem Aspekt wäre es also beispielsweise besser, die Haltung von Politikern zur Sozialpolitik über eine Dokumentenanalyse zu rekonstruieren also über Interviews. Die Dokumente sind zwar nicht reaktiv, bringen aber möglicherweise Stichprobleme mit sich – über bestimmte Politiker gibt es vielleicht keine Dokumente, oder die Dokumente über unterschiedliche Politiker erstrecken sich nicht über vergleichbare Zeiträume. Der Forscher muss also die Vor- und Nachteile eines Datentypus gegen andere abwägen. Die Frage, welches die „richtigen" Daten sind, lässt sich nicht generell beantworten, sondern hängt vor allem von der Forschungsfrage ab, aber auch davon, wie viel Zeit und Geld und welche Infrastruktur zur Verfügung stehen.

6.2 Die geschlossene Befragung

Standardisierte Fragebögen sind die mit Abstand verbreitetste Datenerhebungsmethode in den Sozialwissenschaften. Aber auch in nicht-wissenschaftlichen Kontexten werden standardisierte Umfragen eingesetzt. Diese Bereiche erstrecken sich vom durch das Statistische Bundesamt erhobenen Mikrozensus, mit dem die Daten der Volkszählung fortgeschrieben werden, oder Online-Umfragen wie „Perspektive Deutschland", die von McKinsey, dem Stern, T-Online und dem ZDF durchgeführt wird, über Formulare, die man bei einer Bank, bei einer Versicherung usw. beim Abschluss bestimmter Verträge ausfüllen muss, politische Meinungsumfragen, die von Instituten wie IfD, Ipsos u.a. durchgeführt werden, bis zum Psychotest über Beziehungsfähigkeit in der ‚Brigitte'.

Items (= Reize, Variablen)

Bei allen diesen Situationen handelt es sich um standardisierte Interviews bzw. geschlossene Befragungen. Das Kennzeichen einer standardisierten Befragung ist, dass nicht nur die Fragen sondern auch die Antworten genau vorgegeben sind, und zwar sowohl in ihrer Formulierung als auch in ihrer Reihenfolge. Die Fragen nennt man auch „Items" oder „Reize".

Stärken

Die standardisierte Befragung weist methodisch eine Reihe von Vorzügen auf und ist für viele Fragestellungen sehr gut geeignet. Die wichtigsten dieser Vorteile sind folgende:

Durchführungsobjektivität

- Alle Befragten erhalten (weitgehend) denselben Fragebogen, d.h. jeder Befragte wird damit denselben Stimuli ausgesetzt. Dies legt die Grundlage für die Vergleichbarkeit der erhobenen Daten, da die Durchführungsobjektivität des Verfahrens in sehr hohem Maße gegeben ist. (Allerdings darf die Tatsache, dass alle Befragten objektiv den identischen Reizen ausgesetzt werden, nicht zur

Schlussfolgerung verleiten, dass die Reize von allen identisch wahrgenommen werden.)

Größere objektorientierte Stichprobe

- Man benötigt für die Erhebung der Daten einer Untersuchungseinheit, also eines Befragten, im Vergleich zu anderen Erhebungsmethoden relativ wenig Zeit. Man kann also sehr viele Personen befragen. Oder anders ausgedrückt: Die objektorientierte Stichprobe kann sehr groß sein. In manchen Fällen kann man sogar eine Vollerhebung durchführen.

Leichte statistische Bearbeitbarkeit

- Man kann die Antworten direkt in Zahlen umsetzen, in einen Datensatz einlesen und statistisch weiter bearbeiten. Damit sind zumindest auch wichtige Voraussetzungen für das Vorliegen von Auswertungsobjektivität gegeben.

Ausgereifte Infrastruktur

- Für die computerunterstützte Erhebung und Auswertung steht dem Forscher eine breite Palette von Programmen und Institutionen zur Verfügung: Es gibt Programme, die das Fragebogendesign erleichtern; Programme, mit deren Hilfe man ausgefüllte Fragebögen automatisch einlesen kann; Programme zur Durchführung von Telefonumfragen; Programme, mit deren Hilfe man Online-Erhebungen durchführen kann; Programme, mit denen man Daten statistisch auswerten kann; Programme, mit deren Hilfe man die Ergebnisse gut präsentieren kann. Es gibt eine Reihe von Instituten und Einrichtungen wie z.B. ZUMA in Mannheim, die Methodenfortbildung und –beratung anbieten sowie Datensätze aus früheren Untersuchungen sammeln.

Schnelle Durchführbarkeit

- Ein weiterer Vorteil von standardisierten Befragungen liegt darin, dass sie wegen ihrer Standardisierung gut und zügig planbar sind, d.h. standardisierte Befragungen benötigen zur Durchführung oft eine geringere Vorbereitungszeit als nicht-standardisierte Verfahren. Vor allem aber sind die Befragungen selbst schneller durchführbar und auch eine erste Auswertung der Ergebnisse kann wesentlich schneller erfolgen als bei nicht-standardisierten Verfahren. Telefonische Wahlumfragen, inklusive einer Präsentation der wesentlichen Ergebnisse, z.B. können innerhalb weniger Tage durchgeführt werden.

Nachteile

Die geschlossene Befragung hat aber auch einige Nachteile: Durch die Vorstrukturierung des Fragebogens erhält der Forscher nur noch die Informationen über den einzelnen Befragten, die durch das Sieb des Fragebogens hindurch gelangen.

Nichterhebung kontextueller Inhalte

Durch die Fokussierung auf einen spezifischen Datenausschnitt, der durch den Aufbau des Fragebogen bestimmt wird, wird mit der

Ausblendung aller sonstiger – möglicherweise durchaus relevanter – Information bezahlt. Die vorhandenen kontextuellen Inhalte z.B. in der Einstellungsstruktur der Befragungsperson werden auf diejenigen Aspekte reduziert, die überhaupt erhoben werden. Dabei werden möglicherweise wesentliche und relevante Aspekte übersehen und ausgeblendet. Beispiel: Ein Meinungsforschungsinstitut will untersuchen, warum Menschen bestimmte Parteien wählen. Also fragt es für eine Reihe von politischen Themen, wie wichtig diese jeweils für die Wahlentscheidung des Befragten sind. Für manche Befragten sind aber vielleicht ganz andere Aspekte wichtig, z. B. was ihre Freunde von einer Partei halten oder für wie sympathisch sie eine politische Führungsfigur halten. Vielleicht treffen sie die Wahlentscheidung aber auch aus dem hohlen Bauch heraus, wenn sie vor der Wahlurne stehen. Die Wahlentscheidung kann daher nicht aus den erhobenen Daten erklärt werden. Aber selbst wenn ein für die Wahlentscheidung relevanter Aspekt im Fragebogen angesprochen wird, kann es immer noch sein, dass sich der Befragte zu dem Thema nicht in der Weise äußern kann, wie es seiner „eigentlichen“ Ansicht entspricht, weil die entsprechenden Antwortkategorien im Fragebogen nicht vorhanden sind, oder weil die Frage unklar formuliert ist. Im vollstandardisierten Interview kann aus dem reichen Informationsschatz des Befragten nur das verwertet werden, was zur Struktur des Fragebogens kompatibel ist. Im schlimmsten Fall führt die Vorstrukturierung dazu, dass der Befragte eine falsche Antwort gibt, da er die „richtige“ gar nicht geben kann.

Reaktivität

Außerdem ist die geschlossene, standardisierte Befragung durch eine relativ hohe *Reaktivität* gezeichnet. Das starre Fragenschema führt dazu, dass sich keine natürliche Gesprächssituation entwickelt, die Künstlichkeit der Situation bleibt den Befragten immer bewusst. Dadurch kann es zu den im Zusammenhang mit dem Experiment schon erwähnten Effekten kommen, dass die Reaktionen der Befragten auf die Stimuli des Fragebogens verzerrt werden, da sie ihre Antworten nicht mehr spontan und ihren eigentlichen Ansichten entsprechend, sondern bewusst und der Befragungssituation entsprechend geben.

6.2.1 Der Gegenstand von Befragungen

Der Gegenstand der Fragen in Umfragen können Einstellungen bzw. Meinungen, Überzeugungen, Verhalten oder sozialstatistische Merkmale sein.

Einstellungen

Einstellungen beziehen sich immer auf ein Einstellungsobjekt. Nach der so genannten Dreikomponententheorie beinhalten Einstellungen kognitive, affektive und konative, d.h. auf Verhalten gerichtete Elemente. Kognitive Aspekte einer Einstellung zu einem Einstellungsobjekt beziehen sich auf das Wissen bezüglich bestimmter Eigenschaften dieses Objekts, die affektive Komponente gibt die gefühlsmäßige Einstellung dem Objekt gegenüber wieder. In Befragungen wird vor allem die affektive Komponente von Einstellungen erhoben, d.h. in der Regel werden Statements vorgelegt, zu denen die Befragten angeben können, inwieweit sie sie positiv beurteilen bzw. ihnen zustimmen oder Ähnliches. Häufig werden zur Ermittlungen von Einstellungen *Ratingskalen* eingesetzt. Auf einer Ratingskala geben die verschiedenen Ausprägungen den Grad der Zustimmung bezüglich eines bestimmten Statements an. Das Sympathiethermometer zur Beurteilung von Politikern z.B. stellt eine solche Ratingskala dar. Ein anderes Beispiel für eine Ratingskala haben wir schon in Kapitel 4 in Form der Likert-Skala kennengelernt. Möchte man verschiedene Einstellungsobjekte in eine eindeutige Rangfolge bringen, verwendet man auch das so genannte *Ranking-Verfahren.* In politischen Meinungsumfragen z.B. wird oft danach gefragt, was die Bürger für das derzeit wichtigste, das zweitwichtigste und das drittwichtigste Problem in der Politik halten. Eine dritte Methode, die bei der Erhebung von Einstellungen zum Einsatz kommt, sind so genannte *Alternativfragen.* Hierbei werden den Befragten mehrere Statements zur Auswahl vorgelegt, von denen sie einem einzelnen zustimmen sollen. Mitunter sind bei dieser Methode auch Mehrfachantworten erlaubt. In diesem Fall aber muss darauf unbedingt explizit hingewiesen werden.

Überzeugungen

Überzeugungen sind subjektive Aussagen über Tatsachen. Sie geben also an, was der Befragte für wahr oder unwahr hält. Sie geben Aufschluss über die Wahrnehmung der Realität der Befragten und sind z.B. geeignet, um charakteristische Verzerrungen dieser Wahrnehmung offenzulegen. Ein Beispiel für eine offen abgefragte Überzeugung wäre folgende Frage: „Wie groß ist ihrer Ansicht nach der Anteil der Bevölkerung der BRD, der unter der Armutsgrenze lebt?"

Verhalten

Auch „Verhalten" kann Bestandteil eines Fragebogens sein. Dabei ist es in Befragungen aber natürlich nicht möglich, *tatsächliches Verhalten* zu erfassen. „Verhalten" in Befragungen kann immer nur *berichtetes Verhalten* sein. Dies hat entscheidende Bedeutung dafür, wie solche Aussagen über Verhalten, die ein Befragter äußert, interpretiert werden dürfen. Grundsätzlich muss in diesem Zusammenhang zwischen Verhaltensaussagen über aktuelles Verhalten, vergangenes Verhalten und über zukünftiges Verhalten unterschieden werden. Fragen über aktuelles Verhalten beziehen sich eher auf gegenwärtige Verhaltenspraktiken oder –gewohnheiten, z.B. ob der oder die Befragte gegenwärtig Empfängnisverhütung betreibt oder über den aktuellen Fernsehkonsum. Bei Fragen über vergangenes Verhalten befragt man Personen z.B. danach, ob sie schon einmal an einer Demonstration teilgenommen haben oder an anderen Formen politischer Partizipation wie Wahlen, Bürgerinitiativen etc. Bei Fragen über zukünftiges Verhalten werden die Teilnehmer der Befragung z.B. danach gefragt, ob sie an der nächsten Bundestagswahl teilnehmen werden. Alle Arten von Verhaltensaussagen beziehen sich auf berichtetes Verhalten, aber in den ersten beiden Fällen handelt es sich um Verhalten, das tatsächlich stattgefunden hat oder stattfindet, während es sich bei Aussagen über zukünftiges Verhalten lediglich um beabsichtigtes Verhalten handelt. Diese Art von Aussagen muss aber als besonders unzuverlässig betrachtet werden. Denn Fragen zu hypothetischem Verhalten unterliegen einer Vielzahl von Faktoren, die zur Verfälschung der Antworten führen. Ein Umstand z.B., der bei allen Fragen bezüglich des Verhaltens unabhängig von der Zeit zu Verzerrungen der Antworten führt, ist soziale Erwünschtheit. Wenn der Befragte bei gegenwärtigem oder vergangenen Verhalten die sozial erwünschte Antwort gibt, obwohl diese nicht seinem wahren Verhalten entspricht, dann zahlt er hier zumindest den Preis der Unaufrichtigkeit, d.h. die Übereinstimmung mit dem sozial Erwünschten wird mit innerer Inkonsistenz erkauft. Bei Fragen zu zukünftigem Verhalten jedoch muss dieser Preis nicht bezahlt werden. Daher fällt es bei solchen Fragen den Befragten besonders leicht, die Antworten zu geben, von denen sie glauben, dass sie sozial erwünscht sind. Fragen zu zukünftigem Verhalten sind daher auch eher als Meinungsäußerungen zu betrachten. Besonders problematisch sind deshalb statistische Auswertungen, die den Zusammenhang zwischen Einstellungsvariablen und hypothetischem Verhalten untersuchen. Findet man dann solche Zusammenhänge, so ist zu vermuten, dass sie zu einem großen Anteil lediglich dem Versuch der Herstellung von Konsistenz im Antwortverhalten des Befragten zu verdanken sind und nicht wirklich auf substanzielle Zusammenhänge hindeuten.

Sozialstatistische Merkmale

Sozialstatistische oder soziodemografische Merkmale beziehen sich auf objektive Eigenschaften der befragten Personen wie Alter, Geschlecht oder Beruf. Abgesehen vom Geschlecht und der Wohnadresse ist der Forscher auch bei diesen Daten in der Regel auf Selbstauskünfte der Befragten angewiesen. Da sozialstatistische Merkmale wie z.B. das Einkommen mitunter sensible Daten sein können, d.h. Eigenschaften, die die Befragten nicht immer gerne wahrheitsgemäß angeben, oder die sie unter Umständen gar nicht genau kennen, ist auch hier bei der Interpretation der Daten Vorsicht geboten, bzw. bei der Frageformulierung entsprechend umsichtig vorzugehen. Es gibt einen gewissen Standard an solchen soziodemografischen Merkmalen, der in fast allen Umfragen erhoben wird. Entsprechende Standarddemographien werden von Arbeitsgemeinschaften oder Instituten (vgl. ADM et al. 1999) veröffentlicht und sind daher jedem Forscher leicht zugänglich.

6.2.2 Fragetypen

Geschlossene und offene Fragen

Entsprechend dem Forschungsthema erstellt der Forscher eine Liste der Merkmale, die erhoben werden sollen. Um diese Informationen nun konkret zu erhalten, müssen sie in Form von Fragen formuliert werden. Man unterscheidet hierbei zwei Grundtypen von Fragen. Der erste Typ umfasst *geschlossene Fragen*, bei denen die Antwortkategorien vorgegeben sind. Bei *offenen Fragen* wird die Antwort des Befragten aufgeschrieben. Offene und geschlossene Fragen kann man auch kombinieren. Man spricht dann von *halboffenen Fragen* oder *Hybridfragen*. Folgendes Beispiel verdeutlicht die Unterschiede zwischen den verschiedenen Fragetypen:

Tabelle 6.1: Fragetypen

Geschlossene Frage	Offene Frage	Kombination aus geschlossener und offener Frage
Was halten Sie zur Zeit für das drängendste politische Problem? (Bitte Zutreffendes ankreuzen)	Was halten Sie zur Zeit für das drängendste politische Problem?	Was halten Sie zur Zeit für das drängendste politische Problem? (Bitte Zutreffendes ankreuzen)
Arbeitslosigkeit Irakpolitik der USA Korruption von Politikern Reform des Gesundheitssystems Sicherheit der Renten Umweltverschmutzung Verbesserung des Bildungssystems Sonstiges		Arbeitslosigkeit Irakpolitik der USA Korruption von Politikern Reform des Gesundheitssystems Sicherheit der Renten Umweltverschmutzung Verbesserung des Bildungssystems Sonstiges, und zwar:

Vorteile offener Fragen

Was spricht für, was gegen offene Fragen? In folgenden Situationen sind offene Fragen unter Umständen angebracht:

- Man will besonders detailreiche, erschöpfende Informationen.
- Man will erfahren, was der Befragte mit einem bestimmten Wort assoziiert.
- Man will untersuchen, wie Persönlichkeitseigenschaften das Antwortverhalten beeinflussen: das Verbalisierungsvermögen, der Einfallsreichtum, das Erinnerungsvermögen. Beispielsweise will man in Erfahrung bringen, an wie viel von dem, was Personen in der Zeitung lesen, sich diese Personen erinnern können.
- Man weiß noch so wenig über den zu erfragenden Bereich, dass man nicht weiß, welche Antworten überhaupt vorkommen könnten. Dies ist ein wichtiger Grund für eine Voruntersuchung.
- Es gibt sehr viele mögliche Antwortkategorien. Sie auszuformulieren würde den Fragebogen extrem verlängern. Unter Umständen würden viele Befragte gar nicht antworten, weil sie keine Lust haben, sich aus der Vielzahl der Antwortmöglichkeiten die auf sie zutreffende Kategorie auszusuchen. Beispiele sind Wohnort, Beruf, Lieblingssendung im Fernsehen oder die Zeitung, die man liest.

Vorteile geschlossener Fragen

Für geschlossene Fragen sprechen folgende Argumente:

- Die Antworten, die bei offenen Fragen gegeben werden, sind oft nur sehr eingeschränkt miteinander vergleichbar. Die vielen verschiedenen Antworten können manchmal nur äußerst schwer, zumindest nur mit einem beträchtlichen Zeit- und Arbeitsaufwand, in bestimmte Kategorien zusammengefasst werden. Bei offenenen Fragen kann es vorkommen, dass verschiedene Befragte verschiedene Eindrücke bekommen, worauf sich die Frage richtet, d.h. sie beziehen die Frage auf ganz unterschiedliche Dimensionen. Die Antwortvorgaben bei geschlossenen Fragen hingegen beziehen sich alle auf dieselbe Dimension der Frage und geben somit dem Befragten klare Hinweise darauf, wie die Frage gemeint ist.

- Der Vorteil geschlossener Fragen liegt außerdem in der Standardisierung der Befragungssituation, d.h. in der Kontrolle potenzieller Störfaktoren. Neben der Verringerung der semantischen Mehrdeutigkeit durch eine klare Vorgabe der Bedeutung der Frage kontrolliert die geschlossene Frage auch für persönliche Merkmale der Befragten wie deren unterschiedliches Verbalisierungsvermögen oder deren Gedächtnis. Während sich bei offenen Fragen die Befragungsteilnehmer aktiv „erinnern" müssen, wird in geschlossenen Fragen lediglich eine passive Erinnerung vorausgesetzt. Dieser Vorteil kann noch zusätzlich verstärkt werden, wenn die Befragten eine Antwortstütze erhalten. Z.B. können in einem persönlichen Interview die Antwortvorgaben als Liste auf einem Blatt Papier vorgelegt werden.
- Der Zeitaufwand für den Befragten fällt niedriger aus, das erhöht dessen Motivation, an der Befragung teilzunehmen.
- Die Auswertung offener Fragen ist sehr zeitaufwändig, da hier ein entsprechendes Kategoriensystem im Nachhinein erst noch konstruiert werden muss. Demgegenüber fällt der Auswertungsaufwand bei geschlossenen Fragen wesentlich geringer aus. Befragungen mit ausschließlich geschlossenen Fragen sind daher in der Regel billiger.
- Gewährleistung der Auswertungsobjektivität. Offene Fragen werden häufig durch den Interviewer protokolliert, wodurch schon in diesem Stadium der persönliche Interpretationsspielraum der Interviewers die ursprüngliche Antwort verfälschen kann. Später müssen die Protokollnotizen oder – falls das Gespräch aufgezeichnet wurde – die entsprechenden Gesprächsteile codiert werden. Auch hier kann durch den Codierer die ursprüngliche Bedeutung der Antwort verzerrt werden.
- Geschlossenen Fragen können die Bereitschaft der Befragten, auch zu sensiblen Themen wie Einkommen oder Einstellungen zu Ausländern eine Antwort zu geben, erhöhen, da das explizite

Vorhandensein einer Antwortvorgabe als Anzeichen für deren Normalität gedeutet werden kann. Es fällt den Befragten dann leichter, eine Kategorie zu wählen, als eine Antwort aktiv zu formulieren, von der sie möglicherweise befürchten, dass sie aus dem „Rahmen" fallen könnte.

6.2.3 Frageformulierung

Grundsätze bei der Formulierung der Fragen und Antwortmöglichkeiten

Nachdem sich der Forscher entschieden hat, wie die Frage lauten soll und ob er sie offen oder geschlossen stellen will, geht es an die konkrete Formulierung der Frage. Im Falle einer geschlossenen Frage müssen überdies auch die entsprechenden Antwortmöglichkeiten formuliert werden. Dabei sollte jede einzelne Frage dahingehend überprüft werden, ob sie folgende Kriterien erfüllt:

Verständlichkeit

Verständlichkeit: Die Befragten sollten verstehen, worauf die Frage zielt. Fremdwörter, schwierige grammatikalische Konstruktionen, Schachtelsätze und mehrfache Verneinungen erschweren das Verständnis. Je näher der Fragebogen an einem Alltagsgespräch ist, desto leichter verständlich ist er. Bei der Fragenformulierung sollte daher darauf geachtet werden, einen einfachen Wortschatz und Satzbau zu verwenden. Wenn sich der Gebrauch von Fach- und Fremdwörtern nicht vermeiden lässt, sollten diese zuvor erläutert werden.

Unabhängigkeit von subjektiven Referenzrahmen

Unabhängigkeit von subjektiven Referenzrahmen: Möglichst alle Befragten sollten unter den Formulierungen auch dasselbe verstehen – sonst sind diese nicht vergleichbar. Problematisch sind daher alle Begriffe und Formulierungen, deren Bedeutung von idiosynkratischen Referenzrahmen abhängt. Insbesondere gilt dies für Fragen, bei denen Befragte etwas abstufen bzw. mit dem „normalen" Wert vergleichen sollen, da hier die Bedeutung einer Antwortvorgabe vom persönlichen Bezugspunkt abhängt. Ein solcher Referenz- oder Bezugspunkt wird im Englischen treffend als „anchoring point" bezeichnet, da die Bedeutung bestimmter Mengenbegriffe an ihm verankert ist. Beispiel 1: „Finden Sie, dass in Deutschland die Abgaben zu hoch sind?" Was sind Abgaben? Nur die Steuern? Oder die Steuern und die Lohnnebenkosten? Zählen nicht gesetzliche Versicherungen dazu? Wissen die Befragten überhaupt, was der Unterschied zwischen Steuern, über die Lohnnebenkosten finanzierte gesetzlichen Versicherungen und freiwilligen Versicherungen ist? Beispiel 2: „Wie oft lesen Sie Zeitung?" Antwortmöglichkeiten sind: (a) Sehr oft – (b) oft – (c) gelegentlich – (d) selten – (e) sehr selten / nie. Wie oft muss ein Befragter Zeitung lesen, damit er „oft“ Zeitung liest? Eine Journalistin findet vielleicht, dass sie „selten“ Zeitung liest, weil ihre Kollegen vier Tageszeitungen lesen und sie nur zwei. Eine Sachbearbeiterin liest dagegen jeden zweiten Tag Zeitung, während ihre Kollegin höchstens einmal pro Woche Zeitung liest. Also kreuzt sie „sehr oft“ an. Wenn möglich, sollte man deshalb Antwortkategorien wählen, die unabhängig von persönlichen Bezugsrahmen sind, die also möglichst nur Begriffe enthalten, deren Bedeutung objektiv feststeht. Bezüglich der Frage, wie oft man Zeitung liest, wäre z.B. ein besseres, da eindeutiges, Antwortkategorienschema das Folgende: (i) täglich – (ii) mehrmals pro Woche – (iii) einmal pro Woche – (iv) seltener als einmal pro Woche.

Eindimensionalität

Eindimensionalität: Fragen, bei denen der Befragte seine Zustimmung oder Ablehnung äußern soll, dürfen sich nur auf eine Dimension beziehen, d.h. man sollte nur eine Sache auf einmal fragen. Beispiel: „Finden Sie, dass die Bundesregierung zu viele Steuern erhebt und zu wenig Reformen durchführt?“ Die Frage ist mehrdimensional und daher nicht eindeutig zu beantworten. Befragte könnten ja möglicherweise finden, dass die Bundesregierung zwar zu viele Steuern erhebt, aber durchaus sonst sehr reformbereit ist – oder umgekehrt.

Erschöpfendes und trennscharfes Antwortkategoriensystem, Meinungslosigkeit, Non-attitudes

Erschöpfendes und trennscharfes Kategoriensystem hinsichtlich der Antwortvorgaben: Bei geschlossenen Fragen sollte es nicht vorkommen, dass die Antwort, die der Befragte geben will, nicht einzuordnen ist, weil eine Kategorie vergessen wurde. Das Kategoriensystem muss erschöpfend sein, d.h. für jede mögliche Einstellung des Befragten bezüglich einer Frage muss eine Kategorie vorhanden sein, in die diese eingeordnet werden kann. Ebenso wenig dürfen sich die Antwortmöglichkeiten inhaltlich überschneiden, die Kategorien müssen trennscharf sein und dürfen sich nicht überlappen. Beispiel für ein nicht erschöpfendes System von Antwortvorgaben: „Welche Partei würden Sie wählen, wenn am nächsten Sonntag Bundestagswahl wäre?“ Antwortmöglichkeiten: (a) CDU – (b) SPD – (c) FDP – (d) Bündnis 90 / Die Grünen. Vergessen wurden die CSU und alle kleinen Parteien, die normalerweise nicht die 5 %-Hürde schaffen. Man könnte in diesem Fall die CSU in die Kategorie (a) mit aufnehmen: (a) CDU / CSU. Die kleinen Parteien könnte man unter einer neuen Kategorie „(e) Sonstige“ erfassen. Beispiel für sich überlappende Antwortkategorien: „Wie oft gehen Sie zur Kirche?“ Antwortmöglichkeiten: (I) mehr als einmal pro Woche – (II) einmal pro Woche – (III) seltener als einmal pro Woche – (IV) seltener als alle vier Wochen. Die Kategorien III und IV überlappen sich: Wer seltener als alle vier Wochen in die Kirche geht, geht auch seltener als einmal pro Woche in die Kirche.

Wenn das Antwortkategoriensystem nicht erschöpfend ist, dann wird der Befragte dazu gezwungen, entweder eine Antwort zu verweigern oder eine Antwort zu geben, für die eine Kategorie vorhanden ist, obwohl diese Antwort nicht seiner wahren Meinung entspricht. Besonders brisant ist in diesem Zusammenhang das Problem so genannter *Meinungslosigkeit* oder *Non-attitudes*. Oft besitzen Befragte nämlich zu einem bestimmten Thema gar keine Meinung. „Non-attitudes" spiegeln dann die vom Befragten trotz objektiv vorhandener Meinungslosigkeit geäußerte Meinung wider. Durch die explizite Angabe einer „Weiß nicht"-Kategorie ermöglicht man diesen Befragten, ihre „Meinungslosigkeit" der Wahrheit gemäß einzuordnen. Allerdings schließt das Vorhandensein einer „Weiß-nicht"-Kategorie keineswegs aus, dass Befragte dennoch lieber eine falsche Ansicht angeben als zuzugeben, dass sie gar keine Meinung haben. Das Problem der Non-attitudes ist daher nicht ganz identisch mit dem der Meinungslosigkeit. Es gibt Meinungslose, die sich dazu offen bekennen, wenn ihnen mit Hilfe der „Weiß nicht"-Kategorie dazu die Gelegenheit gegeben wird, und es gibt Meinungslose, die selbst dann lieber zur Generierung von „Non-attitudes" greifen, um ihre Meinungslosigkeit zu kaschieren. Gelegentlich verzichtet man bewusst darauf, die „Weiß nicht"-Kategorie explizit als Antwortvorgabe für den Befragten aufzunehmen, z.B. in Fällen, in denen man unter Hinnahme der Gefahr, Non-attitudes zu erhalten, die Befragten auf eine substanzielle Antwort zwingen will. Aber auch in diesen Fällen muss es für den Interviewer möglich sein, eine dennoch gegebene „Weiß nicht"-Antwort zu vermerken.

Keine unzutreffenden Voraussetzungen – Filterfragen

Keine unzutreffenden Voraussetzungen: Die Befragten sollten nichts gefragt werden, was sie nicht beantworten könnten, beispielsweise, weil eine Lebenssituation auf sie nicht zutrifft, sie etwas nicht wissen, sie sich nicht erinnern können oder sie keine Meinung zu einem Thema haben. Beispiel 1: „Haben Sie Ihre Kinder schon einmal zu einer politischen Veranstaltung mitgenommen?" Manche Befragten haben vielleicht gar keine Kinder. In diesem Fall könnte man folgende Frage vorschalten: „Haben Sie Kinder". Wenn die Befragten mit „Ja" geantwortet haben, werden sie anschließend gefragt, ob sie ihre Kinder zu politischen Veranstaltungen mitgenommen haben. Wenn sie mit „Nein" geantwortet haben, wird die Frage übersprungen. Eine solche vorgeschaltete Frage nennt man „Filterfrage".

Verwendet man Filterfragen, muss man darauf achten, dass der Fragebogen nicht zu unübersichtlich wird und dass die Filterführung eindeutig ist. Beispiel 2: „Welche Partei haben Sie bei der Bundestagswahl 1998 gewählt?" Möglicherweise haben die Befragten überhaupt nicht gewählt. Vor der Frage nach der Parteiwahl sollte daher eine Filterfrage nach der Wahlteilnahme eingeschoben werden.

Keine Suggestivformulierung

Keine Suggestivformulierungen: Suggestivformulierungen sind Fragen, die eine bestimmte Antwort schon nahe legen. Dies kann direkt geschehen, z.B. in der folgenden Form: „Meinen Sie nicht auch, dass man Sexualstraftäter mit dem Tod bestrafen sollte?" Aber auch die Erwähnung eines bestimmten Kontexts, in den die Frage eingebettet ist, wirkt oft suggestiv und lenkt die Antwort in eine Richtung, die durch die Form der Frage als die „nahe liegende" erscheint.

Berücksichtigung der Zustimmungstendenz, Response Sets

Berücksichtigung der Zustimmungstendenz: Werden den Befragten Statements vorgelegt, denen sie zustimmen sollen, bzw. die sie ablehnen können, dann versteht man unter Zustimmungstendenz den Effekt, dass ein nicht unerheblicher Teil der Befragten solchen Fragen grundsätzlich zustimmt, d.h. unabhängig vom spezifischen Inhalt der Frage. Um solche Zustimmungstendenzen zu vermeiden, ist es daher oft sinnvoll, statt einseitig gestellten Fragen zweiseitige Frageformen zu verwenden. Bei Fragebatterien aus Zustimmungsitems sollte darauf geachtet werden, dass die Polungen der einzelnen Items ausbalanciert sind, d.h. es sollten ungefähr genau so viele Items positiv wie negativ formuliert werden, im Sinne des Konzepts, das mit der Fragebatterie erhoben werden soll. Dies ist auch deshalb wichtig, weil es bei der Beantwortung mehrerer Fragen hintereinander, die dieselben Antwortmöglichkeiten besitzen, zu so genannten *Response Sets* kommen kann. Darunter versteht man den Effekt, dass der Befragte die Antwortvorgabe, für die er sich bei der letzten Frage entscheiden hat, auch bei den folgenden wählt, d.h. das einmal gewählte Antwortmuster mehr oder weniger automatisch einfach fortsetzt, weil ihm die aufeinander folgenden Fragen alle ähnlich vorkommen.

Keine motivationshemmenden Fragen

Keine motivationshemmenden Fragen: Manche Fragen stören die Motivation des Befragten: Sie erregen Ärger, sie sind unfreiwillig komisch, sie werden als aufdringlich empfunden usw. Auch hier gilt: umformulieren oder streichen.

Vergleichbarkeit mit anderen Untersuchungen

Vergleichbarkeit mit anderen Untersuchungen: Oft will man die Ergebnisse der eigenen Untersuchung mit anderen Untersuchungen vergleichen, insbesondere mit älteren Untersuchungen. Beispielsweise will man wissen, ob die Deutschen heute unter dem Begriff „Sozialstaat" etwas anderes verstehen als vor vierzig Jahren. In einer dem Forscher zur Verfügung stehenden Umfrage von 1961 wurde folgende Frage gestellt: „Was bedeutet für Sie Sozialstaat? Bitte kreuzen Sie alles an, was auf Sie zutrifft." Die möglichen Antworten waren: (1) Altersvorsorge für alle – (2) Krankenversicherung für alle – (3) Berufsunfähigkeitsversicherung für alle – (4) allgemeiner Schutz vor Arbeitslosigkeit – (5) Sozialhilfe – (6) Sonstiges, und zwar: ... Will man die Ergebnisse der eigenen Umfrage mit denen dieser Untersuchung vergleichen, müssen die Frage und Antwortkategorien *in ihrem exakten Wortlaut* übernommen werden.

Vereinbarkeit mit geplanten Auswertungsverfahren

Vereinbarkeit mit geplanten Auswertungsverfahren: Alle Auswertungsverfahren haben bestimmte Anwendungsbedingungen. Dies betrifft die Stichprobe, aber auch die Form der Daten selbst. Insbesondere verlangen bestimmte quantitative Auswertungsverfahren ein bestimmtes Skalenniveau. Ein Mittelwert darf nur für intervallskalierte Variablen berechnet werden. Soll nun in der Auswertung ein Mittelwert berechnet werden, dann ist z.B. folgende Frage ungünstig: „Wie oft gehen Sie wählen?" Antwortmöglichkeiten: (1) Immer – (2) Meistens – (3) Gelegentlich – (4) – Selten – (5) Nie. Diese Frage ist nur ordinalskaliert. Aus Auswertungsgesichtspunkten wäre folgende Formulierung besser: „Bei wie vielen der letzten drei Wahlen haben Sie Ihre Stimme abgegeben?" Antwortmöglichkeiten: 0 – 1 – 2 – 3. Multivariate Verfahren setzen oft eine ganze Fragebatterie voraus, die alle dasselbe Skalenniveau und dieselbe Zahl von Ausprägungen haben. Auch sollten die Fragen so diskriminieren, dass nicht alle Befragten die gleiche Antwortkategorie wählen. Es ist daher eine unerlässliche Voraussetzung für den Entwurf eines Fragebogens, wie bei jedem anderen Erhebungsinstrument auch, dass diejenigen statistischen Verfahren, die bei der Auswertung angewandt werden sollen, einwandfrei beherrscht werden.

6.2.4 Fragebogenaufbau

Gestaltung des Gesamtfragebogens

Der Formulierung der einzelnen Fragen folgt die Gestaltung des Gesamtfragebogens. Folgende Gesichtspunkte, die sich auf die Gesamtheit der Fragen beziehen, sind zu klären, bevor mit der eigentlichen Gestaltung des Fragebogens begonnen werden kann:

- *Erfassung der Forschungsfrage:* Kann man mit den Fragen wirklich herausbekommen, was man herausbekommen will? Hat man einen wichtigen Aspekt vergessen?
- *Zeithaushalt:* Je länger der Fragebogen ist, desto aufwändiger und teurer wird die Durchführung der Untersuchung. Außerdem nimmt mit der Länge die Wahrscheinlichkeit zu, dass Befragte die Beantwortung des Fragebogens in der Mitte abbrechen. Der Fragebogen sollte also nur so lang sein, wie es im Interesse des Forschungsvorhabens notwendig erscheint. Bei Umfragen zu allgemeinen Themen sollten persönliche Interviews nicht länger als ca. 60 Minuten und Telefoninterviews nicht länger als ca. 40 Minuten dauern. Bei besonders hoher Motivation der Befragten kann die Dauer entsprechend erhöht werden.
- *Überflüssige Fragen:* Wird mehrmals dasselbe gefragt? Wenn ja, welche Frage lässt man weg? Sind alle übriggebliebenen Fragen wichtig genug, um in den Fragebogen aufgenommen zu werden? Sind die Fragen für das Forschungsthema relevant? Beispiel: In vielen Fragebögen werden demographische Merkmale abgefragt: Alter, Geschlecht, Familienstand, Zahl der Haushaltsmitglieder und / oder Kinder, Einkommen. Ist die Zahl der Haushaltsmitglieder beispielsweise wirklich wichtig, um das Wahlverhalten einer Person zu untersuchen, oder sind andere Fragen wichtiger?

Erfassung der Forschungsfrage

Zeithaushalt

Überflüssige Fragen

Bei der Gestaltung des Fragebogens muss nun genau auf die systematische Anordnung der Fragen geachtet werden. Folgende Gesichtspunkte sind wichtig:

- *Einleitungsfragen:* Die Fragen am Beginn eines Fragebogens werden auch als „Eisbrecherfragen" bezeichnet, da die Bereitschaft des Befragten, sich auf das Interview ernsthaft einzulassen, von diesen Fragen entscheidend beeinflusst wird. Die ersten Fragen sollten das Interesse des Befragten wecken und Vertrauen in die Seriosität und den Nutzen der Untersuchung aufbauen. Die Fragen am Beginn des Fragebogens sollten daher einfach zu beantworten sein, sie müssen interessant sein, und dem Befragten muss eine Antwortmöglichkeit zur Verfügung stehen, die ihm das Gefühl gibt, dass man ernsthaft an seiner Meinung interessiert ist.
- *Filterführung:* Weiter oben wurde erwähnt, dass man für manche Fragen Filterfragen benötigt. Die Filterfragen müssen vor den Fragen stehen, die nur einem Teil der Befragten gestellt werden soll. Wenn mehrere Filterfragen ineinander geschachtelt sind,

Einleitungsfragen

Filterführung

muss die Filterführung übersichtlich und gut durchstrukturiert sein.

Formulierung von Überleitungstexten

- *Formulierung von Überleitungstexten:* Zu einem einzelnen Thema sollten immer mehrere Fragen gestellt werden. Dies erhöht die Kohärenz des Fragebogens und erleichtert es dem Befragten, sich in der Interviewsituation zurechtzufinden. Werden in einem Fragebogen Fragen zu mehreren Themen gestellt, dann ist auf die Bildung von Themenblöcken zu achten, d.h. die zu einem Thema gehörigen Fragen sollten beieinander stehen. Wenn das Thema gewechselt wird, ist es sinnvoll, einen Überleitungstext zu formulieren, um zu vermeiden, dass sich der Befragte von Fragen, die er jetzt nicht erwartet, überfallen fühlt.

Spannungskurven

- *Spannungskurven:* Der typische Befragte ist nicht zu allen Zeitpunkten während des Interviews gleichermaßen motiviert. Die Motivation steigt im Verlauf der Befragung an und erreicht im mittleren Drittel ihren Höhepunkt. Schwierig zu beantwortende Fragen sollten daher in diesem Abschnitt gestellt werden. Im Lauf der Zeit ermüdet der Befragte – seine Motivation sinkt. Auf diese Phase am Ende des Fragebogens kann man leicht zu beantwortende Fragen verschieben, etwa Fragen nach demographischen Daten wie Alter, Geschlecht, Zahl der Haushaltsmitglieder, Wohnort usw.

Motivation

- *Aufrechterhaltung der Motivation der Befragten:* Die Fragen sollten einerseits möglichst abwechslungsreich sein, damit die Beantwortung des Fragebogens nicht langweilig wird. Andererseits sollten sie nicht zu bunt durchmischt sein, weil sonst der Fragebogen konfus und unstrukturiert wirkt. Beides kann den Abbruch der Befragung zur Folge haben.

Platzierung der Kernfragen

- *Platzierung der Kernfragen:* Insbesondere bei Online-Befragungen brechen die Befragten den Fragebogen häufig in der Mitte ab. Aber auch bei anderen Umfrageformen kommt dies ab und zu vor. Um nicht den ganzen Fragebogen wegwerfen zu müssen, sollte man die für das Forschungsinteresse besonders essenziellen Fragen möglichst früh stellen, um zumindest diese Daten auch für abgebrochene Interviews zu erhalten. Leider sind dies oft Fragen, die nicht besonders motivierend sind, die also mit Rücksicht auf die Spannungskurve möglichst spät gestellt werden sollten. In einem solchen Fall muss man abwägen, welches das kleinere Übel ist.

Saliency-Effekt

- *Saliency-Effekt:* Bei der Anordnung der Fragen ist darauf zu achten, dass Antworten auf spätere Fragen sich nicht an früher im

Fragebogen gegebenen Antworten orientieren. Man spricht dann von *Ausstrahlungseffekten* oder dem *Halo*-Effekt. Um einen durch „Saliency“, was sich im Deutschen mit „Wichtigkeit“ nur unzureichend übersetzen lässt, bedingten Ausstrahlungseffekt handelt es sich, wenn die Wichtigkeit eines bestimmten Themas oder Einstellungskonzepts im Kopf des Befragten durch vorherige Fragen erst bewusst gemacht worden ist. Stellt man zum Beispiel in einem Fragebogen zuerst eine Frage, ob der Interviewte der Ansicht ist, dass die Arbeitslosigkeit durch eine Erhöhung der Staatsausgaben effektiv bekämpft werden kann, und später dann eine offene Frage nach den größten politischen Problemen, dann beeinflusst allein die Tatsache, dass die erste Frage gestellt wurde, möglicherweise die Antwort auf die spätere Frage.

Redundanzeffekte

- *Redundanzeffekte:* Um das Gegenteil des Saliency-Effekts handelt es sich bei Redundanzeffekten. Auch hier wird die Antwort auf eine spätere Frage durch eine früher gegebene Antwort beeinflusst. Allerdings wirkt sich dies hier genau umgekehrt aus. In diesem Fall verzichtet der Befragte auf bestimmte Antworten, weil er der Ansicht ist, dass er sie schon in früheren Fragen gegeben hat und er sich ungern wiederholen möchte.

Konsistenzeffekte

- *Konsistenzeffekte:* Die Befragten versuchen, sich nicht zu widersprechen, auch wenn dies ihrem realen Verhalten entspräche. Beispiel: „Stimmen Sie den folgenden Fragen zu?“ Frage 1: „Alle Politiker sind korrupt“ Frage 2: „Ich habe großes Vertrauen zu meinem Wahlkreisabgeordneten.“ Wenn jemand der Meinung ist, alle Politiker seien korrupt, ist es unlogisch, dem eigenen Wahlkreisabgeordneten zu vertrauen. Dennoch kommen solche Einstellungsmuster gar nicht so selten vor. Wenn solche Fragen direkt hintereinander im Fragebogen stehen, fällt uns dies auf. Also sollte man solche Fragen so weit wie möglich voneinander trennen. Dieses Problem tritt bei schriftlichen Befragungen ohne Interviewer verstärkt auf: Viele Befragte gehen den Fragebogen noch einmal in Ruhe durch und kontrollieren, dass sie sich nicht widersprochen haben.

Optische Gestaltung

Schließlich muss der Fragebogen ein Layout erhalten. Wichtig ist, dass er übersichtlich ist. Auch der flüchtige Leser sollte sich sofort in ihm zurechtfinden. Auf keinen Fall sollte er Fragen oder Antwortmöglichkeiten übersehen. Es muss klar ersichtlich sein, welche Antwortmöglichkeiten zu welcher Frage gehören und wer welche Fragen beantworten soll. Ein schlichter, aber ansprechend aussehender Fragebogen unterstreicht die Seriosität der Studie und erhöht die Bereitschaft dazu, sich für die Untersuchung Zeit zu nehmen und die Fragen ernsthaft zu beantworten. Bei mündlichen Interviews muss im Fragebogen klar für den Interviewer ersichtlich sein, welche Textpassagen Anweisungen für ihn enthalten. Vom Interviewer zu gebende Erläuterungen gegenüber dem Interviewten sollten ebenfalls vom sonstigen Text abgehoben werden und möglichst ausformuliert sein, so dass sie vom Interviewer wörtlich vorgelesen werden können. Bei schriftlichen Befragungen muss noch mehr Sorgfalt auf die Gestaltung des Fragebogens verwendet werden, da der Fragebogen selbsterklärend sein muss.

Codeplan

Wenn die inhaltliche Gestaltung des Fragebogens abgeschlossen ist, muss als letzter Schritt der Codeplan erstellt werden. Nach der Befragung muss der Fragebogen in eine Datei eingelesen werden. Für jede Frage muss festgelegt werden: In wie viele Variablen soll die Frage aufgeteilt werden? Wie soll die Variable heißen? Die Ausprägungen werden in Zahlen umgesetzt, d. h. jeder Ausprägung muss eine Zahl zu gewiesen sein, damit man sie später statistisch bearbeiten kann. Außerdem muss man berücksichtigen, mit welchem Verfahren man die Daten später auswerten will und wie das Statistik-Programm, mit dem man später arbeitet, funktioniert. In Tabelle 6.2 geben wir ein Beispiel für einen Codeplan:

Tabelle 6.2: Codeplan

Frage im Fragebogen	Vercodungsanweisung
Welche Partei würden Sie wählen, wenn am nächsten Sonntag Bundestagswahl wäre? (Bitte Zutreffendes ankreuzen)	VAR77
SPD	1
CDU	2
Bündnis 90 / Die Grünen	3
FDP	4
REP	5
Sonstiges	6

Die Antwort auf die Frage soll also später in der Variable „VAR77" stehen. Wenn ein Befragter „SPD" angekreuzt hat, schreibt man in den Datensatz „1", wenn ein Befragter „CDU" angekreuzt hat, schreibt man in den Datensatz „2" usw.

6.2.5 Der Pretest

Voruntersuchung (= Pretest)

Hat man ein Erhebungsinstrument entwickelt, sollte man in jedem Fall eine Voruntersuchung (= Pretest) vor der eigentlichen Erhebung (= Haupterhebung) durchführen. Da kein Forscher in der Lage ist, allein durch Nachdenken geeignete Instrumente zur Erhebung der ihn interessierenden Daten zu entwerfen, müssen diese Instrumente grundsätzlich einem Test in der Praxis unterworfen werden, bevor sie in der eigentlichen Hauptuntersuchung eingesetzt werden. Mängel im Erhebungsinstrument können so noch einmal überarbeitet werden. Dies ist bei standardisierten Erhebungen besonders wichtig, weil zum einen der Forschungsprozess in einer festgelegten Reihenfolge abläuft, und weil zum anderen die Datenerhebung bei einer großen Stichprobe sehr teuer und zeitaufwändig ist. Der Pretest ist daher ein *unverzichtbarer* Bestandteil jedes seriösen Einsatzes eines standardisierten Erhebungsinstruments. Die Vorstellung, die teuren Kosten eines Forschungsvorhabens dadurch zu reduzieren, dass man am Pretest spart, ist im wahrsten Sinne des Wortes fatal zu nennen. „If you do not have the resources to pilot-test your questionnaire, don't do the study." (Sudman/Bradburn 1983: 283)

Die Voruntersuchung besteht bei geschlossenen Verfahren darin, dass man den Fragebogen an einer kleinen Zahl von Befragten testet. Man liest die Fragebögen der Voruntersuchung in einen Datensatz ein und wertet ihn aus. Entsprechend den Ergebnissen der Voruntersuchung überarbeitet man den Fragenbogen. Bei Bedarf ändert man das Auswahlverfahren und die Pläne für die Interviewsituation. Erst dann geht man in die Hauptuntersuchung. Im Einzelnen können mit der Voruntersuchung die folgenden Ziele verfolgt werden.

Einarbeitung der Rückmeldungen der Interviewer

Die Interviewer können erzählen, ob und welche Probleme aufgetreten sind: großes Misstrauen gegenüber der Studie; bestimmte Fragen wurden nicht verstanden; der Fragebogen war zu lang usw.

Auffinden und Beseitigung von Antworthemmungen

Möglicherweise haben viele Befragten einen ganzen Themenblock oder einzelne Fragen nicht oder widerwillig beantwortet. Dies findet man durch die Rückmeldungen der Interviewer heraus sowie dadurch, dass man überprüft, wie viele Befragte eine Frage jeweils nicht beantwortet haben oder die Kategorien „Weiß nicht", „Trifft nicht zu" usw. angekreuzt haben. Man analysiert also die Ursachen für fehlende Werte.

Kategorisierung offener Fragen

Wenn man noch nicht weiß, welche Antworten auf eine Frage vorkommen können, stellt man die Frage bei der Voruntersuchung offen. Man schaut sich an, welche Antworten gegeben wurden, und versucht, daraus ein geschlossenes Kategoriensystem zu bilden, das dann in der Hauptuntersuchung verwendet werden kann.

Verbesserung der Differenzierungsleistung von Fragen

Um herauszufinden, ob die Befragten bei irgendwelchen Fragen fast ausschließlich dieselbe Antwort gegeben haben, analysiert man die Häufigkeitsverteilung der Fragen. Ballen sich die Antworten in einem bestimmten Bereich, sollte man die Frage umformulieren, um die Differenzierungsleistung der Frage zu erhöhen.

Erkennen redundanter Informationen

Wenn verschiedene Fragen weitgehend ähnlich beantwortet werden, dann könnte dies ein Indiz dafür sein, dass man zweimal dasselbe gefragt hat. Ob dies der Fall sein könnte, findet man heraus, indem man die Häufigkeitsverteilungen der Fragen vergleicht und/oder Zusammenhangsmaße berechnet. Bestätigt sich der Verdacht, dann kann man eine der Fragen weglassen.

Skalenentwicklung

Oft wendet man bei der Auswertung ein Verfahren der Dimensionsanalyse an, um eine Skala zu bilden, beispielsweise eine Faktorenanalyse. Hierzu nimmt man sehr viele verschiedene Fragen in den Fragebogen auf, die zur Erfassung der Dimension geeignet sein könnten. Nach dem Pre-Test überprüft man, ob alle Fragen zur Erfassung der Dimension geeignet sind und ob man nicht einige Fragen weglassen und so den Fragebogen straffen kann.

Erkennen kognitiver Probleme beim Befragten

Mit dem Pretest ist es auch möglich zu erkennen, ob die Befragten kognitive Probleme haben, die Bedeutung der Frage zu erkennen. Hierzu kommen oft qualitative Verfahren zum Einsatz. So kann z.B. vom Interviewer bei einer bestimmten Antwort des Befragten nachgefragt werden, warum er diese Antwort gegeben hat. Um Schwierigkeiten bei der Frageformulierung zu erkennen, kann man auch die Befragten bitten, die eben gestellte Frage in ihren eigenen Worten zu wiederholen, oder beim Beantworten der Frage laut nachzudenken und so die Art und Weise wiederzugeben, wie sie zu ihrer Antwort gelangen.

6.2.6 Fehlerquellen

Bei der Auswertung der Daten ist zu berücksichtigen, dass nicht alle Antworten „stimmen", d.h. sie spiegeln nicht die Antwort wider, die „eigentlich" hätte gegeben werden müssen. Solche Abweichungen der gegebenen Antwort von der tatsächlich richtigen können bewusst oder unbewusst vom Interviewten verursacht worden sein. Im Wesentlichen lassen sich dabei drei Fehlerquellen unterscheiden, der Befragte selbst, die Frage und der Interviewer bzw. die Befragungssituation.

Soziale Erwünschtheit

Selbst wenn die Befragten die richtige Antwort geben könnten, wollen sie sie vielleicht nicht geben – weil ihnen etwas peinlich ist, weil etwas illegal ist oder weil sie glauben, dass Personen, die sie kennen, ihre Antwort herausbekommen könnten. In solchen Fällen, wenn die Befragten Konsequenzen aus ihren Antworten befürchten, neigen sie dazu, die Antwort zu geben, die sie für *sozial erwünscht* halten. Problematisch sind beispielsweise Fragen, die sich um Themen wie Sexualität, Drogen und Verbrechen drehen, aber auch um Politik, insbesondere Rechtsradikalismus, um Einkommen, Steuern und Ausländerfeindlichkeit. Der Anteil derjenigen, die tatsächlich rechtsradikale Parteien wählen, ist immer höher als der Anteil derjenigen, die in Umfragen angeben, dass sie dies tun würden.

Auch Non-attitudes und Response-Sets können eine Folge von sozialer Erwünschtheit sein. Wenn Befragte z.B. in einer Umfrage des Politbarometers nach einer Bewertung von Politikern gefragt werden, die sie gar nicht kennen, dann kann es sein, dass es ihnen peinlich ist, dies zuzugeben. Statt die Antwort „Ich kenne diesen Politiker nicht" anzukreuzen, kreuzen sie irgendetwas Anderes an. In diesem Fall geben die Befragten allerdings nicht genau die Antwort, die sie für sozial erwünscht halten, sondern sie vermeiden die Antwort, die sie für sozial unerwünscht halten.

Soziale Erwünschtheit ist ein Phänomen, das besonders häufig bei Befragten mit geringem Selbstbewusstsein auftritt. Diese geben die Antwort, von der sie glauben, dass der Interviewer sie gerne hören würde, um auf diese Weise soziale Anerkennung zu erhalten. Der Effekt sozialer Erwünschtheit tritt daher besonders stark bei so genannten „heiklen", „unangehmen" oder „sensiblen" Fragen auf, bei denen das Thema der Frage einen Bereich des persönlichen Verhaltens anspricht, bei dem die „richtige" Antwort den Befragten möglicherweise peinlich ist, wie z.B. ihr Sexualverhalten oder ihr Drogenkonsum.

Randomized Response Technik

Es gibt verschiedene Verfahren, die Befragten zu ermutigen, auch bei sensiblen Fragen eine ehrliche Antwort zu geben. Beispielsweise kann man die Befragten ihre Antwort auf ein Kärtchen schreiben lassen, das sie dann in ein Kuvert stecken, das anschließend dem Interviewer verschlossen übergeben wird. Ein besonders trickreiches Verfahren stellt die Randomized Response Technik dar. Dabei wird den Befragten ihre Hemmung, eine ehrliche Antwort zu geben, dadurch genommen, dass der Interviewer nicht erkennen kann, worauf sich ihre Antwort bezieht, nämlich auf die betreffende heikle Frage oder eine ganz andere, die harmlos ist. Der Befragte bekommt also zwei Fragen vorgelegt, die heikle und die harmlose. Z.B. könnten in einer Befragung die folgenden zwei Fragen vorgelegt werden: Frage A: „Haben Sie schon einmal so genannte Party-Drogen genommen?" bzw. Frage B: „Haben Sie im April Geburtstag?" Anschließend wird der Befragte gebeten, ein Zufallsexperiment wie z.B. einen Münzwurf durchzuführen. Das Ergebnis dieses Zufallsexperiments hält der Befragte aber vor dem Interviewer geheim. Wenn nun z.B. bei dem Münzwurf das Ergebnis „Kopf" war, dann soll der Befragte auf Frage A antworten, wenn das Ergebnis „Zahl" war, dann auf die Frage B. Der Befragte kann seine Antwort vollkommen ungehemmt geben, da der Interviewer z.B. nicht erkennen kann, ob sich ein „Ja" darauf bezieht, dass sein Gegenüber Drogen genommen oder im April Geburtstag hat. Um die Daten auswerten zu können, müssen aber die Anteile der „Ja"-Antworten bei der harmlosen Frage bekannt sein. Nehmen wir an, wir hätten bei unserem Fragendoppelpack tatsächlich 9 % „Ja"-Antworten erhalten. Ungefähr die Hälfte der Personen hat aber auf die Geburtstagsfrage geantworten, davon wiederum ungefähr 1/12 mit „ja", d.h. ca. 0,5*1/12 bzw. 1/24 oder 4,2 % „Ja"-Antworten würden wir auf diese Weise erwarten. 4,8 % der „Ja"-Antworten bezogen sich also auf den Drogenkonsum. Nur 50 % der Befragten wurde aber diese Frage überhaupt gestellt, d.h. ungefähr 9,6 % derjenigen, denen die Frage nach dem Drogenkonsum gestellt wurde, haben darauf mit „Ja" geantwortet.

Durch Frageformulierung bedingte Fehler

Fehlerquellen, die durch die Frage bedingt sind, haben wir schon weiter vorne behandelt. Dazu zählen u.a. nicht eindeutig gestellte Fragen, schwer verständliche Fragen, aber auch Effekte der Frageformulierung, wie z.B., ob eine Mittelkategorie oder eine „Weiß nicht"-Kategorie vorhanden sind etc. Frageneffekte können mit durch Persönlichkeitsmerkmale verursachten Fehlerquellen interagieren und sich so unter Umständen gegenseitig verstärken. Suggestivformulierungen sind z.B. besonders verhängnisvoll bei Menschen, die sich wegen ihres mangelnden Selbstwertgefühls leicht beeinflussen lassen. Hier kommt es also zu einer Wechselwirkung der Fragenformulierung mit dem Effekt der sozialen Erwünschtheit.

Fehlerquelle Interviewer und Interviewersituation

Eine weitere Ursache von Fehlern ist durch das Verhalten der Interviewer bedingt. Dabei kann es einerseits der Fall sein, dass der Interviewer durch seine bloße Anwesenheit einen Einfluss auf das Antwortverhalten des Befragten ausübt, auch hier kommt es wieder zu Interaktionseffekten zwischen Interviewerverhalten und sozialer Erwünschtheit. Andererseits kann der Interviewer aber auch selbst eine ganz direkte Ursache der Fehler sein. Im Extremfall trifft dies zu, wenn er die Fragebögen bewusst ganz oder teilweise fälscht.

Aber der Interviewer kann auch unbewusst das Antwortverhalten des Befragten verzerren, z.B. indem er versucht, dem Befragten zu helfen. Auch die Interviewsituation selbst kann Effekte auf das Antwortverhalten ausüben. So spielt es zum einen eine Rolle, ob das Interview bei den Befragten zu Hause, also in deren natürlicher Umgebung stattfindet, oder in einem kühlen Büroraum oder auf der Straße. Zum anderen ist es nicht unerheblich, ob bei der Befragung dritte Personen anwesend sind. Es ist klar, dass Befragte z.B. auf eine Vielzahl von Fragen anders antworten, wenn der Lebenspartner anwesend ist. Nicht zuletzt kann es auch zum Auftreten eines *Sponsorship-Effekts* kommen, wenn die Befragten ihr Antwortverhalten danach ausrichten, wer der Auftraggeber der Studie ist. Bei Befragungen, bei denen der Bürger zur Teilnahme verpflichtet ist, wie etwa bei der Volkszählung, ist mit einer nicht ganz unerheblichen Anzahl von Befragten zu rechnen, die bewusst falsche Antworten geben, um so ihrem inneren Protest gegen die Datenschnüffelei des Staates Ausdruck zu geben.

6.2.7 Mündliche vs. schriftliche Befragung

Eine der wichtigsten Entscheidungen, die man im Zusammenhang mit einer Befragung zu treffen hat, ist, ob die Befragung mündlich oder schriftlich stattfinden soll. Die verschiedenen Befragungsformen haben jeweils typische Stichprobenprobleme und Folgen für die Phase der Datenerhebung. Jede Befragungsform hat ihre Stärken und Schwächen. Bestimmte Fragen können nur in bestimmten Interviewsituationen gestellt werden. Ebenso beeinflusst die Interviewsituation die maximale Länge des Fragebogens. Die Erhebungsform beeinflusst darüber hinaus auch, wie die Daten aufbereitet werden können.

Mündliche Befragung

Bei mündlichen Befragungen liest ein Interviewer dem Befragten die Fragen und möglichen Antworten vor. Der Befragte antwortet, der Interviewer vermerkt die richtige Antwort im Fragebogen. Beispiele für Formen der mündlichen Befragung sind persönliche Interviews, die auch Face-to-Face-Interviews genannt werden, und Telefoninterviews. Beim Telefoninterview ruft der Interviewer den Befragten an. Bei professionellen Umfrageinstituten werden die Antworten heutzutage dann direkt in einen PC eingegeben, man nennt dies daher „CATI-Interview" (= **C**omputer **A**ssisted **T**elephone **I**nterview). Beim Face-to-Face-Interview kommt der Interviewer zum Befragten nach Hause und stellt ihm die Fragen persönlich. CAPI-Interviews (= **C**omputer **A**ssisted **P**ersonal **I**nterview) sind Face-to-Face-Interviews, bei denen der Interviewer einen Laptop mitbringt und die Antworten gleich in den PC eingibt.

Schriftliche Befragung

Bei schriftlichen Befragungen füllt der Befragte selbst den Fragebogen aus und schickt ihn an den Forscher zurück. Beispiele sind die postalische Befragung und die Online-Erhebung. Bei der postalischen Befragung bekommt der Befragte den Fragebogen entweder zugeschickt, an einem beliebigen Ort zum Selbstausfüllen in die Hand gedrückt oder findet ihn beim Kauf eines Produktes in der Verpackung. Nur bei der ersten Methode kann eine repräsentative Bruttostichprobe gezogen werden. Dabei muss zur Erstellung der Auswahlliste entweder auf das Melderegister von Gemeinden zurückgegriffen werden, oder die Adressenliste wird vor der Versendung der Fragebögen durch Begehung (Random Route) erstellt. Auswahlprobleme ergeben sich nicht, wenn eine Vollerhebung der Zielgruppe geplant ist und die Adressen aller Mitglieder der Zielgruppe leicht zugänglich sind, wie es z.B. der Fall wäre, wenn man vorhätte, sämtliche Bundestagsabgeordnete zu befragen. Der Befragte füllt den Fragebogen aus und schickt ihn zurück. Bei der Online-Erhebung wird der Befragte per Email, per Banner auf einer Webseite, per Post oder mündlich aufgefordert, auf eine bestimmte Webseite zu gehen. Dort werden ihm Fragen gestellt, die er per Mausklick beantworten kann. Wenn er den Fragebogen(teil) ausgefüllt hat, schickt er ihn zurück an den Forscher.

Schriftliche Befragungen können auch mit mündlichen Befragungen kombiniert werden, wenn der Befragte z.B. in einem persönlichen Interview anschließend noch einen Fragebogen zum Selbstausfüllen erhält, den er später ausfüllen und an das Umfrageinstitut schicken soll. Manchmal werden aber auch bestimmte Teile eines Fragebogens innerhalb eines persönlichen Interviews dem Befragten zum Selbstausfüllen vorgelegt. Dabei kann der Interviewer den Fragebogen möglicherweise zusätzlich vorlesen. Es ist vor allem bei solchen Fragen sinnvoll, dem Befragten das Ausfüllen des Fragebogens selbst zu überlassen, deren Beantwortung dem Befragten vielleicht peinlich sein könnte (z. B. Fragen zur Sexualität), oder bei Themen, die beim Befragten negativ besetzt sind (z. B. Ausländerfeindlichkeit, Antisemitismus, extreme Parteien). Um dem Befragten die Geheimhaltung der Antworten auch vor dem Interviewer zu demonstrieren, kann der Interviewer zusätzlich den beantworteten Fragebogen in einen Umschlag stecken und ihn versiegeln.

Vorteile der mündlichen Befragung

Mündliche Befragungen eignen sich besonders für Personenkreise, die längeres schriftliches Arbeiten nicht gewohnt sind. Missverständnisse kann der Interviewer sofort aus dem Weg räumen, indem er Fragen bzw. Antwortmöglichkeiten erläutert. Die Interviewsituation lässt sich außerdem besser standardisieren:

- Ohne Anwesenheit eines Interviewers füllen Befragte einen Fragebogen sehr unterschiedlich aus: Die einen schreiben einfach die Antworten schnell hin, ohne die Fragen richtig durchgelesen zu haben. Andere gehen den Fragebogen mehrfach akribisch durch, um sicherzugehen, dass sie sich auch nicht widersprochen haben. Beides ist gleichermaßen unerwünscht: Wer die Fragen nicht richtig durchgelesen hat, hat sie vielleicht auch nicht richtig verstanden. Manchmal kommt es auf jedes Wort an. Vielleicht verwechselt er auch Antwortkategorien oder verrutscht in den Zeilen. Umgekehrt ist es durchaus realistisch, dass wir zu einem Thema widersprüchliche Meinungen haben.
- Antworten fallen unterschiedlich aus, je nachdem, wer zugegen ist. Beispiel: Ein Mann ist überzeugter CDU-Anhänger. Seine Frau dagegen wählt immer die Grünen. Ihrem Mann gegenüber hat sie das nie zugegeben, weil sie weiß, dass dies einen Ehestreit verursachen würde. Wenn Sie gefragt wird: „Welche Partei haben Sie bei der letzten Bundestagswahl gewählt?“, würde sie vielleicht „CDU“ oder „Weiß nicht“ antworten, wenn ihr Mann dabei ist. Deshalb sollte bei einem Interview grundsätzlich niemand außer dem Befragten und dem Interviewer im Raum sein. Dies kann der Forscher aber nur kontrollieren, wenn ein Interviewer anwesend ist.
- Ebenso wenig kann man bei einer schriftlichen Befragung kontrollieren, dass sich verschiedene Befragte gegenseitig über die Studie austauschen. Unter Umständen füllen sie sogar einen Fragebogen gemeinsam aus, oder jemand anderes als die Zielperson der Untersuchung füllt den Fragebogen aus. Beispiel: In einer Studie will man herausbekommen, wie sich Paare in ihrem politischen Verhalten gegenseitig beeinflussen. Unter anderem will man wissen, ob sie von politischen Tätigkeiten des Partners wissen. Deshalb bekommt jeder Partner einen eigenen Fragebogen. Es macht einen Unterschied, ob die Partner vorher über den Fragebogen reden oder nicht.
- Die Bereitschaft, den Fragebogen zu beantworten, ist meistens höher, wenn der Interviewer anwesend ist. Es ist psychologisch einfacher, einen Brief in den Mülleimer zu werfen, als eine Per-

son von der Türschwelle wegzuschicken. Auch die Abbruchquote ist bei Anwesenheit des Interviewers geringer, das heißt, der Fragebogen wird eher vollständig ausgefüllt. Dies kann insbesondere bei sehr langen Fragebögen wichtig sein. Die Ausschöpfungsquote (vgl. Kap. 5) ist bei persönlichen Interviews wesentlich höher als bei schriftlichen. Eine hohe Ausschöpfungsquote aber ist Voraussetzung für die Auswertung mit inferenzstatistischen Methoden.

- Manche Fragen können nur bei Face-to-Face-Interviews gestellt werden. Beispiel: Eine Partei will ein neues Wahlplakat drucken lassen. Eine PR-Agentur hat ihr vier Entwürfe geliefert. Einige sind sehr provokant. Welcher Entwurf ist der beste? Das sollen die Befragten entscheiden: Sie schauen sich die Entwürfe in Originalgröße an und bringen sie in eine Rangfolge. Die Interviewer nehmen die Entwürfe danach wieder mit, damit die Befragten sie nicht im Freundeskreis herumreichen oder gar an eine Zeitung geben oder im Internet veröffentlichen.

Vorteile der schriftlichen Befragung

Befragte haben bei mündlichen Befragungen trotz aller Gegenmaßnahmen höhere Antworthemmungen und neigen stärker dazu, ihr Verhalten zu beschönigen. Auch die beste Interviewerschulung kann nicht verhindern, dass die Person des Interviewers das Antwortverhalten beeinflusst. Die größere Anonymität von schriftlichen Befragungen erhöht die Bereitschaft der Interviewten, sich auch zu sensiblen Fragen ehrlich zu äußern.

Schriftliche Befragungen haben außerdem den Vorteil, dass sie billiger sind: Mündliche persönliche Interviews sind teuer und der Aufwand für den Interviewer oft beträchtlich. CATI-Interviews sind um einiges billiger als persönliche Interviews, allerdings ist auch hier der Personalaufwand immer noch deutlich höher als bei schriftlichen Befragungen. Bei der schriftlichen Befragung fallen hingegen lediglich Portokosten an.

Interviewerschulung

Durch die Anwesenheit von Interviewern kann eine Vielzahl von Faktoren kontrolliert werden, die ansonsten für Fehler sorgen würden. Allerdings ist der Interviewer selbst eine zentrale Variable im Forschungsprozess: Wie der Interviewer den Befragten das erste Mal anspricht, wie er sich bei Fragen und Störungen verhält, kann das Antwortverhalten des Befragten beeinflussen. Besonders gravierend sind wertende Kommentare des Interviewers. Man sollte versuchen, diese Probleme durch eine gute Interviewerschulung weitestgehend auszuräumen.

Bei der Interviewerschulung erläutern die Forscher den Interviewern das Thema und die Ziele der Studie sowie den Fragebogen. Sie geben an, wie die Befragten angesprochen werden sollen und wie sich die Interviewer in der Befragungssituation verhalten sollen: Wie sollen sie bei Fragen und Störungen reagieren? Wie können die Interviewer ihr nonverbales Verhalten steuern? Wie sollen die Fragebögen ausgefüllt werden? Je präziser diese Informationen sind, desto bessere Ergebnisse sind zu erwarten. Jeder Interviewer sollte einige Probeinterviews durchführen. Die Interviewer müssen auch wissen, wie sie die Befragten erreichen; wie viele Interviews sie führen müssen; was sie tun sollen, wenn die Zielpersonen nicht erreichbar sind oder nicht an der Studie teilnehmen wollen; bis wann die Ergebnisse abgeliefert werden müssen und an wen sie und die Befragten sich bei Rückfragen wenden sollen.

Interviewerkontrolle

Um sicherzustellen, dass der Interviewer seine Aufgaben pflichtgemäß erfüllt hat, ist Interviewerkontrolle durch das durchführende Institut unerlässlich. Viele Institute rufen deshalb bei einem gewissen Teil der Befragten an, ob der Interviewer auch da war.

Eine spezielle Form mündlicher Befragungen sind Telefoninterviews, die in dafür eigens eingerichteten Studios durchgeführt werden: Eine Gruppe von Interviewern sitzt in einem Raum. Die Interviewer werden auf Stundenbasis bezahlt. Jeder hat ein Telefon und einen Computer, in den er nachher die Ergebnisse eingibt. Nach einem vorgegebenen Stichprobenplan ruft er die Zielpersonen an und befragt sie. Die Projektleitung kann sich in die Telefonate einklinken, ohne dass der Interviewer dies mitbekommt. So kann die Projektleitung kontrollieren, ob der Interviewer Fehler bei der Interviewführung macht und ihn später korrigieren. Bei den Interviewern steigt so die Motivation.

Anschreiben

Vor dem Beginn des eigentlichen Interviews müssen die Befragten bestimmte Informationen erhalten. Wer führt die Untersuchung durch? Ein Meinungsforschungsinstitut, eine wissenschaftliche Forschungseinrichtung, ein Diplomand usw.? Für wen wird die Untersuchung durchgeführt? Um welches Thema geht es? Welches Ziel hat die Untersuchung? Wie lange wird es in etwa dauern, den Fragebogen auszufüllen? Wie wird mit Datenschutzproblemen umgegangen, insbesondere: Wird die Anonymität der Befragten gewahrt? Wen kann man bei Rückfragen ansprechen? Wie ist der Rücklauf organisiert, d. h. was sollen die Befragten mit den ausgefüllten Fragebögen machen?

Besonders wichtig ist diese Einleitung bei schriftlichen Befragungen, in denen sie als gesondertes Anschreiben dem Fragebogen beigelegt werden sollte. Es lohnt sich, in das Anschreiben einige Zeit zu investieren: Es ist der erste Kontakt des Forschers mit einem potenziellen Befragten und die einzige Chance, den Angeschriebenen zur Mitarbeit zu motivieren. Wenn das Anschreiben schlecht ist, ist es vielleicht auch der einzige Kontakt mit dem Befragten. Das Begleitschreiben muss beim Befragten Vertrauen erwecken und die Seriosität der Befragung untermauern. Es ist daher auch hilfreich, mit einfachen Sätzen das Auswahlverfahren zu erklären, nach dem die Befragten in die Stichprobe aufgenommen wurden.

Bei postalischen Befragungen sollte, um die Rücklaufquote zu erhöhen, nach einem Zeitraum von ein bis drei Wochen ein Erinnerungsschreiben verschickt werden, in dem noch einmal auf das wichtige Anliegen der Untersuchung hingewiesen wird. Man kann sicherheitshalber auch noch einmal einen Fragebogen beilegen, für den Fall, dass der zuerst verschickte bei den Befragten nicht mehr auffindbar ist. Diejenigen Befragten, die noch nicht geantwortet hatten, werden gebeten, den Fragebogen auszufüllen, bei den anderen kann man sich zugleich für die Teilnahme bedanken.

Literaturhinweise: Geschlossene Befragung

Weiterführende Literatur

Den Aufbau eines Fragebogens und eine Vielzahl der dabei entstehenden Probleme, auf die geachtet werden muss, behandeln *Sudman/Bradburn* (1983). Der Klassiker zur Formulierung von Fragen mit systematischen Untersuchungen zu Effekten der Fragenanordnung, Mittelkategorien, Non-attitudes u.a. ist *Schuman/Presser* (1996). Mit diesen Effekten befassen sich ebenfalls *Sudman u.a.* (1996), wobei hier Erkenntnisse aus der Kognitionspsychologie herangezogen werden, um die optimale Frageformulierung zu entwickeln. Mit allen Aspekten einer Befragung befassen sich eingehend *Groves u.a.* (2004). *Harkness*, *Mohler* und *Van de Vijer* (Hg.) (2003) gehen auf zusätzliche Probleme bei internationalen Studien ein. Das *Statistische Bundesamt* (Hg.) (2000) vergleicht die Vor- und Nachteile der verschiedenen Verfahren, standardisierte Befragungen durchzuführen (Telefon., Face-to-Face-, CAPI-, Online- und andere Befragungen). *Batinic* (2001) sowie *Batinic*, *Bosnjak* und *Reips* (Hg.) (2002) gehen auf zusätzliche Probleme bei Online-Erhebungen ein. Die *ZUMA* (www.gesis.org) publiziert laufend methodische Empfehlungen für die verschiedensten Erhebungsverfahren und über neue Entwicklungen. Wenn Sie eine eigene standardisierte Befragung durchführen, sollten Sie für die demographischen Daten, die fast in allen Fragebögen erhoben werden (z. B. Geschlecht, Beruf, Bildungsniveau usw.) die Formulierungen übernehmen, die der *ADM*, die *ASI* und das *Statistische Bundesamt* (1999) vorschlagen. Dies ermöglicht den Vergleich mit zahlreichen anderen Studien. *ZIS* soll sozialwissenschaftliche Untersuchungen über Einstellungen und Verhalten unterstützen. Dokumentiert sind Befragungsinstrumente gemeinsam mit einschlägigen theoretischen und methodischen Informationen und Daten zu häufig untersuchten Themenbereichen. Dort findet man insbesondere getestete Skalen.

ADM (Arbeitskreis Deutscher Markt- und sozialforschungsinstitute e.V.)/ ASI (Arbeitsgemeinschaft sozialwissenschaftlicger Institute e.V.)/ Statistisches Bundesamt (Hg.)(1999): Demographische Standards. Eine gemeinsame Empfehlung. Unter: http://193.196.10.16/Methodenberatung /Dem_Standards/index.htm

Batinic, Bernard (2001): Fragebogenuntersuchungen im Internet. Aachen: Shaker

Batinic, Bernard/ Michael Bosnjak/ Ulf-Dietrich Reips (Hg.)(2002): Online Social Sciences. Seattle: Hogrefe & Huber

Groves, Robert M./ Floyd J. Jr. Fowler/ Mick P. Couper/ James M. Lepkowski/ Eleanor Singer/ Roger Tourangeau (2004): Survey Methodology. Hoboken, New Jersey: Wiley & Sons

Harkness, Janet A./ Peter Ph. Mohler/ Fons J. R. Van de Vijer (Hg.)(2003): Cross-Cultural Survey Methods. Hoboken: John Wiley & Sons

Schuman, Howard/ Stanley Presser (1996): Questions & Answers in Attitude Surveys. Experiments on Question Form, Wording, and Context.. Thousand Oaks: Sage Publications

Statistisches Bundesamt (Hg.)(2000): Neue Erhebungsinstrumente und Methodeneffekte. Wiesbaden: Statistisches Bundesamt

Sudman, Seymour/ Norman M. Bradburn/ Norbert Schwarz (1996): Thinking about Answers. The Application of Cognitive Processes to Survey Methodology. San Francisco: Jossey-Bass Publishers

Sudman, Seymour/ Norman M. Bradburn (1983): Asking Questions. San Francisco: Jossey-Bass Publishers

ZIS (ZUMA-Informationssystem): Elektronisches Handbuch sozialwissenschaftlicher Erhebungsinstrumente. Version 7.00. Unter: http://www.gesis.org/Methodenberatung/ZIS/index.htm

6.3 Die offene Befragung

Offene Befragungen (nicht standardisierte Interviews) haben die Form eines Gesprächs zwischen (üblicherweise) zwei Personen über ein bestimmtes Thema. Ausgehend von einem Leitfaden stellt der Interviewer dem Befragten überwiegend offene Fragen. Die Reihenfolge und Formulierung dieser Fragen ist dabei nicht festgelegt, nicht einmal die Menge der Fragen. Vielmehr hat der Interviewer die Möglichkeit, flexibel auf den Gesprächsverlauf zu reagieren, etwa indem er Fragen weglässt, die implizit schon beantwortet wurden, oder neue Aspekte aufgreift, die er vorher nicht bedacht hatte, die sich aber im Laufe des Gesprächs ergeben. Der Gesprächsverlauf wird maßgeblich vom Befragten bestimmt, der die offenen Fragen des Interviewers als Anhaltspunkt nimmt, um seine Sichtweise einer Geschichte darzulegen.

Die Situation ist also genau umgekehrt wie bei der standardisierten Befragung: Der Befragte hat weitgehend die Initiative, der Interviewer reagiert. Das bedeutet aber nicht, dass das Interview beliebig ist – im Gegenteil: Der Forscher verfolgt ja ein bestimmtes Ziel mit dem Gespräch, es ist nur in seinem Verlauf nicht vorgegeben. Gerade weil der Befragte wesentlich mehr Eigeninitiative hat, muss der Interviewer das Gespräch sehr genau planen. Die Anforderungen an den Interviewer sind also viel höher als bei der standardisierten Befragung. Er muss sehr gut geschult sein.

6.3.1 Auswahl der angemessenen Befragungsform

Anwendungsbereiche

Die offene Befragung ist gerade in der Politikwissenschaft neben der standardisierten Umfrage eines der am weitesten verbreiteten Verfahren. Es gibt viele denkbare Anwendungsbereiche, wo sie einem standardisierten Vorgehen vorzuziehen ist.

Noch wenig erforschte Forschungsthemen

- Der Forscher weiß noch nichts oder sehr wenig über ein Thema. Er hat keinen Überblick, welche Aspekte relevant sind, in welchem Zusammenhang Aspekte auftauchen oder was die Befragten antworten könnten. Dann ist es sinnvoll, erst einmal relevante Informationen von Personen einzuholen, die von einer Sache betroffen oder dafür Experten sind. Nach wie vor ist beispielsweise über den konkreten Verlauf von Aushandlungsprozessen in politischen Gremien, etwa im Ministerrat der EU oder im Vermittlungsausschuss zwischen Bundestag und Bundesrat, sowie über die Strategien der beteiligten Politiker wenig bekannt. Forscher müssen sich hier also an erfahrene Politiker, Beamte oder politische Berichterstatter wenden, um erst einmal zu erfahren, wie die Dinge tatsächlich ablaufen, bevor sie darüber Hypothesen bilden oder ihr Wissen in einen theoretischen Kontext einordnen können.

Differenzierte Analysen komplexer Zusammenhänge

- Der Forscher ist an differenzierten Meinungsäußerungen, Analysen und Zusammenhangsinterpretationen für einen komplexen Themenbereich interessiert. Wenn es beispielsweise darum geht, die Auswirkungen einer Straf- und Vergaberechtsreform auf das Ausmaß der Korruption in der öffentlichen Verwaltung abzuschätzen, ist es sinnvoll, sich mit Staatsanwälten und Kommissaren des Bundeskriminalamtes zu unterhalten, die in der Korruptionsbekämpfung langjährige Erfahrung besitzen. Deshalb sind sie in der Lage, ein komplexes Problem in vielen seiner Facetten einzuschätzen. Ihr Wissen über Zusammenhänge und ihre Prognose über die Anreizwirkung der neuen Gesetze sind hier das, was den Forscher interessiert.

Detaillierte Erfassung eines Einzelfalls

- Der Forscher möchte einen einzelnen Fall möglichst detailliert erfassen, etwa die Implementation des Immissionsschutzgesetzes in einem Bundesland oder den Wahlkampfstil eines Bundestagsabgeordneten. In diesem Fall kann er die Informationen nur über viele Tiefeninterviews oder teilnehmende Beobachtung gewinnen.

Authentische Informationen

- Der Forscher vermutet, dass er in einer offenen Befragung authentischere Informationen erhält als in einer standardisierten Befragung, weil die Interviewsituation dem Befragten natürlicher und vertrauter erscheint. Der Forscher kann hier eher eine Vertrauenssituation zum Befragten aufbauen. Sobald er ins Erzählen kommt, vergisst er (hoffentlich) teilweise, dass er gerade Objekt einer wissenschaftlichen Untersuchung ist. Dies ist gerade bei persönlichen oder gesellschaftlich sensiblen Themen wichtig, etwa wenn es um die Erforschung rechtsradikalen Wahlverhaltens oder um Sexualverhalten geht.

Forschungsethische Gründe für offene Interviews

Generell ist beim offenen Interview die Befragungssituation persönlicher: der Befragte wird stärker als Person und nicht nur als Informationsquelle wahrgenommen, da man ihm die Möglichkeit gibt, seine Meinung zu äußern, ohne auf die vom Forscher vorgegebenen Kategorien festgelegt zu sein. Dies ist nicht zuletzt aus forschungsethischen Gründen wünschenswert. In diesem Sinn äußert sich eine der profiliertesten Verfechterinnen von offenen Interviews, Patricia Labaw (1980: 132): „Presumably, although this is often forgotten, the main purpose of an interview, the most important goal of the entire survey profession, is to let the respondent have his say, to let him tell the researcher what he means, not vice versa. If we do not let the respondent have his say, why bother to interview him at all?"

Nachteile

Die Anwendung der offenen Befragung hat aber auch einige Nachteile, die man berücksichtigen muss:

Kleinere objektorientierte Stichprobe

- Da die Datenerhebung und –auswertung sehr aufwändig sind, können bei gleichem Zeitaufwand und Budget nicht so viele Personen befragt werden wie bei geschlossenen Befragungen. Die

Fallzahl ist geringer. Deshalb verzichten Forscher oft von vornherein darauf, eine Zufallsstichprobe zu ziehen. Stattdessen greifen sie auf Strategien zur Ziehung kleiner Stichproben zurück – mit den damit verbundenen Repräsentativitätsproblemen. Dies erschwert Verallgemeinerungen auf die Grundgesamtheit.

Schlechte Vergleichbarkeit der Daten

- Was Befragte erzählen, hängt einerseits davon ab, was sie zu einem Thema zu sagen haben. Andererseits hängen verbale Äußerungen aber auch von Persönlichkeitsfaktoren ab: Nicht alle Menschen können sich gleich gut an vergangene Ereignisse erinnern. Menschen können unterschiedlich gut ausdrücken, was sie meinen. Manche Menschen sind unsicher und wagen es nicht, alles zu erzählen, was sie denken und meinen. Einfallsreiche Menschen schmücken ihre Erzählungen aus. Das, was Menschen erzählen, entspricht also nicht unbedingt dem, was passiert ist oder was sie denken und fühlen. Bei offenen Interviews hängen die Daten, die der Forscher erhält, sehr stark von der Ausdrucksfähigkeit der Betroffenen ab. Durch die nichtstandardisierte Interviewsituation und die nicht identischen Frageformulierungen können die Antworten der verschiedenen Befragten außerdem nicht direkt miteinander verglichen werden.

Keine statistische Auswertung möglich

- Um offene Befragungen auszuwerten, kann der Forscher nicht auf statistische Verfahren zurückgreifen, sondern muss mit „weicheren“ Verfahren der Textanalyse und –interpretation arbeiten. Damit entgeht er zwar der Gefahr, eine Exaktheit vorzuspiegeln, die möglicherweise auch bei quantitativen Daten nicht immer gegeben ist. Umgekehrt kann er aber auch Fehlerrisiken der Auswertung oder Signifikanz der Ergebnisse nur verbal und ungefähr abschätzen.

Verschiedene Formen der offenen Befragung

Es gibt eine Reihe von Möglichkeiten, offene Befragungen durchzuführen. Sie unterscheiden sich hauptsächlich im *Ausmaß der Standardisierung* der Interviewsituation, also etwa wie genau die Fragen und ihre Abfolge vorgegeben sind, wie viel Spielraum der Interviewer hat, inhaltlich oder zeitlich Interviews nach Bedarf zu variieren, ob der Befragte eher eine eigene „Geschichte“ erzählen soll oder ob der Verlauf des Interviews doch eher einem Frage-Antwort-Spiel entspricht. Wichtig für die Unterscheidung ist auch die *Zielsetzung* des Interviews, also die Rolle, die der Befragte dabei spielt: Geht es darum, von einem Experten Fakten oder Situationseinschätzungen zu erhalten, ist die spezifische Perspektive des Befragten auf ein Thema der Kern des Interesses oder geht es um biographische Rekonstruktionen? Schließlich macht natürlich auch der *äußere Rahmen* einen Unterschied, ob das Interview persönlich oder am Telefon durchgeführt wird, ob es 30 Minuten oder drei Stunden dauert, ob es sich um ein einmaliges Treffen zwischen Interviewer und Befragtem handelt oder um eine engere Beziehung, die sich in einer Serie von Sitzungen entwickelt. Auf den Ausprägungen dieser Dimensionen gibt es viele Kombinationsmöglichkeiten. So ist es möglich, das Erhebungsinstrument flexibel an die eigenen Forschungsbedürfnisse anzupassen. Vier Formen offener Interviews werden in der Literatur häufig unterschieden, die sich auch als verbreitete Formen in der empirischen Forschung durchgesetzt haben. Dies sind das *narrative Interview*, das *Leitfadeninterview*, das *Experteninterview* und die *Gruppendiskussion*. Aber natürlich gibt es auch zwischen diesen Typen Übergänge und Mischformen.

Narratives Interview

Beim narrativen Interview versucht der Forscher, den Befragten zum Erzählen zu bringen. Es ist eine sehr offene Interview-Form, in der der Forscher nur Anstöße gibt und gegebenenfalls vorsichtig nachhakt, die gesamte Strukturierung der Erzählsituation aber dem Befragten überlässt. Ziel ist es, die individuellen Meinungen, Werte und Sinnkonstruktionen des Befragten kennen zu lernen und nachzuvollziehen. Häufig wird davon ausgegangen, dass hierfür keine besonderen Fähigkeiten und Techniken nötig sind. Eine solche Einschätzung berücksichtigt aber nicht, dass es unter Umständen sehr schwierig sein kann, die richtige Balance zwischen Offenheit und Nicht-Eingreifen einerseits, dem Signalisieren von Interesse und der Ermunterung zu weiteren Erzählungen andererseits zu finden. Der Forscher sollte sich natürlich mit dem Gegenstand der Untersuchung gut auskennen, um das Gespräch sanft in die gewünschte Richtung zu lenken. Außerdem sollte er eine gewisse Erfahrung oder Schulung in Gesprächsführung haben. Auch an den Befragten stellt diese Form der Befragung hohe Anforderungen, da ihm die gesamte Erinnerungs- und Strukturierungsleistung übertragen wird. Der Vorteil des narrativen Interviews besteht darin, dass man sehr detaillierte – und zumeist auch schlüssige – Informationen erhält. Durch den Detailreichtum der Erzählung wirkt auf den Erzähler gewissermaßen ein abstrakter Zwang zur Kohärenz und Plausibilität der Erzählung, so dass der Forscher, ohne selbst autoritär wirken zu müssen, durch gezielte Nachfragen ein recht gutes Bild der erzählten Situation erhalten kann. Zugleich ermöglicht diese Interview-Form dem Forscher, sich in die Lebenswelt des Befragten hineinzudenken und seine Deutungen nachzuvollziehen. Dies ist im

Sinne eines verstehenden Ansatzes der qualitativen Forschung ein wichtiges Kriterium.

Leitfadeninterview

Stärker strukturiert als das narrative Interview ist das Leitfadeninterview. Allerdings gibt es auch hierbei noch große Unterschiede im Grad der Strukturiertheit. Generell stellt bei einem Leitfadeninterview der Forscher die Themen zusammen, die während der Befragung auf jeden Fall angesprochen werden sollen. Diese Themenzusammenstellung nennt man „Interview-Leitfaden" (daher der Name der Erhebungsmethode). Wie detailliert aber der Leitfaden ist oder worauf er sich bezieht, das kann stark variieren. Sonderformen des Leitfadeninterviews sind u. a. problemzentrierte Interviews, fokussierte Interviews, Tiefeninterviews und Experteninterviews.

Experteninterview

Für die meisten politikwissenschaftlichen Forschungsprojekte wird eine Form des Leitfadeninterviews gewählt, die als Experteninterview bezeichnet wird. Experteninterviews sind Interviews, bei denen Experten zu einem bestimmten Thema befragt werden. Wer als Experte einzuschätzen ist, muss von Fall zu Fall entschieden werden. Ein Experte sollte sich mit dem interessierenden Thema sehr gut auskennen. Aufgrund seiner Kenntnis und häufig auch seiner Position nimmt man an, dass er eine gewisse Distanz zum Thema hat, die es ihm ermöglicht, es in einen größeren Zusammenhang einzuordnen, zu analysieren und zu bewerten. Ob diese Annahmen zutreffen, sollte allerdings vom Forscher während des Interviews und später bei der Auswertung kritisch hinterfragt werden. Man führt Experteninterviews also immer dann durch, wenn man sich die Professionalität, die Erfahrung und den Einblick der Experten in ein interessierendes Thema zu Nutze machen möchte. Es interessieren hierbei jedoch – im Gegensatz zum narrativen Interview – nicht seine Persönlichkeit, sein Werdegang oder seine subjektiven Interessen. Während bei Meinungsumfragen der Gegenstand der Untersuchung die Einstellungen der Befragten sind, ist bei diesen so genannten Experteninterviews der Gegenstand der Untersuchung nicht wirklich die Meinung der Experten, sondern das, worüber sich die Experten äußern. Experteninterviews sind als Informationsquellen zu betrachten, nicht das Wissen der Experten an sich wird erhoben, sondern das Wissen der Experten *über* einen bestimmten Sachverhalt. Experteninterviews dienen beispielsweise häufig der empirischen Untermauerung von Beschreibungen bestimmter Verfahren in der Politik oder Verwaltung, über die nur Insider Bescheid wissen.

Gruppendiskussion

Die Gruppendiskussion unterscheidet sich in zwei Aspekten von anderen Interviews: Erstens handelt es sich nicht um Einzel- sondern um Gruppengespräche in einer überschaubaren Gruppe. Meist werden zwischen fünf und fünfzehn Personen befragt. Zweitens werden bei der Gruppendiskussion Befragung und Beobachtung gemischt: Das Gespräch wird zugleich entweder gefilmt oder von einem verdeckten Beobachter verfolgt. Bei der Gruppendiskussion regt der Diskussionsleiter die Gruppe zur Diskussion zu einem bestimmten Thema an. Das Ziel dieser Form von Datenerhebung liegt weniger im detaillierten Aufzeichnen einzelner Meinungen; es ist auch gar nicht möglich, aus Gruppendiskussionen auf individuelle Merkmale oder deren Verteilungen zu schließen. Gruppendiskussionen eignen sich vielmehr vor allem für zwei Erkenntnisziele: Wie verhalten sich Menschen in Gruppen (Gruppen- und Diskussionsdynamiken, dies ist aber eher eine soziologische Fragestellung)? Und: Welche Meinungen, welches Wissen, welche Erwartungen und Vorstellungen existieren überhaupt zu einem bestimmten Thema, was ist also im Kontext dieses Themas überhaupt relevant (also das Auffinden verbreiteter Einstellungsstrukturen und Argumentationslinien)? Letzteres ist das Hauptziel von Gruppendiskussionen in der politikwissenschaftlichen Forschung und der kommerziellen Meinungsforschung. Hierbei wird davon ausgegangen, dass sich in der Diskussion differenziertere und abgewogenere Urteile bilden als in der Einzelbefragung, da auch Einwände der Diskussionspartner in das eigene Meinungsbild eingebaut werden können. Das Erkenntnisinteresse der Gruppendiskussion ist also wiederum ein anderes als bei der standardisierten Befragung, dem narrativen Interview oder dem Experteninterview. Ein großer Vorteil der Gruppendiskussion ist, dass sich die Befragten wesentlich spontaner äußern als bei anderen Interviewformen. Der Interviewer ist den Befragten nicht so präsent, die Alltagsnähe ist größer. Meist sind die Gespräche auch reger als Einzelbefragungen. Das Problem ist jedoch, dass man die Diskussionsbeiträge nicht von der Gruppendynamik trennen kann, die zwangsläufig entsteht. So können sich Wort- und Meinungsführerschaften und Konformitätsdruck einstellen, wodurch abweichende Meinungen nicht geäußert werden. Auch können Missverständnisse oder „Aneinander-Vorbeireden“ entstehen, was die Analyse erschwert.

6.3.2 Interviewvorbereitung

Vorgehensweise

Wie führt man nun eine offene Befragung durch? Letztlich bestimmt hier der Befragte selbst die genaue Ausgestaltung der Befragung. Deshalb kann es bei der offenen Befragung nicht so detaillierte Regeln zur Datenerhebung geben wie bei der standardisierten Befragung. Dennoch können auch hier die wesentlichen Schritte verallgemeinernd beschrieben und durch Faustregeln und Erfahrungswerte ergänzt werden. Wir orientieren uns bei der Darstellung am Leitfaden-Interview, da dies die allgemeinste und am weitesten verbreitete Form des offenen Interviews in der Politikwissenschaft ist. Die meisten Probleme, vor denen Forscher bei der Durchführung von Leitfaden-Interviews stehen, gelten aber auch für alle anderen Formen offener Befragung.

Auswahl der Befragten

Da offene Befragungen an einer kleineren Zahl von Befragten durchgeführt werden als standardisierte Befragungen, ist zumeist eine Zufallsauswahl nicht sinnvoll. Unter Umständen kann eine Quotenstichprobe zur Anwendung kommen. In den meisten Fällen werden jedoch verschiedene Techniken der bewussten Stichprobenauswahl (vgl. Kapitel 5.5) verwendet, etwa indem man Personen in bestimmten Positionen identifiziert (z.B. Mitglieder verschiedener Parteien im Gemeinderat, Vorstandsmitglieder einer Firma, Berichterstatter überregionaler Zeitungen im Politikressort, Leiter oder regelmäßige Besucher eines Jugendtreffs) oder eine Reihe von Kriterien anwendet, die allesamt bei den zu befragenden Personen erfüllt sein müssen. Forschungspragmatische Aspekte wie Verfügbarkeit und Zugänglichkeit von Befragten spielen eine wichtige Rolle. Häufig verläuft die Stichprobenziehung auch in mehreren Phasen, indem man zunächst versucht, einige repräsentative oder geeignete Personen zu identifizieren und diese dann im Schneballverfahren nach weiteren Personen befragt.

Kontaktaufnahme

Wenn man zu den Zielpersonen Kontakt aufnimmt, ist das Wichtigste, auf den ersten Eindruck das Interesse und das Vertrauen des Befragten zu gewinnen. Ein sauberes, gut formuliertes Anschreiben, ein informierendes Telefongespräch, flexibles Eingehen auf den Terminkalender des Befragten, sind hier essentielle Ingredenzien für eine erfolgreiche Kontaktaufnahme. Die Details hängen – wie immer – vom konkreten Forschungsprojekt ab. So wird die Kontaktaufnahme mit Rentnern im Altersheim bei einer Untersuchung zu Altersarmut bei Frauen anders verlaufen als die mit Bundestagsabgeordneten zum Verhandlungsverhalten in Ausschusssitzungen. Seriosität, Informiertheit und Eingehen auf die Bedürfnisse des

Probanden kommen aber hier wie dort gut an. Das Forschungsziel sollte möglichst bei der ersten Kontaktaufnahme schon verständlich geschildert werden, um das Interesse des Befragten zu gewinnen.

Bei offenen Befragungen ist das persönliche Gespräch, also das Face-to-Face-Interview, die übliche Form der Befragung. Sollten aber aus organisatorischen Gründen nur andere Interviewformen in Frage kommen (bspw. weil der Interviewpartner in einem anderen Land wohnt), kann es auch telefonisch, schriftlich oder per Email durchgeführt werden. Die Durchführungsform und ein geeigneter Termin müssen mit dem Interviewpartner vereinbart werden. Auch sollte dieser eine klare Vorstellung seiner eigenen Rolle gewinnen, wie viel Zeit er einplanen muss, welcher Art die Fragen sein werden, in welcher Form seine Anonymität gewahrt wird u.ä.

Erstellung des Leitfadens

Sind die Kontakte hergestellt, muss der Leitfaden entworfen werden. Im Interviewleitfaden sind alle diejenigen Themen zusammengestellt, die während der Befragung auf jeden Fall angesprochen werden sollen. Um den Leitfaden zu entwerfen, sind mehrere Arbeitsschritte vonnöten:

1. *Ideensammlung:* Als erstes sollten alle Fragen und Themen zusammengetragen werden, die im Rahmen der Gesamtfragestellung interessierten.
2. *Spezifikation der Themen:* Wenn die Themenliste feststeht, sollte sich der Forscher überlegen, was er bei den einzelnen Themen genau wissen will.
3. *Ordnen und Überarbeitung der Themenliste:* Inhaltlich ähnliche Fragen werden jetzt zu Themenkomplexen angeordnet. Es wird überprüft, ob die Liste für die geplante Interviewdauer angemessen ist oder womöglich zu lang ist. Der Forscher muss sich überlegen, auf welche Themenkomplexe er auf keinen Fall verzichten will und überflüssige Themen bzw. Fragenkomplexe streichen. Jetzt kann sich der Forscher überlegen, in welcher Reihenfolge die Themen am besten im Gespräch angesprochen werden sollten, und sie entsprechend im Leitfaden anordnen.
4. *Entscheidungen über den Gesprächsanfang*: Ob ein Interview gut verläuft, wird häufig in den ersten paar Minuten entschieden. Deshalb ist die Eingangsphase des Interviews besonders wichtig. Aus diesem Grund enthält der Interviewleitfaden Hinweise darauf, was der Interviewer zu Beginn des Interviews auf jeden Fall sagen sollte: Vorstellung des Interviewers und eine kurze Zusammenfassung des Untersuchungsinteresses; Hinweise zum Ablauf des Gesprächs (Dauer, Technik, Anonymität); ein oder zwei Ein-

stiegsfragen, um die Gesprächsatmosphäre zu lockern und den Interviewpartner zum reden zu bringen.

5. *Layout:* Wichtig ist nun eine sorgfältige Gestaltung des Layouts des Leitfadens, so dass sich die Interviewer auf ihm leicht zurechtfinden. Hierzu gehört unter anderem, dass das Thema der Untersuchung am Anfang des Leitfadens festgehalten werden sollte. Sodann sollte der Leitfaden Platz enthalten für einige allgemeine Informationen über das Interview (Ort, Datum, Interviewer, Angaben über den Befragten, ergänzende Eindrücke des Interviewers). Die einzelnen Themenbereiche sollten optisch klar voneinander abgesetzt sein, um eine schnelle Orientierung zu ermöglichen.
6. *Probeinterview:* Auch ein offener Fragebogen muss dann vor dem Einsatz in der „eigentlichen" Untersuchung anhand von Probeinterviews getestet werden.
7. *Überarbeitung* des Leitfadens: Auf Basis der Ergebnisse der Probeinterviews wird der endgültige Leitfaden erstellt.
8. *Auswendig Lernen*: Der Interviewleitfaden ist nur eine Gedächtnisstütze für den Interviewer. Deshalb werden Informationen weitgehend nur stichwortartig festgehalten. Der Leitfaden dient dem Interviewer später nur zur kurzen Überprüfung, ob er eine wichtige Frage vergessen hat. Damit sich der Interviewer auf den Gesprächspartner konzentrieren kann, sollte er den Leitfaden bis zum Interview auswendig kennen.

Interviewer-Schulung

Der Interviewer hat bei der offenen Befragung eine tragende Rolle, von seinem Auftreten hängt der Erfolg des Gesprächs maßgeblich ab. Deshalb ist eine gute Interviewerschulung essentiell. Der Interviewer muss zum einen fachlich kompetent sein. Er muss detaillierte Kenntnisse über das Forschungsprojekt und möglichst auch über das Gesprächsthema haben. Dies ist vor allem bei Experteninterviews wichtig, um als kompetenter Gesprächspartner wahrgenommen zu werden. Ideal ist es, wenn der Forscher oder Mitglieder der Forschergruppe selbst die Interviews durchführen. Zum anderen muss der Interviewer auch Kompetenz in Gesprächführung erlernen. Ein dritter wichtiger Aspekt der Interviewer-Schulung ist das Einüben der Protokollierungstechnik. Je nach gewählter Protokollierungstechnik muss der Interviewer in der Lage sein, Gesprächsmitschriften anzufertigen oder die Aufnahmetechnik zu bedienen.

6.3.3 Interviewdurchführung

Gesprächsatmosphäre

Wie die Eingangsphase gestaltet wird, entscheidet über den Verlauf des gesamten Interviews. Der Interviewer sollte sich daher bemühen, zunächst eine lockere Gesprächsatmosphäre aufzubauen und das Vertrauen des Befragten zu gewinnen. Hierzu sollte er die Befragungssituation als *Gespräch* betrachten und sich selbst in der Rolle des interessierten, anteilnehmenden Zuhörers sehen. Wenn der Befragte den Interviewer als kompetenten, interessierten und vertrauenswürdigen Gesprächspartner wahrnimmt, wird er am ehesten offen erzählen und auch bereit sein, seine Ansichten zu erläutern.

Protokollierung

Zur Gesprächseröffnung gehört, dass der Interviewer sich kurz vorstellt und den Hintergrund der Befragung sowie deren ungefähren Ablauf dem Interviewpartner noch einmal erläutert. Die Art der Protokollierung und gegebenenfalls die Anonymisierung der Information werden besprochen. Mit der Protokollierung wird eine wichtige Vorentscheidung für den Verlauf des Interviews getroffen. Gesprächsnotizen sind weniger vollständig als ein Mitschnitt auf Ton- oder Videoband, können aber für den Befragten vertrauenserweckender wirken. Allerdings wird durch die Verwendung von Aufnahmetechnik zwar zu Beginn des Gesprächs die Künstlichkeit der Situation betont; im Verlaufe jedoch ist sie im Zweifel weniger störend als das Mitschreiben des Interviewers. Bei der Verwendung von Aufnahmetechnik sollten die Interviewer unbedingt mit dieser eingehend vertraut gemacht werden und vor jedem Interview überprüfen, ob alles funktioniert. Wichtig sind auch Aufnahmeproben, um zu wissen, ob das Mikrofon stark rauscht, in welchem Abstand man es vor dem Befragten aufbauen muss, wie der Toneingang ausgesteuert sein muss etc.

Eröffnungsfrage

Dann stellt der Interviewer eine Eröffnungsfrage, die das Ziel hat, das Gespräch in Gang zu bringen. Bei Experteninterviews ist es besonders wichtig, dass der Interviewer gut vorbereitet und fachlich kompetent ist, um von seinem Gegenüber ernst genommen zu werden. Aber auch in anderen Interviewsituationen, etwa mit erfolgs- und interviewgewöhnten Prominenten, mit sozialen Randgruppen, mit alten Leuten, ist es wichtig, dass der Interviewer den richtigen Tonfall trifft, signalisiert, dass er sich in die Lage des anderen hineinversetzen kann und sich mit dem Gesprächgegenstand schon befasst hat. Nur so kann er sein Gegenüber zu einem offenen und informativen Gespräch motivieren.

Gesprächsführung

Wie mehrfach bereits betont wurde, ist der Gesprächsverlauf bei offenen Interviews flexibel. Die Hauptaufgabe des Interviewers besteht darin, den Verlauf des Gesprächs möglichst unmerkbar so zu lenken, dass er die für ihn relevante Information erhält, dabei aber in die Eigenstruktur des Erzählers möglichst wenig eingreift. Er muss immer wieder motivieren, Interesse und Verständnis signalisieren. Wie gut dies glückt, hängt letztlich vom Einfühlungsvermögen des Interviewers ab, sich situationsangemessen zu verhalten. Einige Erfahrungsregeln sollten jedoch berücksichtigt werden:

Körpersprache und non-verbale Kommunikation

- Bei Face-to-Face-Interviews sind die Sitzordnung und die Körpersprache des Interviewers wichtig. Je nach kulturellem Zusammenhang können verbale und nonverbale Äußerungen unterschiedlich gedeutet werden.

Geduld

- Eine der wichtigsten Eigenschaften des Interviewers in einem offenen Interview ist Geduld. Wenn der Befragte eine Pause macht, muss der Interviewer abwarten, bis der Interviewte den Gesprächsfaden weiterführt. Möglicherweise überlegt er, sucht nach Worten, oder sein Sprachstil ist stockend. Eine unbedachte Zwischenbemerkung kann den Erzählfluss unterbrechen. Erst wenn der Interviewer das Gefühl hat, dass der Befragte alles gesagt hat, was er sagen wollte, sollte er die nächste Frage stellen.

Ermutigung

- Nachfragen, Zusammenfassungen des Gesagten oder auch nur ein bestätigendes „Mmhhmm" können das Frage-Antwort-Schema durchbrechen und dem Befragten signalisieren, dass ihm aufmerksam zugehört wird. Dies ist insbesondere bei telefonischen Interviews wichtig, weil der Befragte hier den Interviewer nicht sehen kann. *Zusammenfassungen* sollten natürlich wertungsfrei sein. Sie können helfen, Missverständnisse aufzudecken oder Verständnisprobleme zu klären. *Nachfragen* können auf ein besseres Allgemeinverständnis abzielen (z. B. „Können Sie das noch einmal erklären?"; „Ich bin mir nicht sicher, ob ich verstanden habe, was Sie meinen.") oder auf die Erläuterung von Details (z. B. „Was genau war das?", „Können Sie mir mehr zu diesem Thema erzählen?" usw.). Es kann nach den Ursachen für bestimmte Ereignisse, ein bestimmtes Denken und Handeln gefragt werden (z. B. „Was meinen Sie, warum das passiert ist?", „Warum sind Sie dieser Ansicht?", „Warum haben Sie das getan?"). Unter Umständen kann man den Befragten auffordern, Geschehnisse chronologisch zu ordnen („tracing") oder einen längeren Ereigniszusammenhang zu erzählen („narrative Stimulation"). Manche Nachfragen kann der Forscher vorhersehen und bereits im Leitfaden unterbringen („exmanente Nachfragen").

Andere Zusatzfragen ergeben sich erst im Gesprächsverlauf („immanente Nachfragen").

Exkurse zulassen

- Der Interviewer sollte den Befragten nicht gleich unterbrechen, wenn er vom Thema abweicht. Exkurse bieten oft wesentliche Zusatzinformationen. Erst wenn der Befragte deutlich vom Thema abweicht, sollte das Gespräch auf das eigentliche Thema zurückgelenkt werden.

Fragetechniken

- Mit speziellen Fragetechniken kann versucht werden, die Gesprächsbereitschaft des Befragten zu fördern. Zu diesen Aktivierungstechniken gehören ebenso provozierende, hypothetische und interpretierende Fragen wie die Anregung des Vergleichs von Ideal und Realität.

Flexible Handhabung des Leitfadens

Der Interviewleitfaden stellt nur ein grobes Gerüst für den Gesprächsverlauf dar. Der Interviewer sollte ihn möglichst genau im Kopf haben, so dass er den Leitfaden selbst während des Interviews möglichst wenig braucht. Dann kann und soll er ihn im Gespräch flexibel handhaben. Das bezieht sich auf die Frageformulierung, Reihenfolge und Anzahl der Fragen. Er kann also Formulierungen ändern, Fragen vorziehen, zusammenfassen oder ganz auslassen sowie neue Fragen hinzufügen, wo im Gespräch wichtige Aspekte auftauchen, die im Leitfaden nicht berücksichtigt sind. Hat der Befragte implizit eine Frage schon beantwortet, die nach dem Leitfaden erst später gestellt werden sollte, dann sollte diese natürlich nicht mehr gestellt werden. Nachfragen sind, wie oben ausgeführt, nicht nur erlaubt, sondern häufig notwendig.

Standardisierte Informationen

Auch für die Auswertung offener Interviews benötigt man Standardinformationen wie Alter, Beruf, Bildungsgrad, Familienstand, Kinderzahl des Befragten u.ä. Es empfiehlt sich, diese Informationen entweder am Beginn oder am Ende des Interviews abzufragen. Werden diese Informationen am Anfang platziert, kann später darauf Bezug genommen werden. Allerdings eignen sich diese Fragen nicht besonders, um eine lockere Gesprächsatmosphäre aufzubauen. Wenn diese Informationen dagegen am Schluss eingeholt werden, müssen viele Dinge gar nicht mehr gefragt werden, weil sie schon im Laufe des Gesprächs erzählt worden sind.

Nach- und Aufbereitung der Daten

Wenn das Interview abgeschlossen ist, sollte man es möglichst bald in Schriftform bringen (transkribieren), um den Text dann weiter auswerten zu können. Natürlich sollte man die Originalaufzeichnungen, Gesprächsnotizen oder Ton-/ Videobänder mit den Transkripten aufbewahren. Wichtig ist auch eine zeitnahe Transkription, da dann die Umstände des Gesprächs noch am besten im Gedächtnis sind. Ausführliche Hinweise zur Transkription geben wir in Kapitel 7.

In der Auswertung bezieht man sich zumeist auf die Transkripte. Leitfäden, Gesprächs- oder Feldnotizen können ergänzend hinzugezogen werden. Ein Problem der offenen Interviews – im Gegensatz zur standardisierten Befragung – besteht in der eingeschränkten Vergleichbarkeit der Interviews: Da die Antworten auf Fragen in hohem Maße von der Formulierung der Frage abhängen, diese aber in Abhängigkeit von der Interviewsituation variiert werden kann, muss bei der Auswertung von Leitfadeninterviews berücksichtigt werden, wie die Fragen formuliert wurden. Die Kosten der Freiheit des Interviewers fallen somit als eingeschränkte Vergleichbarkeit der Antworten an. Einige Strategien der Auswertung von Texten werden in Kapitel 8 vorgestellt.

Literaturhinweise: Offene Befragung

Weiterführende Literatur

Hopf (2000) und *Hermanns* (2000) beschreiben kurz typische Probleme, die bei der Erhebung qualitativer Interviews auftauschen können. *König* (1976) beschreibt ausführlich, wie man eine offene Befragung plant und durchführt sowie welche typischen Fallstricke es zu umschiffen gilt. *Babbie* (2001) gibt eine praxisnahe Einführung in offene Interviews. *Meuser* und *Nagel* (1991) sowie *Haller* (2001) und *Bogner*, *Littig* und *Menz* (2002) behandeln Experteninterviews. *Fuchs-Heinritz* (2000) führt in die Besonderheiten der Erhebung und Auswertung narrativer Interviews ein. *Lamnek* (1998) sowie *Loos* und *Schäffer* (2001) erläutern, wie man Gruppendiskussionen durchführt. *Mann* und *Stewart* (2000) erklären, was man zusätzlich beachten muss, wenn man die Interviews über das Internet führt.

Babbie, Earl (2001): The Practice of Social Research. Belmont, CA: Wadsworth, 274-302

Bogner, Alexander / Beate Littig / Wolfgang Menz (Hg.)(2002): Das Experteninterview. Opladen: Leske+Budrich

Fuchs-Heinritz, Werner (2000): Biographische Forschung. Eine Einführung in Praxis und Methoden. Wiesbaden: Westdeutscher Verlag

Haller, Michael (2001): Das Interview. Ein Handbuch für Journalisten. München: Verlag Ölschläger GmbH

Hermanns, Harry (2000): Interviewen als Tätigkeit. In: Flick, Uwe / Kardoff, Ernst von / Steinke, Ines (Hg.): Qualitative Forschung. Ein Handbuch. Reinbek bei Hamburg: Rowohlt, S. 360-368

Hopf, Christel (2000): Qualitative Interviews – ein Überblick. In: Uwe Flick / Ernst von Kardoff / Ines Steinke (Hg.): Qualitative Forschung. Ein Handbuch. Reinbek: Rowohlt, 349-360

König, René (Hg.) (1976): Das Interview. Formen, Technik, Auswertung. Köln: Kiepenheuer & Witsch

Lamnek, Siegfried (1998): Gruppendiskussion. Theorie und Praxis. Weinheim: Beltz

Loos, Peter/ Burkhart Schäffer (2001): Das Gruppendiskussionsverfahren. Theoretische Grundlagen und empirische Anwendung. Opladen: Leske+Budrich

Mann, Chris / Fiona Stewart (2000): Internet Communication and Qualitative Research. A Handbook for Researching Online. London: Sage

Meuser, Michael / Ulrike Nagel (1991): ExpertInneninterviews – vielfach erprobt, wenig bedacht. Ein Beitrag zur qualitativen Methodendiskussion. In: Garz, Detlef / Klaus Kraimer (Hg.): Qualitativ-empirische Sozialforschung. Konzepte, Methoden, Analysen. Opladen: Westdeutscher Verlag, 441-471

6.4 Beobachtung

Alltagswahrnehmung und wissenschaftliche Beobachtung

Beobachten ist für jeden von uns im Alltag eine selbstverständliche Tätigkeit, egal ob wir in der Mensa sitzen und uns ansehen, wer in der Schlange steht, oder zum Fenster hinaus den Tratsch der Nachbarsfrauen auf der Straße verfolgen. Daher hat jeder Mensch eine gewisse, durch den Alltag geschulte, Übung im Beobachten. Allerdings ist diese Form der Beobachtung noch keine Beobachtung im wissenschaftlichen Sinne, weshalb sie häufig zum Zwecke der Unterscheidung auch als „Wahrnehmung" bezeichnet wird. Um von der Wahrnehmung zur Beobachtung zu gelangen, muss man sie 1. absichtsvoll einsetzen, also ein bestimmtes Ziel verfolgen, 2. aus der Menge des im Prinzip Wahrnehmbaren das Relevante auswählen und 3. die beobachteten Handlungen oder Ereignisse einordnen, strukturieren und interpretieren.

Methodische Probleme der Beobachtung

Wissenschaftliche Beobachtung ist daher nicht ganz so einfach und kann und muss geschult werden. Die Beobachtung ist so nahe an der Alltagswahrnehmung, dass man leicht vergessen kann, dass man eigentlich eine wissenschaftliche Datenerhebung durchführt, die bestimmte Qualitätsstandards erfordert. Deshalb soll hier noch einmal auf eine Reihe von Problemen hingewiesen werden, die zwar für die Beobachtung nicht exklusiv gelten; vielmehr haben wir jedes von ihnen auch an anderer Stelle schon erwähnt. In ihrer Kombination stellen sie aber eine permanente Bedrohung für die Qualität der durch Beobachtung erhobenen Daten dar:

Kontextabhängigkeit und hoher Interpretationsbedarf

Führt man eine Befragung durch, so sind die Daten, die man erhält, ausschließlich auf Sprache basiert. Bei einer Beobachtung hingegen ist die Datenbasis wesentlich breiter. Man nimmt zwar auch gesprochene und geschriebene Sprache wahr, daneben spielen visuelle Sinneseindrücke eine entscheidende Rolle (manchmal kommen noch andere Sinneseindrücke hinzu, etwa Hören, Riechen oder Tasten). Nun sind zwar alle Arten von Eindrücken interpretationsbedürftig; Im Vergleich zu den übrigen Sinneseindrücken ist aber die Sprache noch relativ eindeutig. Bei visuellen, akustischen und anderen Eindrücken hingegen ist es zunächst nicht eindeutig, wie sie zu interpretieren sind. Tränen können Tränen der Freude, der Wut, des Schmerzes oder der Trauer sein. In Griechenland bedeutet ein Nicken „Nein", in Deutschland „Ja". Viele Informationen sind nur deshalb relativ eindeutig und Missverständnisse rar, weil sie durch nicht explizite Wissensstrukturen begrenzt sind. Kontextwissen ist hier also von besonders großer Bedeutung, um die Eindrücke richtig zu erfassen und angemessen zu interpretieren.

Verzerrte und selektive Wahrnehmung

Gesprochene und geschriebene Texte sind sequenziell, eine Information folgt der nächsten. Bei einer Beobachtung hingegen muss der Forscher alle Informationen der zu beobachtenden Situation zugleich aufnehmen. Dies stellt eine enorme Belastung der kognitiven Aufnahmefähigkeit dar. Dies gilt umso mehr, wenn visuelle Eindrücke nicht durch ein Foto, eine Videoaufnahme o.ä. verstetigt werden, denn visuelle Eindrücke sind flüchtig. Die Zeitspanne, um sie aufzunehmen, ist verschwindend gering. Deshalb muss jeder Forscher zwangsläufig die Eindrücke selektieren, die er zulässt, wahrnimmt und speichert. Diesen Selektionsprozess sollte er möglichst bewusst vollziehen, um erstens die „richtigen" Selektionskriterien anzuwenden und zweitens dies auch nachträglich dokumentieren zu können. Hier zeigt sich, dass umfangreiches Kontextwissen nicht nur von Vorteil ist: Je genauer der Forscher den Kontext kennt, desto stärker ist sein Blick vorgeformt. Dementsprechend läuft man ständig Gefahr, dass man beim unvermeidlichen Selektionsprozess der Wahrnehmung nur das sieht und hört, was man aufgrund seiner Annahmen und seines Vorwissens erwarten würde. Gegen diese Gefahr kann man sich nicht zuverlässig schützen. Hilfreich sind hier jedoch gewisse methodische Vorkehrungen wie sorgfältige Pretests, Forschertriangulation und gut strukturierte Erhebungsschemata, die auch kontra-intuitive Situationen enthalten.

Reaktivität

Wie alle nicht-prozessgenerierten Daten sind auch Beobachtungsdaten reaktiv. Der Beobachter kann durch sein Verhalten die Beobachteten beeinflussen, wenn diese wissen, dass sie beobachtet werden. Das Ausmaß der Reaktivität kann jedoch variieren, je nach der Situation, in der die Beobachtung stattfindet und der Rolle, die ein Beobachter in der Situation einnimmt. Im besten Falle tritt – gerade bei länger andauernden Beobachtungen – ein Gewöhnungseffekt ein, so dass die Beobachteten die besondere Situation vergessen und sich so verhalten wie unter anderen Umständen auch.

6.4.1 Typen der Beobachtung

Man kann verschiedene Formen von Beobachtungen anhand ihrer Ausprägung auf verschiedenen Dimensionen unterscheiden. Jede Beobachtungsform bringt spezifische Vor- und Nachteile mit sich. Häufig hat der Forscher aber nur eingeschränkte Wahlmöglichkeiten hinsichtlich der Form der Beobachtung, da diese durch die Forschungsfrage zumindest teilweise determiniert ist.

1. Dimension: Strukturiertheit

Beobachtungen können mehr oder weniger strukturiert, systematisch oder offen durchgeführt werden. Bei einem strukturierten Vorgehen wird die Aufmerksamkeit des Beobachters a priori stark auf bestimmte Ausschnitte der Wirklichkeit gelenkt. Bei einem unstrukturierten oder offenen Vorgehen ist er umgekehrt für alle potenziellen Eindrücke offen. Häufig kristallisiert sich eine stärkere Strukturierung erst im Laufe einer länger andauernden Beobachtung heraus. Hier wird schon deutlich, dass es sich nicht um eine Dichotomie zwischen strukturierter Beobachtung und unstrukturierter Beobachtung handelt, sondern um ein Kontinuum, auf dem sich am einen Ende das völlig offene, unsystematische und unstrukturierte Vorgehen findet, am anderen Ende ein geschlossenes und vollstandardisiertes Vorgehen. Zwischen diesen beiden Extremen sind aber zusätzlich beliebig viele Übergangsformen denkbar.

Die Frage, wie stark standardisiert man vorgehen sollte, hängt ausschließlich vom Forschungsgegenstand ab. Verfügt man bereits über eine gute Kenntnis des Untersuchungsgegenstandes, möglicherweise sogar schon eine eingeführte Theorie, kann es die Untersuchung wesentlich erleichtern, wenn man die Erhebung – orientiert an theoretischen Kategorien – stark strukturiert. Will man beispielsweise in einer Stadtratssitzung das Diskussions- und Entscheidungsverhalten der gewählten Repräsentanten untersuchen, kann man die Aufmerksamkeit a priori auf bestimmte Typen von Verhalten und verbalen Äußerungen lenken, wie das Wort ergreifen, Zustimmung signalisieren, dazwischen rufen oder Kopf schütteln. Man kann auch die Redezeiten messen, wenn man der Ansicht ist, dass diese die Dominanzstrukturen innerhalb und zwischen den Fraktionen widerspiegeln. Häufig weiß man aber noch sehr wenig über das zu erforschende Gebiet und tritt erst einmal mit „Wie-Fragen“ an es heran, etwa wie sich Abgeordnete in ihren Heimatwahlkreisen verhalten. In diesem Falle ist es sinnvoller, zunächst einmal sehr offen zu sein und möglichst viele Eindrücke aus der Beobachtung festzuhalten, um nicht relevante Aspekte durch zu starre Kategorien zu übersehen. Die Strukturierung ergibt sich dann häufig quasi induktiv im Laufe der Forschung, wenn deutlich wird, welche Kategorien bedeutungsvoll sind und welche nicht.

2. Dimension: Offene oder verdeckte Beobachtung

Auf der zweiten Dimension muss man entscheiden, ob die Beobachtung offen oder verdeckt durchgeführt werden soll, ob die Beobachteten also wissen, dass sie beobachtet werden. Auch hier sind wieder Zwischenformen möglich: Der vollständig offene Beobachter wird allen als Forscher vorgestellt und ist als solcher für alle sichtbar. Möglich sind auch tarnende Mitgliedschaften, die nur einem Mentor bekannt sind (etwa als Praktikant, neugieriger Interessent, Kunde oder Kollege) oder Vollmitgliedschaften. Die verdeckte Beobachtung ist unter dem Aspekt der Reaktivität im Prinzip vorzuziehen, wirft aber forschungsethische Probleme auf. Darüber hinaus ist es bei politikwissenschaftlichen Fragestellungen häufig nicht möglich, die relevanten Personen versteckt zu beobachten, etwa wenn man die Entscheidungsfindung in Bundestagsausschüssen oder in Referaten der Ministerien beobachten möchte.

3. Dimension: Teilnehmende oder nicht teilnehmende Beobachtung

Drittens kann man Beobachtungen danach unterscheiden, ob der Beobachter selbst an der Interaktion beteiligt ist, die er beobachtet, oder ob er tatsächlich nur als stiller Beobachter in der Ecke sitzt. Die Gefahr, die wissenschaftliche Distanz zum Gegenstand zu verlieren (uns somit die Gefahr verzerrter Wahrnehmung) ist bei der teilnehmenden Beobachtung besonders groß, wohingegen bei nicht teilnehmender Beobachtung üblicherweise automatisch die Distanz des Forschers gewahrt bleibt. Dementsprechend lässt sich die Rolle des Beobachters auch nach dem Grad der Involviertheit unterscheiden. Man unterscheidet zwischen:

- dem vollständigen Beobachter.
- dem Beobachter als Teilnehmer
- dem Teilnehmer als Beobachter
- dem vollständigen Teilnehmer

Es ist hier unmittelbar einsichtig, dass von der Rolle des vollständigen Beobachters bis zur Rolle des vollständigen Teilnehmers das Risiko, die wissenschaftliche Distanz zum Gegenstand zu verlieren, zunimmt.

Beispiel: Antagonistische Interessenlagen

Um ein Beispiel zu geben: Zwischen den Bundesministerien besteht ein gewissermaßen systematisch eingebautes Spannungsverhältnis, wenn es um die jährlich anstehende Aufstellung des Bundeshaushaltsplans geht. Während der Finanzminister ein Interesse daran hat, so wenig Geld wie möglich auszugeben, haben die Fachministerien ein Interesse daran, ihr jeweiliges Budget möglichst auszuweiten oder zumindest zu erhalten. Sind nun Gegenstand einer politikwissenschaftlichen Beobachtung eine Gruppe von Referenten und Abteilungsleitern des Finanzministeriums in der Phase der Haushaltsaufstellung, läuft der Wissenschaftler Gefahr, die (möglicherweise aus anderer Perspektive durchaus berechtigten) Anforderungen aus dem Umwelt-, dem Wirtschafts-, dem Arbeits- und dem Bildungsministerium nur als lästig und unnötig einzuschätzen. Würde umgekehrt in der gleichen Phase die Beobachtung im Umweltministerium durchgeführt, erschienen die gleichen Anliegen nicht nur als vollständig berechtigt, sondern als dringend notwendig, und eine ablehnende Haltung des Finanzministeriums würde als ungerechtfertigt und kurzsichtig eingestuft.

„Going Native"

Dieser Prozess der starken Identifikation des Forschers mit den beforschten Personen wird auch als „going native" bezeichnet und stellt ein Risiko dar, das man immer im Hinterkopf behalten sollte. Hilfreich dagegen ist es, sofern dies im Aufwand für das Projekt vertretbar ist, verschiedene Gruppen einzubeziehen, um so konkurrierende Deutungen kennen zu lernen und für die eigene Interpretation nutzbar zu machen. Denn nur dann kann man, wie im hier aufgeführten Beispiel, über die Fachinteressen der einzelnen Ressorts hinausblicken und die Funktionalität des eingebauten Antagonismus erkennen.

Beobachter als Berater

Umgekehrt kann sich aber auch die Gefahr ergeben, dass der Forscher zwar nicht die Deutungen der Beforschten übernimmt, aber umgekehrt durch seine profunde Kenntnis des Gegenstandes in eine Art Beraterrolle hineinrutscht. Auch dieser Effekt ist im Sinne der möglichst authentischen Datenerhebung unerwünscht, da er auf diese Weise die Situation, die er eigentlich beobachten sollte, über die Maßen beeinflusst und somit verfälscht. Auch sollte er keine Informationen von einer Gruppe an die nächste weitergeben, beispielsweise, wenn er verschiedene Seiten in einem Aushandlungsprozess oder Ausschussmitglieder verschiedener Fraktionszugehörigkeit beobachtet.

4. Dimension: Natürliche oder künstliche Beobachtung

Zwei weitere Dimensionen werden in klassischen Einführungen zur Beobachtung noch unterschieden, die aber für die meisten politikwissenschaftlichen Forschungsprojekte von untergeordneter Bedeutung sind. So unterscheidet man zwischen natürlicher und künstlicher Beobachtung. Diese Unterscheidung richtet sich darauf, ob die zu beobachtende Situation im natürlichen Umfeld stattfindet oder ob hierfür künstlich ein experimentelles Arrangement getroffen wurde. Experimentelle Designs sind – wie wir in Kapitel 3 ausgeführt haben – die beste Möglichkeit, kausale Zusammenhänge zu überprüfen. Allerdings haben wir ebenfalls dort ausgeführt, dass es in der Politikwissenschaft meistens nicht möglich ist, einzelne Variablen so zu isolieren, dass man ein echtes Treatment untersuchen könnte. Daher wird zumeist ein natürliches Umfeld für politikwissenschaftliche Beobachtungen gewählt.

5. Dimension: Selbst- oder Fremdbeobachtung

Schließlich unterscheidet man noch nach dem Beobachtungsobjekt. Ein Forscher kann entweder sich selbst oder andere Menschen beobachten. Im ersten Falle spricht man von Selbstbeobachtung, im zweiten von Fremdbeobachtung. Politikwissenschaftler haben sicherlich eine Vorliebe dafür, andere Menschen zu erforschen, zu analysieren und zu interpretieren, die Fremdbeobachtung stellt also den Regelfall dar. Dies ist auch relevant unter dem Aspekt der kritischen Distanz zum Forschungsgegenstand. Häufig kann man wichtige Erkenntnisse ja gerade dadurch gewinnen, dass man die eigenen Vorstellungen und Erklärungsmuster „von außen" an die Sinnwelten der beobachteten Subjekte heranträgt. Die Selbstbeobachtung findet eher in psychologischen Forschungen Anwendung.

6. Dimension: Direkte oder indirekte Beobachtung

Man könnte auch noch eine sechste Unterscheidungsdimension einführen, nämlich zwischen direkter und indirekter Beobachtung. Von direkten Beobachtungen sprechen wir dann, wenn die uns interessierende Interaktion von uns, so wie sie stattfindet, auch beobachtet wird. Bei indirekten Beobachtungen hingegen ist die Rolle des Beobachters der eines Detektivs vergleichbar, denn die Eigenschaften der untersuchten Interaktion werden indirekt erschlossen durch Veränderungen, die sie in ihrer Umgebung hinterlassen hat. Dieses Verfahren wird zumeist unter dem Stichwort der ‚phyischen Spuren' (‚physical traces') behandelt, da der Forscher als Datenmaterial nur die physischen Spuren des eigentlich interessierenden Sachverhaltes vorfindet, aus denen er das, was vermutlich stattgefunden hat, ableitet. Solche physischen Spuren werden aber mit Verfahren analysiert, die wir eher als inhaltsanalytisch denn als beobachtend einstufen würden, weshalb wir auf diesen Aspekt im Abschnitt 6.5.4 unter den inhaltsanalytischen Verfahren noch etwas ausführlicher eingehen werden.

Beobachtung in der Politikwissenschaft: Nach wie vor unterschätzt

Die wissenschaftliche Beobachtung ist nach wie vor in der Politikwissenschaft eine Form der Datenerhebung, die eher selten explizit verwendet wird. Dabei liegt sie implizit jeder Form empirischer Erkenntnis zugrunde. Da sie nicht rein auf visuelle Daten begrenzt ist, sondern verschiedene Aspekte einer beobachteten Situation erfasst werden können – etwa gesprochene oder geschriebene Sprache ebenso wie Gesten, Mimik und Interaktion von Personen oder räumliche und atmosphärische Eigenschaften der Situation – lassen sich gerade in der Politikwissenschaft viele Forschungsfragen durch Beobachtung besonders gut beantworten. Einige besonders gelungene Forschungsprojekte aus Deutschland und den USA, die sich der Methode der Beobachtung bedienten, sollen hier kurz vorgestellt werden. Sie vermitteln einen Eindruck über die Bandbreite der Fragen, die mit Hilfe von Beobachtungsdaten untersucht werden können. Zugleich können diese Titel im Sinne von „Best Practices" dienen für Hinweise, wie man selbst eine gute Beobachtungsstudie durchführen kann.

Beispielstudien

- Joachim Raschke (1991) führte eine teilnehmende verdeckte Beobachtung von Parteitagen der GRÜNEN durch. Er konnte zeigen, dass die einzelnen Akteure auf den Parteitagen der GRÜNEN (Präsidium, Delegierte, Parteiführung, innerparteiliche Strömungen) rational handeln, allerdings nach unterschiedlichen Rationalitäten. Wechselt man den Blick auf die Ebene des gesamten Parteitages, zeigt sich, dass diese unterschiedlichen Rationalitäten der Grund sind, dass die GRÜNEN zwar den Anspruch haben, basisdemokratische Prinzipien und Regeln auf der Ebene einer Großorganisation umsetzen, dass deren Umsetzung aber nur teilweise gelingt.
- Richard Fenno (1978) begleitete 18 Abgeordnete des US-amerikanischen Repräsentantenhauses über mehrere Wochen bei ihrer Arbeit im Heimatwahlkreis, führte also eine offene teilnehmende Beobachtung durch. Er identifizierte dabei unterschiedliche Typen von Politikstilen, die die Abgeordneten anwendeten, um weiterhin die Unterstützung ihres Wahlkreises zu gewinnen. Diese Stile bezeichnete er als „home style".
- Von dieser Studie inspiriert wurde von Werner Patzelt von 1999-2001 auch in Deutschland eine Untersuchung der Politikstile von Bundestagsabgeordneten durchgeführt. Hierdurch sollte Einblick in die Berufswirklichkeit von Parlamentariern innerhalb des Parlaments auf Landtags- und Bundestagsebene gewonnen werden.

Helmar Schöne (2003) war an diesem Projekt beteiligt und beschreibt anschaulich die Probleme des Feldzugangs.

- George Ross (1995) beobachtete 1991 fast ein ganzes Jahr lang den damaligen Präsidenten der Europäischen Kommission, Jacques Delors, und dessen Kabinett. Er erklärt die Entscheidungen dieses für die weitere Entwicklung Europas entscheidenden Jahres aus dem persönlichen Arbeits- und Führungsstil Jacques Delors heraus.

Einerseits ist also die Beobachtung ein sensibles und fehleranfälliges Instrument, andererseits wird sie in der Politikwissenschaft mit durchaus beachtenswerten Ergebnissen angewendet. Will man bei einer Beobachtung gute Ergebnisse erzielen, ist sie sehr aufwändig. Viele einzelne Schritte müssen durchlaufen werden, manche davon sogar mehrfach, und bei jedem Schritt ist eine Reihe methodischer und praktischer Entscheidungen zu treffen. Zunächst muss die Datenerhebung geplant werden. Hierbei geht es darum, sich auf Basis der Forschungsfrage in den Beobachtungskontext einzuarbeiten und das konkrete Beobachtungsverfahren festzulegen. Danach müssen die Beobachter geschult werden. Ein Pretest ist unabdingbar, um die bis dato getroffenen Entscheidungen zu überprüfen und möglichst verzerrungsfreie Daten zu erheben. Nach dem Pretest wird die Stichprobe gezogen. Dann beginnt die eigentliche Feldarbeit. Zunächst muss man sich Zugang zum Feld verschaffen, dann die eigentliche Beobachtung durchführen und protokollieren.

6.4.2 Planung und Organisation der Datenerhebung

Methodische Vorentscheidungen

Bevor man die Datenerhebung beginnt, muss in jedem Falle klar sein, welche Forschungsfrage man verfolgt. Sie strukturiert alle wichtigen Entscheidungen der Wahl der Instrumente für Datenerhebung und –auswertung. Noch wichtiger als bei anderen Verfahren ist es außerdem bei der Beobachtung, dass man sich möglichst umfassend über den Kontext der Forschungsfrage informiert hat, also möglichst alle relevanten Hintergründe eines Themas, typische Verhaltensweisen oder Verfahrensregeln, einschlägiges Faktenwissen, wichtige Ansprechpartner kennt. Auf dieser Grundlage muss dann die Beobachtung geplant werden. Man sollte sich gleich zu Beginn Gedanken über Fallauswahl und Kategorienschema, über Zeit und Umfang der Beobachtung, über Ansprechpartner und Protokollierungsmethoden machen, auch wenn einige dieser Entscheidungen im Laufe des Projekts noch mehr oder weniger leicht revidiert oder abgeändert werden können. Je stärker das Vorgehen standardisiert ist, desto weniger Spielraum hat man später für Änderungen dieser grundlegenden Entscheidungen. Dies bedeutet jedoch nicht, dass eine nicht-standardisierte Beobachtung etwa einfacher durchzuführen wäre als eine standardisierte, weil man dort kein einengendes Korsett von Regeln beachten muss; im Gegenteil: Je klarer die Regeln am Anfang eines Projektes aufgestellt werden, desto einfacher ist die Datenerhebung, Codierung und Transkription. Die nicht-standardisierte Beobachtung erfordert daher noch wesentlich größere Erfahrung und birgt ein höheres Risiko des Scheiterns in sich.

Kategorienschema

Wie bei der Befragung wird auch bei der Beobachtung ein Leitfaden oder Schema entworfen, das die Datenerhebung strukturiert. Bei einem stark strukturierten Vorgehen wird man eine Art „Beobachtungs-Fragebogen" verwenden, der üblicherweise als „Beobachtungsschema" oder auch „Kategorienschema" bezeichnet wird. Ein offenes Vorgehen benötigt einen Beobachtungs-Leitfaden, der die Aufmerksamkeit des Beobachters auf relevante Elemente der Situation lenkt und hilft, die Aufzeichnungen zu strukturieren. Die Ermittlung der Kategorien stellt in beiden Fällen die theoretische Hauptarbeit dar, mit der nicht nur die gesamte Datenerhebung, sondern auch die Auswertung steht oder fällt.

Schwierigkeit, die Kategorien zu definieren

Bei der Definition von Kategorien muss zunächst die Frage geklärt werden, welche Elemente überhaupt relevant sind und erhoben werden sollen. Dann stellt sich die Frage, wie eng oder wie weit die Kategorien formuliert werden sollen und ob man sie lieber offen erhebt oder Ausprägungen präzise vorgibt. Bei einer stark strukturierten Beobachtung muss das gesamte Kategorienschema bereits zu Beginn des Projekts entworfen werden und kann während der Phase der Erhebung nicht oder praktisch nicht mehr abgeändert werden. Der Vorteil dieses Vorgehens besteht darin, dass die Gefahr der Verzerrung und Selektivität durch den Beobachter reduziert wird. Dem Beobachter werden viele Entscheidungen abgenommen, seine Aufmerksamkeit wird von vornherein stärker auf die relevanten Aspekte gelenkt, und die Gefahr, dass ihm etwas Wichtiges entgeht, ist geringer. Bei einem offenen Vorgehen hingegen können Lerneffekte des Beobachters unmittelbar verarbeitet werden, da das Kategorienschema induktiv im Laufe des Projekts entwickelt wird. Der Vorteil hierbei besteht darin, dass das Erhebungsinstrument flexibler und gegenstandsangemessener ist. Es ist kein Problem, wenn man zu Beginn Kategorien vergisst oder man zu Beginn Kategorien vergisst oder falsch abgrenzt oder sich der Fokus der Aufmerksamkeit verschiebt, da diese Entscheidungen im Laufe der Erhebung korrigiert werden können.

Beispiel Stadtratssitzung

Um ein Beispiel zu geben. Will man eine Stadtratssitzung beobachten, könnte ein stark strukturiertes Kategorienschema beispielsweise an den Redebeiträgen orientiert sein. Bei jedem Redebeitrag müsste der Beobachter dann angeben, von wem er gehalten wird, welcher Partei der Redner angehört, wie lange er spricht, ob es sich um eine Wortmeldung, einen Einwurf, eine Frage oder eine Entgegnung handelt, ob er dabei sitzt oder steht und wie der Beitrag aufgenommen wird (Gelächter, beifälliges Gemurmel, Nicken, Klatschen, Zwischenrufe). Hierdurch werden also die Grenzen der einzelnen Beobachtungseinheiten vorgegeben.

Möglichkeiten der Abgrenzung bei strukturierter Beobachtung

Abbildung 6.1: Bsp. Kategorienschema Redebeiträge

Redebeitrag laufende Nr.	Name des Redners	Partei des Redners	Dauer des Beitrags (in Min:Sek)	Art des Beitrags	Position des Redners	Reaktion
1	Herr Müller	CDU	2:15	Einwurf	stehend	Nicken
2	Frau Maier	SPD	...			

Bei einer unstrukturierten Beobachtung hingegen würde der Beobachter ein stichwortartiges Protokoll des Verlaufs der Sitzung anfertigen. Die Schwerpunktsetzung auf das, was er für berichtenswert hält, und somit auch die Abgrenzung der Beobachtungseinheiten, bleibt dabei ihm überlassen. Als Mittelweg könnte der Leitfaden bereits Anweisungen enthalten, welche Elemente besonders wichtig sind. Die folgende Liste gibt einen Hinweis, welche Einheiten sehr häufig bei der unstrukturierten Beobachtung sozialer Interaktionen relevant sind (vgl. Jahoda / Deutsch / Cook 1975: 84f.):

Möglichkeiten der Abgrenzung bei unstrukturierter Beobachtung

- die Teilnehmer in der Situation
- die Folgen der Interaktion zwischen den Teilnehmern
- die Mittel, die im sozialen Verkehr und bei der zielgerichteten Tätigkeit verwendet werden
- das auslösende Ereignis oder der Stimulus
- der Anreiz oder andere Faktoren, welche die Situation oder die Tätigkeit in Gang halten
- die den Teilnehmern auferlegten Schranken
- der Zusammenhang der Situation

- Regelmäßigkeiten und Wiederholungen
- die Zeitdauer der sozialen Situation
- bedeutsame Unterlassungen
- Abweichungen von dem in der betreffenden Situation üblichen Verhalten
- Widersprüchlichkeiten

6.4.3 Beobachterschulung

Die Qualität der erhobenen Daten steht und fällt mit den Beobachtern. Je sorgfältiger sie vorgehen, desto vollständiger, detaillierter, weniger subjektiv gefärbt und aussagekräftiger sind die Daten. Deshalb ist es bei der Beobachtung, ähnlich wie bei nicht standardisierten Befragungen, eher üblich, dass Mitglieder eines Forschungsteams selbst die Datenerhebung durchführen, wohingegen man bei der standardisierten Befragung auch leicht Interviewer einsetzen kann, die speziell zu diesem Zweck angelernt werden, ohne dass sie sonst in das Projekt involviert wären. Aber selbst wenn die Forscher selbst die Beobachtung durchführen, ist eine separate Beobachtungsschulung wichtig.

Kenntnis des Forschungsthemas und der Erhebungsinstrumente

Alle Beobachter sollten mit dem Forschungsthema, der Zielsetzung des Projekts und den Eigenheiten des Forschungsgegenstandes möglichst gut vertraut sein. Darüber hinaus müssen die Beobachter die relevanten Kategorien der Datenerhebung sehr gut kennen. Sie müssen praktisch das komplette Raster möglicher Erhebungseinheiten im Kopf haben, um Situationen, Handlungen oder Ereignisse, wenn sie auftreten, als relevant zu erkennen und schnell zuordnen zu können.

Technische Kompetenzen

Neben der inhaltlich-fachlichen Kompetenz sind auch die technisch-praktischen Aspekte wichtig. Jeder Beobachter sollte eine gewisse Übung darin haben, Feldnotizen mitzuschreiben, da er sonst bei den ersten Beobachtungen völlig überfordert ist. Kommt Aufnahmetechnik zum Einsatz, gehört zur Beobachterschulung natürlich auch die Übung im Umgang mit Aufnahmegerät oder Videokamera, damit nicht gerade dann, wenn es darauf ankommt, technische Pannen passieren.

Sensibilisierung für die richtige Distanz

Wir hatten bereits darauf hingewiesen, wie schwierig es ist, einerseits eine profunde Kenntnis des Forschungsgegenstandes zu erwerben, ohne andererseits die notwendige Distanz dazu zu verlieren. Dieses Dilemma ist nicht a priori zu lösen. Wichtig ist aber, dass sich der Beobachter des schmalen Grates stets bewusst ist, auf dem er sich bewegt. Die Sensibilisierung hierfür ist Teil der Beobachterschulung.

6.4.4 Der Pretest

Strukturierung des Forschungsgebiets

Sind die grundlegenden Entscheidungen für das Projekt getroffen, muss vor der eigentlichen Erhebung ein Pretest durchgeführt werden. Wenn man insgesamt über das Forschungsgebiet noch sehr wenig weiß, kann man den Pretest dazu nutzen, zunächst mehr Informationen zu gewinnen. In diesem Falle wird man im Pretest offener vorgehen als in der eigentlichen Beobachtung. Eine offene Beobachtung als Pretest kann dazu dienen, eine Forschungssituation atmosphärisch einschätzen zu lernen; mit ihrer Hilfe kann man ein Gespür für die relevanten Situationsaspekte oder typische Handlungskonstellationen entwickeln; man stößt auf Probleme, die bis zur eigentlichen Erhebung dann schon aus dem Weg geräumt werden können; gelegentlich kann man auch interessierte Personen gewinnen, die einem später beim Feldzugang behilflich sein können.

Beispiel Stadtratssitzung

Nehmen wir noch einmal das Beispiel einer stark strukturierten Beobachtung von Stadtratssitzungen. Für den Pretest besucht man zunächst einige Sitzungen. Man lässt sich allen Mitgliedern des Stadtrats vorstellen und sitzt dann als stiller Zuhörer in einer Ecke. Man macht sich zunächst einmal mit der ungewohnten Situation vertraut und lässt die Eindrücke auf sich einströmen – das Ambiente, die verschiedenen Persönlichkeiten der Stadträte, die diskutierten Inhalte, der Sitzungsverlauf usw. Nach den ersten paar Sitzungen versucht man, diese Informationen in ihrer Vielfalt rein deskriptiv möglichst gut darzustellen. Danach kann man sich ausgewählten Problemen genauer widmen und entwirft eine erste Skizze für den Beobachtungs-Leitfaden. Inzwischen hat man einen ersten Eindruck davon, welche inhaltlichen Argumente, aber auch welche Rahmenbedingungen eine Rolle für den Entscheidungsprozess spielen und wie das Verhalten einzelner Personen, die Akteurskonstellation und das Wechselspiel der Redebeiträge sich auswirken. Alle diese Aspekte sind Teil der Skizze, ebenso wie Beobachtungsanweisungen zu den einzelnen Elementen.

Fehlerreduktion

Ist das Forschungsgebiet schon genauer bekannt, kann ein Pretest – in Analogie zu Pretests einer standardisierten Befragung – einen Testlauf der eigentlichen Beobachtung darstellen. Im Idealfall zieht man hierfür bereits eine kleine Stichprobe aus der relevanten

Grundgesamtheit. Mit Hilfe des Pretests sollen dann vor allem drei Fehlerquellen reduziert werden:

1. Form der Beobachtung

Erstens soll überprüft werden, ob die gewählte Form der Beobachtung für die Forschungsfrage geeignet ist. Beispielsweise hat man sich für eine halbverdeckte Beobachtung von Fraktionssitzungen entschieden. Ein Abgeordneter erklärt sich bereit, den Beobachter als Praktikanten einzuführen. Während der ersten Fraktionssitzung wundern sich aber die übrigen Fraktionsmitglieder über den eigenartigen Arbeitsstil des Praktikanten, bei einem Erklärungsversuch kommt der Abgeordnete in Nöte, und der Forscher muss sich schließlich zu erkennen geben. Die übrigen Fraktionsmitglieder sind verständlicherweise verstimmt, und der Forscher zieht die Konsequenz, dass er diese Erhebung nur offen führen kann.

2. Abgrenzung der Beobachtungseinheiten

Zweitens dient ein Pretest der Überprüfung des Kategorienschemas. Ein Kategorienschema, auch wenn es theoretisch sehr gründlich durchdacht ist, kann dennoch aus verschiedenen Gründen ungeeignet sein. Die Schwierigkeit besteht im richtigen Abwägen: Einerseits sollte man natürlich versuchen, alle im Sinne der Fragestellung der Untersuchung relevanten Aspekte der Situation abzubilden, andererseits sollte man versuchen, diese möglichst genau abzubilden. Zugleich ist jedoch die Aufmerksamkeit des Beobachters begrenzt, und seine Beobachtung wird zwangsläufig fehler- und lückenhaft, wenn er zu viel auf einmal zu erfassen sucht.

3. Unklarheiten der Interpretation beseitigen

Drittens dient der Pretest dazu, die Beobachter noch einmal zu schulen. Die Protokolle, die während des Pretests angefertigt werden, sollten danach in der Gruppe aller Beobachter besprochen werden. Hier zeigt sich am besten, wo noch Unklarheiten und Unschärfen bestehen und wie diese am besten beseitigt werden können. Zugleich entwickeln die Beobachter ein besseres und ein vergleichbares Gespür dafür, welche Aspekte wie relevant sind.

6.4.5 Spezielle Probleme der Stichprobenziehung

1. Problem: Abgrenzung der Grundgesamtheit

Über Formen und Möglichkeiten der Stichprobenziehung berichtet ausführlich Kapitel 5. Wir wollen hier nur auf einige spezifische Aspekte hinweisen, was Stichprobenziehung bei einer Beobachtung bedeutet. Selbst bei einer standardisierten Befragung ist das Postulat der Repräsentativität der Auswahl nur mit Mühe und in Annäherung zu erfüllen, dies ist bei der Beobachtung jedoch noch wesentlich schwieriger. Ist es häufig schon schwierig, die einzelnen Beobachtungseinheiten, also die zu erhebenden Merkmale, gegeneinander abzugrenzen, ist die Definition der „Träger" dieser Beobachtungseinheiten, also der zu untersuchenden Fälle, noch schwieriger. Dementsprechend ist es oft kaum möglich, die Grundgesamtheit zu bestimmen. Damit wird auch die Bedingung der Zufallsstichprobe unmöglich, dass jedes Element der Grundgesamtheit die gleiche Chance haben muss, in die Auswahl zu gelangen. Unabhängig vom Strukturiertheitsgrad der Beobachtung wird man daher üblicherweise zunächst die Auswahlgesamtheit räumlich, zeitlich und inhaltlich begrenzen. Nur dann ist es später möglich festzustellen, für welche Situationen, Gruppen oder Einheiten analytische Aussagen gelten. Daher verschiebt sich bei der Beobachtung die Frage nach der Repräsentativität der Auswahl auf die Frage nach der Verallgemeinerbarkeit der Ergebnisse im Sinne einer externen Validität.

2. Problem: Kleine Fallzahlen

Ein weiteres Problem neben der Abgrenzung der Grundgesamtheit liegt darin, dass jede einzelne Beobachtung sehr zeit- und arbeitsintensiv ist. Die Anzahl der beobachteten Fälle wird daher niemals in die Größenordnung etwa einer repräsentativen Bevölkerungsumfrage gelangen. Auch dieser Umstand macht die Suche nach alternativen Kriterien der Repräsentativität (also nicht im statistischen Sinne) notwendig. Die Auswahlstrategien bei bewusster Auswahl können – je nach Forschungsinteresse – sehr unterschiedlich sein. In der bereits erwähnten Studie von Richard Fenno (1978) etwa schildert er die Logik des „Theoretical Sampling". Er folgte bei der Auswahl der 18 Abgeordneten, die er begleitete, keinem klaren Stichprobenplan. Vielmehr beschreibt er, wie er über die Jahre hinweg weitere Abgeordnete in die Stichprobe aufnahm, die nach verschiedenen Kriterien die Varietät der Stichprobe erweiterten, bis sie weitgehend gesättigt war. George Ross (1995) wählte nur einen Einzelfall, eben die Präsidentschaft Delors', als typischen Fall aus. Er begründet dies damit, dass sich an diesem Beispiel die Wechselwirkung von Entscheidungs- und Führungsstil einer Person und der Entwicklung der europäischen Integration besonders gut analysieren lässt.

6.4.6 Die Feldphase

Feldzugang

Nach all diesen doch eher methodisch-theoretischen Problemen stellt sich zu Beginn der eigentlichen Erhebung eine ganze Reihe von praktischen Problemen. Zunächst ist das Problem des Feldzugangs zu lösen. Also: Wie schaffe ich es, zu den Situationen Zugang zu erhalten, die ich beobachten will? Relativ einfach ist das, wenn ich offene Situationen beobachten will, also Menschen auf öffentlichen Plätzen, auf dem Bahnhof oder im Supermarkt, Kinder auf dem Spielplatz oder große Sportveranstaltungen. Gerade für politikwissenschaftliche Fragestellungen interessieren aber häufiger Situationen, die nicht oder nur begrenzt offen zugänglich sind, etwa Gremiensitzungen, parlamentarische Debatten oder informelle Gespräche.

Strategien des Feldzugangs

In diesem Falle muss man mit den zu beobachtenden Personen Kontakt aufnehmen und um Erlaubnis zur Teilnahme bitten. Hierbei ist es – vergleichbar der Kontaktaufnahme bei Experteninterviews – wichtig, das Vertrauen der Personen zu gewinnen, ihnen eine umfassende Vorstellung über die Ziele, die Vorgehensweise und den Zeitrahmen des Projekts zu vermitteln und ihnen, soweit sie dies fordern, Vertraulichkeit zuzusichern. Einige Strategien erweisen sich hierfür erfahrungsgemäß als hilfreich (vgl. Schöne 2003):

Härtnäckigkeit

Politiker sind als Forschungs- und Beobachtungsobjekte besonders schwierig, etwa, weil sie einen vollen Terminkalender haben, aber auch, weil sie so häufig um Stellungnahmen, Interviews und Erklärungen gebeten werden, dass sie vermutlich über eine weitere Anfrage nicht rückhaltlos glücklich sind. Deshalb ist es nötig, Beharrlichkeit zu zeigen, um dennoch einen Gesprächs- oder Begleitungstermin zu erhalten. Großer zeitlicher Vorlauf und hartnäckiges Nachfragen sind unabdingbar.

Hierarchien und Vermittlungspersonen nutzen

Hilfreich ist es daher auch, sich „Mentoren" zu suchen. Dabei sollte man sich Hierarchien und Vermittlungspersonen zunutze machen. Will man beispielsweise alle Mitglieder einer Bundestagsfraktion kontaktieren, kann man sich zunächst an das Büro des Fraktionsvorsitzenden wenden, das üblicherweise einen internen Verteiler hat. Gelingt es, zu einer übergeordneten Ebene einen Kontakt herzustellen, erhält man meistens auch auf den tieferen Ebenen gute Unterstützung. Umgekehrt kann es sich als schädlich erweisen, wenn man bei einer Anfrage – etwa in einem Ministerium – interne Hierarchien nicht berücksichtigt und beispielsweise direkt einen Referenten kontaktiert, ohne zunächst den Abteilungsleiter zu fragen. Gelingt es einem, eine solche Kontaktperson zu gewinnen, kann diese für weitere Probleme Ansprechpartner sein, Kontakte vermitteln und einen durch die innerorganisatorischen Wirren hindurch leiten.

Professionalität zeigen

Hierfür ist es aber wichtig, dass man den „Mentor" von der Seriosität des eigenen Vorhabens überzeugt. Man sollte in verschiedener

Hinsicht Professionalität zeigen. Das beginnt bei der Darstellung des eigenen Projekts in allgemeinverständlicher Sprache. Hierbei sollte das Interesse des Mentors an dem Projekt geweckt werden. Ideal ist, wenn außerdem Möglichkeiten aufgezeigt werden, wie er selbst von den Ergebnissen profitieren könnte. Auch sollte deutlich werden, dass man sich auf dem Gebiet bereits gut eingearbeitet hat und somit als kompetenter Kenner der Situation ernst genommen werden kann. Ein weiterer Aspekt der Professionalität ist die Organisation der empirischen Arbeit. Man sollte möglichst früh in der Lage sein, konkrete Bedürfnisse und Fragen zu benennen, etwa wie lange man sich aufhalten möchte, zu welchen Sitzungen man Zugang braucht, ob man Besucherausweise benötigt, ob man Bedarf an Räumlichkeiten oder technischer Ausstattung hat u.ä. Auch soziale Kompetenz ist bei der Durchführung der Datensammlung unentbehrlich. Schließlich will man die Personen, die einem bereitwillig Zeit und Aufmerksamkeit schenken, nicht verärgern, sondern deren Auskunftsbereitschaft weiterhin erhalten. Zugleich sollte man – insbesondere bei zunehmender Vertrautheit mit dem Forschungsgegenstand – sich konsequent an die eigene Rolle als Beobachter halten, also nicht anfangen, gute Tipps zu geben oder gar Informationen auszuplaudern, die man von anderer Seite erhalten hat.

Hauptproblem der Feldphase: Begrenzte Aufmerksamkeit

In der Feldphase selbst stellt die begrenzte Aufmerksamkeit des Beobachters das Hauptproblem und die größte Fehlerquelle dar. Er muss zugleich das Geschehen beobachten und sich Notizen machen, währenddessen unentwegt Entscheidungen treffen, wie Beobachtungen einzuordnen und zu bewerten sind, und während er nachdenkt und sich Aufzeichnungen macht, geht das Geschehen weiter, so dass er mit einem Auge immer bei der Beobachtung bleiben muss. Diese Mehrfachbelastung ist selbst für geübte Beobachter ungeheuer anstrengend, und man ermüdet schnell. In dem Maße, wie jedoch die Aufmerksamkeit und Konzentration nachlassen, werden Beobachtungsprotokolle lücken- und fehlerhaft und die Daten somit schlechter. Da wir weder Übermenschen noch Maschinen sind, müssen wir mit diesen Schwierigkeiten irgendwie umgehen.

Zeitliche Begrenzung

Wir müssen die Beobachtungen zeitlich begrenzen. Eine Beobachtung darf nicht zu lange am Stück dauern. Wie lange zu lange ist, variiert nach der Art des Beobachtungsgegenstandes. Sitzt ein Beobachter an einer Straße und zählt Autos oder an einem öffentlichen Spielplatz und dokumentiert dort das Spielverhalten der Kinder im Sandkasten, sind dies Formen der Beobachtung, die sehr detaillierte Protokolle erfordern und somit intensive Aufmerksamkeit beanspruchen. Hier sollte nach spätestens ein bis zwei Stunden ein Beobachter ausgetauscht werden. Begleitet man umgekehrt einen Abgeordneten auf seinem Arbeitsalltag, ist ein kurzfristiger, etwa stundenweiser Austausch der Beobachter nicht günstig. Es ist aber auch nicht so nötig, da es während des Tages immer wieder Phasen geben wird, die weniger beobachtungsintensiv sind und die als Pausen genutzt werden können, um sich zu erholen.

Eine andere Möglichkeit der zeitlichen Begrenzung besteht darin, aus einer fortlaufenden Situation immer nur Zeitintervalle beobachten zu lassen, etwa jeweils eine Minute, dann fünf Minuten Pause einzulegen und wieder eine Minute zu beobachten. Diese Strategie ermöglicht es, sehr detaillierte Protokolle anzufertigen, etwa wenn es auch um Details der Stimme, der Sprache oder der Gestik geht.

Schließlich sollte man darauf achten, dass man nicht zu viele Beobachtungen pro Tag durchführt, so dass den Beobachtern noch Zeit und Aufmerksamkeit verbleiben, am Abend die Ergebnisse zu protokollieren und zu verarbeiten. Denn es gibt nichts Schlimmeres, als in die nächste Beobachtung zu gehen, bevor die Protokollierung der vorhergehenden abgeschlossen ist. Dann fängt man zwangsläufig an, die einzelnen Situationen miteinander zu verwechseln, und die Protokolle werden praktisch wertlos.

Aufmerksamkeit strukturieren

Eine weitere Strategie, die bereits wiederholt angeklungen ist, besteht darin, die Aufmerksamkeit von vornherein zu strukturieren. Beobachtungsleitfäden sind hierfür notwendig, egal ob sie in der Form eines elaborierten Kategorienschemas vorliegen oder als Sammlung von Stichworten, an denen man sich orientieren kann. Wichtig ist hierbei vor allem, dass die einzelnen Kategorien sich deutlich voneinander unterscheiden, so dass der Beobachter während der Datenerhebung nicht permanent Abgrenzungsprobleme lösen muss. Außerdem sollten sie nicht zu detailliert, sondern vielmehr auf die wirklich relevanten Aspekte einer Situation begrenzt sein.

Forscher-triangulation

Zur Kontrolle der Reliabilität der Beobachtung sollte gelegentlich die gleiche Situation auch von mehreren Personen beobachtet werden, damit man hinterher die Protokolle abgleichen kann. Dies ist auch im Rahmen einer fortlaufenden Beobachterschulung von großem Wert. Üblicherweise werden Beobachter nicht nur vor der eigentlichen Datenerhebung geschult; vielmehr sollten auch währenddessen regelmäßige Treffen stattfinden, in denen auftretende Probleme und Zweifelsfälle im Sinne einer möglichst einheitlichen

Datenerhebung gemeinsam diskutiert werden. Wichtig ist außerdem, dass ein Beobachter nicht zu häufig die gleichen oder ähnliche Situationen beobachtet. Hier besteht die Gefahr von Lern- oder Gewöhnungseffekten, das heißt, man erwartet bereits bestimmtes Verhalten und neigt dazu, dieses erwartete Verhalten zu protokollieren. Dabei übersieht man möglicherweise, dass ausnahmsweise eine Person anders reagiert hat.

Verstetigung durch Aufzeichnung

Auch Tonband- oder Videoaufzeichnungen sind hilfreich. Indem der Beobachter die Möglichkeit hat, die Situation wiederholt zu betrachten, kann er Details, Abfolgen oder Zusammenhänge erkennen, die bei der einmaligen Beobachtung zwangsläufig der Aufmerksamkeit entgehen müssen. Jede Form der Verstetigung der zu beobachtenden Situation durch Protokollierung stellt somit ein Hilfsmittel für die begrenzte Aufmerksamkeit des Beobachters dar.

Protokollierung

Einerseits ist die Protokollierung eine Hilfe gegen die begrenzte Aufmerksamkeit des Beobachters, andererseits ist die Wahl der richtigen Protokollierungsmethode selbst problematisch. Eine gelungene Protokollierung verstetigt die beobachtete Situation möglichst umfassend. Bei einer stark strukturierten Beobachtung leistet ein gutes Protokoll außerdem schon die Selektion relevanter Aspekte. Bei einer unstrukturierten Beobachtung wird durch das Protokoll ein möglichst großer Teil der Auswahl relevanter Aspekte des Geschehens von der Phase der Datenerhebung hin zur Datenauswertung verlagert. Der Forscher kann dann bei der Auswertung die Situation wiederholt betrachten und so auch Details, Abfolgen oder Zusammenhänge erkennen, die bei der einmaligen Beobachtung zwangsläufig der Aufmerksamkeit entgehen müssen.

Darüber hinaus erfordern alle Protokollierungsformen Übung: Der Beobachter sollte die Erhebungsinstrumente und die Protokollierungstechniken soweit beherrschen, dass er seine Aufmerksamkeit voll dem Geschehen widmen kann. Deshalb ist es sinnvoll, im Rahmen der Beobachterschulung Übungen und Tests mit Probebeobachtungen durchzuführen, um Sicherheit im Umgang mit den Erhebungstechniken und Geschwindigkeit bei der Aufzeichnung der Notizen zu gewinnen. Wie unterscheiden sich nun die einzelnen Protokollierungstechniken?

1. Nachträgliche Protokollierung

Eine gängige Methode, beispielsweise bei teilnehmenden Beobachtungen, die sich über einen längeren Zeitraum erstrecken, ist die nachträgliche Protokollierung in Kombination mit Feldnotizen. Feldnotizen sind kurze Notizen, Stichwörter, Zitate oder Kommentare, die man sich laufend während des Geschehens notiert. Sie müssen kurz sein, damit man sie sehr schnell aufschreiben kann, und dienen im Wesentlichen als Gedächtnisstützen, als Aufhänger für die spätere Erinnerung. Im Anschluss an die Beobachtung schreibt man dann – auf Basis der Feldnotizen – einen ausführlichen und leserlichen Bericht. Das Problem nachträglicher Protokollierung ist das Vergessen. Deshalb sollte man die Berichte sehr zeitnah anfertigen, möglichst noch am selben Abend. Jedenfalls sollte zwischen der Beobachtung und der Niederschrift des Protokolls nicht mehr als eine Nacht liegen, da bereits am nächsten Morgen der Prozess des Vergessens massiv einsetzt. Zum Anfertigen von Feldnotizen und Gedächtnisprotokollen braucht man natürlich Übung und Erfahrung, um während des Geschehens ein Gespür dafür zu bekommen, welche Eindrücke, Situationen, Zitate relevant sind.

2. Laufende schriftliche Protokollierung

Eine andere Möglichkeit besteht in der laufenden schriftlichen Protokollierung anhand eines Beobachtungsschemas. Dieses kann entweder ein Codierbogen bei einer stark strukturierten Beobachtung sein oder ein Beobachtungs-Leitfaden bei einer weniger stark strukturierten Beobachtung. Ist das Schema gut strukturiert und nicht zu umfangreich, so dass der Beobachter alle Kategorien im Kopf haben kann, stellt es eine echte Erleichterung für die Beobachtung dar, da es die Aufmerksamkeit lenkt und man bei der Beobachtung nach den relevanten Elementen suchen kann. Ist es hingegen zu umfangreich und detailliert, lenkt es die Aufmerksamkeit des Beobachters eher ab. Durch die laufende Protokollierung vergisst der Forscher nicht so viel wie bei der nachträglichen Protokollierung. Andererseits ist bei der laufenden schriftlichen Protokollierung die Aufmerksamkeit des Beobachters mehrfach geteilt: Er muss das Geschehen beobachten, es den Kategorien zuordnen und mitschreiben. Mit großer Wahrscheinlichkeit entgehen ihm nach wie vor wichtige Aspekte des Geschehens. Des Weiteren muss er die Daten interpretieren, um sie Kategorien zuzuordnen. Dies ist aber ein zentraler Schritt der Datenauswertung, in den man viel Zeit und Gedanken investieren sollte. Wenn diese Interpretationen bei der laufenden Protokollierung unter Zeitdruck vorgenommen werden, wird die Validität der Untersuchung beeinträchtigt, insbesondere weil die Interpretationen im Nachhinein nicht mehr nachvollziehbar sind.

Codiersystem

Im Falle einer laufenden schriftlichen Protokollierung muss noch entschieden werden, nach welchem Codiersystem das Protokoll erstellt werden soll. Bei unstrukturierten Beobachtungen wird zumeist ein stichwortartiges frei formuliertes Protokoll der beobachteten Situation angefertigt, entweder schriftlich oder auch per Sprachaufzeichnung, sofern dies die Beobachtungssituation zulässt. Bei einer strukturierten Beobachtung hingegen wird man typischerweise auf eine Art von einheitlichem Code zurückgreifen, in dem alle Beobachter ihre Protokolle festhalten. In der klassischen – von der Psychologie geprägten – Lehre der strukturierten Beobachtung unterscheidet man für diese Codes Zeichensysteme, Kategoriensysteme und Ranking-Systeme.

Kategoriensystem

Am einfachsten für die Codierer ist ein Kategoriensystem. Dabei muss man nur ankreuzen, ob eine bestimmte vorgegebene Kategorie in der Beobachtungssituation auftaucht oder nicht, gegebenenfalls muss man außerdem die Häufigkeit des Auftauchens zählen. Also: Kratzt sich die beobachtete Person an der Nase – ja, nein? Oder wie häufig kratzt sich die beobachtete Person während des Beobachtungszeitraums an der Nase. Sollen Häufigkeiten des Auftretens gezählt werden, eignet sich dafür typischerweise eine Strichliste, in experimentellen Beobachtungen werden teilweise auch „Zählmaschinen“ eingesetzt, bei denen der Beobachter bei jedem Auftreten einen Knopf oder Hebel drücken muss und die Maschine die Anzahl registriert. Dies ist aber natürlich vom finanziellen Aufwand her nicht für jedes Projekt realistisch. Kategoriensysteme haben gegenüber den anderen beiden Typen außerdem eine wichtige Eigenschaft. Sie ermöglichen noch am ehesten eine Trennung zwischen der „reinen“ Datenerhebung und deren Auswertung bzw. Interpretation.

Ranking-System

Ein Ranking-System erwartet bereits bei der Datenerhebung vom Beobachter eine gewisse Interpretationsleistung. Bei Ranking-Systemen muss er die Intensität einer auftretenden Beobachtungseinheit schätzen. Beispielsweise können auf diese Weise Emotionen, Lautstärke, Nachdrücklichkeit u.ä. Dimensionen erfasst werden. Auch hier gilt: Die Skala sollte nicht zu fein abgestuft sein, um die Interpretationsfähigkeit des Beobachters nicht zu überfordern. Gerade bei einer Beobachtung, die nicht auf Video aufgezeichnet wird, sondern laufend codiert werden muss, stellt aber jedes – auch ein einfaches – Ranking-System enorm hohe Anforderungen an die Aufmerksamkeit und Differenzierungsleistung des Codierers. Deshalb sollte man mit Skalen möglichst sparsam umgehen. Darüber hinaus ist zu beachten, dass häufig die Zuordnung von Intensitäten auf Skalen letztlich eine Exaktheit der Messung vorspiegelt, die in der Realität nicht einzulösen ist. Daher sollte man dann besser auf einfache Nominalkategorien (Kategoriensystem) oder auf verbale Umschreibungen (Zeichensystem) zurückgreifen.

Zeichensystem

Unter Zeichensystemen versteht man alle möglichen Systeme, mit denen die Beobachter Sinneinheiten codieren. Während gerade in der experimentellen psychologischen Forschung sehr ausgeklügelte kurzschriftartige Systeme entwickelt wurden, um etwa auch Besonderheiten der Sprache (Lachen, zögern, lang gedehnte Worte, Umgangssprache u.ä.) festzuhalten, bietet es sich in der Politikwissenschaft eher an, mit einer Art von Kurzüberschriften oder „Catchwords" zu arbeiten. Prinzipiell kann man entweder ein vollständiges Zeichensystem oder Wörterbuch vorgeben, das dann angewendet werden muss, oder man überlässt es den Beobachtern, die Sinneinheiten durch kurze und zusammenfassende Ausdrücke zu charakterisieren. Der Vorteil eines Wörterbuchs ist die weitgehende Standardisierung der Beobachtungsprotokolle. Zugleich riskiert man aber, dass Sinneinheiten, die bei der Erstellung des Wörterbuchs nicht bedacht wurden, auch nicht erfasst werden – das Problem ist vergleichbar der Entscheidung für offene oder geschlossene Fragestellungen bei der standardisierten Befragung. Die eigenständige Codierung durch den Beobachter ist hierfür offener, auch mag es für den Beobachter einfacher sein, seine eigene Kurzsprache zu entwickeln als ein ganzes Wörterbuch auswendig zu lernen. Zugleich ist jedoch die Standardisierung und damit die Vergleichbarkeit der Beobachtungsprotokolle geringer. Außerdem verleitet ein selbst entwickeltes Codiersystem dazu, bereits bei der Datenerhebung zu stark interpretativ vorzugehen. Die Daten, die auf diese Weise erhoben werden, können nachträglich nicht mehr „objektiviert" werden.

3. Aufzeichnung auf statischen Bildträgern

Die Nachvollziehbarkeit ist bereits wesentlich höher, wenn der Forscher die Protokollierung durch selbst angefertigte Fotografien, Zeichnungen, Sitzpläne u.ä. ergänzt. Diese Bilder können hinterher inhaltsanalytisch ausgewertet werden und die schriftlichen Informationen ergänzen. Sie haben allerdings zwei erhebliche Nachteile: Statische Bildträger bilden erstens nur Ausschnitte aus dem Geschehen ab. Möglicherweise hätte es andere, wesentlich relevantere Situationen gegeben, die der Forscher aber nicht aufgezeichnet hat. Zweitens interessieren in der Politikwissenschaft ja gerade Interaktionen und Handlungssequenzen. Bilder können diese aber nicht erfassen.

4. Aufzeichnung auf dynamischen Bildträgern

Am umfassendsten und objektivsten ist deshalb die Protokollierung auf Bildträgern, die diese Dynamik erfassen: Film- und Videoaufnahmen. Man könnte das Geschehen auch auf Tonband aufnehmen, allerdings ist das Video dem Tonband klar vorzuziehen, das ja nur die akustischen Elemente der Situation aufnehmen kann. Dynamische Bildträger verstetigen die Situation zwar nicht vollständig – auch Filme erfassen notgedrungen nur einen Ausschnitt aus der Wirklichkeit. Entscheidendes Geschehen kann vor und nach der Protokollierung, an einem anderen Ort oder außerhalb des Kamerawinkels ablaufen. Dennoch sind Filme die am wenigsten selektiven Formen der Protokollierung: Der Beobachter kann die Situation wiederholt betrachten und so sicher gehen, dass er keine relevanten Aspekte übersehen hat.

Ob man jedoch die zu beobachtende Situation wirklich aufzeichnen kann, hängt wiederum vom Umfeld ab. Politikwissenschaftliche Beobachtung kann sich beispielsweise in Parlamenten, aber auch in nicht öffentlichen Ausschüssen, in Wahlkampfbüros oder bei Großveranstaltungen wie Wahlkampfauftritten oder Parteitagen abspielen. Hier ist eine Videoaufzeichnung aus verschiedenen Gründen nicht möglich: Im Fall nicht öffentlicher Sitzungen kann man als Wissenschaftler schon froh sein, wenn man überhaupt selbst zugelassen wird, eine Videoaufzeichnungen wird wohl in den seltensten Fällen gestattet. Bei der Begleitung eines Politikers im Wahlkampfbüro oder in seinem Alltag zieht sich die Beobachtung zu lange in und folgt ihm ggf. in wechselnde Umgebungen. Hier ist eine Videoaufzeichnung einfach höchst unpraktisch, und es würde auch enorm viel unnötiges Filmmaterial über die „Leerlaufzeiten" produziert. Bei Großveranstaltungen muss man bedenken, dass eine – oder auch mehrere – Kamera(s) immer nur Ausschnitte der Gesamtsituation aufzeichnen können, der Rest der Atmosphäre oder der Masse der Zuhörerschaft aber verloren geht.

Literaturhinweise: Beobachtung

Weiterführende Literatur

Die teilnehmende Beobachtung erfuhr eine ausgefeilte methodische Weiterentwicklung im Bereich der Ethnographie und der Feldforschung. Ein eher umfangreiches Standardwerk aus dem angelsächsischen Raum sind hierzu die Bände 2 und 3 von *LeCompte* und *Schensul* (1999). Auf deutsch und etwas übersichtlicher bietet Girtler (2001) eine Einführung in die Feldforschung. Die wohl umfassendste Einführung in die Methode der Beobachtung liefert nach wie vor Grümer (1974). Er setzt allerdings den Schwerpunkt seiner Ausführungen auf die standardisierte Beobachtung. Der Sammelband von König (1975) enthält einige immer noch sehr lesenswerte Aufsätze zu Beobachtung und Experiment als Methoden der Feldforschung. Jahoda, Deutsch und Cook (1975) bieten in diesem Zusammenhang einen praxisnahen und kritischen Einstieg in die Beobachtung, ebenso wie Cranach und Frenz (1975). Kürzere, aber durchaus hilfreiche Kapitel zur Beobachtung finden sich in vielen Lehrbüchern zu empirischen Methoden, etwa in Babbie (2001), Lamnek (1995) und Flick (2002). Schöne (2003) bietet ein sehr anschauliches und methodenkritisches Beispiel einer aktuellen politikwissenschaftlichen Beobachtungsstudie. Auch Fenno (1978); Raschke (1991) und Ross (1995) sind methodisch reflektierte und vorbildhafte Praxisbeispiele politikwissenschaftlicher Beobachtung.

Babbie, Earl (2001): The Practice of Social Research. Belmont, CA: Wadsworth, 274-302

Cranach, Marion von/ Hans-Georg Frenz (1975): Systematische Beobachtung. In: C.F. Graumann (Hg.): Sozialpsychologie (HB der Psychologie Bd. 7/1). Göttingen: Verlag für Psychologie, 269-331

Fenno, Richard (1978): Home style. Boston, Mass.:

Flick, Uwe (2002): Qualitative Sozialforschung. Eine Einführung. Reinbek: Rowohlt, 199-232

Girtler, Roland (2001): Methoden der Feldforschung. Wien: Böhlau

Grümer, Karl-Wilhelm (1974): Beobachtung. Stuttgart: Teubner

Jahoda, Maria/ Morton Deutsch/ Stuart W. Cook (1975): Beobachtungsverfahren. In: René König (Hg.): Beobachtung und Experiment in der Sozialforschung. Köln:Kiepenheuer & Witsch, 77-96

René König (Hg.): Beobachtung und Experiment in der Sozialforschung. Köln: Kiepenheuer & Witsch, 17-47

Lamnek, Siegfried (1995): Qualitative Sozialforschung - Band 2 Methoden und Techniken. Weinheim: Beltz, Kap. 6.

LeCompte, Margaret D. / Jean J. Schensul (Hg.) (1999): Ethnographer's Toolkit. 5 Bände. Walnut Creek: Altamira Press

Raschke, Joachim (1991): Die Parteitage der GRÜNEN. In: Aus Politik und Zeitgeschichte, 41, 46-54

Ross, George (1995): Jacques Delors and European Integration. Oxford: Blackwell

Schöne, Helmar (2003): Die teilnehmende Beobachtung als Datenerhebungsmethode in der Politikwissenschaft. Methodologische Reflexion und Werkstattbericht. In: Qualitative Social Research (online-Journal), 4, 58 Absätze

6.5 Inhaltsanalyse

Definition: Inhaltsanalyse

Vergleich zu Befragung und Beobachtung ist der Prozess der Datenerhebung bei der Inhaltsanalyse nicht eigentlich ein Vorgang der Schöpfung neuer Daten. Wie das Wort schon nahe legt, bezeichnet die Inhaltsanalyse primär ein *Analyse*verfahren, nämlich die Technik, Inhalte von Datenträgern (Textdokumenten, Bildern, Filmen, Karten, Videomitschnitten o.ä.) im Hinblick auf eine Forschungsfrage systematisch zu analysieren. Früh (1991: 25) definiert die Inhaltsanalyse entsprechend als „empirische Methode zur systematischen, intersubjektiv nachvollziehbaren Beschreibung inhaltlicher und formaler Merkmale von Mitteilungen." Die Daten- oder Mitteilungsträger sind in der Wirklichkeit bereits vorhanden. Somit handelt es sich hierbei (fast immer)[1] um *nicht reaktive* Daten, was bei vielen Forschungsfragen einen erheblichen Vorteil gegenüber der Befragung und Beobachtung darstellt.

Historische Entwicklung aus der quantitativen Erforschung der Massenkommunikation

Die Inhaltsanalyse erfuhr ihre wissenschaftliche Ausformung und Diskussion vor allem im Bereich der Massenkommunikationsforschung in den 1950er- Jahren in den USA. Maßgeblich geprägt wurde sie etwa von Forschern wie Bernard Berelson, Harold Lasswell, Paul Lazarsfeld oder Charles Osgood. Diese betrieben überwiegend quantitative Forschung, die Modelle, die an kommunikationstheoretische Erkenntnisse anknüpfen, reichen jedoch über den Fokus der rein quantitativen Inhaltsanalyse heraus. Die Inhaltsanalyse lässt sich somit beschreiben als ein Verfahren zur Analyse von Kommunikation. Elemente der Kommunikation sind ein Sender, ein Kommunikationsträger und ein Empfänger. Der Sender kann beispielsweise ein Journalist, ein Maler oder ein Regisseur sein, der Kommunikationsträger ein Zeitungsartikel, ein Bild oder ein Film, der Empfänger der Leser, Bildbetrachter oder Zuschauer Dementsprechend kann sich das Erkenntnisziel der Inhaltsanalyse auf die Intentionen des Senders richten (diagnostisches Interesse), auf den Kommunikationsträger selbst bzw. dessen formale Eigenschaften (formaldeskriptives Interesse) oder auf die Wirkung, die die Kommunikation beim Empfänger hat (prognostisches Interesse).

[1] Im Prinzip ist es auch möglich, etwa Protokolle unstandardisierter Beobachtungen oder Befragungen inhaltsanalytisch auszuwerten. Hierbei wären die Daten dann doch reaktiv generiert worden. Der Standardfall dürfte aber die Analyse von im weitesten Sinne prozessgenerierten Daten sein.

Abbildung 6.2: Kommunikationsmodell der Inhaltsanalyse

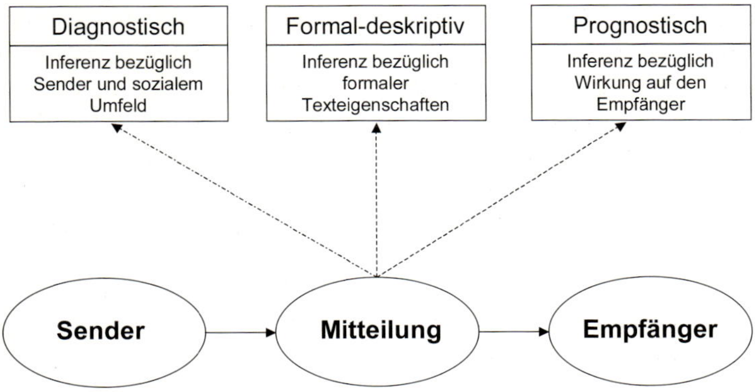

Quelle: Nach Diekmann (1999: 484)

Diagnostische Fragen beziehen sich etwa auf die Intention des Autors oder Künstlers, auf den sozialen Kontext und den Anlass der Entstehung der Kommunikation. Formal-deskriptive Fragen beziehen sich auf die Gestaltung der Kommunikation, auf formale Kriterien wie Länge, Größe, Farben, Verwendung bestimmter Stilelemente oder auch auf technische Aspekte wie die Produktionsweise. Prognostische Fragen zielen auf die Wirkung der Kommunikation beim Empfänger, etwa welche Gefühle oder Handlungen sie hervorbringt oder ob sich dadurch seine Einstellung ändert.

Datensammlung bei der Inhaltsanalyse

Wir hatten bei der Beobachtung und der Befragung bereits darauf hingewiesen, dass im Einzelnen die Trennung zwischen Datensammlung, Datenaufbereitung und Datenauswertung nicht immer klar durchzuhalten ist. Sie ist allerdings bei der Inhaltsanalyse noch wesentlich schwieriger zu vollziehen, weshalb sie häufig vornehmlich unter dem Aspekt der Datenauswertung behandelt wird. Dass wir die Inhaltsanalyse hier trotzdem unter den Formen der Datensammlung mit aufführen, hat vor allem zwei Hintergründe: Zum einen wollen wir dafür sensibilisieren, dass es eine Menge unterschiedlicher Datenträger gibt, die sich für eine Inhaltsanalyse eignen. Die wenigsten hiervon werden in der politikwissenschaftlichen Forschung routinemäßig genutzt, könnten jedoch (nicht zuletzt weil es sich um nicht-reaktive Daten handelt) gewinnbringend eingesetzt werden. Zum anderen sollen die folgenden Abschnitte verdeutlichen, dass auch die Verfügbarmachung und Sicherung von Datenquellen oder Datenträgern eine eigene empirische Aufgabe ist, und dass von der Sorgfalt, mit der diese Aufgabe ausgeführt wird, maßgeblich die Qualität der späteren Ergebnisse abhängt. Eine Ausnahme stellt die *quantitativen* Inhaltsanalyse dar. Dort erfolgt die Datenerhebung tatsächlich in einem eigenen Arbeitsschritt, der der weiteren Datenanalyse vorgelagert ist. Sinneinheiten der Datenträger werden codiert und als Codes in ein Kategorienschema eingegeben. Auf diese Weise wird ein Datensatz erstellt, der dem vergleichbar ist, wie er als Ergebnis einer standardisierten Befragung oder Beobachtung zu Stande kommt.

Inhaltsanalyse als zentrales Modell empirischer Forschung

In dem umfassenden Sinne, wie wir die Inhaltsanalyse hier verstehen, folgen wir Kromrey (1999: 370), der die Inhaltsanalyse als das *zentrale* Modell zur Erfassung sozialwissenschaftlicher Realität bezeichnet. Diese Einschätzung erscheint aus zwei Gründen gerechtfertigt: Zum einen bietet sich eine Fülle von unterschiedlichen Datenquellen gerade der sozialwissenschaftlichen Forschung zur Inhaltsanalyse an. Diese ist somit ein geeignetes Instrument zur Untersuchung sehr unterschiedlicher Forschungsfragen. Zum anderen muss die Entwicklung eines empirischen Erhebungsinstruments zur Auswertung der Kommunikationsinhalte in der Inhaltsanalyse besonders explizit vollzogen werden (das Kategorienschema der quantitativen Inhaltsanalyse ist hierfür der klarste Anwendungsfall), findet sich aber in vergleichbarer Form in allen Verfahren der Datensammlung wieder.

Gegenstand inhaltsanalytischer Verfahren sind, wie wir zu Beginn dieses Abschnitts festgestellt hatten, zumeist im weitesten Sinne prozessgenerierte Daten, also Daten, die nicht primär zum Zwecke der Datenauswertung generiert wurden, sondern in realen sozialen Prozessen entstanden sind. Diese lassen sich noch einmal unterteilen in unterschiedliche Datenformen, die bei der Datenerhebung unterschiedliche Behandlung benötigen. In den folgenden Abschnitten unterscheiden wir daher zunächst Akten und Dokumente als verbale prozessgenerierte Daten im engeren Sinne sowie visuelle prozessgenerierte Daten wie Bilder oder Filme im Gegensatz zu visuellen Daten, die durch Beobachtung generiert werden. Bei diesen Daten dient die Datensammlung im Wesentlichen dazu, Datenträger verfügbar zu machen und deren Sinninhalte so zu präparieren, dass sie einer systematischen Analyse zugänglich werden. Ist Ziel der Datensammlung eine *quantitative* Inhaltsanalyse, geht der Anspruch der Datensammlung weiter. Kern dieses Arbeitsschritts ist dann der Entwurf eines Kategorienschemas. Zuletzt unterscheiden wir noch physische Spuren als prozessgenerierte Daten im weiteren Sinne, die wieder eine andere Form des Zugangs erfordern.

6.5.1 Prozessgenerierte verbale Daten

Vorteile prozessgenerierter Daten: Nicht-Reaktivität und lange Zeitreihen

Einer der Vorteile prozessgenerierter Daten besteht, wie wir bereits festgestellt haben, darin, dass sie nicht reaktiv sind, da sie als Nebenprodukte von ‚realweltlichen' Prozessen oder Situationen entstanden, und nicht im Zuge einer wissenschaftlichen Forschung. Darüber hinaus haben prozessgenerierte Daten gegenüber Befragungs- und Beobachtungsdaten den weiteren Vorteil, dass sie häufig für lange Zeiträume verfügbar sind. So bleibt der Forscher nicht auf Querschnittsanalysen beschränkt, sondern kann auch Längsschnittsanalysen durchführen. Allerdings ist die ununterbrochene Zeitreihe nicht immer garantiert. Je älter die Daten sind, desto größer ist die Wahrscheinlichkeit, dass Daten verloren gingen.

Typische Textquellen

Am häufigsten werden folgende Datentypen analysiert:

- *Zeitungsartikel* können entweder aus den laufenden Druckausgaben der Zeitungen direkt ausgeschnitten und gesammelt werden, oder man greift auf Archive zurück, weil man auch zeitlich weiter zurückliegende Artikel verwenden will. Viele Zeitungen haben mittlerweile online zugängliche Archive, die aber teils kostenpflichtig sind. Alternativ kann man sich direkt an die Redaktionen wenden oder die betreffenden Zeitungsausgaben per Fernleihe in der Universitätsbibliothek bestellen. Auch politische Stiftungen oder große Organisationen legen häufig eigene Zeitungsarchive an.
- *Gesetzes- und Vertragstexte* auf verschiedenen Ebenen der Rechtshierarchie, also von Verfassungen über allgemeine Gesetze bis zu Verordnungen und Satzungen im nationalen und internationalen Recht sind ebenfalls häufig online oder in Universitätsbibliotheken im Volltext erhältlich. Frei zugänglich sind sie jedenfalls immer.
- *Verwaltungsakten* haben in Deutschland, aber auch in den skandinavischen Staaten eine lange Tradition. Sie entstanden im Zuge der Bürokratisierung und des Ausbaus der Leistungsverwaltung (und nicht zuletzt im Zuge des Ausbaus des staatlichen Kontrollapparats im Nationalsozialismus). Daher reichen sie häufig bis ins 18. Jahrhundert oder weiter zurück. Zu finden sind sie überwiegend in den Archiven des Bundes, der Länder und der Kommunen. Obwohl hier wertvolle Informationen gewonnen werden können, z. B. über die Entwicklung des Steueraufkommens von Gemeinden oder Bundesländern, über die Anzahl der Obdachlosen, die Entwicklung von Mietpreisen u.ä., wurden sie bislang für

die sozialwissenschaftliche Forschung noch nicht extensiv erschlossen. Zu beachten ist bei Verwaltungsdaten, dass sie nicht unbegrenzt zugänglich sind. Nach wie vor unterliegen sie in Deutschland den Datenschutzbestimmungen, so dass man sich im Einzelfall kundig machen sollte, ob man ein Recht darauf hat, sie einzusehen. In den kommunalen Archiven sind aber zumeist die Archivare sehr hilfsbereit und entgegenkommend.

- *Protokolle und Berichte*, insbesondere Parlamentsprotokolle, stellen eine enorm wichtige Quelle speziell für Politikwissenschaftler dar. Plenar- und Ausschussprotokolle werden in den Drucksachen des Bundestages, des Bundesrates oder auch des Europaparlaments festgehalten und sind mittlerweile binnen sehr kurzer Frist online verfügbar. Sie sind nicht nur inhaltlich wichtig, sondern auch unter Aspekten der Quellensicherung, da sie authentisch sind, gut systematisiert und für die Gegenwart und die Vergangenheit vollständig vorhanden. Parlamente anderer Länder verfügen über vergleichbare Sammlungen.
- *Organigramme, Organisationshandbücher und Haushaltspläne* vermitteln nicht nur einen schnellen Überblick über aktuelle Zuständigkeiten oder Allokationsentscheidungen. Sie können auch eine wertvolle Quelle für die historische Forschung darstellen, sofern man die verschiedenen Auflagen zur Verfügung hat, da sie es ermöglichen, auch kleine Veränderungen zeit- und punktgenau zu rekonstruieren. Viele Organisationen veröffentlichen Organigramme mittlerweile im Netz, aber beispielsweise die Bundesministerien schicken sie auch jederzeit auf Anfrage zu. Wichtige Organisationshandbücher sind etwa das *Handbuch des deutschen Bundestages.* Es steht ebenso wie die Bundeshaushaltspläne in jeder großen deutschen Bibliothek. Dort finden sich auch Bände wie der „Oeckl", das Handbuch wichtiger deutscher Adressen, und der „Munzinger", das Handbuch wichtiger Persönlichkeiten.
- Schließlich darf man eine große Gruppe von Quellen nicht vergessen: Texte, die von Politikern und Organisationen mit dem Zwecke der Öffentlichkeitswirksamkeit produziert werden, also etwa *Reden* von Politikern, *Partei-* und *Regierungsprogramme*, *Koalitionsvereinbarungen* oder *Presseerklärungen.* Hier ist der Zugang zu den Dokumenten zumeist kein Problem. Wenn sie nicht im Internet zu finden sind, werden die verantwortlichen Organisationen sie auf Anfrage gerne zuschicken.

Neben den hier exemplarisch genannten und erläuterten Formen prozessgenerierter Daten gibt es natürlich noch eine Reihe anderer, auf die man im Forschungsprozess stoßen kann. Wichtig ist es vor allem, die eigene Aufmerksamkeit für die Möglichkeit solcher Informationsquellen zu schärfen, um sie gegebenenfalls nutzen zu können.

Probleme bei der Datenerhebung

Obwohl prozessgenerierte Daten ja schon vorhanden sind, sie also nicht eigens erhoben werden müssen, ist es zum Teil nicht einfach, sie für ein Forschungsprojekt tatsächlich verwertbar zu machen. Zunächst muss man sie *entdecken*, dann muss man sie physisch *erhalten*. Hat man im Prinzip Zugang dazu, stellt sich die Frage nach der *Vollständigkeit*. Schließlich kann man auch prozessgenerierte Daten nicht einfach als neutrale Zeitzeugen betrachten, vielmehr muss bei ihrer Interpretation die Frage nach dem *Entstehungszusammenhang* gestellt werden.

Auffinden der richtigen Quellen

Die oben genannten Typen von Quellen können hier allenfalls ein Einstieg sein. Mit am zeitaufwändigsten ist in einem Forschungsprojekt die Suche nach möglicherweise geeigneten Quellen und Dokumenten. Oft erfährt man erst mit fortschreitender Sachkenntnis über den Forschungsgegenstand, dass es bestimmte Dokumente überhaupt gibt. Und selbst wenn man weiß, dass sie existieren, weiß man noch lange nicht, wo sie aufbewahrt werden. Erste Hinweise können Archivführer sein. Diese geben an, welche Arten von Daten in welchen Archiven gelagert werden. Die meisten Archivführer konzentrieren sich allerdings auf ein bestimmtes Thema und / oder die Archive in einer bestimmten Region, auch gibt es nicht für jedes Thema Archivführer.

Hilfreich können auch Interviewpartner sein, die man als Experten befragt. *Beispiel:* Bei einem Forschungsprojekt über Ethik-Maßnahmen gegen Korruption und Interessenkonflikte im US-amerikanischen Kongress führte Behnke (2002) zunächst von Deutschland aus Recherchen vor allem über das Internet durch. So fand sie heraus, dass die zentrale Institution für die Sicherung ethischer Standards die Ethik-Komitees von Senat und Repräsentantenhaus waren. Während eines Forschungsaufenthaltes in Washington führte sie mit Mitarbeitern dieser Ethik-Komitees Interviews. Dort erfuhr sie, dass es jeweils ein eigenes „Ethik-Handbuch" für alle Mitglieder eines Hauses gibt. Diese Handbücher erhielt sie von den Interviewpartnern. Darüber hinaus erhielt sie in dem Interview interne Informationsblätter, die von den Ethik-Komitees regelmäßig zur Aktualisierung des sich laufend fortentwickelnden Fallrechts herausgegeben wurden, die sich zum damaligen Zeitpunkt aber noch nicht im Internet befanden. Bei Recherchen in der Kongressbibliothek stieß sie auf die umfangreiche Dokumentation der Arbeit des Kongresses in „Congressional Weekly“ und „Congressional Quarterly“, wo nicht nur Änderungen der Ethik-Maßnahmen verkündet und kommentiert wurden, sondern auch alle Skandale und Fälle von Interessenkonflikten, die sich in den beiden Häusern zugetragen hatten. Ein weiterer Interviewpartner schließlich wies sie auf die Berichte des „Congressional Research Service“ hin, des wissenschaftlichen Dienstes des Kongresses, der für Kongressmitglieder umfangreiche juristische und historische Dokumentationen zusammengestellt hatte. Alle diese Quellen waren der Forscherin zu Beginn des Projektes unbekannt, und nur im Zuge der Feldforschung wurden sie nach und nach entdeckt, waren aber für die Bearbeitung des Themas von unschätzbarem Wert.

Quellenzugang

Weiß man, welche Quellen eigentlich nützlich wären und wo man sie findet, stellt der Quellenzugang das nächste Problem dar. Viele Quellen sind nicht öffentlich zugänglich oder kostenpflichtig. Das bedeutet, dass man sich Sondergenehmigungen einholen muss oder im Forschungsbudget die Lizenzkosten berücksichtigen muss. Gerade bei kleineren Projekten ist man daher auf frei zugängliche Quellen und Dokumente angewiesen. Insgesamt hat sich hier die Lage in den vergangenen Jahren deutlich gebessert, da viele private und öffentliche Organisationen mittlerweile Dokumente kostenlos im Internet zur Verfügung stellen. In den skandinavischen Ländern und den USA verpflichtet außerdem ein Informationsfreiheitsgesetz alle öffentlichen Stellen, auf Nachfrage auch Akten oder Dokumente für einzelne Bürger zugänglich zu machen. In Deutschland stellt der Quellenzugang ein relativ gesehen größeres Problem dar: Viele Dokumente unterliegen nach wie vor dem Datenschutz.

Vergleichbarkeit und Vollständigkeit der Daten

Wir hatten als einen entscheidenden Vorteil prozessgenerierter Daten die langen Zeitreihen genannt. Dennoch ist die Vergleichbarkeit der Daten in Zeit und Raum eingeschränkt. Nehmen wir als Beispiel Verwaltungsakten: Je nachdem, wer die Akten angelegt hat, sind sie genauer oder ungenauer. Schon in einem einzigen Amt mag es Unterschiede geben, welche Art von Informationen wie erhoben wird. Entsprechend größer sind die Unterschiede, wenn man verschiedene Ämter in verschiedenen Regionen oder zu verschiedenen Zeiten vergleicht. An verschiedenen Orten werden die Akten nach verschiedenen Systemen archiviert, so dass sie oft später schwer oder gar nicht mehr gefunden werden. Manchmal sind auch die Dokumentationen der archivierenden Stellen nicht vollständig. Akten können verloren gehen oder zerstört werden, z. B. durch

Wasserschäden, Archivbrände und Umzüge. Menschen müssen Informationen für wichtig genug erachten, um sie bewusst aufzubewahren. Hier wirken soziale Selektionsprozesse. Manchmal werden Akten auch bewusst vernichtet. Umgekehrt können plötzlich eintretende Kriege, Putsche oder Revolutionen auch dazu führen, dass geheime Dokumente nicht mehr rechtzeitig vernichtet werden können. Ein Beispiel hierfür sind die Stasi-Akten aus der DDR, die 1989 offensichtlich nicht schnell genug vernichtet werden konnten Je älter die Daten sind, desto größer ist die Wahrscheinlichkeit, dass Daten verloren gingen. Deshalb wird es auch immer schwieriger, überhaupt Daten über ein Thema zu finden, geschweige denn vollständige Dokumentationen, je weiter man in der Zeit zurückgeht.

Datenauswahl

Sind die relevanten Datenquellen identifiziert und auch verfügbar, stellt sich das Stichprobenproblem: Der Forscher muss entscheiden, ob er eine Vollerhebung anstreben oder eine Stichprobe ziehen möchte. Häufig bietet es sich an, eine zeitliche Stichprobe zu ziehen, indem man einen relevanten Zeitraum oder auch Zeitintervalle auswählt, aus denen man dann die entsprechenden Dokumente zieht. Dieses Verfahren wird vor allem bei der Analyse von Zeitungsartikeln angewandt. Hat man vollständige Dokumentenreihen, kann man sogar eine echte Zufallsstichprobe ziehen, in anderen Fällen wird man häufig nach theoretischen Kriterien auswählen.

Quellensicherung

Haben man schließlich die gewünschten Quellen und Dokumente erhalten, muss noch einmal überprüft werden, wie zuverlässig diese sind. Handelt es sich um Originale oder um Kopien? Meistens werden nur letztere zu erhalten sein. Ist dabei etwas geschwärzt oder herausgeschnitten worden? Beispielsweise kann die Aufzeichnung einer Rede, von der es auf den ersten Blick so scheint, als sei es die Langfassung, tatsächlich nur die Kurzfassung sein, die für die Presse zusammengestellt wurde. Wie vollständig sind die Unterlagen, wie gut ist die Quelle dokumentiert? Von wann stammt das Original, von wem wurde es verfasst und mit welcher Intention? Gibt es verschiedene Fassungen davon?

Quellenkritik

Prozessgenerierte Daten sind zwar nicht reaktiv. Das bedeutet aber nicht, dass die Menschen, die sie generiert haben, dabei nicht auf andere Menschen reagiert hätten: Diese Texte werden ja immer von jemanden für jemanden für einen bestimmten Zweck produziert. Auch sie stellen also nicht dar, wie etwas wirklich geschehen ist oder was Menschen wirklich denken, sondern drücken individuelle Sichtweisen, Interpretationen oder Manipulationsversuche aus. Deshalb müssen prozessgenerierte Daten einer Quellenkritik unterzogen werden: Der Forscher muss sich überlegen, wer den Text für wen mit welcher Absicht geschrieben hat und wie das die Aussagen, die der Verfasser macht, beeinflusst. Erst dann kann er entscheiden, wie weit diesen Aussagen getraut werden kann und wie aussagekräftig die Quelle für seine Forschungsfrage ist.

6.5.2 Prozessgenerierte visuelle Daten

Bedeutung visueller Daten für die empirische Sozialforschung

Visuelle Daten waren uns schon bei der Beobachtung begegnet. Neben der Beobachtung menschlichen Verhaltens stehen uns als visuelle Daten auch alle anderen verstetigten Zeugnisse der sozialen Wirklichkeit zur Verfügung, die wir ansehen und verarbeiten können. Dass solche verstetigten Zeugnisse als visuelle Daten neben rein verbalen Daten für die Sozialwissenschaft von Bedeutung sein könnten, ist eine jüngere Erkenntnis. Sie rührt aus den 80er-Jahren des 20. Jahrhunderts und wurde vor allem von Howard Becker (1974) und Norman Denzin (1985) populär gemacht, die aus der Tradition der Ethnographie heraus die Bedeutung von Filmen und Photos für soziologische Untersuchungen entdeckten. In manchen Publikationen findet sich sogar die Rede vom „iconic turn“, also der Fortwendung von den verbalen Daten hin zu den visuellen, die in dieser Interpretation scheinbar die Zukunft der empirischen Sozialforschung versprechen. In jedem Falle aber sind visuelle Daten von großer und wachsender Bedeutung für die empirische Sozialforschung, auch wenn dies im Mainstream der Politikwissenschaft bislang nur wenig ins Bewusstsein gedrungen ist. Die Idee allerdings, dass mit visuellen Daten – getreu der Weisheit „Ein Bild sagt mehr als tausend Worte“ – eine umfassendere und objektivere Darstellung der Realität gesichert werden könne, ist trügerisch. Auch Bilder und Filme sind selektiv, Produkte bewusster und unbewusster Entscheidungen ihrer Autoren, und müssen deshalb immer im Kontext gesehen und kritisch dekonstruiert werden.

In der Verwendung visueller Daten kann man zwei Stoßrichtungen unterscheiden. Gerade im ethnographischen Kontext werden Fotos und Filme als Formen der *Erhebung* und *Fixierung* von Daten verwendet. In diesem Sinne ergänzen sie verbale Protokolle und Interpretationen. Fotos und Filme werden bei Beobachtungen, Milieustudien u. ä. angefertigt, werden neben den Notizen als Interpretationsmaterial herangezogen und der Publikation der Ergebnisse beigefügt, wobei sie hierbei teils den Status eigener „Texte“ haben, teils zur reinen Illustration des verbalen Textes reduziert werden. Das politikwissenschaftliche Interesse an visuellen Daten ist in der Regel etwas anders gelagert. Hier werden Fotos und Filme selten zur Dokumentation der Forschung angefertigt. Vielmehr werden Bilder, Filme oder Gebäude, die bereits existieren und zu nicht wissenschaftlichen Zwecken entstanden sind, einer politikwissenschaftlichen Analyse unterzogen. Dies ist insbesondere dann von Interesse, wenn verbale Daten zu einer Forschungsfrage nicht existieren oder schwer zugänglich sind. Hier ist das Repertoire an visuellen Daten vermutlich deutlich größer.

Typen von Daten

Zu den prozessgenerierten visuellen Daten gehören zum einen unbewegte Bilder, also etwa Fotos, Plakate, Gemälde, Landkarten u.v.m. Zum anderen sind dies auch bewegte Bilder, z. B. Kinofilme, DVD- und Videoaufnahmen und Fernsehen. Skulpturen, Landschaften, Stadtbilder, Gebäude, Architektur, Wohnungseinrichtungen und Gebrauchsgegenstände sind weitere Formen prozessgenerierter visueller Daten. Das Internet ist eine Mischung aus verbalen und visuellen prozessgenerierten Daten. Kurzum: Alle Gegenstände, die bereits auf der Welt vorhanden und an sich der Betrachtung des Forschers zugänglich sind, bieten sich prinzipiell als Daten zur Analyse an. Das politikwissenschaftliche Forschungsinteresse konzentriert sich aber zumeist auf visuelle Daten *in politischen Kontexten.* Beispiele für die politikwissenschaftliche Analyse visueller Daten finden sich im Rahmen der Propagandaforschung, der Analyse politischer Symbolik, der Wahlforschung oder der Rezeptionsforschung von Fotojournalismus.

Visual Literacy

Zur Erfassung visueller Daten existiert kein erprobtes, allgemeingültiges Instrumentarium, denn nach wie vor ist die Analyse prozessgenerierter visueller Daten methodologisches Neuland. Wie visuelle Eindrücke zu deuten sind, ist raum- und zeit-, kontext- und kulturabhängig. Der jeweilige Kontext muss also bei der Interpretation visueller Eindrücke berücksichtigt werden. Ein weiteres Problem liegt darin, dass visuelle Eindrücke nie eindeutig sind. Im Auge kommen zunächst nur Informationen über Licht- und Schattenflecken und Farbkleckse an. Erst die Konstruktionsleistung des Gehirns fügt diese optischen Informationen zu sinnvollen Bildern zusammen. Optische Täuschungen verdeutlichen, wie leicht sich unser Gehirn irreführen lässt. Aus diesen Gründen ist bei visuellen Datenanalysen das wichtigste Datenerhebungsinstrument der Forscher selbst. Vor allem das situationsangemessene Handeln des Beobachters, sein geschulter Blick, seine Fähigkeit, heterogenes Material zu einer plausiblen Beschreibung zu verdichten, entscheiden über die Qualität der Studien. Der Forscher muss nicht nur die visuellen Semantiken einer Kultur kennen, sondern auch über eine gute Wahrnehmungsfähigkeit verfügen und zur Selbstreflexion fähig sein. Kurz: Er muss über „Visual Literacy" verfügen, die Fähigkeit zum guten wissenschaftlichen Sehen.

Grenzziehung zur Beobachtung

Gerade wenn man sich das Beispiel der Analyse von Videoaufnahmen vor Augen führt, wird deutlich, dass zwischen der Inhaltsanalyse prozessgenerierter visueller Daten und der Beobachtung häufig keine klare Grenze zu ziehen ist. Filmaufnahmen können Situationen verstetigen, die der Forscher beobachten möchte. Beispielsweise ist die Videoaufnahme politischer Diskussionen im Fernsehen sehr schwer einzuordnen. Hat sie den Status eines Dokuments, das inhaltsanalytisch interpretiert wird oder den einer Situation, die beobachtet wird und lediglich zum Zwecke der gründlicheren Beobachtung verstetigt wurde? Letztlich ist hier das Forschungsinteresse für die Einordnung entscheidend, und in der konkreten Vorgehensweise der Analyse werden häufig keine großen Unterschiede bestehen.

Schritte der Datensammlung

Für den Schritt der Datensammlung, der der eigentlichen Datenanalyse vorausgeht, gelten bei visuellen Daten generell ähnliche Schritte des Auffindens, der Verfügbarmachung, der Sicherung und der Kritik von Quellen, wie wir sie bereits für Akten und Dokumente beschrieben haben. Besonders wichtig ist hier wieder die Sicherung der Authentizität der Quelle. Gibt es von Bildern oder Filmen Kopien, frühere Versionen, wurde etwas geschwärzt, retuschiert oder herausgeschnitten? Wer hat die Urheberrechte und über wen sind die Daten zu erhalten? Neben der Quellensicherung muss aber im Gegensatz zu prozessgenerierten verbalen Daten noch ein weiterer Schritt durchlaufen werden: die Verbalisierung der Daten. Bilder, Fotos, Filme usw. beinhalten eine große Menge an Informationen, so dass deren verbale Beschreibung mehrere Seiten Text umfassen kann.

Ziele der Analyse

Analog zu dem Modell der Kommunikation, das wir zu Beginn von Kapitel 5 eingeführt haben, lassen sich auch bei der Analyse visueller Daten verschiedene Analyseziele unterscheiden, je nachdem, ob sich das Forschungsinteresse auf den Kontext der Entstehung des Objekts oder die Intention des Autors, auf die dargestellten Sachverhalte oder auf die intendierte oder reale Wirkung beim Betrachter richtet.

Diagnostisches Interesse

- Richtet sich das Interesse auf den Kontext der Entstehung des Objekts, kann dies beispielsweise Fragen nach der Motivation des Autors implizieren. Warum hat ein Journalist dieses Bild gemacht? Warum hat er diese Perspektive, diesen Bildausschnitt gewählt? Welche Intention hatte der Architekt des Reichstages? Handelt es sich hierbei um eine Auftragsarbeit oder um ein zufälliges oder ein künstlerisches Produkt? Spielen bei der Produktion soziale Ungleichheiten oder Machtgefälle eine Rolle, wurde etwa eine Person freiwillig oder unfreiwillig fotografiert? Solche Fragen lassen Rückschlüsse auf soziale und politische Verhältnisse zu, können etwa manipulative Intentionen entlarven oder die Persönlichkeit des Autors illustrieren.

Deskriptives Interesse

- Zielt das Analyseinteresse auf die dargestellten Sachverhalte, kann es beispielsweise darum gehen, zeitgenössische politische Verhältnisse, Wertvorstellungen oder Gesellschaftskritik aus Spielfilmen oder privaten Fotos zu rekonstruieren. Häufig werden Fotos auch zu Dokumentationszwecken verwandt. Eine wichtige Rolle spielt hier beispielsweise die Kriegsberichterstattung, bei der Filme und Fotos die Situation in Kriegsgebieten dokumentieren sollen. Auch hier ist die Gefahr der Manipulation gegeben. Da Kameraeinstellungen immer selektiv sind und das Geschehen um den Bildausschnitt herum für den Betrachter unsichtbar, sind auch die scheinbaren „Fakten" noch interpretationsbedürftig. Sieht man einen Menschen hinter einem Zaun, kann man aus dem Bild nicht unbedingt schließen, ob er nicht vielleicht vor dem Zaun und der Fotograf dahinter war.

Prognostisches Interesse

- Zielt das Erkenntnisinteresse schließlich auf den Rezeptionszusammenhang, so sind hier weite Gebiete der Medienwirkungs- und Propagandaforschung zu verorten. Die Analyse von Wahlplakaten, von Parteitagsinszenierungen, nicht nur in diktatorischen Systemen wie unter Hitler oder Stalin, sondern auch in modernen Demokratien sind typische Forschungsinteressen. Hier müssen Fragen gestellt werden, wie die einzelnen Elemente des Objekts (sei es ein Bild, ein Film oder ein Gebäude) in Szene gesetzt wurden, um eine bestimmte Wirkung zu erreichen.

Wie man sieht, lassen sich hier Datenerhebung und Datenauswertung kaum noch trennen. Die hier nur skizzierten Fragestellungen, die je nach Forschungsinteresse in einer verbalen Beschreibung der visuellen Daten berücksichtigt werden müssen, beinhalten bereits viel Interpretation des Forschers. Ein wichtiges Ziel der Datenerhebung muss es daher sein, diese Entscheidungen und Interpretationen in seiner Beschreibung so explizit wie möglich zu machen.

6.5.3 Besonderheiten der quantitativen Inhaltsanalyse

Analogien zu standardisierter Befragung und Beobachtung

Die voranstehenden Ausführungen bezogen sich im Wesentlichen auf die Erhebung und Sicherung von Text- und visuellem Material, das anschließend mit Hilfe qualitativer Interpretationsverfahren ausgewertet werden soll. Gerade, wenn man aber eine große Menge an Daten (z.B. Zeitungsartikel, Filmsequenzen o. ä.) vergleichend analysieren will, wäre diese Methode der intensiven Einzelfallanalyse häufig zu aufwändig. Hier bietet sich eine quantitative Inhaltsanalyse an.

Schritte der quantitativen Inhaltsanalyse

Die quantitative Inhaltsanalyse ist in ihren Arbeitsschritten der standardisierten Befragung oder Beobachtung nahe verwandt. Die zentrale Aufgabe der Datenerhebung besteht in der Erarbeitung eines Kategorien- (oder Codier- oder Variablen-)schemas, nach dem die Sinneinheiten der Datenträger codiert werden. Die Probleme, die beim Erarbeiten eines Kategorienschemas auftauchen, und die Entscheidungen, die man dabei treffen muss, veranschaulichen besonders gut die gleichen Probleme und Entscheidungen beim Erstellen eines Fragebogens oder eines Beobachtungsschemas.

Hypothesenformulierung, Grundgesamtheit und Stichprobe

Typisch für die quantitative Inhaltsanalyse ist ein überwiegend deduktives Forschungsvorgehen. Ausgehend von Vorwissen und Theorien werden zunächst Hypothesen gebildet und diese dimensional operationalisiert. Sodann muss die *Grundgesamtheit* der Elemente bestimmt werden, die als Merkmalsträger in die Datenerhebung eingehen sollen. Bei einer Zeitungsanalyse etwa ist zunächst zu bestimmen, welche Zeitungen überhaupt Gegenstand der Erhebung sein sollen. Aus diesen ist dann eine *Stichprobe* zu ziehen. Typisch sind für Inhaltsanalysen Mischverfahren zwischen theoretisch geleiteten Auswahlkriterien und Zufallsstichproben. So muss bei Zeitungsanalysen zunächst eine zeitliche Auswahl getroffen werden, da man ja kaum alle Ausgaben seit dem ersten Erscheinen analysieren kann. Statt dessen wird man die gewählten Zeitungen nur über einen bestimmten Zeitraum hinweg erheben. Innerhalb dieses Zeitraums kann man dann eine Vollerhebung über alle erschienenen Artikel durchführen oder Stichproben ziehen, etwa indem man nur jede x-te Ausgabe analysiert, von allen Ausgaben nur die ersten Seiten o. ä.

Analyseeinheiten

Im nächsten Schritt müssen die *Analyseeinheiten* bestimmt werden. Bei der quantitativen Inhaltsanalyse ist es besonders wichtig (und nicht ganz einfach), unterschiedliche Ebenen von Analyseeinheiten auseinander zu halten. Man unterscheidet:

- die *Erhebungseinheit*: hierunter versteht man diejenigen Elemente, die in die Stichprobe eingehen. Dies können einzelne Ausgaben von Publikationsorganen sein, einzelne Artikel, aber auch Bilder, Filmsequenzen o. ä;
- die *Zähl-* oder *Codiereinheit*: hierunter versteht man diejenigen Elemente, die im Kategorienschema vercodet werden. Dies können einzelne Wörter, Sätze oder Absätze sein, manchmal aber auch ganze Texte, von denen bestimmte Eigenschaften beschrieben werden;
- die *Aussageeinheit*: auf der Ebene der Aussageeinheit werden letztlich die Forschungsergebnisse formuliert. Über was sollen also Aussagen gewonnen werden? Je nach Forschungsfrage können sich die Ergebnisse auf Elemente der untersuchten Kommunikationsträger selbst, aber auch auf die Sender oder Empfänger beziehen.

Kategorienschema

Die Hauptarbeit besteht nun darin, das Kategorienschema zu entwerfen. Ein Kategorienschema kann man sich vorstellen als eine Liste von Merkmalen oder Eigenschaften, die die Erhebungseinheiten aufweisen müssen. Um noch einmal beim Beispiel der Zeitungsanalyse zu bleiben (dieses ist der eingängigste und wohl auch der häufigste Anwendungsfall), muss man sich beim Entwurf des Kategorienschemas überlegen, welche relevanten Informationen über einzelne Zeitungsartikel festgehalten werden sollen. Dies können Informationen sein, die sich auf formale Eigenschaften des Textes beziehen, etwa die Zeitung, in der der Text erschienen ist und das Erscheinungsdatum, die Länge, die Seitenzahl, der Autor, die Anzahl der enthaltenen Abbildungen, die Art des Beitrags u. ä. Es können aber auch inhaltliche Merkmale sein, etwa über welche Personen(gruppen) oder Ereignisse berichtet wird, ob der Beitrag Wertungen erhält und welcher Art diese sind. Für jede Kategorie (oder Merkmal oder Variable) wird man üblicherweise auch Codiervorschriften für Ausprägungen dieser Kategorie formulieren. Lautet eine Kategorie etwa ‚Art des Beitrags', so würde diese Kategorie die Ausprägungen ‚Reportage', ‚Interview', ‚Leitartikel', ‚Glosse', ‚Kommentar', ‚ausführlicher Bericht' oder ‚Kurznachricht' enthalten.

Abbildung 6.3: Auszug aus einem Kategorienschema

COMED (Comparative Media Analysis) **Codebuch**			
Erhebungseinheit (Fall): Zeitungsartikel			
Leere Zelle: 'nicht zutreffend' oder 'keine Angabe'			
Variablenname	Variablenlabel	Code	Bedeutung
lfd. Nr.	Fallnummer	1-10.000	Faz
		10.001-20.000	SZ
		20.001-30.000	FR
		30.001-40.000	TAZ
		40.001-50.000	WELT
		50.001-60.000	Neues Deutschland
Var 1.	Datum	8stellige Ziffer	ttmmjjjj
Var.2	Topic	1	Organisation
		2	Beamte
		3	Politiker
		4	Budget
		5	Programm
		6	Politics
		7	Skandal
		8	Sonstiges
Var. 3	Catchword	alphanumerische Variable	
Var. 4	Gebietskörperschaft	1	Bund
		2	Land
		3	Gemeinde

Anforderungen an ein Kategorienschema

Ein Kategorienschema sollte bestimmte formale Anforderungen erfüllen. Es sollte

1. *eindimensional* sein: Das heißt, jede Kategorie oder Variable sollte tatsächlich nur eine einzige Bedeutungsdimension abbilden. Es macht beispielsweise keinen Sinn, in einer einzigen Kategorie etwa die Länge und die Art des Textes erheben zu wollen (was zunächst durchaus nahe liegend erscheinen könnte, da etwa Nachrichten von Nachrichtenagenturen üblicherweise kürzer sind als Reportagen).
2. *vollständig* sein. Das heißt, jeder Untersuchungseinheit muss hinsichtlich der untersuchten Dimension eine Kategorie des Kategorienschemas zugeordnet werden können.
3. *überschneidungsfrei* sein: Der Forscher muss die Eigenschaften des Textes eindeutig einer Kategorie zuordnen können. Sonst wird die Datenerhebung unklar, und die Qualität der Daten leidet.
4. Schließlich sollten die Kategorien voneinander *unabhängig* sein. Das heißt, dass die Codierung einer Texteinheit in einer bestimmten Kategorie keine anderen Codierungen anderer Texteinheiten festlegen darf.

Pretest

Es ist leicht vorstellbar, dass es sehr schwer ist, quasi in Trockenübung oder am Reißbrett ein brauchbares Kategorienschema zu entwerfen. Deshalb ist es bei der quantitativen Inhaltsanalyse sinnvoll und üblich, das Schema anhand eines Pre-Tests zu entwickeln und zu überprüfen. Bei einer Zeitungsanalyse sollte man also erst einmal eine Reihe von Zeitungsartikeln durchlesen und ggf. relevante Stellen markieren, um davon ausgehend dann die Kategorien zu bilden. Dieser Pre-Test sollte dann so lange fortgeführt werden, bis sich keine signifikanten Änderungen am Kategorienschema mehr ergeben. Dies ist so wichtig, da es nachträglich – also wenn schon einige Texte codiert sind – nahezu unmöglich ist, das Kategorienschema noch zu verändern. Man müsste dann alle Texte noch einmal neu codieren, da sich ja die Zuordnung der Texteinheiten zu den Kategorien geändert haben könnte.

Datenerhebung

Die Vorgehensweise der eigentlichen Datenerhebung ist nun implizit schon angeklungen. Hat man die Erhebungseinheiten identifiziert, die Stichprobe gezogen und das Kategorienschema entwickelt, werden nun die Datenträger (Texte, Bilder …) Stück für Stück durchgegangen und die einzelnen relevanten Sinneinheiten einzelnen Kategorien des Schemas zugeordnet. Auf diese Weise erhält man einen (überwiegend numerischen) Datensatz (vgl. Kapitel 7), in dem die Zeilen einzelne Erhebungseinheiten repräsentieren, die Spalten einzelne Codiereinheiten.

Abbildung 6.4: Auszug aus einem Datenblatt

lfd. Nr.	Datum	Topic	Catchword	Gebietskörperschaft
…				
234	11122000	2	Staatssekretär BMI	1
235	13122000	2	PStS BMJ	1
236	13122000	5	630 Mark-Jobs	1
				…

Mit diesem Datensatz sind dann weitere statistische Auswertungen möglich. Typische Auswertungsverfahren der quantitativen Inhaltsanalyse sind die Frequenzanalyse (Häufigkeit des Auftretens bestimmter Sinneinheiten) und die Valenzanalyse (Berechnung der Intensität ausgedrückter Bewertungen). Aber es ist auch möglich, Indizes zu berechnen oder andere Verfahren der deskriptiven und schließenden Statistik anzuwenden (s. Kapitel 9).

6.5.4 Physische Spuren

Auch bei physischen Spuren handelt es sich in gewisser Weise um prozessproduzierte Daten. Allerdings werden sie nicht bewusst produziert, sondern fallen gewissermaßen als Neben- oder Abfallprodukt anderer Prozesse an. Sie können daher wertvolle Informationsquellen für Sachverhalte darstellen, die einer direkten Erhebung nicht oder nur schwer zugänglich sind. Der Umgang mit physischen Spuren ist methodisch nicht eindeutig einzuordnen. Der Forscher befindet sich hier in der Rolle eines Detektivs, der sich auf die Suche nach solchen Spuren macht, die ihm Aufschluss über nicht direkt beobachtbare Situationen oder Vorgänge geben können. Häufig besteht die ‚Auswertung' physischer Spuren somit bereits in deren Entdeckung, manchmal werden sie vergleichend gegenübergestellt oder quantifiziert, teilweise sind sie auch einer weitergehenden Analyse zugänglich.

Physische Spuren können auf zweierlei Weise hinterlassen werden, in Form von Abnutzung (=erosion) oder Ablagerung (=accretion). Anhand der Abnutzungsspuren von Büchern kann z.B. darauf geschlossen werden, von wie vielen Personen sie ausgeliehen bzw. auch tatsächlich gelesen werden, bzw. kann die unterschiedliche Popularität verschiedener Kapitel in Lehrbüchern durch entsprechende Abnutzungsspuren (Eselsohren, Einrisse, Fingerabdrücke etc.) ermittelt werden. Manchmal kann es gerade aufschlussreich sein, wenn ein bestimmter Gegenstand *keine* Abnutzungsspuren aufweist. Als Duncan Black, einer der Gründungsväter der so genannten Social Choice Theorie, einige der wahltheoretischen Abhandlungen von C. L. Dodgson entdeckte (der Ende des 19. Jahrhunderts lebte und einem größeren Publikum als Lewis Carroll bekannt ist), interessierte ihn natürlich, ob diese Theorien von Dodgson selbst entdeckt worden waren. Denn auch im 18. Jahrhundert waren im Zuge der französischen Revolution diese Theorien von Condorcet und Borda schon veröffentlich worden. Da Dodgson Mathematikdozent am Christ Church College in Oxford gewesen war, untersuchte Black mit wahrhaft detektivischer Akribie, ob die Ausgaben der klassischen Texte von Condorcet und Borda dort überhaupt vorhanden waren. Dies war tatsächlich der Fall, allerdings waren die entsprechenden Bände noch unaufgeschnitten. Daraus schloss Black, dass die Einsichten von Dodgson, unter anderem die Erkenntnis der so genannten Wahlzyklen, eine unabhängige Wiederentdeckung darstellten.

Ein weiteres anschauliches Beispiel beschreibt Diekmann (1999: 535f.) nach einem Bericht der Süddeutschen Zeitung: Diesem Bericht zufolge ist ein plötzlich ansteigender Konsum von Lieferpizza im Weißen Haus in Washington ein sicherer Indikator für eine nationale oder internationale Krise, da die Berater des Präsidenten länger als üblich im Büro bleiben. So stieg der durchschnittliche Konsum von ca. 20 Pizzen täglich am Vortag des Ausbruchs des ersten Irak-Krieges (im Januar 1991) auf über 200 Pizzen an.

Weiterführende Literatur

Zu prozessgenerierten verbalen Daten:

Einen umfassenden Überblick über Verwendungsmöglichkeiten und -probleme von Archiv- und Verwaltungsdaten bieten der Sammelband von *Bick*, *Mann* und *Müller* (1984) sowie der Artikel von *Webb*, *Campbell*, *Schwartz* und *Sechrest* (1984). In seiner Einführung zu diesem eben genannten Beitrag argumentiert *Bulmer* (1984) ebenfalls überzeugend, warum und wie archivalische Daten sinnvolle Quellen für Sozialwissenschaftler sind. *Sitteck* (1997) erläutert, wie man mit dem Internet umgeht und insbesondere, wie man im Internet schnell Informationen findet. *Beck* und *Henning* (Hg.) (1994) beschreiben, wo und wie man jeweils unterschiedliche Quellen finden kann und wie man mit ihnen umgeht. Hilfreiche Adress- und Quellensammlungen sind neben dem Internet unter anderem *Munzinger* (laufende Jahrgänge) für Biographien, *Oeckl* (laufende Jahrgänge) für Adressen von Organisationen und Institutionen oder das *Handbuch des deutschen Bundestages* (laufende Jahrgänge) für biographische und steuerliche Informationen von Bundestagsabgeordneten.

Zu prozessgenerierten visuellen Daten

Da visuelle Analysen stark vom Analysemedium und –interesse abhängen, gibt es nicht „die" Standardliteratur. Entsprechend können die unten angeführten Empfehlungen eigene Recherchen zu weiterführender Literatur nicht ersetzen. Im Wesentlichen unterscheiden sich Analysen nach dem visuellen Medium, das zur Analyse herangezogen wird (Fotos, Plakate, Filme, Videosequenzen, Gebäude o. a.). *Becker* (1974) und *Denzin* (1985) sind die ersten programmatischen Aufsätze über die gezielte Verwendung von Fotografien als sozialwissenschaftliche Daten. *Hoffmann* (2000) vermittelt wahrnehmungspsychologische Hintergründe für den Umgang mit visuellen Daten. Er beschreibt, wie unser Gehirn optische Reize zu sinnvollen Bildern zusammenfügt und damit auch, wo das menschliche Sehvermögen Schwächen aufweist. *Flick* (2003) fasst aktuelle Diskussionen zur Verwendung visueller Daten in der qualitativen Sozialforschung auf engem Raum zusammen und gibt Hinweise auf weiterführende Literatur. Politik- oder generell sozialwissenschaftliche Auseinandersetzungen mit der Frage der Erhebung und Analyse von visuellen Daten im finden sich bei *Matjan* (2002) und *Harper* (2003) im Hinblick auf Fotografie, bei *Drechsel* (2005) zu Bildern und Bildarchiven allgemein.

Rose (2001) stellt verschiedene Möglichkeiten dar, unbewegte Bilder zu analysieren Ergebnisse der Treffen des Arbeitskreises Film und Politik der DVPW sind bei *Hofmann* (1999) zusammengefasst. Sozialwissenschaftliche Überlegungen zur Analyse von Filmen formuliert auch *Denzin* (2003). Einen ethnographischen Zugang zu Landkarten illustriert *Harley* (1992).

Zur quantitativen Inhaltsanalyse

Als Klassiker der Inhaltsanalyse gilt *Berelson* (1951). *Lisch* und *Kriz* (1978) geben eine gute Einführung in die Geschichte und Logik der Inhaltsanalyse. Die Darstellungen in *Früh* (1981) und *Merten* (1995) sind als gezielte Einführungen sehr gut, beziehen sich jedoch weitgehend auf die quantitative Inhaltsanalyse. Eine differenzierte Darstellung findet sich auch bei *Diekmann* (1999). *Kromrey* (2000) bietet eine ausführliche weiterführende Bibliographie zur Inhaltsanalyse.

Zu physischen Spuren

Beispiele für Geschichten, die physische Spuren erzählen können, werden meistens im Zusammenhang mit der Diskussion nichtreaktiver Messverfahren gegeben. Eine Zusammenstellung findet sich etwa bei *Bungard* und *Lück* (1974), bei *Webb*, *Campbell*, *Schwarz* und *Sechrest* (1975) oder bei *Albrecht* (1975).

Albrecht, Günter (1975): Nicht-reaktive Messung und Anwendung historischer Methoden. In: Jürgen Koolwiyk / Maria Wiehen-Mayser (Hg.): Techniken der empirischen Sozialforschung, Bd. 2: Untersuchungsformen. München: Oldenbourg, 9-81

Becker, Howard (1974): Photography and Sociology. In: Studies in the Anthropology of Visual Communication, 1, 3-26

Beck, Friedrich / Henning, Eckart (Hg.) (1994): Die archivalischen Quellen. Eine Einführung in ihre Benutzung. Weimar: Böhlau

Berelson, Bernard (1952): Content Analysis. In Communication Research. New York, N.Y.: Hafner Press

Bick, Wolfgang / Reinhard Mann / Paul J. Müller (Hg.) (1984): Sozialforschung und Verwaltungsdaten. Stuttgart: Klett-Cotta

Bulmer, Martin (1984): Why Don't Sociologists Make More Use of Official Statistics? In: Bulmer, Martin (Hg.) (1984): Sociological Research Methods - An Introduction. London: MacMillan, 131 – 152

Bungard, Walter / Helmut Lück (1974): Forschungsartefakte und nichtreaktive Messverfahren. Stuttgart: Teubner

Denzin, Norman (1986): Reflections on the Photographer's Camera. In: Current Perspectives in Social Theory, 6, 39-56

Denzin, Norman K. (2000): Reading Film - Filme und Videos als sozialwissenschaftliches Erfahrungsmaterial. In: Uwe Flick / Ernst von Kardoff / Ines Steinke (Hg.): Qualitative Forschung – ein Handbuch. Reinbek: Rowohlt, 416-428

Deutscher Bundestag (Hg.) (aktueller Jahrgang): Amtliches Handbuch des deutschen Bundestages. Rheinbreitbach: NDV

Diekmann, Andreas (1999): Empirische Sozialforschung. Reinbek: Rowohlt

Flick, Uwe (2002): Qualitative Sozialforschung. Eine Einführung. Reinbek b. Hamburg, 221-242
Früh, Werner (1981): Inhaltsanalyse. Theorie und Praxis. München: Ölschläger
Harley, J. B. (1992): Reconstructing a Map. In: Barnes, Trevor J. / Duncan, J. S. (Hg.) (1992): Writing Worlds. Discourse, Text and Metaphor in the Representation of Landscape. London: Routledge. S. 231-247
Harper, Douglas (2003)[2000]: Fotografien als sozialwissenschaftliche Daten. In: Uwe Flick/ Ernst von Kardorf/ Ines Steinke (Hg.): Qualitative Forschung. Ein Handbuch. Reinbek b. Hamburg: Rowohlt, 402-416
Hoffmann, Donald D. (2000): Visuelle Intelligenz. Wie die Welt im Kopf entsteht. Stuttgart: Klett-Cotta
Hofmann, Wilhelm (Hg.) (1999): Die Sichtbarkeit der Macht. Theoretische und empirische Untersuchungen zur visuellen Politik. Baden-Baden: Nomos
Kromrey, Helmut (2000): Empirische Sozialforschung. Opladen: Leske + Budrich; 383ff.
Lisch, Ralf/ Jürgen Kriz (1978): Grundlagen und Modelle der Inhaltsanalyse. Reinbek: Rowohlt
Matjan, Gregor (2002): Wenn Fotos nicht lügen können, was können Sie dann? Zum Einsatz der Fotoanalyse in der Politikwissenschaft. In: ÖZP. Band 31. Heft 2. S. 173-190
Merten, Klaus (2004): Inhaltsanalyse. Opladen: Westdeutscher Verlag
Munzinger (aktueller Jahrgang): Internationales biographisches Archiv. Ravensburg: Munzinger
Oeckl, Albert (Hg.)(aktueller Jahrgang): Taschenbuch des öffentlichen Lebens. Bonn: Festland-Verlag
Rose, Gillian (2001): Visual Methodologies. An Introduction to the Interpretation of Visual Materials. London u.a.: Sage
Sittek, Dietmar (1997): Internet für Soziologen. Frankfurt a. M. / New York: Campus
Webb, Eugene J. / D. T. Campbell / R. D. Schwarz / L. Sechrest (1975): Nichtreaktive Meßverfahren. Weinheim: Beltz
Webb, Eugene J./ D. T. Campbell/ R. D. Schwarz/ L. Sechrest (1984): The Use of Archival Sources in Social Research. In: Bulmer, Martin (Hg.) (1984): Sociological Research Methods – An Introduction. London: MacMillan, 113 – 130

6.6 Arbeit mit Sekundär- und Aggregatdaten

In anderen Kontexten entstandene verbale Daten

Bislang haben wir nur beschrieben, wie Forscher selbst neue (oder vorhandene) Daten erheben können. Sehr häufig werden in Forschungsprojekten aber auch Daten verwendet, die nicht von den Forschern selbst erhoben wurden, sondern bereits in irgendeiner Form vorliegen. In diesem Falle spricht man von so genannten *„Sekundärdaten"*. Das Arbeiten mit Sekundärdaten hat den großen

Vorteil, dass man sich die Kosten und den Zeitaufwand für die Datenerhebung weitgehend sparen kann. Auch handelt es sich hierbei häufig um Daten, die ein Forscher gar nicht selbst erheben könnte. Das Problem dabei ist aber, dass man den Prozess der Entstehung der Daten nicht so kontrollieren kann, wie man das tut, wenn man sie selbst erhebt. Auf Fehler oder Ungenauigkeiten in den Daten hat man keinen Einfluss. Darüber hinaus sind häufig die Informationen, die man Sekundärdaten entnehmen kann, nicht so konkret auf die eigene Forschungsfrage zugeschnitten, sondern beleuchten vielleicht nur Teilausschnitte oder setzen ungeeignete Schwerpunkte. Mit diesen Problemen muss der Forscher dann in der Datenaufbereitung und -auswertung zurechtkommen. Für die politikwissenschaftliche Forschung lassen sich zwei relevante Datentypen unterscheiden:

Datensätze für Sekundäranalysen

1. Verbale Daten, die von anderen Sozialforschern mit Hilfe standardisierter und nicht standardisierter Befragungen zu Forschungszwecken erhoben wurden. Diese liegen zumeist bereits in Form von Datensätzen für Sekundäranalysen aufbereitet vor.

Aggregatdaten

2. Statistische Aggregatdaten, wie sie etwa das Statistische Bundesamt bereitstellt. Hierbei handelt es sich häufig um Bevölkerungs- oder Wirtschaftsdaten. Auch Wahlergebnisse sind Aggregatdaten.

6.6.1 Sekundärdaten

Analysiert man Daten, die von anderen Forschern erhoben wurden, spricht man von einer „Sekundäranalyse“ bzw. „Reanalyse“. Insbesondere bei standardisierten Befragungen führen nur wenige Forscher Primäranalysen durch, weil sehr viele Personen befragt werden müssen. Eine gute Zufallsstichprobe der deutschen Bevölkerung sollte beispielsweise mindestens 1000 Fälle für West- und 500 Fälle für Ostdeutschland enthalten, damit komplexe statistische Analysen möglich sind und der Zufallsfehler nicht zu groß wird. Nur wenige Forscher haben die Mittel, eine solche Studie selbst zu finanzieren. Aber auch nicht standardisierte Befragungen können reanalysiert werden.

Umgang mit Sekundärdaten

Die Forscher, von denen die Daten stammen, mussten bei der Datenerhebung genau dieselben Schritte vollziehen, die man selbst auch vollziehen müsste, wenn man die Daten erheben würde: Sie mussten die Forschungsfrage operationalisieren, eine Stichprobe ziehen und Daten erheben. Dementsprechend mussten sie auch dieselben Probleme lösen und darauf achten, dass die Daten valide, repräsentativ und reliabel sind. Zumeist erhält man Sekundärdaten in bereinigter Form. Das bedeutet, dass bereits Codierfehler korrigiert wurden, Plausibilitätstests durchgeführt und fehlende Werte analysiert wurden. Diesen bereinigten Datensatz erhält man dann zur Weiterbearbeitung.

Sekundäranalysen ersparen einem den Aufwand der Datenerhebung, nicht aber die Verantwortung zu überprüfen, ob die Daten gültig und verallgemeinerbar sind. Insbesondere folgende Fragen müssen beantwortet werden: Wer hat die Studie durchgeführt, wer hat die Daten erhoben? Für wen wurde die Studie durchgeführt? Was war die ursprüngliche Forschungsfrage? Mit welchem Erhebungsverfahren wurden die Daten erhoben? Wie wurde die Stichprobe erhoben? Ist die Stichprobe systematisch verzerrt? Wenn ja, welche Verzerrungen sind für die Daten im konkreten Fall zu erwarten? Gab es Probleme bei der Erhebung? Wenn ja welche? Wie sah der ursprüngliche Fragebogen aus? Welche Mängel hat er? Inwiefern verschlechtern diese Mängel die Qualität der Daten? Beeinträchtigen diese Mängel die Untersuchung? Können mit den Daten in der vorliegenden Qualität überhaupt die Forschungsfrage beantwortet werden, oder muss der Forscher doch eine eigene Untersuchung durchführen?

Oft liefern die Primärforscher mit den Daten auch den ursprünglichen (nicht bereinigten) Datensatz und einen ausführlichen Bericht, in dem die gerade genannten Fragen zumindest teilweise beantwortet sind. Dies ist eine große Hilfe, da man dann die Entstehung der Daten besser nachvollziehen kann.

Angaben zu Sekundärdaten

Jeder Forschungsbericht sollte grundsätzlich auf Stichprobenprobleme und Schwächen der Daten hinweisen sowie erörtern, ob und wie sich dies auf die konkrete Untersuchung auswirkt. Fehlen diese Angaben, bedeutet dies nicht, dass es keine Probleme gab – im Gegenteil: Es ist wahrscheinlicher, dass sich der Primärforscher über diese Fragen keine Gedanken gemacht hat oder sie nicht erörtern will. Bei den meisten veröffentlichten Umfrageergebnissen steht der Hinweise, dass die Zahlen auf einer repräsentativen Stichprobe beruhten. Diese Angabe ist jedoch mit Vorsicht zu genießen, da darunter nicht immer dasselbe (nämlich eine Zufallsstichprobe, die allein statistische Repräsentativität gewährt) verstanden wird.

Fundorte für Sekundärdaten

Wie und woher bekommt man aber Daten für eine Sekundäranalyse? Eine Möglichkeit ist, die Primärforscher direkt anzuschreiben – in vielen Fällen sind sie die Einzigen, die die Daten vorliegen haben. Dies gilt insbesondere für Daten, die mit Hilfe offener Verfahren gewonnen wurden. Mittlerweile gibt es aber auch Infrastruktureinrichtungen, die Daten aus offenen Verfahren sammeln und für die Reanalyse bereitstellen. Bei internationalen Organisationen kann man oft sowohl Daten aus standardisierten als auch aus nicht standardisierten Erhebungen bekommen. Über die Besonderheiten der Datensätze sowie die Bezugsbedingungen informiert man sich am besten auf den entsprechenden Webseiten. Eine erste Anlaufstelle für die Suche nach sozialwissenschaftlichen Datensätzen bieten die Institute in Tabelle 6.1 am Ende des Kapitels.

Aggregatdaten (= Maßzahlen, Indikatoren)

6.6.2 Aggregatdaten

Aggregatdaten (= Maßzahlen, Indikatoren) sind ein Sonderfall der Sekundärdaten: Es handelt sich hierbei um Daten, die nicht nur standardisiert erfasst und in einen Datensatz transformiert worden sind. Darüber hinaus wurden sie bereits zu einer Maßzahl verdichtet. Beispiele sind: die Zahl der Stimmen, die in einem Bundesland auf eine Partei entfallen sind; der Preisindex; der Anteil der Deutschen, die die Wirtschaftslage schlecht finden usw. Solche Daten erhält man beispielsweise vom Statistischen Bundesamt, den Statistischen Landesämtern oder Eurostat. Daneben ist die OECD ein wichtiger Lieferant für Aggregatdaten. Aber auch andere nationale und internationale Organisationen, etwa die Welthandelsorganisation, Ministerien oder Forschungsinstitute stellen für ihren Interessenbereich Aggregatdaten zur Verfügung. DISI ist ein Programm, in dem Zeitreihen sozialer Indikatoren für Deutschland zusammengestellt sind. Es ist umsonst bei der GESIS erhältlich. INKAR enthält regionalstatistische Indikatoren, die raum- und zeitvergleichende Analysen der Lebensbedingungen in Deutschland ermöglichen (vgl. Tabelle 6.2 am Ende des Kapitels.

Konstruktion von Aggregatdaten

Aggregatdaten sind zunächst nach denselben Gesichtspunkten zu hinterfragen wie andere Sekundärdaten, also etwa nach der Repräsentativität und Vergleichbarkeit der Daten, nach Erhebungsfehlern und der Angemessenheit der verwendeten Konzepte für die eigene Forschungsfrage. Hinzu kommt ein weiteres Problem: Der Aggregationsprozess ist selbst bereits eine Form der Auswertung – der Primärforscher musste entscheiden, warum er die Daten so zusammenfasst und nicht anders. Die Maßzahl ist also ein theoretisches Konstrukt. Dieser Konstruktionsprozess macht die Maße nicht weniger wissenschaftlich oder seriös. Wenn man Maßzahlen verwenden will, kann man ja gar nicht anders, als sie konstruieren. Wie die Maßzahl konstruiert wurde, muss jedoch genauso offen gelegt werden wie der Datenerhebungsprozess. Das Statistische Bundesamt tut dies zum Beispiel in seinen Methodenberichten. Man sollte Aggregatdaten deshalb nie verwenden, ohne gedanklich nachvollzogen zu haben, wie sie konstruiert wurden.

Beispiel: Preisindex

Am Beispiel des Preisindex wollen wir verdeutlichen, wie Indikatoren entstehen: Das Statistische Bundesamt berechnet für jeden Monat den Preisindex als Maß für die Preissteigerung. Nehmen wir als Beispiel den Monat Mai 2004. Das Statistische Bundesamt kann nicht alle Preise erfassen, die für alle Produkte in Deutschland während dieses Monats verlangt wurden. Stattdessen zieht es eine Stichprobe: Zunächst bilden die Statistiker einen „Warenkorb", d. h. sie legen fest, für welche Güter und Dienstleistungen ein deutscher Durchschnittshaushalt (zwei Eltern, zwei Kinder) in diesem Monat typischerweise Geld ausgibt: Wohnen, Essen, Kleidung, Transport, Urlaub usw. Der Bereich „Essen" wird nun beispielsweise weiter auf konkrete Mengen von bestimmten Nahrungsmitteln heruntergebrochen. Bei diesen Nahrungsmitteln legen die Statistiker fest, welche Marken in welchen Packungsgrößen konsumiert werden. Die Zahl der möglichen Fälle hat sich nun stark verringert. Dennoch ist nach wie vor keine Vollerhebung möglich – es gibt einfach zu viele Läden, und diese ändern ihre Preise zu oft. Deshalb ziehen die Statistiker aus der Gesamtzahl der deutschen Nahrungsmittelläden eine Stichprobe. In diesen Läden wird an einem Stichtag überprüft, was die festgelegten Produkte kosten.

Das Statistische Bundesamt musste also eine Reihe von Annahmen treffen: Es muss so etwas wie einen Durchschnittshaushalt geben. Die Konsummuster innerhalb eines Haushaltstyps müssen vergleichbar sein. Diese Annahmen werden immer fragwürdiger, weil die Lebensstile immer vielfältiger werden. Die Zwei-Eltern-Zwei-Kinder-Familie ist längst nicht mehr die Norm – alleinerziehende Eltern, junge alleinlebende Singles, WG-Bewohner, größere Familien, ältere Menschen haben wahrscheinlich alle unterschiedliche Bedarfsmuster. Ebenso sind innerhalb eines Haushaltstyps die Konsummuster keineswegs vergleichbar. Manche Haushalte geben im Verhältnis mehr, manche weniger für Nahrungsmittel aus als für andere Produkte. Manche Haushalte haben insgesamt ein größeres Budget.

Auf Basis all dieser Entscheidungen wird ein Datensatz generiert, der Preisinformationen über einzelne Produkte enthält. Aus diesen Einzeldaten konstruiert das Amt den Preisindex, d. h. es berechnet einen gewichteten Durchschnittswert. Verschiedene Preisindizes sind nur vergleichbar, wenn der Warenkorb über die Zeit hinweg gleich bleibt. Was aber passiert, wenn die Menschen neue oder andere Produkte konsumieren? Passt man ihn nicht an, hat der Preisindex nichts mit den realen Konsummustern zu tun. Passt man ihn an – was das Statistische Bundesamt hin und wieder macht –, sind die Indizes zu verschiedenen Zeitpunkten nicht mehr vergleichbar.

Probleme der Vergleichbarkeit von Aggregatdaten

Bei der Verwendung von Aggregatdaten müssen wir also immer berücksichtigen, wie sie konstruiert worden sind und ob die Maßzahlen über einen längeren Zeitraum hinweg oder etwa zwischen verschiedenen Ländern überhaupt vergleichbar sind. Sonst laufen wir Gefahr, so genannte „Forschungsartefakte" zu produzieren, also Ergebnisse, die scheinbar bedeutsam sind, sich in Wirklichkeit aber auf unterschiedliche Operationalisierungen zurückführen lassen, die die Forscher nicht berücksichtigt haben. Dieses Problem tritt insbesondere bei Maßzahlen auf, die Vergleiche verschiedener Länder ermöglichen sollen.

Aggregationsebene

Ein weiteres Problem ist die Berücksichtigung, auf welcher Ebene Daten aggregiert wurden. Je nachdem, von wem man die Daten bezieht, haben unterschiedliche Institutionen unterschiedliche Interessen oder Zuständigkeitsbereiche. Arbeitslosenzahlen etwa erhält man nach den Zuständigkeitsgrenzen eines Arbeitsamtes, also häufig Gemeindegrenzen. Wahlergebnisse hingegen werden für Stimmbezirke ausgezählt, die mit den Gemeindegrenzen nicht deckungsgleich sind. Will man solche Daten zueinander ins Verhältnis setzen, muss man sie erst einmal auf die gleiche Aggregationsebene bringen, was teilweise sehr kompliziert sein kann. Diese beiden Probleme der Konstruktion des Index und des Vergleichs der Aggregatebene stellen die größten Schwierigkeiten bei der Arbeit mit Aggregatdaten dar.

Literatur: Umgang mit Aggregatdaten

Weiterführende Literatur

Methodentitel explizit zum Umgang mit Aggregatdaten sind rar. Aber *Wagschal* (1999) beschäftigt sich in seinem Lehrbuch sehr ausgiebig mit dieser Problematik.

Wagschal, Uwe (1999): Statistik für Politikwissenschaftler. München: Oldenbourg

Tabelle 6.1: Fundorte für Sekundärdaten

Institut	Datensätze	Adresse	Internet-Adresse
Zentralarchiv für Empirische Sozialforschung an der Universität zu Köln (ZA)	Unter anderem: Eurobarometer, Politbarometer ALLBUS (Allgemeine Bevölkerungsumfrage der Sozialwissenschaften); ISSP (International Social Survey Programme); DISI (Soziale Indikatoren) Zahlreiche Wahlstudien und andere Studien	Postfach 410960 50869 Köln Tel.: 0221/47694-0	www.gesis.org
Deutsches Institut für Wirtschaftsforschung Berlin (DIW)	SOEP (Das Sozio-oekonomische Panel)	Postfach 14191 Berlin Tel.: 030/897-89-0	www.diw.de
Medienwissenschaftliches Lehr- und Forschungszentrum (MLFZ)	Daten der MA (Media-Analyse) und LA (Leseranalyse), d. h. über Verbreitungsgrad und Zielpublikum verschiedener Medien sowie Mediennutzungsverhalten	Wirtschafts- und Sozialwissenschaftliche Fakultät Universität Köln Lindenburger Allee 15 50931 Köln Tel.: 0221/470-3953	www.wiso.uni-koeln.de/medien
European Social Survey, Central Coordinating Team	ESS (European Social Survey)	Centre for Comparative Social Surveys, City University, Northampton Square, London EC1V 0HB Großbritannien Tel.: +44 (0) 20/7040-4901	www.europeansocialsurvey.org
Luxembourg Income Study	Luxembourg Income Study (LIS) Luxembourg Employment Study (LES) Luxembourg Wealth Study (LWS)	17, rue des Pommiers 2343 Luxembourg Tel: +35 / 226 00 30 20	www.lisproject.org
University of Michigan	National Election Studies (USA) seit ca. 1950	National Election Studies Center for Political Studies P.O. Box 1248 Ann Arbor, MI 48106-1248 Phone: (734) 764-5494 Fax: (734) 764-3341	http://www.umich.edu/~nes/

Tabelle 6.2: Fundorte für Aggregatdaten

Institut	Datensätze	Adresse	Internet-Adresse
Statistisches Bundesamt und Statistische Landesämter	Verschiedene aggregierte statistische Maßzahlen (siehe Kapitel „Aggregatdaten") Mikrozensus und andere Datenbanken Links zu den Statistischen Landesämtern und den Statistischen Ämtern anderer Länder	Statistischer Informationsservice Gustav-Stresemann-Ring 11 65189 Wiesbaden Tel.: 0611/75-2405	www.destatis.de
Bundesamt für Bauwesen und Raumordnung	Inkar und Inkar Pro (regionalstatistische Indikatoren zu folgenden Themen: Demographie, Wirtschaftliche Entwicklung, Bildung, soziale und kulturelle Infrastruktur, Verkehr und Energie, Wohnstruktur)	Referat I 6 (Raum- und Stadtbeobachtung) oder Referat I 4 (Regionale Strukturpolitik und Städtebauförderung) Fasanenstraße 87 10623 Berlin Tel.: 0188/401-2258 oder -2320	www.bbr.bund.de
Eurostat	Verschiedene Datensätze, u. a. mehrere Datenbanken, die Längsschnittsanalysen europäischer Regionen zulassen, darunter New Cronos, Regio, Comext und Europroms	Statistisches Bundesamt (i-Punkt Berlin / Eurostat Data Shop) Otto-Braun-Straße 70/72 10178 Berlin Tel.: 01888 / 644-9427	www.eu-datashop.de
OECD	Europaweit vergleichend gesammelte ökonomische Aggregatdaten zu verschiedenen Themen aus Wirtschaft, Politik und Gesellschaft	OECD Büro Berlin Albrechtstrasse 9/10, 3. OG; 10117 Berlin-Mitte fax : (49-30) 288 83545 Tel: (49-30) 288 8353 email: berlin.contact@oecd.de	www.oecd.org
Weltbank	World Development Indicators Länderspezifische und globale Indikatoren	Development Data Group The World Bank 1818 H Street, N.W. Washington, DC 20433, U.S.A. Tel.: ++ 01 / 202 473 7824	www.worldbank.org

7 Datenaufbereitung

Formen von Rohdaten

Im vorangehenden Kapitel hatten wir verschiedene Arten von Daten kennen gelernt, die wir auf unterschiedliche Weise sammeln können: Als Ergebnis von Befragungen können wir ausgefüllte standardisierte Fragebögen oder Tonbänder mit Aufzeichnungen von Interviews bekommen; bei quantitativen Inhaltsanalysen erhalten wir ausgefüllte Codebögen; prozessgenerierte und Aggregatdaten liegen uns häufig als lange Listen oder Tabellen vor, die wir in Aktenordern oder dicken Datensammelwerken finden, manchmal erhalten wir sie auch bereits in elektronischer Version in Form eines Datensatzes; Datensätze haben wir auch vorliegen, wenn wir Individualdaten zum Zwecke von Reanalysen verwenden; eine Beobachtung liefert uns Beobachtungsprotokolle, die standardisiert oder frei formuliert sein können, oder Tonband- oder Videoaufzeichnungen der zu beobachtenden Situation; andere visuelle Daten schließlich können uns im Original oder in Kopie vorliegen oder in Form einer ausführlichen Beschreibung, die wir dann als Textgrundlage verwenden können. Neben den eigentlichen ‚Daten' haben wir außerdem möglicherweise Feldnotizen, Forschungstagebücher oder andere ergänzende Dokumente, die einen Kontext zu den Daten bilden.

Hier wird schon deutlich, dass wir noch nicht sofort anfangen können, diese so genannten „Rohdaten" zu analysieren. Sicherlich kommt uns bei deren Betrachtung schon die eine oder andere Idee, haben wir die Daten selbst gesammelt oder erhoben, mag sich bereits zu diesem Zeitpunkt eine Interpretation aufgedrängt haben. Zur systematischen Analyse jedoch müssen die Daten zunächst aufbereitet werden. Spätestens hier, in der Aufbereitung der Daten, wird die Wirklichkeit nur noch vermittels abstrakter Medien wie Text oder Zahlen hergestellt. Diesen Abstraktionsschritt sollte man sich vergegenwärtigen, da hierdurch bereits implizit die Interpretation beginnt. Für die Technik der Datenaufbereitung lassen sich drei Schritte unterscheiden:

Schritte der Datenaufbereitung

1. Heutzutage ist die computergestützte Analyse von Daten der Standardfall. Daher besteht ein Großteil der Arbeit bei der Datenaufbereitung darin, das Datenmaterial, wie man es gesammelt hat, für den Computer lesbar und für die weiteren Analysen zugänglich zu machen. Im Falle quantitativer Analysen muss ein *Datensatz* erstellt werden, der dann in einem Statistikprogramm weiter bearbeitet werden kann. Eine Ausnahme bilden hierbei

Umfragedaten, die direkt computergestützt erhoben werden (‚CAPI' – Computer Assisted Personal Interview und ‚CATI' – Computer Assisted Telephone Interview). Hier liegen die Daten bereits digitalisiert vor und müssen nicht weiter aufbereitet werden. Im Falle qualitativer Analysen wird üblicherweise eine *elektronische Textversion* erstellt, die dann mit Software zur qualitativen Datenanalyse weiter bearbeitet werden kann. Es gibt auch Forschungssituationen, in denen auf die Digitalisierung von Daten bewusst verzichtet und statt dessen mit manuell erstellten Texten weitergearbeitet wird. Diesen Fall wollen wir aber zunächst außer acht lassen.

2. Wenn die Daten digitalisiert und in das gewünschte Programm zur Weiterbearbeitung eingespeist worden sind, ist es zumeist notwendig, noch einige Bereinigungen und Kontrollen vorzunehmen, um sicher zu gehen, dass die Daten einigermaßen fehlerfrei und so verzerrungsfrei wie möglich die ursprüngliche Erhebungssituation widerspiegeln.
3. Schließlich sollte auch bereits bei der Datenaufbereitung der Aspekt der späteren Verwendung berücksichtigt werden, die Daten sollten also sorgfältig archiviert und ggf. indiziert werden.

7.1 Digitalisierung der Daten

Der erste Schritt der Datenaufbereitung besteht darin, die Daten für den Computer lesbar zu machen. Bislang haben wir ja in den meisten Fällen lediglich große Stapel mehr oder weniger gut sortierten Papiers vor uns auf dem Schreibtisch liegen. Je nachdem, mit welcher Software man später die Daten weiter analysieren möchte (vgl. Abschnitt 7.4), muss man bei der Digitalisierung bestimmte Konventionen beachten. Generell kann man aber auch unabhängig von der Software Dateien in einem möglichst vielseitig kompatiblen Format erstellen, Datensätze etwa als ASCII-Dateien, Textdateien in reinem Textformat. Diese können dann später in verschiedene Programme importiert werden.

7.1.1 Erstellen eines Datensatzes

Um quantitative Daten statistisch weiter zu verarbeiten, benötigt man diese im Format eines Datensatzes. Was ist nun unter einem Datensatz zu verstehen und wie kommt man dazu? Wir hatten bereits in Kapitel 6 kurz über das Konzept der Datenmatrix im Zusammenhang mit einem Kategorienschema gesprochen. Der Datensatz oder die Datenmatrix ist daher nichts anderes als die Anwendung des Kategorienschemas auf die einzelnen Fälle unserer Stichprobe. Bei der Datenerhebung ging es uns darum, bestimmte uns interessierende Merkmale in der Wirklichkeit zu messen, zum Beispiel indem wir Personen befragten oder beobachteten, oder indem wir Texte auf diese Merkmale hin analysierten. So erhielten wir beispielsweise für einen Merkmalsträger – etwa eine befragte Person – viele einzelne Merkmale, die sich für uns als Ausprägungen auf einer Merkmalsdimension darstellen.

Erhebung relevanter Merkmale

Nehmen wir an, die uns interessierenden Merkmale, die wir in der Wirklichkeit messen wollen, seien Alter, Geschlecht, Augenfarbe und Körpergröße der Besucher eines Proseminars in Politikwissenschaft sowie das gewählte Hauptfach im Studium. Das Seminar zähle 15 Teilnehmer. Dann wären alle diese 15 Teilnehmer Merkmalsträger für die uns interessierenden Merkmale, und die Ausprägungen ließen sich für jeden einzelnen beschreiben. Wir können diese Merkmale bei den Teilnehmern des Seminars „messen", indem wir jedem einen Fragebogen in die Hand drücken und ihn ausfüllen lassen. Dieser Fragebogen würde dann in etwa folgendermaßen aussehen:

Hallo, wir wollen eine kurze Befragung unter den Teilnehmern des Seminars durchführen. Bitte nehmen Sie sich eine Minute Zeit, die folgenden Fragen zu beantworten. Füllen Sie dafür bitte in der rechten Spalte die Leerstellen mit der entsprechenden Antwort aus oder kreuzen Sie die richtige Antwort an.

1. Wie alt sind Sie?	_____ Jahre
2. Welches Geschlecht haben Sie?	☐ weiblich
	☐ männlich
3. Welche Augenfarbe haben Sie?	☐ blau
	☐ grau
	☐ grün
	☐ braun
	☐ andere
4. Wie groß sind Sie?	_____ cm
5. Welches Fach studieren Sie im Hauptfach?	________

Nun erhalten wir 15 ausgefüllte Bögen. Der erste Bogen sei von einer Person ausgefüllt worden, die angibt, 22, weiblich, braunäugig und 170 cm groß zu sein und im Hauptfach Politikwissenschaft zu studieren; der zweite Bogen weist die Person als 23, ebenfalls weiblich, grauäugig und 167 cm groß aus, sie studiert im Hauptfach Germanistik. Die Person auf dem letzten Bogen gab an, 22, männlich, blauäugig und 174 cm groß zu sein und im Hauptfach Politikwissenschaft zu studieren. Aus den Angaben auf diesen 15 Fragebögen können wir nun eine Datenmatrix erstellen, indem wir Übersetzungsregeln formulieren und dann die Angaben in die Spalten und Zeilen einer Tabelle abtragen.

Codeplan

Solche Übersetzungsregeln werden üblicherweise *Codeplan* oder *Codierschema*, bei sehr umfangreichen Datenerhebungen mit vielen Variablen auch manchmal *Codebuch* genannt. Der Codeplan gibt an, wie die erhobenen Merkmale in die Datenmatrix eingetragen werden sollen (vgl. Abbildung 7.1). Damit enthält er viele wertvolle Informationen nicht nur für die Codierer, sondern auch später für Forscher, die mit dem Datensatz arbeiten wollen. Der erste Blick, wenn man mit Sekundärdaten arbeiten möchte, geht daher immer ins Codebuch. Nur so kann man rekonstruieren, welche Frageformulierungen und Antwortvorgaben sich hinter den Variablen des Datensatzes verbergen.

Von Fragen zu Variablen

Zunächst werden den Fragen im Fragebogen Variablen im Datensatz zugewiesen. Häufig entspricht eine Frage im Fragebogen genau einer Variable. Es ist aber auch möglich, dass Variablen vergeben werden, die gar keine Entsprechung im Fragebogen haben, etwa die laufende Nummer zur Identifikation des einzelnen Falls, oder Variablen für Splitting- oder Gewichtungsprozeduren. Umgekehrt ist es auch denkbar, dass für eine Frage mehrere Variablen vergeben werden, etwa wenn Mehrfachantworten zugelassen sind. Hätte Frage 5 im Fragebogen etwa geheißen „Welche Fächer studieren Sie?“, dann hätten die Befragten alle Fächer angeben können, die sie studieren. Bei der offenen Codierung hätte man dann nachgesehen, wie viele Fächer maximal angegeben wurden, vermutlich drei oder vier. Dementsprechend hätte man für Frage 5 die Variablen 6 bis 8 oder 6 bis 9 vergeben. Diese hätten dann geheißen: „Erstes genanntes Studienfach“, „Zweites genanntes Studienfach“ usw. Variablen werden häufig einfach durchnummeriert, der Variablenname lautet dann also „Variable 1“ oder „Var 1“ oder einfach „V1“, je nach Konvention. Zumeist achtet man darauf, dass die Reihenfolge der Variablen der Reihenfolge der Fragen im Fragebogen entspricht, da alles andere nur unnötige Verwirrung stiften würde. Um denjenigen, die mit dem Datensatz später arbeiten, den Überblick dennoch zu erleichtern, wird den Variablen häufig ein so genanntes ‚Label‘ beigegeben, das in einem kurzen für den Inhalt der Variable charakteristischen Wort besteht, etwa „alter“, „geschlecht“, „demokratiezufr.“ oder ähnliches. Man unterscheidet also den Variablennamen und das Variablenlabel.

Von Antworten zu Werten

Als Nächstes wird angegeben, wie die einzelnen Antwortvorgaben in Zahlen zu übersetzen sind. Zumeist können die Befragten ja Kästchen ankreuzen oder kurze Antworten in den Fragebogen hineinschreiben. Zum Beispiel wird hier der Ausprägung ‚weiblich‘ der Variable ‚Geschlecht‘ die Zahl ‚1‘ zugewiesen, der Ausprägung ‚männlich‘ die Zahl ‚2‘. Bei der Wahl der Zahlencodes muss natürlich das *Skalenniveau* (vgl. Kapitel 4) der Variable berücksichtigt werden. Bei der Variable ‚Geschlecht‘ handelt es sich um eine Variable auf Nominalskalenniveau, die Zahlen sind also nur Platzhalter. Anders sieht es bei Variablen aus, die auf Ordinal- oder Intervallskalenniveau erhoben werden. Hier sollte man den möglichen Ausprägungen der Variablen Zahlen zuweisen, die auch inhaltlich Sinn ergeben, also aufsteigende Zahlen für eine stärkere Ausprägung der Variablen usw. Da die Zahlen für sich genommen nicht immer unmittelbar aussagekräftig sind, ist es üblich, ihnen als verschiedenen Ausprägungen einer Variablen ebenfalls ‚Label‘ als Kurzbezeichnungen zu vergeben. Genauso wie den Variablen, die sich auf die gesamte Merkmalsdimension beziehen, kann man auch den einzelnen Werten, die für die verschiedenen möglichen Ausprägungen einer Variable stehen, Wertelabels zuweisen.

Fehlende Werte

Im Fragebogen sind bei den Antwortvorgaben sehr häufig auch so genannte *Residualkategorien* vorgesehen. Diese eröffnen den Befragten die Möglichkeit, eine Frage auch *nicht* zu beantworten. Residualkategorien können Antwortvorgaben wie ‚weiß nicht‘, ‚keine Meinung‘, ‚will ich nicht beantworten‘ sein. Manchmal werden bewusst keine Residualkategorien angeboten, um den Druck zu erhöhen, dass sich der Befragte für eine Antwort entscheiden muss. Zumeist ist es aber Ausdruck des respektvollen Umgangs mit dem Befragten, dass man ihm auch die Antwortverweigerung explizit zugesteht. Befragte, die diese Antworten gewählt haben, werden im Datensatz gesondert behandelt, da diese Antworten meistens nicht mit den übrigen Antwortvorgaben ausgewertet werden. Ihnen wird ein so genannter *fehlender Wert* oder ‚*Missing value*‘ zugewiesen. Damit man die fehlenden Werte gleich erkennt und im Datensatz einfach behandeln kann, vergibt man ihnen üblicherweise bei allen Variablen den gleichen Wert, der ansonsten nie von einer inhaltlichen Kategorie besetzt wird, also zum Beispiel die 9 oder die 99.

Abbildung 7.1: Vom Fragebogen zum Datensatz

Fragebogen	**Codebuch**	**Datensatz**
Keine Frage im Fragebogen	Variable 1: „Laufende Nummer“: Jeder Fragebogen wird durchnummeriert	Variablenname: V1 Variablenlabel: „Lfd. Nr.“ Werte gleich Wertelabel 1 bis N
Frage 1: „Wie alt sind Sie?“	Variable 2: „Alter“: Angabe in Jahren keine Antwort 99	Variablenname: V2 Variablenlabel: „Alter“ Werte gleich Wertelabel 18 bis 75 99 ‚keine Antwort‘
Frage 2: „Welches Geschlecht haben Sie?“ Antwortvorgaben: ☐ weiblich ☐ männlich	Variable 3: „Geschlecht“ weiblich 1 männlich 2 keine Antwort 99	Variablenname: V3 Variablenlabel „Geschlecht“ Werte und Wertelabel der einzelnen Ausprägungen von V3: 1 ‚weiblich‘ 2 ‚männlich‘ 99 ‚keine Antwort‘
Frage 3 : „Welche Augenfarbe haben Sie?“ Antwortvorgaben: ☐ blau ☐ grau ☐ grün ☐ braun ☐ andere	Variable 4: „Augenfarbe“ blau 1 grau 2 grün 3 braun 4 andere 5 keine Antwort 99	Variablenname: V4 Variablenlabel „Augenfarbe“ Werte und Wertelabel der einzelnen Ausprägungen von V4: 1 ‚blau‘ 2 ‚grau‘ 3 ‚grün‘ 4 ‚braun‘ 5 ‚andere‘ 99 ‚keine Antwort‘
Frage 4 : „Wie groß sind Sie?“	Variable 5: „Größe“: Angabe in cm keine Antwort 99	Variablenname: V5 Variablenlabel: „Größe“ Werte gleich Wertelabel 140 bis 220 99 ‚keine Antwort‘
Frage 5 : „Welches Fach studieren Sie im Hauptfach?“	Variable 6: „Hauptfach“: offenes Codieren, Angaben aus dem Fragebogen übernehmen keine Antwort 99	Variablenname: V6 Variablenlabel: „Hauptfach“ String-Variable (keine Werte, sondern eine Buchstabenfolge) 99 ‚keine Antwort‘

Offene Fragen

In unserem Beispiel haben wir auch eine offene Frage enthalten, für die keine Antwortkategorien vorgegeben sind. Diese offenen Antworten können nicht a priori mit Zahlencodes versehen werden. Man geht hier üblicherweise zweistufig vor. Da man ja vorher nicht weiß, welche Antworten auf die Frage kommen werden (ansonsten könnte man sie auch geschlossen stellen) muss man nach der Datenerhebung erst einmal alle gegebenen Antworten zusammenstellen. Dafür werden sie im Datensatz zunächst als so genannte Zeichenkette (oder String-Variable oder alpha-numerische Variable) erfasst, das heißt, man schreibt einfach den Text, den die Befragten angegeben haben, in das entsprechende Feld der Datenmatrix. Danach kann man die Antworten sekundär vercoden, etwa, indem man den einzelnen Antworten jeweils eine Zahl zuweist. Wären in unserem Beispielseminar etwa sechs verschiedene Hauptfächer genannt worden, so hätte man diesen die Codes 1 bis 6 zuweisen können. Bei größeren Umfragen wird sich zumeist ein Muster ergeben, dass einige Antworten sehr häufig gegeben wurden, andere nur einmal. Wurden sehr viele verschiedene Antworten gegeben, macht es Sinn, ähnliche Antworten zu Gruppen zusammenzufassen. Vermutlich wird man dann nur für die am häufigsten besetzten Gruppen Zahlencodes vergeben und Gruppen, in die jeweils nur eine oder wenige Antworten fallen, als Residualkategorie, z.B. ‚Übrige' codieren.

Folgt man nun den Anweisungen des Codeplans und überträgt die Angaben aus den Fragebögen in eine große Tabelle, innerhalb derer die einzelnen Merkmale in Spalten angeordnet werden, die einzelnen Befragten jeweils in einer Zeile untereinander stehen, dann erhalten wir eine Tabelle folgender Form:

Abbildung 7.2: Datenmatrix

Lfd. Nr.	Alter	sex	Augenfarbe	Größe	Hauptfach
1	22	1	4	170	Politikwissenschaft
2	23	1	2	167	Germanistik
...	...	...	...	...	...
15	22	2	1	174	Politikwissenschaft

Und genau so sieht eine Datenmatrix aus. Es handelt sich hierbei um eine Tabelle, die so viele Spalten wie Variablen und so viele Zeilen wie Fälle enthält. In den einzelnen Zellen wird angegeben, welche Ausprägung der Befragte der entsprechenden Zeile bei der Variable der entsprechenden Spalte aufweist. Sieht man einen fertigen Datensatz an, ist er zunächst einmal sehr unübersichtlich, eine Tabelle voller Zahlen. Aber hat man das Codebuch zur Hand, kann man den Datensatz problemlos entschlüsseln und den Zahlen Sinn zuweisen.

Wir haben nun sehr ausführlich beschrieben, wie man von einem standardisierten Fragebogen zu einem Datensatz kommt. Analog kann man sich das Vorgehen natürlich auch für andere standardisierte Formen der Datenerhebung – etwa für standardisierte Beobachtungsprotokolle oder die Codebögen einer quantitativen Inhaltsanalyse vorstellen.

Anlegen eines Datensatzes

Will man einen Datensatz selbst anlegen, kann man natürlich in einem beliebigen Programm eine Tabelle zeichnen, die alle Fälle und Variablen umfasst, so wie in Abbildung 7.2. Üblicherweise bietet es sich jedoch an, dafür ein Programm zu verwenden, das es auch erlaubt, die Daten später statistisch auszuwerten, also ein Datenbankprogramm, ein Tabellenkalkulationsprogramm oder ein Statistikprogramm. Hierfür gibt es verschiedene Möglichkeiten: Man kann die Daten von Hand in ein leeres Datenblatt eingeben, man kann hierfür eine Eingabemaske oder ein Scan-Programm verwenden oder man liest die Daten aus einem Rohdatenformat ein und definiert sie nur noch. Wichtig ist in allen drei Fällen, dass der Datensatz eindeutig definiert wird. Was bedeutet das?

Definition der Variablen

Das Programm muss erstens wissen, welche und wie viele Variablen der Datensatz in welcher Reihenfolge enthält. Man definiert also Variable für Variable die Variablennamen und die Variablenlabel in der Reihenfolge, in der sie im Datensatz auftauchen sollen. Bei einem Statistikprogramm muss man meistens außerdem angeben, wie viele Zeichen oder Spalten breit die Variablen sein sollen, ob es sich um numerische oder um alpha-numerische Variablen handelt, in welchem Zahlenformat numerische Variablen eingegeben werden dürfen und wie viele Nachkommastellen ausgewiesen werden sollen.

Definition der Werte

Manchmal gibt man auch an, welche Werte für die einzelnen Variablen zulässig sind. Dann definiert man für die einzelnen Variablen die Wertebereiche und die Wertelabel. Außerdem muss man immer angeben, welche Werte als fehlende Werte behandelt werden sollen. Manchmal muss man noch eingeben, wie mit leeren Feldern umzugehen ist. Aber die meisten Programme fügen automatisch in leere Felder den Wert ‚0' ein.

Eingabe der Fälle

Hat man auf diese Weise einen Datensatz definiert, kann man zeilenweise beliebig viele Fälle eingeben. Dies kann von Hand geschehen. Das ist sehr aufwändig, aber immer noch in vielen Fällen, selbst bei größeren Forschungsprojekten oder in Umfrageinstituten, üblich. Die Gefahr hierbei ist, dass durch die manuelle Eingabe

Fehler entstehen, weil man in Spalten oder Zeilen verrutscht. Dies ist besonders wahrscheinlich, wenn der Datensatz so groß wird, dass er über die Ränder des Bildschirms hinausgeht. Alternativ bieten viele Programme die Möglichkeit, eine so genannte Eingabemaske zu programmieren. In einer solchen Maske sieht man jeweils nur den aktuell eingegebenen Fall, und die Felder, in die die Werte der einzelnen Variablen eingegeben werden sollen, sind klar voneinander abgegrenzt, so dass ein Irrtum wesentlich unwahrscheinlicher ist. Diese Möglichkeit ist der Eingabe direkt ins Datenblatt in jedem Falle vorzuziehen, Voraussetzung ist jedoch, dass die Maske von irgendjemand programmiert werden muss. Mittlerweile arbeiten die meisten großen Institute mit Scannererfassung, weil manuelles Eingeben nicht nur teurer, sondern auch fehleranfälliger und deutlich langsamer ist. Die Fehlerquote liegt beim maschinellen Einlesen im Durchschnitt unter 0,1 % – diese Fehlerquote würde man nur erreichen, wenn händisch eingegebene Daten doppelt erfasst würden. Angesichts des Kosten- und Zeitdrucks werden Fragebögen nur noch händisch erfasst, wenn sie ungewöhnliche Formate oder nicht scanner-taugliches Papier verwenden. Diese Kosten- und Zeitersparnisse sind nicht zuletzt auch einer der Gründe, weswegen zunehmend Fragebögen in Papierform (‚Paper & Pencil-Studien) durch direkte Eingabe der Antworten am Laptop (CAPI-Studien) ersetzt werden, bei denen das nachträgliche Erfassen der Daten entfällt.

Schließlich kann es vorkommen, dass man als Rohmaterial nicht mehr die Fragebögen selbst zur Eingabe hat, sondern einen so genannten Rohdatensatz. Hierbei handelt es sich um die reinen Zahlenkolonnen, die in einem allgemeinen Tabellenformat gehalten sind, etwa durch Tabstopps oder Semikolon getrennt. Diese Tabellen können in die meisten Programme durch spezielle Import-Funktionen eingelesen werden. Wichtig ist hier, dass die Größe der Rohdatentabelle mit der des vordefinierten Datensatzes exakt übereinstimmt. Soll der Datensatz insgesamt 20 Variablen haben, dann muss auch der Rohdatensatz aus exakt 20 Zahlenkolonnen bestehen. Und ist im vordefinierten Datensatz angegeben, dass Variable 10 eine numerische Variable ist, dann gibt es einen Fehler, wenn im Rohdatensatz in der 10. Kolonne jeweils ein Wort steht. Häufig wird beim Importieren von dem Programm eine Fehlerdokumentationsdatei angelegt, wo man nachsehen kann, ob alle Fälle fehlerfrei importiert werden konnten, oder ob Unverträglichkeiten zwischen den Rohdaten und den Definitionen des Datensatzes aufgetreten sind.

7.1.2 Transkription

Arbeitet man nicht mit quantifizierbaren Daten, sondern soll die letzte Abstraktionsebene der Daten für die Auswertung die Textform bleiben, dann besteht die Datenaufbereitung darin, diese Texte zu digitalisieren. Hierbei spricht man üblicherweise von „Transkription“. Von der Qualität der Transkripte hängen essenziell die späteren Auswertungsmöglichkeiten ab, weshalb man hier so genau und sorgfältig wie möglich vorgehen sollte.

Daten und Kontextinformation

Der Paradefall der Transkription ist das auf Tonband mitgeschnittene Interview. Auch Videoaufnahmen können transkribiert werden. Der Status von *Feldnotizen, Gedächtnisprotokollen*, oder *Forschungstagebüchern* ist hingegen ambivalent. Es kommt darauf an, ob diese als eigene ‚Daten' betrachtet werden oder als ergänzendes Material, das bei der Interpretation der Daten insofern hilfreich ist, als es bspw. Forschungskontexte verstetigt oder fallweise getroffene Entscheidungen dokumentiert und begründet. Solche Kontextinformationen der Erhebungssituation sind etwa demographische Angaben über die Person, Ort, Zeit und Dauer der Datenerhebung, Eindrücke des Forschers zu Umgebung, Stimmung, Zugänglichkeit u.ä. Werden diese Informationen als Daten behandelt und sollen die Daten computergestützt ausgewertet werden, mag es notwendig und sinnvoll sein, auch diese Dokumente zu transkribieren. Allerdings sollten sie trotzdem als von den anderen Daten unterscheidbar gekennzeichnet werden. Denkbar ist hier die Verwendung von Memos (vgl. Abschnitt 8.3.3). Werden sie als Kontexte behandelt, ist die Transkription nicht unbedingt notwendig.

Was wird transkribiert?

Das, was transkribiert wird, ist typischerweise Verhalten von Menschen, üblicherweise sprachliche Äußerungen, aber manchmal auch Gesten, Mimik oder Handlungen. Üblicherweise wird das gesamte Rohdatenmaterial Wort für Wort transkribiert, indem man die Aufnahmen abspielt und dabei mitschreibt. Hierfür bietet es sich an, mit speziellen Diktiergeräten zu arbeiten, die leicht und genau vor- und zurückgespult werden können, am besten mit Hilfe eines Fußpedals, da man häufig eine Stelle wiederholt anhören oder ansehen muss, um sie genau zu verstehen und wiedergeben zu können. Sind Zeit und Geld sehr stark begrenzt (etwa im Rahmen einer Seminar- oder Abschlussarbeit) und ist man lediglich am faktischen

Inhalt der Daten interessiert, kann man unter Umständen in Betracht ziehen, lediglich selektiv zu transkribieren und dabei zugleich zusammenzufassen und zu paraphrasieren. Gerade die Zeitkomponente ist nicht zu unterschätzen, da man davon ausgehen kann, dass ein halbwegs erfahrener (und mit der Tastatur geübter) Forscher ca. 8 bis 10 Stunden braucht, um ein 45minütiges Interview zu transkribieren. Das Problem hierbei besteht jedoch, dass dann sofort die Rohdaten interpretiert werden und keine authentischen Aufzeichnungen der Erhebungssituation erstellt werden, die die Bedingung sind, um später Interpretationsprozesse intersubjektiv nachzuvollziehen und gegebenenfalls kontrovers zu diskutieren. Der übliche Standard besteht daher in der vollständigen und wortweisen Transkription, da nur dann die verfügbare Information möglichst vollständig erhalten bleibt und auch für spätere Kontrollen und Revisionen zur Verfügung steht.

Transkriptionssysteme

Von der Art des Forschungsvorhabens hängt es ab, wie genau und detailliert die Transkripte angefertigt werden sollen. Denkbar sind verschiedene Stufen von der Wiedergabe der rein verbalen Äußerungen in Standardorthografie bis zu hochgradig komplizierten Transkriptionssystemen, die die Art und Weise der sprachlichen Äußerung, die Zeitlichkeit sowie erfassbare nicht-sprachliche Äußerungen mit einbeziehen. Zunächst muss man sich also fragen, welche Aspekte der prinzipiell erfassbaren Äußerungen für die Forschungsfrage relevant sind. Nur diese sollten transkribiert werden, um den Prozess des Transkribierens sowie die Transkripte selbst so einfach wie möglich zu halten und die Aufmerksamkeit der Forscher nicht unnötig zu belasten. In der Politikwissenschaft beschränkt man die Aufmerksamkeit zumeist auf die reinen Inhalte sprachlicher Äußerungen, obwohl auch andere Aspekte relevant sein mögen. So kann eine hochgezogene Augenbraue, ein Zögern vor einer Antwort, eine fahrige Handbewegung oder ein Seitenblick auf eine dritte Person dem Gesagten durchaus einen anderen Sinn verleihen.

Wiedergabe sprachlicher Äußerungen

Beschränkt man sich auf die Wiedergabe der reinen Sprache, so kann man dies in Standardorthografie tun, oder man kann auf unterschiedliche Weise die individuelle Aussprache berücksichtigen. Hier werden drei Formen unterschieden: literarische Umschrift, „eye dialect“ und phonetische Umschrift. Die Standardorthographie glättet die gesprochene Sprache insofern, als Dialekte, Buchstabendreher oder verschluckte Silben so wiedergegeben werden, als seien sie korrekt gesprochen, Aspekte, die von der literarischen Umschrift berücksichtigt werden. Der Satz „dann sind wir halt heim gelaufen" könnte in literarischer Umschrift „no simmer holt hoim gloffe" lauten. Noch einen Schritt weiter geht der so genannte eye dialect, mit dem die Aussprache möglichst lautgetreu abgebildet werden soll. Die Unterscheidung zwischen literarischer Umschrift und eye dialect macht aber vor allem im Englischen Sinn, wo die Aussprache von der Schreibung wesentlich weiter abweicht als im Deutschen. Die genaueste Wiedergabe ermöglicht die phonetische Umschrift nach dem Internationalen Phonetischen Alphabet, wie man sie auch in Wörterbüchern findet. Allerdings ist die phonetische Umschrift wenig empfehlenswert, da sie für den Transkribenten sehr aufwändig ist und das Transkript auch sehr unleserlich macht. Für forschungspraktische Zwecke bleibt also im Wesentlichen die Unterscheidung, ob man originalgetreu mit literarischer Umschrift transkribiert oder die Aussprache insofern glättet, als man auf Standardorthografie zurückgreift, was für die Weiterverarbeitung der Texte zweifelsfrei das Angenehmste ist. In keinem Fall darf die Originalaufnahme aber derart geglättet werden, dass syntaktische und grammatikalische Fehler, unvollständige oder falsch beendete Sätze berichtigt werden. Das ist gar nicht so einfach, weil man häufig beim Hören Sätze bereits unbewusst korrigiert. Die möglichst unverfälschte Wiedergabe der Aufnahme ist aber höchstes Gebot des wissenschaftlichen Umgangs mit Daten. Es mag sein, dass Sie einmal in die Situation kommen, wo Sie Tonbandaufnahmen anhören und dazu Aufzeichnungen anfertigen. Es liegt dann in Ihrem Ermessen, auch Passagen zu kürzen oder zu glätten oder sogar auszulassen, wenn Sie der Meinung sind, dass sie für Sie irrelevant sind. Allerdings handelt es sich bei solchen Aufzeichnungen streng genommen nicht mehr um Transkripte, da der ‚rein mechanischen' Aufzeichnung bereits erste individuelle Interpretationen – etwa über die Wichtigkeit von Passagen – hinzugefügt wurden.

Wiedergabe nichtsprachlicher Äußerungen

Noch einen Schritt weiter in der Originaltreue der Wiedergabe geht eine Transkription, die sich bemüht, auch nicht-sprachliche Äußerungen festzuhalten. Hier ist jedoch genau abzuwägen zwischen dem Aufwand, der betrieben werden muss und dem potenziellen Ertrag der zusätzlichen Detailtreue im Sinne des Forschungsvorhabens. Auch sollte man sich davor hüten, in den Transkriptionsregeln eine Exaktheit vorzuspiegeln, die die normalen Fähigkeiten beim Hören weit übersteigt, etwa Sprechpausen in Zehntelsekunden angeben zu lassen. So interessant und aufschlussreich in Einzelfällen nicht-sprachliche Äußerungen sein mögen, empfiehlt es sich in jedem Fall, einen sehr stark restringierten Code zu deren Erfassung zu verwenden, der weder die Transkribenten überfordert noch das Transkript vollständig unleserlich macht.

Transkriptionsfehler

Weil die Transkription ein mühsames Geschäft ist, schleichen sich selbst bei großer Aufmerksamkeit schnell Fehler ein. Ist man sich der Arten möglicher Fehler bewusst, kann man sie besser vermeiden. Dennoch sollte man immer im Nachhinein noch eine Fehlersuche betreiben (vgl. Abschnitt 7.2). Sinnvollerweise lassen sich vier Arten von Fehlern unterscheiden.

4. Interpretation der Satzstruktur: Der Transkribent muss die Interpunktion aus der Ausnahme heraushören. Dabei kann ein anders gesetztes Komma oder ein Punkt anstelle eines Fragezeichens den Satzsinn entscheidend verändern.
5. Anführungsstriche: Ähnlich schwierig ist es manchmal zu unterscheiden, ob das Gesagte ein Zitat, eine Anspielung oder eine ironische Bemerkung sein soll, die im geschriebenen Text in Anführungsstriche gesetzt würde. Werden Anführungsstriche im Transkript fälschlicherweise gesetzt oder fälschlicherweise weggelassen, kann die eigentliche Meinung des Sprechers gerade ins Gegenteil verkehrt werden.
6. Auslassungen: Durch das wiederholte Abspielen der Aufnahme, um einen Satz zu verstehen, kann es passieren, dass man Worte oder auch ganze Sätze überspult, die dadurch aus dem Transkript herausfallen. Dass hierdurch der Sinn einer Aussage oder eines Arguments entscheidend verändert werden kann, muss kaum erwähnt werden.
7. Missverständnisse: Gerade bei undeutlichen Aufnahmen oder auch bei nachlassender Aufmerksamkeit des Transkribenten können Wörter oder Sätze missverstanden werden, was teilweise zu höchst amüsanten und abenteuerlichen Konstruktionen im Transkript führt.

Fehlervermeidung:
- Aufnahmequalität

Das A und O der Fehlervermeidung ist in allen diesen Fällen eine möglichst gute Aufnahmequalität. Sofern es sich irgendwie organisieren lässt, solle man daher vor Beginn einer Aufnahme immer eine kurze Probeaufnahme machen, um sicherzustellen, dass keine Hintergrundgeräusche stören, das Mikrofon nahe genug an den Sprechenden steht und für deren Sprechlautstärke richtig eingestellt ist. Dass man immer ausreichend volle Batterien oder Akkus für das Gerät und neue Kassetten für die Aufnahme dabei haben sollte, versteht sich von selbst. Ein Faktor der Aufnahmequalität, der sich leider nicht beeinflussen lässt, ist, wie deutlich der oder die Sprecher sprechen.

- Kontext berücksichtigen

Der zweite wichtige Faktor zur Fehlervermeidung besteht darin, den Kontext des Geschriebenen zu berücksichtigen. Transkripte enthalten meistens weniger Fehler, wenn sie von der gleichen Person angefertigt werden, die auch bei der Aufnahme dabei war, da hier die Erinnerung und ggf. Notizen zur Klärung unverständlicher Stellen beitragen können. Aber auch wenn man keine direkte Kenntnis der Aufnahmesituation hat, kann man durch Plausibilitätserwägungen und durch Berücksichtigung des Kontextes viele Missverständnisse beim Hören korrigieren. Mitdenken beim Transkribieren spart später erheblich Zeit beim Korrigieren und Auswerten der Daten.

Beispiele für Transkriptionsfehler

Bei einer Studie über Rauchverbotskampagnen in den USA wurde beispielsweise eine auf Tonband aufgenommene Interviewpassage „I think unless we want to become like other countries, where people have no democratic freedoms..." folgendermaßen transkribiert: „I think unless we want to become like other countries, where people have, you know, democratic freedoms... " Dieses Missverständnis mag tiefenpsychologische Schlüsse auf die politische Einstellung des Transkribenten zulassen, verdeutlicht aber zugleich, wie wichtig die Berücksichtigung des Kontextes ist.

Transkription im Forscherteam

Werden die Transkriptionen nicht von einem einzelnen Forscher angefertigt, sondern im Rahmen eines Projektes von mehreren Personen, sollten vor Beginn der Arbeiten die Transkribenten auf jeden Fall geschult werden. Die Schulung sollte den Umgang mit den technischen Geräten ebenso beinhalten wie den Forschungshintergrund, vor dem die Aufnahmen entstanden sind. Der Schwerpunkt liegt aber auf dem Einüben des Transkriptionssystems. Sofern nicht nur Standardorthografie verwendet wird, sollten nach Möglichkeit Probeaufnahmen erst gemeinsam und dann von den verschiedenen Transkribenten transkribiert und anschließend verglichen werden, um eine Einheitlichkeit in der Verwendung des Codesystems zu erreichen. Solche Schulungen sind auch sinnvoll, um die Reliabilität der Daten zu steigern und zu überprüfen. Für die spätere Auswertung kann es außerdem sinnvoll sein, die Transkripte mit einer Zeilennummerierung zu versehen. Dies kann auch für einen einzelnen Forscher hilfreich sein, für Diskussionen im Forscherteam stellt es aber auf jeden Fall eine bedeutende Vereinfachung dar.

7.1.3 Andere Formen der Digitalisierung von Daten

Für verschiedene Formen der Inhalts-, Dokumenten- oder Bildanalyse ist es ebenfalls von Vorteil, wenn wir die Daten digital verfügbar haben. Bei vielen Arten von Dokumenten ist dies mittlerweile gar kein Problem mehr, da sie im Internet oder auf CDs bereits in digitalisierter Form zugänglich sind, etwa Zeitungsartikel, Drucksachen, Pressemitteilungen u.ä. Hier besteht das Problem nicht bei der Datenaufbereitung, sondern eher bei der Datenerhebung in der Quellensicherung (vgl. Kapitel 6).

Alternativ kann man Dokumente sowohl verbaler als auch visueller Natur einscannen. Wichtig ist hierbei, dass Scanner und Scan-Software eine hinreichend gute Qualität der digitalen Daten gewährleisten. In jedem Fall sollte man bei eingescannten Dokumenten viel Sorgfalt auf die Datenbereinigung (vgl. Abschnitt 7.2) verwenden. Bei Texten kann eine Zeilennummerierung sinnvoll sein. Der Vorteil eingescannter Texte gegenüber bereits digitalisierten kann darin bestehen, dass die originale Paginierung erhalten bleibt und somit eine größere Nähe zum eigentlichen Dokument, was bei der Auswertung von Bedeutung sein kann. Allerdings ist gerade bei älteren Dokumenten, die eine andere Schrifttype verwenden, die Qualität der eingescannten Texte häufig sehr schlecht, da die Software Schwierigkeiten hat, die Zeichen zu erkennen. Unter diesen Umständen sollte man erwägen, den Text von Hand abzutippen.

7.1.4 Wie sinnvoll ist die Digitalisierung von Daten?

Wir sind in diesem Kapitel mehr oder weniger selbstverständlich davon ausgegangen, dass es für den Forschungsprozess ein großer Vorteil ist, digitalisierte Daten zur Verfügung zu haben, und dass die Frage, ob man denn überhaupt digitalisieren sollte, sich eigentlich gar nicht stellt. Dennoch soll nicht verschwiegen werden, dass es auch kritische Stimmen gibt, die die universelle Anwendung digitaler Daten hinterfragen und Argumente dafür liefern, dass unter Umständen manuell erstellte Dokumentationen besser für das Forschungsanliegen geeignet sind. Im Folgenden sollen daher die wichtigsten Vorteile und Kritikpunkte von digitalisierten Daten kurz vergleichend gegenüber gestellt werden.

Vorteile

Die Vorteile sind überwiegend pragmatischer Art und liegen unmittelbar auf der Hand:

- Größere Datenmengen können relativ leicht verwaltet werden. Computer sind in Verwaltungs- und Suchfunktionen einfach leistungsstärker als das beste manuelle Ablagesystem, insbesondere, da einzelne Elemente nach verschiedenen Kriterien geordnet und entsprechend gesucht werden können.
- Digitale Daten können in Forscherteams leichter ausgetauscht werden, über email und kooperative internetgestützte Arbeitsplattformen ist sogar das gemeinsame Bearbeiten von Dokumenten möglich.
- Die statistische Datenauswertung wäre ohne Computerunterstützung heute schlicht nicht mehr denkbar, da hoch entwickelte Auswertungsverfahren auf die Rechenkapazitäten von Computern ausgelegt sind.

Kritik

Die Nachteile bzw. Kritikpunkte ergeben sich vor allem aus methodologischer und theoretischer Perspektive, da teilweise das Forschungsanliegen qualitativer Paradigmata mit digitalen Daten nicht optimal verfolgt werden kann.

- Die computergestützte Textanalyse erleichtert es massiv, Textpassagen zu codieren (vgl. Abschnitt 8.3.1) und nach verschiedenen Kriterien zu sortieren und vergleichend gegenüberzustellen. Dies ist im Wesentlichen die Vorgehensweise, wie sie von Vertretern der Grounded Theory vorgeschlagen wird. Insofern verschaffen moderne Programme zur Textanalyse der Grounded Theory einen hervorgehobenen Stellenwert im Vergleich zu anderen Paradigmata.
- Die Möglichkeit, sehr leicht Textpassagen aus ihrem Sinnzusammenhang zu lösen und mit anderen Passagen zu kontrastieren, verleitet dazu, Kontexte sehr stark zu dekonstruieren und somit letztlich Bedeutungszusammenhänge zu verfälschen. (Allerdings lässt sich hierfür auch das entgegengesetzte Argument anführen, dass eben die Recherche- und Sortierfunktionen es dem Forscher erlauben, Textpassagen ohne großen Suchaufwand immer wieder in den ursprünglichen Kontext zurückzuversetzen und sich diesen zu erschließen).
- Die große Leistungsfähigkeit und Speicherkapazität der Computer verleitet dazu, erst einmal unreflektiert große Datenmengen anzuhäufen, die man dann irgendwann einmal nicht mehr bewältigen kann. Der Zwang zur Selektion hingegen kann der Theoriebildung förderlich sein. Auch die Möglichkeit, explorativ ohne großen Aufwand mit den Daten zu „spielen“, kann dazu verlei-

ten, analytische Entscheidungen und Theoriebildung durch wahlloses Experimentieren zu ersetzen. Dies ist kein Argument gegen das Medium an sich, allerdings benötigt man im Umgang mit digitalen Daten eine höhere Forschungsdisziplin.

- In die gleiche Richtung wie das Unbehagen an den digitalen Daten gehen auch Kritikpunkte, die gegen Video- und Tonbandaufzeichnungen geäußert werden. Auch hier findet sich häufiger das Argument, dass zum einen durch das Aufzeichnungsmedium selbst die reale Situation verfälscht werde, zum anderen der Forscher über die Möglichkeiten, Sequenzen endlos wiederholen zu lassen, einen ‚falschen' Zugang zum Datenmaterial bekomme.

Was man aus diesen Kritikpunkten macht und wie ernst man sie nimmt, bleibt dem Forscher überlassen, einen Gedankenanstoß sollten sie zumindest darstellen.

7.2 Datenbereinigung

Hat man die Daten auf dem Computer verfügbar gemacht, sollte man dennoch nicht sofort mit der Analyse beginnen. Für die Qualität der späteren Forschungsergebnisse ist es ein unverzichtbarer Zwischenschritt, die Daten zunächst zu bereinigen. Die Datenbereinigung besteht aus zwei Schritten: der Fehlersuche und der Fehlerkorrektur.

Fehlerfreie Daten

In jedem Falle ist die Fehlersuche ein höchst mühsames Geschäft, und man sollte sich niemals der Illusion hingeben, mit vollkommen fehlerfreien Daten zu arbeiten. Jeder, der einmal einen längeren Text verfasst hat, kennt das Phänomen, dass sich auch nach unzähligen Korrekturdurchgängen immer noch Fehler finden lassen. Einen fehlerfreien Text wird man somit vermutlich nie abgeben, aber die Fehlersuche wird im Verhältnis von Aufwand zu Ertrag immer unproduktiver, je häufiger der Text korrigiert wurde. Das Reden von Fehlerfreiheit setzt außerdem voraus, dass es im Prinzip überhaupt möglich wäre, alle Fehler in den Daten zu identifizieren und zu beheben. Wie aber soll man Fehler identifizieren (geschweige denn beheben), wenn manchmal gar nicht klar ist, was ein Fehler ist und was nicht? Daten geben, wie wir wissen, die Wirklichkeit niemals verzerrungsfrei wieder, sondern sind nur ein reduziertes Abbild eines Ausschnitts der Wirklichkeit, der uns als Forscher relevant erscheint. Unendlich viele Aspekte der Wirklichkeit, die vielleicht zu deren richtiger Interpretation relevant wären, gehen durch den Prozess der Datenerhebung zwangsläufig verloren. Dies ist besonders eklatant und augenfällig bei standardisierten Datenerhebungen, doch auch bei unstandardisierten Formen sind wir gezwungen, Schwerpunkte zu setzen und Aspekte der Wirklichkeit in unserer Dokumentation auszublenden. In Kapitel 5 haben wir eine ganze Reihe von Fehlern kennen gelernt, die bereits bei der Datenauswahl die Daten belasten können. All dieses sind in gewisser Weise Fehler in den Daten, die jedoch vollkommen unvermeidlich sind. Doch auch wenn wir uns bewusst sind, dass auf jeder Stufe des Forschungsprozesses Zufallsfehler und systematische Fehler, vermeidliche und unvermeidliche auftreten und unsere Daten somit immer zwangsläufig fehlerbehaftet sind, ist das kein Grund, vor der empirischen Forschung an sich zu resignieren. Mit diesem Wissen im Hinterkopf, das uns immer wieder zur Zurückhaltung und Selbstkritik mahnen sollte, müssen wir dennoch versuchen, dem Anspruch an wissenschaftliches Arbeiten zu genügen und mit so guten Daten wie möglich zu arbeiten. Das heißt, dass wir die eindeutigen und vermeidbaren Fehler in unseren Daten mit der angemessenen Sorgfalt und Gewissenhaftigkeit auf ein Minimum reduzieren sollten.

Eindeutige und vermeidbare Fehler

Bei der Datenaufbereitung bedeutet das, dass wir eine möglichst große Übereinstimmung zwischen den Rohdaten und den elektronischen Daten herstellen sollten, also Übertragungsfehler vermeiden. Wenn ich bei der Eingabe in eine Datenmatrix falsche Zahlen eintippe, also 81 anstatt 18 oder 2 statt 1, oder wenn ich Codes in die falsche Zeile oder Spalte eintrage, dann sind dies typische eindeutige und vermeidbare Übertragungsfehler. Ähnlich kann ich auch bei der Transkription von Tonbandaufnahmen Wörter oder Sätze falsch verstehen oder überhören. Werden Texte oder Bilder eingescannt, muss man natürlich immer die durch das Scan-Programm erzeugte Datei mit dem Original abgleichen. Teilweise kann man auch versuchen, Fehler, die bereits bei der Datenerhebung gemacht wurden, nachträglich zu finden, etwa, wenn Stichprobenpläne nicht berücksichtigt wurden, wenn Teile der Datenerhebung ausgefallen sind oder wenn Daten schlicht falsch erhoben oder erfunden wurden. Dies ist aber zumeist deutlich schwieriger, und eine Fehlerkorrektur ist in diesen Fehlen höchst problematisch.

Fehlersuche in den digitalisierten Daten selbst

Möglichkeiten der Fehlersuche in den digitalisierten Daten bieten sich bei quantitativen Datensätzen an. Hier kann man drei unterschiedliche Vorgehensweisen unterscheiden.

Sichtkontrolle

Der erste nicht zu unterschätzende Schritt ist die Sichtkontrolle, indem man einfach das Datenblatt oder Datenfenster durchsieht und überlegt, ob einem Unregelmäßigkeiten auffallen, ob etwa ganze Spalten leer sind, die nicht leer sein dürften, ob sehr häufig fehlende Werte eingetragen sind, die dort eigentlich nicht auftauchen dürften, ob offensichtlich Eintragungen verrutscht sind und ähnliches. Hat die visuelle Datensichtung keine Unregelmäßigkeiten ergeben, wird man zumeist im zweiten Schritt daran gehen, sich für jede einzelne Variable des Datensatzes eine Häufigkeitsauszählung erstellen zu lassen.

Häufigkeitsauszählungen

Abbildung 7.3: Häufigkeitsauszählung der Variable „Demokratiezufriedenheit"

Demokratie-Zufriedenheit

		Häufigkeit	Prozent	Gültige Prozente	Kumulierte Prozente
Gültig	1 Sehr zufrieden	128	6,3	6,4	6,4
	2 Ziemlich zufrieden	1135	56,2	57,0	63,4
	3 Nicht sehr zufrieden	591	29,3	29,7	93,1
	4 !berhaupt nicht zufrieden	138	6,8	6,9	100,0
	Gesamt	1992	98,7	100,0	
Fehlend	8 Wei~ nicht	25	1,2		
	9 KA	2	,1		
	Gesamt	27	1,3		
Gesamt		2019	100,0		

In den Häufigkeitstabellen kann man überprüfen, ob die Variablen- und Wertelabel richtig vergeben wurden, ob Werte auftauchen, die im Codeplan nicht vorgesehen waren, ob ungewöhnliche Häufungen fehlender Werte auftauchen und ob die Häufigkeiten für die einzelnen Ausprägungen der Variablen in etwa den vernünftigen Erwartungen entsprechen. Die meisten Fehlcodierungen werden bei der Sichtung der Häufigkeitstabellen offenbar. In Abbildung 7.3 sieht man beispielsweise, dass die Variable „Demokratiezufriedenheit" mit vier Ausprägungen von ‚1' gleich ‚sehr zufrieden' bis ‚4' gleich ‚überhaupt nicht zufrieden' codiert wurde. Von insgesamt 2019 Befragten gaben 27 keine Antwort, ansonsten verteilen sich die Antworten so, dass die Extremkategorien ‚1' und ‚4' seltener besetzt sind als die Mittelkategorien. Dies würde unseren Erwartungen über das typische Antwortverhalten entsprechen, so dass hier kein Grund vorliegt, weiter nachzuhaken.

Mustersuche

Einen Spezialfall der Fehlersuche in Datensätzen stellt die gezielte Mustersuche dar. Hat man standardisierte Interviews von bezahlten Interviewern durchführen lassen, so kommt es bedauerlicherweise immer wieder vor, dass diese sich die Arbeit erleichtern und einfach einige Fragebögen selbst ausfüllen. Man kann nun versuchen, die einzelnen Datensätze auf Muster hin zu überprüfen, um festzustellen, ob bei denjenigen Fragebögen, die von einem Interviewer stammen, besonders häufig bestimmte Antworten gemeinsam auftreten, ob Kombinationen von Antworten völlig unplausibel sind oder ob gar Datensätze völlig gleich sind. Eine solche Suche nach Fälschungen kann recht aufwändig sein, sollte aber bei größeren Forschungsprojekten durchgeführt werden.

Fehlersuche durch Abgleich mit den Rohdaten

Bei jeder Form der Datenaufbereitung ist es unerlässlich, zumindest in Form von Stichproben das digitalisierte Datenmaterial mit den Originaldaten zu vergleichen, um eine Schätzung des Ausmaßes an Codierfehlern zu erhalten. Selbst wenn man dann die Fehler nicht immer korrigieren kann, kann man zumindest Angaben darüber machen, wie groß die geschätzte Fehlerquote in den Daten ist. Dies ist bereits ein beträchtlicher Zugewinn an Datenqualität im Vergleich zu dem, was in vielen Forschungsarbeiten Standard ist.

Datensätze

Das bedeutet bei Fragebögen, Codierbögen oder Beobachtungsprotokollen, dass man aus den Originalmaterialien eine hinreichend große Stichprobe zieht, diese Fälle neu codieren lässt und dann mit den codierten Fällen im Datensatz abgleicht. Bei quantitativen Inhaltsanalysen kann man auf diese Weise auch zugleich die Inter-Coder-Reliabilität testen, indem man die Überprüfung jeweils von anderen Codierern vornehmen lässt.

Eingescannte Dokumente

Hat man Dokumente eingescannt (Texte, Bilder oder Grafiken), sollte man das hierdurch erzeugte Dokument akribisch mit dem Original abgleichen, um eventuelle Erkennungsfehler durch das Programm direkt korrigieren zu können. Eingescannte Grafiken oder Bilder sind zumeist weniger problematisch, da hier durch das Scan-Programm eine Grafik-Datei erzeugt wird, die einfach Punkt für Punkt das Original abbildet. Bei eingescannten Texten hingegen wird das erkannte Bild in ein Text-Dokument umgewandelt, das mit einem Textverarbeitungsprogramm weiter bearbeitet werden kann. Dieser Erkennungsprozess durch die Software ist nie perfekt, und es schleichen sich dann in das Dokument immer Fehler ein, die nur durch das wortweise Abgleichen des gesamten Textes mit dem Original gefunden werden können.

Transkripte

Besonders aufwändig ist der Abgleich von originalen und digitalisierten Daten im Falle der Transkription, da man die Aufnahmen noch einmal anhören oder ansehen und parallel das Transkript lesen muss. Im Sinne der Fehlervermeidung wie der Lesbarkeit für Korrektur und Interpretation soll an dieser Stelle noch einmal darauf hingewiesen werden, dass man kein zu komplexes Transkriptionssystem verwenden sollte, weil dadurch zugleich die Fehleranfälligkeit höher und der Korrekturaufwand größer werden. Wurde das Transkript nicht vom Forscher angefertigt, wird es hier häufig zu divergierenden Interpretationen zwischen dem Transkribenten und dem Forscher kommen, der die Fehlersuche betreibt. Hier muss der Forscher dann entscheiden, ob er seine Interpretation für die eindeutig richtige hält. Hierbei ist abzuwägen zwischen verschiedenen relevanten Kompetenzen. Sicherlich hat der Forscher mehr Kontextwissen, da er in das Forschungsthema eingearbeitet ist und möglicherweise die Datenerhebung selbst durchgeführt hat. Andererseits hat der Transkribent alle Bänder in der vollen Länge angehört oder angesehen und verfügt daher über ein großes Vergleichswissen. Sind die Aufnahmen in einer Fremdsprache gemacht worden und werden die Transkripte von einem Muttersprachler angefertigt, ist Sprachkompetenz gegen Sachkompetenz abzuwägen. In schwierigen Zweifelsfällen sollte der Forscher nach Möglichkeit mit dem Transkribenten gemeinsam entscheiden. Unter Umständen kann man auch die Person noch einmal befragen, mit der die Aufzeichnung durchgeführt wurde, was allerdings eigene methodische Probleme der ex-post Rationalisierung von Aussagen oder der bewussten oder unbewussten Verfälschung von Originaldaten mit sich bringt. Gerade weil die Fehlersuche bei Transkripten so enorm aufwändig ist, kann man erwägen, nur diejenigen Transkripte zu korrigieren, von denen man weiß, dass bei der Transkription Schwierigkeiten aufgetreten sind, etwa weil die Aufnahmequalität besonders schlecht war oder weil die Person undeutlich gesprochen hat. Da anzunehmen ist, dass in den anderen Transkripten eher weniger Fehler sind, ist dies außerdem ein risikoaverser Ansatz der Fehlerschätzung.

Fehlerbehebung

Findet man Fehler, die eindeutig in einer Abweichung von den Rohdaten bestehen – also Zahlendreher, übersehene Fälle, Auslassungen oder eindeutige Missverständnisse – ist es unproblematisch, die Fehler zu korrigieren. Anders gestaltet sich der Fall, wenn die Fehler nicht eindeutig sind, sondern eine Frage der Interpretation, eben beispielsweise bei der Transkription von Aufnahmen oder bei der Kategorisierung von offenen Fragen oder unstandardisierten Beobachtungsprotokollen. Die sauberste Lösung in solchen Fällen besteht darin, eine Forschungsnotiz anzufertigen, in der auf den Zweifelsfall hingewiesen wird, die Gründe für die gewählte Entscheidung aufgeführt und alternative Deutungen erwähnt werden. Besonders vorsichtig sollte man bei Fehlern sein, die sich nicht durch einen Abgleich mit den Rohdaten identifizieren lassen. Dies ist insbesondere bei quantitativen Datensätzen gegeben, wenn Antworten fehlen oder zueinander in Widerspruch stehen. Auch wenn es häufige Praxis sein mag, solche Fälle durch „plausible" Antworten zu glätten, soll vor dieser Methode der Fehlerbehebung ausdrücklich gewarnt werden. Dies ist Manipulation der Daten. Wenn wir solche „missing data" haben, besteht die einzige methodisch saubere Form der Fehlerbehebung darin, diese Daten aus der Analyse auszuschließen und diesen Ausschluss zu dokumentieren. Erhält man auf diese Weise eine so hohe Ausfallquote, dass man annehmen muss, dass die verbleibenden Daten zu wenige und/oder nicht mehr repräsentativ sind, dann muss man die Datenerhebung eben erneut durchführen, so ärgerlich und aufwändig das auch sein mag.

7.3 Datenaufbewahrung

Regeln zur Datenaufbewahrung

Mit der empirischen Forschung verhält es sich wie mit dem Programmieren. Wenn man gerade ein neues Programm geschrieben hat, weiß man, wie man es gemacht hat und scheut häufig die zusätzliche Mühe, den Programmablauf zu dokumentieren. Arbeitet dann später jemand anderes mit dem Programm oder verwendet man es selbst mit einem gewissen Zeitabstand, verwünscht man die eigene Faulheit, die nun die Rekonstruktion der Logik des Programms – etwa zur Fehlersuche oder zur Anpassung oder Aktualisierung – wesentlich erschwert. Ebenso ist es so lästig wie notwendig, bereits bei der Arbeit mit empirischen Daten diese zu dokumentieren und sicherzustellen, dass sowohl man selbst als auch andere Forscher später sinnvoll damit arbeiten können. Die hier empfohlenen Regeln zum Umgang mit empirischen Daten sind – ebenso wie Dokumentation eines neu geschriebenen Programms – eigentlich eine Selbstverständlichkeit und mit gesundem Menschenverstand unmittelbar ersichtlich. Wir haben sie dennoch hier zusammengestellt, weil die Erfahrung zeigt, dass Forscher auch gegen besseres Wissen diese Regeln häufig und gerne missachten.

1. *Originale aufbewahren*
   Die Originaldokumente der Datenerhebung – seien es Fragebögen, Beobachtungsprotokolle, Tonbänder von Interviewmitschnitten, Videoaufnahmen von Beobachtungen, Zeitungsartikel einer qualitativen Inhaltsanalyse, Bilder, Urkunden, Gesetzestexte oder was auch immer – dürfen niemals Opfer von Aufräumarbeiten am Ende eines Projekts werden. Sie müssen immer mit den

digitalisierten Versionen der Daten gemeinsam aufbewahrt werden, etwa, damit man im Zweifelsfalle später noch einmal die Fehlersuche durch Abgleich mit den Originaldaten betreiben kann. Die Aufbewahrung der Originaldaten sichert außerdem die intersubjektive Nachvollziehbarkeit der Forschungsergebnisse.

2. *Sicherheitskopien anfertigen*
Im Laufe der Entwicklung der menschlichen Zivilisation wurden unsere Datenträger von den Steinplatten über die Pergamentrollen zum gedruckten Papier und zu den elektronischen Datenträgern immer leistungsstärker und zugleich immer kurzlebiger. Das Anfertigen von Sicherheitskopien möglichst auf unterschiedlichen Datenträgern (Ausdruck, Diskette, CD oder Netz-Server) ist daher unvermeidliches Gebot der Klugheit und bedarf keiner weiteren Erläuterung.
3. *Status der Daten dokumentieren*
Wiederum für den Fall, dass man selbst oder andere Forscher zu einem späteren Zeitpunkt mit den Daten noch einmal arbeiten wollen, sollten alle Umstände der Datenerhebung wie der Datenaufbereitung und Datenveränderung genau dokumentiert werden. Dazu gehören u.a: Welches Auswahlverfahren wurde verwendet? Wann wurden die Daten erhoben? Wo und mit welchen Methoden wurden sie erhoben? Wer war an der Erhebung beteiligt (Forscher und Beforschte)? Gibt es wichtige Hintergrundinformationen zur Quellensicherung? Wie viele Ausfälle gab es? Gibt es Gründe zur Annahme, dass die Ausfälle systematischer Natur sind, und wenn ja welche? Wie hoch ist die Fehlerquote? Welche Werte fehlen und warum? Wurden nachträglich Korrekturen oder Veränderungen vorgenommen und wenn ja welche? Gibt es unterschiedliche Versionen der digitalisierten Daten?
4. *Auf Kompatibilität der Software achten*
Software verändert sich innerhalb weniger Jahre, und Daten, die unter großer Mühe erhoben worden sind, können dadurch schnell unbrauchbar werden. Daher sollte man immer darauf achten, dass man die Daten in einem möglichst flexiblen und kompatiblen Format aufbewahrt. Dazu gehört zum einen, dass man möglichst wenig formatierte Versionen verwenden sollte, da gerade Formatbefehle sich zwischen Programmen und Programmversionen häufig unterscheiden. Zum anderen ist es sinnvoll, Software von Herstellern zu verwenden, die selbst ein Interesse an möglichst großer Kompatibilität ihrer Produkte haben

und nicht im Gegenteil eine Politik der Monopolisierung verfolgen.

Literatur zur Datenaufbereitung

Weiterführende Literatur

In *Dieckmann* (1999) und *Schnell*, *Hill* und *Esser* (1999) finden sich ausführliche und praxisnahe Anleitungen zum Erstellen eines quantitativen Datensatzes. *Flick* (2002) gibt einen guten Überblick über die Aufbereitung verbaler Daten. *Dittmar* (2002) erläutert Möglichkeiten, nicht standardisierte Interviews zu transkribieren. Eine Beschreibung der Vorgehensweise bei der Transkription geben auch *Kowal* und *O'Donnell* (2002). Auf besondere Probleme der Transkription weist anschaulich *Poland* (1999) hin. Lofland und Lofland veranschaulichen im Hinblick auf Probleme der Datenaufbereitung die Besonderheit der Erstellung von Feldnotizen bei Beobachtungen Die Vorbehalte gegen die Verwendung moderner IuK-Technologien in der qualitativen Forschung werden bei *Hopf* (1985) und *Coffey*, *Holbrook* und *Atkinson* (1999) formuliert

Coffey, Amanda / Beverley Holbrook / Paul Atkinson (1999): Qualitative Data Analysis: Technologies and Representations. In: Alan Bryman / Robert G. Burgess (Hg.): Qualitative Research, Vol. III. London: Sage Publications, 165-182

Diekmann, Andreas (1999): Empirische Sozialforschung. Reinbek: Rowohlt

Dittmar, Norbert (2002): Transkription. Opladen: Leske+Budrich

Flick, Uwe (2002): Qualitative Sozialforschung. Reinbek: Rowohlt

Hopf, Christel (2000): Qualitative Interviews - Ein Überblick. In: Uwe Flick / Ernst von Kardoff / Ines Steinke (Hg.): Qualitative Forschung. Reinbek: Rowohlt, 349-360

Kowal, Sabine / Daniel C. O'Connell (2000): Zur Transkription von Gesprächen. In: Uwe Flick / Ernst von Kardoff / Ines Steinke (Hg.): Qualitative Forschung. Reinbek: Rowohlt, 437-447

Lofland, John (1999): Data Logging in observation: Fieldnotes. In: Alan Bryman / Robert G. Burgess (Hg.): Qualitative Research, Vol. III. London: Sage Publications, 3-12

Poland, Blake D. (1999): Transcription Quality as an Aspect of Rigor in Qualitative Research. In: Alan Bryman / Robert G. Burgess (Hg.): Qualitative Research, Vol. III. London: Sage Publications, 13-32

Schnell, Rainer / Paul B. Hill / Elke Esser (1999): Methoden der empirischen Sozialforschung. München: Oldenbourg Verlag

8 Qualitative Auswertungsverfahren

Hatten wir in Kapitel 7 bereits darauf hingewiesen, dass spätestens mit der Aufbereitung der Daten in Text- oder Zahlenform die Konstruktion der Wirklichkeit beginnt (sieht man einmal davon ab, dass sie natürlich von Beginn eines Forschungsprojekts an konstruiert wird, da man bereits mit der Forschungsfrage bestimmte Ausschnitte aus der Wirklichkeit auswählt, diese unter einem bestimmten Blickwinkel betrachtet und sich mit bestimmten Methoden erschließt), so ist man nun bei der Auswertung im spannendsten und kreativsten Teil der Forschung angelangt, in dem der Forscher dem erhobenen Material interpretierend Sinn zuschreibt. Dieser Teil der Forschung ist freier, weniger eindeutigen Regeln unterworfen als die meisten anderen, dabei aber natürlich der entscheidende Schritt, da hier die Ergebnisse generiert werden. Im Sinne der intersubjektiven Nachvollziehbarkeit von Forschungsergebnissen ist es daher bei der Auswertung besonders wichtig, die Auswertungs- und Interpretationsschritte möglichst gut zu dokumentieren und offen zu legen.

Aufbau des Kapitels

Wir hatten wiederholt darauf hingewiesen, dass die Abgrenzung der Auswertung von anderen Phasen des Forschungsprozesses durchaus problematisch ist, da in allen Schritten – der Zuspitzung der Forschungsfrage, der Operationalisierung, der Fallauswahl und vor allem der Datenerhebung – de facto ebenfalls Annahmen und Interpretationen einfließen. Deshalb wollen wir zunächst in Abschnitt 8.1 einige Kriterien dafür benennen, was wir eigentlich unter der Auswertung im engeren Sinne verstehen, und die Ziele der Auswertung verdeutlichen. Gewisse Wiederholungen von Argumenten aus Abschnitt 2.4 sind hierbei unvermeidlich, da sich die qualitative Datenauswertung in mancher Hinsicht doch signifikant von der quantitativen unterscheidet.

Ein essenzieller Unterschied zur quantitativen Auswertung besteht bei der qualitativen Analyse darin, dass es keinen festgelegten Kanon gibt, wie man bei der Datenauswertung vorzugehen hat. Vielmehr wurden in Abhängigkeit von der theoretischen Verortung des Forschers und von der Forschungsfrage sehr viele unterschiedliche Forschungstraditionen entwickelt, bei denen auf den ersten Blick nicht erkenntlich ist, ob es sich hierbei um grundlegend verschiedene Vorgehensweisen oder um problemadäquate Abwandlungen eines prinzipiell gemeinsamen Grundmusters handelt. Dieses

Feld ist nicht nur für Neulinge in der qualitativen Forschung recht unübersichtlich, und von daher halten wir es für nötig, einige Schneisen ins Dickicht der Theorien zu schlagen. Zu diesem Zwecke stellen wir in Abschnitt 8.2 vier theoretische Paradigmata vor, die jeweils unterschiedliche methodische Vorgehensweisen bedingen, aber prinzipiell alle in der politikwissenschaftlichen Forschung anwendbar sind. In Abschnitt 8.3 werden wir dann aller dargestellten Vielfalt zum Trotz den Versuch unternehmen, so etwas wie ein verallgemeinerbares Raster von Vorgehensweisen für die Analyse von Daten zu entwickeln. Dieses Verfahren ist zugegebenermaßen relativ eng an die Grounded Theory angelehnt, was nicht zuletzt mit der starken Verbreitung computergestützter Datenanalyse in den letzten Jahren zu tun hat, für die die Grounded Theory besonders geeignet ist. Diese Verzerrung ist aber auch darauf zurückzuführen, dass von allen vorgestellten Theorien die Grounded Theory die pragmatischsten Handreichungen für die Vorgehensweise der Textanalyse entwickelt hat, wohingegen von den meisten anderen Theorietraditionen hierüber nur wenige explizite Aussagen gemacht werden. Gleichwohl ist dieses Raster, das wir vorstellen, keine reine Wiedergabe der Grounded Theory, sondern versteht sich als eine pragmatische Anwendung der Erfahrungen aus verschiedenen Forschungsrichtungen. Es ist durchaus nicht nötig, diesem Raster Schritt für Schritt zu folgen. Vielmehr sollte es als Anregung verstanden werden, sich aus dem vorgestellten Sortiment an Instrumenten, die einem prinzipiell zur Verfügung stehen, zu bedienen und diese in individueller Weise zu kombinieren und anzuwenden.

8.1 Was ist Auswertung?

Auswertungsverfahren abhängig vom Datentyp:

Auswertungsverfahren sind Verfahren zur Auswertung und Interpretation von Daten, die dem Forscher am Ende der Datenaufbereitung vorliegen. Während Daten, die standardisiert und in numerischer Form, also als Zahlen codiert, vorliegen, typischerweise mit Hilfe der Statistik quantitativ ausgewertet und zur Interpretation aufbereitet werden, bezieht sich die qualitative Auswertung überwiegend auf *verbale* Daten. Das können beispielsweise transkribierte Interviews sein, Beobachtungsprotokolle, Dokumente, Zeitungsartikel, Parteiprogramme oder Feldnotizen. Visuelle Daten sind zumeist im Prozess der Datenaufbereitung ebenfalls in Text überführt worden, etwa in Form von Beschreibungen oder Protokollen, so dass man auch hier von verbalen Daten ausgehen kann. Im Prinzip sind visuelle Daten aber auch direkt der Analyse zugänglich, ohne

numerische

verbale

visuelle Daten

dass sie zuvor in Text umgewandelt wurden. Eine Videoaufzeichnung beispielsweise kann mit den gleichen Verfahren der abschnittsweisen Sequenzierung bearbeitet werden, wie sie in Abschnitt 8.3 für Texte vorgestellt werden. Für nicht-sequenzierbare visuelle Daten, etwa für Gebäude, Bilder, Karten u.ä., müssen allerdings andere Analysetechniken zu Hilfe genommen werden, wie man sie beispielsweise in der Geschichtswissenschaft findet.

Bsp: Thomas / Znaniecki (1928) "The Polish Peasant'

Was ist mit diesen Daten nun zu tun? Manche Vertreter des Konstruktivismus, des Postmodernismus und der Biographieforschung sind der Ansicht, dass mit der Datensammlung die Arbeit des Forschers mehr oder weniger beendet ist. Beispielsweise sammelten William I. Thomas und Florian Znaniecki, zwei frühe Vertreter der Chicagoer Schule, zwischen 1918 und 1922 Briefe und andere persönliche Dokumente über Wladek W., einen polnischen Bauern, der in die USA ausgewandert war. Diese Dokumente stellten sie in einem Buch zusammen. Teilweise versahen sie sie mit erläuternden Fußnoten, ansonsten sollten die Daten für sich selbst sprechen.

Verdichtung und Interpretation

Die meisten Sozialforscher gehen jedoch davon aus, dass Daten noch ausgewertet, also interpretiert werden müssen. Interpretation bedeutet, dass der Forscher in irgendeiner Form über die Daten hinausgeht: Er verdichtet die Daten nach – von außen an sie herangetragenen – Relevanzkriterien. Er schließt mit Hilfe der Daten auf bestimmte Aspekte der Wirklichkeit, die er nicht direkt beobachten kann. Er verallgemeinert Informationen, die in den Daten enthalten sind. Er überträgt Schlüsse, die er aus den Daten gezogen hat, in andere Kontexte usw. Auswertung umfasst damit verschiedene Formen und Techniken, die Daten zu verdichten und zu interpretieren.

Auswertungsprozess als Wendeltreppe

Man kann sich den Auswertungsprozess in Form einer Wendeltreppe vorstellen. Indem man über die gleichen Stellen immer wieder hinweggeht, kommt man bei jedem Durchgang ein Stückchen höher. Indem man immer wieder über die Daten hinweggeht, treibt man die Interpretation voran, abstrahiert immer ein Stückchen weiter. Stellt man fest, dass man bestimmte Aussagen ohne weitere Informationen nicht treffen kann, wählt man zusätzliche Datenträger aus und / oder erhebt zusätzliche Daten. In qualitativen Forschungsprojekten ist es nicht selten, dass tatsächlich im Zuge der Auswertung ein und desselben Projekts weitere Daten erhoben werden. In der quantitativen Forschung hingegen vollzieht sich dieser iterative Prozess eher über verschiedene Forschungsprojekte hinweg. Da die Datenerhebung dort in der Regel so teuer ist, dass

Nacherhebungen zumeist nicht möglich sind, formuliert man mit den Ergebnissen, die sich aus den vorhandenen Daten gewinnen lassen, neue Forschungsfragen oder Hypothesen, die dann – häufig von anderen Forschern – in weiteren Untersuchungen überprüft und fortgeführt werden.

Ziele der Datenauswertung

Die Ziele der Datenauswertung können durchaus unterschiedlich sein. Es gibt Forschungstraditionen, die vorgeben, nur die erklärende Suche nach Kausalzusammenhängen sei echte wissenschaftliche Forschung. Dieser Anspruch ist vehement zurückzuweisen. Natürlich ist das Ziel der Forschung häufig die Suche nach kausalen Erklärungen, aber andere Forschungsziele sind deshalb genauso wichtig und legitim. Wie Gary King, Robert Keohane und Sidney Verba (1994) es formuliert haben: „Good description is better than bad explanation." Außerdem gehen in der realen Forschung verschiedene Forschungsziele häufig ineinander über oder stehen in unterschiedlichen Phasen des Forschungsprozesses im Vordergrund.

Identifikation von Fakten

In einem ersten Schritt ist es das Ziel fast jeder empirischen Forschung, Fakten und Tatsachen zu identifizieren. Wie viele Korruptionsstraftaten wurden 2003 strafrechtlich verfolgt, und waren das signifikant mehr oder weniger als 2002? In welchen Ländern fielen bei den Bundestagswahlen 1998 wie viele Überhangmandate an? Welche Abteilung ist im Bundesinnenministerium zuständig für die Ausarbeitung des Programms „Aktivierender Staat" und welche durchgeführten Projekte werden diesem Programm zugeordnet? Wie hoch ist die Analphabetenrate in den südamerikanischen Staaten wirklich? Diese Fragen mögen trivial klingen, und manchmal mag es auch ausreichen, an der richtigen Stelle nach der Antwort zu suchen. Das Hauptproblem besteht jedoch darin, erst einmal verlässliche Quellen für die Informationen zu finden. Häufig stößt man dann auf unvollständige oder widersprüchliche Aussagen oder muss Informationen erst weiter verarbeiten, bevor man zu den gesuchten Ergebnissen kommt. In vielen Fällen steckt dahinter ein aufwändiger und langwieriger Forschungsprozess.

Deskription

Die Identifikation von Fakten geht fließend über in die Deskription sozialer Wirklichkeit auf Basis der Daten. Die Daten werden unter einem bestimmten Aspekt zusammengefasst und in ihren Kontext eingebettet. Die Detailliertheit der Beschreibung hängt hierbei vom Gegenstand und der Zielsetzung des Forschers ab. Eine Zahlenkolonne, selbst ein einziger Kennwert, kann eine Merkmalsverteilung beschreiben, und das mag für gewisse Zwecke ausreichen. In anderen Fällen, etwa wenn etwas beschrieben wird, das dem Forscher wie seinem Publikum in seiner Gesamtheit wenig vertraut ist, kann eine sehr dichte verbale Beschreibung eher angemessen sein, die möglichst viele Details enthält und auf eine möglichst realitätsnahe Abbildung des Sachverhalts zielt. Es ist kein Zufall, dass das Konzept der dichten Beschreibung „thick description" von Clifford Geertz (1983) im Zuge anthropologischer Studien bei Naturvölkern entwickelt wurde. Zugleich illustriert dieser Hinweis auf die Anthropologie einen weiteren Zweck der Beschreibung: nicht nur Fremdes soll uns in der Beschreibung nahe gebracht werden, sondern auch scheinbar Vertrautes einmal aus einem anderen Blickwinkel betrachtet werden, etwa so, wie ein weißer Besucher die Stammesrituale der Bewohner einer Südseeinsel betrachtet.

Theorien entwickeln und überprüfen

Bisweilen ist das Analyseziel bereits mit der Deskription erreicht. Meist ist das Ziel der Analyse jedoch, ausgehend von der Beschreibung Theorien (neu oder weiter) zu entwickeln und zu überprüfen. Theorien verallgemeinern Erkenntnisse, stellen also gewissermaßen Wirklichkeitsmodelle auf einer höheren Abstraktionsebene dar. Theorien lassen sich wiederum danach unterscheiden, wie hoch die Abstraktionsebene ist, auf der sie angesiedelt sind, und welche Art von Erkenntnissen sie verallgemeinern. Darüber hinaus können wir Theorien in ihrem Geltungsanspruch entweder deterministisch oder probabilistisch formulieren.

Reichweite von Theorien

Theorien unterscheiden sich zunächst in ihrer Reichweite. Am einen Ende des Kontinuums befinden sich raum-zeitlich unbegrenzte, so genannte nomologische Theorien. Solche Großtheorien haben den Anspruch, auf unserer Welt immer und unter allen Umständen zu gelten. Theorien, die diesen Anspruch wenigstens näherungsweise einlösen, finden sich vor allem in der Naturwissenschaft im Bereich der Naturgesetze. Allerdings ist auch hier spätestens seit Einsteins Relativitätstheorie die Gültigkeit nicht mehr zweifelsfrei über Raum und Zeit hinweg gegeben. In den Sozialwissenschaften sind nomologische Theorien eigentlich kaum möglich, angenähert wird dieser Anspruch am ehesten von allgemeinen Handlungstheorien oder der Systemtheorie. Solche Theorien sind jedoch auf einem so hohen Abstraktionsniveau angesiedelt, dass sie kaum noch unmittelbar empirisch überprüfbar sind, sondern gewissermaßen erst wieder in konkrete Hypothesen „übersetzt" werden müssen.

Das andere Ende des Kontinuums wird von Theorien markiert, die einzelne Fälle erklären, etwa den Fall der Berliner Mauer oder den Handelsstreit zwischen der EU und den USA um Gen-Soja. Allerdings sind hier gewisse Zweifel angebracht, inwiefern man überhaupt von einer Theorie sprechen kann, da diese Erklärungen keine Verallgemeinerungskraft besitzen und sich somit kaum von der reinen Deskription unterscheiden.

Theorien mittlerer Reichweite

Den ganz großen Mittelbereich sozialwissenschaftlicher Theorien bilden die so genannten „Theorien mittlerer Reichweite". Theorien mittlerer Reichweite gehen über den Einzelfall hinaus, sind aber zeitlich, räumlich und inhaltlich klar begrenzt. Dadurch beanspruchen sie zwar einen gewissen Verallgemeinerungsgrad, enthalten aber noch viele Details und berücksichtigen Kontextinformationen. Beispiele hierfür sind etwa aus der Klassik der Soziologie Robert Michels' (1989[1911]) ‚ehernes Gesetz der Oligarchie', Handlungstheorien wie der ‚akteurzentrierte Institutionalismus' von Renate Mayntz und Fritz Scharpf (1995) oder die ‚Realismus'-Theorie der internationalen Beziehungen.

Theorietyp

Hinsichtlich der Art der Erkenntnisse, die verallgemeinert werden, lassen sich in der Politikwissenschaft im Wesentlichen Prozesse, Interaktionsmuster, Dimensionen, Typen und Kausalmodelle unterscheiden.

Prozesse (= zeitliche Muster)

Zahlreiche Theorien mittlerer Reichweite beschreiben zeitliche Muster. Um ein Beispiel zu geben: Ein Ergebnis einer (fiktiven) Analyse von Wahlkampagnen (Wahlplakaten, Slogans, Wahlwerbespots, Wahlprogrammen, Flugblättern und dokumentierten Äußerungen von Spitzenpolitikern) könnte sein, dass in den 1960er-Jahren die Wahlkampagnen ganz klar Werte ihrer spezifischen Klientel transportiert und deren Bedürfnisse angesprochen haben. Die Kampagnen von CDU und CSU etwa hätten Sicherheit, Ordnung und Wohlstand suggeriert, die Kampagnen der FDP individuelle Freiheit und Wirtschaftswachstum, die Kampagnen der SPD Chancengleichheit, Mitbestimmung und Schutz für die sozial Schwächeren. Im Laufe der Jahrzehnte hätten sich die transportierten Inhalte der einzelnen Parteien erstens immer mehr angeglichen und somit von der ursprünglichen Klientel entfernt und sich zugleich ihres Sinnes entleert. Dementsprechend hätten die Kampagnen aller Parteien in den kürzlich vergangenen Wahlkämpfen nur noch allgemeine Begriffe wie Fortschritt oder Zukunft verwendet und sich voneinander vor allem durch die Kandidaten unterschieden, auf die die Kampagnen in wesentlich stärkerem Maße konzentriert waren als früher. Ein solches Ergebnis einer Analyse verschiedener Datengruppen zeichnet bereits eine recht komplexe Struktur wieder, die einerseits Vergleiche im Querschnitt (zwischen den Parteien) zulässt, andererseits im Längsschnitt (Entwicklung über die Zeit) und dort sowohl für die einzelnen Parteien als auch für das Verhältnis zwischen den Parteien.

Interaktionsmuster (= Netzwerke, Strukturen)

Ein weiterer wichtiger Theorietyp sind Interaktionsmuster. Beispielsweise kann man sich vorstellen, dass mit Hilfe von teilnehmender Beobachtung und Dokumentenanalyse die Verhandlungsprozesse zwischen den einzelnen EU-Mitgliedstaaten in der Europäischen Kommission analysiert werden. Das Ergebnis einer solchen Untersuchung könnte ein Diagramm des Netzwerks von Interaktionen sein, das aufzeigt, welche Länder bei welchen Themen miteinander kooperieren und welche Interessen sich wo durchsetzen.

Dimensionen (= Skalen, Indizes)

Diese beiden Beispiele haben illustriert, wie man sich das Auffinden von Mustern oder komplexen Strukturen vorstellen kann. Wie aber könnte beispielsweise ein Ergebnis aussehen, das Dimensionen auffindet? Man könnte eine vergleichende Untersuchung der Biographien von amerikanischen Präsidenten und ihren gescheiterten Gegenkandidaten in der eigenen und der gegnerischen Partei durchführen auf der Suche nach Persönlichkeitsmerkmalen, die einen Kandidaten zum Präsidenten machen. Man könnte dabei herausfinden, dass gutes Aussehen und ein telegenes Auftreten im Laufe der Zeit im Vergleich zu analytischer Schärfe im Argumentieren immer wichtiger geworden sind, und dass alle erfolgreichen Kandidaten einige Charakterzüge bereits mit in den Wahlkampf gebracht haben, etwa die Fähigkeit, eine zuhörende Menge zu begeistern, eine hohe Konzentrations- und Entschlussfähigkeit und die Fähigkeit, die „richtigen" Mitarbeiter auszuwählen. Diese einzelnen Eigenschaften könnte man nun zu einer Skala „Eignung für Präsidentschaftskandidatur" zusammenfassen. Wie eine Skala gebildet werden kann, haben wir bereits in Kapitel 4 näher erläutert.

(Ideal)Typen (= Klassifikation)

Neben der Suche nach bestimmten Strukturen und Mustern (= „patterns") ist ein weiteres wichtiges Ziel der politikwissenschaftlichen Forschung die Identifikation von (Ideal)Typen. Idealtypen dienen dazu, eine Reihe unterschiedlicher Phänomene zusammenzufassen und als Typus zu benennen. Damit ermöglichen sie die Klassifikation realer Phänomene sowie eine Einschätzung, inwiefern sie vom Idealtypus abweichen. In einer Untersuchung wurde beispielsweise eine Klassifikation von Sozialstaaten vorgenommen (Esping-Andersen 1990). Hierbei wurden die westeuropäischen und nordamerikanischen Sozialstaaten drei Kategorien zugeordnet, die als das sozialdemokratische, das liberale und das konservative Wohlfahrtsmodell beschrieben wurden. Diese Kategorien unterscheiden sich in einer Reihe von Eigenschaftsbündeln: Historisch wurzeln sie in unterschiedlichen geistigen Strömungen und haben sich in unterschiedlichen Epochen entwickelt; sie streben nach unterschiedlichen Gerechtigkeits- und Freiheitsidealen und verfolgen unterschiedliche Ziele; der Sozialstaat wird von jeweils unterschiedlichen Instanzen getragen, um nur einige Beispiele zu nennen. Eine solche Klassifikation kann beispielsweise als Grundlage für weitere ländervergleichende Studien sehr nützlich sein.

Verteilungen in Kollektiven

Hat man zeitliche Muster, Interaktionsmuster, Dimensionen und Typen identifiziert, kann man untersuchen, wie diese in Kollektiven verteilt sind, z. B.: Zeigt sich die Angleichung und Sinnentleerung der Wahlkampagnen in allen Bundesländern Deutschlands oder in anderen Ländern gleichermaßen? Wie häufig kooperieren die Länder der EU bei welchen Themen? Sind die Gewinner amerikanischer Wahlkämpfe im Durchschnitt rücksichtsloser als die Verlierer? Wie hoch ist der Anteil von staatlichen, familiären und marktbezogenen sozialen Dienstleistungen in verschiedenen Wohlfahrtsstaaten? Welcher Anteil der Bevölkerung dieser Staaten ist mit ihrem sozialen Modell zufrieden?

Kausale Modelle

Schließlich entwickeln Politikwissenschaftler häufig Kausalmodelle: Sie suchen nach typischen Ursachen für bestimmte zeitliche Muster, Interaktionsmuster, Dimensionen, Typen und Verteilungen. Um noch einmal auf die oben zitierte Typisierung von Sozialstaaten zurückzukommen, die Erklärung für die Unterschiede sah der Autor vor allem in zwei Faktoren: welche geistesgeschichtlich-kulturellen Strömungen ein Land dominierten und welche Interessengruppen in bestimmten historischen Phasen den größten Einfluss auf die Politik hatten. Solche kausalen Modelle sollten anhand des empirischen Materials entwickelt und in weiteren empirischen Untersuchungen (mit neuen Daten) überprüft werden.

Literatur: Auswertung und Theoriebildung

Weiterführende Literatur

King, *Keohane* und *Verba* (1994) bieten das theoretische Rüstzeug zum kritischen Umgang mit Forschungsergebnissen im Hinblick auf Theoriebildung. *Creswell* (1998) geht auf typische Phasen der Theoriebildung ein, die allen qualitativen Verfahren gemein sind. *Glaser* und *Strauss* (1967) erläutern ebenfalls, wie man aus der Analyse qualitativer Daten zu Theorien gelangen kann. Verschiedene Formen der Theoriebildung sind bei *Geertz* (1983) (Dichte Beschreibung) und bei *Kelle* und *Kluge* (1999) (Typenbildung) paradigmatisch dargestellt.

Cresswell, John W. (1998): Qualitative Inquiry and Research Design. Thousand Oaks, CA: Sage

Geertz, Clifford (1983): Dichte Beschreibung. Beiträge zum Vestehen kultureller Systeme. Frankfurt am Main: Suhrkamp
Glaser, Barney G./ Anselm L. Strauss (1967): The Discovery of Grounded Theory. New York, N.Y.: Aldine
Kelle, Udo/ Susanne Kluge (1999): Vom Einzelfall zum Typus. Opladen: Leske + Budrich
King, Gary/ Robert O. Keohane/ Sidney Verba (1994): Designing Social Inquiry. Princeton, New Jersey: Princeton University Press

8.2 Theorien der qualitativen Datenanalyse

Wie wir zu Beginn dieses Kapitels schon angedeutet hatten, existieren in der qualitativen Sozialforschung zahlreiche unterschiedliche Forschungsparadigmata mit sehr unterschiedlichen Fragestellungen, Zielsetzungen und Schwerpunkten in der Vorgehensweise. Aufgrund der großen Zahl von Paradigmata erscheint das Universum der qualitativen Forschung gerade für einen Anfänger sehr unübersichtlich. Worin unterscheiden sich die einzelnen Ansätze und welcher eignet sich für welche Forschungsfrage? Wir wollen hier keinen vollständigen Überblick über die denkbaren Ansätze geben, hierfür gibt es bereits einschlägige Bücher, auf die wir am Ende des Kapitels auch hinweisen. Vielmehr werden wir einige ausgewählte Ansätze vorstellen, anhand derer verdeutlicht werden soll, wie sich unterschiedliche theoretische Hintergründe auch auf Techniken der qualitativen Datenauswertung auswirken. Es erhöht das Verständnis auch für das eigene Tun, wenn man sich vergegenwärtigt, welche theoretischen und methodischen Annahmen hinter bestimmten Ansätzen stehen. Auch ist man dann besser in der Lage, Diskussionen und wechselseitige Vorwürfe zu verstehen und einzuordnen.

Qualitative Datenanalyse und Interpretation sind schwer standardisierbar und somit auch schwer objektivierbar, weil sie sehr stark vom individuellen Forschungsstil des einzelnen Wissenschaftlers abhängen. Daher hat es verschiedene Versuche und Bemühungen gegeben, das Vorgehen auch bei der qualitativen Datenanalyse so weit zu ‚objektivieren', dass das Zustandekommen der Ergebnisse nachvollziehbar ist und im besten Falle unterschiedliche Forscher zu vergleichbaren Ergebnissen gelangen würden. Die vier Ansätze, die wir hier aus der Vielfalt der theoretischen und methodologischen Ansätze und Paradigmata der qualitativen Forschung, die sich in den verschiedenen geistes- und sozialwissenschaftlichen Disziplinen entwickelt haben (übrigens keine davon in der Politikwissenschaft!), ausgewählt haben und vorstellen, zeichnen sich alle dadurch aus, dass sie im Bemühen um eine höhere Objektivität und Nachvollziehbarkeit der Forschungsergebnisse eine eigene Methodologie der Datenanalyse entwickelt haben. Es handelt sich hierbei um die ‚*Objektive Hermeneutik*', die ‚*Grounded Theory*', die ‚*Diskursanalyse*' und die ‚*Qualitative Inhaltsanalyse*'. Einer fünften Tradition – der Fallstudienanalyse bzw. vergleichenden Politikforschung – ist ein eigener Band in dieser Reihe gewidmet.

Kriterien des Vergleichs der Theorien

Die Reihenfolge, in der die Theorien vorgestellt werden, ist nicht zufällig. Die objektive Hermeneutik erhebt hinsichtlich der *Reichweite* der durch die Methode generierten Theorien den weitesten Geltungsanspruch auf allgemeine soziale Gesetzmäßigkeiten. Die Grounded Theory zielt auf Theorien mittlerer Reichweite, Vergleichbares gilt für die Diskursanalyse. Mit Hilfe der qualitativen Inhaltsanalyse werden am ehesten gegenstandsspezifische Theorien generiert. Auch in der ‚*Reinheit*' des qualitativen Vorgehens ergibt sich die gleiche Reihung. Während die objektive Hermeneutik quantifizierende und standardisierende Verfahren stark ablehnt und auf die reine, einzelfallorientierte und vertiefte Textauslegung setzt, nehmen die Akzeptanz von, die Kompatibilität mit und die Nähe zu quantitativen Verfahren über die anderen drei Ansätze kontinuierlich zu. Des Weiteren unterscheiden sich die Ansätze hinsichtlich

Unterschiedliche dimensionale Ausprägungen der Ansätze

- ihrer theoretischen und disziplinären Herkunft und
- der Zielsetzung der Analyse;
- des Ausmaßes des induktiven Vorgehens, bzw. der Offenheit für die Daten sowie
- des Ausmaßes der Kontextgebundenheit bzw. der Dekonstruktion des Materials.

Die hier getroffene Auswahl stellt notwendig nur einen kleinen Ausschnitt möglicher Vorgehensweisen dar. Suchen Sie nach einem geeigneten Verfahren für eine spezifische Forschungsfrage, ist möglicherweise ein Verfahren am besten geeignet, das wir hier nicht erläutern. Anhand der Vergleichskriterien wird jedoch die Bandbreite der relevanten Dimensionen deutlich, auf denen ein geeignetes Verfahren liegen müsste. So können und müssen Sie letztlich vorhandene Beispiele immer an Ihr spezifisches Problem anpassen und typische Verfahren entsprechend modifizieren.

8.2.1 Objektive Hermeneutik

Entstehungshintergrund und Ziele

Die objektive Hermeneutik wurde als Methode 1968 im Rahmen eines Forschungsprojekts über Familientherapie und Sozialisationssoziologie von *Ulrich Oevermann* und seinen Mitarbeitern entwickelt. Diese Forscher wendeten sich damit explizit gegen quantitative Verfahren der standardisierten Datenerhebung und statistischen Auswertung, die ihrer Meinung nach keine validen Ergebnisse erbrachten. Stattdessen suchten sie ein Verfahren, das in der Lage sein sollte, zugleich realitätsangemessene und objektive Interpretationen von Texten zu liefern. Bei den zu analysierenden Texten handelte es sich um Protokolle von Interaktionen. Diese Bedingung ist der objektiven Hermeneutik auch über ihren Entstehungszusammenhang hinaus erhalten geblieben. Allerdings werden beide Begriffe, der des Protokolls und der der Interaktion, sehr weit gefasst. Als Protokolle gelten auch nicht-sprachliche Protokolle wie Audio- oder Videoaufzeichnungen, als Interaktion auch individuelle Handlungen. Heute erheben die Vertreter der objektiven Hermeneutik den Anspruch, „die grundlegende Untersuchungsmethode *jeglicher* sozialwissenschaftlichen Forschung zu sein" (Hervorhebung im Original) (Reichertz 2003: 514). Das Adjektiv ‚objektiv' bezieht sich dabei sowohl auf den Gegenstand der Analyse: es werden dessen objektive Bedeutungsstrukturen herausgearbeitet, als auch auf den Geltungsbereich der Ergebnisse: diese seien objektiv in einem absoluten Sinn. Mit ihrem hohen Geltungsanspruch machen sich die Vertreter der Objektiven Hermeneutik angreifbar, da es ihnen noch nicht gelungen ist, diesen Anspruch wirklich einzulösen.

Anwendungsbedingungen beim Forscher

Die objektive Hermeneutik wird von ihren Vertretern als eine „Kunstlehre" verstanden, die nur begrenzt gelehrt und gelernt werden kann, sondern vor allem durch Erfahrung erworben werden muss. Die Objektivität der Interpretation wird hierbei eben nicht durch ein bestimmtes Verfahren garantiert, sondern letztlich durch die Kompetenz des Forschers. Dessen Kompetenz besteht in der „unabhängige(n), empirische(n) Operativität der intuitiven Urteilskraft" (Oevermann et al. 1983: 105) bei der sorgfältigen zeilen- oder gar wortweisen Interpretation des Textes. Damit der Forscher in dieser Hinsicht auch wirklich kompetent ist, müssen drei Bedingungen erfüllt sein:

Abgeschlossene Sozialisation des Forschers

- *Erwachsene:* Die Forscher sollten ihren eigenen Sozialisationsprozess bereits abgeschlossen haben, also keine Kinder mehr sein, und aus demselben kulturellen Umfeld stammen wie die Personen, deren Interaktionen protokolliert werden.

Stabile Persönlichkeit des Forschers

- *Stabile Persönlichkeit:* Die Forscher sollten „nach Möglichkeit nicht ausgeprägt neurotisch [sein], jedenfalls nicht so neurotisch, dass die Befähigung zur intuitiv angemessenen Primärerfassung sozialer Sachverhalte darunter stark leidet" (Oevermann et al. 1983: 110). Außerdem sollten sie viele verschiedene theoretische Ansätze bei der Interpretation verwenden.

Zeit

- *Zeit:* Die Forscher müssen sehr viel Zeit mitbringen. Um zu veranschaulichen, was bei der objektiven Hermeneutik „sehr viel Zeit" bedeutet, sei ein Beispiel zitiert, das Oevermann et al. (1983: 111) selbst geben: Sie berichten, dass sie für den ersten Durchgang der Interpretation einer Seite eines Protokolls, das in etwa zwei bis vier Minuten Interaktion in Echtzeit entspricht, in einer Gruppe von drei bis sieben Mitgliedern 10 bis 15 Stunden benötigten. Mehrere Durchgänge der Interpretation sind jedoch nötig, und die schriftliche Fixierung der Interpretation dieser Seite, also dieser zwei bis vier Minuten Interaktion, nahm selbst 40 bis 60 Seiten ein. Dies auf die Dauer einer beliebigen Beobachtung hochzurechnen, sei jedem selbst überlassen.

Auswertungsschritte

Die Vorgehensweise der Auswertung lässt sich unterteilen in die ‚Sequenzanalyse' und die ‚Feinanalyse'.

Sequenzanalyse

Bei der *Sequenzanalyse* wird der Text in kleine Einheiten (Sequenzen) zerlegt, die ein Wort umfassen können oder einen Halbsatz, selten mehr. Für diese Einheiten werden dann mögliche Interpretationen gesucht, wobei der Kontext der Einheit nicht berücksichtigt wird.

Feinanalyse

An die Sequenzanalyse schließt sich die *Feinanalyse* an, bei der jede Einheit extensiv interpretiert wird mit dem Ziel, im Zuge der Analyse ein einziges stimmiges Deutungsmuster herauszuarbeiten und alle anderen ausschließen zu können.

Latente Sinnstrukturen

So soll es gelingen, die latenten Sinnstrukturen der Interaktion, also deren objektive Bedeutung, unabhängig von den Intentionen der handelnden Personen zu rekonstruieren. Für diese beiden Formen der Analyse wurde ein Schema von neun Kategorien erarbeitet.[1] Diese neun Kategorien stellen aber kein starres Schema dar,

---

1 Da dieses Kategorienschema sehr ausführlich und detailliert ist, wurde darauf verzichtet, es hier wiederzugeben. Es ist auch nicht unbedingt notwendig, um einen Überblick über die Logik und Theorie der objektiven Hermeneutik zu gewinnen. Im Detail kann das Schema bei Oevermann et al. 1983: 112ff. nachgelesen werden.

sondern bieten dem Forscher vielmehr Anhaltspunkte dafür, welche Fragen er an das Material stellen soll.

Innerer und äußerer Kontext

Was die Kontextgebundenheit der Interpretation anbelangt, so variieren die Anforderungen. Man unterscheidet den äußeren und den inneren Kontext einer Textstelle. Der äußere Kontext soll bei der Suche nach denkbaren Interpretationen möglichst weitgehend ignoriert werden, insofern handelt es sich bei der objektiven Hermeneutik im Vergleich zu anderen qualitativen Ansätzen um ein relativ stark dekonstruierendes Verfahren. Der innere Kontext umfasst das Wissen, das aus der Interpretation vorhergehender Textstellen gewonnen wurde. Dieser soll für die Interpretation sehr wohl herangezogen werden.

Theoriegeleitete Offenheit

Die Suche nach möglichen Deutungen des Textes ist offen, aber nicht theorielos. Die Methode wurde in Abgrenzung zum quantitativen Vorgehen mit Hilfe vorgefertigter Kategorienschemata entworfen. Daher sollen sich die Forscher bei der Analyse vor allem auf ihre aufgeklärte Intuition verlassen und insofern auch dem eigenen Vorwissen *nicht* vertrauen, als gerade die *nicht nahe liegenden* Interpretationen gesucht werden sollen, indem man die Daten „gegen den Strich bürstet". Dafür können verschiedene denkbare Theorien herangezogen werden. Insofern ist der Forscher ein aufgeklärter und zugleich theoretisch bewanderter, aber nicht theoretisch festgelegter Laie.

Objektivität

Die Annahme, dass man allein mit der gesunden Intuition und einer sorgfältigen und zeitintensiven Detailanalyse des Textes dessen objektiven Bedeutungsgehalt entdecken könne und somit valide Ergebnisse produziere, wird von den Autoren der objektiven Hermeneutik zwar als unproblematisch und nicht weiter begründungsbedürftig hingestellt; gerade dieser Punkt kann aber durchaus kritisch hinterfragt werden. Damit steht und fällt jedoch die methodische Rechtfertigung für das Vorgehen.

Anwendung in der Politikwissenschaft

Die Objektive Hermeneutik wird derzeit in der Politikwissenschaft nur selten angewendet. Schuld sind wohl einerseits die nur schwer einzuhaltenden Gütemaßstäbe, andererseits der immense Zeitaufwand, den objektiv-hermeneutische Analysen erfordern. Dennoch eignet sich die Objektive Hermeneutik unserer Ansicht nach zur Beantwortung einer Reihe politikwissenschaftlicher Fragestellungen. Die Rekonstruktion latenter Sinnstrukturen aus protokollierten Interaktionen könnte beispielsweise für die Analyse von Beobachtungen in politischen Gremien, bei Verhandlungen u. ä. von Interesse sein. Allerdings halten wir den Anspruch für unrealistisch, dass es sich hierbei um die grundlegende Untersuchungsmethode jeglicher sozialwissenschaftlicher Forschung handle.

8.2.2 Grounded Theory

Entstehungshintergrund

Die Grounded Theory – man könnte sie übersetzen als „in der Empirie verankerte Theorie" – wurde von Barney Glaser und Anselm Strauss Ende der 1960er-Jahre an der University of California in San Francisco entwickelt. Mit ihrem Buch „The Discovery of Grounded Theory" (1967) schlugen sie eine zum damaligen Mainstream alternative Forschungsstrategie vor. Ihr Argument war, dass in der soziologischen Forschung und Lehre zwischen der Theoriebildung einerseits und der empirischen Forschung andererseits eine große Lücke klaffe. Anstatt auf der Basis empirischer Daten neue Theorien zu formulieren, beschränke man sich auf die Überprüfung und Verfeinerung bestehender Theorien und Methoden.

Mit ihrem Ansatz wandten sie sich somit zum einen gegen die abstrakten soziologischen Großtheorien im Stile von Talcott Parsons oder Robert Merton. Demgegenüber schlugen Glaser und Strauss die Entwicklung von Theorien mittlerer Reichweite vor. Diese Theorien sollten unmittelbar aus der empirischen Forschung generiert werden und sich somit durch eine größere Realitätsnähe auszeichnen. Zum anderen wandten sie sich gegen die quantitative Forschung, die die Forschungslandschaft dominierte. Glaser und Strauss richteten sich mit ihrem Ansatz zwar verbal gegen die quantitative Forschung. Eigentlich meinten sie aber Forschung, die keinerlei Bezug zur Theorie hatte – unabhängig davon, ob sie qualitativ oder quantitativ war. Grounded Theory ist entsprechend ein Vorschlag, wie man mit Hilfe sorgfältiger empirischer Forschung in den Daten begründete und durch die Daten gestützte Theorien bilden kann.

Gründe für die Verbreitung von Grounded Theory

Aus diesem Entstehungshintergrund einer doppelten Frontstellung gegen die herrschende Lehre erklärt sich, dass in ihrem ersten Buch einige Argumente sehr stark überspitzt formuliert werden, die sie in späteren Schriften abschwächten. Aber die Grundprinzipien, die sie dort ausbreiten, sowohl was den Umgang mit empirischem Material als auch was die Verknüpfung zur Theoriebildung anbelangt, haben mittlerweile eine große Verbreitung gefunden. Dass sie heute zum Standardkanon der qualitativen Sozialforschung gehören, hat verschiedene Ursachen:

1. *Lehrbarkeit:* Obgleich auch die Grounded Theory als „Kunstlehre“ verstanden wird, bietet sie im Vergleich zu anderen theoretischen Ansätzen der qualitativen Forschung immer noch recht konkrete und anschauliche Handhabungen, wie man bei einem Forschungsvorhaben im Einzelnen vorgehen sollte. Dies ist nicht zuletzt der Weiterentwicklung der Grounded Theory durch Anselm Strauss und Juliet Corbin zu verdanken, die auf die „Lehrbarkeit“ der Theorie besonderen Wert gelegt haben.
2. *Offenheit:* Das Konzept der Grounded Theory ist sowohl inhaltlich als auch methodisch sehr offen und anpassungsfähig, was seine Verbreitung und Adaption in verschiedenen Disziplinen und für die unterschiedlichsten Forschungsfragen begünstigt.
3. *Wissenschaftshistorische Ursachen:* Nicht zuletzt haben auch die Begründer der Grounded Theory durch ihre Lehre an der University of California viele Generationen von Studenten geprägt. Diese haben das Konzept in ihren Abschlussarbeiten angewendet und somit maßgeblich zu dessen Verbreitung und Weiterentwicklung beigetragen.

Ziele

Das Ziel der Grounded Theory ist die Bildung von Theorien mittlerer Reichweite. Dabei sollen diese Theorien aber durchaus verallgemeinerbare Tatbestände und Zusammenhänge beschreiben. Mit diesem Anspruch hebt sie sich von anderen Ansätzen qualitativer Forschung ab, die sich häufig damit begnügen, komplexe Strukturen im Detail zu beschreiben, aber nicht nach Verallgemeinerung streben. Glaser und Strauss hingegen gehen davon aus, dass man zunächst konkrete gegenstandsbezogene Theorien entwickelt und diese dann zu formalen (allgemeinen) Theorien abstrahiert, die sich aber von anderen formalen Theorien durch ihre Realitätsnähe unterscheiden. Dabei geben sie zu, dass Intersubjektivität der Theoriebildung in dem Sinne, dass unterschiedliche Forscher bei der Arbeit am gleichen Text zu gleichen Theorien kommen müssten, natürlich nicht gegeben ist. Die Vorgehensweise der Textarbeit, die sie vorschlagen, soll vielmehr die Kreativität des Forschers anregen und unterschiedliche Ergebnisse ermöglichen. Die Nachvollziehbarkeit wird jedoch durch die sehr sorgfältige Dokumentation in Form von so genannten ‚Memos' gewährleistet.

Vorgehensweise

Der Weg zur Theoriebildung führt über eine Abwechslung zwischen Stichprobenziehung und Arbeit am Text. Ergeben sich aus der Textinterpretation neue Gesichtspunkte, so werden nach dem Prinzip des „Theoretischen Sampling“ (vgl. Abschnitt 5.5.3) neue Daten erhoben, bis die Stichprobe „theoretisch gesättigt“ ist. Die

Textarbeit lässt sich unter den Stichwörtern „Codieren“ und „Memos schreiben“ zusammenfassen. In einem iterierenden Verfahren werden den Textstellen „Codes“ entnommen, die im Laufe weiterer Durchgänge der Interpretation weiter abstrahiert werden. Dieser Prozess der Textarbeit wird von permanenten Notizen begleitet, die das eigene Tun zugleich dokumentieren und reflektieren. Auf Basis dieser „Memos“ werden dann die Theorien entwickelt.

Methode des konstanten

Zentrales Element der Technik der Grounded Theory ist die so genannte „Methode des konstanten Vergleichs“. Sie besteht darin, dass die Codes und die Notizen zwar in iterierenden Schritten selbst wieder als Textmaterial für weitergehende Interpretationen herangezogen werden, dass aber auf jeder Stufe der Analyse die Kategorien (oder Codes) und Hypothesen auf der Suche nach Gemeinsamkeiten und Widersprüchen immer wieder am originalen Material abgeglichen werden. Somit ist das Verfahren der Grounded Theory in hohem Maße kontextorientiert, um auf diese Weise die größtmögliche Gegenstandsangemessenheit der entstehenden Theorie zu wahren.

Offenheit

In ihrer ursprünglichen Formulierung betonten Glaser und Strauss, dass die Theorie allein aus den Daten emergieren sollte. Das heißt, man sollte die Codes nicht auf der Basis bestehender Theorien zuweisen, sondern sie induktiv aus dem Text entwickeln. Diese radikale Ablehnung deduktiven Vorgehens wurde in neueren Formulierungen der Methode abgeschwächt. Neben dem traditionellen „offenen Codieren“ wird nun auch ein „theoretisches Codieren“ als akzeptabel angesehen.[2] Im Hinblick auf die Anwendung der Methode für eigene Forschungsarbeiten zeigt diese Entwicklung, dass hier sehr viel individueller Freiraum für Interpretation und Gestaltung der ‚reinen Lehre’ besteht. Wichtig ist generell eine mentale Offenheit des Forschers, der bereit ist, sich von den Daten leiten zu lassen und seine eigenen Vorvermutungen konsequent in Frage zu stellen.

Anwendung in der Politikwissenschaft

Aufgrund ihrer inhaltlichen Offenheit und methodischen Anpassungsfähigkeit bietet die Grounded Theory einiges Potenzial, auch für die Untersuchung politikwissenschaftlicher Fragestellungen

---

2 Allerdings sind diese neueren Formulierungen in den Publikationen von Juliet Corbin und Anselm Strauss zu finden, wohingegen die eigentlichen Urväter der Theorie, Barney Glaser und Anselm Strauss, mittlerweile herzlich zerstritten sind und insbesondere über das Ausmaß der Standardisierung des Codierens sehr unterschiedliche Auffassungen vertreten. Glaser neigt nach wie vor der ursprünglichen Auffassung der maximalen mentalen Offenheit zu.

angewendet zu werden. Bislang finden sich hierfür Beispiele in der feministischen politikwissenschaftlichen Forschung und der Auswertung von Beobachtungsdaten. Die Akzeptanz der Methode ist tendenziell steigend.

8.2.3 Diskursanalyse

Herkunft

Die Diskursanalyse ist eigentlich ein sehr altes Verfahren, das aus der Literatur- und Geisteswissenschaft (dort insbesondere aus dem Bereich der Semiotik) stammt. In den 1960er-Jahren wurde der Begriff von Jürgen Habermas für die deutsche Sozialwissenschaft konzeptuell besetzt, in den 1990er-Jahren fand er vor allem durch die Schriften Michel Foucaults Verbreitung. Seitdem gewinnt die Diskursanalyse auch in methodischer Hinsicht für die sozialwissenschaftliche – und hier vor allem für die politikwissenschaftliche – Datenanalyse zunehmend an Bedeutung. Gemein ist ihr mit der objektiven Hermeneutik die theoretische Anknüpfung an kritische Ansätze. Sie geht von einem konstruktivistischen Welt- und Wissenschaftsverständnis aus. Grundannahme ist, dass die „Realität", wie wir sie wahrnehmen, nicht objektiv gegeben ist, sondern das Konstrukt sozialer Interaktion darstellt. So, wie wir sie wahrnehmen, ist die Wirklichkeit das Ergebnis der Sinngebung und Interpretation derjenigen Gruppen oder Eliten, die die Macht haben, den herrschenden Diskurs zu bestimmen. Ereignisse, Entwicklungen, Handlungen können demzufolge auf einen Prozess der bewussten oder unbewussten Verbreitung von Ideen zurückgeführt werden. Diese Ideen schlagen sich in bestimmten Begrifflichkeiten nieder. Die Eliten, die den herrschenden Diskurs bestimmen, haben somit auch die Macht, die politische Agenda zu gestalten.

Zielsetzung

Das Ziel der Analyse ist vor diesem theoretischen Hintergrund ein aufklärerisches. Der gegebene Text soll so aufgebrochen und dekonstruiert werden, dass deutlich wird, mit welchen Bedeutungen die Begrifflichkeiten der scheinbar faktischen Realität besetzt sind und welche Gruppen die Begriffe wie und mit welcher Absicht gebrauchen. Die Textanalyse ist hier Mittel zur Gesellschaftskritik, die Identifikation von Diskursen dient der Identifikation und Kritik von bestehenden Macht- und Herrschaftsstrukturen.

Objektivität

Wichtig sind für den Forscher also vor allem der gesellschaftskritische Blick auf das Material und der Anspruch, die ideologische Besetzung und Verwendung von Begriffen durch die herrschenden Eliten zu rekonstruieren. Hierin besteht auch der Anspruch auf

Objektivität der Ergebnisse: Es gibt keine objektive Wahrheit außerhalb des Diskurses. Die Leistung des Forschers besteht darin, dass er sich nicht von den vordergründigen Begriffsbelegungen blenden lässt, sondern deren eigentlich gemeinten Sinn rekonstruiert. Problematisch ist hierbei allerdings, dass auch der Forscher ja Mitglied eines Diskurses ist und sich daraus nicht befreien kann. Er kann zwar eine analytische Distanz zum Text aufbauen, jedoch nicht zu seiner eigenen Deutung. Somit kann sein rekonstruierter Sinn immer nur eine mögliche Deutung sein, die mit anderen prinzipiell möglichen Deutungen konkurriert. Ein objektives Wahrheitskriterium fehlt in letzter Instanz. Deshalb ist es notwendig, dass der Forscher seinen Standpunkt so explizit wie möglich macht macht.

Offenheit

Aufgrund des aufklärerischen Anspruchs kann nicht von einer Offenheit des Vorgehens gesprochen werden, da eine bestimmte theoretische Perspektive a priori eingenommen wird.

Kontextualität

Zugleich ist die Analyse stark kontextgebunden, da kontextuelle Eigenschaften des Textes, etwa wann, wo, von wem und in welcher Absicht er erstellt wurde, explizit zur Interpretation herangezogen werden. Hierin unterscheidet sich die Diskursanalyse besonders deutlich von der objektiven Hermeneutik.

Vorgehensweise

Eine eigene ,Technik' der Diskursanalyse ist bislang nicht entwickelt worden. Das Problem des methodischen Vorgehens besteht vor allem darin, die tiefgehende Einzelfallanalyse, die benötigt wird, um den Diskurs zu rekonstruieren, mit den Massen an Texten (z.B. Zeitungs- oder Zeitschriftenartikel) zu vereinbaren, die häufig die Datenbasis für die Analyse darstellen. Hierbei werden übliche inhaltsanalytische Techniken verwendet, wobei – je nach Neigung des Forschers – stärker standardisierte inhaltsanalytische Auswertungen oder stärker einzelfallorientierte interpretative Analysen durchgeführt werden. In beiden Fällen werden sowohl die textuellen Eigenschaften erfasst, namentlich das Auftauchen bestimmter Ideen in den Texten, als auch die kontextuellen Eigenschaften – wann und von wem wurde die Idee wo und wie formuliert. In der Kombination dieser Merkmale ist es dann möglich, den Verlauf, die Entwicklung und auch die Veränderung von Ideen und Begrifflichkeiten zu rekonstruieren und daraus reale Machtverhältnisse abzuleiten.

Anwendung in der Politikwissenschaft

Im Vergleich zu den anderen hier vorgestellten Ansätzen wurde für die Diskursanalyse keine eindeutige eigene Methode entwickelt, zumindest findet man diesbezüglich keine eindeutigen Hinweise. Dominant in der Anwendung ist vielmehr die theoretische Perspektive. Dieser Theoriebezug ist aber für eine mögliche Anwendung in der Politikwissenschaft auch eine Stärke der Diskursanalyse: Sie fokussiert auf genuin politische Aspekte der Realität – Macht, Herrschaft, Diskurs und Ideen. Damit bietet sie ein Denkschema, das sich für politikwissenschaftliche Problemstellungen und Forschungsfragen gut eignet. Gerade von Vertretern kritischer Ansätze in der Politikwissenschaft wird sie daher zusehends praktisch angewendet.

8.2.4 Qualitative Inhaltsanalyse nach Philipp Mayring

Entstehungshintergrund

In Abschnitt 6.5 waren wir im Zusammenhang mit der Datensammlung auf die Inhaltsanalyse als Verfahren eingegangen. Typischerweise wird zwischen quantitativer und qualitativer Inhaltsanalyse unterschieden. Die quantitative Inhaltsanalyse etablierte sich in den 1920er-Jahren in den USA als eigenständige Methode in der Kommunikationsforschung. Sie wurde entwickelt, um die Inhalte der neu aufkommenden Massenkommunikationsmittel quantitativ zu analysieren. Aus der Kritik an den Unzulänglichkeiten der quantitativen Inhaltsanalyse, die nur auf die manifesten Kommunikationsinhalte abzielte, entstanden dann in verschiedenen sozialwissenschaftlichen Disziplinen Versuche, diese Mängel durch Einbeziehung eines stärker qualitativ orientierten Vorgehens zu überwinden. Im Selbstverständnis und Anspruch an die Methode, etwa große Mengen an Material bearbeiten zu können und dabei den Gütekriterien (Objektivität, Validität und Reliabilität) zu genügen, stehen sich quantitative und qualitative Vorgehensweise relativ nahe. Die Inhaltsanalyse stellt also eine Schnittstelle zwischen qualitativer und quantitativer Sozialforschung dar. Heutzutage gehört sie in vielen Sozialwissenschaften wie der Psychologie, der Pädagogik, der Soziologie und der Politikwissenschaft zu den verbreiteteren Verfahren der Datenanalyse.

Definition

Inhaltsanalyse ist die systematische Bearbeitung von Kommunikationsmaterial. Im Gegensatz zur quantitativen Inhaltsanalyse konzentriert sich die qualitative Inhaltsanalyse nicht nur auf Kommunikationsinhalte und nicht nur auf verschriftlichtes Material. Gegenstand der Analyse können auch Bilder, Filme, Skulpturen oder ähnliches sein.

Kennzeichen

Kennzeichnend für das Vorgehen sind nach Mayring (2003: 471) vier Eigenschaften:

1. *Berücksichtigung des Kommunikationszusammenhangs*: Der Kommunikationszusammenhang des Materials wird berücksichtigt. Zum Verständnis des Materials ist es von Bedeutung, wer der Autor ist, welchen Hintergrund der Autor hat, was er mit der Kommunikation bezweckt, welche Merkmale die Kommunikation aufweist und für wen sie gedacht ist.
2. *Regelgeleitetheit*: In Anlehnung an die quantitative Inhaltsanalyse zeichnet sich auch die qualitative Inhaltsanalyse durch eine strenge Orientierung an Regeln aus. Es wird ein Kategoriensystem gebildet, und die Analyse folgt festgelegten Schritten.
3. *Gütekriterien*: Hierdurch soll die Analyse den Gütekriterien möglichst gut genügen. Die Validität wird im Vergleich zur quantitativen Inhaltsanalyse durch das offenere Vorgehen verbessert; die Vorgehensweise ist durch die Systematik und eine sorgfältige Dokumentation intersubjektiv nachvollziehbar, was dazu führen soll, dass die Intercoder-Reliabilität relativ hoch ist.
4. *Methoden-Mix*: Die qualitative Inhaltsanalyse versteht sich nicht als Gegensatz, sondern als Ergänzung zur quantitativen Inhaltsanalyse. So können auch in die qualitative Vorgehensweise quantitative Schritte eingebaut werden.

Vorgehensweise

In der Vorgehensweise lassen sich vier verschiedene Formen unterscheiden, die sich in einem Projekt jedoch nicht wechselseitig ausschließen müssen. Vielmehr handelt es sich um unterschiedliche Logiken der Herangehensweise an das Material, die sich je nach Fragestellung kombinieren und mischen lassen:

1. Bei der *Zusammenfassung* geht es darum, die relevanten Textinhalte zu komprimieren.
2. Auch bei der *induktiven Kategorienbildung* verrät der Name schon, was gemacht wird. Auf der Grundlage des Textes werden relevante Kategorien erfasst. Die Kategorienbildung steht selten für sich allein. Häufig geht ihr die Zusammenfassung des Textes voraus, und sie kann die Grundlage für eine weitergehende Strukturierung des Textes bilden.
3. Bei der *Explikation* versucht man, einzelne Elemente des Textes besser zu verstehen, indem man direkt den Kontext der Stelle heranzieht oder auch weiteres Material verwendet, das nicht dem zu analysierenden Text entstammt.
4. Die *Strukturierung* schließlich dient dazu, den Text je nach Fragestellung anhand von Kriterien zu untergliedern und so relevante Strukturen zu erkennen. Dies können formale oder inhaltliche

Kriterien sein oder Kategorien mit dem Ziel der Typenbildung oder der Skalenbildung.

Wichtig ist, sich zu vergegenwärtigen, dass die hier vorgestellten Techniken nicht notwendig „reine Lehren" sein müssen, sondern dass es sich eben um „Techniken" handelt, die nach Bedarf eingesetzt, kombiniert, partiell verwendet und abgeändert werden können.

Kontextbezug

Der Kontext spielt bei der qualitativen Inhaltsanalyse eine große Rolle, insbesondere, wenn man die Technik der Explikation anwendet. Die Dekontextualisierung der quantitativen Inhaltsanalyse zu überwinden, war ja gerade ein zentrales Anliegen der Entwickler qualitativer Vorgehensweisen. Dennoch ist der Kontextbezug beispielsweise im Vergleich zur Grounded Theory wesentlich weniger stark ausgeprägt, da primär Kategorien gebildet werden, denen einzelne Textstellen zugeordnet werden können. Die Berücksichtigung des Kontexts ist somit nicht wie bei der Methode des ständigen Vergleichs Grundelement der Analyse, sondern eine Ergänzungsmöglichkeit, die partiell und nach Belieben eingesetzt werden kann.

Offenheit

Auch die Offenheit der Analyse variiert nach gewählter Vorgehensweise. Prinzipiell ist die qualitative Inhaltsanalyse wesentlich offener als die quantitative. Selbst wenn man ein a priori theoretisch abgeleitetes Kategorienschema verwendet, wird dieses dennoch am Text überprüft und bei Bedarf abgeändert. Dies kann beispielsweise bei der formalen oder skalierenden Strukturierung der Fall sein. Die qualitative Inhaltsanalyse lässt aber auch die Möglichkeit der induktiven Kategorienbildung zu, die vollständig offen ist.

Anwendung in der Politikwissenschaft

Dadurch, dass es sich bei der qualitativen Inhaltsanalyse nicht um eine spezielle theoretisch fundierte Methodologie handelt, sondern vielmehr um eine Art Instrumentenkasten zum pragmatischen Umgang mit Texten, ist ihr Einsatzgebiet denkbar groß. Je nach Untersuchungsgegenstand und Fragestellung kann man mehr oder weniger standardisierte Vorgehensweisen wählen. Ideologisch wie praktisch wird die Anschlussfähigkeit an quantitative Auswertungen gewahrt, was sich nicht zuletzt in dem Bemühen ausdrückt, die Gütekriterien zu erfüllen. Somit stellt die qualitative Inhaltsanalyse ein Instrumentarium bereit, das auch und gerade für politikwissenschaftliche Forschung sehr leistungsfähig ist.

Literatur zu Theorien der qualitativen Datenanalyse

Weiterführende Literatur

Überblick / Vergleich von Theorien der qualitativen Datenanalyse

Strübing und *Schnettler* (Hg.) (2004) sowie *Seale* (Hg.) (2004) enthalten jeweils eine kommentierte Sammlung klassischer Grundlagentexte der Methoden der qualitativen Sozialforschung. Auch *Bulmer* (1984) gibt einen guten Überblick über die verschiedenen theoretischen Zugänge zuqualitativen Daten. *Creswell* (1998) systematisiert qualitative Forschungsansätze. Er erläutert, welcher Forschungsansatz zur Beantwortung welcher Art von Forschungsfrage geeignet ist und was alle qualitative Verfahren gemeinsam haben. *Denzin* und *Lincoln* (1994) sowie *Flick*, *Kardoff* und *Steinke* (2000) versammeln in ihren Handbüchern den aktuellen Forschungsstand der qualitativen Sozialforschung. *Titscher*, *Wodak*, *Meyer* und *Vetter* (1998) systematisieren Verfahren der Textanalyse, die aus unterschiedlichen (auch nicht sozialwissenschaftlichen) Disziplinen stammen.

Objektive Hermeneutik

Eine gute Darstellung der Methode aus erster Hand findet sich in *Oevermann*, *Allert*, *Kronau* und *Krambeck* (1979) sowie (1983). *Reichertz* (2003) als Schüler Oevermanns hat die Methode in einem Überblicksaufsatz zusammengefasst. Eine sehr gute, kritische aber anwendungsnahe Einführung bietet auch *Lamnek* (1995a;b). *Wernet* (2000) ist ein studiennahes Lehrbuch zur Objektiven Hermeneutik.

Grounded Theory

Die klassische Darstellung der Grounded Theory wurde von *Glaser* und *Strauss* 1967 geleistet. Dieses Buch, das auch in deutscher Übersetzung (1998) vorliegt, ist nach wie vor eine gute Einführung in die Methode. Ebenfalls geeignet sind hierfür *Corbin* und *Strauss* (1996), eine Kurzfassung davon findet sich bei *Strauss* und *Corbin* (1999). Etwas anspruchsvoller, aber für die konkrete Umsetzung in einem Forschungsprojekt hilfreich ist auch *Glaser* (1978). Kurzeinführungen im Rahmen von Lehrbüchern bieten *Lamnek* (1995a) und Böhm (2003). *Von Oertzen* hat in einem politikwissenschaftlichen Forschungsprojekt die Grounded Theory angewandt.

Diskursanalyse

Keller, *Hirseland*, *Schneider* und *Viehöver* (2001) haben mit ihrem Sammelband die Diskursanalyse im deutschen Sprachraum für die Sozialwissenschaft ins Bewusstsein gebracht. Darin nimmt *Nullmeier* (2001) die Perspektive der Politikwissenschaft, *Schwab-Trapp* (2001) die Perspektive der Soziologie ein. *Parker* (2000) gibt einige Informationen über die historischen Hintergründe der Diskursanalyse, *Behrens* (2003) wendet sie in einem politikwissenschaftlichen Forschungsprojekt konkret an.

Qualitative Inhaltsanalyse

Mayring (2003) erläutert, wie man bei der Inhaltsanalyse vorgeht. Eine kompakte Darstellung seiner Methode findet sich auch in Lamnek (1995b) Auf diesen Kenntnissen aufbauend, erläutern *Lauf* und *Wirth* (2001), wie man visuelle Daten inhaltsanalytisch bearbeitet.

Behrens, Maria (2004): Die transatlantischen Beziehungen in der Welthandelspolitik. Hagen: Univ. Habilitation

Bulmer, Martin (1984): Interpretative Procedures - Introduction and Further Reading. In: Martin Bulmer (Hg.): Sociological Research Methods. London: MacMillan, 209 - 214

Corbin, Juliet / Anselm Strauss (1996): Grounded Theory. Grundlagen qualitativer Sozialforschung. Weinheim: Beltz

Cresswell, John W. (1998): Qualitative Inquiry and Research Design. Thousand Oaks, CA: Sage

Denzin, Norman K. / Yvonna S. Lincoln (Hg.) (1994): Handbook of Qualitative Research. Thousand Oaks, CA: Sage

Flick, Uwe / Ernst von Kardoff / Ines Steinke (Hg.) (2000): Qualitative Forschung. Reinbek: Rowohlt

Glaser, Barney (1978): Theoretical Sensitivity. Mill Valley, CA: Sociology Press

Glaser, Barney G. / Anselm L. Strauss (1967): The Discovery of Grounded Theory. New York, N.Y.: Aldine

Glaser, Barney G. / Anselm Strauss (1998): Grounded Theory. Strategien qualitativer Forschung. Göttingen: Verlag Hans Huber

Keller, Reiner / Andreas Hirseland / Werner Schneider / Willy Viehöver (Hg.) (2001): Handbuch Sozialwissenschaftliche Diskursanalyse. Opladen: Leske+Budrich

Lamnek, Siegfried (1995a): Qualitative Sozialforschung - Band 1 Methodologie. Weinheim: Psychologische Verlags Union

Lamnek, Siegfried (1995b): Qualitative Sozialforschung - Band 2 Methoden und Techniken. Weinheim: Psychologische Verlags Union

Lauf, Edmund / Werner Wirth (Hg.) (2001): Inhaltsanalyse. Perspektive, Probleme, Potentiale. Köln: Halem

Mayring, Philipp (2000): Qualitative Inhaltsanalyse. Weinheim: Deutscher Studien Verlag

Mayring, Philipp (2003): Qualitative Inhaltsanalyse. In: Uwe Flick / Ernst von Kardoff / Ines Steinke (Hg.): Qualitative Sozialforschung. Ein Handbuch. Reinbek: Rowohlt, 468-475

Nullmeier, Frank (2001): Politikwissenschaft auf dem Weg zur Diskursanalyse?. In: Reiner Keller / Andreas Hirseland / Werner Schneider / Willy Viehöver (Hg.): Handbuch Sozialwissenschaftliche Diskursanalyse. Band I: Theorien und Methoden. Opladen: Leske+Budrich, 285-311

Oertzen, Jürgen von (2005): Das Expertenparlament. Abgeordnetenrollen in den Fachstrukturen bundesdeutscher Parlamente. Baden-Baden: Nomos

Oevermann, U./ T. Allert/ E. Konau/ J. Krambeck (1979): Die Methodologie einer "objektiven Hermeneutik" und ihre allgemeine forschungslogische Bedeutung in den Sozialwissenschaften. In: Hans-Georg Soeffner (Hg.): Interpretative Verfahren in den Sozial- und Textwissenschaften. Stuttgart: Metzler, 352-433

Oevermann, U. / T. Allert / E. Konau / J. Krambeck (1983): Die Methodologie einer "objektiven Hermeneutik". In: Peter Zedler / H Moser (Hg.): Aspekte qualitativer Sozialforschung. Studien zu Aktionsforschung, empirischer Hermeneutik und reflexiver Sozialtechnologie. Opladen: Leske+Budrich, 95-123

Parker, Ian (2000): Die diskursanalytische Methode. In: Uwe Flick/ Ernst von Kardoff / Ines Steinke (Hg.): Qualitative Forschung. Reinbek: Rowohlt, 546-556

Reichertz, Jo (2003): Objektive Hermeneutik und hermeneutische Wissenssoziologie. In: Uwe Flick / Ernst von Kardoff / Ines Steinke (Hg.): Qualitative Forschung. Ein Handbuch. Reinbek: Rowohlt, 514-524

Schwab-Trapp, Michael (2001): Diskurs als soziologisches Konzept. Bausteine für eine soziologisch orientierte Diskursanalyse. In: Reiner Keller / Andreas Hirseland / Werner Schneider / Willy Viehöver (Hg.): Handbuch Sozialwissenschaftliche Diskursanalyse. Band I: Theorien und Methoden. Opladen: Leske+Budrich, 261-283

Seale, Clive (Hg.) (2004): Social Research Methods. A Reader. Routledge

Strauss, Anselm / Juliet Corbin (1999): Grounded Theory Methodology: An Overview. In: Alan Bryman / Robert G. Burgess (Hg.): Qualitative Research, Vol. III. London: Sage Publications, 72-93

Strübing, Jörg / Schnettler, Bernt (Hg.) (2004): Methodologie interpretativer Sozialforschung. Klassische Grundlagentexte. UTB

Titscher, Stefan / Ruth Wodak / Michael Meyer / Eva Vetter (1998): Methoden der Textanalyse. Opladen: Westdeutscher Verlag

Wernet, Andreas (2000): Einführung in die Interpretationstechnik der Objektiven Hermeneutik. Opladen: Leske+Budrich

8.3 Auswertungstechniken

Methode folgt der Theorie

Wie der vorhergehende Abschnitt gezeigt hat, bedingen unterschiedliche theoretische Zugänge und Ansprüche unterschiedliche methodische Vorgehensweisen. Dies gilt insbesondere in der qualitativen Forschung, in der generell die Methode wesentlich stärker der Theorie folgt, als das in der quantitativen Forschung der Fall ist, die über einen stärker standardisierten Methodenkanon verfügt.

Standardisierung durch Software

Im Zuge der Verbreitung von Computerprogrammen zur Unterstützung der qualitativen Textanalyse haben sich aber auch in der qualitativen Forschung einige Techniken herausgebildet, die mittlerweile recht große Verbreitung gefunden haben und verdienen, quasi als Instrumentenkasten der qualitativen Datenauswertung dargestellt zu werden.

Anwendung in der Forschungspraxis

Wie wir bereits zu Beginn dieses Kapitels bemerkten, sind diese Techniken recht nah an das von der Grounded Theory beschriebene Verfahren angelehnt. Dies bedeutet für die Praxis der Auswertung aber weder, dass man auch theoretisch den Zielsetzungen der

Grounded Theory folgen muss; vielmehr lassen sich die beschriebenen Techniken auch mit anderen theoretischen Zugängen verbinden. Noch bedeutet dies, dass die Techniken genau so wie hier beschrieben angewendet werden müssen. Insbesondere die Reihenfolge, in der die Techniken vorgestellt werden, sagt nichts über die Reihenfolge deren Verwendung im Forschungsprozess aus. Vielmehr kann man davon ausgehen, dass verschiedene Techniken im Wechsel oder auch parallel angewandt werden. Hierbei wird man den Text in mehreren Durchgängen durcharbeiten, in deren Verlauf das Textmaterial strukturiert und reduziert wird, Informationen verdichtet und letztlich abstrahiert werden. Das Vorgehen im Detail ergibt sich im Wesentlichen aus der Forschungsfrage und dem individuellen Stil des Forschers.

8.3.1 Codierung

Das wichtigste und zentrale Mittel, um sich einen Text verfügbar zu machen, ist die Codierung. Indem man den Text aufbricht, seine Sinneinheiten erfasst und das Wichtige vom Unwichtigen trennt, erhält man die Möglichkeit, Strukturen zu bilden.

Logik des Codierens

Codieren ist zugleich ein sehr mechanischer und ein kreativer Prozess. Wenn man einen Text analysiert, versucht man, zentrale Konzepte, Argumente, Themen oder Informationen aus diesem Text herauszuziehen. Diese Konzepte kann man a priori formulieren oder aus der Lektüre des Textes heraus entwickeln. Manchmal helfen einem auch die Texte selbst, indem sie eine Struktur vorgeben. Bei einem Leitfadeninterview etwa sollten die meisten für den Forscher relevanten Kategorien bereits im Interviewleitfaden enthalten sein. Bei einer Analyse von Koalitionsvereinbarungen kann man sich an den einzelnen Kapiteln der Vereinbarung orientieren, die jeweils bestimmte Politikfelder behandeln. Oft gibt der Text aber keine eindeutige Struktur vor, etwa wenn man Transkripte narrativer Interviews liest, bei denen man den Befragten selbst die Dramaturgie des Gesprächs hat bestimmen lassen. In diesem Fall geht es darum zu rekonstruieren, über welche Themen er gesprochen hat. Textpassagen, die zu einem Thema, einem Konzept, einer Kategorie gehören, kann man dann zusammenordnen.

Früher, bevor man standardmäßig mit Computern arbeitete (und natürlich auch heute noch, wenn man nicht mit digitalisierten Daten arbeitet, etwa weil die Digitalisierung zu aufwändig wäre), bestand die Codierarbeit darin, den gedruckten oder getippten Text physisch mit einer Schere auseinander zu schneiden und die zusammengehörigen Textpassagen in große Ordner nach einem Stichwortregister einzuordnen. Diese Technik, im Englischen als „Cut and File" bezeichnet, illustriert nach wie vor am besten, worin die Tätigkeit des Codierens besteht. Arbeit man mit dem Computer und verwendet ein Programm zur qualitativen Datenanalyse (QDA-Software), schneidet man die Texte nicht mehr mit der Schere auseinander, aber man kann sich die gleiche Prozedur am Bildschirm vorstellen, nämlich dass man Textpassagen markiert, ausschneidet und hintereinander in verschiedene Dokumente kopiert, die nach einzelnen Stichworten (=Codes) benannt sind. Dies ist die ganze Logik des Codierens.

Kennzeichen von Codes

Codes werden üblicherweise in Form von kurzen Begriffen vergeben, die aus einem oder wenigen Wörtern bestehen. Im Prinzip könnte ein Code natürlich auch eine Beschreibung enthalten, die sich über mehrere Sätze erstreckt. Dies ist aber für die weitere Bearbeitung sehr unhandlich. Üblicherweise wird man versuchen, mit einem Code das relevante Thema oder Konzept zu bezeichnen. Codes selbst können dabei unterschiedlich abstrakt sein. Bei der Codierung von Interviews mit Abgeordneten des US-amerikanischen Kongresses über die Finanzierung ihrer Wahlkämpfe würde man zunächst einmal die verschiedenen Formen von Finanzierungsmöglichkeiten und Finanzquellen mit Codes belegen. Berichtet also ein Abgeordneter: „Ohne das Vermögen der Familie meiner Frau hätte ich niemals antreten können. Damit finanzierte ich meine ganzen Wahlkampfauftritte", dann könnte man dieser Passage den Code „private Wahlkampffinanzierung" zuweisen. Je nach Kontext könnte es auch sinnvoll sein, diese Aussage mit „familiärer Hilfe" zu codieren. Da der Anteil der Wahlkampfmittel begrenzt ist, den Kandidaten in den USA aus privatem Vermögen in Kampagnen investieren dürfen, könnte man diese Aussage auch als „illegale Wahlkampffinanzierung" codieren. Wichtig ist, dass man sich – vor allem in den ersten Durchgängen durch den Text – bemüht, noch möglichst wenig Interpretation in die Codes zu stecken, sondern sie vielmehr so neutral zu formulieren, dass sie für spätere Interpretationen offen bleiben. Vergleichbare Textpassagen versieht man mit denselben Codes. Was „vergleichbar" ist, hängt wiederum von der Entscheidung des Forschers ab.

In vivo codes

Eine mögliche Technik des Codierens besteht darin, Bezeichnungen und Interpretationen zu verwenden, die von Befragten selbst gebraucht werden, weil sie im Kontext eine bestimmte Konnotation haben. Solche Codes werden als *„in vivo codes"* bezeichnet. „Our guy in Washington" könnte ein solcher Code sein, den ein Abgeordneter selbst verwendet hat, um die Einstellung der Wähler im Heimatwahlkreis zu charakterisieren, die generell davon ausgehen, dass alle Politiker in Washington korrupt sind außer ihrem eigenen Abgeordneten. Allerdings soll hier gewarnt werden vor der Verwendung von in-vivo-codes aus Faulheit. Hat man erst einmal angefangen, in-vivo-codes zu verwenden, ist die Versuchung des inflationären Gebrauchs sehr hoch. Da sie den Forscher der Notwendigkeit der Abstrahierung entheben, sind sie in späteren Interpretationsgängen der Theoriebildung und Kritik tendenziell hinderlich.

Später lassen sich Codes auch zusammenfassen, wenn man feststellt, dass sie sich eigentlich auf das gleiche zugrunde liegende Konzept beziehen. So könnten Codes wie „will Wiederwahl sichern", „Our guy in Washington", „positives Medienimage", „Signalwirkung" alle im Code „Vertrauenswürdigkeit bei der Wählerschaft" zusammengefasst werden.

Verhältnis von Code und Text

Wie die Beispiele jetzt schon gezeigt haben, können sich Codes auf unterschiedliche Einheiten beziehen. Manchmal wird nur ein Wort mit einem Code bezeichnet werden, manchmal ein oder zwei Sätze, manchmal ein ganzer Absatz. Es ist weder nötig noch möglich, sich a priori auf eine bestimmte Codiereinheit festzulegen und diese einen ganzen Text (oder gar mehrere Texte) lang durchzuhalten. Vielmehr ist es sinnvoll, gegenstandsangemessen zu codieren, und dazu gehört eben auch eine variable Länge von Codiereinheiten. Tendenziell empfiehlt es sich, zunächst einmal eher längere Kontexte einem Code zuzuordnen. Später kann man die Passagen immer noch kürzen, aber es ist sehr ärgerlich, wenn umgekehrt später ein Code nur einer sehr kurzen Textpassage zugeordnet ist, aus der allein man nicht mehr rekonstruieren kann (und sich nicht mehr erinnert), wieso dort dieser Code steht. Zwar bieten die meisten QDA-Programme die Möglichkeit, zu einer codierten Passage den Kontext einzublenden, aber es erschwert doch die Arbeit der Auswertung, wenn codierte Textstellen nicht für sich allein verständlich sind.

Einer Textpassage können auch mehrere Codes zugewiesen werden. Es gibt kein Erfordernis, überschneidungsfrei zu codieren. So ist es gut denkbar, dass ein Absatz einem Code zugewiesen wird, innerhalb dieses Absatzes aber ein Satz noch zwei weitere Codes erhält, weil er offensichtlich sehr wichtig ist.

Entwicklung des Codierschemas

Prinzipiell unterscheidet man zwei Vorgehensweisen, um ein Codierschema zu entwickeln. Die eine wird als deduktives oder theoretisches Codieren bezeichnet, die andere als induktives oder offenes Codieren. In der Forschungspraxis kommen jedoch eigentlich immer Mischformen vor.

Deduktives Codieren (= theoretisches Codieren)

Unter dem deduktiven oder theoretischen Codieren versteht man die Zuordnung von Codes, die auf Konzepten beruhen, über die der Forscher bereits vor der Lektüre des Textes verfügte. Hat man also bereits eine bestimmte Theorie im Hinterkopf oder diese anhand anderen Materials entwickelt, wird man im Text gezielt nach Passagen suchen, die den Konzepten dieser Theorie entsprechen. Man könnte etwa bei der Analyse von Protokollen des Bundesrats nach verschiedenen Verhandlungsmustern suchen. Geben sich im Sinne der Verhandlungstheorie, wie sie etwa von Fritz Scharpf (1985) in seiner Theorie der Politikverflechtungsfalle beschrieben wurde, Hinweise auf Konfliktverschiebung auf die nächste Hierarchie-Ebene, auf Package-Deals oder auf Einigungen auf dem kleinsten gemeinsamen Nenner? Legen sich Verhandlungspartner nach der Logik des „strategic bargaining" auf Lösungen fest, um die Partner unter Druck zu setzen oder werden in wiederholten Verhandlungen verschiedene Partner abwechselnd begünstigt? Um ein anderes Beispiel zu nennen: man hat eine Reihe von Experteninterviews in Arbeitsministerien und Arbeitsämtern der Bundesländer durchgeführt, die alle auf einem einheitlichen Interviewleitfaden basieren. Nun kann man den Transkripten die Codes von Aspekten zuweisen, nach denen man ursprünglich im Interviewleitfaden gefragt hatte, etwa aktuelle Zahlen, Entwicklungstrends, Konzepte zur Wiedereingliederung, Strategien zur Reduzierung von Arbeitslosenzahlen u. ä.

Induktives Codieren (= Offenes Codieren)

Beim induktiven oder offenen Codieren verfügt der Forscher über keine solche vorgefertigte Struktur, die er aus einer Theorie ableiten konnte und an die Daten heranträgt. Vielmehr versucht er, aus dem Text heraus selbst Sinn zu konstruieren, lässt sich also von den Daten leiten. Das offene Codieren wurde besonders offensiv von den Vertretern der Grounded Theory propagiert, die der Meinung waren, das theoretische Codieren hemme die Kreativität, und neue Theorien könnten nur generiert werden, wenn man völlig offen an die Daten herangehe, das Gehirn des Forschers sozusagen eine tabula rasa sei. Dass ein solches Herangehen an Daten möglich sei, ist jedoch eine reine Fiktion, da wir uns von unserem Vorwissen, von unseren Vermutungen und Erwartungen niemals frei machen können. Schließlich haben wir bestimmte Daten erhoben, weil wir eine bestimmte Fragestellung verfolgen. Wir sehen die Daten im Lichte unseres Vorwissens an. Dieses Vorwissen kann Theoriewissen sein, das der Forscher mitbringt, und das seine Aufmerksamkeit erhöht und leitet, wodurch er sich vom Laien unterscheidet. Es kann auch einfach Alltagswissen sein, Erfahrung und gesunder Menschenverstand. Oder es kann spezifisches Faktenwissen sein. So könnte ein Forscher beispielsweise das obige Zitat des Abgeordneten über die Wahlkampffinanzierung nicht als „illegale Wahlkampffinanzierung" codieren, wenn er nicht eine recht genaue Kenntnis über die rechtlichen Regelungen zur Wahlkampffinanzierung hätte.

Wechsel von Induktion und Deduktion in der Forschungspraxis

Daher ergibt sich in der Praxis immer eine Mischung der Herangehensweise. Auch wenn man bereits sehr strukturiert und mit einem detaillierten Codiersystem an den Text herangeht, können sich aus der Lektüre noch neue Kategorien ergeben, an die der Forscher zuvor nicht gedacht hatte. Umgekehrt kann auch der Forscher, der sich bemüht, möglichst offen und unvoreingenommen die Daten für sich sprechen zu lassen, sich nicht komplett von seinen Erwartungen, seinen Vermutungen und seinem Vorwissen frei machen und wird diese in die Interpretation des Gelesenen und in die Formulierung der Codes einfließen lassen. Codes und Codiersysteme, die man im Verlauf der Datenauswertung vergibt, können abgewandelt und im Lichte neuer Erkenntnisse oder Sichtweisen angepasst werden.

Optimale Codezahl

Wie viele Codes soll man vergeben? Früher hat man als Faustregel ein System von 20 bis 50 Codes empfohlen. Dies ist aber nur ein pragmatischer Hinweis, um nicht vollständig den Überblick zu verlieren. Wenn man computergestützt arbeitet, kann das Codiersystem wesentlich ausdifferenzierter sein. Im Prinzip sind hier der Kreativität und Sortierfreude des Forschers kaum Grenzen gesetzt. Allerdings sollte man dabei berücksichtigen, dass gutes Codieren eine sehr zeitaufwändige Arbeit ist. Im Sinne einer ökonomischen und effizienten Arbeitsgestaltung sollte man sich daher bemühen, das Codiersystem nicht völlig ausufern zu lassen. Irgendwann wird es selbst mit den Suchfunktionen des Computers unübersichtlich. Vor allem ist es im Sinne der Strukturierung, Komprimierung und Abstraktion des Textes auch gar nicht sinnvoll und wünschenswert, jedem auftretenden Ereignis einen eigenen Code zuzuweisen.

Axiales Codieren

Ist der Analyseprozess schon weiter fortgeschritten und der gesamte Text einem oder mehreren Codes zugewiesen, kann es sich anbieten, die Codes weiter zu organisieren. Man kann Hierarchien bilden, indem man Oberkategorien bildet, denen verschiedene

„Ausprägungen" in Form einzelner Codes untergeordnet werden. Hierfür hatten wir oben das Beispiel „Vertrauenswürdigkeit bei der Wählerschaft" genannt. Die Hierarchisierung kann man im Prinzip auch beliebig weiter treiben, aus Gründen der Übersichtlichkeit ist es aber wenig sinnvoll, eine hierarchische Gliederung mit mehr als drei Tiefen zu bilden. Manchmal ist eine solche Zusammenfassung auch nicht nötig, und die Codes bilden lediglich eine lange Liste. Manchmal passen einzelne Codes auch zu verschiedenen anderen Codes. In diesem Fall ist es nicht sinnvoll, eine Hierarchie zu bilden, vielmehr ergibt sich eine Art Netzwerk von Codierungen. Dieses sollte man sich unbedingt grafisch veranschaulichen, um die wechselseitigen Beziehungen zu verdeutlichen. Diese komplexeste Form der Organisierung von Codes birgt nämlich die Gefahr, dass man sehr leicht den Überblick verliert.

8.3.2 Strukturierung

Ziele

Die Zuweisung von Codes zu einzelnen Textstellen ist eine notwendige Voraussetzung, um mit dem Text weiter strukturierend zu arbeiten. Ging es bei der Codierung darum, den Text zu zerlegen, seine Sinneinheiten zu erfassen und das Wichtige vom Unwichtigen zu trennen, versucht der Forscher durch die Strukturierung Sinnzusammenhänge zu erfassen und Theorien zu bilden oder zu prüfen. Technisch gesehen ist die Strukturierung recht einfach: Man stellt nach verschiedenen Kriterien die codierten Textpassagen zusammen. Die Krux besteht aber darin, gewissermaßen die richtigen Fragen an das Textmaterial zu stellen. Diese Fragen liefern das Forschungsparadigma und die theoretischen Modelle, mit denen der Forscher arbeitet, aber auch sein Wissen über den Gegenstandsbereich, sein Alltagsverständnis, seine eigene Kreativität und die Daten selbst.

Textimmanente vs. textübergreifende Strukturierung

Hierbei kann man unterscheiden zwischen der Arbeit an einem einzelnen Text und der textübergreifend vergleichenden Arbeit. Wir werden im Folgenden die Beispiele immer für die Analyse eines einzelnen Textes formulieren. Eine weitere Stufe der Analyse würde dann aber darin bestehen, diese Schritte vergleichend über das gesamte Set an Texten hinweg durchzuführen.

Listen codierter Textstellen - Häufigkeitsauszählung

Ein erster Schritt der Strukturierung besteht meistens darin, dass man sich alle Textstellen, die denselben Code zugewiesen bekommen haben, auflisten lässt. Man kann hier schon erkennen, welche Codes besonders häufig vergeben wurden und somit offensichtlich zentral sind, welche hingegen nur auf wenige Textstellen angewandt wurden. Bei Codes, die nur selten vergeben wurden, sollte man sich überlegen, ob sie als einzelne Kategorien überhaupt aufrechterhalten werden sollen, oder ob es sinnvoller sein könnte, sie unter ein anderes Konzept zu subsumieren. Auf diese Weise dient diese erste Deskription und Häufigkeitsauszählung auch der Kontrolle des Codeschemas.

Die Auflistung der Textstellen dient des Weiteren der Überprüfung der Validität der Konzepte. Im direkten Vergleich lässt sich besser feststellen, ob die Textstellen tatsächlich alle das gleiche Konzept repräsentieren, für das der Code steht. Es ist durchaus denkbar, dass sich im Laufe der Analyse das Verständnis des Forschers durch die Lektüre verändert hat und er den gleichen Code zu Beginn einer anderen Art von Textstellen zugewiesen hat als später. Häufig kommt es auch vor, dass man während des Codiervorgangs Codes weiter ausdifferenziert. Auch dies wird in der Listendarstellung deutlich, und Textstellen, die zunächst nur einen allgemeinen Code zugewiesen bekommen haben, können nachträglich spezifischeren Codes zugeordnet werden.

Gezielte Suche nach Widersprüchen

Nicht immer sind Codes, die selten vergeben wurde, ein Zeichen dafür, dass sie unwichtig sind! Kehren wir zu dem Beispiel der Abgeordneten zurück: Möglicherweise kommt der Code „illegale Wahlkampffinanzierung“ nur ein einziges Mal vor. Das bedeutet aber nicht, dass nur dieser eine Abgeordnete illegale Praktiken verwendet hat. Es bedeutet nur, dass nur dieser eine Abgeordnete offen darüber gesprochen hat. Da er aber offensichtlich kein Unrechtsbewusstsein hatte, könnte man nun überlegen, ob die Aussagen der anderen Abgeordneten Rückschlüsse auf ein Auseinanderfallen von gesetzlicher Illegalität und moralischer Illegitimität aufweisen, ob das genannte Verhalten tatsächlich selten auftritt oder ob andere Abgeordnete illegale Praktiken einfach geschickter verschleiert haben. Man sollte also, wenn einem so etwas eher Ungewöhnliches auffällt, in den Daten gezielt nach weiteren Widersprüchen suchen.

Die Strukturierung kann also verschiedenen Teilzielen in der Untersuchung dienen. Einige davon sind in den nächsten Absätzen beispielhaft aufgeführt. Generell gilt, dass der Kreativität des Forschers bei der Suche nach Mustern, Widersprüchen oder latenten Dimensionen prinzipiell keine Grenzen gesetzt sind. Er ist explizit aufgefordert, mit dem Datenmaterial zu spielen, es gegen den Strich zu bürsten. Wichtig ist dabei, dass er selbstkritisch und systematisch vorgeht und prinzipiell eine falsifikatorische Grundhaltung einnimmt. Die Strukturierung kann verschiedenen Zielen dienen.

Bearbeiten des Codeschemas

Hat man sich über das gesamte Codeschema und die dazugehörigen Textstellen einen Überblick verschafft, kann man Codes zusammenfassen, ausdifferenzieren, umbenennen, umstrukturieren oder neu bilden. Im vorangehenden Abschnitt hatten wir bereits gesehen, dass das Codeschema nicht nur in einer linearen Liste von Begriffen bestehen muss. Man kann Hierarchien und Netzwerke bilden. Man kann sie neu zuweisen oder Zuweisungen aufheben, man kann innerhalb einer Hierarchie Ebenen verschieben oder neue Verzweigungen bilden. Jedoch gilt hier wieder, wie bereits so oft, die Mahnung, nicht zu viel zu machen, nur weil es technisch möglich ist. Eine zu starke Differenzierung ist der Erkenntnis nicht unbedingt förderlich, von der allgegenwärtigen Gefahr, zu viel Zeit zu verlieren oder in den eigenen Daten zu „ertrinken", ganz zu schweigen. Die Codierung ist kein Selbstzweck, sondern dient der Analyse, der Theoriebildung oder der Überprüfung von Hypothesen, etwa indem der Forscher versucht, Muster, latente Dimensionen oder Kausalmodelle in den Daten zu entdecken.

Muster

1. *Suche nach Mustern:* Über die Häufigkeiten einzelner Merkmale und Merkmalskombinationen lässt sich feststellen, ob das Auftreten von Codes bestimmte Muster bildet. Tauchen bestimmte Codes häufig gemeinsam oder innerhalb einer bestimmten Entfernung (etwa innerhalb desselben Absatzes) voneinander auf? Gibt es zentrale Kategorien, an die sich andere Kategorien in Verzweigungen anlagern? Weisen Textstellen unterschiedliche Ausprägungen oder Endpunkte gemeinsamer Dimensionen auf? Bilden sie Klumpen? Diese Analyse ist den Analyseverfahren der explorativen Statistik vergleichbar. Auch das axiale Codieren, das im vorhergehenden Abschnitt beschrieben wurde, entspricht dieser Logik der Mustersuche.

Dimensionen

2. *Dimensionen:* Im Vergleich einzelner Textstellen, die die gleichen Codes aufweisen, können sich bestimmte theoretische Typen herauskristallisieren. Auf diese Weise kann man sowohl recht einfache Klassifikationen vornehmen als auch komplexe Syndrome beschreiben.

kausale Zusammenhänge

3. *Identifikation kausaler Zusammenhänge:* Anhand der Liste der vergebenen Codes kann man auch gezielt nach Stellen suchen, die zwei oder mehrere Codes gemeinsam haben. Eine solche Suche gibt starke Indizien für Zusammenhänge zwischen Phänomenen, die

– je nach der theoretischen Erklärung dafür – auch kausal interpretiert werden können.

Ebenso wie bei der statistischen Analyse besteht die Schwierigkeit – und der Reiz – der strukturierenden Textanalyse darin, die geeigneten Mittel reflektiert anzuwenden, um die Forschungsfrage möglichst gut zu beantworten.

8.3.3 Memos

Ziele

Neben dem Codieren ist das Schreiben von Memos eine unverzichtbare Technik der qualitativen Datenanalyse. Die Idee von Memos besteht darin, Gedanken, die einem während der Arbeit mit dem Text kommen, festzuhalten und auszuformulieren, um auf diese Weise die eigenen Ideen zu klären und eine Theorie entwickeln zu können. Natürlich gehört es zur Praxis fast jeder wissenschaftlichen Arbeit, dass man Skizzen der eigenen Gedanken anfertigt. Aber gerade bei der Analyse qualitativer Daten – nicht zuletzt wegen der großen Menge an Material – ist es besonders wichtig, regelmäßig systematische Notizen anzufertigen. Besonders eingängig und ausführlich ist diese Technik von Glaser und Strauss für die Grounded Theory beschrieben:
„Nachdem der Forscher eine Kategorie vielleicht drei- oder viermal kodiert hat, wird er bemerken, daß er jeweils unterschiedliche, im Widerstreit liegende Akzente gesetzt hat. Er wird über theoretische Begriffe grübeln und, während er bereits versucht, sich auf die Untersuchung des nächsten Ereignisses zu konzentrieren, alternative Möglichkeiten erwägen, dieses zu kodieren und zu vergleichen. Steht man an diesem Punkt, lautet die zweite Regel der Methode des ständigen Vergleichens: *Unterbrechen Sie die Kodierung und schreiben Sie ein Memo über ihre Ideen.* Diese Regel dient dazu, die anfängliche Frische der theoretischen Gedanken des Forschers fruchtbar zu machen und den Konflikt in seinem Kopf zu entschärfen... Mit klareren, systematisch aufgezeichneten Ideen über die im Entstehen begriffene Theorie kehrt der Forscher dann zu den Daten zurück, um mit der Kodierung und dem ständigen Vergleichen fortzufahren." (Hervorhebung im Original) (Glaser / Strauss 1998: 113f.)

Inhalte von Memos

Memos werden nicht zu einem bestimmten Zeitpunkt im Forschungsprozess angefertigt, vielmehr begleiten sie die Forschung in ihrer ganzen Dauer. Wichtig ist es natürlich, während des Codierens Memos anzufertigen. Es ist aber auch sinnvoll, Memos schon vor Beginn der Codierung zu schreiben, zum Beispiel über die Ablaufplanung der Datenerhebung, um Bemerkungen und Gedanken am Rande von Interviews festzuhalten oder als erste Zusammenfassungen des Textmaterials. Langfristig dienen Memos der Theorieentwicklung, so dass man im Verlaufe der Analyse auch Memos über Memos schreiben kann, in denen man die zunächst sehr konkreten Notizen verallgemeinert und weiterentwickelt. Auf diese Weise werden die Memos nach und nach zur Grundlage des Forschungsberichtes und einer Formulierung der Theorie, die man entwickelt hat.

Stil und Länge von Memos sind dem Geschmack des Forschers überlassen

Für das Schreiben von Memos gibt es keine besondere Technik. Jeder Forscher wird seinen eigenen Stil dabei ausbilden. Einige bevorzugen vielleicht eher stichwortartige Auflistungen, andere längere Fließtexte, in denen sie Gedanken entwickeln können. Auch in der Länge können Memos stark variieren. Tendenziell sind frühe Memos kürzer als späte, aber auch dies ist nicht zwingend. Da sie vor allem gegen Ende des Forschungsprozesses die Grundlage des Berichts darstellen, können sie dann schon einmal mehrere Seiten lang werden.

Typen von Memos

Inhaltlich kann man verschiedene Typen von Memos unterscheiden:

1. Wichtig sind zum einen die *Code-Memos*, auf denen man Codierregeln und Codierbeispiele vermerkt, um zu verhindern, dass im Laufe des Codiervorgangs einem Code sehr stark unterschiedliche Textstellen zugewiesen werden.
2. Der Klärung der eigenen Gedanken und langfristig der Theorieentwicklung dienen *Theorie-Memos*. Sie können alle Arten von Ideen, Skizzen, Definitionen oder Fragen enthalten, die dem Forscher während der Analyse durch den Kopf gehen. Sie stellen den kreativen Fundus dar, aus dem er bei seiner Suche nach Erklärungen und verallgemeinerbaren Theorien schöpft.
3. Schließlich kann es auch sinnvoll sein, sich *Planungs-Memos* über den Forschungsablauf zu erstellen, etwa über Zeitpläne, die Notwendigkeit, noch einmal Daten zu erheben, über Korrespondenzadressen von Probanden u.ä. Solche Planungs-Memos sind schon sinnvoll, wenn man alleine arbeitet, in einer Forschergruppe sind sie für einen möglichst reibungslosen Ablauf und gute Kommunikation unter den Mitgliedern der Forschergruppe unverzichtbar.

Organisation von Memos

Will man sinnvoll mit Memos arbeiten, ist deren Organisation besonders wichtig. Zum einen stellt sich die Frage, wohin man Memos schreibt. Lose herumfliegende Notizzettel sind offensichtlich einem effizienten Forschungsprozess wenig dienlich. Es bietet sich an, Memos immer bei denjenigen Textstellen zu verankern, auf die sie sich im engeren oder weiteren Sinne beziehen, entweder indem man z. B. auf Karteikarten Textstellenverweise notiert und diese in eigenen Karteikästen verwaltet oder indem man sie direkt an Textstellen anheftet. Arbeitet man mit einem Computerprogramm zur Textanalyse, so kann man dort die Memos in einer gesonderten Verwaltung ablegen. Dies ist natürlich für eine umfangreiche und effiziente Analyse das Einfachste. Zum zweiten stellt sich die Frage, wie man die Memos kennzeichnet. Hierfür sind einige Regeln hilfreich:

1. *Datierung:* Memos sollten immer das Datum ihrer Erstellung enthalten.
2. *Autor:* Arbeitet man in einer Projektgruppe, sollte man außerdem den Namen oder das Kürzel des Autors darauf vermerken.
3. *Zuordnung:* Die Textstelle, auf die es sich bezieht, sollte durch einen Textstellenverweis eindeutig identifizierbar sein, z.B. durch die Angabe des Dokumentnamens und der Zeilen- oder Absatznummer.
4. *Benennung:* Es ist sehr hilfreich, Memos mit Überschriften zu versehen, so erfasst man auf einen Blick, worauf sie sich beziehen. Auch kann man sie verschlagworten, indem man die zugehörigen Codes darauf vermerkt, sofern sie sich direkt auf einen oder mehrere Codes beziehen.
5. *Typisierung:* Es kann auch sinnvoll sein, Memos nach ihrem Typ zu sortieren. Deshalb sollte ein Memo auch einen Hinweis auf seinen Typ enthalten, etwa in Form von Kürzeln für Code-Memo, Theorie-Memo oder Planungs-Memo (oder auch für andere Memo-Arten, die im Forschungsprozess entstehen).

Wer sich angewöhnt, extensiv mit Memos zu arbeiten, hat die Chance, seine Analyse tatsächlich so zu organisieren, dass er nicht vollständig den Überblick verliert. Datierte Memos können auch als eigene Quellen oder Dokumente dienen und tragen somit zu einer großen Nachvollziehbarkeit und Intersubjektivierung des Forschungsprozesses bei. Vor allem aber ist es eine spannende Sache zu erleben, wie aus einzelnen Notizen, Überlegungen und Gedankenblitzen im Verlauf der Arbeit durch wiederholtes Lesen, Zusammenstellen, Umsortieren, Zusammenfassen, Verallgemeinern und Erweitern tatsächlich ein umfassendes Schema, ein Modell einer Erklärung oder ein Ansatz für eine Theorie entsteht.

8.3.4 Übergang zu quantitativen Auswertungsverfahren

Textübergreifende Analysen

Üblicherweise arbeitet man – zumindest in etwas umfangreicheren Forschungsarbeiten, wie sie bereits bei Studienabschlussarbeiten anfallen, nicht nur mit einem einzigen Text, sondern mit einem ganzen Set an Texten. Häufig sind dies die Transkripte einer Serie von Interviews. Aber auch alle anderen Arten von Texten, die wir in Kapitel 6 beschrieben haben, können das Datenmaterial für die Analyse darstellen, also verschiedene Typen von Dokumenten, Beobachtungsprotokolle oder Beschreibungen visueller Daten. Beim Codieren muss man notwendigerweise Text für Text durchgehen, bei der Strukturierung haben wir schon darauf hingewiesen, dass man sowohl textimmanent als auch textvergleichend strukturieren kann. Auch Memos können sich sowohl auf einzelne Texte als auch auf mehrere Texte beziehen.

Betrachtung von Texten als Fälle

Von der textvergleichenden Analyse ist es nur ein kleiner Schritt zur quantitativen Datenanalyse. Die Anschlussfähigkeit ist dann gegeben, wenn man die einzelnen Texte innerhalb des Sets an verwendeten Texten als „Fälle" betrachtet. Diesen Fällen kann man Eigenschaften zuweisen, also Ausprägungen auf Variablen. Diese Variablen wiederum kann man numerisch codieren. Auf diese Weise werden Vergleichs- und Analysemöglichkeiten eröffnet, die über die eigentliche Arbeit am Text hinausgehen und sich auf Eigenschaften der Dokumente beziehen. Diese numerischen Codes kann man statistisch bearbeiten. Einige Programme zur Textanalyse bieten mittlerweile einfache Auswertungsfunktionen an. Alternativ kann man die Informationen in ein Statistikprogramm exportieren und dort weiterbearbeiten. Es kann dann unter Umständen sehr aufschlussreich sein, diese formalen Variablen mit inhaltlichen Merkmalen in Zusammenhang zu bringen, beispielsweise indem man feststellt, dass bestimmte Realitätsdeutungen sich nur bei Frauen finden, wohingegen bei den männlichen Befragten der entsprechende Code praktisch nie vergeben wurde.

Vergabe von Fallvariablen

Welche Fallvariablen sinnvoll sind, hängt vom einzelnen Forschungsprojekt ab. Bei Befragungen kann man etwa die Quotierungskriterien der Stichprobenziehung als Fallvariablen verwenden, z. B. sind Wohnregion, Alter, Geschlecht und Bildungsstand typische Quotenmerkmale. Man kann offene Erhebungsinstrumente auch durch einen kurzen standardisierten Anhang ergänzen, wenn man von vornherein weiß, welche Variablen als Fallvariablen relevant sein könnten. Bei Dokumenten bieten sich als Fallvariablen etwa die Länge, die Herkunft, das Entstehungsdatum und der Autor an. Auch diese Informationen kann man gleich bei der Datenaufbereitung eingeben. Sie erleichtern unter Umständen die Kategorienbildung erheblich, weil sie das Material vorstrukturieren. Schließlich kann man solche Fallvariablen auch im Laufe der Datenanalyse konstruieren, z.B. indem man verbale Codes in numerische Variablen umwandelt.

Weiterführende Literatur

Literatur: Auswertungstechniken

Eine Einführung in die Logik und Technik der qualitativen Datenauswertung geben *Bulmer* (1984) und *Silverman* (1993) Auf die Technik des Codierens geht neben dem Klassiker *Glaser* und *Strauss* (1998) im Detail *Böhm* (2003) und *Kuckartz* (1999) ein. Kuckartz vermittelt außerdem einen umfassenden und praxisnahen Einstieg in die computergestützte Datenanalyse in allen Phasen bis hin zum Übergang zu quantitativen Verfahren. In ihrem Sammelband stellen *Titscher*, *Wodak*, *Meyer* und *Vetter* (1998) verschiedene Techniken der Textanalyse vor. *Mayring* (1988; 2003) geht in seinen Ausführungen zur qualitativen Inhaltsanalyse auf Techniken der Codierung und Strukturierung ein. Anhand konkreter Probleme entwickeln *Schmidt* (2000) (Interview-Auswertung) und Wolff (2003) (Akten- und Dokumentenanalyse) Hinweise zur Auswertung und Analyse qualitativer Daten. *Coffey*, *Holbrook* und *Atkinson* (1999) vergleichen kritisch computergestützte und manuelle Analyse.

Böhm, Andreas (2000): Theoretisches Codieren: Textanalyse in der Grounded Theory. In: Uwe Flick / Ernst von Kardoff / Ines Steinke (Hg.): Qualitative Forschung. Reinbek: Rowohlt, 475-485

Bulmer, Martin (1984): Concepts in the Analysis of Qualitative Data. In: Martin Bulmer (Hg.): Sociological Research Methods. London: MacMillan, 241-262

Coffey, Amanda / Beverley Holbrook / Paul Atkinson (1999): Qualitative Data Analysis: Technologies and Representations. In: Alan Bryman / Robert G. Burgess (Hg.): Qualitative Research, Vol. III. London: Sage Publications, 165-182

Glaser, Barney G. / Anselm Strauss (1998): Grounded Theory. Strategien qualitativer Forschung. Göttingen: Verlag Hans Huber

Kuckartz, Udo (1999): Computergestützte Analyse qualitativer Daten. Opladen: Westdeutscher Verlag

Mayring, Philipp (2000)[1988]: Qualitative Inhaltsanalyse. Weinheim: Deutscher Studien Verlag

Mayring, Philipp (2003): Qualitative Inhaltsanalyse. In: Uwe Flick / Ernst von Kardoff / Ines Steinke (Hg.): Qualitative Sozialforschung. Ein Handbuch. Reinbek: Rowohlt, 468-475

Schmidt, Christiane (2000): Analyse von Leitfadeninterviews. In: Uwe Flick / Ernst von Kardoff / Ines Steinke (Hg.): Qualitative Forschung. Reinbek: Rowohlt, 447-456

Silverman, David (1993): Interpreting Qualitative Data. London: Sage
Titscher, Stefan / Ruth Wodak / Michael Meyer / Eva Vetter (1998): Methoden der Textanalyse. Opladen: Westdeutscher Verlag
Wolff, Stephan (2000): Dokumenten- und Aktenanalyse. In: Uwe Flick / Ernst von Kardoff / Ines Steinke (Hg.): Qualitative Forschung. Reinbek: Rowohlt, 502-514

8.4 Software zur qualitativen Datenanalyse

Wir hatten in diesem und im vorhergehenden Kapitel mehrmals auf die Möglichkeit hingewiesen, verbale Daten mit Hilfe spezialisierter Software aufzubereiten und auszuwerten. Die Software zur qualitativen Datenanalyse ist noch eine relativ neue Erfindung. Trotzdem haben sich einige sehr elaborierte Programme bereits durchsetzen können. Diese Software wird häufig unter dem Begriff der QDA-Software (= „Qualitative Data Analysis Software"; auch: CAQDAS = „Computer Aided Qualitative Data Analysis Software") zusammengefasst. QDA-Programme dienen dazu, verbale Daten zu analysieren. Der große Vorteil an diesen Programmen besteht darin, dass sie extrem leistungsstark Textstellen archivieren und verwalten können. Das klingt erst einmal recht banal; hat man aber schon einmal mit großen Textmengen inhaltsanalytisch gearbeitet, erschließt sich der Vorteil solcher Programme sehr schnell. Man kann die Texte in die Programme einlesen, Textstellen markieren und mit Codes versehen, sie also verschiedenen Kategorien zuweisen. Man kann Kommentare zu den Texten schreiben und diese auch selbst wieder wie Texte behandeln. Man kann Textstellen über verschiedene Textdokumente hinweg suchen oder sich Textstellen, die mit gleichen Codes versehen sind, gemeinsam in eine Datei ausgeben lassen. Zwei der am weitesten verbreiteten QDA-Programme sind MAXqda (www.maxqda.de) und Atlas/ti (www.atlasti.de). Bei Atlas/ti kann man nicht nur verbale, sondern auch visuelle Daten einlesen. MAXqda ist nicht ganz so mächtig, dafür aber schneller zu lernen. Ein weiterer Vorteil ist, dass man Dokumente klassifizieren und aus den Klassifikationen einen Datensatz erzeugen kann, den man dann mit Statistik-Programmen quantitativ analysieren kann. WinMax (www.winmax.de) wurde in Deutschland entwickelt und ist in seiner Funktionalität MAXqda ähnlich. Ein weiterer Vorteil dieser Programme ist, dass mit ihrer Hilfe der Forschungsprozess selbst transparenter wird: Die meisten QDA-Programme halten fest, wer wann welche Codes und Memos vergeben hat. Manchmal wird von den Herstellern der Programme sogar angeboten, die komplette Analysedatei auf CD oder im Internet zu archivieren, so dass andere Forscher den Forschungsprozess intersubjektiv nachvollziehen können. Auf diese Weise leistet die Technik hier einen großen Beitrag zur Objektivierung der qualitativen Forschung.

Weiterführende Literatur

Literatur QDA-Software

Einen vergleichenden Überblick über QDA-Programme geben *Alexa* und *Zuell* (1999). Umfassender, aber nicht mehr ganz aktuell, ist der Überblick bei *Miles* und *Weitzman* (1995) sowie verschiedene Software zur qualitativen Datenanalyse. *Huber* (1992), *Kuckartz* (1999) und *Kelle* (2000) geben Hinweise, wie man mit Hilfe von QDA bei der Analyse konkret vorzugehen hat.

Alexa, Melina / Cornelia Zuell (1999): A Review of Software for Textanalysis. (ZUMA-Nachrichten Spezial Band 5). Mannheim: ZUMA

Huber, Günter L. (Hg.) (1992): Qualitative Analyse. Computereinsatz in der Sozialforschung. München: Oldenbourg

Kelle, Udo (2000): Computergestützte Analyse qualitativer Daten. In: Uwe Flick / Ernst von Kardoff / Ines Steinke (Hg.): Qualitative Forschung. Reinbek: Rowohlt, 485-502

Kuckartz, Udo (1999): Computergestützte Analyse qualitativer Daten. Opladen: Westdeutscher Verlag

Miles, Matthew B. / Eben A. Weitzman (1995): A Software Source Book. Computer Programs for Qualitative Data Analysis. Thousand Oaks, CA: Sage

9 Quantitative Auswertungsverfahren

9.1 Deskription und Exploration einer Variable

Deskriptive und explorative Analyse

Jede seriöse wissenschaftliche Untersuchung setzt eine profunde Kenntnis des zur Verfügung stehenden Datenmaterials voraus, das zur Untersuchung der Forschungsfrage eingesetzt werden soll. Es ist daher wichtig, den Charakter der Daten zu erfassen, um auf diese Weise ein Gespür für Muster und Strukturen zu bekommen, die in den Daten enthalten sind und die auf wichtige Zusammenhänge hinweisen können. Die Beschreibung dieser Charakteristiken der Daten wird allgemein als *Deskription, deskriptive Statistik* oder *beschreibende Statistik* bezeichnet. Da man durch das genaue Kennen lernen der Daten oft auf weitere zu untersuchende Forschungsfragen stößt, wird dieser Prozess auch *explorative Analyse* genannt. Die deskriptive Analyse wird unter anderem dazu herangezogen, zu überprüfen, ob bestimmte Vermutungen, unsere wissenschaftlichen Hypothesen, sich „auf einen ersten Blick" so auch in den Daten wiederfinden. Oft stoßen wir aber auch durch diesen ersten Augenschein auf neue Vermutungen, die wir dann im Rahmen einer wissenschaftlichen Theorie formulieren können. Dies entspricht dem typischen wendelförmig verlaufenden Entwicklungsprozess von wissenschaftlichen Theorien. Wir begegnen der Welt mit bestimmten Erwartungshaltungen, und umgekehrt bilden sich durch unsere Erfahrungen und Beobachtungen neue Erwartungen aus. In diesem Sinne sind Deskription und Exploration nur zwei Seiten derselben Medaille.

9.1.1 Absolute und relative Häufigkeitsverteilungen

Urliste

Die elementarste Darstellung von Daten stellt die sogenannte Urliste dar. Diese ist eine Auflistung aller Ausprägungen einer Variablen über alle Fälle. Die Urliste über die abgegebenen Zweitstimmen der Deutschen bei der Bundestagswahl 2002 könnte z.B. so aussehen: „CDU, SPD, CDU, CDU, FDP ...".

Absolute Häufigkeiten

Eine solche Urliste ist zwar die unmittelbare Abbildung der tatsächlichen Struktur der Wirklichkeit in der Reihenfolge, in der wir unsere Erfahrungen machen, sie ist aber unübersichtlich und macht es uns schwer, ebendiese Struktur zu erkennen. Wir kategorisieren daher unsere Erfahrungen, d.h. wir schaffen ein Ordnungssystem, bei dem wir ähnliche Erfahrungen zu Kategorien zusammenfassen. Dies geschieht durch den Vorgang der Messung. So haben wir alle gleichartigen Erfahrungen bei der Auszählung von Stimmzetteln, bei der an einer bestimmten Stelle ein Kreuz auftaucht, z.B. mit dem Wert „CDU" versehen. Was uns also wirklich interessiert, ist, wie häufig die einzelnen Kategorisierungen besetzt sind. Dazu ermitteln wir die *absoluten Häufigkeiten* der Kategorien. Die absolute Häufigkeit einer Merkmalsausprägung entspricht der Anzahl der Fälle, die diese Merkmalsausprägung aufweisen. Die Gesamtheit dieser Häufigkeiten bezeichnen wir als Häufigkeitsverteilung. Eine Häufigkeitsverteilung lässt sich angemessen in einer Tabelle darstellen. So sähe beispielsweise die absolute Häufigkeitsverteilung der abgegebenen Zweitstimmen bei der Bundestagswahl 2002 folgendermaßen aus:

Tabelle 9.1: Absolute Häufigkeitsverteilung der Zweitstimmen bei der Bundestagswahl 2002

Partei	Anzahl der erhaltenen Zweitstimmen
SPD	18 488 668
CDU	14 167 561
CSU	4 315 080
GRÜNE	4 110 355
FDP	3 538 815
PDS	1 916 702
REP	280 671
...	

Relative Häufigkeiten

Absolute Häufigkeiten sind nicht unbedingt sehr hilfreich, wenn es vor allem darum geht, schnell einen Eindruck über die Größenordnungen zu erhalten. In diesem Fall ist es sinnvoller, anstelle von absoluten Häufigkeiten *relative Häufigkeiten* zu berechnen, d.h. den Anteil, den die Fälle einer Kategorie an den Fällen einer Gruppe von Kategorien ausmachen. Man kann relative Häufigkeiten als Anteile oder als Prozentwerte angeben. Beide Darstellungsformen sind äquivalent. Die Anzahl, auf die die Berechnung der Anteile bezogen ist, wird *Basis* genannt. Durch die Bestimmung der Basis kommt eine inhaltliche Vorentscheidung in den Prozess der deskriptiven Auswertung. Denn man wird die Basis so bestimmen, dass die berechneten Anteilswerte in einem Sinn interpretiert werden können, der unter theoretischen Gesichtspunkten relevant ist. Bezogen auf das Wahlbeispiel interessieren uns z.B. die Anteile der Zweitstimmen der Parteien an allen abgegebenen gültigen Zweitstimmen. Die Basis der Prozentuierung beträgt dementsprechend 47 996 480. Dann ergibt sich die relative Häufigkeitsverteilung:

Tabelle 9.2: Relative Häufigkeitsverteilung der Zweitstimmen bei der Bundestagswahl 2002 mit der Basis der gültigen Zweitstimmen

Partei	Anteil der erhaltenen Zweitstimmen an allen gültigen Zweitstimmen	Anteil in Prozent
SPD	0,385=18 488 668/47 996 480	38,5
CDU	0,295=14 167 561/47 996 480	29,5
CSU	0,090= 4 315 080/47 996 480	9,0
GRÜNE	0,086= 4 110 355/47 996 480	8,6
FDP	0,074= 3 538 815/47 996 480	7,4
PDS	0,040= 1 916 702/47 996 480	4,0
REP	0,006= 280 671/47 996 480	0,6
...		

Die Anteilswerte einer relativen Häufigkeitsverteilung müssen sich auf 1 bzw. 100 % addieren. Die Basis wird entsprechend der Fragestellung gewählt, die uns interessiert. Wir hätten als Basis auch die Anzahl der Zweitstimmen der später im Bundestag vertretenen Parteien nehmen können, dann hätten wir folgende relative Häufigkeitsverteilung erhalten:

Tabelle 9.3: Relative Häufigkeitsverteilung der Zweitstimmen bei der Bundestagswahl 2002 mit der Basis der Zweitstimmen der im Bundestag vertretenen Parteien

Partei	Anteil der erhaltenen Zweitstimmen an allen gültigen Zweitstimmen	Anteil in Prozent
SPD	0,397=18 488 668/46 537 181	39,7
CDU	0,304=14 167 561/46 537 181	30,4
CSU	0,093= 4 315 080/46 537 181	9,3
GRÜNE	0,088= 4 110 355/46 537 181	8,8
FDP	0,076= 3 538 815/46 537 181	7,6
PDS	0,041= 1 916 702/46 537 181	4,1

Grafiken

Zur Darstellung von Häufigkeitsverteilungen eignen sich neben Tabellen auch Grafiken. Der Vorteil von diesen besteht darin, dass sie die charakteristischen Eigenschaften einer Verteilung unmittelbarer wiedergeben, da sie im wörtlichen Sinn „auf einen Blick“ zu erkennen sind. Übliche grafische Darstellungsformen sind das Säulendiagramm, das Balkendiagramm und das Kreisdiagramm.

Abbildung 9.1: Säulendiagramm

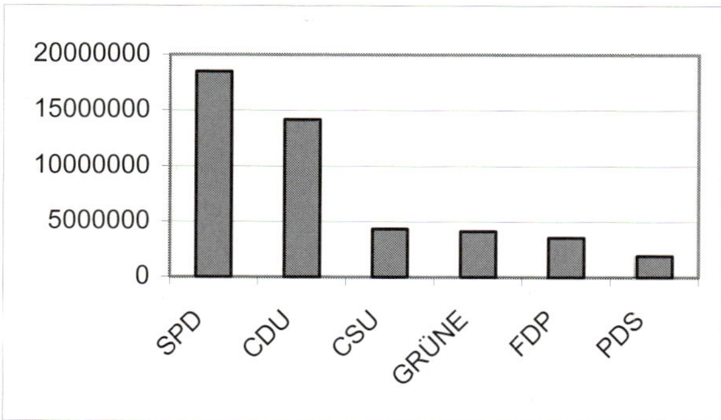

Abbildung 9.2: Balkendiagramm

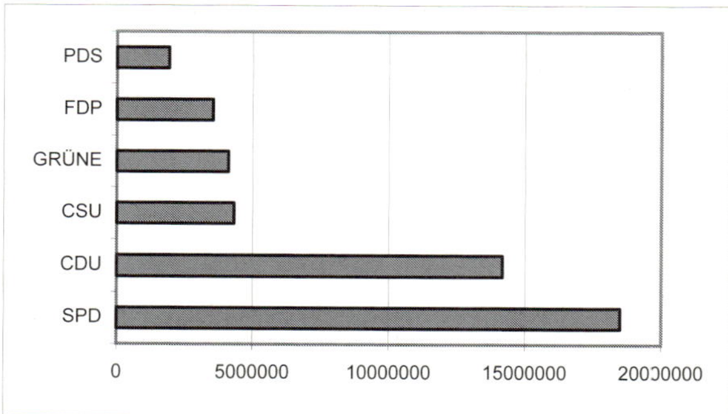

Abbildung 9.3: Kreisdiagramm

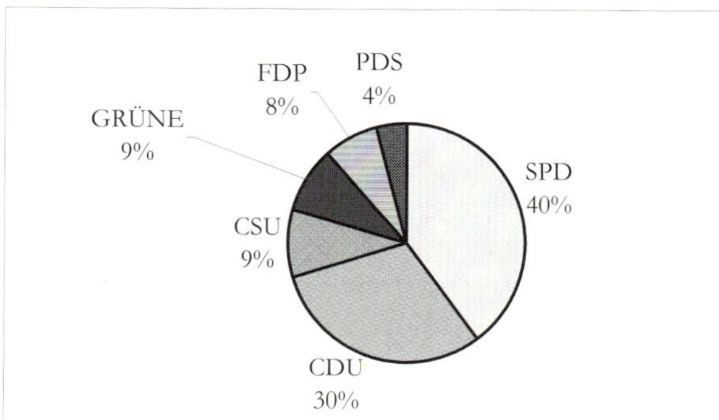

Die Parteiwahl ist eine nominalkategorisierte Variable und hat daher lediglich einige wenige diskrete Ausprägungen. Wenn jedoch Variablen sehr viele Ausprägungen haben, wie es z.B. bei kontinuierlichen Variablen wie der Körpergröße oder dem Gewicht der Fall ist, dann ist eine tabellarische oder grafische Darstellung der Häufigkeitsverteilung nicht sinnvoll, da es fast genauso viele verschiedene Ausprägungen der Variablen wie Fälle gibt. Die folgende Abbildung z.B. stellt ein so genanntes Stabdiagramm der Anzahl der Wahlberechtigten in den 328 Wahlkreisen bezüglich der Bundestagswahl 1994 dar.

Abbildung 9.4: Anzahl der Wahlberechtigten in den 328 Wahlkreisen (BTW 1994)

Gruppierte Häufigkeiten

Wie man sieht, variiert diese Anzahl beträchtlich. Der kleinste Wahlkreis hat etwas mehr als 120 000 Wahlberechtigte, der größte mehr als doppelt so viel. Es gibt keine einzige Anzahl von Wahlberechtigten in einem Wahlkreis, die öfter als einmal vorkommt, was auch nicht weiter verwunderlich ist. Eine tabellarische Auflistung der Wahlkreise würde eine Tabelle mit 328 Zeilen ergeben. Um diese Daten auf anschaulichere Weise darstellen zu können, werden sie gruppiert, d.h. man fasst mehrere Werte zu einer Klasse von Werten zusammen, die durch einen bestimmten Wertebereich gebildet werden. Beim vorliegenden Beispiel könnte eine sinnvolle Gruppierung darin bestehen, dass man jeweils Intervalle mit einer Breite von 10 000 bildet. Alle Wahlkreise, deren Anzahl der Wahlberechtigten zwischen 130 000 und 139 999 liegt, fallen z.B. in dieselbe Kategorie. Die *gruppierte Häufigkeitsverteilung* lässt sich dann in einer übersichtlichen Tabelle darstellen.

Tabelle 9.4: Gruppierte Häufigkeitsverteilung der Wahlberechtigtenanzahl in einem Wahlkreis bei der Bundestagswahl 1994

Wahlberechtigte	Häufigkeit	Prozent
120000-129999	1	0,3
130000-139999	13	4,0
140000-149999	25	7,6
150000-159999	34	10,4
160000-169999	45	13,7
170000-179999	39	11,9
180000-189999	36	11,0
190000-199999	30	9,1
200000-209999	35	10,7
210000-219999	28	8,5
220000-229999	18	5,5
230000-239999	17	5,2
240000-249999	6	1,8
250000-259999	1	0,3
Gesamt	328	100,0

Histogramm

Die Verteilung der gruppierten Daten kann in Form eines so genannten Histogramms grafisch dargestellt werden. Die Form eines Histogramms ähnelt der eines Säulendiagramms, allerdings liegen die einzelnen Säulen ohne Abstand direkt nebeneinander. Damit soll veranschaulicht werden, dass es sich um die Verteilung einer kontinuierlichen Variablen handelt, bei der im Prinzip jeder beliebige Wert auf der X-Achse vorkommen kann.

Abbildung 9.5: Histogramm der gruppierten Daten der Anzahl der Wahlberechtigten in einem Wahlkreis bei der Bundestagswahl 1994

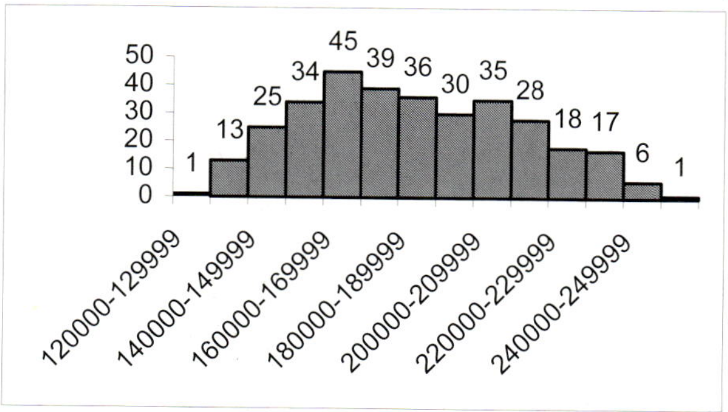

Histogramme genügen dem *Prinzip der Flächentreue*, d.h. die Fläche eines einzelnen Balkens ist direkt proportional zur Anzahl der Fälle, die er repräsentiert.

9.1.2 Maße zur Beschreibung von Verteilungen

Tabellen oder Grafiken stellen die gesamte Verteilung einer Variablen dar. Sie enthalten damit zwar die gesamte Information, sind aber ungeeignet, wenn es um den Vergleich zweier Verteilungen geht. Hierzu benötigen wir Maßzahlen, die charakteristische Eigenschaften von Verteilungen in einem einzigen *Kennwert* konzentriert wiedergeben. Solche Kennwerte werden auch *Parameter* genannt, da sie selbst zwar keine Messwerte darstellen, aber in einer bestimmten Hinsicht typische Messwerte repräsentieren.

Maße der zentralen Tendenz

Will man das Wesen einer Verteilung im wörtlichen Sinne auf den Punkt bringen, so kann man dies am besten, indem man die Verteilung durch einen einzigen Wert darstellt, der sie als Ganzes am besten repräsentiert. Wir können auch sagen, dass dieser Wert der für die Verteilung typischste Wert ist. Diese Art von Kennwerten werden *Maße der zentralen Tendenz*, *Lageparameter* oder manchmal auch – in einem sehr weit zu verstehenden Sinn – *Mittelwerte* genannt.

Modus

Wie ein solcher Lageparameter für eine bestimmte Verteilung ermittelt wird, hängt vom Skalenniveau der Variablen ab. Im Falle einer nominalskalierten Variablen stellt den typischsten Vertreter der Verteilung der Wert dar, der am häufigsten in der Verteilung vorkommt. Dieser Wert wird als *Modus* oder *Modalwert* der Verteilung bezeichnet. Der Modus der Verteilung der Zweitstimmen für eine Partei in unserem obigen Beispiel ist demnach die Kategorie „SPD“, da diese am häufigsten besetzt ist.

Median

Je höher das Skalenniveau einer Variablen ist, desto mehr Informationen können wir aus der Ausprägung einer Variablen ziehen. Im Falle von ordinalskalierten Variablen kennen wir nicht nur die Ausprägungen selbst, sondern wir können diese sogar in einer Reihenfolge anordnen. Der typischste Vertreter der Verteilung ist nun derjenige, der sich in der Mitte der in einer Reihenfolge angeordneten Datenmenge befindet. Diesen Wert bezeichnen wir als *Median* der Verteilung. Wir können auch sagen, der Median unterteilt eine Verteilung in zwei Hälften, so dass sich maximal 50 % der Werte links vom Median und maximal 50 % der Werte rechts vom Median befinden. Besitzen wir eine Datenreihe mit einer ungeraden Anzahl von Fällen wie z.B. 3, 4, 21, 101, 1000, dann ist der Median der Wert in der Mitte, also 21. Handelt es sich um eine Datenmenge mit einer geraden Anzahl von Fällen n, dann befindet sich der Median in der Mitte zwischen dem $\frac{n}{2}$.ten und dem $\left(\frac{n}{2}+1\right)$.ten Fall. Die Datenreihe 3, 4, 21, 101, 1000, 1005 z.B. hat 6 Werte, der Median befindet sich demnach zwischen dem dritten und dem vierten Wert, also zwischen 21 und 101. Im Prinzip kann jeder Wert innerhalb dieses Intervalls als Median der Verteilung bezeichnet werden, aus Eindeutigkeitsgründen aber wird hier der *linear interpolierte Median* gebildet, der die Hälfte aus der Summe der Werte der Intervallgrenzen beträgt. In unserem Beispiel ist der interpolierte Median also gleich (21+101)/2=61.

Arithmetischer Mittelwert

Der bekannteste und verbreitetste Lageparameter ist der *arithmetische Mittelwert*. In der Umgangssprache meinen wir meistens diesen, wenn wir allgemein nur vom Mittelwert sprechen. Der arithmetische Mittelwert wird auch als *Durchschnitt* bezeichnet. Er wird formal als $\bar{x}$ ausgedrückt und nach folgender Formel berechnet:

$$\bar{x} = \frac{1}{n}\sum_{i=1}^{n} x_i$$

Der Mittelwert wird gebildet, indem man die Summe aller Werte durch die Anzahl der Werte teilt. Da hier arithmetische Operationen durchgeführt werden, kann der Mittelwert nur für intervallskalierte Daten berechnet werden. Der Mittelwert hat interessante Eigenschaften. Die Summe aller Abweichungen vom Mittelwert beträgt z.B. 0, oder – anders ausgedrückt – die Summe der Abweichungen vom Mittelwert auf der linken Seite entspricht genau der Summe der Abweichungen auf der rechten Seite. Daher wird der Mittelwert manchmal auch als *Schwerpunkt* einer Verteilung bezeichnet. Ganz im Sinne der mechanisch inspirierten Metapher bedeutet dies, dass weit vom Mittelwert entfernt liegende Wert durch ihren größeren „Hebel" einen entsprechend größeren Einfluss ausüben. Wenn wir den Mittelwert der obigen Datenreihe 3, 4, 21, 101, 1000 berechnen, erhalten wir (3+4+21+101+1000)/5=225,8. Ersetzen wir den letzten Wert der Datenreihe durch 102, erhalten wir die Reihe 3, 4, 21, 101, 102. Der Median dieser Datenreihe ist derselbe wie der der alten, nämlich 21. Der Mittelwert hingegen sinkt drastisch von 225,8 auf 38,5. Der Mittelwert reagiert also, im Gegensatz zum Median, auf so genannte Ausreißer der Verteilung, die auffällig weit vom überwiegenden Teil der Verteilung an den Rändern liegen. Der

Mittelwert wird daher als *ausreißerempfindlich* oder *ausreißersensitiv* bezeichnet, der Median hingegen als *ausreißerresistent*.

Abbildung 9.6: Symmetrische Verteilung

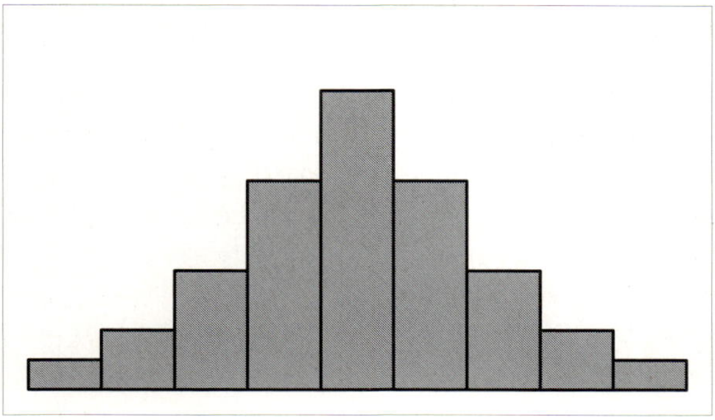

Abbildung 9.7: Linksschiefe bzw. rechtssteile Verteilung

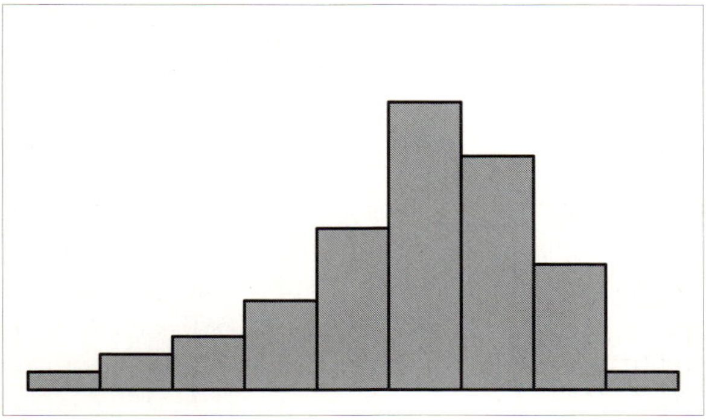

Abbildung 9.8: Rechtsschiefe bzw. linkssteile Verteilung

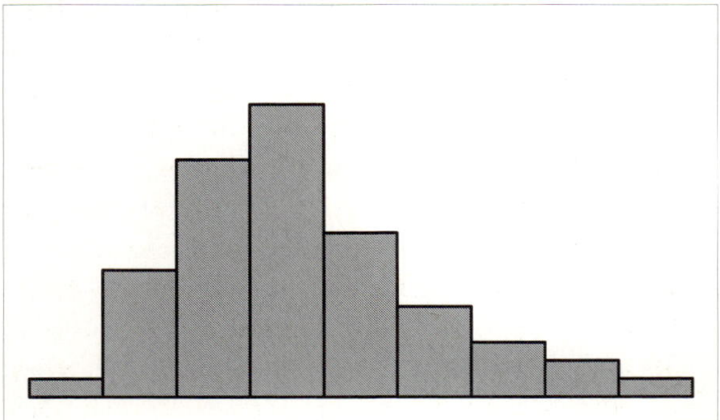

Schiefe einer Verteilung

Es gibt einen bemerkenswerten Zusammenhang zwischen Modus, Median und Mittelwert, der von der Form einer Verteilung abhängt. Im Falle einer symmetrischen Verteilung, die nach beiden Seiten abfällt, ihr Maximum also in der Mitte besitzt, fallen Modus, Median und Mittelwert zusammen (vgl. Abb. 9.6). Wenn wir aber eine Verteilung vorliegen haben, die nach links weit ausufert, während sie nach rechts stark abfällt, ändert sich diese Beziehung zwischen den verschiedenen Kennwerten in bedeutender Weise. Der Modus befindet sich hier auf der rechten Seite der Verteilung. Da die Ausreißer nach links den arithmetischen Mittelwert in diese Richtung ziehen, liegt dieser dementsprechend links vom Median. Eine solche Verteilung wird als *linksschief* oder *rechtssteil* bezeichnet (vgl. Abb. 9.7). Bei einer so genannten *rechtsschiefen* oder *linkssteilen* Verteilung (vgl. Abb. 9.8) drehen sich diese Zusammenhänge genau um.

Lageregeln

Wir können daher folgende Lageregeln formulieren:

Symmetrische Verteilungen:	$\bar{x} \approx x_{med} \approx x_{mod}$
Linkssteile Verteilungen:	$\bar{x} > x_{med} > x_{mod}$
Rechtssteile Verteilungen:	$\bar{x} < x_{med} < x_{mod}$

Maße der Streuung einer Verteilung

Streuungsmaße bzw. Dispersionmaße

Die Lageparameter geben einen Wert an, der „typisch" für eine Verteilung ist, bzw. diese am besten repräsentiert. Was wir aber aufgrund der bloßen Kenntnis eines Lageparameters nicht wissen, ist, *wie* typisch dieser Wert für die Verteilung ist. Oft interessiert uns aber, wie sehr sich die anderen Werte vom typischen Wert unterscheiden. Diese Charakteristik einer Verteilung wird durch *Streuungsmaße* oder *Dispersionsmaße* ausgedrückt. Während Lageparameter den typischen Einzelwert einer Verteilung angeben, kann man Dispersionsmaße so verstehen, dass durch sie ein in der Mitte der Verteilung liegender Bereich gekennzeichnet wird, in den ein zufällig aus der Datenmenge ausgewählter Wert „typischerweise" fällt, d.h. in dem er sich mit einer gewissen Wahrscheinlichkeit befindet.

Spannweite (= Range)

Am großzügigsten ziehen wir diesen Bereich, wenn wir ihn so festlegen, dass alle Fälle der Verteilung in ihm liegen, wobei als Nebenbedingung gleichzeitig zu beachten ist, dass der Bereich möglichst eng gezogen werden soll. Dann geht dieses Intervall vom kleinsten Wert der Verteilung bis zum größten Wert der Verteilung. Dieser Bereich wird als *Spannweite* (=*Range)* der Verteilung bezeichnet.

Interquartilsabstand

Die Spannweite reagiert äußerst empfindlich auf Ausreißer und vermittelt daher oft einen falschen Eindruck von dem Bereich, in den ein Fall typischerweise fällt. Bei den meisten Verteilungen gehen wir stillschweigend davon aus, dass sie an den Rändern mehr oder weniger ausufern und dass sich in der Mitte die Fälle zumindest etwas stärker konzentrieren. Wenn wir daher ein zusammenhängendes Intervall suchen, das einerseits die Hälfte der Fälle enthalten soll, andererseits möglichst schmal sein soll, dann ist dies unter den oben genannten Annahmen der Bereich in der Mitte der Verteilung, auf dessen linker und rechter Seite sich jeweils höchstens ein Viertel der Fälle befindet. Die Breite dieses Intervalls nennen wir den *Interquartilsabstand.* Stellen wir uns eine Datenreihe mit den Werten 1, 2, 3, 4, 5, 6, 7, 8 und 9 vor. Das Interquartilsabstand beträgt dann 4, er umfasst die Breite des Intervalls von 3 bis 7.

Boxplots

Eine sehr anschauliche grafische Methode, sich die Spannweite und das Interquartilintervall einer Verteilung zu vergegenwärtigen, stellen so genannte *Boxplots* dar. Abbildung 9.9 zeigt einen solchen Boxplot für unser Beispiel der Verteilung der Wahlberechtigten in den einzelnen Wahlkreisen. Die eigentliche „Box“ entspricht dem Interquartilbereich. Bei dem Programmpaket SPSS, mit dem die hier abgebildete Grafik erstellt wurde, zeigen die so genannten „Whiskers“ des Boxplots die Spannweite an und der Querstrich in der Mitte den Median. Der Boxplot enthält somit den kleinsten Wert einer Verteilung, das sogenannte 25 %-Quartil, unterhalb dessen sich maximal 25 % der Fälle der Verteilung befinden, den Median, das 75 %-Quartil und den größten Wert der Verteilung. Diese Art der Darstellung wird daher auch als 5-Punkte-Zusammenfassung bezeichnet.

Abbildung 9.9: Boxplot

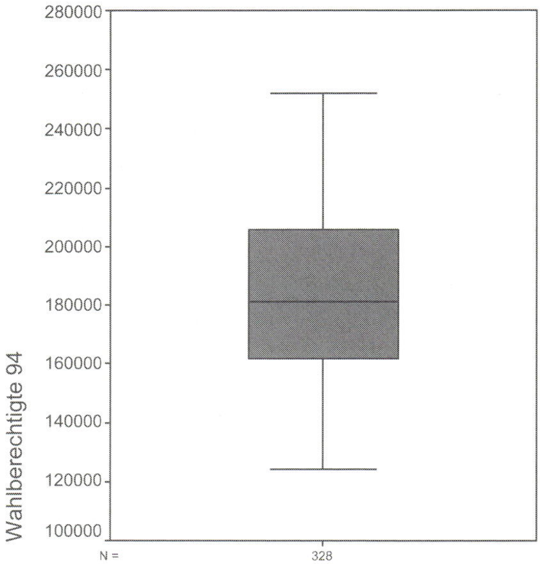

Varianz

Das bekannteste und wichtigste Maß für die Streuung einer Variablen aber ist die Varianz, bzw. die aus ihr abgeleitete Standardabweichung. Die Varianz einer Verteilung ist der Mittelwert der quadrierten Abweichungen der individuellen Werte zum Mittelwert der Verteilung. Die Varianz kann daher nur für intervallskalierte Daten berechnet werden.

$$\text{Varianz} = \frac{1}{n}\sum_{i=1}^{n}(x_i - \bar{x})^2$$

Standardabweichung

Die Quadrierung der Abstände hat den Zweck zu verhindern, dass sich positive und negative Differenzen gegenseitig aufheben. Um nun zur beabsichtigten Maßeinheit eines Abstands zu gelangen, wird die Wurzel aus der Varianz berechnet. Diese Größe wird als die Standardabweichung einer Variablen bezeichnet.

$$\text{Standardabweichung} = s = \sqrt{\text{Var}(x)} = \sqrt{\frac{1}{n}\sum_{i=1}^{n}(x_i - \bar{x})^2}$$

Die Information, die wir aus der Kenntnis der Varianz und der Standardabweichung erhalten, ist vielschichtig. Zum einen können die Varianz und die Standardabweichung einfach als durchschnittliche quadratische bzw. einfache Abstände verstanden werden. Die Standardabweichung gibt also an, wie groß die erwartete Abweichung eines zufällig gezogenen Wertes aus einer Verteilung gegenüber dem typischen Wert der Verteilung, dem Mittelwert, ausfällt. Genauso können wir umgekehrt sagen, dass uns die Standardabweichung den mittleren „Fehler" angibt, den wir begehen, wenn wir jeden Wert der Verteilung einfach mit Hilfe des Mittelwerts schätzen.

Ungleichung von Tschebyscheff

Zum anderen aber können wir die Standardabweichung zur Konstruktion von Intervallen heranziehen. Wir können z.B. ein Intervall um den Mittelwert bilden, bei dem die obere und untere Grenze jeweils um k Standardabweichungen vom Mittelwert nach oben bzw. nach unten abweicht. Nach der *Ungleichung von Tschebyscheff* gilt nun, dass außerhalb eines solchen Intervalls weniger als $1/k^2$ der Fälle liegen, und zwar unabhängig von der konkreten Form der Verteilung. Bilden wir z.B. ein Intervall, bei dem die Intervallgrenzen das Doppelte der Standardabweichung vom Mittelwert entfernt sind, dann befindet sich höchstens 1/4 der Fälle außerhalb dieses Intervalls. Bei Intervallgrenzen, die das Dreifache der Standardabweichung vom Mittelwert entfernt liegen, können nur noch maximal 1/9 der Fälle außerhalb des Intervalls liegen. Anders ausgedrückt: Wir wissen, dass sich innerhalb des Intervalls mindestens 8/9 der Fälle befinden. Wenn bestimmte zusätzliche Informationen über die Form der Verteilung vorliegen, können die Intervallgrenzen noch exakter bestimmt, d.h. entsprechend enger gezogen werden.

9.2 Deskription und Exploration zweier Variablen

9.2.1 Kontingenztabellen und grafische Darstellungen bivariater Zusammenhänge

In der Wissenschaft interessiert uns häufig der Vergleich. Wir wollen dabei untersuchen, ob sich eine bestimmte Variable in Abhängigkeit einer anderen ändert und wenn ja, wie sehr dies der Fall ist. Analog zur tabellarischen Darstellung der Verteilung einer einzelnen Variablen lassen sich auch die *absoluten Häufigkeiten der gemeinsamen Verteilung* zweier Variablen darstellen. Eine solche Darstellung wird als *Kontingenztabelle* oder *Kreuztabelle* bezeichnet. Die folgende Tabelle enthält z.B. die gemeinsame Verteilung des Wahlverhaltens und des Wohnsitzes bezüglich eines fiktiven Datensatzes mit 2000 Personen. Dabei interessiert bezüglich des Wohnsitzes lediglich, ob der Befragte aus den neuen oder aus den alten Bundesländern stammt.

Tabelle 9.5: Gemeinsame Verteilung von Wahlabsicht und Wohnsitz

	CDU/ CSU	SPD	FDP	GRÜNE	PDS	Zeilensumme
Alte Bundesländer	370	415	69	123	23	1000
Neue Bundesländer	234	385	62	98	221	1000
Spaltensumme	604	800	131	221	244	2000

Randverteilung und bedingte Verteilung

Die Zeilen- oder Spaltensummen einer Kontingenztabelle werden als die *Randverteilung* bezeichnet. Gemeinsame Verteilungen zweier Variablen lassen sich auch gut grafisch darstellen. Dazu muss man eine der beiden Variablen zur Gruppierungsvariablen deklarieren, so dass für jede einzelne Gruppe dann die entsprechende Unterverteilung bezüglich der anderen Variablen bestimmt werden kann. Eine gruppenspezifische Unterverteilung wird auch *bedingte* oder *konditionale Verteilung* genannt. Die bedingte Verteilung der Wahlabsicht für die Gruppe der Befragten, die aus den alten Bundesländern stammen, ist in der ersten Zeile der Datentabelle abgebildet. *Ein gruppiertes Säulendiagramm* für obige Tabelle sieht folgendermaßen aus:

Abbildung 9.10: Gruppiertes Säulendiagramm

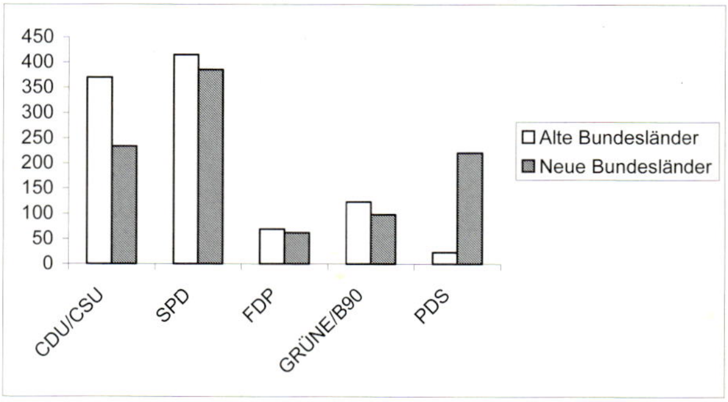

Bedingte relative Häufigkeitsverteilungen

Wenn wir nun beurteilen wollen, ob sich das Wahlverhalten in den beiden Untergruppen auffällig voneinander unterscheidet, dann sollten wir die *bedingten relativen Häufigkeitsverteilungen* bilden. Hierbei benutzen wir die Zeilensummen als Basis der Prozentuierung, so dass sich alle Anteile über eine Zeile hinweg auf 1 bzw. 100 % addieren.

Tabelle 9.6: Bedingte relative Häufigkeitsverteilung

	CDU/ CSU	SPD	FDP	GRÜNE	PDS	Zeilen-summen
Alte Bundes-länder	0,370	0,415	0,069	0,123	0,023	1,000
Neue Bundes-länder	0,234	0,385	0,062	0,098	0,221	1,000
Spaltensummen	0,302	0,400	0,066	0,111	0,122	1,000

Aus der Tabelle kann man nun erkennen, dass 37,0 % der Westdeutschen CDU wählen, aber nur 23,4 % der Ostdeutschen. Für den Vergleich zweier relativer Häufigkeitsverteilungen eignet sich besonders gut ein so genanntes *gestapeltes Säulendiagramm*.

Abbildung 9.11: Gestapeltes Säulendiagramm

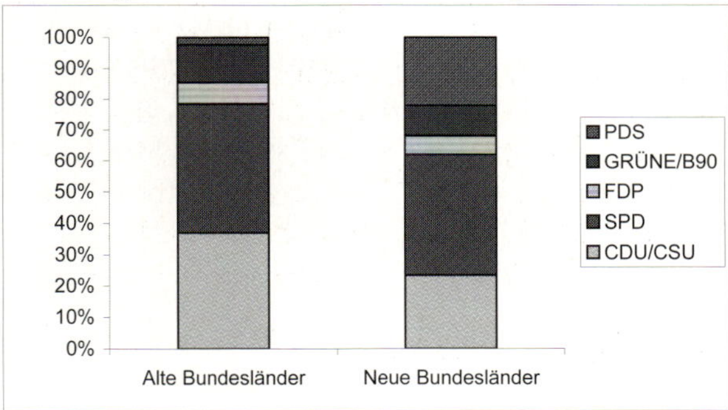

Am besten lassen sich in einem gestapelten Säulendiagramm die Anteile in den zwei Gruppen miteinander vergleichen, die in den Säulen ganz unten oder ganz oben geschichtet sind.

9.2.2 Zusammenhangsmaße für nominalkategorisierte Variablen

In der Wissenschaft sind wir meist an kausalen Zusammenhängen interessiert, d.h. wir möchten Unterschiede hinsichtlich einer Variablen, der abhängigen Variablen oder Wirkungsvariablen, auf Unterschiede einer anderen Variablen, der unabhängigen Variablen oder Ursachenvariablen, zurückführen können. Wenn wir z.B. ein Experiment durchführen, bei dem wir die unabhängige Variable kontrolliert variieren und bei dem wir die entsprechenden Ergebnisse der abhängigen Variablen notieren, dann sieht diese Zusammenstellung von Daten wie eine Kontingenztabelle aus. Ein Kausalzusammenhang zwischen zwei Variablen lässt sich immer in Form einer Kontingenztabelle darstellen, auch wenn es in Einzelfällen nicht besonders sinnvoll sein mag, aber nicht jede Kontingenztabelle darf so interpretiert werden, als ob sie einen Kausalzusammenhang darstellen würde. In den meisten Fällen beruhen die Kontingenztabellen auf von uns im Rahmen *einer* Untersuchung *gleichzeitig* erhobenen Werten zweier Variablen. Die Tabelle gibt nur die Art und Weise wieder, wie sich die Werte der einen Variablen mit den Werten der anderen Variablen kombinieren, sie bleibt aber stumm hinsichtlich der Richtung des Zusammenhangs. Der entsprechende Kausalzusammenhang wird von uns in die Datenstruktur hinein interpretiert. Die einzige Rechtfertigung für dieses Verhalten besteht darin, dass wir theoretisch begründete Vermutungen formulieren können, warum wir eine bestimmte Struktur der Daten unter diesen theoretischen Annahmen erwarten bzw. mit welchen Annahmen bestimmte beobachtete Strukturen erklärt werden könnten. Nehmen wir an, wir hätten bezüglich des Zusammenhangs zwischen Wahlverhalten und der Herkunft aus den neuen bzw. alten Bundesländern keine konkreten Erwartungen. Sollte sich aber ein solcher Zusammenhang zeigen, dann haben wir dennoch eine plausible Vermutung über die Richtung des Zusammenhangs. Wir halten es nämlich für wesentlich unwahrscheinlicher, dass jemand aufgrund der Vorliebe für eine bestimmte Partei seinen Wohnort wechselt, als dass jemand aufgrund seiner Sozialisation in einem bestimmten regionalen Kontext bestimmte Parteienpräferenzen ausbildet. Daher ist es sinnvoller, die Ost/West-Variable als Gruppierungsvariable heranzuziehen, und die unterschiedlichen Verteilungen der Parteienpräferenzen zwischen diesen Gruppen zu betrachten, als es umgekehrt der Fall wäre. Mit dem Begriff „bedingte Verteilung" wollen wir ja gerade ausdrücken, dass die Form der Variablen durch die Ausprägung der unabhängigen Variablen, der Gruppierungsvariablen, „bedingt" ist, also von dieser abhängig ist. Es lassen sich nun verschiedene Maßzahlen konstruieren, die die Stärke eines beobachteten Zusammenhangs abbilden.

Prozentsatzdifferenz

Am unmittelbarsten können wir die Stärke des Zusammenhangs zwischen verschiedenen bedingten Verteilungen ausdrücken, indem wir die verschiedenen Anteilswerte in Prozent direkt miteinander vergleichen. Dafür bilden wir die so genannte *Prozentsatzdifferenz*. Tabelle 9.7 enthält die Anteilswerte aus unserem Beispiel in Tabelle 9.6 als Prozentzahlen.

Tabelle 9.7: Bedingte relative Häufigkeitsverteilung in Prozent

	CDU/ CSU	SPD	FDP	GRÜNE	PDS	Zeilen-summen
Alte Bundes-länder	37,0	41,5	6,9	12,3	2,3	100
Neue Bundes-länder	23,4	38,5	6,2	9,8	22,1	100
Spaltensum-men	30,2	40,0	6,6	11,1	12,2	100

22,1 % der Ostdeutschen wählen hier im Beispiel die PDS, aber nur 2,3 % der Westdeutschen. Die Prozentsatzdifferenz beträgt demnach 19,8 Prozentpunkte. Prozentsatzdifferenzen sind hilfreich, wenn es darum geht, eine erste Beschreibung der „auffälligen Stellen" einer Kontingenztabelle zu liefern, sie geben aber immer nur die Unterschiede der beiden bedingten Verteilungen in *einer Spalte* der Tabelle wieder, also nur bezüglich eines einzigen Wertes der abhängigen Variablen. In größeren Tabellen mit mehr als vier Feldern werden aber die Prozentsatzdifferenzen in den einzelnen Spalten üblicherweise stark voneinander abweichen. So beträgt die Prozentsatzdifferenz in Bezug auf die SPD-Wähler nur 3 Prozentpunkte, während sie bezüglich der CDU 13,6 Prozentpunkte ausmacht. Wenn wir aber den Effekt der unabhängigen Variablen als Ganzes erheben wollen, benötigen wir ein Zusammenhangsmaß, das die Unterschiede zwischen den beiden bedingten Verteilungen in ihrer Gesamtheit wiedergibt.

Chi²(χ^2)-Koeffizient, Indifferenztabelle

Genau ein solches Maß stellt der *Chi²(χ^2)-Koeffizient* dar. Bei der Berechnung des Chi²-Koeffizienten geht man in einem ersten Schritt davon aus, dass die vermutete unabhängige Variable – in unserem Beispiel der Wohnort – auf die vermutete abhängige Variable – hier die Parteiwahl – keinen Einfluss ausübt. Dann dürfte es in der tabellarischen Darstellung zwischen den einzelnen Untergruppen (Ost- oder Westdeutschland) keinen Unterschied geben. In diesem Fall wären die bedingten relativen Verteilungen identisch mit der Gesamtverteilung der abhängigen Variablen. Die bedingten relativen Verteilungen der Wahlabsicht in den alten und in den neuen Bundesländern in unserem Beispiel müssten dann der Verteilung der Wahlabsicht in der Gesamtbevölkerung entsprechen. In unserer Fiktion gehen wir also davon aus, dass sowohl in den alten als auch in den neuen Bundesländern 30,2 % CDU/CSU, 40,0 % SPD, 6,6 % FDP usw. wählen, genauso wie es in der gesamten Bundesrepublik der Fall ist. Aufgrund dieser Annahme können wir die absoluten Häufigkeiten in den Zellen berechnen, die wir erwarten würden, wenn alle bedingten Verteilungen der Randverteilung entsprächen. Die so erhaltene Kontingenztabelle wird auch *Indifferenztabelle* genannt.

Tabelle 9.8: Indifferenztabelle von Wahlabsicht und Wohnsitz

	CDU / CSU	SPD	FDP	GRÜNE	PDS	Zeilensumme
Alte Bundesländer	302	400	65,5	110,5	122	1000
Neue Bundesländer	302	400	65,5	110,5	122	1000
Spaltensumme	604	800	131	221	244	2000

Der Chi²-Koeffizient errechnet sich nach der folgenden Formel, wobei mit h_{ij} die absolute Häufigkeit in der Zelle bezeichnet ist, die sich in der i-ten Zeile und j-ten Spalte der Datentabelle befindet, und mit e_{ij} die entsprechende erwartete Häufigkeit in der Indifferenztabelle in dieser Zelle.

$$\chi^2 = \sum_{i=1}^{k}\sum_{j=1}^{m}\frac{(h_{ij}-e_{ij})^2}{e_{ij}} \quad \text{mit } k = \text{Zeilenzahl}, \; m = \text{Spaltenzahl}$$

Der Chi²-Koefizient errechnet sich also als Summe der quadrierten Abweichungen der beobachteten Häufigkeiten von den erwarteten Häufigkeiten über alle Zellen der Datentabelle, wobei die quadrierten Abweichungen anhand der erwarteten Häufigkeiten normiert werden. Die Größe des Werts, den Chi² annehmen kann, hängt sowohl von der Anzahl der Fälle N, als auch von der Anzahl der Zeilen k und der Anzahl der Spalten m ab. Der maximale Wert, den der Chi²-Koeffizient in einer bivariaten Kontingenztabelle annehmen kann ist N*(q-1), wobei q das Minimum von k und m ist. Die Kontingenztabelle in unserem Beispiel (Tabelle 9.5) hatte 2 Zeilen und 5 Spalten, und auf die Zellen verteilten sich insgesamt 2000 Fälle. Der Chi²-Koeffizient kann daher maximal den Wert 2000*(2-1)=2000 annehmen.

Cramer's V, Phi-Koeffizient

Da die Stärke des Zusammenhangs zwischen zwei Variablen aber weder von der Größe der Tabelle noch von der Anzahl der Fälle abhängig sein soll, berechnen wir ein an der maximalen Größe des Chi²-Wertes normiertes Maß für den Zusammenhang. Auf diese Weise erhalten wir Cramer's V:

$$V = \sqrt{\frac{\chi^2}{N * (q-1)}} \quad \text{mit } q = \min(k,m)$$

Durch die Normierung wird erreicht, dass der Wert von Cramer's V zwischen 0 und 1 liegt. Bei einem Wert von 0 entsprechen alle bedingten relativen Verteilungen der Randverteilung. Das heißt, zwischen den beiden Variablen besteht kein Zusammenhang. Ein Wert von 1 hingegen zeigt den größtmöglichen Zusammenhang zwischen den beiden Variablen an. Dieser entsteht dann, wenn in jeder Spalte der Tabelle oder in jeder Zeile höchstens eine einzige Zelle besetzt ist. Ein Spezialfall von Cramer's V für die Vierfeldertabelle ist der so genannte *Phi-Koeffizient.* Ein weiteres Maß für die Stärke des Zusammenhangs zwischen zwei nominalskalierten Variablen, das auf Chi^2 beruht, ist der inzwischen nicht mehr so verbreitete *Kontingenzkoeffizient.*

Auch wenn durch die Normierung garantiert ist, dass alle Werte von Cramer's V sich innerhalb desselben Wertebereichs befinden, so heißt dies noch lange nicht, dass zwei verschiedene Werte direkt miteinander verglichen werden dürfen. Der Wert von Cramer's V sagt uns ja nur aus, welchen Anteil der tatsächliche Chi^2-Wert am maximal möglichen ausmacht, es gibt aber kein externes inhaltliches Kriterium der Stärke eines Zusammenhangs, als dessen Umsetzung Cramer's V verstanden werden kann. Daher ist es streng genommen nur dann erlaubt, verschiedene Werte von Cramer's V miteinander zu vergleichen, wenn sie sich auf denselben Tabellentyp beziehen, ja eigentlich sogar nur dann, wenn die Anzahl der Fälle, auf denen die Berechnung von Cramer's V beruht, identisch ist.

PRE-Maße

Um verschiedene Werte desselben Zusammenhangsmaßes miteinander vergleichen zu können, benötigen wir also ein externes Kriterium, in dessen Sinn jeder Wert interpretiert werden kann. Über ein solches externes Kriterium verfügen wir bei so genannten PRE-Maßen, wobei die Abkürzung „PRE" für „proportional reduction of error" (=Proportionale Reduktion des Fehlers) steht. PRE-Maße geben den Anteil des Fehlers bei der Schätzung der abhängigen Variablen an, um den wir ihn durch die Kenntnis des Wertes der unabhängigen Variablen vermindern können. Wenn der „a priori"-Fehler, ohne Kenntnis der unabhängigen Variablen, mit E_0 bezeichnet wird und der Fehler, der trotz der Kenntnis der unabhängigen Variablen verbleibt, mit E_1, dann ist die Formel für ein PRE-Maß:

$$PRE = \frac{E_0 - E_1}{E_0} = \frac{\Delta E}{E_0}$$

Goodman's und Kruskal's λ

Um ein PRE-Maß ausrechnen zu können, brauchen wir eine konkrete Definition des Fehlers. Im Falle einer nominalkategorisierten abhängigen Variablen liegt es nahe, einen Fehler dann vorliegen zu sehen, wenn die Kategorie falsch geschätzt wird. Darüber hinaus benötigen wir noch ein Schätzverfahren. Die bestmögliche Schätzung einer nominalkategorisierten Variablen erzielen wir, wenn wir den Modus der Verteilung als Schätzkategorie für jeden Fall annehmen. Der Fehler ist dann die Anzahl der Fehlklassifikationen, d.h. die Anzahl aller Fälle, die nicht in die Modalkategorie fallen. Verfügen wir über die Kenntnis der unabhängigen Variablen, dann lässt sich jetzt für jede bedingte Verteilung der Modus innerhalb dieser Verteilung als bester Schätzwert für die abhängige Variable abgeben. Ein auf diese Weise gebildetes PRE-Maß wird als *Goodman's und Kruskal's* λ (lambda) bezeichnet.

Betrachten wir ein Beispiel. In Tabelle 9.9 ist die (fiktive) gemeinsame Verteilung von insgesamt 1000 Personen bezüglich der beiden Variablen Ausbildung und Einkommen abgebildet, wobei Ausbildung in zwei Ausprägungen „hoch" und „niedrig" erhoben wurde und das Einkommen in drei Kategorien „niedrig", „mittel" und „hoch".

Tabelle 9.9: Zusammenhang zwischen Ausbildung und Einkommen

Ausbildung	Einkommensklassen Niedrig	Mittel	Hoch	Zeilensummen
niedrig	138	347	165	650
hoch	57	98	195	350
Spaltensummen	195	445	360	1000

Der Modus der Randverteilung der abhängigen Variablen Einkommen ist die Kategorie „mittel". Wenn wir die Einkommensklasse ohne das Vorliegen zusätzlicher Information schätzen sollen, dann ordnen wir nach dem obigen Verfahren 445 Fälle richtig und 555 falsch ein, wenn wir allen als Schätzwert die Einkommensklasse „mittel" zuweisen. Verfügen wir jedoch über das Wissen, welches Ausbildungsniveau die untersuchte Person aufweisen kann, dann schätzen wir zwar alle Personen mit niedrigem Ausbildungsniveau weiterhin als Bezieher eines mittleren Einkommens, die Befragten mit hoher Ausbildung werden jetzt aber als Empfänger eines hohen Einkommens geschätzt. Die Anzahl der richtigen Schätzungen beträgt daher jetzt 347+195=542, die Anzahl der falschen Schätzungen demnach 458. Für die Berechnung von λ ergibt sich demnach:

$$\lambda = \frac{555 - 458}{555} = 0{,}175$$

Durch die Kenntnis des Ausbildungsgrades lässt sich also der ursprüngliche Fehler bei der Schätzung der Einkommensklasse um 17,5 % reduzieren.

9.2.3 Zusammenhangsmaße für ordinalskalierte Variablen

Konkordante und diskordante Paare

Bei ordinalskalierten Daten verfügen wir im Vergleich zu nominalskalierten Daten über zusätzliche Information, da wir verschiedene Werte nicht nur unterscheiden, sondern auch in eine Reihenfolge bringen können. Diese Eigenschaft machen wir uns auch zunutze, wenn wir den Zusammenhang zwischen zwei ordinalskalierten Variablen untersuchen. Hierfür führen wir die Begriffe des *konkordanten Paares* und des *diskordanten Paares* bzw. gleichsinniger und gegensinniger Paare ein. Um ein konkordantes Paar handelt es sich, wenn die Richtung der Veränderung des Wertes der einen Variablen gleich der Richtung der Veränderung des Wertes der anderen Variablen ist. Nehmen wir zwei beliebige Personen. Es handelt sich bei ihnen um ein konkordantes Paar bezüglich der Variablen Körpergröße und Gewicht, wenn derjenige, der der größere von beiden ist, auch der schwerere ist. Um ein diskordantes Paar handelte es sich hingegen, wenn der Größere gleichzeitig der Leichtere wäre, d.h. wenn die Richtung der Veränderung des Wertes der einen Variablen gegensinnig zur Richtung der Veränderung des Wertes der anderen Variablen ist. Wir bezeichnen im Folgenden die Anzahl aller konkordanten Paare mit N_c und die Anzahl aller diskordanten Paare mit N_d. Da es sich hier um ordinalskalierte Variablen handelt, können die Zusammenhangsmaße verschiedene Vorzeichen haben. Der Zusammenhang ist dann positiv, wenn die Anzahl der konkordanten Paare die Anzahl der diskordanten Paare übersteigt, und er ist negativ, wenn die Anzahl der diskordanten Paare überwiegt. Die relevante Größe ist also die Differenz der konkordanten und diskordanten Paare N_c-N_d. Um verschiedene Zusammenhangsmaße miteinander vergleichen zu können, muss diese Differenz überdies auf eine bestimmte Bezugsgröße hin normiert werden, so dass der Wert immer innerhalb des Bereichs von –1 bis +1 liegt.

Goodman's und Kruskal's Gamma

Wenn wir als Basis der Normierung die Summe der konkordanten und der diskordanten Paare nehmen, erhalten wir Goodman's und Kruskal's Gamma (γ).

$$\gamma = \frac{N_C - N_D}{N_C + N_D}$$

Kendalls Tau-a

Nicht jedes Paar jedoch ist entweder ein konkordantes Paar oder ein diskordantes Paar. Vielmehr gibt es auch so genannte verbundene Paare, bei denen sich nur die Werte der einen Variablen ändern, während die der anderen konstant bleiben, oder bei denen sogar beide Werte konstant bleiben. Goodman's und Kruskal'S Gamma führt daher zu tendenziell zu hohen Werten, da die verbundenen Paare ignoriert werden. Nehmen wir als Bezugsgröße der Normierung alle möglichen Paarbildungen, dann erhalten wir als Zusammenhangsmaß für ordinalskalierte Variablen *Kendalls Tau-a.*

$$\tau_a = \frac{N_C - N_D}{N_T} = \frac{N_C - N_D}{\frac{N(N-1)}{2}}$$

Je nachdem, wie die verbundenen Paare in die Formel eingehen, lassen sich weitere Zusammenhangsmaße auf der Basis des Konzepts von konkordanten und diskordanten Paaren bilden, die unter den Namen Kendall's Tau-b, Kendall's Tau-c und verschiedenen Versionen von Somers' d bekannt sind.

Spearman's R

Ein weiteres Zusammenhangsmaß für ordinalskalierte Daten ist *Spearman's* R, das auch als Rangkorrelationskoeffizient bezeichnet wird. Hierzu werden für alle Werte der beiden Variablen die Rangplätze berechnet, die sie beim Vergleich über alle Fälle hinweg belegen. Anschließend wird für jeden Fall die Rangplatzdifferenz d zwischen den beiden Rangplätzen ermittelt. Sind für jeden Fall die entsprechenden Rangplätze der beiden Variablen identisch, dann sind alle Rangplatzdifferenzen gleich 0, und der Koeffizient erhält den Wert 1. Der Zusammenhang fällt negativ aus, und zwar am stärksten, wenn sich die Rangplätze genau umkehren, d.h. der Fall, der den ersten Rangplatz bezüglich der einen Variablen besitzt, hat den letzten Rangplatz bezüglich der anderen etc. In diesem Fall ist die Summe der quadrierten Rangplatzdifferenzen maximal und erhält den Wert $N(N^2-1)/6$. Als Formel für Spearman's R ergibt sich daher:

$$r_S = 1 - \frac{6\sum_{i=1}^{N} d_i^2}{N(N^2-1)}$$

Stellen wir uns folgendes Beispiel vor: Wir untersuchen den Zusammenhang zwischen Gewicht und Körpergröße bei fünf Personen. Die entsprechenden Werte sind in Tabelle 9.10 aufgeführt.

Tabelle 9.10: Beispiel Gewicht und Größe fiktiver Personen

Person	Gewicht	Größe	Rangplatz Gewicht	Rangplatz Größe	d	d²
A	85	190	2,5	1	1,5	2,25
B	72	178	4	3	1	1
C	66	165	5	5	0	0
D	85	177	2,5	4	-1,5	2,25
E	110	180	1	2	-1	1

Person A z.B. hat ein Gewicht von 85kg und ist 190cm groß. In Spalte 4 und 5 der Tabelle sind die Rangplätze der Werte der beiden Variablen aufgeführt, in Spalte 7 und 8 die Rangplatzdifferenzen bzw. deren Quadrat. Die Summe der quadrierten Rangplatzdifferenzen ergibt 6,5. Es ergibt sich also:

$$r_S = 1 - \frac{6 * 6{,}5}{5(25-1)} = 1 - \frac{39}{120} = 0{,}675$$

9.2.4 Ein Zusammenhangsmaß für intervallskalierte Variablen: Pearson's r

Das bekannteste Zusammenhangsmaß von allen ist Pearson's r, das auch üblicherweise gemeint ist, wenn nur allgemein vom so genannten Korrelationskoeffizienten die Rede ist. Die Korrelation zwischen den beiden Variablen X und Y wird nach folgender Formel berechnet:

Pearson's r

$$r_{XY} = \frac{1}{n}\sum_{i=1}^{n}\frac{(x_i - \bar{x})}{s_X}\frac{(y_i - \bar{y})}{s_Y}$$

Dabei ist s_x die Standardabweichung von X und s_y die Standardabweichung von Y. Pearson's r gibt an, in welchem Ausmaß sich Y ändert in Abhängigkeit von einer Änderung von X. Dabei werden die Abweichungen von X und Y zu ihrem jeweiligen Mittelwert standardisiert, indem sie durch die entsprechende Standardabweichung dividiert werden. Der Korrelationskoeffizient kann auch als ein PRE-Maß interpretiert werden. Betrachten wir als Beispiel die folgende Abbildung, die ein Streudiagramm bezüglich der beiden Variablen Sympathie für Helmut Kohl und Sympathie für die CDU wiedergibt. Die Ausprägungen beider Variablen variieren von 1 bis 11.

Abbildung 9.12: Linearer Zusammenhang

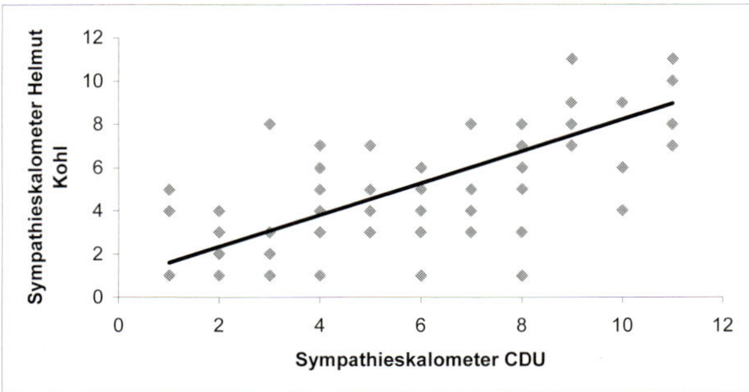

Regressionsgerade

Offensichtlich besteht ein Zusammenhang zwischen den beiden Variablen. Je höher der Sympathiewert für die CDU, desto höher „in der Regel" auch der Sympathiewert für Helmut Kohl. Wir können nun durch die Punktewolke eine Gerade ziehen, die diesen Zusammenhang möglichst gut idealtypisch repräsentieren soll. Diese Gerade wird die *Regressionsgerade* genannt. Die Regressionsgerade stellt die „beste Schätzung" von Y dar, die wir aufgrund der Kenntnis von X abgeben können. Diese nennen wir $\hat{Y}$.

Bestimmtheitsmaß (=Determinationskoeffizient)

Die Abweichung des tatsächlichen Werts von Y zu seinem geschätzten bezeichnen wir als Residuum E. Dann ist es möglich, die ursprüngliche Varianz der abhängigen Variablen in zwei Komponenten zu zerlegen. Die eine Komponente umfasst den Teil der Varianz, der durch die Regressionsgerade „aufgeklärt" wird, die andere Komponente die Restvarianz, d.h. die verbliebene Streuung um die Regressionsgerade, bzw. die Varianz der Residuen. Wenn wir nun die ursprüngliche Varianz als Anfangsfehler der Schätzung betrachten und die verbliebene Varianz um die Regressionsgerade als den Fehler der Schätzung trotz Kenntnis von X, dann erhalten wir ein PRE-Maß:

$$PRE = \frac{E_0 - E_1}{E_0} = \frac{Var(Y) - Var(E)}{Var(Y)} = \frac{Var(Y) - Var(Y - \hat{Y})}{Var(Y)} = \frac{Var(\hat{Y})}{Var(Y)}$$

Damit das PRE-Maß möglichst hoch ausfällt, muss die *beste Schätzgerade* so durch die Punktewolke gelegt werden, dass die Varianz der Residuen minimiert wird. Dieses Maß wird als *Bestimmtheitsmaß* oder *Determinationskoeffizient* bezeichnet.

Es besteht nun ein fundamentaler Zusammenhang zwischen diesem Maß und dem Korrelationskoeffizienten. Das PRE-Maß entspricht nämlich genau dem quadrierten Korrelationskoeffizienten, also r^2. Das Quadrat des Korrelationskoeffizienten gibt uns im Falle eines bivariaten Zusammenhangs zwischen zwei intervallskalierten Variablen an, welcher Teil der Varianz durch die beste Schätzgerade, die wir durch die mit Hilfe der beiden Variablen gebildeten Punktewolke legen können, „erklärt" werden kann. Bei einem Korrelationskoeffizienten von 1 oder -1 liegen demnach alle Punkte auf der Regressionsgeraden, d.h. es handelt sich bei der Beziehung zwischen X und Y um einen perfekten linearen Zusammenhang, wobei im ersten Fall die Steigung der Geraden positiv, im zweiten Fall negativ ist. Umgekehrt kann der Korrelationskoeffizient aber 0 sein, auch wenn es sich um einen perfekten Zusammenhang handelt, dieser aber nicht linear ist. Bei dem in der folgenden Abbildung dargestellten Zusammenhang z.B. handelt es sich um eine perfekte quadratische Beziehung.

Abbildung 9.13: Quadratischer Zusammenhang

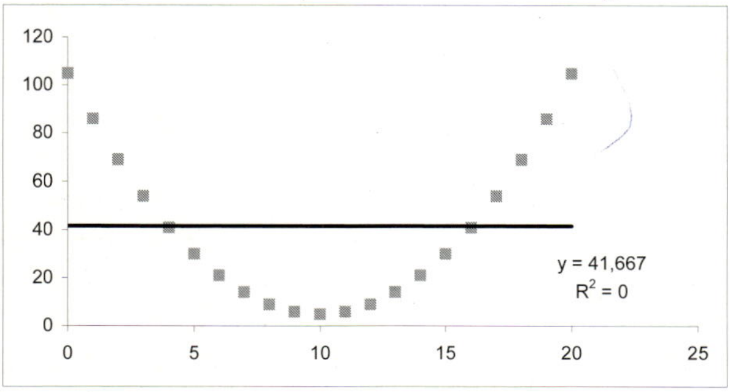

Da die Funktion symmetrisch ist, muss die Regressionsgerade waagrecht sein. Damit aber ist der Korrelationskoeffizient gleich 0. Der Fehler lag hier in der Modellspezifikation. Hätten wir die Funktion von Anfang an durch eine Parabel und nicht durch eine Gerade geschätzt, dann hätten wir einen perfekten Zusammenhang erhalten. „Misserfolge" der Schätzung bedeuten also keineswegs, dass kein Zusammenhang besteht, sondern lediglich, dass sich die untersuchte Form des Zusammenhangs nicht bestätigen lässt.

9.3 Schätz- und Testverfahren

Die Deskription von Daten kann mehreren Zwecken dienen. Zum einen kann sie uns den Gegenstand der Untersuchung vertraut machen, indem wir mit Hilfe der erfassten Daten den Untersuchungsgegenstand besser verstehen lernen.

Manchmal ist das Wissen, das uns die Deskription der Daten liefert, auch schon alles, woran wir interessiert sind. Dann sind es die deskriptiven Ergebnisse selbst, die unsere Fragen beantworten. Dies ist z.B. dann der Fall, wenn wir an einer reinen Darstellung von Sachverhalten interessiert sind. Die Bevölkerungszahlen einzelner Länder, das durchschnittliche Pro-Kopf-Einkommen, die Anzahl der Parteien im Parlament sind oft Fakten, die an sich von uns als interessant wahrgenommen werden. Auch der voraussichtliche Ausgang einer bevorstehenden Wahl stellt eine solche Tatsache dar, an der wir an sich interessiert wären. Die entsprechende Deskription ist einfach die Darstellung der Verteilung der Wahlabsicht aller Wahlberechtigten. Diese deskriptiven Daten zu bekommen, ist jedoch aus Kostengründen nicht möglich. Wir können lediglich durch Umfragen Stichproben von Wahlberechtigten erheben und diese nach ihrer Wahlabsicht befragen. Das Ergebnis einer solchen Umfrage mit 1000 Personen könnte z.B. folgendermaßen aussehen:

Tabelle 9.11: Ergebnis einer fiktiven Wahlumfrage

Partei	Absolute Anzahl	Anteil in Prozent
SPD	378	37,8
CDU/CSU	334	33,4
GRÜNE	84	8,4
FDP	44	4,4
PDS	34	3,4
Andere Parteien	25	2,5
Nichtwähler	101	10,1
Alle Befragten	1000	100,0

Das Problem besteht nun allerdings darin, dass wir an der Verteilung der Wahlabsicht der Grundgesamtheit der gesamten Wählerschaft der BRD interessiert sind und nicht an der Verteilung in der Stichprobe an sich. Wir könnten die Deskription der Stichprobe nur dann als Deskription der Grundgesamtheit behandeln, wenn wir von einer absoluten Gleichheit der Struktur von Stichprobe und Grundgesamtheit ausgehen, d.h. davon, dass die Stichprobe repräsentativ für die Grundgesamtheit ist (vgl. auch die entsprechenden Ausführungen in Kapitel 5). Stichproben sind aber niemals hundertprozentig repräsentativ für die Grundgesamtheit, d.h. sie sind niemals eine genaue Miniaturreproduktion derselben, sondern sie sind immer verzerrt. Handelt es sich bei der Stichprobe aber um eine Zufallsstichprobe, dann ist es möglich, mit Hilfe der Wahrscheinlichkeitstheorie Angeben darüber zu machen, mit welchen Verzerrungen wir zu rechnen haben. Betrachten wir der

Verzerrungen wir zu rechnen haben. Betrachten wir der Einfachheit halber den Anteilswert einer einzelnen Partei, z.B. der SPD. Diese erhält in der Umfrage die Stimmen von 37,8 % der Wahlberechtigten. Mit Hilfe der Wahrscheinlichkeitstheorie lässt sich eine Verteilung der Anteilswerte der SPD berechnen, die wir erhalten würden, wenn wir sehr viele Stichproben desselben Umfangs nach demselben Zufallsverfahren ziehen würden. Diese Verteilung wird daher auch Stichprobenverteilung genannt. Die Stichprobenverteilung ist also keine Verteilung über real gemessene Werte, sondern eine theoretisch konstruierte. Der Nutzen der Stichprobenverteilung besteht nun darin, dass sie gewissermaßen angibt, wie repräsentativ die einzelne tatsächlich gezogene Stichprobe für alle möglichen Stichproben ist, die wir genauso gut, d.h. mit derselben Wahrscheinlichkeit, hätten ziehen können.

Schätzen von Parametern

Wir können uns nun dieses Verhältnis von Stichprobe zu Stichprobenverteilung zunutze machen, indem wir daraus schließen, wo denn der Wert eines Parameters „in Wirklichkeit" liegen könnte, d.h. wir leiten aus dem beobachteten Parameterwert in der Stichprobe ein Intervall ab, von dem wir vermuten, dass sich in diesem der tatsächliche Wert der Grundgesamtheit befindet. Das berechnete Intervall nennt man das *Konfidenzintervall*, den Vorgang *Schätzung*. Ein solcher Parameter, den wir mit Hilfe der Stichprobe zu schätzen versuchen, kann ein Mittelwert sein, aber auch eine Differenz von Mittelwerten, ein Anteilswert oder eine Differenz von Anteilswerten wie in unserem Beispiel.

Überprüfung von Hypothesen

In der Wissenschaft geht es uns häufig aber auch um die Aufstellung oder Überprüfung von Hypothesen. Hypothesen sind Sätze, die einen vermuteten Zusammenhang zwischen zwei oder mehreren Variablen wiedergeben, wobei die Ausprägung einer Variablen als durch die Ausprägungen der anderen Variablen beeinflusst bzw. *verursacht* angesehen wird. Die verursachenden Variablen werden die unabhängigen Variablen genannt, die verursachte Variable die abhängige Variable. Die Deskription kann hier auf zweierlei Weise wirken. Im Zuge des so genannten Entdeckungszusammenhangs kann es sein, dass uns die deskriptiven Ergebnisse einer Untersuchung auf bestimmte Hypothesen stoßen. In diesem Fall verwenden wir die Deskription im explorativen Sinn, d.h. wir entdecken mit ihrer Hilfe bestimmte Datenmuster, von denen wir annehmen, dass diese durch systematische Einflüsse hervorgebracht wurden. Umgekehrt kann es aber sein, dass wir schon vor der Untersuchung über bestimmte Vermutungen, Hypothesen, verfügen, und dass wir daher die Daten der Deskription mit denen vergleichen, die wir erwarten würden, wenn unsere Hypothese tatsächlich zutrifft.

Eine solche Hypothese könnte z.B. lauten, dass das Stimmensplittingverhalten bei Bundestagswahlen von der Bildung abhängig ist. Wir vermuten, dass Menschen, die ihre Erststimme dem Kandidaten einer Partei geben, deren Landesliste sie nicht mit ihrer Zweitstimme wählen, damit einen bestimmten Zweck verfolgen. Anhänger kleiner Parteien wie der FDP z.B. geben ihre Erststimme womöglich deshalb einem Kandidaten einer großen Partei, da sie wissen, dass der Kandidat ihrer Partei keine realistischen Chancen hat, seinen Wahlkreis direkt zu gewinnen. Da ein solches Verhalten eine gewisse Kenntnis des ja nicht ganz unkomplizierten Wahlsystems voraussetzt, nehmen wir an, dass Splittingverhalten bei Menschen mit höherer formaler Schulbildung häufiger anzutreffen sein müsste. Eine Umfrage mit 1000 Wählern könnte folgendes (fiktives) Ergebnis ergeben, das in Tabelle 9.11 abgebildet ist. Die Bildungsvariable wurde mit lediglich zwei Kategorien konstruiert. Von allen 1000 Wählern splitten insgesamt 172, das sind 17,2 %, ihre Stimmen. Während aber nur 10,7 % derjenigen mit einer niedrigen formalen Schulbildung mit ihrer Erst- und Zweitstimme verschiedene Parteien wählen, steigt dieser Anteil bei denjenigen mit hoher Schulbildung auf mehr als das Doppelte, nämlich auf 26,5 %, an. Unsere Hypothese hat sich also scheinbar bestätigt.

Tabelle 9.12: Zusammenhang zwischen Bildungsgrad und Splittingverhalten

Splitting	Bildung		Gesamt
	niedrig	hoch	
nein	89,3	73,5	82,8
ja	10,7	26,5	17,2
Spaltensumme	100	100	100
N	590	410	1000

Das Problem besteht allerdings nun ganz genauso wie bei unserem obigen Schätzproblem darin, dass sich unsere Hypothese ja auf die Grundgesamtheit der gesamten Wählerschaft der BRD in allen Bundestagswahlen bezieht, wir aber die Überprüfung der Hypothese anhand einer kleinen Stichprobe von Wählern zu einem bestimmten Zeitpunkt vornehmen. Entscheidend dafür, dass wir bei der Überprüfung der Hypothese zu einem korrekten Ergebnis gelangen, d.h. die Hypothese mit Recht entweder ablehnen oder als bewährt ansehen, ist auch hier wieder die Repräsentativität der Stichprobe. Handelt es sich bei der Stichprobe um eine Zufallsstichprobe, dann ist es auch hier wieder möglich, mit Hilfe der Wahrscheinlichkeitstheorie Angeben darüber zu machen, mit welchen Verzerrungen wir zu rechnen haben. Um die obige Hypothese über Stimmensplitting zu überprüfen, greifen wir auf den Vergleich von Anteilswerten in zwei Untergruppen zurück.

Testen

Mit Hilfe der Stichprobenverteilung können wir untersuchen, ob das Zustandekommen des in der konkret gezogenen Stichprobe realisierten Kennwerts plausibel erscheint, wenn wir davon ausgehen, dass der (echte) Parameterwert in der Grundgesamtheit einen bestimmten, aus theoretischen Überlegungen ableitbaren, Wert annimmt. Diesen Vorgang nennen wir *Testen.*

Schätzen und Testen können also als zwei Seiten derselben Medaille betrachtet werden. Beim Schätzen versuchen wir, ein Intervall für den Parameterwert der Grundgesamtheit aus dem beobachteten Kennwert der Stichprobe zu bestimmen. Beim Testen leiten wir hingegen aus einem theoretischen Wert der Grundgesamtheit ein Intervall ab, von dem wir erwarten, dass sich in diesem typischerweise ein Kennwert einer zufällig gezogenen Stichprobe befinden müsste, um dann anschließend zu überprüfen, ob sich der tatsächliche Kennwert der Stichprobe in diesem Intervall befindet. Wir können diesen Sachverhalt allerdings auch von der anderen Seite aus formulieren. Beim Testen untersuchen wir, ob der durch die Theorie vorausgesagte Parameterwert innerhalb des Konfidenzintervalls liegt, dass wir aufgrund des Schätzvorgangs erhalten. Sowohl beim Schätzen als auch beim Testen geht es daher um den Versuch einer angemessenen Deskription der Grundgesamtheit mit Hilfe der Stichprobenergebnisse. Während bei der Schätzung mit dieser Deskription das Ziel der Untersuchung jedoch schon erreicht ist, stellt diese beim Testen lediglich ein Mittel zum Zweck der Überprüfung dar, inwieweit die so erschlossenen Eigenschaften der Grundgesamtheit mit denen übereinstimmen, die wir aufgrund der Theorie erwarten würden.

Induktive bzw. Inferenzielle Statistik

Dieser Teil der Statistik, der sich mit Schätzen und Testen befasst, wird *induktive* oder *schließende* oder *inferenzielle* Statistik genannt. Die Methoden der schließenden Statistik können nur auf Zufallsstichproben angewandt werden.

9.3.1 Das Wahrscheinlichkeitsintervall

Wenn wir den Parameterwert der Grundgesamtheit und die genaue Form der Verteilung der Variablen in der Grundgesamtheit kennen, dann können wir ein Intervall um den Parameterwert der Verteilung angeben, in dem sich der entsprechende Kennwert einer Stichprobe mit einer bestimmten Wahrscheinlichkeit befindet. Ein solches Intervall nennen wir ein *Wahrscheinlichkeitsintervall*.

Zufallsexperiment und Zufallsvariable

Nehmen wir an, wir werfen die berühmte „faire" Münze, bei der beide Seiten jeweils mit exakt derselben Wahrscheinlichkeit fallen, 20mal. Ein solcher Vorgang wird als *Zufallsexperiment* bezeichnet. Bilden wir aus den Ergebnissen des Zufallsexperiments einen Zahlenwert, der angibt, wie häufig die Münze auf die „Kopf"-Seite fällt, dann wird die entsprechende Variable eine *Zufallsvariable* genannt. Die schon bekannte Binomialverteilung (vgl. Kap. 5) gibt an, mit welcher Wahrscheinlichkeit eine bestimmte Anzahl des Ereignisses „Kopf" zu erwarten ist. Abbildung 9.14 gibt die Verteilung grafisch wieder, in der Tabelle 9.12 sind die entsprechenden Werte enthalten.

Abbildung 9.14

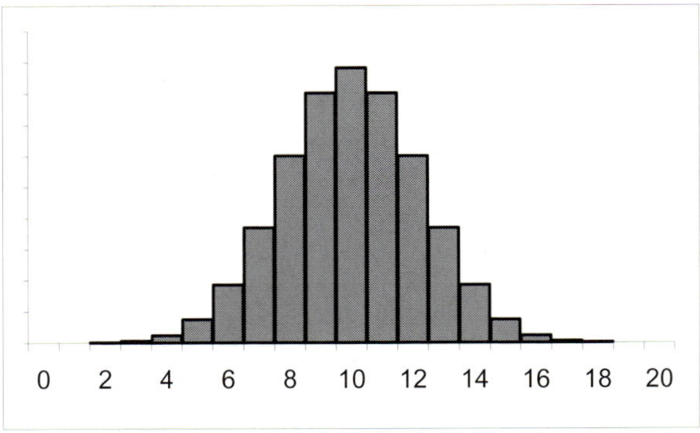

Erwartungswert

Die Wahrscheinlichkeit, dass bei 20maligem Werfen einer fairen Münze genau 5mal „Kopf" geworfen wird, beträgt ca. 0,015. Als mittleres Ergebnis des Zufallsexperiments erwarten wir, dass „Kopf" genau 10mal fällt. Dieser Wert der Verteilung einer Zufallsvariablen wird daher auch *Erwartungswert* genannt. Wir können nun Wahrscheinlichkeitsintervalle verschiedener Größen bilden, je nachdem, mit welcher Wahrscheinlichkeit ein bestimmtes Ergebnis des Zufallsexperiments in dem Intervall liegen soll. Üblich sind 95 %-Intervalle und 99 %-Intervalle. Ein 95 %-Wahrscheinlichkeitsintervall gibt den Bereich an, in dem bei einer sehr großen Anzahl von durchgeführten Zufallsexperimenten mindestens 95 % der Werte der Zufallsvariablen liegen. Dabei werden die Intervallgrenzen so eng wie möglich gewählt. Das 95 %-Intervall der Zufallvariable „Anzahl Kopf bei 20maligem Werfen einer fairen Münze" geht daher von 6 bis 14, denn das nächst engere Intervall von 7 bis 13 enthielte nur noch ca. 100-2*5,8 = 88,4 % der Fälle. Exakt tritt ein Wert zwischen 6 und 14 mit einer Wahrscheinlichkeit von 95,86 auf.

Tabelle 9.13

P(X=k) X=k	Binomial-verteilung	P(X≤k)	Approximierende Normalverteilung	Differenz
0	0,00000095	0,00000095	0,00000810	0,00000714
1	0,00001907	0,00002003	0,00005413	0,00003506
2	0,00018120	0,00020123	0,00029634	0,00011514
3	0,00108719	0,00128841	0,00132821	0,00024102
4	0,00462055	0,00590897	0,00487397	0,00025342
5	0,01478577	0,02069473	0,01464320	-0,00014256
6	0,03696442	0,05765915	0,03601844	-0,00094598
7	0,07392883	0,13158798	0,07253531	-0,00139352
8	0,12013435	0,25172234	0,11959414	-0,00054021
9	0,16017914	0,41190147	0,16143815	0,00125901
10	0,17619705	0,58809853	0,17841784	0,00222078
11	0,16017914	0,74827766	0,16143815	0,00125901
12	0,12013435	0,86841202	0,11959414	-0,00054021
13	0,07392883	0,94234085	0,07253531	-0,00139352
14	0,03696442	0,97930527	0,03601844	-0,00094598
15	0,01478577	0,99409103	0,01464320	-0,00014256
16	0,00462055	0,99871159	0,00487397	0,00025342
17	0,00108719	0,99979877	0,00132821	0,00024102
18	0,00018120	0,99997997	0,00029634	0,00011514
19	0,00001907	0,99999905	0,00005413	0,00003506
20	0,00000095	1,00000000	0,00000810	0,00000714

Approximation der Binomialverteilung durch die Normalverteilung

Die Berechnung der einzelnen Binomialkoeffizienten ist nur mit großem rechnerischen Aufwand möglich. In der Praxis kommt der Binomialverteilung daher nur eine geringe Bedeutung zu, da sie durch die so genannte *Normalverteilung* ziemlich gut angenähert werden kann. Eine Binomialverteilung konvergiert gegen eine Normalverteilung, wenn die Anzahl der durchgeführten Zufallsexperimente gegen unendlich geht. Im Gegensatz zur Binomialverteilung handelt es sich bei der Normalverteilung um eine kontinuierliche Verteilung, deren Werte durch eine Funktionsgleichung direkt berechnet werden können. Die Annäherung der Binomialverteilung bezüglich des Zufallsexperiments von 20 Münzwürfen durch die entsprechende Normalverteilung ist in Abbildung 9.15 zu sehen. Die Werte der Normalverteilung sind in Tabelle 9.12 in der vierten Spalte aufgeführt. Wie man sieht, weichen sie von den exakten Werten der Binomialverteilung nur geringfügig ab.

Der Normalverteilung kommt fast schon eine Art „Gesetzescharakter" zu, da die Verteilung von vielen Variablen wie eine Normalverteilung betrachtet werden kann. Dies ist immer dann der Fall, wenn der x-Wert als das Ergebnis vieler unabhängig voneinander wirkender Einflussfaktoren betrachtet werden kann. Zum Beispiel ist die Körpergröße beim Menschen annähernd normalverteilt. Man kann sich dies so erklären, dass die Körpergröße durch eine Vielzahl von genetischen Faktoren bedingt ist, die unabhängig voneinander sind, und von denen einige zugunsten einer minimalen Erhöhung der Körpergröße wirken und andere zugunsten einer minimalen Verringerung der Körpergröße. Eine große Abweichung nach oben kommt daher nur dann zustande, wenn im genetischen Code einer Person zufällig sehr viele Faktoren kombiniert sind, die alle zugunsten einer größeren Körperlänge wirken.

Abbildung 9.15: Approximation einer Binomialverteilung durch eine Normalverteilung

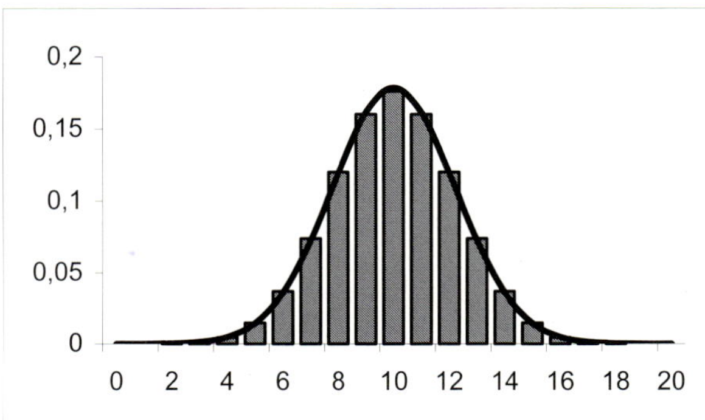

Eine Normalverteilung mit dem Mittelwert μ (gesprochen „mü") und der Varianz σ^2 (gesprochen „sigma Quadrat") wird als $N(\mu; \sigma^2)$ abgekürzt dargestellt. Als *Standardnormalverteilung* wird die Normalverteilung $N(0; 1)$ mit dem Mittelwert 0 und der Varianz 1 bezeichnet. Für diese können die konkreten Werte der Funktion ausgerechnet werden. Die gesamte Fläche unter der Standardnormalverteilungskurve beträgt dabei 1. Die Fläche unter der Kurve, die durch ein bestimmtes Intervall bestimmt wird, ist daher die Wahrscheinlichkeit, dass ein zufällig ausgewählter Wert der Verteilung genau in dieses Intervall fällt. Das 95 %-Wahrscheinlichkeitsintervall der Standardnormalverteilung geht z.B. von –1,96 bis +1,96, wie in Abbildung 9.16 dargestellt.

Standardnormalverteilung

Abbildung 9.16: Das 95 %-Wahrscheinlichkeitsintervall einer Standardnormalverteilung

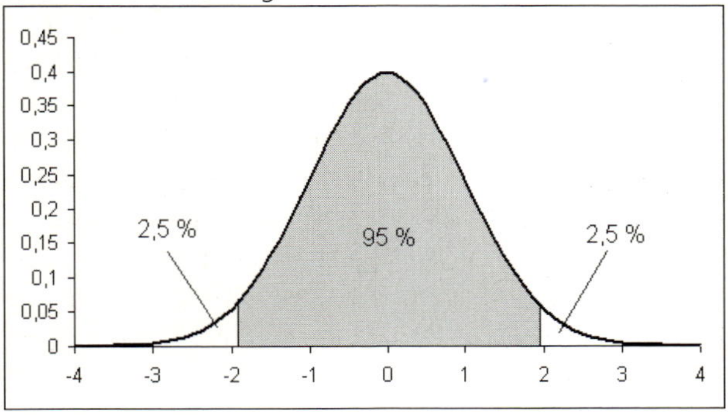

Im Intervall von –1 bis +1 der Standardnormalverteilung befinden sich ca. 68 % der Werte, im Intervall von –2,58 bis +2,58 ungefähr 99 %.

Transformation einer beliebigen Normalverteilung in die Standardnormalverteilung und umgekehrt

Alle Normalverteilungskurven sind sich im geometrischen Sinne ähnlich, d.h. jede Normalverteilungskurve kann durch eine einfache Verschiebung und Streckung oder Stauchung in eine beliebige andere Normalverteilungskurve transformiert werden. Insbesondere kann jede Normalverteilungskurve in die der Standardnormalverteilung überführt werden. Die Form einer bestimmten Normalverteilung ist ausschließlich durch ihren Mittelwert und ihre Varianz bestimmt. Da die Standardabweichung der Standardnormalverteilung 1 beträgt, kann jeder x-Wert genauso gut als Vielfaches der Standardabweichung betrachtet werden. Umgekehrt heißt das: Sind der Mittelwert und die Varianz einer Normalverteilung bekannt, dann kann jeder Wert auch ausgedrückt werden, indem man angibt, um das Wievielfache der Standardabweichung er vom Mittelwert abweicht. Dadurch können für jede beliebige Normalverteilung die kritischen Grenzen z.B. des 95 %- oder des 99 %-Wahrscheinlichkeitsintervalls ganz einfach durch die bekannten Werte der Standardnormalverteilung ausgerechnet werden. Nehmen wir an, die Körpergröße von Männern in cm sei annähernd normalverteilt mit einem Mittelwert von 180 und einer Varianz von 25. Die Standardabweichung beträgt dann 5. Das 95 %-Wahrscheinlichkeitsintervall erhält man dann, indem man vom Mittelwert um das 1,96-fache der Standardabweichung nach links und nach rechts geht. Das Intervall erstreckt sich also von 180-1,96*5 bis 180+1,96*5 bzw. von 170,2 bis 189,8. Die Körpergröße von 95 % aller Männer liegt demnach ca. zwischen 170,2 cm und 189,8 cm.

Erwartungswert und Standardabweichung einer binomialverteilten Zufallsvariablen

Um entsprechend eine Binomialverteilung durch die Standardnormalverteilung zu approximieren, müssen wir die Varianz und den Mittelwert der Binomialverteilung kennen. Dabei gilt: Werden n unabhängige Zufallsexperimente durchgeführt, bei denen ein bestimmtes Ereignis mit der Wahrscheinlichkeit p auftritt, dann ist der Erwartungswert der Anzahl der aufgetretenen Ereignisse gleich n*p und die Varianz gleich n*p*(1-p). Wird wie im Beispiel 20-mal eine Münze geworfen, dann ist der Erwartungswert für die Anzahl von „Kopf" gleich 20*0,5, also 10, und die Varianz ist 20*0,5*0,5, also 5. Die Standardabweichung ist demnach die Wurzel aus 5, also ca. 2,24. Wenn die Binomialverteilung durch eine Normalverteilung approximiert werden kann, dann bedeutet dies, dass sich z.B. 95 % der Ergebnisse in einem Intervall von 10-1,96*2,24 bis 10+1,96*2,24 bzw. 5,6 bis 14,4 befinden müssten.

Stetigkeitskorrektur

Um die diskreten Werte der Binomialverteilung mit den kontinuierlichen Werten einer Normalverteilung besser vergleichen zu können, müssen wir eine so genannte *Stetigkeitskorrektur* vornehmen. Da bei der Binomialverteilung ja nur ganzzahlige Werte vorkommen können, erstreckt sich der Wert 6 gewissermaßen von 5,5 bis 6,5, der Wert 14 von 13,5 bis 14,5. Unsere anhand der Approximation durch die Normalverteilung gefundenen Grenzen entsprechen daher fast genau dem Intervall von 6 bis 14, wenn die Intervallgrenzen nur ganzzahlig ausgedrückt werden können.

Erwartungswert und Standardabweichung von Anteilswerten, Standardfehler des Schätzers

Die Normalverteilung ist auch deshalb so wichtig, weil viele Kennwerte von Stichproben um den entsprechenden Parameter der Grundgesamtheit normalverteilt sind. Wenn wir bei unserem Münzwurfexperiment als Zufallsvariable nicht die absolute Anzahl der „Kopf"-Würfe nehmen, sondern den Anteil, dann gelangen wir dazu auf einfache Weise, indem wir die absolute Anzahl der „Kopf"-Würfe durch die Anzahl aller n Würfe dividieren. Die Verteilung geht dann nicht mehr von 0 bis n, sondern von 0 bis 1.

Standardfehler

Die auf den Bereich von 0 bis 1 normierte Verteilung ist nichts anderes als eine Stauchung der ursprünglichen Verteilung der absoluten Werte auf 1/n, es handelt sich also um eine simple lineare Transformation der Form $x_t = x_0/n$, wobei x_0 der Originalwert und x_t der transformierte Wert ist. Durch die Transformation bleibt aber die Form der Verteilung unberührt. Der Erwartungswert der transformierten Verteilung ist daher einfach der transformierte Wert des Erwartungswerts der alten Verteilung, also $\frac{n * p}{n} = p$. Auch jede Distanz zwischen zwei Werten in der transformierten Verteilung entspricht daher der transformierten Distanz der beiden entsprechenden Werte in der alten Verteilung. Der Abstand $\sqrt{n * p * (1-p)}$, der einer Standardabweichung entspricht, wird daher in $\frac{\sqrt{n * p * (1-p)}}{n} = \sqrt{\frac{p * (1-p)}{n}}$ transformiert, der Standardabweichung der auf den 0,1-Bereich normierten Verteilung der Anteilswerte. Eine solche Standardabweichung eines Stichprobenkennwerts, mit dem ein Parameter der Grundgesamtheit geschätzt werden soll, wird auch *Standardfehler des Schätzers* genannt.

Da sich die Form der Verteilung durch die Transformation nicht ändert, kann aber auch die Verteilung der Anteilswerte einer binomial verteilten Zufallsvariablen durch eine Normalverteilung approximiert werden. Betrachten wir wieder unser Experiment des 20maligen Münzwurfs. Der Anteil der Kopfwürfe ist annähernd normalverteilt mit einem Erwartungswert von 0,5 und einer Standardabweichung von $\sqrt{\frac{0{,}5 * (1-0{,}5)}{20}} = \sqrt{0{,}0125} \approx 0{,}112$. Grob können wir das 95 %-Wahrscheinlichkeitsintervall bilden, indem wir vom Erwartungswert das Doppelte der Standardabweichung einmal abziehen und einmal hinzuaddieren. Bei 20maligem Werfen einer fairen Münze liegt der Anteilswert von „Kopf" an allen 20 Würfen in 95 % der Fälle ca. zwischen 0,28 und 0,72.

Bernoullis Gesetz der großen Zahl

Man beachte, dass die Standardabweichung der Anteilswerte indirekt proportional zur Wurzel von n ist. Vervierfacht man den Wert von n, dann ist die Standardabweichung nur noch halb so groß. Dasselbe gilt natürlich auch für das Wahrscheinlichkeitsintervall, da dieses ja mit Hilfe der Standardabweichung gebildet wird. Bei 80maligem Werfen einer Münze liegt der Anteilswert von „Kopf" daher mit 95 % Wahrscheinlichkeit in einem Intervall von ca. 0,39 bis 0,61. Je größer n, desto näher rücken die Intervallgrenzen, innerhalb derer wir den Anteilswert einer Stichprobe mit einer bestimmten Wahrscheinlichkeit erwarten, an den Erwartungswert, d.h. den „Anteilswert" in der Grundgesamtheit. Wenn n sehr sehr groß ist, können wir daher ziemlich sicher sein, dass der Anteilswert der Stichprobe nur minimal vom Anteilswert der Grundgesamtheit abweicht. Wenn wir die Münze 10 000mal werfen, dann geht z.B. das 99 %-Wahrscheinlichkeitsintervall von 0,5-2,58*0,005 bis 0,5+2,58*0,005, also von ca. 0,487 bis 0,513, bei 1 000 000 Würfe von 0,4987 bis 0,5013. Für jeden beliebigen Genauigkeitsbereich können wir eine entsprechende Zahl n finden, so dass der Anteilswert der Stichprobe mit einer bestimmten Wahrscheinlichkeit in diesem Intervall um den tatsächlichen Parameterwert der Grundgesamtheit liegt. Dieser Zusammenhang ist als *Bernoullis Gesetz der großen Zahl* oder einfach nur als *Gesetz der großen Zahl* bekannt.

Zentrales Grenzwerttheorem

Der Anteilswert einer Ausprägung an der Anzahl aller Fälle ist ein Kennwert, an dem wir interessiert sind, wenn es sich bei der untersuchten Variablen um eine nominalkategorisierte Variable handelt. Viele der Variablen, die wir in unseren Analysen verwenden, sind jedoch intervallskaliert, bzw. können mehr oder weniger so behandelt werden, als wären sie es. Der Kennwert, mit dem wir die Verteilung einer solchen intervallskalierten Variablen in der Regel zusammenfassen, ist der Mittelwert. Auch bei Vergleichen zwischen zwei Verteilungen beziehen wir uns häufig lediglich auf die Mittelwerte. Wenn wir z.B. die Ansicht vertreten, Männer seien größer als Frauen, dann meinen wir offensichtlich nicht damit, dass jeder Mann größer als jede Frau ist, denn dies wäre offensichtlich falsch, sondern wir wollen damit ausdrücken, dass Männer *durchschnittlich* größer sind als Frauen, d.h. der Mittelwert der Körpergröße in der Gruppe der Männer ist größer als der in der Gruppe der Frauen. Die Normalverteilung ist nun wieder von herausragender Bedeutung, wenn es um die Untersuchung des Zusammenhangs zwischen dem Mittelwert einer Stichprobe und dem Mittelwert der Grundgesamtheit geht, aus der die Stichprobe gezogen wurde. Der Mittelwert der Grundgesamtheit wird der Konvention entsprechend mit μ bezeichnet, die Varianz in der Grundgesamtheit beträgt σ^2. Der Konvention nach bezeichnen wir Parameter der Grundgesamtheit mit griechischen Buchstaben und Kennwerte der Stichprobe mit lateinischen. Der Mittelwert der Variablen X in der Stichprobe wird als $\overline{x}$ bezeichnet, die Varianz der Stichprobe mit s^2. Die Stichprobe habe den Umfang n. Nach dem *zentralen Grenzwerttheorem* gilt nun, dass die Mittelwerte der Stichproben normalverteilt sind, wenn diese hinreichend groß sind. Dabei entspricht der Erwartungswert der Stichprobenmittelwerte dem Mittelwert der Grundgesamtheit und die Varianz der Stichprobenmittelwerte beträgt ein n-tel der Varianz der Grundgesamtheit. Formal ausgedrückt:

$$E(\bar{x}) = \mu$$

$$\sigma_{\bar{x}}^2 = \frac{\sigma^2}{n}$$

Die Stichprobenmittelwerte sind nach dem zentralen Grenzwerttheorem normalverteilt mit $N\left(\mu; \frac{\sigma^2}{n}\right)$. Die Standardabweichung der Stichprobenmittelwerte, also der Standardfehler des Schätzers des Mittelwerts, ist gleich der Wurzel aus der Varianz, sie entspricht also der Standardabweichung der Grundgesamtheit, dividiert durch die Wurzel aus dem Stichprobenumfang. Mit Hilfe des zentralen Grenzwerttheorems können nun problemlos Wahrscheinlichkeitsintervalle für Stichprobenmittelwerte berechnet werden. Nehmen wir wieder an, die Verteilung der Körpergröße der Männer sei normalverteilt mit einem Mittelwert von 180 cm und einer Varianz von 25 bzw. einer Standardabweichung von 5. Wenn wir jetzt viele Stichproben des Umfangs 100 ziehen würden, dann können wir aus den ermittelten Stichprobenmittelwerten ihrerseits eine Verteilung bilden. Der Erwartungswert dieser Verteilung wäre gleich 180 und die Varianz gleich 25/100 bzw. 0,25, die Standardabweichung demnach 0,5. Das 95 %-Wahrscheinlichkeitsintervall der Stichprobenmittelwerte ginge also ca. von 179 bis 181. Für eine beliebig ausgewählte Stichprobe aus der Verteilung der Stichproben vom Umfang 100 gilt daher, dass ihr Mittelwert mit 95 % Wahrscheinlichkeit zwischen 179 und 181 liegt. Mit den meisten Stichproben würden wir also den Mittelwert der Körpergröße in der Grundgesamtheit schon ziemlich genau schätzen können.

9.3.2 Das Konfidenzintervall

Punktschätzung und Intervallschätzung, erwartungstreue Schätzer

Wahrscheinlichkeitsintervalle sagen uns etwas darüber aus, mit welcher Wahrscheinlichkeit wir davon ausgehen können, dass ein Kennwert einer Stichprobe um den bekannten Parameterwert einer Grundgesamtheit innerhalb eines bestimmten Intervalls liegt. In der Praxis der Schätzung aber sieht das Problem, mit dem wir uns konfrontiert sehen, genau umgekehrt aus. Wir wollen von dem Kennwert der Stichprobe auf den noch unbekannten Parameterwert der Grundgesamtheit schließen. Hierzu benutzen wir das so genannte *Konfidenzintervall.* Dieses ist eine Art Spiegelbild des Wahrscheinlichkeitsintervalls. Gehen wir davon aus, wir wollten mit Hilfe einer Umfrage unter 1000 Personen die Stimmenanteile der Parteien schätzen. Der Einfachheit halber nehmen wir an, es gäbe nur zwei Parteien SPD und CDU, außerdem gehen wir davon aus, dass es sich bei der Stichprobe um eine echte Zufallsauswahl handelt, es gibt also keine Verweigerer etc. Die Umfrage ergibt nun einen Wert von 53 % für die SPD und 47 % für die CDU. Müssten wir uns nun gegenüber einem Auftraggeber auf genau einen bestimmten Wert des Anteils der SPD festlegen, d.h. müssten wir eine so genannte *Punktschätzung* vornehmen, dann ist der Wert in unserer Stichprobe auch die beste mögliche Schätzung, solange wir nicht davon ausgehen, dass unsere Stichprobe mit einem systematischen Fehler, einem Bias, behaftet ist. Den Schätzer eines Koeffizienten, der nicht mit einem Bias behaftet ist, nennen wir einen *erwartungstreuen* Schätzer. Damit wollen wir ausdrücken, dass der Erwartungswert des Schätzers dem wahren Wert des Parameters in der Grundgesamtheit entspricht. Aufgrund unserer Umfrage würden wir also die Prognose ausgeben, die SPD erziele 53 % bei den anstehenden Wahlen. Wir wissen aber, dass Stichproben immer mehr oder weniger verzerrt sind, unsere Punktschätzung wird nur in sehr wenigen Fällen den tatsächlichen Wert treffen. Wir suchen also ein Intervall um unsere Punktschätzung herum, von dem wir mit einer gewissen Sicherheit davon ausgehen können, dass innerhalb dieses Intervalls der wirkliche Anteilswert liegen wird. Dieses Intervall ist das Konfidenzintervall.

Der Konfidenzkoeffizient

Die dem Intervall entsprechende Wahrscheinlichkeit nennen wir die *Sicherheitswahrscheinlichkeit* oder die *Konfidenzwahrscheinlichkeit* oder auch den *Konfidenzkoeffizienten.* Das Ziel unserer Schätzung ist nun also eine *Intervallschätzung.* Das Problem besteht darin, die Grenzen des Konfidenzintervalls zu bestimmen. Nehmen wir an, wir würden den wahren Anteilswert p kennen. Dann wissen wir, dass der Anteilswert einer Stichproben mit 95 % Wahrscheinlichkeit in einem Intervall um p mit ungefähr dem Doppelten des Standardfehlers der Schätzung $\sqrt{\frac{p * (1-p)}{n}}$ liegt. Wenn wir nun umgekehrt um jeden Anteilswert in einer Stichprobe ein Intervall derselben Breite konstruieren, dann werden 95 % der solchermaßen gebildeten Intervalle den echten Anteilswert p enthalten.

Da wir p allerdings nicht kennen, muss p erst durch die relative Häufigkeit in der Stichprobe geschätzt werden. Als geschätzte Standardabweichung des Anteilswerts ergibt sich in unserem Beispiel $\sqrt{\frac{0{,}53 * 0{,}47}{1000}} = 0{,}0158$. Das 95 %-Konfidenzintervall erstreckt sich daher von ca. 0,499 bis 0,561 bzw. von 49,9 % bis 56,1 %. Wir können also relativ sicher sein, dass sich der Anteil der SPD-Wähler in diesem Bereich befindet, wenn wir in der Stichprobe einen Anteil von 53 % erhalten haben.

Ganz analog bilden wir Konfidenzintervalle für Mittelwerte. Nehmen wir an, in derselben Umfrage wurden die Personen gebeten, eine Leistungsbewertung der aktuellen Regierung auf einer Skala von 0 bis 100 vorzunehmen. Der Mittelwert des Skalenwerts in der Stichprobe beträgt 71. Um das Konfidenzintervall bilden zu können, benötigen wir eine Schätzung für die Varianz der Variablen in der Grundgesamtheit. Diese kann relativ gut durch die Varianz in der Stichprobe geschätzt werden, allerdings muss die Varianz der Stichprobe mit dem Korrekturfaktor n/n-1 multipliziert werden, damit wir eine erwartungstreue Schätzung der Varianz der Grundgesamtheit erhalten. Wir erhalten eine Schätzung der Varianz der Grundgesamtheit also, indem wir die Summe der quadrierten Abweichungen vom Mittelwert der Stichprobe nicht durch n sondern durch n-1 dividieren.

$$\hat{\sigma}^2 = s^2 \frac{n}{n-1} = \left(\frac{1}{n} \sum_{i=1}^{n} (x_i - \bar{x})^2 \right) \frac{n}{n-1} = \frac{1}{n-1} \sum_{i=1}^{n} (x_i - \bar{x})^2$$

Bei großen n kann der Korrekturfaktor vernachlässigt werden, da er annähernd 1 beträgt. Bei einem Stichprobenumfang von 1000 können wir bedenkenlos die Varianz und damit die Standardabweichung der Grundgesamtheit direkt durch die Varianz bzw. Standardabweichung der Stichprobe schätzen. Nehmen wir an, die Standardabweichung der Leistungsbewertung in der Stichprobe betrug 19. Dann beträgt der Standardfehler des Schätzers für den Mittelwert 19 dividiert durch die Wurzel aus 1000, das ist ungefähr 0,6. Das 95 %-Konfidenzintervall erstreckt sich demnach über $71 \pm 1{,}96 * 0{,}6$, also von 69,82 bis 72,18.

9.3.3 Die Logik eines statistischen Tests

Bewährung einer wissenschaftlichen Theorie

Wissenschaftliche Theorien bestehen aus einer Menge von Sätzen, aus denen Hypothesen über beobachtbare Zustände der Wirklichkeit abgeleitet werden können. Die Güte einer wissenschaftlichen Theorie ist daher danach zu beurteilen, inwieweit diese Hypothesen eine solche Prüfung durch die Realität erfolgreich bestanden haben. Ist dies der Fall, sprechen wir davon, dass die Theorie sich angesichts der Konfrontation mit der Wirklichkeit *bewährt* hat.

Falsifikation und empirischer Gehalt

Hypothesen, die einer solchen Prüfung an der Realität nicht zugänglich sind, sind wertlos. Aber auch Hypothesen, die derart allgemein formuliert sind, dass sie jede Prüfung durch die Realität erfolgreich bestehen, sind offensichtlich nutzlos. Eine Theorie ist daher nur dann inhaltlich gehaltvoll, wenn wir uns zumindest vorstellen können, dass sie einer Prüfung nicht standhalten könnte. In diesem Sinn sind Hypothesen desto wertvoller, je „riskanter" die Aussagen sind, die sie machen, d.h. je „wahrscheinlicher" ihre Widerlegung für den Fall ist, dass die Theorie auf falschen Annahmen fußt. Wenn eine Theorie an der Prüfung durch die Realität scheitert, gilt sie nach Popper als *falsifiziert*. Nur falsifizierbare Theorien sind nach Popper sinnvolle und *empirisch gehaltvolle* Theorien.

„Praktische Falsifikation" bei Theorien mit probabilistischen Sätzen

Das Popper'sche Falsifikationskriterium kann im strengen Sinn allerdings nur verwendet werden, wenn die zu überprüfende Hypothese deduktiv aus der Theorie abgeleitet werden kann. Eine solche Deduktion ist besonders einfach, wenn die Theorie aus Allsätzen besteht wie z.B. „Alle Schwäne sind weiß.". Findet man nur einen einzigen schwarzen Schwan, dann ist die Theorie schon falsifiziert. Sozialwissenschaftliche Theorien aber bestehen immer aus probabilistischen Aussagen, z.B. der Art „Bürger, die über eine höhere formale Schulbildung verfügen, splitten mit einer höheren Wahrscheinlichkeit ihre Stimmen bei der Bundestagswahl." Eine solche Aussage kann aber niemals falsifiziert werden, denn aus der Beobachtung, dass ein bestimmter Wähler nicht splittet, kann keinesfalls geschlossen werden, dass er keine höhere formale Schulbildung besitzt. Der Anteil der Nichtsplitter ist sogar innerhalb der Gruppe der höher Gebildeten deutlich höher als der Anteil der Splitter, lediglich ist er nicht so hoch wie innerhalb der Gruppe der formal weniger Gebildeten. In Bezug auf probabilistische Aussagen spricht Popper daher von *„praktischer Falsifikation"*. Wir können demnach eine Theorie dann als „praktisch falsifiziert" betrachten, wenn wir Beobachtungen machen, deren Auftreten sehr unwahrscheinlich wäre, wenn die Theorie zuträfe. Das Schema der praktischen Falsifikation einer Hypothese H lässt sich in der Form eines Arguments darstellen. Die Sätze über der Querlinie stellen dabei die *Prämissen* des Arguments dar, der Satz unter der Querlinie die so genannte *Konklusion*.

> Wenn die Hypothese H wahr ist, dann tritt ein Ereignis e nur mit sehr geringer Wahrscheinlichkeit ein.
> Das Ereignis e wird beobachtet.
>
> ---
>
> Die Hypothese H ist nicht wahr.

Vorgehen bei einem statistischen Test

Bei der Verwendung der praktischen Falsifikation kann sich eine probabilistische Theorie zumindest im indirekten Sinn bewähren. Dies ist dann der Fall, wenn die *Negation* der Theorie mit Hilfe der praktischen Falsifikation widerlegt wird. Diese Vorgehensweise entspricht weitgehend der Logik eines statistischen Tests in der Tradition von R. A. Fisher. Die Vorgehensweise bei einem solchen statistischen Test lässt sich in eine Abfolge mehrerer Schritte zerlegen.

Formulierung der inhaltlich interessierenden Hypothese

1. Formulierung der inhaltlich interessierenden Hypothese

Bevor wir irgendeine Art von Test durchführen, sollten wir uns immer genau überlegen, welche Beobachtungen d.h. welche Strukturen der uns vorliegenden Daten wir aufgrund inhaltlicher theoretischer Überlegungen erwarten würden.

Nur wenn wir diese Erwartungen *vor* der Durchführung eines Tests ausformuliert haben, können die Ergebnisse eines Tests überhaupt im Sinne einer Bewährung unserer Theorie interpretiert werden. Z.B. könnten wir die Vermutung hegen, dass Männer den Kanzlerkandidaten der CDU/CSU von 2002, Edmund Stoiber, in Umfragen kurz vor dem Zeitpunkt der Wahl anders bewertet haben als Frauen. Die dahinter liegende Theorie hat möglicherweise etwas mit durch Sozialisation erworbenen Rollenerwartungen von Männern und Frauen zu tun und dem Zusammenhang dieser Erwartungen mit bestimmten Attributen wie. z.B. Härte, Durchsetzungsfähigkeit etc., die dem Kandidaten in einem bestimmten Maß zugeschrieben werden und die für Männer und Frauen unterschiedliche Bedeutung für die Bewertung der Kandidaten haben. Wir überprüfen diese Vermutung anhand der kumulierten Politbarometerdaten des Jahres 2002. Auf einem Sympathieskalometer konnten die Befragten dabei auf einer Skala von –5 bis +5 angeben, wie viel sie von Stoiber halten, wobei der Wert –5 „überhaupt nichts" bedeutete und der Wert +5 „sehr viel". Die Ergebnisse in der Tabelle 9.13 zeigen, dass sich unsere Vermutung bestätigt hat, der Kandidat Stoiber wird von den männlichen Bundesbürgern im Mittel besser bewertet als von den weiblichen.

Tabelle 9.14 Sympathieskalometerwerte für Stoiber in Abhängigkeit vom Geschlecht

Geschlecht	Mittelwert	N
männlich	0,48	11700
weiblich	0,20	11588
Insgesamt	0,34	23288

Jede wissenschaftliche Untersuchung unserer Hypothesen sollte daher immer mit der Deskription der Daten beginnen.

Formulierung der Nullhypothese H_0

2. Formulierung der Nullhypothese H_0

Unser Problem wäre jetzt schon gelöst, wenn wir davon ausgehen könnten, dass die Stichprobe repräsentativ für die Gesamtbevölkerung ist, also eine genaue Miniatur derselben darstellt. Tatsächlich aber stammt die Stichprobe ja aus einer theoretischen Stichprobenverteilung, und die Datenstruktur in der Grundgesamtheit weicht von der der Stichprobe möglicherweise auf substanziell bedeutsame Weise ab. Wir sind daher daran interessiert festzustellen, ob die in der Stichprobe beobachteten Unterschiede zwischen Männern und Frauen in der Bewertung des Kanzlerkandidaten Stoiber zuverlässig auf einen ebenfalls vorhandenen Unterschied in der Gesamtbevölkerung hinweisen, oder ob sie lediglich durch zufällige Schwankungen der Stichproben zustande gekommen sein könnten. Die Negation unserer inhaltlich formulierten Hypothese lautet daher, dass Unterschiede, die im theoretischen Sinn inhaltlich interpretiert werden können, genauso gut durch Zufall bedingt sein können. Diese Gegenthese zu der uns inhaltlich interessierenden Hypothese wird als *Nullhypothese* bezeichnet und in der Regel mit H_0 abgekürzt. In Abgrenzung zur Nullhypothese bezeichnen wir die inhaltlich interessierende Hypothese mit H_1. Manchmal wird diese Hypothese auch *Alternativhypothese* genannt und mit H_A abgekürzt. Die Nullhypothese in unserem Beispiel lautet daher: „Es gibt keinen Unterschied der Bewertung von Stoiber zwischen Männern und Frauen in der Grundgesamtheit der gesamten Wahlbevölkerung Deutschlands und die in der Stichprobe beobachteten Unterschiede sind lediglich durch zufällige Schwankungen bei der Stichprobenziehung bestimmt."

Konstruktion der Teststatistik

3. Konstruktion der Teststatistik

Der Nutzen der Nullhypothese besteht darin, dass sie davon ausgeht, dass die beobachteten Unterschiede durch zufällige Schwankungen bei der Stichprobenziehung bedingt sind. Dadurch ist es möglich, die Gesetze der Wahrscheinlichkeitsrechnung in Bezug auf die gemachten Beobachtungen und die Nullhypothese anzuwenden. Mit Hilfe der Wahrscheinlichkeitsrechnung können wir für jede gemachte Beobachtung die (bedingte) Wahrscheinlichkeit angeben, mit der sie eintreten würde, wenn die Nullhypothese denn wahr wäre. Dabei fassen wir die für unsere Fragestellung relevanten Charakteristiken der Beobachtungsdaten in einer Maßzahl zusammen, die wir als *Teststatistik* bezeichnen. Eine Teststatistik kann z.B. die Differenz von beobachteten Anteilen zu den Anteilswerten sein, die wir unter zufälligen Bedingungen erwarten würden, die Differenz eines Mittelwerts von einem theoretisch unter Zufallsbedingungen zu erwartendem Mittelwert, aber auch das Verhältnis von Varianzen etc.

Chi^2-Verteilung, F-Verteilung und t-Verteilung

Entscheidend ist, dass es möglich sein muss, die Teststatistik so zu konstruieren, dass ihre Wahrscheinlichkeitsverteilung einem bekannten und leicht berechenbaren Typ von Verteilung entspricht. Am einfachsten ist es natürlich, wenn die Teststatistik so konstruiert wird, dass ihre Verteilung der Standardnormalverteilung entspricht. Weitere verbreitete „Standardverteilungen" von Teststatistiken sind die *Chi^2-Verteilung*, die *F-Verteilung* und die *t-Verteilung*.

Etwas vereinfacht kann man sagen, dass die Chi^2-Verteilung bei Teststatistiken verwendet wird, deren Berechnung auf Varianzen von Stichproben basiert, und die F-Verteilung bei Teststatistiken, deren Berechnungsformel auf dem Verhältnis von Varianzen beruht. Die t-Verteilung ähnelt ihrer Form nach der Normalverteilung. Nach ihr sind z.B. Mittelwerte verteilt, wenn die zugrundeliegenden Stichproben relativ klein sind. Bei großen Stichprobenumfängen nähert sich die t-Verteilung der Standardnormalverteilung an.

In unserem Beispiel würden wir unter der Nullhypothese erwarten, dass die Mittelwerte der Bewertung von Stoiber bei Männern und Frauen gleich sind. Ein erster Entwurf der Teststatistik ist daher die Differenz der beiden Gruppenmittelwerte. Die Gruppenmittelwerte sind bekanntermaßen nach dem zentralen Grenzwerttheorem normalverteilt. Tatsächlich gilt auch für die Differenz (oder Summe) zweier normalverteilter Variablen, dass sie normalverteilt sind. Unser Prototyp der Teststatistik ist also normalverteilt und kann daher durch einfache lineare Transformationen in eine endgültige Teststatistik umgewandelt werden, deren Verteilung der Standardnormalverteilung entspricht.

Festlegung des Signifikanzniveaus

4. Festlegung des Signifikanzniveaus

Wenn wir einen Test auf Geltung der Nullhypothese durchführen, dann sind wir natürlich in Wirklichkeit daran interessiert, dass die Nullhypothese zurückgewiesen wird. Denn dadurch kann unsere Theorie als auf indirekte Weise bewährt angesehen werden. Die Nullhypothese fungiert als eine Art von „Strohmann"-Hypothese, deren Widerlegung unser Ziel ist, da wir umgekehrt die eigentlich interessierende Hypothese nicht auf direktem Wege beweisen können.

Statistische Signifikanz

Die Nullhypothese wird zurückgewiesen, wenn wir einen Wert der Teststatistik erhalten, dessen Auftreten unter der Annahme der Gültigkeit der Nullhypothese nur sehr unwahrscheinlich wäre. Je niedriger die bedingte Wahrscheinlichkeit des Werts der Teststatistik ausfällt, desto überzeugender wird die Nullhypothese widerlegt und desto eindrucksvoller hat sich die H_1-Hypothese bewährt. Wir müssen jetzt nur noch ein Niveau der „Unwahrscheinlichkeit" festlegen, bei dem wir davon ausgehen können, in der Regel die Nullhypothese mit Recht zurückzuweisen. Die beobachteten Unterschiede, die unter Zufallsbedingungen mit einer geringeren Wahrscheinlichkeit auftreten würden, werden dann von uns nicht als vom Zufall hervorgerufen, sondern als auffällig und „bezeichnend" empfunden. Wir bezeichnen dann die Unterschiede als *statistisch signifikant*. Der Schwellenwert der Wahrscheinlichkeit, ab dem wir bestimmte Ereignisse als zu „unwahrscheinlich" zurückweisen, wenn sie darunter liegen, wird als das *Signifikanzniveau* des Tests bezeichnet und mit dem griechischen Buchstaben α dargestellt. Üblich sind Signifikanzniveaus von 5 %, 1 % und 1‰. Wenn die Teststatistik also einen Wert erhält, der unter der Nullhypothese nur mit einer Wahrscheinlichkeit von weniger als 5 % auftreten würde, dann sagen wir, das Ergebnis sei auf dem 5 %-Niveau signifikant oder einfach auch nur signifikant. Nach den üblichen Konventionen in den Sozialwissenschaften werden Ergebnisse auf dem 1 %-Niveau als hochsignifikant bezeichnet, Ergebnisse auf dem 1‰-Niveau als höchstsignifikant.

Irrtumswahrscheinlichkeit

Wenn bestimmte Werte der Teststatistik unter der Geltung der Nullhypothese nur mit einer Wahrscheinlichkeit von weniger als 5 % auftreten und von uns daher als „signifikant" bezeichnet werden, dann heißt dies aber gleichzeitig, dass in 5 % der Fälle solche Werte genau dann auftreten, wenn die Nullhypothese tatsächlich wahr ist. Das Signifikanzniveau gibt also immer die Wahrscheinlichkeit an, mit der wir die Nullhypothese irrtümlich zurückweisen und wird daher auch als *Irrtumswahrscheinlichkeit* bezeichnet. Die Zurückweisung einer wahren Nullhypothese wird *α-Fehler* oder *Fehler 1. Art* genannt. Die Irrtumswahrscheinlichkeit und damit das Signifikanzniveau gibt somit unsere Risikobereitschaft an, eine an sich richtige Nullhypothese mitunter auch vorschnell zurückzuweisen. Je höher wir das Risiko einer solchen falschen Ablehnung der Nullhypothese einschätzen, desto niedriger müssen wir demnach die Irrtumswahrscheinlichkeit festlegen. Es verhält sich hier wie in einem Indizienprozess. Die verhängnisvolle Kombination von Indizien, die den Angeklagten schuldig erscheinen lassen, könnten auch auf eine äußerst unwahrscheinliche Kombination bestimmter Umstände zurückzuführen sein. Wenn wir die Folgen eines Justizirrtums als mehr oder weniger unannehmbar hoch beurteilen, dann sollten wir den Angeklagten nur dann verurteilen, wenn die Wahrscheinlichkeit, mit der ein solches Gewicht der Indizienkette, wie es vorliegt, aus Zufall nur mit einer äußerst geringen Wahrscheinlichkeit zustande kommen kann.

Festlegung des Ablehnungsbereichs der Nullhypothese

5. Festlegung des Ablehnungsbereichs der Nullhypothese

Als letzten Schritt müssen wir festlegen, welche Werte der Teststatistik es denn genau sein sollen, die uns zur Ablehnung der Nullhypothese bewegen. Das Kriterium der Irrtumswahrscheinlichkeit sagt ja nur aus, dass die Wahrscheinlichkeit, mit der ein solcher Wert auftritt, unter einem bestimmten Schwellenwert liegen muss. Wenn aber eine Teststatistik annähernd kontinuierlich verteilt ist, d.h. wenn es sehr viele mögliche Ausprägungen des Werts der Teststatistik gibt, dann ist die Wahrscheinlichkeit jedes einzelnen konkreten Wertes praktisch gleich 0. Es ist daher nur sinnvoll, einen Bereich von Werten der Teststatistik zu definieren, so dass festgelegt wird, dass die Nullhypothese immer dann abgelehnt werden soll, wenn der Wert der Teststatistik aus diesem Bereich stammt. Dieser Bereich wird der *Ablehnungsbereich* genannt.

Zweiseitiger Test (= ungerichteter Test)

Es ist aber immer noch nicht klar, wo der Ablehnungsbereich liegen soll. Jedes Intervall von Werten, dessen Fläche unter der Verteilungskurve weniger als 5 % der Gesamtfläche unter der Kurve beträgt, erfüllt das Kriterium der „Unwahrscheinlichkeit" ja im gleichen Maß. Ist die Teststatistik z.B. standardnormalverteilt, dann könnten wir den Ablehnungsbereich von -0,062 bis +0,062 wählen, denn in diesem Intervall liegen etwas weniger als 5 % der Fälle einer Standardnormalverteilung. Gleichzeitig umfasst dieser Bereich aber die Fälle, die am engsten um den Erwartungswert der Teststatistik unter Geltung der Nullhypothese gruppiert sind, die also die für die Nullhypothese „typischsten" Werte wären. Die beste Wahl des Ablehnungsbereichs bestände in der Auswahl der Fälle, die einerseits „typisch" für die H_1-Hypothese und andererseits möglichst „untypisch" für die H_0-Hypothese wären. Da wir aber in der Regel die Verteilung der Teststatistik unter der H_1-Hypothese nicht kennen, können wir nur dem zweiten Teil der Bedingung genügen. Wir legen den Ablehnungsbereich also so, dass er die Werte der Teststatistik enthält, die im *stärksten inhaltlichen Widerspruch* zur Nullhypothese stehen. Ist der Erwartungswert einer standardnormalverteilten Teststatistik unter der Nullhypothese z.B. gleich 0, dann befindet sich der Ablehnungsbereich an den Rändern der Verteilung. Bei einem Signifikanzniveau von 5 % belegt der Ablehnungsbereich daher die 2,5 % der Fälle, die links am weitesten entfernt von 0 liegen, und die 2,5 % der Fälle, die auf der rechten Seite der Verteilung am weitesten entfernt von 0 liegen. Der Ablehnungsbereich umfasst damit alle Werte, die entweder kleiner als –1,96 oder größer als +1,96 sind. In Abbildung 9.17 ist dieser so genannte zweiseitige Ablehnungsbereich eingezeichnet.

Abbildung 9.17: Zweiseitiger Ablehnungsbereich bei einer standardnormalverteilten Teststatistik und einem Signifikanzniveau von 5 Prozent

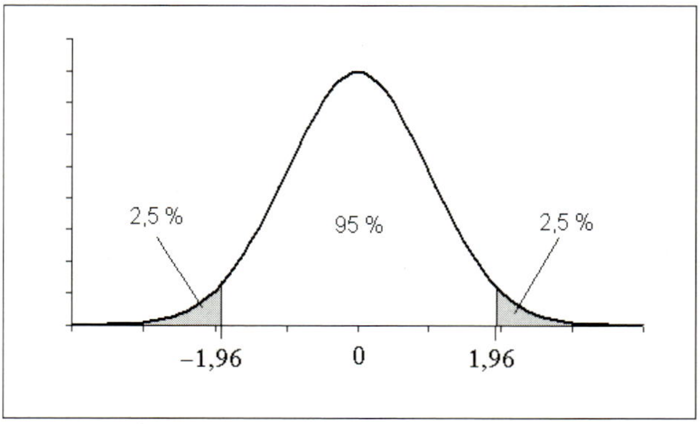

Einseitiger Test (= gerichteter Test)

Kommen wir auf unser Beispiel zurück, in dem wir vermuteten, dass Stoiber von Männern anders bewertet wird als von Frauen. Wenn wir diese Hypothese aus einer Theorie von Rollenmustern und Attributen von „Männlichkeit" ableiten, dann werden wir wahrscheinlich nicht nur vermuten, dass Männer Stoiber anders bewerten als Frauen, sondern wir können womöglich sogar eine inhaltliche Richtung angeben hinsichtlich des Unterschieds zwischen Männern und Frauen. Aufgrund unseres theoretischen Wissens formulieren wir eine gerichtete Hypothese derart, dass Männer Stoiber besser bewerten als Frauen. Durch die Deskription wird dieses Ergebnis ebenfalls bestätigt. Man erkennt aber, dass unsere gerichtete Hypothese wesentlich „riskanter" ist als die ungerichtete, da jedes deskriptive Ergebnis, bei dem der Wert von Stoiber bei Männern unter dem bei den Frauen gelegen hätte, unsere Hypothese unmittelbar widerlegt hätte.

Abbildung 9.18: Einseitiger Ablehnungsbereich bei einer standardnormalverteilten Teststatistik und einem Signifikanzniveau von 5 Prozent

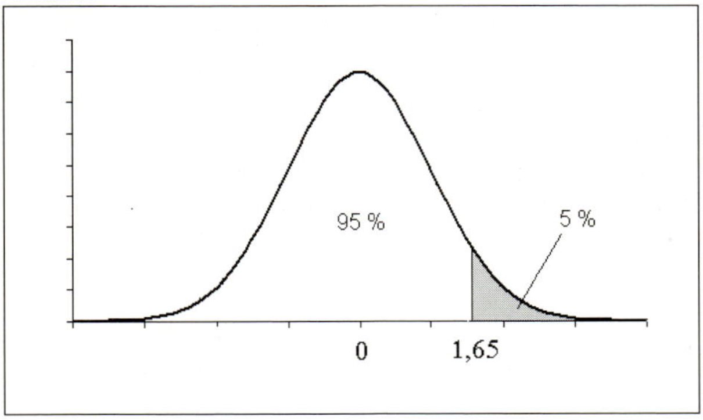

Die Nullhypothese lautet nun aber nicht „Es gibt keinen Unterschied zwischen Männern und Frauen hinsichtlich ihrer Bewertung von Stoiber.", sondern „Frauen bewerten Stoiber mindestens genauso gut wie Männer, d.h. gleich gut oder sogar besser." Die Teststatistik kann zwar auf dieselbe Weise konstruiert werden wie beim ungerichteten Test, womit auch die Verteilung der Teststatistik dieselbe wäre. Im stärksten inhaltlichen Widerspruch zur Nullhypothese stehen jetzt aber nicht die Werte der Teststatistik an beiden Rändern der Verteilung, sondern nur noch an dem Rand der Seite, auf der wir die Werte der Teststatistik erwarten würden, wenn die H_1-Hypothese zutrifft. Wenn die Teststatistik daher auf einer Differenz der Bewertung der Männer und der Frauen basiert, dann befindet sich der Ablehnungsbereich der gerichteten Hypothese auf der rechten Seite. Der Ablehnungsbereich für einen einseitigen Test auf dem 95 %-Niveau bezüglich einer standardnormalverteilten Teststatistik ist in Abbildung 9.18 zu sehen. Alle Werte der Teststatistik, die größer ausfallen als 1,65, führen demnach zur Ablehnung der Nullhypothese.

Berechnung des Werts der Teststatistik und Beurteilung der Nullhypothese bzw. der H_1-Hypothese

6. Berechnung des Werts der Teststatistik und Beurteilung der Nullhypothese bzw. der H_1-Hypothese

Als nunmehr letzter Schritt eines Tests bleibt uns nur noch die konkrete Berechnung des Werts der Teststatistik. Fällt dieser Wert in den Ablehnungsbereich, dann lehnen wir die Nullhypothese ab, und die H_1-Hypothese kann als indirekt bewährt angesehen werden.

Führt der Test jedoch nicht zur Ablehnung der Nullhypothese, d.h. liegt der Wert der Teststatistik nicht im Ablehnungsbereich, so heißt dies umgekehrt in keinem Fall, dass die Nullhypothese als bewährt angesehen werden kann. Noch viel weniger gilt, dass etwa die H_1-Hypothese zurückgewiesen werden dürfte. Denn wegen der unspezifischen Formulierung der H_1-Hypothese sind Werte, die nicht unter dem Ablehnungsbereich bezüglich der H_0-Hypothese liegen, natürlich fast immer im Sinne der H_1-Hypothese plausibel. Wenn die Nullhypothese z.B. besagt, dass kein Unterschied zwischen den Mittelwerten zweier Grundgesamtheiten besteht und die Unterschiede der Stichprobenmittelwerte zufällig sind, dann sagt die H_1-Hypothese lediglich, dass *irgendein* Unterschied zwischen den Mittelwerten der beiden Grundgesamtheiten besteht. Die H_1-Hypothese ist daher mit *jedem* tatsächlich beobachteten Unterschied vereinbar. Aber nur einige dieser Unterschiede sind gleichzeitig mit der Nullhypothese unvereinbar.

Die Konsequenzen, die wir aus der Ermittlung des konkreten Werts der Teststatistik ziehen dürfen, sind daher ausgesprochen asymmetrisch. Liegt der Wert im Ablehnungsbereich, fällen wir eine Entscheidung und weisen die Nullhypothese zurück. Liegt der Wert nicht im Ablehnungsbereich, kommt es hingegen zu gar keiner Entscheidung, und es bleibt weiterhin offen, ob die H_1-Hypothese zutrifft. Das „Scheitern" des Tests in Bezug auf eine Zurückweisung der Nullhypothese bedeutet nicht einmal eine Schwächung der Plausibilität unserer Vermutungen und sollte unseren Glauben in die Theorie in keinster Weise ins Schwanken bringen, zumindest nicht mehr als durch die grundsätzlich immer angebrachte skeptische Haltung, die wir jeder Theorie gegenüber an den Tag legen sollten.

Diese Feststellungen mögen verwunderlich erscheinen, da in manchen Statistikbüchern der Eindruck erweckt wird, durch einen Test der Nullhypothese könnten wir *in jedem Fall* zu einer Entscheidung *zwischen* H_0-Hypothese und H_1-Hypothese kommen. Dies stellt jedoch eine unglückliche Vermischung der Eigenschaften eines statistischen Tests in der Tradition von Fisher, wie wir ihn beschrieben haben, mit denen eines statistischen Tests in der Tradition von Neyman und Pearson dar. Der Grund für diese Unklarheiten liegt in der Bestimmung des Ablehnungsbereichs. Da der Ablehnungsbereich nur unter Bezug auf die Verteilung der Teststatistik unter der Nullhypothese gebildet wurde, ist damit in keiner Weise sichergestellt, dass er genau die Werte der Teststatistik enthält, die unter der Geltung der H_1-Hypothese am wahrscheinlichsten wären. Es kann also durchaus sein, dass die „typischen" Werte der Teststatistik, die wir unter einer spezifisch formulierten H_1-Hypothese erwarten würden, gar nicht im Ablehnungsbereich liegen. Dies ist besonders dann wahrscheinlich, wenn die Streuung der unstandardisierten Teststatistik unter der Nullhypothese sehr groß ausfällt, so dass auch relativ große Werte der unstandardisierten Teststatistik nicht in den Ablehnungsbereich fallen. Die Streuung der Teststatistik aber ist abhängig von der Stichprobengröße. Bei sehr großen Stichproben ist schon jede sehr geringe Abweichung vom Erwartungswert unter der Nullhypothese signifikant. In unserem Beispiel der unterschiedlichen Bewertung Stoibers durch Männer und Frauen konnten wir auf eine Stichprobe des Umfangs 23 288 (vgl. Tabelle 9.13) zurückgreifen. Bei einer derart großen Stichprobe wäre nach der Durchführung eines so genannten T-Tests, der die Unterschiede der Mittelwerte untersucht, jede Differenz der Mittelwerte, die größer als 0,08 ausgefallen wäre, schon auf dem 5 %-Niveau signifikant gewesen. Der zweiseitige Ablehnungsbereich liegt also von $-\infty$ bis $-0{,}08$ und von $+0{,}08$ bis $+\infty$. Die tatsächliche beobachtete Differenz von 0,28 liegt somit weit über dem kritischen Wert und innerhalb des Ablehnungsbereichs.

Nehmen wir jetzt der Einfachheit halber an, der Wert 0,28 in der Stichprobe sei auch der tatsächliche, d.h. die Stichprobe trifft den Wert der Grundgesamtheit genau, sie ist tatsächlich im wörtlichen Sinn repräsentativ. Die Werte, die wir unter der „richtigen" H_1-Hypothese typischerweise erwarten würden, liegen daher eng um den Wert von 0,28 herum, also weit vom Erwartungswert 0 der

Nullhypothese entfernt und eindeutig im Ablehnungsbereich. Unsere „repräsentative" Stichprobe führt demnach zum richtigen Ergebnis der Ablehnung der Nullhypothese.

Nach dem zentralen Grenzwerttheorem wissen wir nun aber, dass die Breite des Wahrscheinlichkeitsintervalls um den wahren Wert bzw. die des Konfidenzintervalls um den Wert der Teststatistik umgekehrt proportional zur Wurzel der Stichprobengröße ist. Nehmen wir an, die Stichprobe betrage jetzt nur ca. ein 25.stel der 23288 Fälle, also ungefähr 930 Fälle. Dies entspricht auch der Größenordnung vieler Einzeluntersuchungen. Das 95 %-Wahrscheinlichkeitkeitsintervall unter der Nullhypothese ist dann ungefähr 5mal so breit, d.h. der Ablehnungsbereich würde jetzt ungefähr von $-\infty$ bis $-0{,}4$ und von $+0{,}4$ bis $+\infty$ gehen. Der „tatsächliche" Wert 0,28 liegt dann aber nicht mehr im Ablehnungsbereich, und wir weisen demnach die Nullhypothese nicht zurück, und das, obwohl die Stichprobe in Wirklichkeit den wahren Wert der Grundgesamtheit genau wiedergibt. Am Wahrheitsgehalt der H_1-Hypothese und damit an der Falschheit der Nullhypothese hat sich aber durch die Änderung des Stichprobenumfangs nicht das Geringste geändert, lediglich die Wahrscheinlichkeit, mit der wir eine falsche Nullhypothese entlarven, hat sich verringert.

Nur dann, wenn der Ablehnungsbereich der Nullhypothese zugleich die „typischen" Werte der H_1-Hypothese enthält, können wir mit großer Wahrscheinlichkeit davon ausgehen, dass die Nullhypothese tatsächlich zurückgewiesen werden wird. Ein Scheitern der Zurückweisung der Nullhypothese heißt daher nicht, dass die H_1-Hypothese falsch ist, sondern lediglich, dass die für die Geltung der H_1-Hypothese „typischen" Werte vermutlich nicht im Ablehnungsbereich liegen.

Neyman / Pearson-Test

Ein statistischer Test kann also nur dann in jedem Fall zu einer Entscheidung zwischen H_0-Hypothese und H_1-Hypothese führen, wenn wir für beide Hypothesen über eine bedingte Verteilung der Teststatistiken verfügen. Dies ist die Vorgehensweise bei einem Test nach Neyman und Pearson. Voraussetzung hierfür ist aber, dass wir den Erwartungswert der Teststatistik unter der H_1-Hypothese angeben können müssen. In einem Test nach Neyman/Pearson z.B. würde die H_1-Hypothese besagen, dass die Differenz der Mittelwerte zweier Grundgesamtheiten $\mu_1 - \mu_2$ einen konkreten Wert a annimmt. Nehmen wir an, die Nullhypothese gehe von einer Mittelwertdifferenz von 0 aus und die H_1-Hypothese von 10. Dann kann für beide Hypothesen eine bedingte Verteilung der

Teststatistik berechnet werden, d.h. für jeden Wert der Teststatistik gibt es eine Wahrscheinlichkeit p_{H_0}, mit der dieser Wert auftreten würde, wenn die Nullhypothese wahr wäre, und eine Wahrscheinlichkeit p_{H_1}, mit der dieser Wert auftreten würde, wenn die H_1-Hypothese zutreffen würde. Bei einem bestimmten tatsächlich auftretenden Wert der Teststatistik entscheiden wir uns dann beim Neyman / Pearson-Test für diejenige Hypothese, unter der dieser Wert wahrscheinlicher wäre.

β-Fehler, Power

Entscheiden wir uns für die Nullhypothese, dann gibt es – analog zum α-Fehler – einen so genannten β-Fehler oder Fehler 2. Art. Dieser gibt die Wahrscheinlichkeit an, mit der wir die H_1-Hypothese irrtümlich ablehnen, obwohl sie tatsächlich wahr ist. Die Größe 1 - β wird als *Power* des Tests bezeichnet, Neyman / Pearson-Tests sind daher auch unter dem Namen *Power-Tests* bekannt.

In sozialwissenschaftlichen Untersuchungen ist es meist nicht gegeben, dass die H_1-Hypothese auf einen konkreten Wert hin ausformuliert werden kann. Wir sind daher in der Regel auf Tests angewiesen, deren Logik der von Fisher entspricht. Wichtig ist, dass wir uns in diesem Fall die asymmetrische Entscheidungs- bzw. Nichtentscheidungssituation, in die uns dieser Test führt, immer klar vor Augen halten.

Statistische und substanzielle Signifikanz

Ob ein Testergebnis signifikant wird oder nicht, hängt also nicht nur von den beobachteten Unterschieden ab, sondern mehr noch von der Größe der Stichprobe. Mit sehr großen Stichproben wie in unserem Beispiel wird fast jeder noch so kleine Unterschied signifikant. Man erinnere sich: die Bewertungsskala ging von –5 bis +5, und schon Unterschiede von weniger als 0,08 wären signifikant gewesen. Würde es aber wirklich noch Sinn machen zu behaupten, die Bewertung Stoibers bei Männern unterscheide sich von der bei Frauen, wenn er in der ersten Gruppe z.B. eine mittlere Bewertung von 1,2 und in der zweiten Gruppe eine Bewertung von 1,1 hätte? Die statistische Signifikanz des Unterschieds sagt also gar nichts darüber aus, ob dieser Unterschied auch *substanziell signifikant (=relevant)* ist. Als substanziell signifikante Unterschiede können wir solche auffassen, die auf einen Unterschied der *inhaltlichen Bedeutung* der Ergebnisse hinweisen. Was aber für einen inhaltlich bedeutsamen Unterschied gehalten wird, muss der Forscher aufgrund seiner Kenntnis des Forschungsgegenstands entscheiden. Die Interpretation des Ergebnisses kann nicht genau so algorithmisiert werden wie das Finden des Ergebnisses, der Forscher findet sich hier in er Situation wieder, in der er aufgrund seiner Intuition *eine Entscheidung zu treffen hat*, ob er ein Ergebnis für inhaltlich bedeutsam hält oder nicht.

Dieses subjektive Moment soll aus einem guten Forschungsprozess auf keinen Fall ausgeschlossen werden, aber in jedem Fall soll der Forscher seine subjektiven Wahrnehmungen, die ihn dazu führen, ein bestimmtes Ergebnis inhaltlich für sinnvoll zu halten, so weit wie möglich offen legen. Es ist eher ein Zeichen schlechter Forschung, zu glauben, man könne dieses subjektive Moment dadurch ausschließen, dass man sich auf das „objektive" Kriterium statistischer Signifikanz verlässt. Denn wenn der Forscher lediglich noch statistisch signifikante Ergebnisse präsentiert und vor allem, wenn er jedes statistisch signifikante Ergebnis präsentiert, dann werden die von ihm präsentierten Ergebnisse nicht mehr kohärent, sondern eine beliebige Zusammenstellung von Einzelergebnissen sein.

Statistisch signifikante Ergebnisse sind also keineswegs substanziell signifikant, und substanziell bedeutsame Ergebnisse sind nicht zwangsläufig statistisch signifikant. Der Forscher muss daher sehr behutsam überlegen, welches Gewicht er dem Kriterium statistischer Signifikanz geben will. Keineswegs sollte er ein inhaltlich interessantes Ergebnis auf der deskriptiven Ebene verwerfen, nur weil es nicht statistisch signifikant ist, umgekehrt sollte er nicht jedes noch so banale Ergebnis präsentieren, nur weil es statistisch signifikant ist.

Die artifizielle Schaffung „signifikanter" Ergebnisse

Logische Unabhängigkeit

Das Kriterium statistischer Signifikanz sollte allein schon deswegen mit Vorsicht bewertet werden, weil nichts einfacher ist, als „signifikante" Ergebnisse zu produzieren. Zum einen kann man dies erzielen, indem man einfach die Stichprobengröße heraufsetzt. Noch problematischer ist es jedoch, wenn ein Ergebnis statistisch signifikant zu sein scheint, aber lediglich ein Artefakt darstellt, das auf eine schlechte Modellierung zurückzuführen ist. Der Test prüft Unterschiede darauf, ob sie auch auf zufällige Schwankungen der Stichproben zurückzuführen sein könnten. Dazu muss es aber zumindest im Prinzip vorstellbar sein, dass diese Unterschiede durch Zufall entstanden sein *könnten*, d.h. *der Unterschied darf nicht eine notwendige Folge des Designs der Untersuchung sein.* Dies ist aber genau dann der Fall, wenn wir den Einfluss einer Variablen auf eine andere untersuchen, beide Variablen aber nicht *logisch unabhängig* voneinander sind, d.h. die Bedeutung der einen Variablen nicht expliziert werden kann, ohne auf die Bedeutung der anderen Variablen zurückzugreifen. Anders ausgedrückt: Zwei Variablen sind logisch nicht unabhängig voneinander, wenn sie lediglich denselben Sachverhalt auf verschiedene Art darstellen. Der Zusammenhang zwischen Körpergröße und Geschlecht ist insofern inhaltlich interessant, weil wir uns auch vorstellen könnten, dass Männer und Frauen gleich groß sind, oder sogar, dass Frauen größer als Männer sind. Es gibt keinen logischen Grund anzunehmen, die Körpergröße sei eine notwendige Folge des Geschlechts. Körpergröße und Geschlecht sind zwei unterschiedliche Messkonzepte, die auf unterschiedliche Sachverhalte rekurrieren. Wenn wir aber untersuchen, ob es einen Zusammenhang zwischen dem Geschlecht und der Tatsache gibt, ob jemand ein XY- bzw. ein XX-Chromosom besitzt, dann erhalten wir nicht nur einen höchst signifikanten Zusammenhang, sondern zugleich einen höchst banalen, denn der Besitz eines XX- bzw. XY-Chromosoms ist ja lediglich die biologische Definition des Geschlechts.

Sehr hohe Korrelationen zwischen Variablen, die auch statistisch signifikant, oft höchtsignifikant, sind, müssen in den Sozialwissenschaften daher mit Skepsis betrachtet werden, da die Vermutung besteht, dass hier keine logisch unabhängigen Sachverhalte erhoben wurden.

Ein Beispiel: Nehmen wir an, wir hätten in einer Umfrage eine so genannte „Wahlnorm" erhoben, indem die Befragten gebeten wurden, dem Statement „Es ist eine wichtige staatsbürgerliche Pflicht in einer Demokratie, zur Wahl zu gehen." zuzustimmen oder es abzulehnen. Des Weiteren erheben wir, ob die Befragten beabsichtigen, an der nächsten Wahl teilzunehmen, indem wir sie direkt danach fragen. Wenn wir jetzt einen „höchstsignifikanten" Zusammenhang zwischen dem Bestehen einer Wahlnorm und der beabsichtigten Wahlteilnahme feststellen, dann ist dies inhaltlich alles andere als gehaltvoll, denn die Wahlteilnahme ist logisch nicht unabhängig von einer Wahlnorm. Noch viel weniger trifft dies sicherlich auf die Angabe der Wahlteilnahmeabsicht und der Angabe, eine Wahlnorm zu besitzen, in einer Befragung zu. Jemand, der angibt, eine Wahlnorm zu besitzen, und der das Konzept „Pflicht" im üblichen Sinn versteht, der sich darüber hinaus für einen Staatsbürger hält und den Staat, in dem er lebt, für eine Demokratie, muss notwendigerweise bei der Frage nach der Wahlteilnahme angeben, er beabsichtige, zur nächsten Wahl zu gehen, wenn sein Antwortverhalten nicht vollkommen inkonsistent erscheinen soll. Der statistisch signifikante Zusammenhang zwischen Wahlnorm und Wahlteilnahme weist daher nicht auf einen inhaltlich bedeutsamen Zusammenhang hin, sondern lediglich auf die Konsistenz des Antwortverhaltens.

„A posteriori signifikante" Ergebnisse

Es muss noch einmal betont werden, dass die Signifikanz des Werts einer Teststatistik in ihrer eigentlichen Bedeutung als solche nur dann gegeben ist, wenn die Hypothese, zu deren Überprüfung der Test eingesetzt wird, *vor* der Durchführung des Tests formuliert worden ist. Es ist leider notwendig, dies so sehr hervorzuheben, weil in diesem Zusammenhang in der Praxis die Durchführung und Interpretation statistischer Tests sehr fahrlässig gehandhabt wird.

Nach Popper gilt, dass nur solche Theorien informativ sind, die „riskante“, d.h. „unwahrscheinliche“ Voraussagen machen. Tatsächlich aber gehen wir davon aus, dass diese Voraussagen eben gerade nicht unwahrscheinlich sind. Unwahrscheinlich wären sie nur dann, wenn die Theorie *nicht* zutrifft. Ist die Theorie hingegen wahr, würden wir ja gerade die vorausgesagten Ereignisse erwarten. Das Auftreten derselben Ereignisse kann von uns einmal als wahrscheinlich und einmal als unwahrscheinlich angesehen werden, je nachdem, von welchem theoretischen Hintergrund wir ausgehen. Es ist sehr unwahrscheinlich, dass es beim Wurf einer fairen Münze zu dem Ereignis „10mal Kopf“ kommt, dasselbe Ereignis ist hingegen möglicherweise sehr wahrscheinlich, wenn es sich um eine getürkte Münze handelt.

Teleologischer Fehlschluss

Solange wir uns nicht in einer vollkommen determinierten Welt bewegen, war jedes konkrete Ereignis in einem bestimmten Grade „unwahrscheinlich“, *bevor* es eingetreten ist. *Jede* konkrete Sequenz von „Kopf“ und „Zahl“ beim 10maligen Werfen einer fairen Münze tritt nur mit der Wahrscheinlichkeit von $1/2^{10}$, also ungefähr 1/1000, auf. Wenn wir aber das Münzwurfexperiment realisieren, muss sich ja zwangsläufig eines dieser *a priori* unwahrscheinlichen Ergebnisse einstellen. Es wäre nun offensichtlich unsinnig, *a posteriori*, d.h. nach dem Eintreten des Ereignisses, daraus zu schließen, dass es gewisse Faktoren gegeben haben muss, die zur Realisierung dieses an sich doch „unwahrscheinlichen“ Ereignisses geführt haben müssen, da dieses Ereignis ja sonst mit hoher Sicherheit nicht eingetreten wäre. Man kann diese Form der Schlussfolgerung als *teleologischen Fehlschluss* oder *kausalen Fehlschluss* bezeichnen.

Es verkehrt daher die Logik eines statistischen Tests geradezu in ihr Gegenteil, wenn aus der Beobachtung von „unwahrscheinlichen“ Ereignissen auf das Vorliegen bestimmter Zusammenhänge geschlossen wird. Diese kritisierenswürdige Vorgehensweise findet sich z.B. immer dann, wenn eine Vielzahl von statistischen Tests durchgeführt wird, aus denen dann die „signifikanten“ Ergebnisse herausgefischt und interpretiert werden. Nehmen wir an, wir verfügen über einen Datensatz aus einer Untersuchung mit 20 Variablen, die in Wirklichkeit voneinander unabhängig sind, d.h. auffällige Kombinationen von Datenwerten zweier Variablen kommen lediglich durch Zufall zustande. Wenn wir nun für jedes Variablenpaar einen statistischen Signifikanztest durchführen, verfügen wir anschließend über 190 Testergebnisse. Unter den normalen Bedingungen des Zufalls werden von diesen aber ca. 10 Ergebnisse auf dem 5 %-Niveau signifikant sein, obwohl kein theoretischer Grund hinter diesen beobachteten Zusammenhängen steht. Nur ein einzelnes Ergebnis wäre mit einer Wahrscheinlichkeit von weniger als 5 % zufällig signifikant gewesen, bei einer Vielzahl von Ereignissen auf „signifikante“ Ergebnisse zu stoßen ist jedoch wesentlich wahrscheinlicher. Daher kann die Wahrscheinlichkeit des Werts einer Teststatistik nur dann als signifikant bezeichnet werden, wenn *in Hinsicht auf dieses Ergebnis ein spezifischer Blickwinkel* vorliegt, so dass das Ergebnis auch in einer Gruppe von Ergebnissen als Einzelnes hervortreten kann.

Ein ähnlicher Fehler tritt auf, wenn jemand zwar über eine Hypothese verfügt, die „unwahrscheinlichen“ Ereignisse aber, die die Negation unserer H_1-Hypothese, also die Nullhypothese, widerlegen sollen, auf unzulängliche Weise identifiziert. Nehmen wir an, jemand stellt die Hypothese auf, dass die Umwandlung eines nichtdemokratischen in einen demokratischen Staat durch ein weltweit oder zumindest regional wirkendes Hintergrundklima begünstigt wird. Daraus wird gefolgert, dass die „Demokratisierung“ einzelner Länder keine voneinander unabhängig stattfindenden Ereignisse sind, sondern dass diese in „Wellen“ oder „Schüben“ vor sich geht. Findet man solche Wellen, dann wird die Theorie als bestätigt angesehen. Nehmen wir weiterhin an, wir beobachten einen Zeitraum von 100 Jahren und die Wahrscheinlichkeit, dass sich ein undemokratisches Land in ein demokratisches Land verwandelt, sei ungefähr 1/2. Der Einfachheit halber gehen wir davon aus, diese Wahrscheinlichkeit bleibe über den gesamten Beobachtungszeitraum von 100 Jahren ungefähr gleich, während sie in Wirklichkeit ja kleiner wird, da die Ressourcen der undemokratischen Länder abnehmen. Wir schließen daher, dass eine Sequenz von Umwandlungen in fünf aufeinanderfolgenden Jahren auf dem 5 %-Niveau signifikant wäre, da sie ja unter zufälligen Bedingungen nur mit einer Wahrscheinlichkeit von 1/32 vorkäme. Die Beobachtungsdaten können dann als Sequenz aus 100 Zeichen dargestellt werden, wobei jedes Zeichen ein Jahr symbolisiert und eine „1" bedeutet, dass es zu einer Umwandlung gekommen ist, während sich bei einer „0" in diesem Jahr keine Demokratisierung eines Landes ergeben hat.

110110**11111**010001011011001110111100011010100010010010011
01110001**11111**0111000001110011001010010001100

Tatsächlich entdecken wir in unserem Beobachtungszeitraum zwei solcher Wellen und halten daher die Hypothese für bestätigt. Aber die angeführt Sequenz ist durch einen Zufallsgenerator künstlich hergestellt worden. Der Fehler, unsere Hypothese voreilig für bestätigt zu halten, liegt hier – ähnlich wie oben – darin, dass das Auftreten einer 5er-Sequenz natürlich keineswegs so unwahrscheinlich ist, wie wir annehmen, da wir nicht *ein* Zufallsexperiment durchführen, sondern insgesamt 96 5er-Sequenzen vorliegen haben.

Was als Einzelereignis unwahrscheinlich ist, ist in einer langen Reihe von Ereignissen durchaus wahrscheinlich. Die Häufung von bestimmten Ereignissen in einer zufälligen Sequenz ist gerade ein charakteristisches Element des Wirkens des Zufalls. Lässt man z.B. Studenten eine „zufällige" Sequenz von gleichwahrscheinlichen Nullen und Einsen bewusst produzieren, wie es der Wissenschaftstheoretiker und Logiker Ian Hacking getan hat, dann ist es für diese „Reproduktionen" des Zufalls charakteristisch, dass auffällige Häufungen von Nullen oder Einsen, wie sie unter echten Zufallsbedingungen eben gerade auch auftreten würden, in diesen Reihen fehlen. Die echte Zufallsverteilung besteht aus „typischen" und „untypischen" Ereignissen, wobei die untypischen eben nur seltener auftreten. Bei bewussten Produktionen des Zufalls hingegen versucht man, vor allem die mehr oder weniger typischen Ereignisse zu reproduzieren. Dies ist auch ein Grund, warum Menschen selber schlechte Zufallsgeneratoren sind. Genauso verhält es sich, wenn wir ein einzelnes Ereignis aus einer Vielzahl von Beobachtungen als „unwahrscheinlich" wahrnehmen, obwohl es äußerst wahrscheinlich ist, dass unter einer Vielzahl von Beobachtungen immer welche dabei sein werden, die als „unwahrscheinlich" erscheinen.

Wir dürfen also nur solche Ergebnisse signifikanzstatistisch interpretieren, auf die wir gezielt unseren Fokus der Aufmerksamkeit im Sinne eines Einzelereignisses gerichtet haben. Dabei spielt es keine Rolle, ob dieses Ereignis tatsächlich einzeln oder in einer Gruppe von Ereignissen auftritt. Entscheidend ist, dass es theoretische a priori geltende Gründe gegeben haben muss, dieses Ereignis speziell unter die Lupe zu nehmen, und an die Beobachtung dieses Ereignisses mit bestimmten, durch die Theorie begründeten Erwartungen heranzugehen.

Das heißt nun allerdings auch wieder nicht, dass wir „unwahrscheinliche" Ereignisse grundsätzlich ignorieren sollen, wenn sie uns auffallen, nachdem sie aufgetreten sind. Einige dieser Auffälligkeiten werden tatsächlich nicht durch das Wirken des Zufalls allein bedingt sein. Wir können daher solche auffälligen Muster in unseren Beobachtungsdaten im Rahmen der *explorativen Analyse* durchaus nutzen. Ex post gefundene „unwahrscheinliche" Ereignisse können daher durchaus der Anstoß zur *Hypothesengenerierung* sein. Sie sind aber nicht im Sinne der statistischen Signifikanz unwahrscheinlich und dürfen deshalb nicht zur Hypothesenprüfung verwandt werden. Wir wollen nun kurz einige der bekanntesten statistischen Tests beispielhaft vorstellen.

9.3.4 Ein statistischer Test auf den Zusammenhang zwischen nominalskalierten Merkmalen: Der Chi²-Test

In Kapitel 9.2. wurde gezeigt, wie die gemeinsame Verteilung zweier nominalskalierter Variablen in Form einer Kontingenztabelle dargestellt werden kann. Als deskriptives Maß der Stärke des Zusammenhangs wurde der Chi²-Koeffizient eingeführt. Dieser kann nun unmittelbar auch als Teststatistik verwendet werden. Die entsprechende Form der Verteilung wird als *Chi²-Verteilung* bezeichnet. Auch bei der Chi²-Verteilung gilt wie bei der F-Verteilung, dass es davon nicht eine einzige gibt, sondern eine Schar von Verteilungen, die ebenfalls anhand der Freiheitsgrade unterschieden werden können. Eine Chi²-Verteilung mit k Freiheitsgraden erhält man, wenn man die quadrierten Werte von k standardnormalverteilten Zufallsvariablen aufaddiert.

Bei der Berechnung des Chi²-Koeffizienten werden die standardisierten quadrierten Abweichungen über alle Zellen der Kontingenztabelle aufaddiert. Man kann sich nun ungefähr vorstellen, dass der einer Zelle entsprechende Summand einem quadrierten Wert aus einer Standardnormalverteilung entspricht. Die Anzahl der Freiheitsgrade einer Tabelle mit k Zeilen und m Spalten entspricht nun der Anzahl der Zellen, deren Besetzungen zufälligen Schwankungen unterworfen sein können. Da aber die Randverteilung fixiert ist, heißt das, dass z.B., wenn in einer Zeile die Besetzung von m-1 Zellen zufällig bestimmt worden ist, die Besetzung der m.ten Zelle in der Zeile feststeht, da alle Besetzungen zusammen die entsprechende Zeilensumme ergeben müssen. Das gleiche gilt auch für die Spaltensummen. Eine Kontingenztabelle mit k Zeilen und m Spalten hat daher (k-1)*(m–1) Freiheitsgrade bei der Verteilung der Fälle auf die einzelnen Zellen. Eine Kontingenztabelle mit 5 Zeilen und 3 Spalten hat demnach 4*2=8 Freiheitsgrade. Der Wert des Chi^2-Koeffizienten muss nun mit dem entsprechenden kritischen Wert der Chi^2-Verteilung des entsprechenden Freiheitsgrads verglichen werden. Fällt der Wert höher aus als der kritische Wert, dann muss die Nullhypothese, dass sich die bedingten relativen Verteilungen in den Zeilen der Kontingenztabelle (bzw. in den Spalten) nur zufällig voneinander unterscheiden, zurückgewiesen werden.

9.3.5 Statistische Tests auf Mittelwertvergleiche

T-Test für unabhängige Stichproben

Bei Mittelwertvergleichen von zwei Stichproben verwendet man den T-Test. Man unterscheidet den *T-Test für unabhängige Stichproben* und den *T-Test für abhängige Stichproben.* Unabhängige Stichproben liegen dann vor, wenn jede Stichprobe genauso gut für sich alleine aus der entsprechenden Subpopulation gezogen werden könnte, d.h. wenn für *jede* einzelne Stichprobe auch jeweils eine eigene Stichprobenziehung stattfindet. Untersuchen wir z.B. den Unterschied der Körpergröße von Männern und Frauen, dann handelt es sich um zwei unabhängig gezogene Stichproben, wenn die Stichproben der Männer und Frauen durch jeweils separate Ziehvorgänge aus den Grundgesamtheiten „alle Männer" und „alle Frauen" gebildet worden sein könnten. In der Praxis führen wir aber in der Regel nur eine Stichprobenziehung durch und unterteilen danach die Stichprobe anhand eines Gruppierungsmerkmals in mehrere Einzelstichproben. Nehmen wir an, wir verfügen über eine Stichprobe aus 1000 Fällen, bei denen die Merkmale „Geschlecht" und „Körpergröße" erhoben worden sind. Die Datenmatrix hätte dann folgende Form.

Tabelle 9.15: Datenmatrix für die Variablen Geschlecht und Körpergröße

Fallzahl	Geschlecht	Körpergröße
1	w	170
2	m	182
3	w	183
4	w	171
5	w	175
6	m	195
...		
999	w	165
1000	m	180

Wir zerlegen diese Stichprobe nun anhand des Geschlechts in zwei einzelne Datensätze.

Tabelle 9.16a: Subdatenmatrix für die Variablen Geschlecht und Körpergröße, nur „männliche" Fälle

Fallzahl	Geschlecht	Körpergröße
2	m	182
6	m	195
...		
1000	m	180

Tabelle 9.16b: Subdatenmatrix für die Variablen Geschlecht und Körpergröße, nur „weibliche" Fälle

Fallzahl	Geschlecht	Körpergröße
1	w	170
3	w	183
4	w	171
5	w	175
...		
999	w	165

Diese beiden Stichproben können nun wie zwei separat und unabhängige gezogene Stichproben angesehen werden, für die das Geschlecht lediglich als vorgeschaltete Screening-Variable fungiert. Die Logik des Tests ist also folgende: Wenn die Gruppierungsvariable irrelevant für die abhängige Variable ist, dann unterscheiden sich die Gruppenmittelwerte nicht stärker voneinander, als dies der Fall wäre, wenn jede Gruppe eine unabhängig realisierte Zufallsstichprobe darstellen würde.

Teststatistik eines T-Tests für unabhängige Stichproben

Die Teststatistik eines T-Tests für unabhängige Stichproben ist die Differenz der Mittelwerte der beiden Gruppen. Sind beide Stichproben hinreichend groß, dann ist die Teststatistik normalverteilt. Die erwartete Varianz dieser Mittelwertsdifferenz lässt sich berechnen und die Verteilung der Teststatistik demnach in eine Standardnormalverteilung überführen, so dass durch den standardisierten Wert der Teststatistik unmittelbar erkennbar ist, ob die Differenz der Mittelwerte signifikant ausfällt.

Sind die Stichproben nicht sehr groß, dann ist die Teststatistik t-verteilt und für einen konkreten Wert der Teststatistik muss dann in entsprechenden Tabellen der t-Verteilung nachgesehen werden. Als Faustregel gilt, dass man von Stichprobengrößen an, die mindestens 30 Fälle umfassen, die Verteilung der Teststatistik hinreichend genau durch die Normalverteilung annähern kann.

T-Test für abhängige Stichproben

Um zwei abhängige Stichproben handelt es sich dann, wenn nicht jede Stichprobenziehung als jeweils eigene Realisierung eines Zufallsexperiments angesehen wird, sondern beide Stichproben gleichzeitig durch eine einzige Ziehung entstehen. Wir haben also eine einzige elementorientierte Stichprobe, aber zwei datenorientierte Stichproben. Bei abhängigen Stichproben korrespondiert ein Wert der einen Stichprobe immer mit einem bestimmten Wert der anderen Stichprobe, wie in Abbildung 9.19 dargestellt.

Um abhängige Stichproben handelt es sich z.B., wenn wir die Unterschiede bestimmter politischer Einstellungen zwischen Ehepartnern untersuchen. Wir bilden dann eine einzige elementorientierte Stichprobe, nämlich die Auswahl der Ehepaare, und verfügen für jeden Fall eines Paares über zwei Variablen, nämlich die Einstellungsvariable des Ehemanns und die der Ehefrau.

Abbildung 9.19: Zuordnung von Merkmalen

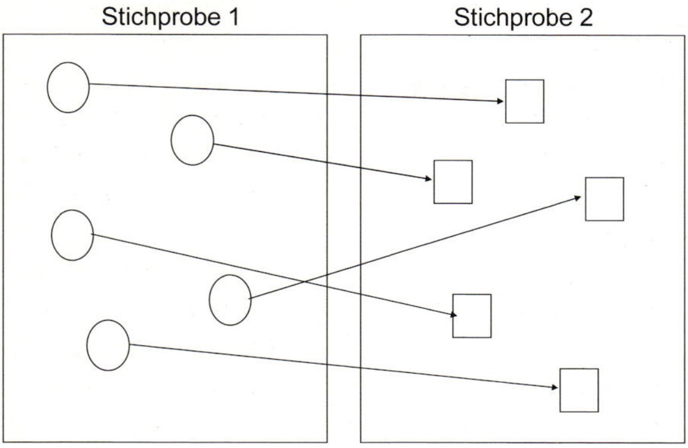

In Tabelle 9.14 seien die Bewertungen des Kanzlerkandidaten Schröder auf einer Skala von -5 bis +5 durch die beiden Ehepartner in einer Stichprobe des Umfangs 1000 dargestellt. Der Mittelwert der Frauen mit 2,4 liege dabei etwas höher als der der Männer mit 2,1.

Tabelle 9.17

Fallzahl	Einstellung Ehemann	Einstellung Ehefrau
1	2	2
2	3	4
3	-3	-1
4	1	0
5	-4	-2
6	1	2
7...	3	5
1000	-2	-2

Abhängige Stichproben können natürlich wie unabhängige behandelt werden, da man hierdurch ja lediglich auf Information verzichtet. Ein T-Test für unabhängige Stichproben ergibt nun, dass sich die beiden Mittelwerte nicht signifikant voneinander unterscheiden.

Wenn wir die Werte in der Tabelle betrachten, erkennen wir, dass es eine große Streuung zwischen den Ehepaaren gibt, aber die Ansichten der Eheleute untereinander hoch korrelieren. Als Erklärung hierfür nehmen wir an, dass die „Grobbewertung“ von Schröder in erster Linie durch das sozioökonomische Milieu bestimmt ist. Da aber häufig beide Ehepartner aus demselben Milieu stammen, haben sie auch eine ähnliche „grobe" Einschätzung von Schröder. Betrachten wir nun die „Feinabstimmung" der Bewertung, so stellen wir fest, dass die Ehefrauen Schröder der Tendenz nach etwas besser beurteilen als die Ehemänner. Als Erklärung hierfür nehmen wir an, dass Schröder eben eher ein „Frauentyp" ist, ohne uns näher in die Untiefen einer Erörterung zu wagen, was denn darunter zu verstehen sein könnte.

Kontrolle von Drittvariableneinflüssen bei abhängigen Stichproben

Wählen wir aus den insgesamt 2000 Personen nun eine beliebige Frau und einen beliebigen Mann aus, dann entscheidet in erster Linie der sozioökonomische Status, ob die Frau Schröder besser oder schlechter bewerten wird als der Mann. Wählen wir hingegen ein Ehepaar aus, dann haben wir den Einfluss des sozioökonomischen Status gewissermaßen *kontrolliert*, da die beiden Ehepartner sich in dieser Hinsicht ähnlich sind. Die Besserbewertung Schröders durch die Ehefrau kann so als Effekt des Geschlechts auf die Bewertung bei Konstanthaltung des sozioökonomischen Milieus interpretiert werden.

Wenn wir den isolierten Effekt einer Variablen auf die abhängige Variable untersuchen wollen, so geschieht dies idealerweise, indem wir die Effekte aller anderen Variablen, die die abhängige Variable ebenfalls beeinflussen können, „ausschalten", d.h. für diese Effekte kontrollieren. Dies können wir erreichen, indem wir Paare von Datenträgern bilden, die hinsichtlich all dieser sonstigen relevanten Variablen gleich sind und sich nur noch hinsichtlich des kritischen Merkmals unterscheiden. Diese Paare werden als *matched pairs* bezeichnet. Der zu untersuchende Unterschied konzentriert sich dann auf die Differenz innerhalb eines Paares.

Teststatistik eines T-Tests für abhängige Stichproben

Beim T-Test für abhängige Stichproben bilden wir als Teststatistik daher den Mittelwert der Differenzen und untersuchen, ob sich dieser statistisch signifikant von 0 unterscheidet.

Der T-Test für abhängige Stichproben reagiert empfindlicher auf die Unterschiede zwischen Männern und Frauen als derjenige für unabhängige Stichproben, weil er für all die Faktoren kontrolliert, bei denen man davon ausgehen kann, dass sich in dieser Hinsicht Ehepartner ähneln. Anders ausgedrückt: Durch die Variablenkontrolle bei der geschickten Bildung der abhängigen Stichproben reduzieren wir den Stichprobenfehler, so dass wir bei gleichem Stichprobenumfang engere Konfidenzintervalle erhalten, bzw. den Stichprobenumfang reduzieren können, ohne im Gegenzug größere Konfidenzintervalle in Kauf nehmen zu müssen, als dies bei unabhängigen Stichproben ohne Drittvariablenkontrolle der Fall wäre. Die matched-pairs Technik, die übrigens ebenfalls von R.A. Fisher entwickelt wurde, kann daher besonders hilfreich sein, wenn wir aufgrund der Datenlage nur Stichproben kleinen oder mittleren Umfangs bilden können.

Bei sehr großen Stichproben hingegen ist der durch die Drittvariablen verursachte Stichprobenfehler sehr eng um 0 normalverteilt, so dass dann der systematische Effekt der untersuchten unabhängigen Variablen auf die abhängige Variable auch bei unabhängigen Stichproben ohne Kontrolle der Drittvariablen als statistisch signifikant erkannt werden wird.

Die einfaktorielle Varianzanalyse für mehrere unabhängige Stichproben

Eine Verallgemeinerung des T-Tests für zwei unabhängige Stichproben stellt die *einfaktorielle Varianzanalyse* dar. Sie wird verwendet, wenn wir Mittelwertunterschiede von mehr als zwei Gruppen untersuchen wollen. Während die Differenz zweier Werte das klassische Unterschiedsmaß für ein Paar von Werten darstellt, können Unterschiede zwischen einer Vielzahl von Werten am besten durch die Varianz dargestellt werden. Die Teststatistik der Varianzanalyse basiert daher auf der Varianz der Gruppenmittelwerte. Diese wird zu der Varianz ins Verhältnis gesetzt, die man erwarten würde, wenn sich die Unterschiede zwischen den Gruppenmittelwerten durch Zufälle der Stichprobenziehung ergeben hätten. Die endgültige Teststatistik wird also als Verhältnis aus zwei Varianzen gebildet. Eine solche Maßzahl gehorcht einer so genannten *F-Verteilung*. Die F-Verteilung gibt die Wahrscheinlichkeiten an, mit denen die Verhältnisse der Varianzen zweier Stichproben, die aus derselben Grundgesamtheit stammen, einen bestimmten Wert erhalten. Dabei sind die Stichprobengrößen von Bedeutung, die durch die so genannten *Freiheitsgrade* ausgedrückt werden. Eine Stichprobe des Umfangs n hat n - 1 Freiheitsgrade. Es gibt also für jedes Paar von Freiheitsgraden eine entsprechende F-Verteilung. In praktisch allen Statistikbüchern sind die kritischen Werte der F-Verteilung für bestimmte herausgehobene Signifikanzniveaus wie das 95 %-Niveau und das 99 %-Niveau tabellarisch aufgeführt. Ist der Wert der Teststatistik größer als der entsprechende kritische Wert in der Tabelle, dann wird die Nullhypothese, dass sich die Gruppenwerte nur zufällig voneinander unterscheiden, zurückgewiesen.

9.3.6 Interpretation einer Regressionsanalyse im Sinne eines Tests

Bei einer Varianzanalyse stellen wir die Frage, ob die Mittelwertunterschiede zwischen verschiedenen Gruppen auf den kausalen Einfluss des Gruppierungsmerkmals zurückzuführen sein können. Auch bei der Regressionsanalyse untersuchen wir, inwieweit der Wert der abhängigen Variablen von dem Wert der unabhängigen als verursacht betrachtet werden kann. Wir können die Regressionsanalyse daher unter bestimmten Bedingungen als einen Spezialfall einer Varianzanalyse betrachten, wobei die unabhängige Variable als Gruppierungsvariable gesehen wird. Dem Gruppenmittelwert entspricht dann der durch die Regressionsgerade geschätzte Wert in einer Gruppe von Werten der abhängigen Variablen. Der für die Untergruppe mit dem Wert „4" der unabhängigen Variablen geschätzte Wert der Regressionsgeraden im folgenden Beispiel beträgt 3,8. Die Gruppe enthält die 9 Datenwerte 1, 3, 3, 4, 4, 5, 5, 6, 7. Der tatsächliche Mittelwert dieser Gruppe liegt mit 4,2 nicht allzu weit entfernt vom Wert auf der Regressionsgeraden. Tatsächlich wird die Regressionsgerade so gelegt, dass die durchschnittliche quadratische Abweichung des durch die Regressionsgerade geschätzten Werts vom Mittelwert in einer Kategorie der unabhängigen Variablen minimiert wird.

Abbildung 9.20: Zusammenhang zwischen Sympathiewerten für Kohl und der Bewertung der CDU

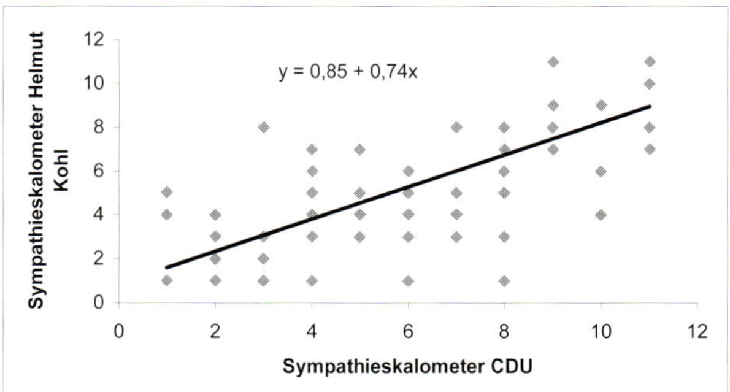

Im Idealfall verläuft die Regressionsgerade mehr oder weniger durch alle Gruppenmittelwerte. Die Regressionsanalyse ist dann insofern ein Spezialfall der Varianzanalyse, dass zusätzlich die Bedingung erfüllt ist, dass alle Gruppenmittelwerte als Funktionswert des Werts der Gruppierungsvariable dargestellt werden können. Im

Regelfall wie in Abbildung 9.20 handelt es sich bei der Regressionsfunktion um eine lineare Funktion der Form y = a + b*x, wobei a die Konstante der Gleichung oder der so genannte *Y-Achsenabschnitt* ist und b die *Steigung der Regressionsgeraden*. In unserem Beispiel lautet die Gleichung y = 0,85 + 0,74*x. Wie bei der Schätzung eines Mittelwerts kann nun für diese beiden Koeffizienten der Regressionsgleichung ein Standardfehler und dementsprechend ein Konfidenzintervall berechnet werden. Der Standardfehler des Steigungskoeffizienten liegt z.B. im obigen Beispiel bei ca. 0,06. Das 95 %-Konfidenzintervall des Steigungskoeffizienten geht daher ca. von 0,62 bis 0,86. Wie wir aus dem Abschnitt über die Regressionsgleichung wissen (vgl. ab S. 383), bedeutet eine waagrechte Regressionsgerade, bzw. ein Steigungskoeffizient von 0, dass kein Zusammenhang zwischen der unabhängigen und der abhängigen Variablen besteht. Die in Bezug auf die Steigung einer Regressionsgeraden formulierte Nullhypothese lautet daher „Die Steigung der Regressionsgeraden ist gleich 0." Da der Wert 0 aber nicht im Konfidenzintervall um den beobachteten Koeffizienten liegt, können wir die Nullhypothese auf dem 5 %-Signifikanzniveau ablehnen.

9.3.7 Nonparametrische Tests

Der T-Test und die einfaktorielle Varianzanalyse werden auch als so genannte *parametrische Verfahren* bezeichnet, da die Berechnung der Verteilung der Teststatistik auf bestimmten Annahmen über die Form der Verteilung der Grundgesamtheit beruht. Die Werte der Teststatistik können daher nur dann ohne Bedenken herangezogen werden, um die Signifikanz eines Testergebnisses zu beurteilen, wenn bestimmte Bedingungen, die Form der Verteilung betreffend, erfüllt sind. Meistens besteht diese Bedingung darin, dass die Datenwerte der Grundgesamtheit normalverteilt sein sollen. Diese Bedingung kann z.B. beim T-Test gelockert werden, wenn die Stichprobenumfänge relativ groß sind. Anders ausgedrückt: Viele der parametrischen Testverfahren dürfen streng genommen nur für große Stichproben angewandt werden.

Die wohl problematischste Voraussetzung bei Tests auf Mittelwertunterschiede aber ist die, dass es sich bei den untersuchten Variablen um intervallskalierte Variablen handeln muss, denn nur dann lassen sich Berechnungen des Mittelwerts und andere arithmetische Operationen überhaupt durchführen. Von dieser Annahme des Intervallskalenniveaus der untersuchten Variablen kann man –

kritisch betrachtet – in vielen Fällen wohl mit Recht sagen, dass sie wahrhaft heroisch ist.

Robustheit von Tests

Häufig steht man also vor der Situation, dass man zumindest anzweifeln muss, ob die Bedingungen überhaupt gegeben sind, unter denen ein parametrischer Test eigentlich nur durchgeführt werden darf. Einen Test, der auch bei Nicht-Vorliegen der entsprechenden Bedingungen in der Regel zum richtigen Ergebnis führt oder für dessen Durchführung solche Bedingungen überhaupt erst gar nicht erfüllt sein müssen, nennt man *robust*. Die für den Forscher hohe Attraktivität solcher robuster Tests liegt auf der Hand.

So genannte nonparametrische Tests oder nichtparametrische Tests haben nun genau den Vorteil, dass sie in hohem Maße robust sind. Nonparametrische Tests machen keine weitergehenden Annahmen über die Verteilung der Teststatistik unter bestimmten Bedingungen, sie werden daher auch als *verteilungsfreie* Verfahren bezeichnet. Die Wahrscheinlichkeit, mit der ein bestimmter Wert der Teststatistik (oder ein extremerer) eines verteilungsfreien Tests auftritt, wird in der Regel direkt und exakt mit Methoden der *Kombinatorik* ermittelt. Nonparametrische Verfahren können daher mitunter sehr rechenaufwendig sein, ein Nachteil, der im Zeitalter von computergestützter Analyse kaum noch ins Gewicht fällt.

Der Verzicht auf Annahmen über die Verteilungsform der Grundgesamtheit ist eindeutig ein Vorteil, wenn Unsicherheit darüber besteht, ob diese Annahmen gerechtfertigt sind. Im Zweifelsfall hilft er dann, falsche, d.h. unbegründete Interpretationen des Testergebnisses zu vermeiden. Der Vorteil wird allerdings zum Nachteil, wenn diese Annahmen tatsächlich berechtigt gewesen wären, denn dann wird durch den Verzicht Information verschenkt. Da der Ablehnungsbereich eines verteilungsfreien Tests auf allgemeineren Annahmen beruhend gebildet wird, ist er demnach „risikoärmer", d.h. größer. Das Signifikanzniveau eines nichtparametrischen Tests wird daher in der Regel unter dem eines vergleichbaren parametrischen Tests liegen, d.h. wenn das Ergebnis des parametrischen Tests auf dem 5 %-Niveau signifikant ist, ist das des nichtparametrischen Tests möglicherweise nur auf dem 10 %-Niveau signifikant. Wenn die dem parametrischen Test zugrundeliegenden Annahmen zutreffen und wir dennoch einen nichtparametrischen Test durchführen, dann kann es passieren, dass wir die Nullhypothese nicht zurückweisen, obwohl sie tatsächlich falsch war und dies vom parametrischen Test auch richtig erkannt worden wäre. Man befindet sich bei der Anwendung eines nonparametrischen Tests im

Zweifelsfall also auf der sicheren, d.h. „risikoärmeren" Seite, muss aber unter Umständen auf eine Bestätigung durch den Test öfter verzichten.

Nonparametrische Tests für zwei unabhängige Stichproben

Mann-Whitney-Test, Wilcoxon-W-Test

Die bekanntesten nonparametrischen Tests für zwei unabhängige Stichproben sind der sogenannte *Mann-Whitney-Test* oder *U-Test* und der *Wilcoxon-W-Test.* Wir beschränken uns auf die Darstellung des Mann-Whitney Tests, was insofern ohne Bedeutung ist, als es sich hierbei um zwei äquivalente Verfahren handelt.

Der Mann-Whitney Test geht lediglich von einem Ordinalskalenniveau der abhängigen Variablen aus. Die Werte aus beiden Stichproben werden in eine gemeinsame Rangordnung gebracht. Die Nullhypothese eines nonparametrischen Tests bezieht sich nicht auf Parameter der Stichprobenverteilungen, sondern auf die Verteilungen als Ganzes. Dadurch, dass die Verteilung nicht in bestimmten Parameterwerten konzentriert wird, ist es ja erst möglich, den Test ohne Berücksichtigung der konkreten Form der Verteilung durchzuführen. Die Nullhypothese lautet daher schlicht, dass die Fälle der ersten Stichprobe und die Fälle der zweiten Stichprobe aus derselben Grundgesamtheit stammen, d.h. aus derselben Verteilung konstruiert wurden, unabhängig davon, welche konkrete Form diese Verteilung annehmen mag. Eine andere Formulierung der Nullhypothese könnte daher auch so lauten: Bildet man ein beliebiges Paar mit einem Wert aus der ersten Stichprobe und einem Wert aus der zweiten Stichprobe, dann ist die Wahrscheinlichkeit, dass der erste Wert kleiner als der zweite ist, gleich 1/2.

Die Teststatistik U wird konstruiert, indem für alle Paare, die aus einem Fall aus der ersten und einem Fall aus der zweiten Stichprobe gebildet werden können, gezählt wird, wie oft der Datenwert aus der ersten Stichprobe in der gemeinsamen Rangordnung vor dem Datenwert aus der zweiten Stichprobe steht. Dieser Wert kann mit dem kritischen Wert bezüglich eines bestimmten Signifikanzniveaus verglichen werden.

Ein nonparametrischer Test für zwei abhängige Stichproben

Wilcoxon-Vorzeichen-Test

Der Mann-Whitney Test kann gewissermaßen als Ersatzlösung für den T-Test für unabhängige Stichproben betrachtet werden, wenn wir ordinalskalierte Variablen, die nicht normalverteilt sind, als abhängige Variablen untersuchen. Analog dazu stellt eine Ersatzlösung für den T-Test für abhängige Stichproben der so genannte *Wilcoxon-Vorzeichenrang-Test* oder einfach nur *Wilcoxon-Test* dar.

Die Teststatistik des Wilcoxon-Tests wird auf folgende Weise gebildet: Zuerst berechnet man für jedes Datenpaar die Differenz. Die Nullhypothese besagt, dass kein systematischer Unterschied zwischen den Stichproben besteht, d.h. positive Differenzen und negative Differenzen sollten genauso oft auftreten. Als nächsten Schritt bilden wir den Absolutbetrag der Differenzen und bringen diese Werte in eine Rangordnung. Die Teststatistik T^+ wird nun gebildet, indem man die Summe der Rangplätze der Differenzen bildet, die ursprünglich ein positives Vorzeichen hatten.

Ein nonparametrischer Test für mehrere unabhängige Stichproben

Kruskal-Wallis-Test

Das nonparametrische Pendant zur einfaktoriellen Varianzanalyse schließlich bildet der *Kruskal-Wallis Test* oder auch *H-Test*. Die Nullhypothese sagt wie immer, dass alle Stichproben aus derselben Grundgesamtheit gezogen wurden. Die Konstruktion der Teststatistik H ist etwas komplizierter und soll daher direkt als Formel dargestellt werden.

$$H = \frac{12}{N(N+1)} \sum_{j=1}^{k} \frac{R_j^2}{n_j} - 3(N+1)$$

mit
N Gesamtzahl aller Fälle
n_j Umfang der j-ten Stichprobe
k Anzahl der Stichproben
R_j Rangsumme in der j-ten Stichprobe

In Tabelle 9.18 werden noch einige weiter bekannte Testverfahren knapp abgehandelt, die in der Forschungspraxis verbreitet sind.

Weiterführende Literatur:

Für Deskriptive Statistik ist *Benninghaus* (1976) eine sehr gelungene Einführung. Die Logik eines statistischen Tests behandeln *Henkel* (1976) und *Mohr* (1990). Der Vergleich von Fisher vs. Neyman/Pearson Tests ist sehr gut in *Howson/Urbach* (1993) beschrieben. Zur Logik des Falsifikationismus vgl. *Popper* (1989). Einen sehr gute einführende Behandlung von deskriptiven bis multivariaten Verfahren ist in *Agresti/Finlay* (1999) oder *Clauß/Ebner* (1982) zu finden. Eine weiterführende Beschreibung grundlegender multivariater Verfahren liefern Backhaus et al. (2000). Eine sehr differenzierte und dennoch gut verständliche Darstellung statistischer Probleme und Methoden bietet *Kühnel/Krebs* (2001).

Agresti, Alan / Barbara Finlay (1999): Statistical Methods for the Social Sciences. Upper Saddle River, NJ: Prentice Hall

Andreß, Hans-Jürgen / Jaques A. Hagenaars / Steffen Kühnel (1997): Analyse von Tabellen und kategorialen Daten. Berlin: Springer-Verlag

Backhaus, Klaus / Bernd Erichson / Wulff Plinke / Rolf Weiber (2000): Multivariate Analysemethoden. Berlin: Springer-Verlag

Benninghaus, Hans (1976): Deskriptive Statistik. Stuttgart: Teubner

Berry, William D. / Stanley Feldman (1995): Multiple Regression in Practice (Quantitative Applications in the Social Sciences 50). Newbury Park, CA: Sage

Clauß, Günter / Heinz Ebner (1982): Statistik. Frankfurt a. Main: Thun

Fahrmeir, Ludwig / Rita Künstler / Iris Pigeot / Gerhard Tutz (2001): Statistik. Berlin: Springer

Henkel, Ramon E. (1976): Tests of Significance (Quantitative Applications in the Social Sciences 4). Newbury Park, CA: Sage

Hollander, Myles / Douglas A. Wolfe (1999): Nonparametric Statistical Methods. New York, N.Y.: Wiley & Sons

Howson, Collin / Peter Urbach (1996): Scientific Reasoning. Chicago, Ill.: Open Court

Kühnel, Steffen / Dagmar Krebs (2001): Statistik für die Sozialwissenschaften. Reinbek: Rowohlt

Lewis-Beck, Michael (1980): Applied Regression (Quantitative Applications in the Social Sciences 22). Newbury Park, CA: Sage

Long, J. Scott (1997): Regression Models for Categorical and Limited Dependent Variables. Thousand Oaks, CA: Sage

Menard, Scott (2002): Applied Logistic Regression. (Quantitative Applications in the Social Sciences 106). Newbury Park, CA: Sage

Mohr, Lawrence B. (1990): Understanding Significance Testing. (Quantitative Applications in the Social Sciences 73). Newbury Park, CA: Sage

Pampel, Fred C. (2000): Logistic Regression. A Primer. (Quantitative Applications in the Social Sciences 132). Newbury Park, CA: Sage

Popper, Karl R. (1989)[1935]: Logik der Forschung. Tübingen: J.C.B. Mohr

Siegel, Sidney (1987): Nichtparametrische statistische Methoden. Eschborn: Fachbuchhandlung für Psychologie

Tabelle 9.18: Skalenniveau und geeignete Auswertungsverfahren

Skalenniveau der abhängigen Variable	**Anzahl der unabhängigen Variablen**	**Skalenniveau der unabhängigen Variablen**	**typische Forschungsfrage**	**Testverfahren**	**Literatur**
nominalskaliert	1	nominalskaliert	Gibt es einen Zusammenhang zwischen der Religion eines Wählers und seiner bekundeten Wahlabsicht? Anders ausgedrückt: Beeinflusst die Religion die Verteilung der Wahlabsicht?	Chi^2-Test	Fahrmeir et al. 2001: 452-454
ordinalskaliert	1	dichotom	Unterscheiden sich die Schulnoten von Mädchen und Jungen in Sprachen?	Mann-Whitney-Test, Wilcoxon W-Test	Siegel 1987: 112-123, Hollander/Wolfe 1999: 106-124
intervallskaliert	1	dichotom	Unterscheiden sich die durchschnittlichen Einkommen von Männern und Frauen?	T-Test für unabhängige Stichproben	Clauß/Ebner 1982: 204-209
ordinalskaliert	1	polytom (=nominalskaliert mit mehr als zwei Ausprägungen)	Übt das soziale Milieu, aus dem man stammt, einen Einfluß auf den Grad der formalen Bildung aus, den man sich erwirbt?	Kruskal-Wallis H-Test	Siegel 1987: 176-184, Hollander/Wolfe 1999: 190-201
intervallskaliert	1	nominalskaliert mit mehr als zwei Ausprägungen	Gibt es einen Unterschied der (effektiven) Anzahl der Parteien im Parlament in Abhängigkeit vom Wahlsystem (reine Verhältniswahl, Verhältniswahl mit Hürde, Mehrheitwahl etc.)?	einfaktorielle Varianzanalyse	Backhaus et al. 2000 : 70-103

Skalenniveau der abhängigen Variable	Anzahl der unabhängigen Variablen	Skalenniveau der unabhängigen Variablen	typische Forschungsfrage	Testverfahren	Literatur
intervallskaliert	1	intervallskaliert	Gibt es einen (linearen) Zusammenhang zwischen dem Wert des Korruptionsindex eines Landes und dem Wohlstandsniveau, gemessen in Einkommen pro Kopf?	bivariate oder einfache Regressionsanalyse	Backhaus et al. 2000 : 1-69
nominalskaliert	mehrere	nominalskaliert oder ordinalskaliert	Welchen Einfluß haben Geschlecht und Bildung auf die bekundete Wahlabsicht?	log-lineare Modelle	Andreß et al. 1997 : 137-208
intervallskaliert	mehrere	nominalskaliert	Beeinflussen sozialstrukturelle Merkmale wie Geschlecht, Religion und Bildung die Selbsteinschätzung auf der Links-Rechts-Skala?	multifaktorielle Varianzanalyse	Backhaus et. al 2000: 70-103
intervallskaliert	mehrere	intervallskaliert oder nominalskaliert (werden als Dummy-Variablen umgesetzt)	Welchen Einfluss haben die Sympathiebewertung für einen Kandidaten, die mittlere Distanz bei Positionssachfragen und die Links-Rechts-Selbsteinstufung auf die Sympathiebewertung einer bestimmten Partei?	multiple Regressionsanalyse	Backhaus et al. 2000 : 1-69, Lewis-Beck 1980, Berry/Feldman 1985
dichotom	1	intervallskaliert	Welchen Einfluss hat politische Entfremdung (gemessen als Distanz der bestbewerteten Partei vom Maximalwert) auf die Entscheidung, an der Wahl teilzunehmen oder nicht?	binäre bivariate logistische Regression	Andreß et. al. 1997: 261-326, Menard 2002, Pampel 2000

Skalenniveau der abhängigen Variable	Anzahl der unabhängigen Variablen	Skalenniveau der unabhängigen Variablen	typische Forschungsfrage	Testverfahren	Literatur
dichotom	mehrere	intervallskaliert	Welchen Einfluss haben politische Entfremdung (gemessen als Distanz der bestbewerteten Partei vom Maximalwert), die Bewertung der Kandidaten und die eigene wirtschaftliche Lage auf die Entscheidung, an der Wahl teilzunehmen oder nicht?	binäre multivariate logistische Regression	Andreß et. al. 1997: 261-326, Menard 2002, Pampel 2000
polytom (nominalskaliert mit mehr als zwei Ausprägungen)	1	intervallskaliert	Welchen Einfluss hat die Bewertung der Kandidaten auf die Parteienwahl?	multinomiale bivariate logistische Regression	Andreß et. al. 1997: 261-326, Long 1997 : 148-186
polytom (nominalskaliert mit mehr als zwei Ausprägungen)	mehrere	intervallskaliert	Welchen Einfluss haben die Parteineigung, die politischen Sachfragen nd Kandidateneffekte auf die Parteienwahl?	multinomiale multivariate logistische Regression	Andreß et. al. 1997: 261-326, Long 1997 : 148-186

9.4 Software zur statistischen Auswertung

Die Analyse quantitative Daten mit Hilfe von Statistik-Software hat mittlerweile eine rund mehrere Jahrzehnte lang Tradition, so dass die Tools hier mittlerweile sehr ausgereift sind. In der sozialwissenschaftlichen Forschung und in der kommerziellen Sozialforschung ist weit verbreitet das Programm SPSS (Superior Performance Software System; zu Beginn stand die Abkürzung für den wesentlich eingängigeren Namen Statistical Package for the Social Sciences). SPSS ist über die Firma SPSS (im Netz unter www.spss.de) zu beziehen. Es besteht aus einem Baukastensystem. Das Basismodul enthält die meisten Standardprozeduren und kann um weitere Spezialmodule ergänzt werden. SPSS hat den Vorteil, dass es sehr weit verbreitet ist. Da die gesamte Programmsteuerung mittlerweile auch menügestützt durchgeführt werden kann, ist der Einstieg in das Programm relativ schnell und leicht möglich. Es ist allerdings nicht ganz billig (SPSS verkauft auch Studentenlizenzen) und die Möglichkeiten, eigenständig zu programmieren, sind gegenüber anderen Programmen relativ begrenzt. In den letzten Jahren hat SPSS zusehends Konkurrenz durch das Programm STATA bekommen, das allerdings in der Verbreitung noch fast ausschließlich auf die akademische Welt begrenzt ist, dort aber inzwischen wohl von der Mehrheit angewandt wird. Auch STATA bietet mittlerweile eine Windows-gestützte Menüsteuerung an und ist in elaborierten Verfahren etwas leistungsfähiger als SPSS. Auch STATA wird kommerziell vertrieben (www.stata.de). Der größte Vorteil von STATA liegt in der im Vergleich zu SPSS wesentlich einfacheren und gleichzeitig mächtigeren eigenen Programmierung von Auswertungsverfahren, die auf spezifische Erfordernisse zugeschnitten sind. STATA wird daher ähnlich wie bei reiner Open-Source-Software von der eigenen Nutzergemeinde weiter entwickelt und es existieren umfassende, öffentlich zugängliche Programmbibliotheken, die für fast jedes Problem eine entsprechende Lösung beinhalten. SAS (www.sas.de), eine weitere Statistik-Software, ist in den Sozialwissenschaften wenig verbreitet, sie wird überwiegend von Informatikern und teilweise von Ökonomen verwendet. Dies ist kein Zufall, da in SAS der Anwender mehr eigenständig programmieren kann (und muss) als bei den anderen Programmen. Eine relativ neue preisgünstige Alternative zu den kommerziellen Programmen ist das Programm

GRAFSTAT (www.grafstat.de). Es wurde von der Uni Münster entwickelt, ist im Internet zum Download verfügbar und wird von der Bundeszentrale für politische Bildung in seiner Fortentwicklung unterstützt. Über die Bundeszentrale kann das Programm auch bezogen werden. Da GRAFSTAT noch ein sehr junges Programm ist, ist es noch mit einigen ‚Kinderkrankheiten' behaftet. Da es jedoch ständig fortentwickelt wird, sollte sich das bald ändern. Es ist vom Umfang der möglichen Anwendungen her weniger leistungsstark als die anderen Programme, reicht aber für einfachere deskriptive, schätzende, testende und schließende Verfahren völlig aus. GRAFSTAT bietet darüber hinaus Hilfe-Tools zur Fragebogenerstellung und zur Durchführung von Online-Befragungen. Für sehr einfache Berechnungen mag auch ein Tabellenkalkulationsprogramm ausreichen, will man aber in größerem Umfang statistische Berechnungen anstellen, werden diese Programme schnell sehr umständlich, und es bietet sich an, ein originäres Statistikprogramm zu verwenden.

Weiterführende Literatur

Eine sehr ausführliche Darstellung der Möglichkeiten von SPSS bietet *Brosius* (2004). Als Einführung ebenfalls sehr gut geeignet ist das Buch von *Wittenberg/Cramer* (2003). Erfreulicherweise widmen sich auch wieder einige der neueren Publikationen über SPSS (*Zöfel* 2002, *Brosius* 2005) der Programmsyntax, die in jedem Fall der menügesteuerten Programmierung vorzuziehen ist. Keineswegs veraltet, da sich an der wichtigen Syntax, z.B. zur Datenmanipulation in den letzten Jahren nichts mehr verändert hat, ist *Schubö/Uehlinger* (1986), die immer noch eine sehr komprimierte und übersichtliche Darstellung der SPSS-Syntax liefern. Da STATA sich erst in letzter Zeit etabliert hat, gibt es hier nicht so viele Bücher darüber. Doch das derzeitig einzige deutsche Einführungsbuch über STATA von *Kohler/Kreuter* (2001) ist ein Musterbeispiel für ein gelungenes Lehrbuch. Mit diesem Buch wird nicht nur eine fundierte Einführung in die Programmierung mit STATA vermittelt, sondern der gesamte Prozess von der Datenaufbereitung bis zur Datenauswertung in geradezu paradigmatischer Weise erläutert. Die Lektüre dieses Buchs ist daher auch noch für Personen lohnend, die mit anderen Statistikprogrammen arbeiten.

Brosius, Felix (2005): SPSS-Programmierung: effizientes Datenmanagement und Automatisierung mit SPSS-Syntax. Bonn: mitp

Brosius, Felix (2004): SPSS 12. Bonn: mitp

Kohler, Ulrich / Frauke Kreuter (2001): Datenanalyse mit Stata. München: Oldenbourg

Schubö, Werner / Hans M. Uehlinger (1986): SPSS-X: Handbuch der Programmversion 2.2. Stuttgart
Wittenberg, Reinhard / Hans Cramer (2003): Datenanalyse mit SPSS für Windows. Stuttgart: Lucius&Lucius
Zöfel, Peter (2002): SPSS-Syntax. München: Pearson Studium

10 Vom kritischen Umgang mit Forschungsergebnissen

Hat sich der Forscher in allen einzelnen Schritten des Forschungsprozesses darum bemüht, sorgfältig zu arbeiten und die Probleme, die in einzelnen Phasen auftauchen, angemessen zu berücksichtigen, dann gelangt er schließlich zu dem Punkt, an dem seine Forschungsergebnisse fertig vor ihm liegen. Auch wenn man bislang versucht hat, die Standards wissenschaftlichen Arbeitens angemessen zu erfüllen, so ist es gerade vor dem Abschluss des Projektes sehr wichtig, nun die Ergebnisse noch einmal kritisch zu begutachten. Nur dann kann entscheiden werden, welche Ergebnisse in der Publikation in welchem Zusammenhang und auf welche Art der wissenschaftlichen Gemeinschaft präsentiert werden sollen, um sie im Diskurs konstruktiv kritisieren zu lassen.

Zum Abschluss dieses Buches wollen wir daher kurz darauf eingehen, in welchen Hinsichten die eigenen Forschungsergebnisse noch einmal kritisch hinterfragt werden müssen und worauf man bei der Publikation achten sollte.

10.1 Forschungsethische Fragen

Ethisch bedenkliche Forschungsfragen

Ein eminent wichtiger Aspekt gerade bei empirischer Forschung sind ethische Fragen des angemessenen Umgangs mit dem Forschungsgegenstand. Das beginnt bei der Forschungsfrage: Ist dies eine Frage, deren Untersuchung überhaupt ethisch zu rechtfertigen ist? Besonders deutlich werden Probleme dieser Art in der medizinischen oder psychologischen Forschung, wenn es darum geht, die Auswirkungen jedwelcher Art der Konfrontation mit Reizen auf die psychische oder physische Konstitution von Menschen zu untersuchen. Wie funktionieren Verdrängungsmechanismen? Wie reagieren Menschen in Stress-Situationen oder unter extremem sozialem Druck? Was empfinden Menschen beim Anblick von Pornographie oder Gewalt? Dies sind Fragestellungen, die a priori ethisch bedenklich sind, da sie höchst private und intime Aspekte der Untersuchungspersonen thematisieren oder da die Gefahr besteht, dass die Probanden durch die Untersuchung selbst psychischen oder körperlichen Schaden nehmen könnten. Aber ethische Bedenken sind nicht auf diese Disziplinen begrenzt. Auch in der Soziologie oder

der Politikwissenschaft können bei einer Reihe von Forschungsthemen a priori ethische Bedenken geäußert werden. An den meisten Universitäten und Forschungseinrichtungen gibt es daher mittlerweile Ethik-Komitees, die etwa über die Zulässigkeit eines Forschungsthemas entscheiden. Häufig ist an diese Entscheidung auch die Bewilligung von Forschungsgeldern geknüpft.

Ethische Kriterien bei der Datenerhebung (Umgang mit Probanden)

Bei der Datenerhebung kommen ethische Probleme besonders deutlich zum Tragen, da bestimmte Designs zur Datengewinnung unter ethischen Aspekten abzulehnen sind. Generell lassen sich einige Regeln zum ethisch korrekten Umgang mit Probanden formulieren, die eingehalten werden sollten. Manchmal wird man feststellen, dass die Beachtung dieser Kriterien in einem konkreten Projekt sehr große Schwierigkeiten aufwerfen würde. Hier gilt, dass die Abweichung von diesen Kriterien nur dann zu rechtfertigen ist, wenn überragende forschungspragmatische Gründe dies notwendig machen, die Abwägung sollte aber im Zweifel immer zu Gunsten der Probanden ausfallen.

Freiwillige und aufgeklärteTeilnahme

Die freiwillige und aufgeklärte Teilnahme von Probanden stellt den zentralen Standard jeder empirischen Forschung dar, die in irgendeiner Form mit Untersuchungspersonen arbeitet. Das bedeutet im Detail, dass Probanden ihr Einverständnis zur Teilnahme an der Forschung aktiv und freiwillig geben müssen. Sie müssen dabei über die Zielsetzung und die Vorgehensweise sowie über mögliche Risiken umfassend aufgeklärt sein. So einleuchtend dieser Standard erscheinen mag, kommt man sehr schnell in Situationen, in denen Teile davon nicht oder nur schwer zu realisieren sind.

Beispiele für Abweichungen vom Standard

Nehmen wir die freiwillige Teilnahme, die aktiv ausgedrückt sein muss. Jede Form verdeckter Beobachtung widerspricht dieser Forderung, da die Beobachteten ja nicht wissen (und nicht wissen sollen!), dass sie beobachtet werden. Verdeckte Beobachtung kann sinnvoll sein, wo Reaktivität die Ergebnisse massiv verzerren würde, etwa wenn man Gruppendynamiken beobachten möchte. Letztlich führen diese Bedenken wieder zurück zur Forschungsfrage: Wenn man Themen untersuchen möchte, die nur mit Hilfe verdeckter Beobachtung untersucht werden können, sollte man dann auf deren Untersuchung ganz verzichten?

Auch die zweite Bedingung, die Aufklärung über Ziele und Vorgehensweise der Datenerhebung, ist nicht immer leicht einzuhalten. Viele psychologische Experimente wollen herausfinden, wie Personen in bestimmten Situationen reagieren. Würden sie aber vor dem Experiment über dessen wahres Ziel aufgeklärt, würden sie ja nicht mehr natürlich reagieren und somit die Ergebnisse verfälschen. Statt dessen werden in diesen Fällen die Probanden in ein fiktives Experiment eingeweiht, da sie sich ja immerhin zur Teilnahme an einem Experiment bereit erklären müssen. Eine Möglichkeit, dieses ethische Dilemma zu entschärfen, besteht darin, dass zumindest im Nachhinein die Probanden über die wahren Hintergründe des Experiments aufgeklärt werden. Ob dies wirklich ein hinreichender Ersatz für die Aufklärung a priori sein kann, ist zweifelhaft. Darüber hinaus ist nicht auszuschließen, dass die Probanden durch die nachträgliche Konfrontation negative Gefühle entwickeln. Sie können sich getäuscht fühlen, gedemütigt oder sich auch möglicherweise ihres Verhaltens im Experiment schämen, weil sie wissen, dass sie sich anders verhalten hätten, wenn sie die Zielsetzung des Experiments gekannt hätten.

Kein Schaden für die Probanden

Ergänzt wird dieser Standard durch die Norm, dass den Probanden kein Schaden zugefügt werden darf. Dies gilt nicht nur für das offensichtliche Verbot körperlichen Schadens, sondern auch und in der Sozialforschung vor allem für seelischen Schaden. Die Situation der Datenerhebung sowie deren Folgen sollten für die Probanden so wenig unangenehm wie möglich sein. Körperliche Schäden, wie sie etwa durch medizinische Experimente verursacht werden können, sind in den Sozialwissenschaften eher selten, aber Reputationsschaden, Ärger oder Schamgefühle, wenn Ergebnisse publiziert werden und der Proband dabei erkennbar ist, können ebenfalls großen Schaden anrichten. Diese Überlegung leitet bereits auf den nächsten – ebenfalls essenziellen – Standard über: Die Wahrung von Anonymität und Vertraulichkeit.

Datenschutz

In den allermeisten Fällen werden Forschungssubjekte Wert darauf legen oder sogar ihre Bereitschaft zur Teilnahme an die Zusicherung koppeln, dass keine Informationen, die sie im Laufe der Datenerhebung preisgeben, in irgendeiner Form an die Öffentlichkeit gelangen können, die Rückschlüsse auf die Identität der Untersuchungsperson zulässt. Forscher werden daher üblicherweise ihren Probanden entweder Anonymität oder Vertraulichkeit zusichern. In manchen Fällen erfordert darüber hinaus die gesetzliche Lage zum Datenschutz eine weitgehende Anonymisierung der Daten.

Anonymität

Anonymität geht weiter als Vertraulichkeit. In einem anonymen Verfahren der Datenerhebung kann der Forscher selbst nicht identifizieren, von welcher Untersuchungsperson die erhobenen Daten stammen. Anonymität kann beispielsweise bei einer postalischen standardisierten Befragung dadurch gesichert werden, dass die Fragebögen keine Identifikationsmerkmale (Nummerierung, Absender o.ä.) enthalten und in frankierten Rückumschlägen zurückgesandt werden. Sie werden dann erst beim Eingang fortlaufend nummeriert, Rückschlüsse auf den Absender sind somit nicht möglich. In solchen Fällen sind beispielsweise keine gezielten Nachfassaktionen (Erinnerungsschreiben an Befragte, die den Fragebogen noch nicht ausgefüllt haben) zur Erhöhung der Ausschöpfungsquote möglich. Aber unter Abwägung der Umstände wird man dieses Risiko wohl in Kauf nehmen, wenn man durch die Anonymisierung wenigstens einen Teil der Befragten motivieren kann, den Fragebogen überhaupt auszufüllen. Will man auf diese Weise Befragungen anonymisieren, muss man zugleich darauf achten, dass unter den erhobenen Merkmalen keine zu geringen Zellenbesetzungen auftauchen, die etwa über gezielte Kombination von Merkmalen eine Rekonstruktion der Identität des Befragten ermöglichen. Um ein Beispiel zu geben: Bei einer Studentenerhebung kann über Kombination der Merkmale Studiengang, Semester, Alter und Geschlecht möglicherweise die Anzahl der verbleibenden Fälle so gering werden (etwa in kleinen Studiengängen, in Studiengängen, in denen ein Geschlecht deutlich unterrepräsentiert ist, oder wenn es sich bei den Befragten um Langzeitstudenten handelt), dass eine Zuordnung der Antworten zu Personen eindeutig oder zumindest sehr wahrscheinlich wird. Dann ist natürlich keine Anonymität mehr gewährleistet.

Vertraulichkeit

Bei Tiefeninterviews, Beobachtungen oder Experimenten ist eine solche vollständige Anonymisierung der Informationen der Befragten kaum möglich, da die Interaktion zwischen Forscher und Proband sehr persönlich und intensiv ist. In solchen Fällen kann der Forscher sich verpflichten, die Informationen vertraulich zu behandeln. Das heißt, dass er selbst zwar Informationen besitzt, die die Zuordnung von erhobenen Daten und Erhebungspersonen ermöglichen, dass er diese Informationen aber nicht an Dritte weitergibt. Zitate aus Interviews werden also bei der Publikation anonymisiert, Dateien, die etwa Adressen und Befragtennummern verknüpfen, werden unter Verschluss gehalten, Namen bei Anfragen Dritter nicht preis gegeben. In Fällen normaler Forschungstätigkeit ist bei gewisser Sorgfalt die Einhaltung von Vertraulichkeit zu gewährleisten. Problematisch wird dies, wenn Vertraulichkeitszusicherungen gegenüber Probanden mit Informationspflichten z.B. vor Gerichten oder bei staatsanwaltlichen Ermittlungsverfahren kollidieren. Eine Auskunftsverweigerung kann hier für den Forscher unerfreuliche Folgen haben, eine Erfüllung der Auskunftspflicht stellt einen Vertrauensbruch gegenüber dem Probanden dar. Von daher kann es manchmal sogar sinnvoll sein, brisante vertrauliche Informationen baldmöglichst zu vernichten, wenn man sie nicht mehr braucht.

Praktische Hinweise zum Datenschutz

Praktische Hinweise zum Thema Datenschutz im Zusammenhang mit standardisierten Umfragen bietet beispielsweise der Arbeitskreis Deutscher Marktforschungsinstitute (ADM, http://www.adm-ev.de/): So finden sich dort bspw. Formulierungshilfen für Anschreiben und Anonymitätsgarantien sowie allgemeine Erläuterungen zu den datenschutzrechtlichen Bestimmungen.

Regeln guter wissenschaftlicher Praxis

Neben der Frage des ethischen Umgangs mit Probanden hat Forschungsethik noch einen weiteren Aspekt: den Umgang mit den wissenschaftlichen Kollegen, bzw. mit eigenen und fremden Forschungsergebnissen. Die Deutsche Forschungsgemeinschaft hat 1998 Empfehlungen zur Sicherung guter wissenschaftlicher Praxis erarbeitet.[1] Als die wichtigsten vier Kriterien, die allen weiteren Empfehlungen vorangestellt sind, formulieren sie:

- lege artis zu arbeiten
- Resultate zu dokumentieren
- alle Ergebnisse konsequent selbst anzuzweifeln
- strikte Ehrlichkeit im Hinblick auf die Beiträge von Partnern, Konkurrenten und Vorgängern zu wahren

Im Wesentlichen sind in diesen vier Punkten die wichtigsten Verhaltensregeln für den Umgang mit eigenen und fremden wissenschaftlichen Ergebnissen zusammengefasst. Das Arbeiten nach den Regeln der Kunst lässt sich verstehen als das Bemühen um empirische und theoretische Angemessenheit der eigenen Vorgehensweise. Hierauf werden wir in den nächsten Abschnitten ausführlicher eingehen. Die Dokumentation von Ergebnissen sollte sich im Bemühen um Intersubjektivität der Interpretation auch auf die Dokumentation des Forschungsprozesses erstrecken. Hierunter fällt beispielsweise, dass Entscheidungen, die im Laufe der Forschung getroffen wurden, deutlich gemacht werden, auch wenn dadurch mögliche Interpretationen ausgeschlossen werden oder sich die Entscheidung im Nachhinein als Fehlentscheidung erweist. Dazu gehört auch, dass man nicht in der Präsentation der Ergebnisse eine

---

1 Die Empfehlungen finden sich auf den Seiten der DFG, aktuell (August 2005) unter folgender url: http://www.dfg.de/aktuelles_presse/reden_stellungnahmen/download/empfehlung_wiss_praxis_0198.pdf

Linearität des Vorgehens vorspiegelt, die real nicht gegeben ist. Häufig entwickeln sich Hypothesen und Theorien aus den empirischen Daten heraus, das Vorgehen ist in diesem Falle ein exploratives oder theoriengenerierendes. Dennoch werden häufig nachträglich die Ergebnisse so präsentiert, als habe die Theorie von Anfang an bestanden und man sei streng hypothesentestend vorgegangen. Dies ist kein redlicher Umgang mit Ergebnissen. Zur Dokumentation gehört auch die Dokumentation des Misserfolgs. Manchmal ergeben Untersuchungen eben keine vorzeigbaren Ergebnisse, vermutete Zusammenhänge bestehen nicht, vermutete Ursachen zeigen keine Wirkung. Auch dies ist ein Ergebnis, und man sollte es offen legen. Der kritische Selbstzweifel als geistige Grundhaltung des Forschers wie als ständiger konkreter Prüfprozess wurde in diesem Buch wiederholt hervorgehoben. Letztlich zielt auch dieser Standard auf die Validität der Ergebnisse, die kritisch hinterfragt werden müssen. Die Ehrlichkeit gegenüber Kollegen schließlich erfordert, dass Gedanken und Ergebnisse, die nicht von einem selbst stammen, eindeutig kenntlich gemacht und auf den Urheber verwiesen wird. Die Angabe von Quellen- und Literaturhinweisen ist somit ein Akt der intellektuellen Redlichkeit und erstreckt sich natürlich gleichermaßen auf Quellenangaben zu Abbildungen oder Tabellen sowie auf das Zitat eigener bereits veröffentlichter Forschungsergebnisse.

10.2 Güte der Forschungsergebnisse

Ein zentraler Aspekt des kritischen Umgangs mit Forschungsergebnissen besteht darin, dass sich der Forscher selbst noch einmal vergegenwärtigt, inwiefern seine Ergebnisse den Gütekriterien der empirischen Forschung entsprechen. Damit wird er gegebenenfalls nicht nur in der Interpretation der Ergebnisse zurückhaltender, er kann sich auch besser auf die Kritik vorbereiten, die er vermutlich von anderen Mitgliedern der ‚Scientific community' erfahren wird. Denn das Anzweifeln der Güte der Ergebnisse ist eine beliebte und verbreitete Strategie der Diskussion und Kritik von neuen Ergebnissen. Orientiert sich der Forscher am traditionellen Katalog der Gütekriterien (vgl. Abschnitt 4.5), so muss er sich die Frage stellen, inwiefern seine Ergebnisse reliabel, valide und objektiv sind. Möglicherweise wird diese Frage von qualitativen Forschern anders gestellt, mit Sicherheit wird die Antwort bei ihnen anders ausfallen als bei quantitativen Forschern. In jedem Fall aber bieten diese Gütekriterien – wenn sie weiter interpretiert werden – ein brauchbares Raster der Kritik der empirischen Angemessenheit der Ergebnisse.

Reliabilität

Test und Nachweis der Reliabilität des Erhebungsinstruments sollten üblicherweise bereits in der Phase der Datenerhebung erbracht werden. Wie wir in Kapitel 4 festgestellt haben, ist die Reliabilität der Messung zumindest bei quantitativen Erhebungen eine essenzielle Voraussetzung für weitere Gütekriterien. In der qualitativen Forschung hat man weniger standardisierte Messinstrumente, die Datenerhebung ist stärker von individuellen Einschätzungen und subjektiven Urteilen des Forschers abhängig. Insofern ist hier Reliabilität im strengen Sinne kaum zu erreichen. Stellt man sich unstandardisierte Beobachtungsprotokolle zweier Beobachter vor, so haben diese zwar vielleicht im gleichen Zeitraum die gleiche Situation beobachtet, es ist aber hochgradig unwahrscheinlich, dass die Beobachtungsprotokolle auch nur sehr ähnlich sind. Selbst ein und derselbe Forscher würde, wenn er zweimal die gleiche Situation beobachtet, nicht immer exakt die gleichen Aspekte protokollieren, da zwischen der ersten und der zweiten Beobachtung Lernen stattgefunden hat oder der Forscher vielleicht Erfahrungen gemacht hat, die den Schwerpunkt seiner Aufmerksamkeit verschieben. Reliabilität als Gütekritierum empirischer Ergebnisse wird daher von vielen Vertretern der qualitativen Forschungsrichtung abgelehnt. Wichtiger ist aus den Ansprüchen und der Zielsetzung qualitativer Forschung heraus, dass der Forscher jedes Mal aufgeklärt an den Forschungsgegenstand herangeht, konzentriert arbeitet und seine Notizen möglichst vorurteilslsos anfertigt, wobei er sich darum bemüht, Beobachtung und Interpretation möglichst klar zu trennen.

Validität

Die Validität der Forschungsergebnisse ist der entscheidende Test der empirischen Angemessenheit des Forschungsvorhabens. Stellt sich heraus, dass die Ergebnisse nicht valide sind, dass also das, was man in der Wirklichkeit gemessen hat, nicht das ist, was man messen wollte, ist die gesamte Forschung umsonst gewesen. Stellt in der quantitativen Forschung die Abstrahierung und Standardisierung relevanter Merkmale ein Risiko der Verzerrung dar (etwa dergestalt, dass nur quantifizierbare Aspekte des interessierenden Phänomens in die Messung eingehen), so ist die Validität qualitativer Ergebnisse vor allem durch die starke Abhängigkeit von der individuellen Vorgehensweise des Forschers tendenziell gefährdet. Strategien zur Überprüfung der Validität hatten wir ausführlich in Kapitel 4 beschrieben. Nach Abschluss der Datenerhebung und –auswertung ist der Forscher vor allem auf die kommunikative Validierung durch die ‚Scientific community' angewiesen. Die Validität der Ergebnisse hat natürlich auch Auswirkungen auf die Art, wie sie interpretiert werden, etwa als wie gesichert sie dargestellt werden und wie weit man sie verallgemeinern darf.

Objektivität

Das dritte Kriterium der Objektivität soll hier präzisiert werden als die Zielsetzung, intersubjektive Nachvollziehbarkeit der Ergebnisse zu ermöglichen. Ganz egal, ob man Zahlencodes vergibt und statistische Analysen berechnet oder ob man Texte verbal codiert und interpretiert, ein Leser kann die Ergebnisse nur nachvollziehen, wenn der Forscher dokumentiert, welchen Blickwinkel er bei der Definition der Forschungsfrage eingenommen hat und auf welche theoretischen Ansätze er sich dabei bezieht, wann er im Forschungsprozess welche Entscheidungen getroffen hat, welche Arbeitsschritte er nacheinander durchlaufen hat und welcher Verfahren er sich bedient hat. Ergänzend zur Dokumentation dieser Details im Forschungsbericht sollte das Originalmaterial (Datensätze, Transkripte, Forschungsnotizen) auf Anfrage prinzipiell zugänglich gemacht werden. Nur so kann gewährleistet werden, dass die Interpretationen tatsächlich kritisch diskutiert und gegebenenfalls in Frage gestellt oder widerlegt werden.

10.3 Theoretische Relevanz der Ergebnisse

Schritt von den Daten wieder zur Theorie ist sehr wichtig

In Kapitel 2 hatten wir auf die Bedeutung von Theorien für die Planung empirischer Forschung hingewiesen. Wie kommt man von der Theorie zu den Daten? Welche Art von Theorie liegt der Forschungsfrage zugrunde oder soll aus der Forschung heraus entstehen? Umgekehrt ist der Schritt von den empirischen Ergebnissen zurück zur Theorie ebenso wichtig. Denn schließlich war ja Ziel und Zweck der empirischen Forschung Theorien zu generieren, zu überprüfen oder zu modifizieren. Dementsprechend muss man sich, wenn man die empirischen Ergebnisse vorliegen hat, die Frage stellen, was die Ergebnisse nun über die Theorie aussagen. Unterschiedliche Fragen können dabei gestellt werden: Werden Theorien, die etwa in die Hypothesenbildung einflossen, hierdurch bestätigt oder in Frage gestellt? Besteht ein Bedarf, sie im Lichte der neuen Evidenz zu modifizieren, und wenn man diesen Eindruck hat, wie überzeugend sind hierfür die eigenen Ergebnisse? Stehen sie möglicherweise sogar im Widerspruch zur Theorie oder ist man doch der Versuchung aufgesessen, letztlich zirkulär zu argumentieren und muss nun feststellen, dass die theoretischen Annahmen, die die methodischen Entscheidungen im Forschungsprozess prägten, das Ergebnis präjudiziert haben? Sofern man eher explorativ und theoriebildend als hypothesentestend vorgehen wollte, muss man sich fragen, für welche Hypothesen oder Theorieansätze die Ergebnisse Hinweise liefern und wie diese sich möglicherweise in den bestehenden Korpus von Erkenntnis einpassen lassen.

Diese Fragen liegen auf unterschiedlichen logischen Ebenen. Dementsprechend kann der Rückbezug der empirischen Ergebnisse auf Theorien sich auf diesen verschiedenen Ebenen verorten. Es lassen sich sinnvoll vier Ebenen unterscheiden.

Immanenter Abgleich

Der unmittelbarste Rückbezug ist ein Abgleich von Erkenntnissen und Theorien innerhalb des im Projekt formulierten Rahmens. Werden durch die Ergebnisse Hypothesen, Prognosen Vermutungen, die man ex ante formuliert hatte, bestätigt oder nicht? Bei statistischen Untersuchungen kann dieser Abgleich durch den statistischen Hypothesentest unterstützt werden, wobei, wie in Abschnitt 9.3 erläutert wurde, auch ein statistisches Testergebnis dem Forscher die letzte Entscheidung darüber, ob seine Hypothese nun zutreffend war oder nicht, nicht vollständig abnehmen kann. Auch bei explorativen Studien ist dieser Abgleich sinnvoll, denn auch dort geht der Forscher mit gewissen Erwartungen und Vorstellungen an den Forschungsgegenstand heran, selbst wenn er noch keine konkreten Hypothesen formuliert hat. Der immanente Abgleich dient dann der Erkenntnis, ob diese Vermutungen zutreffen und sinnvoll waren oder ob der Schwerpunkt des Untersuchungsgegenstandes auf anderen Aspekten liegt.

Exmanenter Abgleich

Aufbauend auf der rein immanenten Kritik können weitergehende Schlüsse über die Qualität einer Theorie gezogen werden. Hat sich die Theorie, die der Studie zugrunde gelegt wurde, generell bewährt, muss sie an neue Evidenz angepasst, reformuliert oder erweitert werden? Haben sich Widersprüche zu anderen als gesichert angesehenen Theorien ergeben, die so zuvor noch nicht offensichtlich waren? Muss der Geltungsbereich einer Theorie eingeschränkt werden oder erscheint sie insgesamt so wenig brauchbar, dass man sie verwerfen sollte? Wichtig ist in diesem Zusammenhang auch die Anschlussfähigkeit der eigenen Ergebnisse. Man sollte sich am Ende der empirischen Forschung immer die Frage stellen, an welche vorhandenen Ergebnisse die eigene Forschung anknüpft, welche anderen Theorien möglicherweise dadurch unterstützt oder kritisiert werden und wie sich die Ergebnisse in den Kanon des Faches einordnen lassen.

Niveau der Verallgemeinerbarkeit

In Abhängigkeit von der Fallauswahl und vom Geltungsanspruch, mit dem man an die Forschung herangetreten ist, stellt sich im Zusammenhang mit der exmanenten Kritik auch die Frage, wie weit die Ergebnisse verallgemeinert werden dürfen. Hat man eine repräsentative Stichprobe gezogen, dürfen die Ergebnisse üblicherweise auf die Grundgesamtheit verallgemeinert werden. Aber was ist bei Klumpenstichproben? Gelten Ergebnisse einer Studentenbefragung nur für die Studenten eines Fachbereichs an einer Uni? Auf Basis welcher Argumente lassen sich Ergebnisse vielleicht doch weiter fassen? Welche verbalen Einschränkungen verlangt hierbei die intellektuelle Redlichkeit? Etwas schwieriger gestaltet sich der Fall bei Vollerhebungen und kleinen nicht zufälligen Auswahlen bis hin zur Einzelfallstudie. Gibt es Argumente, Vollerhebungen als Stichproben einer größeren Grundgesamtheit aufzufassen, auf die hin die Ergebnisse verallgemeinert werden können? Und welche Erkenntnisse aus Studien mit kleinen Fallzahlen sind auf die untersuchten Fälle beschränkt, welche bieten Potenzial für eine größere Reichweite? Neben dem Niveau der Verallgemeinerbarkeit kann man auch die Sicherheit der Verallgemeinerung abstufen. Man kann Aussagen probabilistisch formulieren oder als vorläufige Vermutungen.

Neue Forschungsfragen

Hat sich ein Forscher sehr tief in ein Forschungsgebiet eingearbeitet und ist mit dessen Zusammenhängen wirklich vertraut, kann die systematische Analyse auch zu kreativen neuen Ideen führen. Vermutungen, die sich aus der Exploration eines Forschungsfeldes ergeben haben, können Anstoß für neue Forschungsfragen oder weiterführende Studien geben. Häufig kommt es etwa vor, dass gewissermaßen als Nebenprodukt der eigentlichen Forschung Ergebnisse auffallen, die den Forscher überraschen. Dass sich plötzlich an unvermuteten Ecken Muster zeigen, die einer genaueren Untersuchung Wert zu sein scheinen, oder er Zusammenhänge erkennt, die er nicht vermutet hätte. Manchmal stellt man auch fest, dass Muster, die man im eigenen Forschungsfeld entdeckt hat, sich in anderen Gebieten wieder finden. Hier könnte man in einer größer angelegten Studie untersuchen, ob sich eine Theorie größerer Reichweite formulieren lässt.

Umgang mit „Nicht-Ergebnissen"

Besonders problematisch ist die Frage des Umgangs mit „Nicht-Ergebnissen“. Im besten Falle ist man durch die empirische Untersuchung zu innovativen Ergebnissen gelangt, die es einem ermöglichen, eingangs aufgestellte Hypothesen kritisch zu beleuchten oder neue Hypothesen im Lichte der empirischen Evidenz aufzustellen. Manchmal hat man aber auch weniger Glück, weil die Daten nicht die gewünschte Qualität aufweisen, unvollständig sind, kein sinnvolles Muster ergeben, nicht hinreichend signifikant sind, um eine Hypothese zu bestätigen oder abzulehnen oder nur völlig triviale Aussagen erlauben. Wenn auch diese Ergebnisse für den einzelnen Forscher bedauerlich sind, so ist doch auch das Auffinden von Nicht-Ergebnissen ein wichtiges Ergebnis im Sinne des wissenschaftlichen Erkenntnisfortschritts. Nach der Popper'schen Logik des Falsifikationismus wissen wir ja, dass wir Hypothesen und Theorien niemals beweisen können, finden wir jedoch Ergebnisse, die sie falsifizieren, also widerlegen, so können wir sie aus dem Kreise der Kandidaten für erfolgreiche Theorien oder Hypothesen definitiv ausschließen. Auf diese Weise kommen wir der Wahrheit durch Ausschluss ein Stückchen näher. Für die Praxis der Publikation von Forschungsergebnissen bedeutet das: In keinem Fall sollte man Nicht-Erkenntnisse so schönen, dass man mit gedanklichen Winkelzügen doch noch einen Zusammenhang oder eine Bedeutsamkeit der vermuteten Variablen herstellt. Vielmehr sollte man klar und deutlich machen, welche Ergebnisse man nicht erhalten hat und die erkenntnistheoretischen Implikationen daraus ableiten. Umgekehrt gilt: Wenn die Ergebnisse die eigenen Erwartungen zu untermauern scheinen, sollte man dennoch vorsichtig sein und kritisch hinterfragen, ob die Ergebnisse auch anders interpretiert werden können.

10.4 Ergebnispräsentation

Formen von Publikationen

All die vorangegangenen Überlegungen zur ethischen, empirischen und theoretischen Qualität der Ergebnisse fließen in die Entscheidung des Forschers mit ein, *welche* Ergebnisse er *wie* der wissenschaftlichen Gemeinschaft präsentiert. Die Niederschrift und Publikation der Forschungsergebnisse ist die übliche – im Falle wissenschaftlicher Qualifikationsarbeiten (Seminar-, Abschluss-, Doktorarbeit und Habilitation) sowie bei Abschlussberichten drittmittelfinanzierter Forschungsprojekte sogar verpflichtende – Form der Präsentation. In manchen Fällen wird sie durch einen mündlichen Vortrag ergänzt. Neben den Qualifikationsarbeiten sind übliche Formen der Publikation wissenschaftlicher Ergebnisse Monographien, wissenschaftliche Aufsätze in Fachzeitschriften, im Internet oder in Sammelbänden oder die thesenartige Präsentation zur Anregung einer Diskussion in Form von Kritik und Gegenkritik, wie sie auf Tagungen oder in Diskussionsforen in Internetportalen oder Zeitschriften gepflegt wird.

Ziele einer Publikation

Eine gelungene Publikation zeichnet sich dadurch aus, dass sie die *relevanten Ergebnisse* der Forschung in klarer und *verständlicher* Form in ein schlüssiges *Argument* einbindet. Hierbei ist auch die *methodische Vorgehensweise nachvollziehbar* zu machen.

Auswahl relevanter Ergebnisse

Die Auswahl derjenigen Ergebnisse und Erkenntnisse, die relevant und für die Fachwelt interessant sind, ist durchaus nicht trivial. Denn Auswählen bedeutet weglassen. Die Wichtigkeit des Weglassens für die Güte einer wissenschaftlichen Publikation ist kaum zu überschätzen. Denn nur, wenn es gelingt, aus der Unmenge an Informationen, die man im Laufe eines Forschungsprojekts gesammelt hat, auch aus dem reichen Schatz an persönlichen Erfahrungen und Lernen, diejenigen Erkenntnisse auszuwählen, die nicht nur für einen selbst neu und überraschend waren, und diese in strukturierter Form darzustellen, hat man eine Chance, den Leser zu interessieren und zu überzeugen. Gewarnt sei in diesem Zusammenhang eindringlich vor Publikationen, die de facto ‚Lernprotokolle' darstellen, also Arbeiten, in denen der Autor seine im Verlaufe des Forschungsvorhabens persönlich gewonnenen Erkenntnisse so hoch schätzt, dass er sich von keiner trennen kann, sondern sie auch für den Leser dokumentieren möchte. Tatsache ist aber, dass viele Erkenntnisse zwar durchaus wertvoll sind, aber unter anderem deshalb, weil man feststellt, dass sie zur eigentlichen Forschungsfrage nichts beitragen können.

Verständlichkeit

Der Leser sollte außerdem in der Lage sein nachzuvollziehen, warum ein Ergebnis vom Autor als relevant angesehen wird. Das bedeutet, dass der Autor sich um eine klare und verständliche Darstellung bemühen sollte.

Sprache

Diese Anforderung bezieht sich zum einen auf die Sprache. Es gibt speziell in der deutschen Wissenschaft eine Tradition, wissenschaftliche Erkenntnisse in eigene Sprachcodes zu (ver-)kleiden, die nur von einer eingeweihten Gemeinschaft entschlüsselt werden können, einem breiten Publikum aber nicht zugänglich sind. Über den Zweck dieser Tradition mag man wissenschaftssoziologisch interessante Hypothesen aufstellen, wir wollen diese Frage aber hier nicht weiter vertiefen. Demgegenüber sind typischerweise angelsächsische Publikationen in einer relativ allgemeinverständlichen Sprache gehalten. Die Sätze sind knapp und klar, die Ausführungen anschaulich und konkret. Der Einfluss der angelsächsischen Tradition ist mittlerweile auch in Deutschland deutlich spürbar. Dementsprechend plädieren auch wir dafür, dass man sich um klare, knappe und präzise Formulierungen bemüht und Fremdwörter vermeidet, wo sie nicht unbedingt nötig sind.

Visualisierungen

Häufig werden Visualisierungen verwendet, um die Verständlichkeit eines Textes zu erhöhen. Hierzu gehören Tabellen, Grafiken, Kästen und Hervorhebungen. Wichtig ist hierbei, dass Visualisierungen kein Selbstzweck sind. Eine Tabelle oder eine gelungene Grafik kann ein Argument illustrieren, zusammenfassen oder untermauern. Dann ist sie höchst sinnvoll. Häufig werden in Visualisierungen aber redundante Informationen vermittelt, also Informationen, die bereits im Text ausführlich besprochen sind. Dann sollte man sich besser für eine Form entscheiden. Generell sollte man mit Visualisierungen sparsam sein, da sonst der didaktische Nutzen schnell verloren geht. Ist etwa auf einer Seite jedes fünfte Wort hervorgehoben, wird hierdurch nicht mehr die Aufmerksamkeit des Lesers gelenkt, sondern nur noch der Lesefluss gestört. Auch Tabellen und Grafiken sollten nur dann in den Fließtext eingebunden werden, wenn sie unmittelbar zum dort erläuterten Argument beitragen. Weitere Tabellen und Grafiken, sofern sie etwa der vollständigen Dokumentation des empirischen Vorgehens dienen, können als Anhang dem Text beigefügt werden. Tabellen und Grafiken sind generell zu nummerieren und mit Überschriften zu versehen. Sofern die Informationen der Tabelle oder Grafik aus einer angebbaren Quelle stammen, muss diese in der Bildunterschrift ausgewiesen werden.

Strukturiertheit

In dem Bemühen, dem Leser die relevanten Ergebnisse verständlich zu vermitteln, muss der Autor den Leser auch durch seine eigenen Gedankengänge hindurchführen. Dazu gehören Hinweise auf den Argumentationsgang, etwa in der Einleitung oder zu Beginn eines neuen Kapitels, sowie Überleitungen zwischen Textteilen, in denen das Gesagte zusammengefasst und begründet wird, wie und warum der nächste Schritt folgt. Die Strukturierung des Arguments und die Erläuterung, warum der Autor so und nicht anders vorgeht, erhöhen massiv die intersubjektive Nachvollziehbarkeit seiner Interpretation. Insbesondere von qualitativen Forschern wird gern das Bild verwendet, dass der Autor dem Leser „eine Geschichte erzählt". Dieses Bild ist sehr illustrativ. In seiner Forschung hat der Autor sich eine bestimmte Vorstellung von der Wirklichkeit gemacht, die er jetzt dem Leser vermitteln möchte. Hierfür ist es nötig, dass er sich überlegt, wie er die einzelnen Einsichten ordnet, was logisch aufeinander aufbaut und was als Vorverständnis für andere Ergebnisse notwendig ist. In der Wahl eines Kriteriums zur Ordnung oder Strukturierung seiner Ergebnisse ist der Autor frei. Wichtig ist, dass die Logik für den Leser nachvollziehbar wird. Irving Janis (1982: ix) bspw. schreibt im Vorwort zu seiner Studie über „Groupthink" (vgl. Abschnitt 6.4), dass er die ausgewählten Fälle von katastrophalen Fehlentscheidungen der amerikanischen Regierung nicht in chronologischer Reihenfolge präsentiert, da es ihm hier nicht um eine historische Rekonstruktion geht. Vielmehr wählt er die Reihenfolge so, dass von Studie zu Studie Schritt für Schritt die Implikationen des von ihm identifizierten psychologischen Mechanismus des „Groupthink" deutlicher werden.

Die Art der Struktur hängt nicht nur von der subjektiven Vorstellung des Forschers ab, sondern in gewissem Maße auch vom Design. Geht man in seiner Forschung streng deduktiv und hypothesentestend vor, so ergibt sich die Struktur des Arguments weitgehend aus der Logik des hypothesentestenden Vorgehens. Bei stärker explorativen oder induktiv arbeitenden Forschungen ist der Aufbau weniger determiniert.

Offenlegen des methodischen Vorgehens

Im Dienste der intersubjektiven Nachvollziehbarkeit des eigenen empirischen Vorgehens ist es schließlich notwendig, die methodische Vorgehensweise in der Publikation möglichst gut zu dokumentieren. Die Dokumentation erstreckt sich dabei über alle Schritte des Forschungsprozesses. Methodische Entscheidungen sollten explizit gemacht und begründet werden. Daten sollten – soweit möglich – zugänglich gemacht werden, damit der Leser gegebenenfalls auf der Basis der Annahmen des Autors dessen Analysen und Interpretationen kritisch hinterfragen kann. So werden auch eine kritische Diskussion oder Replikationsstudien ermöglicht, die im besten Falle zu einer kommunikativen Validierung der Forschungsergebnisse führen können.

Weiterführende Literatur

Auf Fragen der Ethik bei wissenschaftlichen Arbeiten gehen *Babbie* (2001) und *Groves u.a.* (2004) ausführlich ein. Grundsätzliche Probleme der Gestaltung und des Anfertigens einer wissenschaftlichen Arbeit, vom Finden der geeigneten Fragestellung bis zur Publikation, werden von *Plümper* (2003) und von *Rudestam/Newton* (2001) besprochen.

Babbie, Earl (2001): The Practice of Social Research. Belmont (CA): Wadsworth

Groves, Robert M./ Floyd J. Jr. Fowler/ Mick P. Couper/ James M. Lepkowski/ Eleanor Singer/ Roger Tourangeau (2004): Survey Methodology. Hoboken, New Jersey: Wiley & Sons

Plümper, Thomas (2003): Effizient schreiben: Leitfaden zum Verfassen von Qualifizierungsarbeiten und wissenschaftlichen Texten. München: Oldenbourg Verlag

Rudestam, Kjell Erik/ Rae R. Newton (2001): Surviving your Dissertation. Thousand Oaks: Sage Publications

Literaturverzeichnis

Agresti, Alan/ Barbara Finlay (1999): Statistical Methods for the Social Sciences. Upper Saddle River, New Jersey: Prentice Hall

Albrecht, Günter (1975): Nicht-reaktive Messung und Anwendung historischer Methoden. In: Jürgen Koolwiyk/ Maria Wiehen-Mayser (Hg.): Techniken der empirischen Sozialforschung, Bd. 2: Untersuchungsformen. München: Oldenbourg Verlag, 9-81

Alexa, Melina/ Cornelia Zuell (1999): A Review of Software for Textanalysis. (ZUMA-Nachrichten Spezial Band 5). Mannheim: ZUMA

Allison, Paul D. (2002): Missing Data. Thousand Oaks: Sage Publications

Althoff, Stefan (1993): Auswahlverfahren in der Markt- und Meinungsforschung. Pfaffenweiler: Centaurus

Andreß, Hans-Jürgen/ Jaques A. Hagenaars/ Steffen Kühnel (1997): Analyse von Tabellen und kategorialen Daten. Berlin: Springer-Verlag

Arbeitskreis Deutscher Markt- und Sozialforschungsinstitute e.V./ Arbeitsgemeinschaft Media-Analyse e.V. (Hg.)(1999): Stichproben-Verfahren in der Umfrageforschung. Eine Darstellung für die Praxis. Opladen: Leske+Budrich

Arksey, H./ P. Knight (1999): Interviewing for Social Scientists. London: Sage Publications

Babbie, Earl (2001): The Practice of Social Research. Belmont (CA): Wadsworth

Backhaus, Klaus/ Bernd Erichson/ Wulff Plinke/ Rolf Weiber (2000): Multivariate Analysemethoden. Berlin: Springer-Verlag

Bahn, Paul/ Colin Renfrew (2000): Archaelogy. Theory, Methods and Practice.. London: Thames and Hudson

Batinic, Bernard (2001): Fragebogenuntersuchungen im Internet. Aachen: Shaker

Batinic, Bernad/ Michael Bosnjak/ Ulf-Dietrich Reips (Hg.)(2002): Online Social Sciences. Seattle: Hogrefe & Huber

Baur, Nina/ Sabine Fromm (Hg.)(2004): Datenanalyse mit SPSS für Fortgeschrittene: ein Arbeitsbuch. Wiesbaden: VS Verlag für Sozialwissenschaften

Beck, Friedrich/ Eckhart Henning (Hg.)(1994): Die archivalischen Quellen. Eine Einführung in ihre Benutzung.. Weimar: Herrmann Böhlaus Nachfolger

Becker, Howard (1974): Photography and Sociology. In: Studies in the Anthropology of Visual Communication, 1, 3-26

Behnke, Joachim (2001): Parteineigung als Fakt oder Parteineigung durch Fakten. Der Einfluss von Issues auf das Wahlverhalten. In: Kölner Zeitschrift für Soziologie und Sozialpsychologie, 53, 521-546

Behnke, Joachim/ Nathalie Behnke (2005): Grundlagen der statistischen Datenanalyse. Wiesbaden: VS Verlag für Sozialwissenschaften (im Erscheinen)

Behnke, Nathalie (2002): Ethik in Politik und Verwaltung. Baden-Baden: Nomos

Behrens, Maria (2002): Quantitative und qualitative Methoden in der Politikfeldanalyse. In: Klaus Schubert/ Nils C. Bandelow (Hg.): Lehrbuch der Politikfeldanalyse. München: Oldenbourg, 205-238

Behrens, Maria (2004): Die transatlantischen Beziehungen in der Welthandelspolitik. Hagen: Univ. Habilitation

Benninghaus, Hans (1976): Deskriptive Statistik. Stuttgart: Teubner

Berelson, Bernard (1952): Content Analysis. In Communication Research. New York, N.Y.: Hafner Press

Berry, William D./ Stanley Feldman (1995): Multiple Regression in Practice (Quantitative Applications in the Social Sciences 50). Newbury Park, CA: Sage Publications

Bick, Wolfgang/ Reinhard Mann/ Paul J. Müller (Hg.)(1984): Sozialforschung und Verwaltungsdaten. Stuttgart: Klett-Cotta

Bogner, Alexander/ Beate Littig/ Wolfgang Menz (Hg.)(2002): Das Experteninterview. Opladen: Leske+Budrich

Böhm, Andreas (2000): Theoretisches Codieren: Textanalyse in der Grounded Theory. In: Uwe Flick/ Ernst von Kardoff/ Ines Steinke (Hg.): Qualitative Forschung. Reinbek: Rowohlt, 475-485

Böltken, Ferdinand (1976): Auswahlverfahren. Stuttgart: Teubner

Braun, Bernard/ Hagen Kühn/ Hartmut Reiners (1998): Das Märchen von der Kostenexplosion. Frankfurt am Main: Fischer

Brehm, John (1993): The Phantom Respondents. Opinion Surveys and Political Representation. Ann Arbor, Mich.: The University of Michigan Press

Brosius, Felix (2004): SPSS 12. Bonn: mitp

Brosius, Felix (2005): SPSS-Programmierung: effizientes Datenmanagement und Automatisierung mit SPSS-Syntax. Bonn: mitp

Bryman, Alan (1988): Quantity and Quality in Social Research. Boston: Unwin Hyman

Bulmer, Martin (Hg.)(1984): Sociological Research Methods. London: MacMillan

Bulmer, Martin (1984): Interpretative Procedures - Introduction and Further Reading. In: Martin Bulmer (Hg.): Sociological Research Methods. London: MacMillan, 209 - 214

Bulmer, Martin (1984): Why Don't SociologistsMake More Use of Official Statistics?. In: Martin Bulmer (Hg.): Sociological Research Methods - An Introduction.. London: MacMillan, 131-152

Bulmer, Martin (1984): Concepts in the Analysis of Qualitative Data. In: Martin Bulmer (Hg.): Sociological Research Methods. London: MacMillan, 241 - 262

Bungard, Walter/ Helmut Lück (1974): Forschungsartefakte und nichtreaktive Messverfahren. Stuttgart: Teubner

Campbell, Angus/ Philip E. Converse/ Warren E. Miller/ Donald E. Stokes (1964)[1960]: The American Voter. New York, N.Y.: Wiley

Campbell, Donald T./ Julian C. Stanley (1963): Experimental and Quasi-Experimental Designs for Research. Chicago: Rand McNally

Carr, D.W./ M. Leonard (1992): Looking at Paintings. A Guide to Technical Terms. London: J. Paul Getty Museum in Association with the British Museum Press

Chalmers, Alan F. (2001): Wege der Wissenschaft. Berlin: Springer

Clauß, Günter/ Heinz Ebner (1982): Statistik. Frankfurt/ Main: Thun

Cochran, William G. (1972): Stichprobenverfahren. Berlin: De Gruyter

Coffey, Amanda/ Beverley Holbrook/ Paul Atkinson (1999): Qualitative Data Analysis: Technologies and Representations. In: Alan Bryman/ Robert G. Burgess (Hg.): Qualitative Research, Vol. III. London: Sage Publications, 165-182

Corbin, Juliet/ Anselm Strauss (1996): Grounded Theory. Grundlagen qualitativer Sozialforschung. Weinheim: Beltz

Cranach, Marion von/ Hans-Georg Frenz (1975): Systematische Beobachtung. In: C.F. Graumann (Hg.): Sozialpsychologie (HB der Psychologie Bd. 7/1). Göttingen: Verlag für Psychologie, 269-331

Cresswell, John W. (1998): Qualitative Inquiry and Research Design. Thousand Oaks, CA: Sage

Dahl, Robert A. (1989): Democracy and its Critics. New Haven: Yale University Press

Dawes, Robyn M. (1977): Grundlagen der Einstellungsmessung. Weinheim: Beltz

Denzin, Norman K. (1970): The Research Act in Sociology. Chicago: Aldine

Denzin, Norman K. (1986): Reflections on the Photographer's Camera. In: Current Perspectives in Social Theory, 6, 39-56

Denzin, Norman K. (2000): Reading Film - Filme und Videos als sozialwissenschaftliches Erfahrungsmaterial. In: Uwe Flick/ Ernst von Kardoff/ Ines Steinke (Hg.): Qualitative Forschung - ein Handbuch. Reinbek b. Hamburg: Rowohlt, 416-428

Denzin, Norman K./ Yvonna S. Lincoln (Hg.)(1994): Handbook of Qualitative Research. Thousand Oaks/London/New Delhi: Sage Publications

Deutscher Bundestag (Hrsg.): Amtliches Handbuch des Deutschen Bundestages. Rheinbreitbach: NDV

Diekmann, Andreas (1999): Empirische Sozialforschung. Reinbek b. Hamburg: Rowohlt

Dittmar, Norbert (2002): Transkription. Ein Leitfaden mit Aufgaben für Studenten, Forscher und Laien.. Opladen: Leske + Budrich

Duby, Georges/ Jean-Luc Daval (Hg.)(2002): Skulptur. Von der Antike bis zur Gegenwart. Taschen Verlag

Erzberger, Christian/ Udo Kelle (1999): Integration qualitativer und quantitativer Methoden. Methodologische Modelle und ihre Bedeutung für die Forschungspraxis. In: Kölner Zeitschrift für Soziologie und Sozialpsychologie, 51, 509-531

Faas, Thorsten (2003): Umfragen im Umfeld der Bundestagswahl 2002: Offline- und Online im Vergleich. In: ZA-Information, 52, 120-135

Faas, Thorsten (2003): www.wahlumfrage2002.de. Analysen und Ergebnisse (Bamberger Beiträge zur Politikwissenschaft: Forschungsschwerpunkt Politische Einstellungen und Verhalten)

Faas, Thorsten (2004): Drei Umfragen, ein Ergebnis? Ergebnisse von Offline- und Online-Umfragen anlässlich der Bundestagswahl 2002 im Vergleich. In: Frank Brettschneider (Hg.): Die Bundestagswahl 2002. Analysen der Wahlergebnisse und des Wahlkampfes. Wiesbaden: Verlag für Sozialwissenschaften

Fahrmeir, Ludwig/ Rita Künstler/ Iris Pigeot/ Gerhard Tutz (2001): Statistik. Berlin: Springer-Verlag

Fenno, Richard (1978): Home Style. Boston, Mass.: Little, Brown and Company

Fiorina, Morris P. (1977): An Outline for a Model of Party Choice. In: American Journal of Political Science, 21, 601-625

Fisher, Ronald A. (1971)[1935]: The Design of Experiments. New York: Hafner

Flick, Uwe (2002): Qualitative Sozialforschung. Eine Einführung.. Reinbek: Rowohlt

Flick, Uwe/ Ernst von Kardoff/ Ines Steinke (Hg.)(2000): Qualitative Sozialforschung. Ein Handbuch.. Reinbek: Rowohlt

Franck, Georg (1998): Ökonomie der Aufmerksamkeit. München: Hanser?

Friedrichs, Jürgen (1984): Methoden empirischer Sozialforschung. Opladen: Westdeutscher Verlag

Früh, Werner (1981): Inhaltsanalyse. Theorie und Praxis. München: Ölschläger

Fuchs-Heinritz, Werner (2000): Biographische Forschung. Eine Einführung in Praxis und Methoden. Wiesbaden: Westdeutscher Verlag

Gabler, Siegfried/ Sabine Häder/ Jürgen H.P. Hoffmeyer-Zlotnik (Hg.)(1998): Telefonstichproben in Deutschland. Wiesbaden: Westdeutscher Verlag

Geertz, Clifford (1983): Dichte Beschreibung. Beiträge zum Vestehen kultureller Systeme. Frankfurt am Main: Suhrkamp

Gerring, John (2001): Social Science Methodology. A Critical Framework. Cambridge: Cambridge Universitiy Press

Girtler, Roland (2001): Methoden der Feldforschung. Wien: Böhlau

Glaser, Barney (1978): Theoretical Sensitivity. Mill Valley, CA: Sociology Press

Glaser, Barney G./ Anselm L. Strauss (1967): The Discovery of Grounded Theory. New York, N.Y.: Aldine

Glaser, Barney G./ Anselm Strauss (1998): Grounded Theory. Strategien qualitativer Forschung. Göttingen: Verlag Hans Huber

Groves, Robert M./ Floyd J. Jr. Fowler/ Mick P. Couper/ James M. Lepkowski/ Eleanor Singer/ Roger Tourangeau (2004): Survey Methodology. Hoboken, New Jersey: Wiley & Sons

Grümer, Karl-Wilhelm (1974): Beobachtung. Stuttgart: Teubner

Haller, Michael (2001): Das Interview. Ein Handbuch für Journalisten. München: Ölschläger GmbH

Hansen, Morris H./ William N. Hurwitz/ William G. Madow (1996)[1953]: Sample Survey Methods and Theory. New York, N.Y.: John Wiley & Sons

Harkness, Janet A./ Peter Ph. Mohler/ Fons J. R: Van de Vijer (Hg.)(2003): Cross-Cultural Survey Methods. Hoboken: John Wiley & Sons

Harley, J.B. (1992): Reconstructing a Map. In: Trevor J. Barnes/ J.S. Duncan (Hg.): Writing Worlds. Discourse Text and Metaphor in the Representation of Landscape. London: Routledge, 231-247

Harper, Douglas (2003): Fotografien als sozialwissenschaftliche Daten. In: Uwe Flick/ Ernst von Kardorf/ Ines Steinke (Hg.): Qualitative Forschung. Ein Handbuch. Reinbek b. Hamburg: Rowohlt, 402-416

Henkel, Ramon E. (1976): Tests of Significance (Quantitative Applications in the Social Sciences 4). Newbury Park, CA: Sage Publications

Hermanns, Harry (2000): Interviewen als Tätigkeit. In: Uwe Flick/ Ernst von Kardoff/ Ines Steinke (Hg.): Qualitative Forschung. Ein Handbuch. Reinbek: Rowohlt, 360-368

Hoffmann, Donald D. (2000): Visuelle Intelligenz. Wie die Welt im Kopf entsteht.. Stuttgart: Klett-Cotta

Hofmann, Wilhelm (Hg.)(1999): Die Sichtbarkeit der Macht. Theoretische und Empirische Untersuchungen zur Visuellen Politik.. Baden-Baden: Nomos

Hollander, Myles/ Douglas A. Wolfe (1999): Nonparametric Statistical Methods. New York, N.Y.: John Wiley & Sons

Hopf, Christel (2000): Qualitative Interviews - ein Überblick. In: Uwe Flick/ Ernst von Kardoff/ Ines Steinke (Hg.): Qualitative Forschung. Ein Handbuch. Reinbek: Rowohlt, 349-360

Hotelling, Harold (1929): Stability in Competition. In: The Economic Journal, 39, 41-57

Howson, Collin/ Peter Urbach (1996): Scientific Reasoning. Chicago, Ill.: Open Court

Huber, Günter L. (Hg.)(1992): Qualitative Analyse. Computereinsatz in der Sozialforschung. München: Oldenbourg Verlag

Hüfken, Volker (Hg.)(2000): Methoden in Telefonumfragen. Wiesbaden: Westdeutscher Verlag

Inglehart, Ronald (1977): The Silent Revolution. Princeton: Princeton University Press

Jahoda, Maria/ Morton Deutsch/ Stuart W. Cook (1975): Beobachtungsverfahren. In: René König (Hg.): Beobachtung und Experiment in der Sozialforschung. Köln: Kiepenheuer&Witsch, 77-96

Johnson, Janet B./ Henry T. Reynolds/ Richard Joslyn (2001): Political Science Research Methods. Washington, D.C.: CQ Press

Kelle, Udo/ Susanne Kluge (1999): Vom Einzelfall zum Typus. Opladen: Leske + Budrich

Keller, Reiner/ Andreas Hirseland/ Werner Schneider/ Willy Viehöver (Hg.)(2001): Handbuch Sozialwissenschaftliche Diskursanalyse. Opladen: Leske + Budrich

Kinder, Donald R./ Thomas R. Palfrey (Hg.)(1993): Experimental Foundations of Political Science. Ann Arbor, Mich.: The University of Michigan Press

King, Gary/ Robert O. Keohane/ Sidney Verba (1994): Designing Social Inquiry. Princeton, New Jersey: Princeton University Press

Kish, Leslie (1965): Survey Samplingf. New York, N.Y.: John Wiley & Sons

Koch, Achim/ Rolf Porst (Hg.)(1998): Nonresponse in Survey Research. Proceedings of the Eighth International Workshop on Household Survey Nonresponse, 24-26 September 1997. ZUMA-Nachrichten Spezial Nr. 4

Kohler, Ulrich/ Frauke Kreuter (2001): Datenanalyse mit Stata. München / Wien: Oldenbourg

König, René (1975): Beobachtung und Experiment in der Sozialforschung. In: René König (Hg.): Beobachtung und Experiment in der Sozialforschung. Köln: Kiepenheuer&Witsch, 17-47

König, René (Hg.)(1976): Das Interview. Formen, Techniken, Auswertung.. Köln: Kiepenheuer&Witsch

Kowal, Sabine/ Daniel C. O'Connell (2000): Zur Transkription von Gesprächen. In: Uwe Flick/ Ernst von Kardoff/ Ines Steinke (Hg.): Qualitative Forschung. Reinbek: Rowohlt, 437-447

Kromrey, Helmut (2000): Empirische Sozialforschung. Opladen: Leske + Budrich

Kuckartz, Udo (1999): Computergestützte Analyse qualitativer Daten. Opladen: Westdeutscher Verlag

Kühnel, Steffen/ Dagmar Krebs (2001): Statistik für die Sozialwissenschaften. Reinbek: Rowohlt

Labaw, Patricia J. (1980): Advanced Questionnaire Design. Cambridge, Mass.: Abt Books

Lamnek, Siegfried (1995): Qualitative Sozialforschung - Band 1 Methodologie. Weinheim: Psychologische Verlags Union

Lamnek, Siegfried (1995): Qualitative Sozialforschung. Band 2: Methoden und Techniken. Weinheim: Beltz

Lamnek, Siegfried (1998): Gruppendiskussion. Theorie und Praxis.. Weinheim: Beltz

Lauf, Edmund/ Werner Wirth (Hg.)(2001): Inhaltsanalyse. Perspektive, Probleme, Potentiale. Köln: Halem

Lauth, Hans-Joachim/ Jürgen Winkler (2002): Methoden der Vergleichenden Regierungslehre. In: Hans-Joachim Lauth (Hg.): Verleichende Regierungslehre. Wiesbaden: Westdeutscher Verlag

LeCompte, Margaret D./ Jean J. Schensul (Hg.)(1999): Ethnographer's Toolkit. Walnut Creek/London/New Delhi: Altamira Press

Levy, Paul S./ Stanley Lemeshow (1999): Sampling of Populations. Methods and Applications. New York u.a.: Wiley

Lewis-Beck, Michael (1980): Applied Regression (Quantitative Applications in the Social Sciences 22). Newbury Park, CA: Sage Publications

Licklider, Roy (1995): The Consequences of Negotiated Settlements in Civil Wars, 1945-1993. In: American Political Science Review, 89, 681-690

Lijphart, Arend (1999): Patterns of Democracy. New Haven/ London: Yale Univ. Press

Lisch, Ralf/ Jürgen Kriz (1978): Grundlagen und Modelle der Inhaltsanalyse. Reinbek: Rowohlt

Little, Daniel (1991): Varieties of Social Explanation. Boulder, Col.: Westview Press

Little, Roderick J. A./ Donald B. Rubin (1987): Statistical Analysis with Missing Data. New York, N.Y.: John Wiley & Sons

Little, Roderick A./ Donald B. Rubin (1990): The Analysis of Social Science Data with Missing Values. In: John Fox/ J. Scott Long (Hg.): Modern Methods of Data Analysis. Newbury Park / London / New Delhi: Sage, 374-409

Little, Roderick A./ Nathaniel Schenker (1994): Missing Data. In: Gerhard Arminger/ Clifford C. Clogg/ Michael E. Sobel (Hg.): Handbook of Statistical Modeling for the Behavioral Sciences. London / New York: Plenum Press, 39-75

Lofland, John (1999): Data Logging in observation: Fieldnotes. In: Alan Bryman/ Robert G. Burgess (Hg.): Qualitative Research, Vol. III. London: Sage Publications, 3-12

Long, J. Scott (1997): Regression Models for Categorical and Limited Dependent Variables. Thousand Oaks: Sage Publications

Loos, Peter/ Burkhart Schäffer (2001): Das Gruppendiskussionsverfahren. Theoretische Grundlagen und empirische Anwendung.. Opladen: Leske + Budrich

Mackie, John L. (1980): The Cement of the Universe. A Study of Causation. Oxford: Oxford University Press

Mann, Chris/ Fiona Stewart (2000): Internet Communication and Qualitative Research. A Handbook for Researching Online.. London/Thousand Oaks/New Delhi: Sage Publications

Matjan, Gregor (2002): Wenn Fotos nicht lügen können, was können sie dann? Zum Einsatz der Fotoanalyse in der Politikwissenschaft. In: ÖZP, 31, 173-190

Mayntz, Renate/ Fritz W. Scharpf (1975): Policy-Making in the German Federal Bureaucracy. Amsterdam: Elsevier

Mayring, Philipp (2000): Qualitative Inhaltsanalyse. Weinheim: Deutscher Studien Verlag

Mayring, Philipp (2003): Qualitative Inhaltsanalyse. In: Uwe Flick/ Ernst von Kardoff/ Ines Steinke (Hg.): Qualitative Sozialforschung. Ein Handbuch. Reinbek: Rowohlt, 468-475

Menard, Scott (2002): Applied Logistic Regression. (Quantitative Applications in the Social Sciences 106). Newbury Park, CA: Sage Publications

Merten, Klaus (2004): Inhaltsanalyse. Opladen: Westdeutscher Verlag

Meuser, Michael/ Ulrike Nagel (1991): ExpertInneninterviews - vielfach erprobt, wenig bedacht. Ein Beitrag zur qualitativen Methodendiskussion. In: Detlef Garz/ Klaus Kraimer (Hg.): Qualitativ-empirische Sozialforschung. Konzepte, Methoden, Analysen.. Opladen: Westdeutscher Verlag, 441-471

Michels, Robert (1989)[1911]: Zur Soziologie des Parteiwesens in der modernen Demokratie. Stuttgart: Kröner

Miles, Matthew B./ Eben A. Weitzman (1995): A Software Source Book. Computer Programs for Qualitative Data Analysis.. Thousand Oaks/London/New Delhi: Sage Publications

Mill, John Stuart (1997)[1843]: Zur Logik der Moralwissenschaften. Frankfurt: Vittorio Klostermann

Mohr, Lawrence B. (1990): Understanding Significance Testing. (Quantitative Applications in the Social Sciences 73). Newbury Park, CA: Sage Publications

Munzinger: Internationales biographisches Archiv. Ravensburg: Munzinger

Musgrave, Alan (1993): Alltagswissen, Wissenschaft und Skeptizismus. Tübingen: J.C.B. Mohr

Noelle-Neumann, Elisabeth (1982): Die Schweigespirale. Berlin: Ullstein

Nullmeier, Frank (2001): Politikwissenschaft auf dem Weg zur Diskursanalyse?. In: Reiner Keller/ Andreas Hirseland/ Werner Schneider/ Willy Viehöver (Hg.): Handbuch Sozialwissenschaftliche Diskursanalyse. Band I: Theorien und Methoden. Opladen: Leske + Budrich, 285-311

Oeckl, Albert (Hg.): Taschenbuch des öffentlichen Lebens. Bonn: Festland-Verlag

Oertzen, Jürgen von (2005): Das Expertenparlament. Abgeordnetenrollen in den Fachstrukturen bundesdeutscher Parlamente. Baden-Baden: Nomos

Oevermann, U./ T. Allert/ E. Konau/ J. Krambeck (1983): Die Methodologie einer "objektiven Hermeneutik". In: Peter Zedler/ H Moser (Hg.): Aspekte qualitativer Sozialforschung. Studien zu Aktionsforschung, empirischer Hermeneutik und reflexiver Sozialtechnologie. Opladen: Leske+Budrich, 95-123

Opgenoorth, Ernst (2001): Einführung in das Studium der neueren Geschichte. Paderborn: Ferdinand Schöningh
Orth, Bernhard (1974): Einführung in die Theorie des Messens. Stuttgart: Kohlhammer

Pampel, Fred C. (2000): Logistic Regression. A Primer. (Quantitative Applications in the Social Sciences 132). Newbury Park, CA: Sage Publications
Parker, Ian (2000): Die diskursanalytische Methode. In: Uwe Flick/ Ernst von Kardoff/ Ines Steinke (Hg.): Qualitative Forschung. Reinbek: Rowohlt, 546-556
Plümper, Thomas (2003): Effizient schreiben: Leitfaden zum Verfassen von Qualifizierungsarbeiten und wissenschaftlichen Texten. München: Oldenbourg Verlag
Poland, Blake D. (1999): Transcription Quality as an Aspect of Rigor in Qualitative Research. In: Alan Bryman/ Robert G. Burgess (Hg.): Qualitative Research, Vol. III. London: Sage Publications, 13-32
Popper, Karl R. (1989)[1935]: Logik der Forschung. Tübingen: J.C.B. Mohr
Popper, Karl (1994)[1963]: Wahrheit, Rationalität und das Wachstum der wissenschaftlichen Erkenntnis. In: Karl Popper (Hg.): Vermutungen und Widerlegungen. Band I. Tübingen: J.C.B. Mohr, 312-365
Przeworski, Adam/ Henry Teune (1970): The Logic of Comparative Social Inquiry. New York: Wiley-Interscience

Raschke, Joachim (1991): Die Parteitage der GRÜNEN. In: Aus Politik und Zeitgeschichte, 41, 46-54
Rawls, John (1975)[1971]: Eine Theorie der Gerechtigkeit. Frankfurt/Main: Suhrkamp
Reichertz, Jo (2003): Objektive Hermeneutik und hermeneutische Wissenssoziologie. In: Uwe Flick/ Ernst von Kardoff/ Ines Steinke (Hg.): Qualitative Forschung. Ein Handbuch. Reinbek: Rowohlt, 514-524
Rose, Gillian (2001): Visual Methodologies. An Introduction to the Interpretation of Visual Materials.. London u.a.: Sage Publications
Ross, George (1995): Jacques Delors and European Integration. Oxford: Blackwell
Rozelle, R.M./ D.T. Campbell (1969): More Plausible Rival Hypotheses in the Cross-Lagged Panel Correlation Technique. In: Psychological Bulletin, 7, 74-80
Rudestam, Kjell Erik/ Rae R. Newton (2001): Surviving your Dissertation. Thousand Oaks: Sage Publications
Russell, Bertrand (1997)[1948]: Human Knowledge. Its Scope and Limits. London: Routledge

Sartori, Giovanni (1970): Concept Misformation and Comparative Politics. In: American Political Science Review, 64, 1033-1053

Scharpf, Fritz (1985): Die Politikverflechtungs-Falle: Europäische Integration und deutscher Föderalismus im Vergleich. In: Politische Vierteljahresschrift, 26, 323-356

Schnell, Rainer (1993): Die Homogenität sozialer Kategorien als Voraussetzung für "Repräsentativität" und Gewichtungsverfahren. In: Zeitschrift für Soziologie, 22, 16-32

Schnell, Rainer (1997): Nonresponse in Bevölkerungsumfragen. Ausmaß, Entwicklung und Ursachen. Opladen: Leske + Budrich.

Schnell, Rainer/ Paul B. Hill/ Elke Esser (1999): Methoden der empirischen Sozialforschung. München: Oldenbourg Verlag

Schöne, Helmar (2003): Die teilnehmende Beobachtung als Datenerhebungsmethode in der Poltikwissenschaft. Methodologische Reflexion und Werkstattbericht. In: Qualitative Social Research (online-Journal), 4, 58 Absätze

Schubö, Werner/ Hans M. Uehlinger (1986): SPSS-X: Handbuch der Programmversion 2.2. Stuttgart

Schuman, Howard/ Stanley Presser (1996): Questions & Answers in Attitude Surveys. Experiments on Question Form, Wording, and Context.. Thousand Oaks: Sage Publications

Schwab-Trapp, Michael (2001): Diskurs als soziologisches Konzept. Bausteine für eine soziologisch orientierte Diskursanalyse. In: Reiner Keller/ Andreas Hirseland/ Werner Schneider/ Willy Viehöver (Hg.): Handbuch Sozialwissenschaftliche Diskursanalyse. Band I: Theorien und Methoden. Opladen: Leske + Budrich, 261-283

Seale, Clive (Hg.)(2004): Social Research Methods. A Reader. London: Routledge

Shadish, William R./ Thomas D. Cook/ Donald T. Campbell (2003): Experimental and Quasi-Experimental Designs for Generalized Causal Inference. Boston: Houghton Milfflin

Siegel, Sidney (1987): Nichtparametrische statistische Methoden. Eschborn: Fachbuchhandlung für Psychologie

Simonis, Georg/ Helmut Elbers (2003): Studium und Arbeitstechniken der Politikwissenschaft. Opladen: Leske + Budrich

Singer, Merrill (1999): Studying Hidden Populations. In: Margaret LeCompte/ Jean J. Schensul (Hg.): Ethnographer's Toolkit. Band 4: Mapping Social Networks, Spatial Data & Hidden Populations. Walnut Creek/ London / New Delhi: Altamira Press, 125-191

Sittek, Dietmar (1997): Internet für Soziologen. Frankfurt am Main/New York: Campus

Skyrms, Brian (2000): Choice And Chance. An Introduction to Inductive Logic. Belmont: Wadsworth/Thomson Learning

Statistisches Bundesamt (Hg.)(2000): Neue Erhebungsinstrumente und Methodeneffekte. Wiesbaden: Statistisches Bundesamt

Strauss, Anselm/ Juliet Corbin (1999): Grounded Theory Methodology: An Overview. In: Alan Bryman/ Robert G. Burgess (Hg.): Qualitative Research, Vol. III. London: Sage Publications, 72.93

Strübing, Jörg/ Bernt Schnettler (Hg.)(2004): Methodologie interpretativer Sozialforschung: klassische Grundlagentexte. Konstanz: UVK

Sudman, Seymour/ Norman M. Bradburn (1983): Asking Questions. San Francisco: Jossey-Bass Publishers

Sudman, Seymour/ Norman M. Bradburn/ Norbert Schwarz (1996): Thinking about Answers. The Application of Cognitive Processes to Survey Methodology. San Francisco: Jossey-Bass Publishers

Titscher, Stefan/ Ruth Wodak/ Michael Meyer/ Eva Vetter (1998): Methoden der Textanalyse. Opladen: Westdeutscher Verlag

Tocqueville, Alexis de (1978)[1856]: Der alte Staat und die Revolution. München: dtv

Wagschal, Uwe (1999): Statistik für Politikwissenschaftler. München: Oldenbourg Verlag

Webb, Eugene J./ D. T. Campbell/ R. D. Schwarz/ L. Sechrest (1975): Nichtreaktive Meßverfahren. Weinheim: Beltz

Webb, Eugene J./ D.T. Campbell/ R.D. Schwarz/ L. Sechrest (1984): The Use of Archival Sources in Social Research. In: Martin Bulmer (Hg.): Sociological Research Methods - An Introduction.. London: MacMillan, 113-130

Wernet, Andreas (2000): Einführung in die Interpretationstechnik der Objektiven Hermeneutik. Opladen: Leske + Budrich

Wittenberg, Reinhard/ Hans Cramer (2003): Datenanalyse mit SPSS für Windows. Stuttgart: Lucius&Lucius

Zimmermann, Ekkart (1972): Das Experiment in den Sozialwissenschaften. Stuttgart: Teubner

Zöfel, Peter (2002): SPSS-Syntax. München: Pearson Studium

ZUMA: ZUMA-Informationssystem: Elektronisches Handbuch sozialwissenschaftlicher Erhe-bungs-instrumente. Version 7.00. Unter: http://www.gesis.org/Methodenberatung/ZIS/index.htm

Index

pro Studium Politikwissenschaft

UTB